MECKLENBURG-VORPOMMERN

SABINE BECHT | SVEN TALARON

Mecklenburg-Vorpommern – Die Vorschau 12

Mecklenburg-Vorpommern – Hintergründe & Infos 18

Geografie und Landschaft 20
Flora und Fauna 24
Natur- und Umweltschutz 27
Geschichte 31
Architektur 40
Reisepraktisches von A bis Z 46
Barierefrei 46
Ermäßigungen 46
Essen und Trinken 47
Feste und Veranstaltungen 49
Hunde 51
Informationen und Internet 51
Karten 53
Klima und Reisezeit 53
Kurtaxe 54
Literaturtipps 54
Übernachten 56
Unterwegs in Mecklenburg-Vorpommern 59
Wellness und Kuren 62
Mecklenburg-Vorpommern aktiv 63
Angeln 63
Baden 64
Fahrradfahren 65
Golf 66
Reiten 67
Segeln/Surfen 67
Tauchen 68
Wandern 68
Wasserwandern 68

Mecklenburg-Vorpommern – Reiseziele 70

Schwerin und Westmecklenburg 72

Schwerin 72
Um den Schweriner See 86
Westmecklenburg 89
Neustadt-Glewe 91
Ludwigslust 92
Dömitz 95
Landgestüt Redefin 96
Boizenburg 97
Hagenow 97
Wittenburg 97
Zarrentin am Schaalsee 98
Gadebusch 98
Rehna 99
Grevesmühlen und Umgebung 99

Die Ostseeküste 100

Die Ostseeküste bis Stralsund 102

Der Klützer Winkel 102
Klütz 102
Westlich von Klütz 104
Boltenhagen 105
An der Wohlenberger Wiek 106
Wismar 107
Zwischen Wismar und Rostock 119
Insel Poel 119
Stove 124

Salzhaff und Boiensdorfer Werder 124
Neubukow 125
Rerik und die Halbinsel Wustrow 126
Kühlungsborn 128
Bad Doberan 134
Heiligendamm 138
Die Küste zwischen Heiligendamm und Warnemünde 139

Rostock 140
Warnemünde 151
Rostocker Heide 155
Graal-Müritz 156
Informationszentrum Wald und Moor 157
Freilichtmuseum Klockenhagen 157
Jagdschloss Gelbensande 157
Ribnitz-Damgarten 158

Fischland–Darß–Zingst 160
Dierhagen 161
Wustrow 164
Ahrenshoop 167
Born 172
Wieck 175
Prerow 176
Zingst 180

An der Boddenküste 183
Barth 183
Zwischen Barth und Stralsund 185
Kranich-Informationszentrum Groß Mohrdorf 185
Barhöft 185

Stralsund 188

Rügen und Hiddensee 200

Rügen 200

Rügens Süden 201
Bergen 205
Nördlich von Bergen 207
Putbus 210
Lauterbach 212
Insel Vilm 213

Granitz 214
Binz 214
Jagdschloss Granitz 218
Nördlich von Binz: Schmale Heide und Prora 218
Sellin 222

Mönchgut 225
Baabe 225
Göhren 226
Middelhagen und Alt Reddevitz 229
Groß Zicker und Gager 230
Thiessow und Klein Zicker 231

Jasmund 233
Sassnitz 233
Der Nationalpark Jasmund 236
Lohme 238
Glowe und die Schaabe 240

Wittow 241
Seebad Breege-Juliusruh 241
Altenkirchen 242
Putgarten und das Kap Arkona 243
Um den Wieker Bodden 246

Rügens Westen 248
Gingst 248
Insel Ummanz 249
Schaprode 251

Hiddensee 252
Kloster 255
Nördlich von Kloster 258
Vitte 259
Neuendorf 261

Greifswald und Usedom 262

Greifswald 262
Klosterruine Eldena 268
In Richtung Usedom 269
Wolgast 269
Anklam 272
Peenetal 273

Usedom 274
Usedoms Norden 275
Zinnowitz 275
Umgebung von Zinnowitz: Weißer Berg und Krummin 280
Trassenheide 280
Karlshagen 282
Peenemünde 283
Die Inselmitte 286
Lüttenort/Damerow 286
Koserow 287
Loddin-Kölpinsee 288
Ückeritz 289
Südlich von Ückeritz 290
Die drei Kaiserbäder 291
Ahlbeck 291
Heringsdorf 293
Bansin 298
Usedoms Süden 300
Usedomer Schweiz 300
Lieper Winkel 302
Usedom/Stadt 304

Die Mecklenburgische Seenplatte 305

Im Westen der Seenplatte 306

Neukloster 306
Warin 308
Sternberger See 308
Sternberg 308
An der unteren Warnow 311
Güstrow 313
Krakower See 321
Krakow am See 321
Goldberger See 323
Goldberg 323
Kloster Dobbertin 324
Um den Plauer See 325
Im Norden des Plauer Sees 325
Plau am See 329
Westlich von Plau am See: Lübz und Parchim 332
Am Süd- und Ostufer des Plauer Sees 333
Malchow 334
Um die Müritz 337
Waren an der Müritz 338
Nordöstlich von Waren 346
Südlich von Waren 349
Müritz-Nationalpark 350
Flora und Fauna im Müritz-Nationalpark 352
Ortschaften im und am Rand des Müritz-Nationalparks 355
Federow 356
Schwarzenhof 357
Speck 358
Ankershagen 359
Kratzeburg 361
Granzin und Krienke 361
Blankenförde-Kakeldütt 362
Südlich des Nationalparks: Boek und Bolter Kanal 363
Röbel 365
Umgebung von Röbel 369

Im Osten der Seenplatte 372

Die Kleinseenplatte 372
Mirow 373
Südlich von Mirow 379
Wesenberg 382
Rund um den Großen Labussee 386
Neustrelitz 387
Feldberger Seenlandschaft 393
Feldberg 393
Carwitz 399
Zwischen Mecklenburgs Seen und Stettiner Haff 403
Am Stettiner Haff 405
Ueckermünde 406
Südlich von Ueckermünde 408
Neubrandenburg 409
Rund um den Tollensesee 415
Burg Stargard 416
Hohenzieritz und Prillwitz 419
Penzlin und die Alte Burg 421
Alt Rehse 422
Nördlich von Neubrandenburg 423
Westlich von Neubrandenburg: Reuterstadt Stavenhagen 423

Mecklenburgische Schweiz 426

Malchin 427
Um den Kummerower See 427
Dargun 430
Demmin 431
Um den Malchiner See 431
Basedow 431
Schloss Ulrichshusen 432
Blücherhof 433
Schloss Schorssow 434
Burg Schlitz 435
Teterow 435
Zwischen Mecklenburgischer Schweiz und Ostsee 438
Bad Sülze 438
Tribsees 439
Vogelpark Marlow 440
Kirch Baggendorf 440
Grimmen 440

Register 447

Fotonachweis

Sabine Becht: S. 13, 15, 16, 25 (unten) 33, 41, 69, 78, 81, 82, 86, 104, 113, 118, 123, 125, 132/133, 138, 139, 150, 154, 155, 160, 164/165, 167, 168, 173, 174, 212, 225, 227, 240, 244, 245, 252, 256, 297, 301, 302, 305, 313, 315, 327, 334, 290, 291, 293, 341, 350, 357, 365, 372, 372/373, 377, 378, 379, 380, 385, 393, 399, 416, 419, 426, 426/427, 430, 432, 434, 439, 440, 450 | Jana Dillner: S. 14, 14/15, 179, 183, 449 | Steffen Fietze: S. 455 | Klaus Klemmer: S. 2 | Schlossgartenfestspiele Neustrelitz GmbH: S. 392 | Sven Talaron: S. 12, 12/13, 16/17, 17, 20, 21, 22, 23, 24, 25 (oben, mitte), 27, 28, 28/29, 29, 31, 39, 40, 45, 46, 48 (3x), 53, 55, 57, 58, 60, 61, 63, 64, 65, 67 (4x), 72/73, 79, 83, 84, 85, 86, 89, 94, 96, 100/101, 102, 102/103, 107, 108, 112, 114, 116, 117, 118, 119, 127, 129, 131, 134, 137, 140, 143 (2x), 144, 148, 154, 155, 157, 158, 159, 166, 175, 177, 186, 188/189, 194, 195, 199, 200, 200/201, 204, 206, 209, 213, 214, 215, 222, 223, 229, 231, 232, 233, 235, 236, 239, 248, 250 (4x), 260, 262, 262/263, 266, 267, 268, 270, 272, 274, 279, 281, 284, 287, 290, 291, 293, 298, 303, 306, 307, 310, 319, 320, 322, 324, 328, 331, 332, 340, 344, 352, 354, 358, 359, 363 (4x), 367 (3x), 369, 383, 387, 397, 402, 404, 409, 410, 414, 418, 421, 422, 424, 433, 436, 447, 452 | Dirk Thomsen: S. 181, 390, 391 | Tourismusverband Mecklenburgische Seenplatte e.V.: S. 338/339, 345, 371 | Tourismuszentrale Rügen: S. 208, 210, 241 | Tourismuszentrale der Hansestadt Stralsund: 191, 197 | Silke Winkler (Mecklenburgisches Staatstheater, Schwerin) 50, 75

Kartenverzeichnis

Mecklenburg-Vorpommern ______ herausnehmbare Karte

Mecklenburg-Vorpommern Übersicht ______ Umschlag vorne

Drei Kaiserbäder: Ahlbeck, Heringsdorf, Bansin 294/295
Binz 217
Fischland-Darß-Zingst 162/163
Greifswald 265
Güstrow 316
Die Kleinseenplatte, Mirow und Wesenberg 375
Mecklenburgische Schweiz 428/429
Neubrandenburg 413
Neubrandenburg und rund um den Tollensesee 417
Neustrelitz 389
Neustrelitz und die Feldberger Seenlandschaft 394/395
Plauer See und rund um Malchow 326
Rostock 146
Rügen 202/203
Schwerin 77
Stralsund 193
Am Stettiner Haff 407
Usedom 276/277
Waren an der Müritz 342/343
Waren, die Müritz und der Nationalpark 348/349
Warnemünde 153
Westen der Seenplatte 308/309
Westmecklenburg 90
Wismar 111
Zwischen Wismar und Rostock 120/121

Zeichenerklärung für die Karten und Pläne

Autobahn	Camping	Information
Bundesstraße	Badestrand	Schloss/Burg
Hauptverkehrsstraße	Leuchtturm	Kirche
Nebenstraße	Hafenanlage	Museum
Nationalparkgrenze	Allgem. Sehenswürdigkeit	Parkplatz
	Aussichtspunkt	Krankenhaus
	Golfplatz	Quelle

Mit dem grünen Blatt haben unsere Autoren Betriebe hervorgehoben, die sich bemühen, regionalen und nachhaltig erzeugten Produkten den Vorzug zu geben.

Alles im Kasten

Mecklenburg-Vorpommern: ein wenig Statistik 23

Die Ostsee 28

Berühmte Mecklenburger, berühmte (Vor-)Pommern 30

Versunken in der Ostsee: Vineta 32

Herrin des Mare Balticum: die Hanse 35

Land unter 1872 37

Gebrannte Pracht: die Norddeutsche Backsteingotik 42/43

Sanddorn 47

Sich betten nach Gutsherrenart 57

Mit Badekarren gegen die Melancholie 64

Radwandern in Mecklenburg-Vorpommern 66

Mehr als nur Architekt Schwerins: Georg Adolph Demmler (1804–1886) 73

Ein guter Geist – das Petermännchen 80

Ludwigsluster Carton 93

Uwe Johnsons „Jahrestage" 104

Die Poeler Kogge 116

Schmalspur 1: Molli 129

Rostocks Brunnen, Reliefs und Skulpturen 142/143

Architektur in den Dünen 154

Künstlerkolonie Ahrenshoop 168

Kraniche in Mecklenburg-Vorpommern 186/187

Piraten der Ostsee – Klaus Störtebeker und Gödecke Michels 208

Schmalspur 2: Der Rasende Roland 211

Projekt: Urlaub total – das „Seebad der 20.000" 221

Schloss Spyker 239

Poet und Pastor: Gotthard Ludwig Theobul Kosegarten 243

Uferpredigten 246

Hauptmann auf Hiddensee 257

Der Hiddenseer Goldschatz 259

Die Enden der Parabel – Wernher von Braun 285

Naturpark Sternberger Seenland 311

Der Unbeugsame – Ernst Barlach (1870–1938) 319

Pech 328

Kranichbeobachtungen im Nationalpark 353

Heinrich Schliemann – Kaufmann und Selfmade-Archäologe 360

Adolf Friedrich VI. – Spion oder einfach unglücklich verliebt? 378

Hans Fallada (1893–1947) 401

Königin Luise von Preußen (1776–1810) 420

Fritz Reuter – Mecklenburgs Dichter 425

Die Geschichte vom Teterower Hecht 437

Wohin in Mecklenburg-Vorpommern

① Schwerin und Westmecklenburg → S. 72

Die inoffiziellen Landesfarben Blau und Grün prägen auch Schwerin, die charmante Hauptstadt Mecklenburg-Vorpommerns mit ihrem prachtvollen Schloss und der beschaulichen Altstadt. Im Westen Mecklenburgs lockt die kaum minder prachtvolle Residenz Ludwigslust die Besucher in Scharen an, umgeben von einer eher unspektakulären, von Landwirtschaft geprägten Gegend.

② Die Ostseeküste bis Stralsund → S. 102

Zwischen Klützer Winkel und Stralsund erstreckt sich ein überwiegend ruhiges Stück Küste: Wiesen und Weiden und ab und zu ein Leuchtturm oder eine Windmühle. Beliebt bei Badeurlaubern sind die Insel Poel und Kühlungsborn, Highlights außerdem die altehrwürdigen Hansestädte Wismar und Stralsund, dazu das klassizistische Bad Doberan mit seinem berühmten Ableger Heiligendamm.

③ Rügen und Hiddensee → S. 200

Deutschlands größte Insel zeigt sich abwechslungsreich – von der Granitz mit ihren schicken Seebädern und dem vielgestaltigen Mönchgut bis zum Kap Arkona, vom stillen Ummanz bis hin zu den Buchenwäldern und der Kreideküste im Nationalpark Jasmund. Heimlicher Star ist der traumhafte und erfreulicherweise autofreie Nachbar Hiddensee, die Perle der Ostsee.

④ Greifswald und Usedom → S. 262

Unbedingt lohnend ist ein Besuch der alten Hansestadt Greifswald mit ihrem herrlichen backsteingotischen Ensemble am Markt und dem Pommerschen Landesmuseum. Schließlich Deutschlands Sonneninsel Usedom: 40 Kilometer Sandstrand an der Außenküste und traumhafte Landidyllen um das Achterwasser, Bäderherrlichkeit und das Museum (HTM) in Peenemünde.

5 Im Westen der Mecklenburgischen Seenplatte → S. 306

Kunsthistorisches Highlight ganz im dünn besiedelten Westen ist die Barlachstadt Güstrow. Je weiter man nach Osten kommt, umso größer die Attraktionen: Die Müritz, Deutschlands zweitgrößter Binnensee, und der angrenzende Nationalpark zählen zu den landschaftlich schönsten Gegenden Deutschlands. Touristisches Zentrum ist Waren an der Müritz.

6 Im Osten der Mecklenburgischen Seenplatte → S. 372

Unzählige kleine und größere Seen, oft durch Kanäle miteinander verbunden – die Gegend ist ein Eldorado für Paddler. Mirow mit seiner Schlossinsel lohnt ebenso einen Ausflug wie die Residenzstadt Neustrelitz. Eine der idyllischsten Gegenden liegt ganz im Osten: der wunderschöne Naturpark Feldberger Seenlandschaft.

7 Mecklenburgische Schweiz

→ S. 426

Stattliche Gutshäuser und Schlösser ohne Ende, das Ganze vor einer Bilderbuchlandschaft – eine echte Schweiz eben. Zur ländlichen Idylle passen die sanften Hügel, bunten Felder und Weiden – nur Seen gibt es nicht viele. Dafür aber beschauliche Dörfer mit uralten Backsteinkirchen und schicke Schlosshotels, in denen es sich gutsherrlich logieren lässt.

Mecklenburg-Vorpommern: Die Vorschau

Geschützte Paradiese

Es gibt vor allem einen Grund, seinen Urlaub in Mecklenburg-Vorpommern zu verbringen – und das ist die herrliche Natur. Weite Teile dieser mannigfaltigen ökologischen Schatzkammern an Land, am Ufer oder im Wasser stehen unter Schutz: ob unzugängliche Moore oder die blendend weißen Kreidefelsen, von bizarren Windflüchtern gekrönte Dünen oder sumpfige Erlenbrüche, die märchenhaften Buchenwälder oder die von Schilf gesäumte Boddenküste und Seeufer.

Drei Nationalparks schützen Mecklenburg-Vorpommerns zauberhafte Naturparadiese: Der Müritz-Nationalpark im Herzen der Seenplatte, der Nationalpark Vorpommersche Boddenlandschaft mit seiner eindrucksvollen Küstenlandschaft auf dem Darß und dem größten Kranich-Rastplatz Europas sowie der Nationalpark Jasmund auf Rügen mit seinem herrlichen Buchenwald vor der schroffen Kreideküste. Darüber hinaus finden sich noch Biosphärenreservate, Naturparks und zahlreiche Naturschutzgebiete. Aber nicht nur dort, auch in den Kulturlandschaften oder den gepflegten Landschaftsgärten herrscht erstaunliche Artenvielfalt. Als Beispiel sei hier nur die Vogelwelt genannt: Die Kraniche machen zu Tausenden in Mecklenburg Rast auf ihren langen Flügen, majestätische See- und Fischadler beherrschen den Luftraum, Waldschnepfen und Rohrdommeln tapsen zeternd durch Unterholz und Schilf, Störche staksen über Felder und Untiefen, Strandläufer tippeln aufgeregt durch den nassen Sand, bunte Eisvögel und die seltenen Silberreiher, Schwarzstörche oder Schreiadler finden Orte zum Brüten ... Wo sonst sollte man sie noch zu Gesicht bekommen, wenn nicht in den zauberhaften Landschaften Mecklenburgs?

Schwerin und andere Residenzen

Dass die Landeshauptstadt Mecklenburg-Vorpommerns am Wasser liegt, erscheint unmittelbar einleuchtend, aber es war keine Hansestadt, auf die 1990 die Wahl fiel, sondern etwas überraschend die beschauliche Residenzstadt am Schweriner See. Schwerin besticht nicht allein durch die idyllische Lage zwischen Wasser und Wald, durch sein prächtiges Schloss im See samt schmuckem Schlossgarten und sein unbedingt sehenswertes Stadtbild. Es ist vor allem die angenehme und (für einen Regierungssitz) unaufgeregte Atmosphäre, die den Charme der kleinsten Landeshauptstadt der Republik ausmacht.

Aber Schwerin ist nicht die einzige prächtige Residenzstadt, die in Mecklenburgs wechselvoller Geschichte entstand. Ein eindrucksvolles Schloss findet sich auch in Güstrow, dem schmucken Städtchen, das sich dank des berühmten Künstlers Ernst Barlach als Barlachstadt einen Namen gemacht hat. Residenzstadt war auch Neustrelitz, das zwar seines Schlosses verlustig gegangen ist, nichtsdestotrotz aber über ein einzigartiges Stadtbild samt schönem Schlosspark verfügt.

Tore zur Welt

Häfen sind Orte des Reisens, der Ankunft und des Aufbruchs. An der Ostseeküste Mecklenburg-Vorpommerns sind die Hafenstädte – Rostock, die „Leuchte des Nordens", Stralsund und Wismar, gemeinsam UNESCO-Weltkulturerbe, und Greifswald, die stille Universitätsstadt im Osten – aber auch urbane Zentren, kulturelle Knotenpunkte von spröder Eleganz, traditionsreich und lebendig. Und sie sind Metropolen, die in Charakter und Aussehen an eine glorreiche Vergangenheit erinnern – an die Zeit der Hanse:

Mecklenburg-Vorpommern: Die Vorschau

Bauchige Koggen bringen tonnenweise Waren in die Städte. Wachs, Teer und Felle aus dem Osten, Hering und Erz aus dem Norden, Wein und Tuche aus dem Westen füllen die Stapelplätze, werden umgeschlagen, machen ihre Händler reich. Mit dem Reichtum wächst die Macht der Kaufleute und Ratsherren. Sie lassen es sich nicht nehmen, ihrem bürgerlichen Selbstbewusstsein Ausdruck zu verleihen – in Backsteinrot. Die großen architektonischen Würfe dieser Zeit, großartige Monumente der Norddeutschen Backsteingotik, sind an der Ostseeküste aufgereiht wie Perlen an einer Kette – Silhouetten hanseatischer Macht: von der imposanten Kirche St. Nikolai in Wismar über das Doberaner Münster und St. Marien in Rostock bis zu St. Nikolai und St. Marien in Stralsund. Daneben ließen sich die achtbaren Ratsherren auch stattliche Bürgerhäuser errichten und säkulare Repräsentativbauten wie das Stralsunder Rathaus mit prächtiger Fassade. Bis heute haben sich die Ensembles gotischer Giebelhäuser entlang der mittelalterlichen Straßenzüge in Wismar, Stralsund und Greifswald eindrucksvoll erhalten.

Ostseestrände

Wer wollte auch nicht an den Strand, wenn die Sonne scheint und eine milde Brise vom Meer her weht? Weithin berühmt sind die Namen der beliebten Ostseebäder: Binz oder Sellin auf Rügen, die drei Kaiserbäder auf Usedom, Heiligendamm und Warnemünde. Sonnenhungrige bevölkern die mehr oder minder geordneten Reihen der Strandkörbe, über denen zuweilen der ein oder andere Lenkdrachen schwebt. Andere liegen auf bunten Badetüchern zwischen kunstvollen Sandburgen. Beachvolleyballer hechten sich in den feinen Sand. Surfer stemmen sich gegen den Wind …

Abseits des bäderherrlichen Trubels liegen noch zahlreiche ruhigere, oft über weite Strecken naturbelassene Strände, die gesamte Außenküste Hiddensees zum Beispiel oder die Tromper Wiek auf Rügen sowie die herrliche Westküste des Darß. Hier können sich Kinder austoben oder Hunde ihre Stöckchen aus der Ostsee retten. Und es findet sich immer ein abgelegenes Plätzchen für den eigenen Strandschirm und einen geruhsamen Sonnentag. Um die Badekleiderordnung – textil, halbtextil, textilfrei oder Fell – schert sich hier kaum jemand. Gemeinsam haben all diese Strände, dass sie kilometerlang sind, oft sehr breit, feinsandig und weitgehend steinfrei und fast überall flach in die Ostsee abfallen.

1000 Seen und ein kleines Meer

Abseits der Küste erstrecken sich die zauberhaften Landschaften rund um die Mecklenburgische Seenplatte: Vom Schweriner See im Westen bis zur Feldberger Seenlandschaft, von der gewundenen Warnow bis zur verzweigten Havel, vom weitläufigen Kummerower See am Rand der Mecklenburgischen Schweiz bis zur vielgestaltigen Kleinseenplatte an der Grenze zu Brandenburg – zahllose Flüsse und Kanäle verbinden die mecklenburgischen Seen zu einem dichten, vielgestaltigen Netz von Wasserwegen. In dessen Mitte erstreckt sich die Müritz, „das Kleine Meer", Deutschlands größter Binnensee mit dem herrlichen Müritz-Nationalpark. Entlang der gewundenen Flussläufe und der zergliederten Seen verstecken sich lauschige Badebuchten und unberührte Natur, lebhafte kleine Häfen und idyllische Anlegestellen, tiefe Wälder und sanfte Hügel, prächtige Schlösser und malerische Dörfer ... Kurzum: In Mecklenburg findet man eine Seenlandschaft von faszinierender Schönheit, die in Deutschland ihresgleichen sucht.

Mecklenburg-Vorpommern: Die Vorschau

Sanddorn und Hering

Die Zitrone des Nordens, *Hippophae rhamnoides,* mit kleinen, leuchtend orangen Früchten an dornigen, silberblättrigen Sträuchern, gedeiht prächtig auf den sandigen Böden. Und in der Tat: Auch Sanddorn ist ordentlich sauer. Außerdem ist er eine wahre Vitamin-C-Bombe und vielseitig verwendbar. Es gibt ihn als Saft, Wein, Schnaps, Marmelade, Kompott, Tee ...

Auch eher säuerlich, zumindest eingelegt, kommt eine weitere landestypische Spezialität daher: der Hering. Ihn findet man in allen erdenklichen Variationen auf nahezu jeder Speisekarte zwischen Ahlbeck und Boltenhagen. Der sauer marinierte Klassiker, der Bismarckhering, kommt aus Stralsund und wird dort noch nach eben jenem Rezept eingelegt, das sich dereinst der Eiserne Kanzler hat schmecken lassen.

Kulinarisch hat Mecklenburg-Vorpommern natürlich mehr zu bieten als Sanddornmarmelade und Fischbrötchen. Im reichhaltigen Spektrum an Gaststätten finden sich die urige Hafentaverne, in der schon Störtebeker gebechert haben könnte, ebenso wie Gourmettempel, die von den Großmeistern der Haute Cuisine mehr und mehr in Mecklenburg-Vorpommern eröffnet werden. Dazwischen gibt es unzählige kleine Restaurants und Cafés, die mit viel Fantasie und Liebe zum Detail ihre Gäste verwöhnen und begeistern. Und alle öffnen den Weg zum gesunden Sanddorn: die Sanddornsahnetorte zum Kaffeepäuschen, das Menü krönende Sanddornsorbet auf Panna Cotta, ein Sanddorngeist als Digestif ...

Im Land der Schlösser

Man muss nicht unbedingt in die Residenzstädte reisen, um prächtige Behausungen zu besichtigen. Die Dichte an Schlössern und Gutshäusern in Mecklenburg-Vorpommern – von Wittow bis zur Kleinseenplatte und von

Usedom bis in den Klützer Winkel – ist bemerkenswert. Das Spektrum reicht vom eher schlichten Gutshaus über den klassizistisch erhabenen Herrensitz bis zum verspielt tudorgotischen Schloss. Viele der Schlösser beherbergen heute Hotels, in denen es sich komfortabel und ein wenig wie anno dazumal logieren lässt. Zumeist verfügen die noblen Herbergen auch über eine angemessen noble Küche, volle Weinkeller und großzügige Wellnessbereiche. Und wie es sich gehört, umgibt so manches Schloss ein herrlicher Landschaftspark, oft so alt wie das Gemäuer selbst und nach englischem Vorbild als romantisches Idyll gestaltet.

Strahlend weiße Bäderarchitektur

Im Schatten der Veranda, eine Hand auf dem reich verzierten, gusseisernen Geländer, der Blick schweift über das Meer. Ein Gläschen Port, eine gute Zigarre. Unten auf der Strandpromenade plappert und flaniert das mondäne Bäderleben entlang, Herren lupfen zum Gruß den weißen Hut, Damen kichern in ihr Spitzentaschentuch ...

So in etwa mag man sich den großbürgerlichen Sommerfrischler vorstellen, den es mit den Anfängen des Tourismus aus Berlin an die Ostsee zog. Die Kulisse für diese am Ende des 19. Jh. aufkommende Mode des Sommeraufenthalts am Meer sind die verspielten Fassaden der blütenweißen, ornamentfreudigen Bäderarchitektur: villengleiche Gästehäuser, geschmückt mit Balkonen, Veranden und Loggien, Ziergiebeln und Schmuckfriesen; Kurmuscheln am Strandabgang für das sonntägliche Kurkonzert; Kurhäuser mit weiten, parkettierten Tanzsälen; schickliche, da geschlechtergetrennte Badeanstalten, vor allem aber: Seebrücken. Teils prächtig bebaut, strecken sie sich mutig in die Ostsee und verlängern die Strandpromenaden ins Meer hinein.

Die Müritz bei Röbel

Hintergründe & Infos

Geografie und Landschaft → S. 20
Flora und Fauna → S. 24
Natur- und Umweltschutz → S. 27
Geschichte → S. 31
Architektur → S. 40
Reisepraktisches von A bis Z → S. 46
Mecklenburg-Vorpommern aktiv → S. 63

Prominenter Zeuge der Eiszeit: Der Dornbusch auf Hiddensee

Geografie und Landschaft

Täler und Hügel aus Grund- und Endmoränen, Seen, Niederungen und Senken aus Gletscherzungen, Tunneltälern und Söllen: Das Relief Mecklenburg-Vorpommerns wurde vom Eis geformt. Die Küste dagegen ist bis heute in Bewegung.

Die Landschaften Mecklenburg-Vorpommerns wurden von der letzten **Eiszeit** geschaffen, der sog. *Weichseleiszeit*, die vor etwa 115.000 Jahren begann und vor rund 10.000 Jahren endete. Gigantische Gletscher wanderten in mehreren Schüben über das Land und schmolzen wieder ab. Unter dem hohem Druck wurde das Relief des Landes geformt, geschabt, zermalmt, ausgespült und gepresst. Während ihres Vorstoßens rissen die Gletscher Sedimentschichten auf und transportierten gewaltige Geröllmassen, sog. Geschiebe. Zeugen dieses Vorgangs sind die großen Gesteinsbrocken, die sich bis heute verstreut über das Land finden: Die *Findlinge*, etwas pathetisch auch „Wanderer des Nordens“ genannt, wurden vom Eis aus Skandinavien herangetragen und blieben nach dem Rückzug der Gletscher in Mecklenburg-Vorpommern liegen.

Das eigentliche Ergebnis dieser gewaltigen Bewegungen aber sind die Grund- und Endmoränen. **Grundmoränen** entstanden unter den Gletschern, sind meist eben und haben als Sediment den sog. Geschiebemergel, den der Gletscher mit sich führte und nach dem Abtauen zurückließ. **Endmoränen** nennt man die Hügelformationen, die sich am äußeren Rand der sich vor- und zurückschiebenden Gletscher bildeten. Eine typische Endmoränenlandschaft ist die Mecklenburgische Schweiz ebenso wie die Hügelkette, die sich von Hiddensees Dornbusch quer über Rügen bis Putbus verfolgen lässt.

Auch die **Seenvielfalt** Mecklenburgs bildete sich unter dem Eis. Grob gesprochen unterscheidet man drei Entstehungsarten: durch *Gletscherzungen*, die Vertiefungen ins Land schabten; durch Schmelzwasser, das in *subglazialen Tunneltälern* (riesige Abflusskanäle unter dem Gletscher) tiefe Rinnen ausspülte, und durch sog. *Toteis*, gewaltige Eisblöcke, die, vom Gletscher getrennt, später abtauten und absackten. Mischformen sind dabei durchaus möglich. So entstand die *Müritz*, der größte See Mecklenburg-Vorpommerns, sowohl durch Toteislöcher als auch durch Rinnenbildung. Ein eindrucksvolles Beispiel für eine glaziale Rinne ist auch der *Schmale Luzin* bei Feldberg, hier hat das Schmelzwasser unter dem Druck des gigantischen Gletschers ein steiles Relief in den Grund gegraben. Das Achterwasser bei Usedom dagegen ist das Ergebnis einer Gletscherzunge.

Eine Folge von Toteis-Ablagerungen sich zurückziehender Gletscher sind auch die **Sölle** (Singular: *das Soll*), die man in Mecklenburg-Vorpommern vielerorts vorfindet: Wo sich z. B. inmitten eines Feldes eine Mulde absenkt, deren Vegetation auf einen sumpfigen oder zumindest feuchten Untergrund schließen lässt oder in der sich gar ein kleiner, oft kreisrunder See befindet, ist davon auszugehen, dass es sich um ein Soll handelt. Diese eiszeitlichen Hinterlassenschaften sind nicht nur als Biotope und Rückzugsräume für Vögel von großem Nutzen; den Bauern dienen sie bis heute als Wasserspeicher, die auf den umliegenden Feldern für einen höheren Ertrag sorgen. Das geschieht auch dadurch, dass die Sölle als Feuchtigkeitsspeicher die Taubildung verstärken und in einer niederschlagsarmen Gegend wie Mecklenburg für den nötigen Bewässerungsausgleich sorgen.

Auch die **Küstenlinie** entstand nach dem Rückzug der Gletscher, unterliegt aber bis heute ständiger Veränderung. Das schmelzende Eis füllte die Ostsee, wobei der Wasserstand bis zu 100 Meter über dem heutigen gelegen haben dürfte. Mit dem allmählichen Absinken des Meeresspiegels begann sich die Küstenlinie auszubilden. Aus dem Wasser lugte da und dort ein Stück Land – die Kerne der heutigen Inseln Rügen und Usedom. Fischland-Darß-Zingst, heute Halbinsel, lag als Inselkette vor dem Festland.

Was die Gletscher aus tiefen Erdschichten gekratzt und hervorgehoben haben, wird seither von Wind, Wetter und Strömung umgeformt. Schwerer Sturm aus Nordost und eventuell folgende Sturmfluten beschleunigen die Entwicklung. Regenerosion, Frostbrüche und Sturmfluten nagen an den **Steilufern** und tragen Kalk, Lehm und

Auch ein eiszeitliches Erbe: die Müritz bei Waren

Die berühmte Kreideküste Rügens: im Nationalpark Jamsund

Sand ab. Das Material wird von der Strömung mitgenommen und andernorts angelandet. An den „Rändern" der Strömung, im Strömungsschatten, bereichert das Material die Sandstrände oder bildet Bänke und **Sandhaken**, die vom Ufer hervorspringen können (schönstes Beispiel: Alt- und Neubessin im Norden Hiddensees). Festigt sich ein Sandhaken, vor allem durch genügsame Vegetation, bilden sich aus den Ablagerungen sogenannte **Nehrungen**, die Buchten vom Meer abschließen, Inseln verbinden und damit die typische vielgestaltige **Boddenküste** formen. Auf diese Art und Weise ist z. B. die Schaabe auf Rügen entstanden, eine geologisch sehr junge Landbrücke, welche die Halbinsel Wittow (ehemals gänzlich vom Meer umschlungen) mit der Halbinsel Jasmund verbindet und damit gleichzeitig den Großen Jasmunder Bodden von der Ostsee abtrennt.

Da **Bodden** und Meer meist nur durch kleine Wasserstraßen miteinander verbunden und die Gezeiten in der Ostsee nur schwach ausgeprägt sind, gelangt kaum Meerwasser in die Wasserzirkulation der Bodden. Dank der Regenwasserzufuhr in die ohnehin recht seichten Bodden sinkt der Salzgehalt stetig ab. Das wiederum hat zur Folge, dass eine Vegetation Fuß fassen kann, die einerseits an das Brackwasser angepasst ist und die sich andererseits durch die Nehrungen vor Strömung und schwerem Wetter geschützt entfalten kann. Die vor allem mit Schilf bewachsenen, vielgliedrigen Ränder der Bodden sind typisch für die Ostseeküste Mecklenburg-Vorpommerns.

Beim obligatorischen Strandspaziergang lässt sich das ein oder andere geologische Fundstück entdecken. Der **Bernstein**, das „Gold der Ostsee", stammt aus urzeitlichen subtropischen Wäldern, die sich vor ca. 50 Mio. Jahren hier ausbreiteten; genauer gesagt entstand er aus Baumharz, das aus den Stämmen quoll, sich verfestigte und im Sediment vor Jahrmillionen zu einem honiggelben bis dunkelbraunen Stein gepresst wurde. Bereits in der Bronzezeit wurde Bernstein zu Schmuck verarbeitet. Auch heute noch gibt es kaum einen Souvenirladen, in dessen Sortiment Bernsteinschmuck fehlt. Besonders gefragt und wertvoll sind Steine mit Inklusen (Einschlüssen): kleine Luftbläschen, subtropische Pflanzenstücke oder urzeitliche

Insekten, die vom noch zähflüssigen Harz umschlossen worden waren und so über Millionen Jahre konserviert wurden. Wer sich ernsthaft auf die Suche nach Bernstein machen will, geht am besten nach schwerer See an den Strand.

Weitere beliebte Fundstücke an der Ostseeküste sind Feuersteine, Hühnergötter und Donnerkeile. **Feuersteine** sind fossile Kieselalgen, die sich heute vor allem in Bändern durch die Kreideabhänge ziehen. Traditionelle Glücksbringer sind die **Hühnergötter**, Feuersteine mit oft kreisrunden Löchern, die durch die allmähliche Auflösung von Einschlüssen entstanden sind. Früher wurden die Hühnergötter mit einer Schnur zusammengebunden und an Hühnerställe gehängt, um – so der Volksglaube – das Federvieh vor Krankheiten zu bewahren. **Donnerkeile** werden die Fossilien von Belemniten genannt, urzeitlichen Kopffüßern. Der Name der länglichen, kegelförmigen Fossilien geht auf *Thor*, den germanischen Donnergott, zurück. Wo die von ihm geschleuderten Blitze einschlugen, blieben die Donnerkeile zurück.

Ostseegold

Fossiliensammler sollten sich übrigens keinesfalls der Versuchung hingeben, auf jüngst abgegangenen Küstenabbrüchen herumzuklettern. Auch wenn sie reiche Beute versprechen, auf einen Kreide- oder Lehmrutsch kann ohne Vorwarnung ein zweiter folgen und dann besteht Lebensgefahr.

Mecklenburg-Vorpommern: ein wenig Statistik

Fläche: 23.185 km^2.

Landeshauptstadt: Schwerin.

Bevölkerung (2013): 1,6 Mio. Das sind 69 Einw. pro km^2 (zum Vergleich: in ganz Deutschland sind es durchschnittlich 226 pro km^2), damit ist Mecklenburg-Vorpommern das mit Abstand am dünnsten besiedelte Bundesland der Republik (gefolgt von Brandenburg mit 83 Einw./km^2).

Größte Städte: Rostock (203.000 Einw.), Schwerin (91.500 Einw.), Neubrandenburg (63.500 Einw.), Stralsund (57.500 Einw.), Greifswald (56.000 Einw.), Wismar (42.500 Einw.).

Landesfläche: etwa 65 % werden landwirtschaftlich genutzt, ca. 7 % sind Siedlungs- und Verkehrsflächen, 20 % Wald und über 5 % Gewässer (über 20 % der Gesamtfläche stehen unter Naturschutz).

Küstengesamtlänge: 1712 km, davon 381 km Außenküste, 1331 km Bodden- und Haffküste.

Binnengewässer: ca. 2000 Seen und mehr als 20.000 km Fluss.

Längste Flüsse: Elde (208 km), Warnow (155 km), Peene (145 km).

Größte Seen: Müritz 117 km^2 (damit der zweitgrößte See Deutschlands), Schweriner See 63 km^2, Plauer See 38 km^2.

Höchste Erhebung: Helpter Berge 179 m (auf Rügen der Piekberg/Jasmund mit 161 m und auf Usedom der Golm mit 69 m).

Flora und Fauna

Das dünn besiedelte Mecklenburg-Vorpommern ist in weiten Teilen ein wahres Naturparadies, nicht zuletzt dank der drei Nationalparks und zahlreicher weiterer Schutzgebiete zwischen Ostsee und Seenplatte, die vor allem für Wasservögel einen idealen Rückzugsraum bieten.

Flora: Mecklenburg-Vorpommern ist weitgehend landwirtschaftlich geprägt. Weite Wiesen und Felder, Letztere oft bunt gesprenkelt mit wildem Mohn und Kornblumen oder im Frühsommer knallgelb als Rapsfelder, sind im Wechsel mit teilweise ausgedehnten Waldgebieten überall zu finden. Speziell an der Mecklenburgischen Seenplatte wechseln sie sich häufig mit weit verzweigten Seen, Feuchtgebieten und Mooren ab. Direkt an der Küste findet sich eine recht genügsame Vegetation, die sich in die kargen, nährstoffarmen Böden der Felsabbrüche krallt oder sich auf sandigem Boden zu *Dünenheide* entwickelt oder aber sich als sogenannter *Trocken-* oder *Magerrasen* über sanfte Hügel erstreckt. Kennzeichnend für Letzteren sind niedrig wachsende Gräser, Kräuter und Blumen wie wilder Thymian, Strohblumen oder Silbergras. Zum anderen findet man beispielsweise auf Rügen einen Naturraum, der weder Land noch Meer ist, die sogenannten *Salzwiesen*. Sie entstehen im Marschland zwischen Land und Meer. Regelmäßig vom Meerwasser überflutet, entfaltet sich auf dem salzreichen, sumpfigen Boden und an Brackwassertümpeln eine ganz eigene Vegetation wie z. B. die Salzbinse. Außerdem dient das Feuchtgebiet als Rückzugsraum für zahlreiche Vogelarten.

Ausgedehnte Waldgebiete (meist Buchen, aber auch Kiefern) finden sich an der Küste unter anderem in der Rostocker Heide (→ S. 155), auf dem Darß (→ S. 176) sowie auf der Insel Rügen im Nationalpark Jasmund (→ S. 236) und in der Granitz (→ S. 214). Im Binnenland ist es natürlich in erster Linie der Müritz-Nationalpark, der mit großen Waldgebieten aufwartet – teilweise Kiefern und schnell wachsende, anspruchslose Birken, aber auch uralte Buchenwälder, Eichen und in den Feuchtgebieten Erlen. Die *Heiligen Hallen*, der vermutlich älteste Buchenwald Deutschlands, liegt bei Feldberg (→ S. 398) östlich von Neustrelitz und wird auf etwa 350 Jahre geschätzt. Das ist jedoch nichts im Vergleich zu den berühmten *Ivenacker Eichen* (S. 424), mächtige Bäume, die es auf ein stolzes Alter von bis zu 1000 Jahren bringen. Nicht ganz so alt, aber UNESCO-Weltnaturerbe (seit 2011) ist der *Serrahner Buchenwald* im Müritz-Nationalpark (→ S. 350). Zu den Besonderheiten in den Wäldern der Mecklenburgischen Seenplatte zählen neben den (Kessel-) Mooren mit ihrer ganz eigenen Vegetation vor allem die Sumpf- und Bruchwälder (z. B. Erlenbrüche) mit unzähligen Flechten-, Moos- und Pilzarten. Torfmoos und Wollgräser sind die typischen Pflanzen dieser Feuchtgebiete, an den verwachsenen Seeufern außerdem Röhricht und Schilf, Weiße Seerose und Teichrose. In den Wäldern breitet sich besonders im Frühjahr ein

Fliegenfänger: der Sonnentau

wahrer Blütenteppich schönster Waldblumen aus, auf den Feuchtwiesen blüht dann ein knappes Dutzend verschiedener Orchideenarten.

Berühmt ist ganz Mecklenburg-Vorpommern für die große Anzahl an **Alleen**, die sich an den Feldern entlang von Dorf zu Dorf oder von Hof zu Hof ziehen. Überwiegend im 19. Jh. gepflanzt, spannen sich Linden, Buchen, Kastanien, Pappeln, Ulmen usw. über die teils kopfsteingepflasterten Straßen und formen im Sommer ein schattenspendendes grünes Dach.

Fauna: Die gängigen deutschen Wildtiere wie Rehe, Rot- und Damwild, Wildschweine, Füchse und Marder, Feldhasen, Dachse oder auch die umtriebigen Mäusewiesel finden sich flächendeckend auch in Mecklenburg-Vorpommern, doch ist die besondere Fauna der Region vor allem von einem geprägt: dem Wasser. Entlang der Außenküste wurde zuletzt vermehrt von Seehund- und sogar Kegelrobben-Sichtungen berichtet und es besteht die berechtigte Hoffnung, dass sich diese sensiblen Meeressäuger im Schutz der großflächigen Nationalparks und Biosphärenreservate an der Ostsee wieder ansiedeln. Auch Fischotter und Biber sind mittlerweile wieder in ganz Mecklenburg-Vorpommern vertreten (besonders an der Mecklenburgischen Seenplatte mit ihren weit verzweigten Wasserwegen), zu sehen wird man die scheuen bzw. nachtaktiven Tiere aber kaum bekommen.

Die zahllosen Seen, die unzugänglichen Moore und die Bruchwälder im Landesinneren ermöglichen vielen seltenen Arten das Überleben, sei es ganzjährig oder auf der Durchreise. Allein die Vielfalt an Schmetterlingen und Libellen in den Feuchtgebieten ist beachtlich, über 800 verschiedene Arten leben hier. Bei den Schlangen ist vor allem die Ringelnatter verbreitet (in den Heidelandschaften entlang der Küste auch die Kreuzotter!), bei den Lurchen dominieren die

Lebensräume in Mecklenburg-Vorpommern : Dünenheide, Waldsee und Boddenküste

Erdkröte sowie der eher seltene Laubfrosch. Eine Besonderheit ist der Moorfrosch, dessen männliche Exemplare sich zur Paarungszeit leuchtend blau verfärben.

Besondere Aufmerksamkeit gilt im Wasserland Mecklenburg-Vorpommern den unzähligen **Vogelarten**, die hier – sei es auf der Durchreise wie beispielsweise die Kraniche oder aber dauerhaft wie die mächtigen Seeadler – einen optimalen Lebensraum vorfinden. So bieten die Feuchtgebiete entlang der Boddenküste zahlreichen, teils sehr seltenen Vogelarten ein ideales Rückzugs- und Brutgebiet, u. a. diversen Möwen- und Schwalbenarten, Rohrammern oder Haubentauchern. An der Küste und im Binnenland sind außerdem Kormorane sowie Bläss-, Saat- und Graugänse, Graureiher und die seltenen Silberreiher zu sehen. Darüber hinaus trifft man auf Blässhühner, seltene Schwarzstörche und weit verbreitete Weißstörche sowie auf jede Menge Schwäne und Enten (u. a. Pfeifenten). In den Laubwäldern sind u. a. Specht, Zaunkönig, Kleiber, Waldschnepfe und Wendehals zuhause, in den Feuchtgebieten und Bruchwäldern auch der kleinste Fische jagende Eisvogel, der seltene Flussregenpfeifer und die ebenso seltene Große Rohrdommel; Letztere ist sehr scheu und, auch aufgrund ihrer perfekten Tarnung im Schilf, kaum je zu sehen.

Besonders spektakulär sind die großen Raubvögel, die in fast allen Gebieten zumindest vereinzelt vorkommen, in den Schutzgebieten auch häufiger. Allen voran ist hier der *Seeadler* zu nennen, mit einer Spannweite von bis zu zweieinhalb Metern der größte Greifvogel Mitteleuropas, von dem in Mecklenburg-Vorpommern zuletzt etwa 300 Brutpaare gezählt wurden. Er ist ganzjährig sowohl an der Küste als auch (häufiger) an den Binnengewässern anzutreffen, der *Fischadler* dagegen nur im Sommer und an den Binnengewässern, wenn auch weit verbreitet – zuletzt 2011 zählte man fast 180 Brutpaare (v. a. im Müritz-Nationalpark). Die Chancen, einen der beiden imposanten Greifvögel tatsächlich zu Gesicht zu bekommen, stehen hier gar nicht mal so schlecht. Deutlich seltener ist der *Schreiadler* (auch Pommernadler genannt), von ähnlicher Größe wie der Fischadler und wie dieser ebenfalls in Afrika überwinternd. Er lebt in Wäldern in der Nähe von Wiesen und Feuchtgebieten. Häufiger ist da schon die *Rohrweihe*, die sich in den Sommermonaten ebenfalls in der Nähe von Gewässern niederlässt.

Den größten Besucherandrang in ganz Mecklenburg-Vorpommern verzeichnen jedoch die majestätischen *Kraniche*, die hier im Frühjahr und Herbst auf ihrer Reise zwischen Winterquartier (Südfrankreich oder Spanien bis Nordafrika) und Sommerquartier (meist Schweden) zu Tausenden „zwischenlanden" – Zehntausende von ihnen rasten alljährlich allein im Flachwasserbereich der „Rügen-Bock-Region" (östlich von Zingst, → S. 180) des *Nationalparks Vorpommersche Boddenlandschaft* sowie im *Müritz-Nationalpark* (→ S. 350). Zu nahe kommen darf man den Tieren nicht, dann flüchten sie, aber mit dem Fernglas vom Beobachtungsstand oder vom Auto aus lassen sich wunderbare Szenen im Kranichleben verfolgen. Das Interesse an den Kranichen ist mittlerweile so groß, dass Besucher zu den Stoßzeiten im Frühjahr und Herbst nur noch nach Voranmeldung zu den Beobachtungsplätzen im Müritz-Nationalpark kommen können (→ S. 353). Detaillierte Informationen zu den Kranichen → S. 186, vor Ort informiert das Kranichzentrum Groß Mohrdorf (→ S. 185) ausführlich über den größten Vogel Deutschlands.

Last but not least: Ernährer der Region – für Mensch wie auch für diverse Vogelarten – sind natürlich die vielen verschiedenen **Fische**, die sich zuhauf in der Ostsee, den Boddengewässern und der Mecklenburgischen Seenplatte tummeln. Dazu zählen u .a. Aal, Barsch, Dorsch, Flunder, Hecht, Hering, Meerforelle, Müritz-Maräne und Müritz-Zander, Wels, Zander sowie jede Menge Klein- und Kleinstfische.

Herbstzeitstimmung im Naturpark Feldberger Seenlandschaft

Natur- und Umweltschutz

Drei Nationalparks, sieben Naturparks, drei Biosphärenreservate, dazu diverse kleinere Naturschutzgebiete (NSG) und Landschaftsschutzgebiete – rund ein Fünftel Mecklenburg-Vorpommerns steht unter Naturschutz!

Das schafft in Deutschland kein anderes Bundesland. Zu verdanken hat Mecklenburg-Vorpommern den Schutz seiner bezaubernden Landschaften einem umweltpolitischen Husarenstück: In den letzten Tagen der DDR gelang es Michael Succow, dem stellvertretenden Umweltminister der DDR, sowie Hannes Knapp, Lebrecht Jeschke und Matthias Freude quasi im Handstreich, zahlreiche Landstriche unter verschärften Naturschutz zu stellen. Auf der letzten Ministerratssitzung der DDR am 12. September 1990 beschlossen sie, ein Dutzend Schutzgebiete zu schaffen, die meisten davon an der Ostsee, aber auch den heutigen Müritz-Nationalpark. Unterstützt wurden sie dabei von Klaus Töpfer, dem damaligen Umweltminister der Bundesrepublik, der das Unternehmen später das „Tafelsilber der deutschen Einheit“ nannte. Zu Recht: Succow und seine Mitstreiter hatten in wenigen Monaten erreicht, wozu im vereinigten Deutschland Jahre, wenn nicht Jahrzehnte nötig gewesen wären. Heute stehen über 20 % des Bundeslandes Mecklenburg-Vorpommern unter Naturschutz.

Im Zuge oben beschriebener Schutzmaßnahmen wurden 1990 die **Nationalparks** Vorpommersche Boddenlandschaft (805 km²), Jasmund (30 km²) und Müritz (322 km²) gegründet. Der *Nationalpark Vorpommersche Boddenlandschaft* umfasst den Darß, weite Teile der Halbinsel Zingst, die Insel Hiddensee, Teile von Ummanz (Rügen), die Küsten Westrügens und die dazwischen liegenden Gewässer. Im Nordosten von Rügen befindet sich der kleinste Nationalpark Deutschlands, der *Nationalpark Jasmund*, der die Kreidefelsen, die Stubnitz und den Küstenstreifen

Die Ostsee

Noch in den 1970er-Jahren galt die Ostsee als das schmutzigste Meer der Welt. Um sie vor dem Kollaps zu bewahren, taten sich 1974 die Anrainerstaaten über alle ideologischen Grenzen hinweg in der Helsinki-Kommission zusammen und vereinbarten den Schutz der Ostsee. Seither ist viel geschehen: Städte, Mülldeponien, Raffinerien, Fabriken und Metallhütten leiten ihre Abwässer nicht mehr ungeklärt ins Meer. Ein Anzeichen für die Erholung der angeschlagenen Ostsee (mit praktischem Nutzen) ist, dass das Wasser der meisten Küstenabschnitte zumindest Badequalität hat. Aber es ist längst nicht alles im Reinen, denn die Ostsee ist ein höchst sensibler Meeresraum. Grund dafür ist ihr Tiefenrelief. Das Becken der Ostsee fällt zwar auf etwa 250 Meter (Gotlandtief) und stellenweise sogar bis zu 450 Meter ab, die Wasserstraßen aber, die die Nord- mit der Ostsee verbinden, sind verhältnismäßig flach (v. a. an der Darßer Schwelle), sodass kaum Wasseraustausch stattfinden kann. Das wird deutlich am durchschnittlichen Salzgehalt: 3,5 % in der Nordsee stehen 1,6 % bis 0,2 % in der Ostsee gegenüber. Das eigentliche Problem aber, das ebenfalls mit dem Salzgehalt zusammenhängt, ist der Mangel an Sauerstoffzufuhr aufgrund der unzureichenden Wasserbewegungen. Lediglich spezifische Wetterkonstellationen (starker Ostwind, der das Wasser aus der Ostsee bläst, gefolgt von einem Sturm aus West, der große Wassermassen zurückbefördert) bringen frisches, sauerstoff- und salzreiches Meerwasser in die Ostsee.

umfasst. Der im Binnenland gelegene *Müritz-Nationalpark* erstreckt sich in weiten Teilen entlang dem Ostufer der Müritz, dem zweitgrößten See Deutschlands; ein von dichtem Wald bestandenes Teilgebiet liegt weiter östlich bei Neustrelitz. Die Nationalparks bestehen zum Teil aus *Kernzonen*, in deren natürliche Abläufe der Mensch nicht mehr aktiv eingreift. Über das restliche Gebiet verteilen sich die *Pflegezonen*, in denen Pflanzenbestände aktiv bewahrt werden.

Nationalparks in Mecklenburg-Vorpommern: Jasmund, Müritz ...

In den 1990er-Jahren wurden die Schutzgebiete in Mecklenburg-Vorpommern um sieben **Naturparks** erweitert: 1994 wurde der Naturpark *Nossentiner/Schwinzer Heide* (365 km²) im Westen der Mecklenburgischen Seenplatte eingerichtet, es folgten 1997 die *Feldberger Seenlandschaft* (360 km²) und die *Mecklenburgische Schweiz und Kummerower See* (673,5 km²), beide ebenfalls im Binnenland an der Mecklenburgischen Seenplatte gelegen. Der mit Abstand größte Naturpark des Bundeslandes, das *Mecklenburgische Elbetal* (3428 km²), wurde 1998 gegründet und erstreckt sich ganz im Südwesten entlang der Grenze zu Niedersachsen. 1999 kam im Nordosten der Naturpark *Insel Usedom* (720 km²) hinzu, im Jahr 2004 das *Sternberger Seenland* (540 km²) im Westen der Mecklenburgischen Seenplatte und zuletzt, im Jahr 2005, der Naturpark *Am Stettiner Haff* (538 km²) ganz im Osten an der Grenze zu Polen. Im Gegensatz zu den Nationalparks, in deren Kernzonen der Mensch nicht mehr eingreift, steht beim Naturpark mehr die Pflege und Nutzung der Kulturlandschaft sowie deren touristische Bedeutung im Vordergrund.

Erstes der drei **Biosphärenreservate** Mecklenburg-Vorpommerns war das 1990 gegründete Biosphärenreservat *Südost-Rügen* (229 km²), das auf der Insel Rügen die Granitz bis hinüber nach Putbus und das Mönchgut unter Schutz stellt. 1994 folgte das Biosphärenreservat *Schaalsee* (309 km²) ganz im Westen Mecklenburgs an der Grenze zu Schleswig-Holstein (ab 1990 bereits Naturpark); das 1997 etablierte Biosphärenreservat *Flusslandschaft Elbe* (3428 km²) deckt sich flächenmäßig mit dem *Naturpark Mecklenburgisches Elbetal* (→ oben). Wie in den Nationalparks gibt es auch in den Biosphärenreservaten *Kernzonen*, doch fallen diese deutlich kleiner aus. In den weniger streng geschützten *Pflegezonen* steht der Erhalt der Kulturlandschaft im Vordergrund – also nachhaltige ökologische Landwirtschaft, Fischerei, Tourismus etc., in den *Entwicklungszonen* sollen „alle Nutzungs- und Wirtschaftsformen umwelt-, natur- und sozialverträglich umgesetzt werden", so zumindest steht es in den allgemeinen Grundlagen deutscher Biosphärenreservate.

Hinzu kommen diverse *Naturschutzgebiete* (NSG) und *Landschaftsschutzgebiete*, flächenmäßig meist recht klein, für die deutlich strengere Schutzbestimmungen gelten als für die Naturparks (teilweise auch Biosphärenreservate), in denen sie liegen.

... und Vorpommersche Boddenlandschaft (hier der Darßer Weststrand)

Berühmte Mecklenburger, berühmte (Vor-)Pommern

Ernst Moritz Arndt, geb. 26. Dez. 1769 in Groß Schoritz auf Rügen, gest. 29. Jan. 1860 in Bonn, Schriftsteller.

Ernst Barlach, geb. 2. Jan. 1870 in Wedel (Holstein), gest. 24. Okt. 1938 in Rostock, Bildhauer, Zeichner, Schriftsteller und Wanderer im Wind.

Gebhard Leberecht von Blücher, Fürst von Wahlstatt, geb. 16. Dez. 1742 in Rostock, gest. 12. Sept. 1819 in Krieblowitz, preußischer Generalfeldmarschall, „Marschall Vorwärts".

Georg Adolph Demmler, geb. 22. Dez. 1804 in Berlin, gest. 2. Jan. 1886 in Schwerin, einer der großen Architekten Mecklenburgs.

Hans Fallada, eigentlich Rudolf Wilhelm Friedrich Ditzen, geb. 21. Juli 1893 in Greifswald, gest. 5. Feb. 1947 in Berlin, Schriftsteller (*Kleiner Mann, was nun?*).

Caspar David Friedrich, geb. 5. Sept. 1774 in Greifswald, gest. 7. Mai 1840 in Dresden, der deutsche Maler der Romantik: *Kreidefelsen auf Rügen*, *Der Wanderer über dem Nebelmeer*.

Joachim Gauck, geb. 24. Jan. 1940 in Rostock, evang. Pfarrer, Bürgerrechtler, 1991–2000 erster Bundesbeauftragter für die Unterlagen des Staatssicherheitdienstes der ehem. DDR („Gauck-Behörde") und seit März 2012 deutscher Bundespräsident.

Gerhart Johann Robert Hauptmann, geb. 15. Nov. 1862 in Obersalzbrunn, gest. 6. Juni 1946 in Agnetendorf, Schriftsteller, Dramatiker und Hiddenseefan.

Uwe Johnson, geb. 20. Juli 1934 in Cammin, gest. 24. Febr. 1984 in Sheerness on Sea, Schriftsteller (Jahrestage).

Walter Kempowski, geb. 29. April 1929 in Rostock, gest. 5. Okt. 2007 in Rotenburg/Wümme, Schriftsteller (*Tadellöser und Wolff*, *Echolot*).

Wolfgang Arthur Reinhold Koeppen, geb. 23. Juni 1906 in Greifswald, gest. 14. März 1996 in München, Schriftsteller (*Tauben im Gras*, *Das Treibhaus*, *Der Tod in Rom*).

Ludwig Gotthard (zeitweilig Theobul) Kosegarten, geb. 1. Febr. 1758 in Grevesmühlen, gest. 26. Okt. 1818 in Greifswald, Pastor und Dichter.

Toni Kroos, geb. 4. Jan. 1990 in Greifswald, Fußballer, spielt für den FC Bayern München.

Karl Wilhelm Otto Lilienthal, geb. 23. Mai 1848 in Anklam, gest. 10. Aug. 1896 in Berlin, Flugpionier.

(Heinrich Ludwig Christian Friedrich) Fritz Reuter, geb. 7. Nov. 1810 in Stavenhagen, gest. 12. Juli 1874 in Eisenach, Mecklenburgs Schriftsteller (*Ut mine Festungstid*, *Dörchläuchting*).

Philipp Otto Runge, geb. 23. Juli 1777 in Wolgast, gest. 2. Dez. 1810 in Hamburg, Maler (*Die Hülsenbeckschen Kinder*).

Katrin Sass, geb. 23. Okt. 1956 in Schwerin, Schauspielerin.

Johann Ludwig Heinrich Julius Schliemann, geb. 6. Jan. 1822 in Neubukow, gest. 26. Dez. 1890 in Neapel, Archäologe, Entdecker Trojas.

Max Schmeling, geb. 28. Sept. 1905 in Klein Luckow, gest. 2. Febr. 2005 in Wenzendorf (bei Hamburg), deutscher Schwergewichtsboxer und Weltmeister (1930 und 1932).

Matthias Schweighöfer, geb. 11. März 1981 in Anklam, Schauspieler.

Klaus Störtebeker, geb. ?, gest. ca. 1401 in Hamburg, hingerichtet, Pirat.

Luise von Mecklenburg-Strelitz, geb. 10. März 1776, gest. 19. Juli 1810, mecklenburgische Prinzessin, früh verstorbene, mythostaugliche preußische Königin der Herzen.

Nadja Uhl, geb. 23. Mai 1972 in Stralsund, Schauspielerin.

Jan Ullrich, geb. 2. Dez. 1973 in Rostock, Profi-Radsportler, bislang einziger deutscher Tour-de-France-Gesamtsieger (1997).

Johann Heinrich Voß, geb. 20. Febr. 1751 in Sommersdorf bei Waren, gest. 29. März 1826 in Heidelberg, Dichter und Homer-Übersetzer.

Ehm Welk, geb. 29. Aug. 1884 in Biesenbrow bei Angermünde (heute Brandenburg), gest. 19. Dez. 1966 in Bad Doberan, Schriftsteller und Journalist.

Steinalt: die Großsteingräber bei Lancken-Granitz (Rügen)

Geschichte

um 8000 v. Chr. Mit dem Ende der letzten **Eiszeit** ziehen sich die gewaltigen Inlandsgletscher langsam zurück. Durch den Anstieg des Meeresspiegels bilden sich die Küstenlinien der Ostsee heraus. Erste Nomaden kommen aus dem Süden an die Binnenseen und die Ostsee.

ab 4000 v. Chr. In der **Jungsteinzeit** werden aus Jägern und Sammlern sesshafte Bauern, die Ackerbau und Viehzucht betreiben. In bemerkenswerter Zahl sind Relikte steinzeitlicher Grabanlagen (Großstein- oder Hünengräber aus meist tonnenschweren Findlingen, teils aufrecht stehend in einem Trapez angeordnet, teils mit Deckstein als Dolmen) erhalten geblieben. Bemerkenswerte Großsteingräber finden sich im Everstorfer Forst (im Klützer Winkel), bei Rerik oder bei Lancken-Granitz auf Rügen.

ab 1600 v. Chr. Aus der **Bronzezeit** ist ein reger Handel im Ostseeraum nachweisbar. Die Toten werden nun in Hügelgräbern bestattet.

ab 600 v. Chr. **Germanische Völker** siedeln auf dem Gebiet des heutigen Mecklenburg-Vorpommerns. Die Handelsbeziehungen reichen schließlich bis ins Römische Reich, vor allem dank des Bernsteins.

um 400 n. Chr. Im Zuge der **Völkerwanderung** verlassen große Verbände der germanischen Stämme den Ostseeraum.

ab dem 6. Jh. In dem dünn besiedelten Gebiet lassen sich **slawische Stämme** nieder, auch *Wenden* genannt: Im Westen findet sich der Stammesverband der *Obotriten*, darunter die *Warnower*, die, wie der Name verrät, an der Warnow leben, sowie die namensgebenden *Obotriten*, die um den Schweriner See siedeln. Auf Rügen lassen sich die *Ranen* oder *Rugier* nieder, an den Ufern der Müritz, des „kleinen Meeres“, siedeln die *Müritzer* und im Osten der Stammesverband der *Wilzen* (die wenige Jahrhunderte später als *Lutizen* bekannt wurden), denen u. a. die *Tollenser* (am gleichnamigen Tollensesee) angehören.

ab dem 9. Jh. Skandinavische Händler befahren den Ostseeraum. Entgegen ihrem Ruf waren die **Wikinger** keineswegs nur brandschatzende Räuber, sondern zuallererst Händler, die auch Handelsniederlassungen gründeten.

Versunken in der Ostsee: Vineta

Reicher als die reichste Stadt Europas, die Dächer waren mit Gold und Silber gedeckt, die Kinder spielten mit Perlen und sogar die Schweine sollen aus goldenen Trögen gefressen haben. Vinetas Glanz strahlte weit über die Stadtgrenzen hinaus. Doch Pracht und Reichtum verleiteten zu Hochmut und Selbstherrlichkeit – und dazu, alle Warnungen vor dem drohenden Untergang in den Wind zu schlagen. So kam es, wie es kommen musste: Ein göttlicher Fluch traf die Stadt und eine riesige Flutwelle versenkte sie mit all ihren Bewohnern im Meer. So jedenfalls will es die Legende.

Zuverlässigere Quellen wie die Schriften des Geschichtsschreibers *Adam von Bremen* (11. Jh.) lassen vermuten, dass es diese große Stadt an der Ostsee tatsächlich gegeben hat. Vineta war demnach eine mächtige Handelsstadt der Wenden, die (späteren Quellen zufolge) im 12. Jh. von den Dänen zerstört wurde. Gründlich zerstört, denn bis heute ist die Stadt verschwunden. Mehrere Theorien nehmen für sich in Anspruch, ihren ehemaligen Standort benennen zu können. Eine Theorie besagt, dass Vineta bei Koserow auf Usedom gelegen habe. Dort findet sich unterhalb des Streckelsbergs in der Ostsee das sogenannte Vineta-Riff, die vermeintlichen Ruinen der Stadt. Lange war die polnische Insel Wollin der Favorit, denn hier hatte man tatsächlich Überreste einer reichen slawischen Siedlung ausgegraben. 1998 traten der Historiker *Klaus Goldmann* und der Sprachwissenschaftler *Günter Wermusch* mit der These an die Öffentlichkeit, dass Vineta sich weit entfernt von der Pommerschen Bucht beim heutigen Barther Bodden befunden habe (sehr ausführlich dargestellt in: *Vineta. Die Wiederentdeckung einer versunkenen Stadt*, 3. Aufl. 2004). Schließlich befasst sich eine weitere Theorie mit der Art des Untergangs: Demnach waren es weder die Dänen noch eine Welle, die Vineta zerstörten, verantwortlich war vielmehr die Beschaffenheit des Untergrunds. Die Stadt habe auf Pfählen über sumpfigem Grund geruht und sei darin versunken: Vineta, eine Mischung aus einem Venedig und einem Atlantis der Ostsee.

Möglicherweise werden sich irgendwann stichhaltige Beweise für den Standort Vinetas finden, bis dahin schmücken sich Barth, Koserow und Wollin gemeinsam mit der sagenhaften Wendenstadt. Der Legende zufolge warten die Bewohner Vinetas bis heute darauf, von ihrem Fluch befreit zu werden. Nur am Ostermontag erhebe sich die Stadt aus den Fluten und hoffe darauf, dass ein Montagskind sich in die Straßen Vinetas wage, um von einem Händler irgendetwas zu kaufen – erst dann sei die Stadt erlöst.

Vorchristliche Behausung: im Archäologischen Landesmuseum Groß Raden

ab dem 10. Jh. Beginnende Christianisierung im Westen des wendischen Gebietes. Franken, Sachsen, Dänen und Polen rücken näher an die slawischen Stämme heran und erhöhen den Siedlungsdruck. Mit dem *Lutizenaufstand* 983 wehren sich slawische Stammesverbände gegen die militärische und missionarische Einflussnahme und verzögern die christlich-deutsche Expansion um weitere 150 Jahre.

11. Jh. **Blütezeit** der slawischen Siedlungen. Zentren sind die *Mickelenburg* (beim heutigen Dorf Mecklenburg bei Wismar), die dem Land seinen Namen geben sollte, die Tempelburg bei *Groß Raden*, das sagenumwobene (und unauffindbare) Heiligtum *Rethra*, von dem angenommen wird, dass es sich am Südufer des Tollensesees befand, die *Burg Werle* im Warnowtal, *Garz* und *Arkona* auf Rügen und *Usedom* (Stadt) .

12. Jh. **Christianisierung**: Zwei Missionsreisen führen den Bischof *Otto von Bamberg* 1124 und 1128 nach Pommern. Auf Betreiben *Wartislaws I.*, des ersten nachweisbaren Pommernherrschers aus dem Haus der Greifen, treffen sich die slawischen Fürsten in Uznam (Usedom), um im Beisein Ottos zum Christentum überzutreten. Die Obotriten werden in der Folge des Wendenkreuzzugs unter dem streitbaren sächsischen Herzog *Heinrich dem Löwen* gewaltsam christianisiert und 1160 endgültig unterworfen. Heinrich gibt *Pribislaw*, dem Sohn des letzten *obtritischen* Fürsten Niklot, einen Großteil des eroberten Landes zum Lehen und dessen Sohn und Thronfolger *Heinrich Borwin I.* die eigene (wenngleich uneheliche) Tochter Mathilde zur Frau. Damit ist nicht nur das Fürstentum Mecklenburg geschaffen, sondern auch eine Fürstendynastie begründet, die bis 1918 bestehen sollte.

Zuletzt besiegt eine dänische Armee unter der Führung *Absalons*, Bischof von Roskilde, 1168 die Ranen und setzt das Christentum auch auf *Rügen* durch, die Insel wird dänisches Lehen.

Im Windschatten der Christianisierung beginnt der verstärkte **Zuzug** *deutscher* **Siedler** an die Ostsee.

13. Jh. Die großen Häfen an der Ostsee erhalten das **Stadtrecht**: 1218 Rostock, spätestens 1229 Wismar, 1234 Stralsund und 1250 Greifswald. Die Hanse formiert sich. 1259 erste Handelsvereinbarung zwischen Lübeck, Wismar und Rostock. 1264/65 wird auf dem ersten Hansetag in Wismar ein Bündnis zwischen Lübeck, Wismar, Rostock, Stralsund und Greifswald geschlossen.

Nach dem Tod Heinrich Borwins 1227 erben gleich vier seiner Enkel das junge **Fürstentum Mecklenburg** – das nun zerfällt: Nach der **Ersten Hauptlandesteilung** 1229 gibt es neben der Herrschaft Mecklenburg einen Landesteil um die aufstrebende Stadt Rostock, einen um die alte Slawenburg Werle sowie einen um Parchim – daneben existiert die Grafschaft Schwerin und auch das Bistum Ratzeburg verfügt über mecklenburgisches Stiftsland.

Auch das **Herzogtum Pommern** wird geteilt: Nach dem Tod *Barnims I.* werden seine Söhne *Bogislaw IV.* Herzog von Wolgast und *Otto I.* Herzog von Stettin. Usedom ist Teil des Herzogtums Wolgast. Die Stadt wird zur Residenz Bogislaws und seiner Nachfolger.

14. Jh. Nach einer kriegerischen Auseinandersetzung mit dem Königreich Dänemark befindet sich die **Hanse** mit dem *Frieden von Stralsund* (1370) auf dem Höhepunkt ihrer Macht.

Während sich das Herzogtum Pommern-Stettin in lang anhaltenden Streitigkeiten vor allem mit den Brandenburgern ergeht und auch Pommern-Wolgast Territorien verliert, bleibt die Insel Usedom – noch immer das Kerngebiet von Pommern-Wolgast – von kriegerischen Auseinandersetzungen weitgehend verschont. 1325 wird Rügen ein Teil des Herzogtums Pommern-Wolgast.

In Mecklenburg regiert *Albrecht II.* (1318–1379), der vielleicht bedeutendste Herrscher der Linie. Albrecht erwirbt unter anderem die Grafschaft Schwerin und stabilisiert seine Herrschaft. Albrecht aber muss die Macht in Mecklenburg teilen – mit seinem Bruder *Johann*: Albrecht steht der Linie Schwerin vor, sein Bruder der Linie Stargard (woraus sich später die Linie Güstrow entwickeln sollte). Mecklenburg wird aus der Lehnspflicht gegenüber Sachsen entlassen und die Brüder zu Herzögen erhoben (1348).

15. Jh. Die Hanse erlebt ihre Blütezeit. Die Städte erlangen eine relative Unabhängigkeit von ihren Territorialherren. Das wachsende hanseatische Selbstbewusstsein in den Städten spiegelt sich in einer regen Bautätigkeit wider, es entstehen die beeindruckenden Bauten der **Norddeutschen Backsteingotik**, die mächtigen Kirchen in Schwerin, Wismar, Rostock, Stralsund und Greifswald, die repräsentativen Rathäuser von Stralsund und Rostock sowie zahllose prachtvolle Bürgerhäuser.

Herrin des Mare Balticum: die Hanse

Charakterisiert man die Hanse als Städtebündnis, wird man dem Phänomen nicht gerecht. Sie als Händlergemeinschaft zu beschreiben, greift ebenfalls zu kurz. Die Hanse war beides: ein wirtschaftliches *und* ein politisches Bündnis zwischen Städten *und* zwischen Kaufleuten. Alles begann mit einer Fahrgemeinschaft. Fernhandel treibende Kaufleute taten sich im 12. Jh. zusammen, um ihre ebenso kostenintensiven wie gefährlichen Handelsreisen im Verbund zu unternehmen. Mit der Zeit entstanden dadurch feste Kooperationen, von Außenstehenden *Hansen* („Schar“, „Bund“) genannt. Diese „Bünde“ erwarben die teuren Privilegien, die ihnen überhaupt erst erlaubten, Handel zu treiben, und gründeten in den fernen Häfen Kontore. Mit wachsendem Reichtum der Kaufleute stieg auch ihr politischer Einfluss. Die Zahl Handel treibender Ratsherrn in jeder Stadt an der deutschsprachigen Ostseeküste war endlos und so wurde aus der Zusammenarbeit von Händlern auch ein Städtebündnis.

Die technische Voraussetzung für den Aufschwung war die Kogge (eigentlich: *der Koggen*), ein neuer, bauchiger Schiffstyp mit enormem Fassungsvermögen. Der Handel basierte auf folgendem Grundprinzip: Rohstoffe wurden aus dem Ostseeraum in den Westen, Fertigprodukte in entgegengesetzter Richtung gehandelt. Die Nowgorod-Fahrer brachten Holz, Pelz, Teer, Asche, Hanf, die Schonen-Fahrer Hering und Erz etc. Im Gegenzug kamen Tuche, Wein und Metallwaren aus dem Westen (z. B. aus Flandern) in den Ostseeraum. Profit machten die Städte an der deutschen Ostseeküste aber nicht nur als Zwischenhändler beim West-Ost-Warenaustausch, sondern auch durch den Handel mit heimischen Produkten. Wismar beispielsweise exportierte lange Zeit Getreide, bis ausgerechnet Lübeck die Nachbarstadt vom Markt drängte. Daraufhin begannen die Bürger von Wismar den Rohstoff zu veredeln, exportierten Bier und erzielten dadurch stattliche Gewinne.

Das Städtebündnis, die politische Dimension hanseatischer Macht, war Ergebnis eines 1259 abgeschlossenen Vertrags zwischen Lübeck, Rostock und Wismar, der die Handelswege zwischen den aufstrebenden Städten sichern sollte. Als das Bündnis 1264/65 um Stralsund und Greifswald erweitert wurde, tagte der Prototyp des später traditionell in Lübeck stattfindenden Hansetages in Wismar. 1310 kam es zu einem Konflikt der Städte mit dem dänischen König. Rostock und Wismar wurden geschlagen, während aus Lübeck, getreu der Maxime „Eigennutz vor Gemeinnutz“, nichts als Beileidsbekundungen kamen. 1316 wurde Stralsund von den Dänen belagert, konnte die feindliche Armee aber zurückdrängen. Die Interessengemeinschaft Hanse hatte zwar Schaden genommen, war aber letztendlich allein von Stralsund gerettet worden. Eine Generation später waren es wieder die Dänen, die den Aufschwung der Hansestädte bedrohten. Dieses Mal aber hielt das Bündnis. 1368 musste sich Kopenhagen der hanseatischen Flotte ergeben. Der geschlagene Dänenfürst musste alle Handelsprivilegien der Hanse bestätigen und enorme Zahlungen leisten. Der am 24. Mai 1370 geschlossene *Friede von Stralsund* markiert den politischen Höhepunkt der Hanse. Es folgte ein Jahrhundert, das als *Blütezeit der Hanse* bezeichnet wird.

Der Dreißigjährige Krieg brachte auch das Ende der Hanse, der Niedergang hingegen hatte bereits im 16. Jh. begonnen. Längst hatten sich die Handelszentren im Zuge der Entdeckung und Kolonialisierung Amerikas von Ostsee und Mittelmeer in den Westen an die Atlantikküste und in die Niederlande verlagert. Die Ostsee war zum Binnenhandelsweg einer neuen Großmacht geworden: Schweden.

1419 wird in Rostock die erste Universität Nordeuropas gegründet, 1456 folgt die zweite in Greifswald.

Nachdem diverse Seitenlinien ausgestorben sind oder sich im Erbrechtsstreit nicht haben durchsetzen können, vereint *Bogislaw X.* Pommern unter seiner Regentschaft und macht Stettin 1491 zu seiner Residenzstadt.

16. Jh. 1532 kommt es zur **erneuten Teilung Pommerns**.

Die **Reformation** setzt sich durch, bedeutendster Reformator an der Ostsee ist *Johannes Bugenhagen*. Die **Klöster** werden säkularisiert, beide Pommern treten in den *Schmalkaldischen Bund* ein, ein Bündnis protestantischer Städte und Landesfürsten gegen den katholischen Kaiser, nehmen aber nicht aktiv an Kämpfen mit dessen Truppen teil. Auch Mecklenburg wird protestantisch, offiziell mit dem Sternberger Landtag (1549).

Auf politischer Ebene prägt sich das Feudalsystem immer weiter aus, das *Bauernlegen* beginnt sich abzuzeichnen: Kleinere Höfe werden wachsenden Rittergütern einverleibt, aus freien Kleinbauern werden Leibeigene.In den Hanse- und Residenzstädten dagegen hält die Renaissance Einzug: in Schwerin und Güstrow entstehen prächtige Schlösser, in Wismar der Fürstenhof.

17. Jh. In Mecklenburg wird mit der **Zweiten Hauptlandesteilung** 1621 festgesetzt, was sich schon seit Jahrzehnten abgezeichnet hatte: Es gibt zwei mecklenburgische Linien – auf der einen Seite Mecklenburg-Schwerin, auf der anderen Mecklenburg-Güstrow.

Der **Dreißigjährige Krieg** erreicht 1626/27 die mecklenburgischen und pommerschen Herzogtümer und trifft sie mit voller Wucht. Zuerst kommen mit *Albrecht von Wallenstein* kaiserliche Truppen, dann landen schwedische Truppen (etwa 15.000 Soldaten) unter *Gustav II. Adolf* 1630 bei Peenemünde auf Usedom. Mecklenburg und Pommern werden zum Durchzugs- und Aufmarschgebiet. Die Städte werden belagert, das Land verwüstet und geplündert, im Windschatten des Krieges wüten Pest und Hungersnot. In manchen Gebieten wird die Bevölkerung um zwei Drittel dezimiert. Mecklenburg und Pommernland sind abgebrannt.

Im *Frieden von Osnabrück*, der „schwedischen Hälfte" des Westfälischen Friedens, wird der westliche Teil Pommerns samt Rügen und Usedom sowie Wismar den Schweden zugeschlagen. Bis 1815 bleibt der Kern dieses Gebiets unter der Herrschaft der Drei Kronen und wird in die kriegerischen Auseinandersetzungen der neuen Großmacht an der Ostsee hineingezogen, so im Schwedisch-Polnischen (1654–1660) und im Schwedisch-Brandenburgischen Krieg (1675–1679).

18. Jh. Einen Erbfolgestreit in Mecklenburg beendet 1701 der *Hamburger Vergleich*, der die **Dritte Hauptlandesteilung** fixiert: Wieder gibt es zwei Mecklenburgs: Mecklenburg-Schwerin und Mecklenburg-Strelitz. Diese Zweiteilung Mecklenburgs samt ihrer fürstlichen Dynastien sollte auch über die deutsche Reichseinigung bis 1918 bestehen bleiben.

Im **Großen Nordischen Krieg** (1700–1721) erleidet der schwedische König *Karl XII.*, der „letzte Ritter Europas“, 1709 eine schwere Niederlage. 1711 marschieren alliierte Truppen (Sachsen, Russen und Polen) in Vorpommern ein. Mit der legendären Rückkehr des Schwedenkönigs aus dem türkischen Exil 1714 – für den Ritt aus der Türkei bis nach Stralsund benötigt er keine 14 Tage – flammen die Kampfhandlungen wieder auf. Daraufhin besetzt Preußen 1715 Usedom. Mit dem Friedensvertrag von Stockholm (1720) wird Usedom Preußen zugesprochen, während die Gebiete im nördlichen Vorpommern, darunter die Insel Rügen, die Hansestadt Stralsund sowie Wismar, bei Schweden verbleiben.

1763 hebt *Friedrich II.* in Preußen die Leibeigenschaft auf, in Schwedisch-Pommern wird sie noch bis 1806 bestehen bleiben.

19. Jh. Nach der Niederlage Preußens bei der Doppelschlacht von Jena und Auerstedt 1806 im 4. Koalitionskrieg werden nicht nur die preußischen Gebiete, sondern auch Mecklenburg, das schwedische Wismar und Schwedisch-Pommern von napoleonischen Truppen besetzt.

Nach dem Zusammenbruch des napoleonischen Reiches wird auf dem **Wiener Kongress** die Karte Europas neu gezeichnet, für die Ostseeküste heißt das: Schwedisch-Pommern (und damit Rügen) geht an Preußen, Wismar an Mecklenburg.

Land unter 1872

Am 12./13. November 1872 erlebte die deutsche Ostseeküste ein unvergleichliches Sturmhochwasser. Keine Schlechtwetter-Chronik wusste bis dato von einer ähnlichen Katastrophe an der Küste zu berichten. Der Wasserstand lag zeitweilig bis zu knapp drei Meter über NN, während gleichzeitig ein Orkan die Küste entlang zog. Bereits bei 1,50 Meter über NN spricht man von einem Sturmhochwasser, kürzer und geläufiger: von einer Sturmflut. Sie entsteht in der Ostsee aufgrund einer seltenen Wetterkonstellation: Bei anhaltend starken (Nord-)West-Winden werden Wassermassen in den östlichen Teil der Ostsee gedrückt, gleichzeitig fließt Wasser durch den Skagerrak aus der Nordsee nach. Wenn dann der Wind umschlägt, aus Nordost bläst und sich zu Orkanstärke aufbaut, drängen die Wassermassen mit hoher Geschwindigkeit zurück an die westliche Ostseeküste, ohne dass das Wasser durch die Meerenge zwischen Ost- und Nordsee abfließen kann.

Was 1872 der Orkan nicht niederriss, erledigte schließlich das Wasser. Die Inseln Hiddensee und Usedom wurden praktisch entzweigerissen, der Darß vom Festland abgetrennt. Neuendorf und Vitte auf Hiddensee wurden komplett überflutet, die Lehmhäuser fielen in sich zusammen, die meisten Fischerboote wurden zerstört. Auf Usedom versank das an der engsten Stelle der Insel gelegene Fischerdorf Damerow in den Fluten. Auch auf Fischland-Darß-Zingst drängten die Wassermassen in die Fischerdörfer. Entlang der gesamten Ostseeküste ließen Menschen und Vieh ihr Leben in den Fluten, Deiche brachen, Fischerkaten fielen in sich zusammen, Boote und Schiffe wurden an den Strand geworfen und zerstört.

Langsam beginnt sich der Badetourismus durchzusetzen, anfangs noch als adlige **Kur**, später als bürgerliches Vergnügen: bereits Ende des 18. Jh. in Heiligendamm, ab 1824 auf Usedom, dann in den 1840ern in Putbus und bald darauf in Binz. Auch die Industrialisierung erreicht die Ostseeküste – sichtbar v. a. an den Dampfschiffflotten, die in den Werften der Hafenstädte gebaut werden, und an der Eisenbahn, die einerseits dem Schiffsbau, andererseits dem wachsenden Tourismus von Nutzen ist.

20. Jh. Der **Erste Weltkrieg** hemmt den Tourismus nur kurz. In den „goldenen Zwanzigern" blühen auch die Urlaubszentren an der Ostseeküste, Hiddensee wird zum beliebten Künstler-Domizil.

Unter den **Nationalsozialisten** soll auf Prora (Rügen) ein gigantisches Urlaubszentrum entstehen, während in Peenemünde (Usedom) die berühmt-berüchtigten V1- und V2-Raketen produziert werden – unter Beteiligung zahlloser Zwangsarbeiter, die unter menschenunwürdigen Bedingungen ihr Werk verrichten müssen (→ S. 285). Auch in Wismar und Rostock siedelt sich Rüstungsindustrie an, was die Städte zu Zielen alliierter Bomberstaffeln macht. Weite Teile der alten Hansestädte werden zerstört.

Nach dem Zusammenbruch des Dritten Reiches besetzen sowjetische Truppen das Land, es kommt zu Plünderungen und Vergewaltigungen. Die Einwohnerzahl des heutigen Mecklenburg-Vorpommerns steigt bis Ende 1945 durch fast eine Million Flüchtlinge und Vertriebene stark an. Das Kriegsgefangenenlager Fünfeichen bei Neubrandenburg wird 1945–1948 als sowjetisches „Speziallager Nr. 9" geführt, in dem neben den 2000 Kriegsgefangenen vor Mai 1945 nach Kriegsende etwa 5000 politische Gefangene ums Leben kommen.

Aus Mecklenburg und dem bei der noch zu gründenden **DDR** verbliebenen Rest Pommerns entsteht das Land Mecklenburg-Vorpommern, das 1952 in die Bezirke Schwerin, Rostock und Neubrandenburg eingeteilt wird. Die landwirtschaftliche Produktion wird kollektiviert (sog. Bodenreform im September 1945), die Industrie demontiert. Neue Industrie entsteht vor allem im Schiffsbau – die Warnow-Werft wird der größte Betrieb Mecklenburg-Vorpommerns, 1960 wird der Rostocker Überseehafen in Betrieb genommen. 1953 enteignet die DDR im Zuge der sogenannten *Aktion Rose* Hotel- und Pensionsbesitzer an der Ostseeküste und verstaatlicht die Urlaubseinrichtungen, vielen ehemaligen Eigentümern wird als vermeintlichen Wirtschaftsverbrechern der Prozess gemacht.

In den 1960er-Jahren wandelt sich der noch immer agrarisch geprägte Norden der DDR zu einem industriellen und agrar-industriellen Gebiet, es entstehen riesige Produktionsbetriebe. Nach Schließung der innerdeutschen Grenze 1961 wird die rund 600 Kilometer lange Ostseeküste nicht nur zum beliebten Urlaubsziel, sondern auch zur scharf bewachten Grenze mit einer fünf Kilometer breiten Sperrzone. 1974 wird das Kernkraftwerk Greifswald-Lubmin in Betrieb genommen. In den 1970er-Jahren entstehen die großen Plattenbauviertel der Bezirksstädte Schwerin, Rostock und Neubrandenburg.

In den 1980er-Jahren formiert sich aus der Friedens- und der Umweltbewegung Widerstand gegen die Staatsgewalt. So veranstaltet der

Pfarrer Markus Meckel (gemeinsam mit Martin Gutzeit und Heiko Lietz) 1982 in seiner Gemeinde Vipperow/Müritz ein erstes „Mobiles Friedensseminar"; Jahre später, am 7. Oktober 1989, gehört er zu den Gründungsmitgliedern der SPD in der DDR. Am 16. Oktober 1989 findet die erste Montagsdemonstration im Norden der DDR in Waren an der Müritz statt, am 18. Oktober folgen Neubrandenburg und Greifswald, einen Tag später treffen sich in Rostock 10.000 Menschen zu einer Großdemonstration. Zusammen mit dem Rückenwind aus Moskau führen die Demonstrationen den Fall der Mauer am 9. November 1989 herbei.

Am 18. März 1990 erfolgt im Zuge des Zusammenbruchs der DDR die erste freie Wahl. Mit der **Wiedervereinigung** wird das Bundesland Mecklenburg-Vorpommern gegründet, Regierungssitz ist nicht Rostock, sondern Schwerin.

21. Jh. Der Tourismus in Mecklenburg-Vorpommern boomt auch im 21. Jahrhundert unverändert weiter.

Im Juni 2007 blickt die Welt nach Heiligendamm, wo unter turnusgemäßer EU-Ratspräsidentschaft Deutschland den G 8-Gipfel ausrichtet. Die Region befindet sich über Tage im Ausnahmezustand, das Tagungshotel in Heiligendamm wird hermetisch abgeriegelt, Proteste finden u. a. in Rostock statt.

Aufgrund zahlreicher Bürgerproteste sowie der Ablehnung durch regionale Politiker sind nach 17 Jahren der Auseinandersetzung die Bundeswehr-Pläne zum sogenannten „Bombodrom" seit Juli 2009 vom Tisch: Das rund 140 Quadratkilometer große ehemalige Truppenübungsgelände der Roten Armee (bis 1992) in der Kyritz-Ruppiner Heide im Norden Brandenburgs soll entgegen der ursprünglichen Pläne des Verteidigungsministeriums, dort ein Tiefflug- und Bombenabwurfgebiet einzurichten, nun doch einer zivilen Nutzung zugeführt werden.

Bei den Landtagswahlen im September 2011 geht die SPD als Siegerin hervor. Ministerpräsident bleibt *Erwin Sellering*, der erneut eine Koalition mit der CDU eingeht.

Bei Lubmin trifft die *Ostsee-Pipeline* auf die deutsche Küste. Die 1224 Kilometer lange Gaspipeline liefert seit Ende 2011 Gas aus Russland nach Deutschland.

Fußball-EM in Polen und der Ukraine (8. Juni bis 1. Juli 2012), das ZDF berichtet live vom Strand an der Seebrücke in Heringsdorf (Usedom).

Ein architektonisches Kleinod: das Taubenhaus im Blücherhof

Architektur

Die im wahrsten Sinne des Wortes überragende Bauform in Mecklenburg-Vorpommern ist die der Norddeutschen Backsteingotik. Charakteristisch für die Ostseebäder ist die verspielte Bäderarchitektur. Zahlreiche Schlösser und Herrenhäuser aus unterschiedlichen Epochen sind über das Land verstreut, die großen Residenzstädte sind Schwerin, Güstrow, Ludwigslust und Neustrelitz.

Im Zuge der Blütezeit der Hanse entstanden auch in den Städten des Küstenhinterlands und mithin in weiten Teilen Mecklenburgs prächtige Gebäude als Ausdruck kaufmännischen Selbstbewusstseins. Allen voran waren das natürlich Kirchen, aber auch Kaufmannshäuser und mittelalterliche städtische Wehrbauten (zur Norddeutschen Backsteingotik, → S. 42). Die gotischen Giebelhäuser prägen die **städtische Architektur** bis heute. Da diese im Laufe der Jahrhunderte umgestaltet und modernisiert wurden, bieten die Fassaden entlang der Straßen oft einen kleinen Überblick über die Architekturgeschichte. Das vielfältigste Stadtbild findet man in Wismar, hier stehen ursprünglich gotische, farbig barocke und klassizistisch strenge Stufengiebel nebeneinander. Wismar ist auch ein passendes Beispiel für nichtgotische städtische Architektur, vor allem dank des aufwendig gestalteten Fürstenhofs oder der *Wasserkunst*, beides Repräsentativbauten aus der Renaissance. Repräsentativ sind auch die beiden verbliebenen gotischen Rathäuser in Stralsund und Rostock. Während Ersteres mit seiner prächtigen Schaufassade ein Highlight der Backsteingotik darstellt, wurde Letzterem ein von Säulen getragener barocker Vorbau vorgesetzt, über den die gotischen Giebel noch hinausragen.

Auch von einer einst regen mittelalterlichen **Klosterkultur** hat einiges die Jahrhunderte überdauert, allen voran die teilweise noch erhaltenen Klosteranlagen von *Bad Doberan* mit dem prächtigen Münster, *Dobbertin* und *Neukloster* oder das später zum Schloss säkularisierte Kloster *Dargun*. Die berühmteste Klosterruine Deutschlands liegt in der Nähe von Greifswald: *Eldena*, nachhaltig in Szene gesetzt durch den Maler *Caspar David Friedrich*. Für den städtischen Bereich zu erwähnen sind das *Johanniskloster* und das *Katharinenkloster* in Stralsund sowie das *Kloster zum Heiligen Kreuz* in Rostock, die allesamt heute sehenswerte Museen beherbergen. Dabei ist die Norddeutsche Backsteingotik keineswegs eine rein urbane oder klösterliche Erscheinungsform, auch in den Kirchen kleiner Dörfer finden sich immer wieder derartige Zeugnisse.

Eine Sonderstellung nimmt die herrliche Landeshauptstadt *Schwerin* ein. Hier erhebt sich mit dem Dom ein herausragendes Beispiel der Norddeutschen Backsteingotik. Das Bild der Stadt ist aber vor allem durch die Umgestaltung zu einer repräsentativen **Residenzstadt** in der ersten Hälfte des 19. Jh. geprägt. Verantwortlich dafür war der Architekt *Georg Adolph Demmler*, dessen Meisterstück, das von Wasser umgebene prächtige Schweriner Schloss (im Kern ein Renaissancebau), bis heute Glanzpunkte setzt. Außergewöhnlich und sehenswert ist auch die Residenzstadt *Neustrelitz*, obschon ihr das repräsentative Schloss abhandengekommen ist. Die Residenz der Herzöge von Mecklenburg-Strelitz ist eine nach der Landesteilung 1701 entstandene barocke Planstadt, die weitgehend auf die Pläne des Architekten *Christian Julius Löwe* zurückgeht, mit vornehmlich klassizistischer Ausarbeitung, für die der Schinkel-Schüler *Friedrich Wilhelm Buttel* verantwortlich zeichnete. Eine bemerkenswerte barocke Planstadt mit prächtigem Schloss und einem der schönsten Landschaftsparks der Republik findet sich in *Ludwigslust*. Die vierte Residenzstadt schließlich ist die Barlachstadt *Güstrow* mit ihrem wuchtigen Renaissanceschloss.

Schwerins Märchenschloss

Abseits der Städte ist eine bemerkenswerte Vielzahl von **Schlössern** und **Herrenhäusern** erhalten geblieben. Sie stammen aus den unterschiedlichsten Epochen, von der Renaissance im 16. Jh. bis zur Neo-Renaissance Ende des 19. Jh. und vereinen oftmals ein Sammelsurium an architektonischen Stilen. Viele Schlösser beherbergen heute meist schicke Hotels. Zu den schönsten Schlosshotels gehören in der

Gebrannte Pracht: die Norddeutsche Backsteingotik

Die Stil prägenden Elemente der Norddeutschen Backsteingotik erklären sich bereits aus dem Namen. Im Windschatten des rasanten Aufstiegs der Hanse im 13. und 14. Jh. erblühte vor allem in den deutschen Ostseehäfen die Bautätigkeit, denn das erstarkte Bürgertum wollte sich mit repräsentativen Gebäuden schmücken. In Ermangelung von natürlichem Baumaterial wie Sandstein musste aber notgedrungen auf „gebrannten Stein" zurückgegriffen werden. Genau genommen handelt es sich um Tonerde, die bei gut 1000 °C in handlicher Form gebrannt wurde und dabei auch ihre charakteristische rote Farbe erhielt. Statt aber den Mangel an Naturstein hinter dicker Tünche zu verbergen (wie z. B. in Teilen des süddeutschen Raums), erzielte man dank der Gleichförmigkeit der gebrannten Steine und durch den Kontrast mit den hellen Fugen streng strukturierte Flächen und Fassaden. Gleichzeitig ließen sich die Gemäuer durch die einfache Formbarkeit des Backsteins mit Friesen, Blenden, Giebeln und anderen Schmuckelementen aufwendig verzieren.

Trotz des Zierrats beeindrucken die Bauten vor allem durch erhabene, geradlinige Schlichtheit und karge Eleganz. Als prachtvollster Ausdruck bürgerlichen Selbstbewusstseins entstanden die großen Kirchen der Hansestädte – die Ratsherren Wismars beispielsweise fühlten sich im Laufe des 14. Jh. derart kraftvoll, dass sie meinten, der Stadthaushalt könne gleich drei Großbaustellen stemmen. Aber auch nichtsakrale Bauten spiegelten den Stolz der Bürger, ob in der prunkvollen Gestaltung eines Kaufmannshauses oder der des Rathauses. Schönste Beispiele sind das Rathaus in Stralsund mit seiner prächtigen Schaufassade, das direkt gegenüberliegende Wulflamhaus, der Alte Schwede in Wismar, das Kerkhoff-Haus in Rostock oder das Haus mit der Nummer 11 in Greifswald – die Liste ließe sich beliebig fortsetzen.

Im Kirchbau war das gotische Maß aller Dinge Lübeck, das seine Inspiration wiederum aus den französischen Kathedralen schöpfte. Die Baugeschichte der meisten älteren Gotteshäuser folgte dem gleichen Schema: War ein romanischer, meist basilikaler Vorgängerbau vorhanden, wurde dieser Mitte des 13. Jh. entweder ersetzt oder zu einer gotischen Hallenkirche umgebaut. Eine Hallenkirche zeichnet im Gegensatz zu einer Basilika aus, dass die Seitenschiffe auf die gleiche Höhe gebracht wurden wie das Mittelschiff, sodass der Innenraum zu einer nur von den Pfeilern strukturierten großen Halle wurde. Mit dem (erneuten) Umbau der Hallenkirche wurde in manchen Fällen, wie bei St. Nikolai in Stralsund, kurz nach der Fertigstellung begonnen. Die Erweiterung umfasste meist den Neu- oder Umbau des Chores, oft mit umlaufendem Kapellenkranz, vor allem aber die Aufstockung des Langhauses, wodurch erneut eine basilikale Bauform hergestellt wurde. Ziel war eine – im wahrsten Sinne des Wortes – erhebende Raumwirkung, der Kirchenbesucher sollte meinen, ins „himmlische Jerusalem" einzutreten. Die Raumwirkung entsteht dabei nicht nur durch die Höhe des Mittelschiffs, das dank der über die Seitenschiffe hinausragenden Obergadenfenster von Licht durchflutet wird, sondern vielmehr durch das Verhältnis von Höhe zu Breite. So hat die Lübecker Marienkirche zwar mit 38 Metern das höchste Mittelschiff, da dessen Breite aber über 14 Meter beträgt, ist das Verhältnis „nur" 1:2,6. Bei späteren Bauten wird die Proportion immer steiler und die Raumwirkung damit gewaltiger. Wismars Nikolaikirche erreicht z. B. ein Verhältnis von 1:3,5 – bei einer Breite von gerade einmal 10,5 Metern schließt das Gewölbe auf einer Höhe von 37 Metern ab.

Mecklenburgischen Schweiz das malerische Schloss *Ulrichshusen*, die klassizistische *Burg Schlitz* und das dreiflügelige Schloss *Schorssow*, des Weiteren das Schloss *Kaarz* mit einem herrlichen Park, das neobarocke Herrenhaus *Basthorst* und das klassizistische Gutshaus *Karow*; an der Müritz liegen das die französische Renaissance imitierende Schloss *Klink*, das Gutshaus *Ludorf* aus dem späten 17. Jh. und das idyllische Gutshaus *Woldzegarten* sowie Richtung Neubrandenburg das neobarocke Schloss *Groß Plasten* und das verspielt tudorgotische Schloss *Kittendorf*. Auf der Insel Rügen sind vor allem die Schlösser *Ralswiek* aus dem 19. Jh. und *Spyker* aus schwedischer Zeit erwähnenswert sowie das *Herrenhaus Bohlendorf* auf der Halbinsel Wittow. Auf Usedom befindet sich das schöne Renaissance-Wasserschloss *Mellenthin* und im Peenetal das noble *Gutshaus Stolpe*. Keine Hotels, aber unbedingt einen Besuch wert sind das vielgestaltige Schloss *Basedow* in der Mecklenburgischen Schweiz, das Schloss *Hohenzieritz* am Tollensesee, Sterbeort der Königin Luise und heute Sitz des Nationalparkamtes, das Jagdschloss *Gelbensande* in der Rostocker Heide und auf Rügen das Jagdschloss *Granitz*, dem *Karl Friedrich Schinkel* den Panoramaturm in die Mitte stellte.

Rund um die Schlösser wurde in fast allen Fällen eine weitflächigere Architektur geschaffen: Parks und Gärten als **Landschaftsarchitektur**. Auch der große *Peter Joseph Lenné*, das preußische Genie der Gartenanlage, wirkte in Mecklenburg. Unter anderem war er an dem fantastischen Landschaftspark in Ludwigslust sowie dem schönen Park des Schlosses Basedow maßgeblich beteiligt. Bemerkenswert ist des Weiteren der große Landschaftspark der Burg Schlitz mit seinen vielen Denkmälern. Einen sehr gepflegten und einer Landeshauptstadt angemessenen Park hat Schwerin mit seinem barocken Schlossgarten. Kein Schloss mehr, aber ein sehr schöner Schlossgarten mit zahlreichen Denkmälern findet sich mitten in Neustrelitz, an dessen Gestaltung auch Lenné mitgewirkt hatte. Nicht nur für Biologen einen Besuch wert sind die dendrologischen Parkanlagen des Blücherhofes und des Schlosses Kaarz, in denen sich viele verschiedene heimische und exotische Gehölze bewundern lassen.

Das **Hallenhaus** ist eine bäuerliche Hausform, die von niederdeutschen Siedlern an die Ostseeküste gebracht wurde. Es zeichnet sich vor allem dadurch aus, dass Mensch und Tier, Gerätschaft, Ernte und Vorrat unter einem Dach versammelt waren. Ursprünglich gingen Stall und Wohnstube sogar ohne jede Trennwand ineinander über. Meist aus Lehmfachwerk errichtet, zuweilen mit Backstein ummantelt, fehlte es dem Hallenhaus oft an einem Schornstein. Der von einer offenen Feuerstelle aufsteigende Rauch zog unter das Rohrdach und von dort aus nur zögerlich ab. Diese Häuser nannte man deshalb *Rökerkate* oder auch *Rookhus*. Diese Beispiele ländlicher Architektur stehen konzentriert in den Freilichtmuseen von Klockenhagen in der Rostocker Heide und in Schwerin-Mueß. Ein paar schöne Einzelexemplare finden sich u. a. im Mönchgut (Rügen), so z. B. das *Rookhus* in Göhren oder das *Pfarrwitwenhaus* in Groß Zicker.

Auch ländliche mittelalterliche Militärarchitektur hat sich in Mecklenburg erhalten. Die wehrhaftesten **Burgen** erheben sich in Wesenberg (ursprünglich 13. Jh.), Penzlin (im Kern 16. Jh.) und Burg Stargard. Vor allem Letztere ist bemerkens- und besuchenswert, die alte malerische Burg wurde in Teilen im 13. Jh. errichtet und ist die am nördlichsten gelegene Höhenburg Deutschlands.

Der Begriff **Bäderarchitektur** bezeichnet keine exakt definierbare Stilrichtung oder gar eine architektonische Gattung. Vielmehr besteht das verbindende Element der

Wiedererrichtet: Sellins Seebrücke, ein Highlight der Bäderarchitektur

unter diesem Sammelbegriff gebündelten Gebäude darin, dass der Architekt alle Freiheit hatte, sich diverser Stile und Formelemente zu bedienen. Mit dem Aufkommen des Badetourismus im 19. Jh. entstanden dabei nicht nur noble Herbergen, die ein anspruchsvolles, v. a. großbürgerlich-städtisches Publikum zufriedenstellen mussten, sondern auch Kurhäuser, Veranstaltungspavillons, später Seebrücken und natürlich Badeanstalten. Was die Bauten der Bäderarchitektur verband, war also vor allem die touristische Nutzung und die ornamentfreudig gestalteten Fassaden. Hinzu kam noch eine besondere architektonische Mode der Zeit: die Vorliebe für Schatten spendende Veranden und Loggien, denn das Sonnenbaden galt es zu meiden, schick oder vielmehr standesgemäß war die noble Blässe. Besonders eindrucksvoll gestalten sich die drei Kaiserbäder auf Usedom und die beiden bedeutendsten Ostseebäder Rügens: Sellin mit seiner nach historischem Vorbild wiedererrichteten Seebrücke und Binz samt prächtiger Strandpromenade.

Sonderfälle an der Grenze zwischen Bäderarchitektur und (sommerfrischer) Residenz bilden *Putbus* auf Rügen und *Bad Doberan/Heiligendamm*. Klassizistischen Gesamtkunstwerken gleich, wurden sie errichtet, um den ersten, vornehmlich adligen Badegästen das angemessene Ambiente zu bieten. Es entstanden quasi auf der grünen Wiese homogene Gebäudeensembles in schneeweißer Pracht.

Abschließend seien noch zwei architektonische Highlights aus jüngster Zeit genannt, beide bereichern Stralsunds ohnehin schon prächtiges Stadtbild: die **Zweite Strelasundquerung** und das **Ozeaneum**. Der 2831 Meter lange Brückenzug über den Strelasund – ein Teil davon 42 Meter über dem Wasser als Schrägseilbrücke mit markantem, 126 Meter hohem Pylon – ersetzt den alten Rügendamm zwischen Stralsund und der Insel. Das Ozeaneum ist ein architektonisch gelungener Museumskomplex des Deutschen Meeresmuseums, der sich kontrastreich in die historische Hafenfront der Stadt einpasst.

Baywatch in Bansin

Reisepraktisches von A bis Z

Baden → „Mecklenburg-Vorpommern aktiv" S. 64

Barierefrei

Das Angebot an barrierefreien Unterkünften, gastronomischen Einrichtungen und Freizeitmöglichkeiten ist sicher ausbaufähig, aber immerhin: Es gibt sie. Wer Unterkunft, Restaurant etc. suchen bzw. buchen möchte, kann es unter folgenden Webseiten versuchen: www.barrierefrei.m-vp.de, www.vorpommern.de/barrierefrei; unter www.usedom.de kann man sich u. a. die Broschüre „Barrierefrei auf der Insel Usedom" herunterladen, die Seite www.ruegen.de informiert unter der Rubrik „barrierefrei für alle" ausführlich über das behindertengerechte Angebot auf der Insel. Darüber hinaus helfen natürlich auch die Touristinformationen vor Ort.

Ermäßigungen

In den meisten Museen, bei Veranstaltungen, auf Ausflugsdampfern usw. gelten die üblichen Ermäßigungen für Schüler, Jugendliche, Studenten u. ä. sowie Rentner. In der Regel zahlen diese Gruppen bei Vorlage eines Ausweises die Hälfte des regulären Preises.

Darüber hinaus gibt es einige Ermäßigungspakete: z. B. das *Schwerin Ticket*, die *RostockCard*, das *Müritz-Nationalpark-Ticket*, und die *1000SeenCard*. Erhältlich sind sie bei den Touristinformationen vor Ort, die auch über die gewährten Vergünstigungen und die Preise der einzelnen Karten im Detail Auskunft geben.

Essen und Trinken

Die regionale Küche Mecklenburg-Vorpommerns zeigt sich vielfältig – bei so viel intakter Natur und ertragreicher Landwirtschaft kann man schließlich aus dem Vollen schöpfen, sei es bei Fisch, Fleisch, Getreide, Gemüse oder einfach nur den frischen Kräutern. Was vielerorts bodenständig und recht schlicht daherkommt, wird andernorts mit Raffinesse zubereitet, entsprechend hat man bei der Wahl des Restaurants oft die Qual derselben. Auch die traditionellen Gerichte der „einfachen Leute" erleben hier oft eine Renaissance und erscheinen in verfeinerter Form auf den Speisekarten gehobener Restaurants. Kurzum: Mecklenburg-Vorpommern bietet für jeden Gaumen etwas – für Gourmets wie für Freunde der einfacheren Tafel, und das immer öfter aus ökologischem Anbau, beim nahe gelegenen Biohof gewachsen und auch für Vegetarier zunehmend geeignet.

Im wasserreichsten Land der Republik dominiert natürlich vor allem eins die Speisekarte: **Fisch**. Von Aal bis Zander kommt alles auf den Tisch, was Meer, Bodden, Seen und Flüsse hergeben – ob gebraten, gegrillt, gebacken, frittiert, gedünstet, gekocht, geräuchert oder roh als Saurer Hering. Von den Ostseefischen sind Hering, Dorsch oder Scholle fast überall zu finden, auch Aal wird flächendeckend angeboten, meist geräuchert, gelegentlich aber auch etwas raffinierter in Salbei gebacken. Zu den Besonderheiten an der Mecklenburgischen Seenplatte zählen Maräne und Müritz-Zander, als Delikatesse gelten die heimischen Flusskrebse. Eines der Nationalgerichte Mecklenburg-Vorpommerns ist die *Fischsuppe*, die in regional verschiedenen Varianten überall angeboten wird. Apropos **Suppe**: Fast überall gibt es auch *Soljanka*, eine russische, sauer-scharfe Gemüsesuppe mit Wurst- oder Fischeinlage; die *Mecklenburger Linsensuppe* mit Essig und Zucker ist süßsauer, ebenso weit verbreitet ist die *Mecklenburgische Kartoffelsuppe* – mit Pflaumen und Speck. Auch das typisch norddeutsche Fastfood, das Fischbrötchen, erfreut sich großer Beliebtheit, vor allem an der Küste findet sich fast an jeder Ecke eine Fisch- bzw. Räucherbude für den kleineren Hunger zwischendurch. Übrigens: das Ostsee-Fastfood ist vom Feinsten, die diversen Variationen des Fischbrötchens sind in aller Regel frisch und oft auch mit traditionell zubereitetem Räucherfisch belegt.

Sanddorn

In dichten, dornigen Hecken wächst die „Zitrone des Nordens" bevorzugt auf sandigem Boden (wodurch sich auch der Name erklärt), wild oder in Plantagen. Den kleinen, orangefarbenen Früchten werden sagenhafte Wirkungen zugeschrieben: Nicht nur, dass sie weit mehr Vitamin C haben als Zitronen (hinzu kommen die Vitamine E, K und A), sie sollen außerdem den Cholesterinspiegel senken, Entzündungen hemmen usw. Kurz und gut: Wellness von innen, nur der Geschmack ist gewöhnungsbedürftig, da mächtig sauer. Der vor 200 Jahren aus Schweden importierte Sanddorn lässt sich im Übrigen vielfältig verarbeiten: Saft und Marmelade sind gängig, Tee und Likör verbreitet. Destilliert gibt es den Sanddorn auch als Schnaps. Oder man genießt ihn als Heißgetränk zur Erkältungsvorsorge. Schließlich wird sogar ein (zugegebenermaßen eigenwilliger) Wein aus Sanddorn gekeltert.

... vor allem auf dem Land

Bei Ritters in der Küche

Mecklenburgischer Rippenbraten

Auch in Sachen **Fleisch** bietet sich dem Gast eine immense Vielfalt: Neben Rind, Kalb, Schwein und Lamm werden saisonal die unterschiedlichsten Wildgerichte serviert: Hirschgulasch und Rehrücken, Hasenbraten und Entenbrust wie auch Kaninchen und Wildschwein. Die regionale Fleisch-Spezialität schlechthin ist übrigens der *Mecklenburger Rippenbraten*, ein mit Backobst, Äpfeln und Rosinen gefüllter Schweinebraten, der traditionell mit Kartoffelklößen und Rotkohl serviert wird – er fehlt auf fast keiner Speisekarte; ähnlich zubereitet mit einer Füllung aus Backpflaumen, Äpfeln und Speck wird der *Mecklenburger Gänsebraten* serviert. Weiter östlich kommt der *Pommersche Wickelbraten* auf den Tisch. Gelegentlich ist auch das norddeutsche Traditionsgericht *Himmel und Erde* zu finden (Kartoffel-/Apfelpüree mit gebratenen Zwiebeln und Speck sowie gebratener Blut- und/oder Leberwurst). Eine weitere Spezialität der Region ist *Kloppschinken*, ein in gewürzter Milch marinierter, gebratener Schinken mit süß-saurer Soße. Das typische Gemüse *Grünkohl* kommt mit Braten und Würsten auf den Teller, gängige Beilage sind natürlich überall *Kartoffeln*, die hier auch „Tüften" heißen. Im Herbst werden *Pilze* aus den hiesigen Wäldern serviert.

Bei den **Desserts** macht sich die Einfachheit der Bauernküche Mecklenburg-Vorpommerns durch und durch bemerkbar: *Schwarzbrotpudding* und *Arme Ritter* wurden traditionell aus Brotresten mit Milch, Eiern und Zucker gekocht bzw. gebraten und sind bis heute – neben der ebenfalls sehr norddeutschen *Roten Grütze* – einige der beliebtesten Nachspeisen, die auf kaum einer Speisekarte fehlen.

Auch die gehobene Küche hat in Mecklenburg-Vorpommern Einzug gehalten, vor allem in den Schlossrestaurants und in den noblen Hotels an der Küste wird heute vielfach sehr ambitioniert und auf höchstem Niveau gekocht. Erster Sternekoch Mecklenburgs (und der neuen Bundesländer überhaupt) war *Michael Laumen* mit seinem Restaurant „Ich weiß ein Haus am See" in Krakow am See (S. 323), dessen Michelin-Stern seit 1996 bislang jedes Jahr erfolgreich verteidigt wird. Mittlerweile sind sechs weitere Restaurants in Mecklenburg-Vorpommern mit einem Stern gekrönt worden (Stand Anfang 2014): das *Friedrich Franz* im Grand Hotel Heiligendamm (S. 139), *Der Butt* in der Yachthafenresidenz Hohe Düne in Warnemünde (S. 153), das *Gutshaus Stolpe* an der Peene nahe Anklam (S. 273), seit kurzem das *Restaurant Tom Wickboldt* im Hotel Esplanade in Heringsdorf auf Usedom, die *Ostseelounge* im Strandhotel Fischland in Dierhagen auf dem Fischland (→ S. 164) sowie die *Alte Schule* in Fürstenhagen in der Feldberger Seenlandschaft (→ S. 403).

Mit Ausnahme diverser (auch hochprozentiger) Sanddorn-Produkte (→ Kasten „Sanddorn") finden sich keine ostseetypischen **Getränke**. Getrunken wird vor allem Bier. Empfehlenswert ist die *Stralsunder Brauerei*, deren norddeutsch herbes Pils zu Recht vielfach prämiert wurde. Das gilt auch für die *Störtebeker-Reihe* der Brauerei: Schwarzbier, Pils oder Bernstein-Weizen, zusammengefasst unter dem griffigen Slogan *Störtebeker – das Bier der Gerechten*. Gutes Bier kommt aber auch aus den kleineren Gasthof-Brauereien, die in den letzten Jahren den Braubetrieb (wieder) aufgenommen haben (z. B. in Schwerin, Wismar, Kühlungsborn, Middelhagen/Rügen, Heringsdorf/Usedom und Mellenthin/Usedom; Näheres im Reiseteil). Überall präsent ist das norddeutsch-herbe *Lübzer Pils* aus der gleichnamigen Stadt westlich des Plauer Sees.

In Mecklenburg wird aber nicht nur gebrannt und gebraut, sondern auch gekeltert: Das *Weingut Rattey*, ca. 30 Kilometer östlich von Neubrandenburg (→ S. 404), ist das nördlichste Weinanbaugebiet Deutschlands, in dem u. a. Müller-Thurgau angebaut wird.

Feste und Veranstaltungen

Das Spektrum reicht von klassischen Festspielen über Segelregatten und Strandfußball-Turniere bis hin zu Hafenfesten, Mittelaltermärkten (sehr atmosphärisch auf Burg Stargard), Kurkonzerten (überall), Schwedenfesten (das berühmteste in Wismar), Shantychortreffen (Zingst) sowie zahllosen Musik-, Kleinkunst- und Kabarettfestivals. Ein Grund zum Feiern findet sich immer: sei er skurril (Pferdefasching), gängig (Osterfeuer), bodenständig (Spargelfest), traditionsbewusst (Tonnenabschlagen), nostalgisch (Wallensteintage) oder hochmodisch (*Baltic Fashion* in Heringsdorf/Usedom). Die Ostseebäder, die eine Seebrücke besitzen, lassen es sich selbstverständlich nicht nehmen, ein Seebrückenfest zu feiern. Hinzu kommen meist noch Frühlings-, Sommer- und/oder Herbstfeste, gänzlich Unerschrockene treffen sich schon an Neujahr zum „Anbaden" – richtig, in der Ostsee. Detaillierte Infos zu regionalen Veranstaltungshighlights finden Sie in den jeweiligen Ortskapiteln.

Eines der Top-Events ist sicherlich die **Hanse Sail** in Rostock, Anfang August treffen sich Windjammer und Schoner, Traditionssegler und Museumsschiffe zum größten maritimen Fest an der Ostseeküste (www.hansesail.com).

Auch die **Festspiele Mecklenburg-Vorpommern** sind ein Ereignis von internationalem Rang (www.festspiele-mv.de). Über 100 Konzerte namhafter Künstler, Chöre und Orchester finden an ausgewählten, zumeist malerischen und teils abgelegenen Spielorten in Mecklenburg-Vorpommern statt. Die Saison läuft üblicherweise von Juni bis Mitte September (vereinzelt auch Konzerte außerhalb dieser Zeitspanne).

Große (Open-Air-)Opern gibt es von Anfang Juli bis Mitte August auch in *Schwerin* bei den **Schlossfestspielen** im Alten Garten. Für die Schlossfestspiele zeichnet das *Mecklenburgische Staatstheater Schwerin* (www.theater-schwerin.de) verantwortlich, das auch die **Theater**bühne der Hauptstadt mit Leben füllt. Die anderen großen Ensembles sind das *Volkstheater Rostock* (www.volkstheater-rostock.de), das *Theater Vorpommern* (Stralsund, Greifswald und Putbus; www.theater-vorpommern.de) und das *Theater und Orchester Neubrandenburg/Strelitz* (Neubrandenburg und Neustrelitz; www.theater-und-orchester.de).

Ein Highlight des Bühnenjahres: die Schlossfestspiele der Landeshauptstadt

Operettenfreunde treffen sich bei den **Schlossgartenfestspielen** der Residenzstadt *Neustrelitz* (www.festspiele-schlossgarten-neustrelitz.de), die Jahr für Jahr im Juli hier im Schlossgarten stattfinden.

Robuster geht es bei den sommerlichen **Open-Air-Theateraufführungen** zu, die sich beim heimischen wie urlaubenden Publikum großer Beliebtheit erfreuen. Allen voran ist da die Mutter aller historisierenden Freiluftspektakel zu nennen: die *Störtebeker-Festspiele* rund um den legendären Freibeuter, die von Ende Juni bis Anfang September in Ralswiek auf Rügen mit dem Großen Jasmunder Bodden als Kulisse über die Bühne gehen (www.stoertebeker.de). Um die sagenhafte versunkene Stadt drehen sich Juni bis August die *Vineta-Festspiele* in Zinnowitz/Usedom (www.vineta-festspiele.de), und mit der *Müritz-Saga* findet jährlich von Anfang Juli bis Anfang September ein lebhaftes Mantel-und-Degen-Spektakel auf der Naturbühne Warens an der Müritz statt (www.mueritz-saga.de). In Grevesmühlen kommt von Mitte/Ende Juni bis Anfang September mit Capt'n Flint und den *Piraten* ein bisschen Karibik nach Mecklenburg (www.piratenopenairtheater.de). Und schließlich heißt es in Anklam Jahr um Jahr im September *Die Peene brennt* (www.peenespektakel.de).

Ein (kleineres) Binnengewässer-Pendant zur Hanse-Sail stellt die Ende Mai in Waren stattfindende **Müritz-Sail** dar (www.mueritzsail.net), während auf dem Schweriner Pfaffenteich Ende August das beliebte **Drachenbootrennen** ausgetragen wird (www.drachenbootfestival.de).

Ein weiteres Highlight der Region ist das **Ostsee-Meeting**, das traditionsreiche Pferderennen auf der Galopprennbahn von Bad Doberan Mitte August (www.doberaner-renntage.de). An gleicher Stelle wird im Sommer (meist Ende Juli) auch die **Zappanale** veranstaltet, ein großes Musikfestival zu Ehren Frank Zappas (www.zappanale.de).

Literaturfreunde finden bei den **Usedomer Literaturtagen** im April – oft mit hochkarätiger Besetzung und Podiumsdiskussionen sowie abschließender Preisverleihung – diverse Leseempfehlungen (www.usedomerliteraturtage.de).

Abschließend: In Rostock erfreut sich der größte **Weihnachtsmarkt** in Norddeutschland, der alljährlich ab Ende November stattfindet, besonderer Beliebtheit.

Aktuelle Veranstaltungskalender gibt es in den Touristinformationen bzw. Kurverwaltungen der Urlaubsorte (Infos im Reiseteil bei den jeweiligen Orten). Gezielt suchen und sich umfassend informieren kann man auch unter www.mvtermine.de.

Hunde

Für Hundebesitzer ist Mecklenburg-Vorpommern ein ideales Urlaubsziel – fast überall findet sich jede Menge Auslauf für die Tiere. An der Ostsee gibt es an beliebten und entsprechend gut besuchten Stränden immer auch Abschnitte, die für Hunde und ihre Halter ausgeschrieben sind. An den Badestellen der Seen trifft man zwar häufiger auf Hundeverbote, an den abseitigen Ufern aber, ob Ostsee, Binnensee oder Boddenküste, stört sich ohnehin niemand an den Vierbeinern. In fast allen gastronomischen Betrieben, von der Bierkneipe bis zum Gourmettempel, wird der Hund mit einer Schale Wasser versorgt. Die meisten Hotels, Pensionen, Appartements etc. erlauben Hunde in den Zimmern, in der Regel für einen Aufpreis von 5–10 €/Tag. Wichtig dabei: Der Hund muss bei Buchung unbedingt mit angemeldet werden. Auf Campingplätzen gilt natürlich Leinenzwang. An die Leine müssen Hunde auch in den Nationalparks und in ausgewiesenen Naturschutzgebieten, oftmals auch flächendeckend in einigen Ostseebädern (hier auch teilweise Kurtaxe für den Hund: 0,50–1 €/Tag in der Hochsaison).

Informationen und Internet

Die Landeshauptstadt Schwerin, die größeren Städte, die Hansestädte und die Ostseebäder sind in Sachen Touristinformation bestens organisiert. Neben den Info-Broschüren, Gastgeberverzeichnissen und Veranstaltungskalendern werden häufig auch Land- und Postkarten sowie Bücher und Souvenirs zum Verkauf angeboten. Darüber hinaus unterhalten einige Büros eine Zimmervermittlung, einen Ticketverkauf und einen Fahrradverleih und organisieren Stadtführungen und/oder geführte Wanderungen. Schwieriger ist die Lage in den ländlichen Gebieten: Manch kleines Büro liegt sehr versteckt, andere scheinen ihre Öffnungszeiten geheim halten zu wollen. Hier die wichtigsten Tourismuszentralen, samt Internet-Adressen:

Regionale Verbände **www.auf-nach-mv.de**: offizielle Seite des Tourismusverbandes Mecklenburg-Vorpommern. Platz der Freundschaft 1, 18059 Rostock, ☎ 0381-4030550, 📠 0381-4030555.

Tourismuszentrale Rügen, Ringstr. 113–115, 18528 Bergen auf Rügen, ☎ 03838-80770, 📠 03838-254440, www.ruegen.de.

Usedom Tourismus GmbH, Waldstr. 1, 17429 Bansin, ☎ 038378-47710, 📠 038378-477129, www.usedom.de.

Tourismusverband Fischland-Darß-Zingst, Barther Str. 31, 18314 Löbnitz, ☎ 038324-6400, 📠 038324-64034, www.fischland-darss-zingst.de.

Tourismusverband Mecklenburgische Seenplatte, Turnplatz 2, 17207 Röbel/Müritz, ☎ 039931-5380, 📠 039931-53829, www.mecklenburgische-seenplatte.de.

Tourismusverband Mecklenburgische Schweiz, c/o Tourismusverband Mecklenburgische Seenplatte, Turnplatz 2, 17207 Röbel/Müritz, ☎ 039931-5380, 📠 039931-53829, www.mecklenburgische-schweiz.com.

Müritz Nationalpark – Nationalparkamt, Schlossplatz 3, 17237 Hohenzieritz, ☎ 039824-2520, www.nationalpark-mueritz.de.

Schwerin und Westmecklenburg **Tourist-Information der Stadt Schwerin**, Am Markt 14, 19055 Schwerin, ✆ 0385-5925212, 📠 0385-555094, www.schwerin.com.

Ludwigslust-Information, Schlossstr. 36, 19288 Ludwigslust, ✆ 03874-526251, 📠 03874-526109 www.stadtludwigslust.de.

Hansestädte/An der Ostsee **Tourist-Information Wismar**, Am Markt 1, 23966 Wismar, ✆ 03841-19433, 📠 03841-2513091, www.wismar.de.

Touristik-Service Kühlungsborn GmbH, Ostseeallee 19, 18225 Kühlungsborn, ✆ 038293-8490, 📠 038293-84930, www.kuehlungsborn.de.

Tourist-Information Bad Doberan, Severinstr. 6, 18209 Bad Doberan, ✆ 038203-62154, 📠 038203-77050, www.bad-doberan.de.

Tourist-Information der Hansestadt Rostock, Universitätsplatz 6, 18055 Rostock, ✆ 0381-3812222, 📠 0381-3812602, www.rostock.de (gemeinsame Webseite mit Warnemünde).

Tourismusverband Fischland-Darß-Zingst, Barther Str. 16, 18314 Löbnitz, ✆ 038324-6400, 📠 038324-64034, www.fischland-darss-zingst.de.

Tourismuszentrale der Hansestadt Stralsund, Alter Markt 9, 18439 Stralsund, ✆ 03831-24690, 📠 03831-246922, www.stralsund tourismus.de.

Stadtinformation Greifswald, Rathaus, 17489 Greifswald, ✆ 03834-521380, 📠 03834-521382, www.greifswald.de.

Wolgast-Information, Rathausplatz 10, 17438 Wolgast, ✆ 03836-600118, 📠 03836-233002, www.wolgast.de.

Anklam-Information, Am Markt 3, 17389 Anklam, ✆ 03971-835154, 📠 03971-835175, www.anklam.de.

Rügen **Touristeninformation Bergen**, Markt 23, 18528 Bergen auf Rügen, ✆ 03838-811276, 📠 03838-811127, www.stadt-bergen-auf-ruegen.de.

Kurverwaltung Binz, Heinrich-Heine-Str. 7, 18609 Binz, ✆ 038393-148148, 📠 038393-148145, www.ostseebad-binz.de.

Kurverwaltung Sellin, Warmbadstr. 4, 18586 Sellin, ✆ 038303-160, 📠 038303-16200, www.ostseebad-sellin.de.

Kurverwaltung Göhren, Poststr. 9, 18586 Göhren, ✆ 038308-66790, 📠 038308-667932, www.goehren-ruegen.de.

Tourist-Service Sassnitz, Strandpromenade 12, 18546 Sassnitz, ✆ 038392-6490, ✆ 038392-64920, www.insassnitz.de.

Usedom **Usedom Tourismus GmbH**, Waldstr. 1, 17429 Bansin, ✆ 038378-47710, 📠 038378-477129, www.usedom.de.

Kurverwaltung Zinnowitz, Neue Strandstr. 30, 17454 Zinnowitz, ✆ 038377-4920, 📠 038377-42229, www.zinnowitz.de.

Usedomer Bernsteinbäder, die Inselmitte: www.usedomer-bernsteinbaeder.de.

Mecklenburgische Seenplatte und Hinterland **Haus des Gastes Feldberg**, Strelitzer Str. 42, 17258 Feldberg, ✆ 039831-2700, 📠 039831-27027, www.feldberger-seenlandschaft.de.

Güstrow Information, Domstr. 9, 18273 Güstrow, ✆ 03843-681023, www.guestrow-tourismus.de. Die Seite der **Stadt Güstrow** ist www.guestrow.de.

Touristinformation Krakow am See, Markt 21, 18292 Krakow am See, ✆ 038457-22258, 📠 038457-23613, www.krakow-am-see.de.

Stadtinformation Malchin, Am Markt 1, 17139 Malchin, ✆ 03994-640111, 📠 03994-640123, www.malchin.de.

Tourismusinformation Malchow, An der Drehbrücke, 17213 Malchow, ✆ 039932-83186, 📠 039932-83125, www.tourismus-malchow.de.

Touristinformation Mirow, Schlossinsel 2a, 17252 Mirow, ✆/📠 039833-28022, www.mirow.m-vp.de.

Touristinfo Neubrandenburg, Stargarder Str. 17, 17033 Neubrandenburg, ✆ 0395-19433, 📠 0395-5667661, www.neubrandenburg.de.

Touristinformation Neustrelitz, Strelitzer Str. 1, 17235 Neustrelitz, ✆ 03981-253119, 📠 03981-2396870, www.neustrelitz.de.

TouristInfo Plau am See, Marktstr. 20, 19395 Plau am See, ✆ 038735-45678, 📠 038735-41421, www.plau-am-see.de.

Touristinformation Röbel, Straße der Deutschen Einheit 7, 17207 Röbel/Müritz, ✆ 039931-80114, 📠 039931-80112, www.stadt-roebel.de.

Tourist-Information Burg Stargard, Am Markt 3, 17094 Burg Stargard, ✆ 039603-25355, 📠 039603-28177, www.stargarder-land.de.

Stadtinformation Stavenhagen, Markt 1, 17153 Stavenhagen, ✆ 039954-279835, 📠 039954-279834, www.stavenhagen.de.

Tourist-Information Teterow, Markt 9, 17166 Teterow, ✆ 03996-172028, 📠 03996-187795, www.teterow.m-vp.de.

Tourist-Information Waren, Neuer Markt 21, 17192 Waren (Müritz), ✆ 03991-747790, 📠 03991-7477910, www.waren-tourismus.de.

Touristinformation Wesenberg, Burg 1, 17255 Wesenberg, ✆ 039832-20621, 📠 039832-20383, www.wesenberg-mecklenburg.de oder www.klein-seenplatte.de.

Karten

Man hat die Wahl aus gleich mehreren Reihen hochwertiger Wander- und Fahrradkarten, die meisten im Maßstab 1:50.000 oder 1:25.000 – das Angebot deckt auch kleinste Gebiete ab. Dazu kommen noch diverse Wasserwanderkarten. Wir empfehlen die Publikationen aus dem in Waren an der Müritz ansässigen Klemmer Verlag (www.klemmer-verlag.de).

Wer das gesamte Gebiet im Blick haben will, dem sei die Auto- und Freizeitkarte *Mecklenburg-Vorpommern* (Blatt 13, 1:200.000) von Freytag & Berndt empfohlen.

Kartenstudium vor der nächsten Etappe

Klima und Reisezeit

Klima: In kaum einer anderen Gegend in Deutschland scheint die Sonne öfter als auf Rügen, Hiddensee und Usedom, im Schnitt über 1800 Stunden im Jahr, Spitzenreiter war zuletzt Zinnowitz auf Usedom mit über 1900 Sonnenstunden im Jahr. Dabei fällt gleichmäßig über das Jahr verteilt relativ wenig Regen. An der Ostseeküste ist die Luftfeuchtigkeit sehr hoch, die zusammen mit dem hohen Salzgehalt der Luft und den stetigen Winden (meist aus West) ein gemäßigtes Reizklima schafft. Auch im Binnenland herrscht ein gemäßigtes Klima, wobei die Sommer aber etwas wärmer, die Winter etwas kälter und die Niederschlagsmengen etwas geringer sind als an der Ostsee. Gleichzeitig nehmen die Niederschläge nach Osten hin ab (Jahresmittel im Westen bis zu 625 mm , im Osten bei unter 575 mm, vereinzelt auch nur 550 mm), da Mecklenburg-Vorpommern an der Grenze von westlich-ozeanischen und östlich-kontinentalen Einflüssen liegt. So ist die Region vergleichsweise regenarm, ein beträchtlicher Teil der Niederschläge geht dank der zahlreichen Seen, Moore und Sölle in Form von Tau nieder. Die durchschnittliche Tageshöchsttemperatur beträgt im Sommer über 20 °C, Temperaturen über 30 °C sind aber keine Seltenheit. Im Winter liegt die mittlere Temperatur (Tag und Nacht) knapp unter dem Gefrierpunkt. Die Ostsee ist im Sommer im Schnitt 18 °C warm, an geschützten, flachen Buchten auch bis 20 °C und in den Bodden bis 22 °C. Die Wassertemperatur der Seen ist natürlich von Größe und Tiefe der Gewässer abhängig, wärmer als die Ostsee sind die Seen aber allemal. Zum meernahen Klima gehört natürlich auch der plötzliche Wetterwechsel, der am Morgen verhangene Himmel kann mittags strahlend blau sein (leider auch umgekehrt). Verantwortlich dafür sind die oft launischen Ostseewinde.

Reisezeit: Mecklenburg-Vorpommern ist zu jeder Jahreszeit eine Reise wert. Auf den Inseln wird es im Frühling etwas langsamer warm als auf dem Festland und mit der ersten Blüte schwankt das Wetter zwischen Frühjahrsstürmen und milden Tagen. Hauptsaison ist natürlich die Badezeit und damit der Sommer. Im Herbst fallen mit den Temperaturen auch die Zimmerpreise, die ideale Reisezeit für teils stürmische Spaziergänge. Besonders schön präsentieren sich die Alleen und Buchenwälder, wenn sich das Laub verfärbt. Im Winter wird es ruhig, viele Hotels haben geschlossen, die wenigen Urlauber suchen die Wellnessangebote auf – oder ihre Ruhe. Aber Achtung: Zwischen Weihnachten und der ersten Januarwoche kehrt die Hauptsaison (inklusive Andrang und Preissteigerung) zurück. Abschließend noch eine griffige Bauernregel, die vor allem Badeurlauber interessieren wird: Schaltjahr ist Kaltjahr – selbstverständlich ohne Gewähr ...

Kurtaxe

Die Erhebung der Kurtaxe ist Sache der Städte und Gemeinden, die offiziell als Ostsee(heil-)bad ausgezeichnet sind oder als Kur- oder Erholungsorte gelten, wie fast alle größeren Orte entlang der Ostseeküste sowie z. B. Plau am See, Krakow am See oder Feldberg. Deswegen fällt der pro Tag zu entrichtende Betrag von Ort zu Ort unterschiedlich aus (z. B. Erwachsene in der Hochsaison 1,50–2,80 €/Tag). Oftmals schließt die Kurkarte einige Angebote ein: ermäßigter Eintritt zu Museen oder freie Fahrt mit dem Stadtbähnchen. Normalerweise kassiert der Vermieter den Betrag und gibt ihn dann an die Gemeinde weiter. An manchen Orten müssen Externe (also alle Gäste, die nicht am Ort wohnen) sich eine Tageskurkarte kaufen. Am Zugang zum Strand sind dann Automaten aufgestellt, an dem man das Tagesticket ziehen muss.

Literaturtipps

Allgemeines **Lexikon Mecklenburg-Vorpommern**, Rostock 2007 (Hinstorff). *Das* Nachschlagewerk zu Mecklenburg Vorpommern, 1483 Stichworte kenntnisreich und prägnant über 764 Seiten verteilt, wird dem Anspruch, ein umfassendes Lexikon zu sein, gerecht.

Pfotenhauer, Angela (Text); *Lixenfeld, Elmar* (Fotos): **Backsteingotik**. Bonn 2002/2005 (Monumente Edition). Informative, vorzüglich bebilderte und großformatige Publikation der Deutschen Stiftung Denkmalschutz.

Kiesow, Gottfried: **Wege zur Backsteingotik. Eine Einführung**. Bonn 2003/2011 (Monumente Edition). Ein Muss für jeden, der sich in die Materie einarbeiten will, kenntnisreich, hochinformativ und gut lesbar. Noch umfangreicher und vom gleichen Autor (mit Thomas Grundner): **Backsteingotik in Mecklenburg-Vorpommern**, Rostock 2004 (Hinstorff).

In sich ruhende Literaturgewalt: Fritz Reuter vor seinem Museum (Stavenhagen)

North, Michael: **Geschichte Mecklenburg-Vorpommerns**. München 2008 (C.H.Beck). Gewohnt fundierter Überblick aus der Wissen-Reihe des C.H.Beck-Verlags.

Schmied, Hartmut: **Geister, Götter, Teufelssteine**. Rostock 2005 (Hinstorff).

Kutscher, Manfred: **Flora & Fauna an der Ostseeküste Mecklenburg-Vorpommerns**. Schwerin 1995/2001 (Demmler).

Schwerin *Ende, Horst u. a.*: **Schwerin. Stadt zwischen Seen und Wäldern**. Bremen 2004/2010 (Edition Temmen). Stadtführer.

Krempien, Margot: **Der Schweriner Schloßbaumeister G. A. Demmler. 1804–1886**. Schwerin 1991 (Demmler). Eine Biografie über den Architekten Schwerins, dessen soziales Engagement ihn den Job kostete. Nur noch antiquarisch erhältlich.

Wismar *Borchert, Jürgen*: **Was ich von Wismar weiß: Notizen und Bilder**. Rostock 2000 (Hinstorff). Historische Notizen über die ehrwürdige Hansestadt.

Pfotenhauer, Angela (Text); *Lixenfeld, Elmar* (Fotos): **Wismar und Stralsund**. Bonn 2002/2004 (Monumente Edition). Die informative und hervorragend bebilderte Publikation der Deutschen Stiftung Denkmalschutz erschien anlässlich der Anerkennung der beiden Hansestädte als UNESCO-Welterbe 2002.

Rostock und Warnemünde *Schümann, Matthias* (Text); *Mnich, Reiner* (Fotos): **Kunstwege. Spaziergänge durch Rostock und Warnemünde**. Rostock 2006 (Hinstorff). Schön aufgemachter kleiner Band über die Kunstwerke an den Straßen und Plätzen Rostocks und Warnemündes.

Fischland, Darß, Zingst *Sietz, Henning*: **Fischland-Darß-Zingst**. Bremen 2004/2009 (Temmen).

Stralsund *Pfotenhauer, Angela* (Text); *Lixenfeld, Elmar* (Fotos): **Wismar und Stralsund**. Bonn 2002/2004 (Monumente Edition). → oben unter Wismar.

Matuschat, Jörg: **Stralsunder Geschichte von A bis Z**. Stralsund 2004 (Eigenverlag). Vom Alten Markt bis zur Zuckerfabrik, kaum ein Gebäude, eine historische Begebenheit oder bedeutende Persönlichkeit bleibt ausgespart, der Schwerpunkt liegt auf den baulichen Monumenten, gut bebildert und mit zahlreichen Skizzen versehen. Nur noch antiquarisch erhältlich.

Volksdorf, Dietmar u. a.: **Das Scharfrichterhaus von Stralsund. Mit einem Exkurs zur Geschichte des Scharfrichters in Stralsund**. Stralsund 2004 (Schriftenreihe Stralsunder Denkmale, Heft 1). Ein spannendes Stück Architektur- und Sozialgeschichte, informativ und gut geschrieben. Nur noch antiquarisch erhältlich.

Rügen und Hiddensee *Laube, Heinrich*: **Eine Fahrt nach Pommern und der Insel Rügen**. Nebst 20 Abbildungen. Nach einer Ausgabe von 1837 neu herausgegeben, erläutert und mit einem Nachwort versehen von Michael Huesmann. Bremen 2004/2008 (Edition Temmen).

Rellstab, Johann Carl Friedrich: **Ausflucht nach der Insel Rügen durch Meklenburg [sic!] und Pommern. Nebst achtzehn Kupfern und fünf Zeilen Musik**. Nach einer Ausgabe Berlin 1797 neu herausgegeben, erläutert und mit einem Nachwort versehen von Wolfgang Griep. Bremen 2004/2008 (Edition Temmen).

Hiddensee *Blase, Karin*: **Hiddensee von A–Z**. Schwerin 1995/2008 (Demmler).

Seydel, Renate (Hrsg.): **Hiddensee. Geschichte von Land und Leuten**. München 2000 (Ullstein). Sammlung kurzer literarischer Texte zur Insel.

Greifswald *Tremmel, Robert* (Text); *Drühl, Christin* (Fotos): **Universitäts- und Hansestadt Greifswald**. Rostock 2006/2010 (Hinstorff). Schön bebilderter, in drei Rundgänge gegliederter Stadtführer.

Usedom *Bauer, Hans-Ulrich*: **Badegäste mit Anzug und Weste**, Usedom 2006 (Igel Insel Geschichte). Zwei Bände zur Entwicklung der Seebäder auf Usedom.

Bock, Sabine; Buske, Norbert: **Wolgast**. Schwerin 1995 (Thomas Helms Verlag). Historisches zur kleinen Hansestadt. Nur noch antiquarisch erhältlich.

Richter, Egon: **Ahlbeck, Heringsdorf, Bansin. Die Usedomer Kaiserbäder**. Schwerin 2005 (Demmler). Schön aufgemacht und hübsch bebildert, auch mit historischen Aufnahmen.

Roscher, Achim: **Otto Niemeyer-Holstein. Lebensbild mit Landschaft und Figuren**. Berlin 2001 (Aufbau). Informative Biografie des Malers und Bildhauers, der über 50 Jahre auf Usedom gelebt und gewirkt hat. Im gleichen Verlag und vom gleichen Autor: **Lüttenort: Geschichten aus dem Leben Otto Niemeyer-Holsteins**, Berlin 2006.

Schleinert, Dirk: **Die Geschichte der Insel Usedom**. Rostock 2005 (Hinstorff). Gelungene und erschöpfende Darstellung.

Mecklenburgische Schweiz *Dust, Norbert; Steffen, Horst*: **Mecklenburgische Schweiz**. Streifzüge durch eine Landschaft. Bremen 2005 (Edition Temmen).

Güstrow *Barlach, Ernst*: **Ein selbsterzähltes Leben**. Berlin 1928/München 2008 (Piper). Schön zu lesende Autobiografie (bis Anfang des 20. Jh.) des genialen Bildhauers.

Mecklenburgische Seenplatte *Nenz, Cornelia*: **Fritz Reuter. Leben, Werk und Wirkung**. Rostock 2001 (Hinstorff). Nur noch antiquarisch erhältlich.

Williams, Jenny: **Mehr Leben als eins. Hans Fallada**. Berlin 2004 (Aufbau). Ausführliche Biografie des Schriftstellers.

Belletristik *Andersch, Alfred*: **Sansibar oder der letzte Grund**. 1957/2006 (Diogenes).

Johnson, Uwe: **Jahrestage**. Frankfurt/Main 1970–1983 (Suhrkamp).

Kempowski, Walter: **Tadellöser & Wolff**. 1971/1996 (btb).

Meinhold, Wilhelm: **Die Bernsteinhexe**. Berlin o. J. Nur noch antiquarisch erhältlich.

Die Werke von *Fritz Reuter* erscheinen vornehmlich bei Hinstorff, Rostock.

Richter, Hans Werner: **Geschichten aus Bansin**. 1982/2008 (Wagenbach).

Sport → „Mecklenburg-Vorpommern aktiv" S. 63

Übernachten

Das Angebot ist groß und deckt vom Fünf-Sterne-Hotel im Schloss bis zur einfachen Landpension das gesamte Spektrum ab. Hinzu kommen ungezählte Ferienappartements und Wohnungen, Ferienhäuser, 26 Jugendherbergen und jede Menge Campingplätze. Die größte Dichte an Unterkünften findet sich natürlich an der Küste und auf den Inseln, gefolgt von den größeren Städten (sofern sie nicht ohnehin an der Küste liegen) und den touristisch gut erschlossenen Gebieten der Mecklenburgischen Seenplatte und der Mecklenburgischen Schweiz. In ländlichen Gebieten ohne besondere touristische Attraktionen ist das Angebot eher dünn.

Hotels und Pensionen: Luxuriöse Herbergen finden sich vielfach in den prachtvollen Bädervillen an der Ostseeküste, in restaurierten Schlössern oder Gutshäusern, alten Mühlen oder sonstigen historischen Gebäuden, die in aller Regel mit viel Liebe zum Detail restauriert wurden. Oft ist es aber auch die idyllische Lage direkt am Strand und/oder inmitten der Natur, die ein besonderes Hotel ausmacht. Eine eigene Wellnessabteilung ist für die meisten Hotels mittlerweile fast schon obligatorisch, hier reicht das Spektrum von der Kellersauna mit kalter Dusche bis hin zum noblen *SPA* über mehrere Tausend Quadratmeter; auch Fahrradverleih und – bei entsprechender Lage – Bootsverleih gehört für viele Häuser dazu. Gehobene Hotels

Eines der vielen Schlosshotels in Mecklenburg-Vorpommern: Schloss Schorssow in der Mecklenburgischen Schweiz

Sich betten nach Gutsherrenart

Wohl nirgendwo in Deutschland dürfte es so erschwinglich sein, sich als Schlossherr respektive Gutsherr zu fühlen, wie in Mecklenburg-Vorpommern. Insgesamt fast 2000 Schlösser, Burgen und Gutshäuser zählt das Bundesland, knapp 300 der historischen Gemäuer werden heute touristisch genutzt – ein guter Teil davon in der Mecklenburgischen Seenplatte und der Mecklenburgischen Schweiz. Die erstaunliche Schlösser-Dichte hat einen Grund: Vom 16. bis ins 19. Jh. hinein ließen sich viele mecklenburgische und preußische Adelige in dieser malerischen Gegend auf stattlichen Landsitzen nieder und wollten es dabei an Repräsentation nicht fehlen lassen.

Die Bandbreite der Unterkünfte reicht von der eher schlichten – aber günstigen – Ferienwohnung im Gutshof bis zur Turmsuite mit Ahnengalerie im traditionsreichen Schlosshotel. Dabei ist eine Nacht nach Gutsherrenart bei weitem nicht so teuer wie befürchtet, in manchem Schloss kann man schon für um die 100–120 € pro Nacht unterkommen (für das DZ und inkl. Frühstück). Im Reiseteil dieses Buches beschreiben wir im Detail einige Schlosshotels, Burgen und Gutshäuser/-höfe. So unterschiedlich sie in Ausstattung und Preis auch sind, gemeinsam ist allen die wunderschöne, ruhige Lage, oft in einem Park, mindestens aber von weiten Wiesen und Feldern umgeben.

bieten fast ausnahmslos auch ein Restaurant (nicht selten im gehobenen Gourmet-Bereich angesiedelt) und auch den Mittelklasse-Stadthotels ist oft eine Gaststätte angeschlossen, in den unteren Hotelkategorien meist jedoch nicht, ebenso nicht in Garni-Pensionen.

Die im Buch angegebenen **Übernachtungspreise** gelten pro Zimmer (bzw. pro Appartement/Ferienwohnung) und pro Tag für die **Hochsaison**, in der Regel ist das der Zeitraum von Anfang/Mitte Mai bis ca. Anfang/Mitte Oktober, Weihnachten/Silvester und Ostern. Außerhalb dieser Zeiten können die Preise bis zu 30 % günstiger sein. Frühzeitige Buchung ist für die Sommerferien sowie Weihnachten/Silvester ratsam!

Ferienwohnungen/Ferienhäuser, Appartements: auch hier ein breites Spektrum vom noblen Domizil in der Strandvilla oder im herrschaftlichen Schlossgemäuer bis hin zum schwedisch inspirierten Holzhaus im Ferienpark. Für die Sommerferien (Schulferien) gilt: möglichst frühzeitig buchen, besonders die größeren Wohnungen und Ferienhäuser für vier bis sechs Personen sind bei Familien mit Kindern sehr beliebt und entsprechend schnell ausgebucht. In der Hochsaison im Sommer ist z. T. nur eine wochenweise Belegung möglich. Zum Mietpreis kommen oft noch Nebenkosten wie Strom/Gas und Wasser oder auch Endreinigung hinzu, Letztere in der Regel um 25–40 €. Hunde sind in vielen Ferienwohnungen und -häusern erlaubt, meist mit festem Wochenpreis für das Tier, manchmal wird auch eine erhöhte Endreinigung veranschlagt.

Jugendherbergen: Von den 26 Jugendherbergen in Mecklenburg-Vorpommern befinden sich elf auf dem Gebiet der Mecklenburgischen Seenplatte und der Mecklenburgischen Schweiz, der Rest verteilt sich auf die Inseln (drei Jugendherbergen auf Rügen, eine auf Usedom), die Halbinsel Fischland-Darß-Zingst mit zwei Häusern und auf die größeren Städte wie Schwerin, Wismar, Rostock und Warnemünde, Stralsund und Greifswald.

In Sachen Service und Komfort sind die Jugendherbergen meist deutlich besser, als es das übliche Klischee vom kargen Schullandheim mit Hagebuttentee aus der Isolierkanne erwarten lässt. Neben den obligatorischen Tischtennisplatten gibt es fast

überall auch einen Fahrrad- und Bootsverleih sowie Freizeitprogramm. Die meisten Herbergen richten sich auch explizit an Familien, gemeinsame Unterbringung im Mehrbettzimmer ist üblich, wer ein Doppelzimmer möchte, sollte rechtzeitig bei Buchung Bescheid geben. Der Preis für die Übernachtung im Mehrbettzimmer liegt für Jugendliche bis 26 Jahre bei etwa 20–22 € (inkl. Frühstück), Senioren über 27 zahlen etwa 5 € mehr pro Nacht, ebenso kostet die Übernachtung im DZ etwa 5 € Aufpreis pro Person. Die Mahlzeiten (Mittag-/Abendessen) kommen ebenfalls auf je ca. 5 €.

Wer in einer Jugendherberge übernachten will, muss Mitglied im Deutschen Jugendherbergswerk (DJH) sein. Für Junioren kostet dies 12,50 €/Jahr, Senioren ab 27 Jahre zahlen 21 €, Familien ebenfalls 21 €. Die Mitgliedschaft kann auch in den Jugendherbergen vor Ort abgeschlossen werden. Details unter www.jugendherberge.de.

Camping: Etwa 170 Campingplätze zählt das Bundesland Mecklenburg-Vorpommern. Größere, bestens organisierte Anlagen finden sich – zumeist in optimaler Strandlage – entlang der Ostseeküste und auf den Inseln, in allem etwas kleiner (und oft auch ein wenig beschaulicher) geht es auf den Plätzen an der Seenplatte zu. Letztere bestechen oft mit idyllischer Alleinlage im Wald und am See gleichermaßen sowie mit eigenem Badestrand – Natur pur also. Die Ausstattung der Plätze variiert, sanitäre Anlagen und ein Kiosk sind immer vorhanden, oft auch ein Restaurant, Mini-Markt, Boots- und/oder Fahrradverleih sowie Spielplatz, Liegewiese, Tischtennis, Volleyball etc. Der Preis für einen Stellplatz (Zelt/Wohnwagen/Wohnmobil) und zwei Personen liegt im Sommer etwa bei 18–25 €/Nacht, in Campingparks an der Ostsee kann es teilweise etwas teurer werden. Im Reiseteil dieses Buches beschreiben wir die empfehlenswertesten Campingplätze ausführlich und mit Preisangaben.

Wohnmobil: Viele Campingplätze bieten neben den üblichen Stellplätzen auch einige Wohnmobil-Plätze außerhalb der Schranke des Geländes am Parkplatz vor der Rezeption an. Der Vorteil: Man kann später am Abend kommen und trotzdem alle Einrichtungen des Platzes (Strom, Sanitäranlagen, Entsorgung gegen Aufpreis) in Anspruch nehmen; Preis pro Nacht um 10–12 €. Einige Wohnmobilstellplätze werden auch ausführlich unter www.wohnmobiltour-mv.de beschrieben.

Übernachten im Hausboot → „Mecklenburg-Vorpommern aktiv“, S. 69.

Unterwegs in Mecklenburg-Vorpommern

Mit dem Auto: Das beliebteste und natürlich auch bequemste Fortbewegungsmittel, viele der abgelegenen Orte bleiben ohne Auto unerreichbar, es sei denn, man nimmt eine lange Bus-, Bahn- und/oder Fahrradfahrt auf sich. Das Straßennetz ist relativ dicht und überwiegend gut ausgebaut (vor allem die großen Bundesstraßen),

Achtung Tiere!

Das Naturparadies Mecklenburg-Vorpommern bedeutet in vielen Gebieten auch, dass man Tieren begegnet, besonders nachts sind Rehe, Füchse etc. auf der Straße keine Seltenheit! Vor allem auf sehr abgelegenen, wenig befahrenen Landstraßen sollte man besonders vorsichtig sein.

Mit der Glewitzer Fähre auf die Insel Rügen

in entlegenen Gegenden kann der Weg schon mal kilometerlang über Kopfsteinpflaster, Betonplatte oder um Schlaglöcher herum führen. Berühmt ist Mecklenburg-Vorpommern auch für seine malerischen Alleenstraßen, die es abseits der großen Verbindungsstraßen noch immer zahlreich gibt. Ein Teilstück der **Deutschen Alleenstraße** verläuft vom Kap Arkona auf Rügen über Stralsund, Grimmen, Demmin und Neustrelitz nach Rheinsberg in Brandenburg.

Fähren und Brücken: Mit Ausnahme von Hiddensee sind die größeren Inseln entlang der Mecklenburg-Vorpommerschen Ostseeküste über Dämme und/oder Brücken zu erreichen. Darüber hinaus gibt es einige Personen- und Autofähren, die größere Umwege ersparen, u. a. auf Rügen (Wittower Fähre, → S. 247) und vom Festland nach Rügen (Glewitzer Fähre, → S. 204). Die Insel Hiddensee kann nur zu Fuß bzw. mit dem Fahrrad besucht werden (→ S. 252ff.). Zu beachten sind außerdem die Brückenöffnungszeiten der beiden Usedom-Brücken: Diese werden mehrmals am Tag für ca. 20 Minuten geöffnet und für den Schiffsverkehr passierbar gemacht, Autos müssen warten. Näheres hierzu → S. 270 und S. 273.

Entfernungen

Schwerin – Wismar	32 km	Rostock – Stralsund	73 km
Schwerin – Rostock	100 km	Rostock – Greifswald	97 km
Schwerin – Stralsund	184 km	Rostock – Waren (Müritz)	92 km
Schwerin – Greifswald	173 km	Stralsund – Binz (Rügen)	46 km
Schwerin – Binz (Rügen)	226 km	Stralsund – Greifswald	36 km
Schwerin – Ahlbeck (Usedom)	239 km	Stralsund – Waren (Müritz)	115 km
Schwerin – Waren (Müritz)	116 km	Greifswald – Ahlbeck (Usedom)	66 km
Schwerin – Neubrandenburg	146 km	Greifswald – Waren (Müritz)	97 km
Wismar – Rostock	73 km	Greifswald – Neubrandenburg	74 km
Wismar – Greifswald	146 km	Usedom/Stadt – Rostock	148 km

Die Kerngebiete des *Müritz-Nationalparks*, des *Nationalparks Vorpommersche Boddenlandschaft* (sofern sie nicht ohnehin im Bodden liegen) und des *Nationalparks Jasmund* sind **für Autos gesperrt**. Die Zufahrt ist mit dem Fahrrad oder einem der Nationalpark-Busse möglich.

Mit der Bahn: Das Schienennetz an der Küste und unmittelbar dahinter ist recht gut ausgebaut, im Binnenland dagegen eher dünn, zudem wurden einige wenig rentable Strecken stillgelegt. Die *Deutsche Bahn* bedient die gängigen Städteverbindungen, im Gebiet der Mecklenburgischen Seenplatte kommt außerdem die private *Ostdeutsche Eisenbahn (ODEG)* zum Einsatz: je mehrmals täglich auf der Strecke Wismar – Schwerin – Ludwigslust (und weiter Berlin und Cottbus); auf der Strecke Ludwigslust – Parchim – Lübz – Karow – Alt Schwerin – Malchow – Nossentin – Waren (Müritz) – Kargow – Kratzeburg – Neustrelitz; außerdem von Parchim nach Schwerin. Weitere Infos unter www.odeg.de. Auf der Insel Usedom ist die *Usedomer Bäderbahn (UBB)* unterwegs, die Usedom auch mit Stralsund und Greifswald sowie mit Świnoujście (Swinemünde) in Polen verbindet, weitere Infos unter www.ubb-online.de. **Fahrradmitnahme** ist in den Regionalexpress-Zügen (RE) und Regionalbahnen (RB) der Deutschen Bahn sowie in den Zügen der ODEG und der UBB möglich.

Freunde **historischer Eisenbahnen** sollten sich die Fahrt mit dem *Molli* (zwischen Kühlungsborn, Heiligendamm und Bad Doberan, → S. 129) und dem *Rasenden Roland* von Putbus nach Göhren auf Rügen (→ S. 211) nicht entgehen lassen! An der Mecklenburgischen Seenplatte werden drei der stillgelegten Bahnstrecken heute als **Draisinenstrecken** genutzt: zwischen Damerow, Goldberg und Borkow (→ S. 325) sowie zwischen Dargun und Salem (→ S. 431).

Der Molli fährt mitten durch Bad Doberans Fußgängerzone

Mit dem Bus: Auch das Busnetz entlang der Küste ist gut ausgebaut, vor allem zwischen den größeren Orten und Städten. Am Wochenende muss man insbesondere auf dem platten Land jedoch mit stark eingeschränktem Busverkehr rechnen, besonders wenn die Fahrt in kleinere Orte führen soll. Gleiches gilt für Dörfer an der Mecklenburgischen Seenplatte und deren Hinterland: Zwar wird fast jedes Dorf von einem Linienbus angefahren, auf manchen Strecken passiert das allerdings nur ein- bis zweimal pro Tag (und am Wochenende gar nicht). Auch muss man sich auf bestimmten Strecken auf Umsteigen samt längerer Wartezeit gefasst machen. Detaillierte Busfahrpläne für die Umgebung werden in der Regel von den jeweiligen Touristinformationen bereitgehalten, die wichtigsten Verbindungen sind auch in diesem Buch bei den jeweiligen Orten zu finden.

Mit dem Schiff: Detaillierte Angaben zu den Ausflugs- und Linienschiffen entlang der Küste und auf den größeren Seen finden sich in den Infoteilen der jeweiligen Orte.

Mit der Kutsche: Die Kremserfahrten (Kutschfahrten mit bis zu 20 Fahrgästen) erfreuen sich größter Beliebtheit, angeboten werden sie u. a. von Prerow aus zum Darßer Weststrand (→ S. 177) und auf Hiddensee (→ S. 255). Pro Person und Fahrt muss man mit etwa 10 € rechnen. Nähere Infos unter den jeweiligen Orten.

Mit dem Fahrrad → „Mecklenburg-Vorpommern aktiv" → S. 65.

Unterwegs mit dem Hausboot → „Mecklenburg-Vorpommern aktiv" → S. 69.

Wellness und Kuren

Mecklenburg-Vorpommerns Wohlfühlangebot ist so mannigfaltig wie kosmopolitisch – den internationalen Gesundheitstrends steht man hier in nichts nach: ob chinesische Akupunktur, orientalisches Dampfbad, fernöstliche Massage und Meditation oder die gute alte Kneippkur; dazu gibt es diverse Packungen – Fango, Algen, Kreide. Unerschöpflicher Wellnessrohstoff ist zudem die etwas altmodische, aber kostenlose „gesunde Seeluft" (in Fachkreisen auch als „Klimatherapie" bekannt) – kein Wunder, dass sich zahlreiche Kurkliniken an der Ostseeküste Mecklenburg-Vorpommerns angesiedelt haben. Die ärztlich verordnete, mehrwöchige und von der Krankenversicherung bezahlte Kur richtet sich demnach besonders an Patienten mit Atemwegserkrankungen, aber auch zahlreiche Reha-Einrichtungen und Mutter-Kind-Kliniken sind hier oben an der Küste anzutreffen.

Jüngster Trend in Sachen Wohlbefinden ist *Medical Wellness*: Die Vermischung von Wellness und medizinischer Kur wird in einigen gehobenen und darauf spezialisierten Hotels angeboten, auch hier steht alles unter ärztlicher Aufsicht, zu den diversen Kuranwendungen gibt es auch Fernöstliches. Günstig ist das Ganze jedoch nicht, wenn überhaupt, werden Teile nur von den privaten Krankenversicherungen übernommen.

Viele der großen Hotels bieten ein sehr umfangreiches Wellnessprogramm. Pool, Dampfbäder und Saunalandschaft werden ergänzt durch verschiedenste exotische Anwendungen, Kosmetikbehandlungen, Badezusätze und Massagen. Die Angebote stehen meist auch Nichthotelgästen zur Verfügung. Daneben gibt es die üblichen Erlebnisbäder, alle mit einem ähnlichen Repertoire, wenn auch nicht ganz so edel wie die der großen Hotels (Näheres unter den jeweiligen Orten).

Beliebte Kite-Reviere, hier auf der Insel Ummanz (bei Rügen)

Mecklenburg-Vorpommern aktiv

Über 1700 Kilometer Küste (davon fast drei Viertel Boddenküste) und 2000 Seen machen aus Mecklenburg-Vorpommern vor allem eines: ein Wassersportparadies!

Natürlich gibt es auch an Land ausreichend Möglichkeit zur aktiven Entspannung, vor allem bei Radwanderern erfreut sich das fast überall angenehm flache Bundesland stetig wachsender Beliebtheit; und auch Wanderer, Golfer und Reiter kommen voll auf ihre Kosten. Dennoch: Die größten Attraktionen bietet Mecklenburg-Vorpommern noch immer den Wassersportlern, und das nicht nur an der Küste, sondern besonders auch an der weit verzweigten Mecklenburgischen Seenplatte, dem größten miteinander verbundenen Binnengewässer- und Wasserstraßengebiet Europas!

Angeln

Die Seenplatte mit rund 2000 Seen (von jeweils über einem Hektar Größe) ist ein Anglerparadies, doch auch im kleinen Boot auf dem Bodden oder mit dem Kutter zum Hochseeangeln wird dem Angelsport nachgegangen. Mehrere organisierte Fahrten und Bootsverleihe stehen an der Ostseeküste zur Verfügung. An den Seen kann mit entsprechender Angelerlaubnis fast überall gefischt werden.

Voraussetzung dafür ist ein gültiger Fischereischein. Mit ihm kann man für 24 € einen zeitlich befristeten *Touristen-Fischereischein* erwerben, der an 28 aufeinanderfolgenden Tagen eines Jahres gültig ist und pro Person nur einmal im Jahr ausgestellt werden kann. Zusätzlich muss für das jeweilige Gewässer eine *Angelkarte* erworben werden (Reviere, Verkaufsstellen und weitere Infos unter www.angeln-in-mv.de und www.lav-mv.de).

Baden

Über vielen Strandabschnitten Mecklenburg-Vorpommerns weht die *Blaue Flagge*, ein alljährlich nach strenger Prüfung vergebenes EU-Gütesiegel, das u. a. ausgezeichnete Wasserqualität und die Einhaltung strenger Sicherheits- und Umweltstandards bescheinigt. An der Küste sind dies 28 Strände bzw. Strandbäder, an den Binnengewässern sieben Badestellen (bzw. Badeanstalten), hinzu kommen fünf Sportboothäfen (Marinas), über denen die Blaue Flagge weht. Generell ist die Wasserqualität sowohl an Küste und Bodden als auch an den meisten mecklenburgischen Seen ausgezeichnet. Badeverbote gibt es so gut wie keine. Zum Problem für tendenzielle Warmduscher könnten jedoch die **Wassertemperaturen** der Ostsee werden: 18–19 °C sind schon viel und werden nur nach einer längeren Aufwärmphase erreicht, generell etwas wärmer als die offene See sind die flachen und geschützten Boddengewässer. Die Seen können sich – je nach Tiefe – nach einer längeren Aufwärmphase auf bis zu 22–24 °C erwärmen. Die exakten Wassertemperaturen der Ostsee erfährt man beim *Bundesamt für Seeschifffahrt und Hydrographie* unter der Website www.bsh.de, zunächst zur Rubrik „Meeresdaten", dann „Vorhersagen" und dann unter „Baden & Meer".

Zum See-Bad am Badesee (Sternberg)

Mit Badekarren gegen die Melancholie

Die Idee entstand im 18. Jh. in England: Um die in Adelskreisen verbreitete Gemütsschwere zu lindern, tauchte man Melancholiker jeden Alters ins Meerwasser. Salzig musste es sein und vor allem kalt. Die Schocktherapie, hieß es, helfe auch gegen Hysterie, Rheumatismus, Rachitis, Fallsucht, Harnwegserkrankungen etc. – die Thalassotherapie, eine in der Antike gängige Behandlungsmethode, war wiederentdeckt worden.

Gebadet wurde natürlich nicht im offenen Meer, sondern in einem blickdichten Badekarren, der ins Wasser gezogen wurde und aus dem der Patient ins Seewasser stieg. Auch als aus der ärztlich verordneten Therapie eine Mode geworden war, blieb der Badekarren in Gebrauch. Zudem wurde der Strand geteilt: in einen Herren- und einen Damenstrand sowie einen Abschnitt dazwischen, auf dem beide Geschlechter gesellig sein konnten, komplett bekleidet, versteht sich. Es wurde ohnehin kein Bad in der Sonne genommen, denn gebräunte Haut galt als ungesund.

Am Hundestrand bei Zinnowitz (Usedom)

Textilfreies Baden/FKK ist an der Küste überall möglich, in den Ostseebädern gibt es eigens ausgewiesene Strandabschnitte, meist etwas abseits der Hauptpromenade. An den Seen ist textilfrei an einigen abgelegenen Badestellen üblich (aber kein Zwang), ausgewiesene FKK-Badestellen finden sich am Nordufer des Plauer Sees, am Useriner See und am Rätzsee (beide bei Wesenberg).

Auch **Hunde** und ihre Halter haben in fast jedem Ostseebad ihren eigenen Strandabschnitt, oftmals ein Stück vom Zentrum entfernt. An den Seen sind Hunde an den offiziellen Badestellen/Strandbädern verboten, wer mit felligem Begleiter baden will, muss sich ein abgelegenes Plätzchen suchen.

Fahrradfahren

Radeln zählt in Mecklenburg-Vorpommern zu den beliebtesten Sportarten. Die Radwege sind bestens ausgebaut und beschildert, schweißtreibende Steigungen sind selten und je nach Anspruch und Kondition ist wirklich für jeden die passende Tour dabei. Auch Teilabschnitte größerer Radrouten und Ein-Weg-Strecken sind möglich, da viele Fahrgastschiffe und auch einige Busse gegen geringen Aufpreis Räder mitnehmen. In jedem größeren und touristisch bedeutsamen Ort können Fahrräder ausgeliehen werden – vom einfachen Drei-Gang-Tourenrad bis zum High-End-Mountainbike ist alles zu haben; Helm, Schloss, Gepäckträger, z. T. auch Kartenmaterial sind meist im Preis enthalten (Miete ab ca. 7 € bis 20 €/Tag), ferner können Kindersitze, Nachläufer und andere Anhänger dazugemietet werden. Vor allem wer über mehrere Tage ein Fahrrad ausleihen will, sollte unbedingt eine Probefahrt machen und sich das Rad genau anschauen.

Achtung: In den fahrradtouristischen Hochburgen sind in der Hochsaison die Räder oftmals über Tage im Voraus reserviert.

Radwandern in Mecklenburg-Vorpommern

Von den zahlreichen mehrtägigen Fahrradtouren ist vor allem der **Radfernweg Mecklenburgische Seen** (615 km) von Lüneburg nach Usedom/Wolgast zu erwähnen, der von Ludwigslust über Waren/Müritz und durch den Müritz-Nationalpark, Neustrelitz, Neubrandenburg, Anklam und Heringsdorf (Usedom) nach Wolgast führt.

Auch der **Radfernweg Berlin–Kopenhagen** (630 km) verläuft in einem Teilabschnitt von Fürstenberg/Havel (Brandenburg) über Neustrelitz, Waren/Müritz und Güstrow mitten durch das Herz der Mecklenburgischen Seenplatte nach Rostock, von wo es dann mit dem Schiff nach Kopenhagen geht.

Der Radklassiker schlechthin ist der **Ostseeküstenradweg** (420 km), der jedoch ebenfalls nur einen Teilabschnitt in Mecklenburg-Vorpommern zurücklegt: Von Flensburg über Kiel, Fehmarn und Travemünde kommend, reicht er in Mecklenburg-Vorpommern von Wismar über Rostock, Zingst, Stralsund und Greifswald bis nach Ahlbeck (Usedom).

Der **Radfernweg Berlin–Usedom** (337 km) führt nordöstlich aus Berlin heraus und über Prenzlau, Pasewalk, Ueckermünde und Anklam nach Usedom; der **Radfernweg Hamburg–Rügen** (500 km) folgt der Strecke Schwerin, Güstrow, Stralsund und endet in Sassnitz auf Rügen.

Insgesamt 666 Kilometer umfasst die **Eiszeitroute Mecklenburgische Seenplatte**, die nicht nur zu allen wichtigen Hinterlassenschaften der letzten Eiszeit führt, sondern auch wunderbare landschaftliche Impressionen bietet; unterteilt ist die Route in mehrere kleine Etappen von 30 bis 70 Kilometern Länge, die man gut an einem Tag schaffen kann, sowie einige zwei- bis viertägige Rundtouren (nähere Infos unter www.eiszeitroute.com).

Zu guter Letzt noch zwei kürzere Radtouren: Der **Elbe-Ostsee-Radweg** (134 km) verläuft von Dömitz über Ludwigslust und Schwerin nach Wismar; der **Oderhaffrundweg** (108 km) von Ahlbeck über Ueckermünde am Haff entlang nach Altwarp an der Grenze zu Polen.

Weitere Infos beim **Allgemeinen Deutschen Fahrrad-Club** (ADFC). ADFC Bundesgeschäftsstelle, Friedrichstr. 200, 10117 Berlin, ✆ 030-20914980, 📠 030-209149855, www.adfc.de. Infos zu fahrradfreundlichen Unterkünften findet man unter www.bettundbike.de.

Golf

Insgesamt 18 Golfclubs und -anlagen zählt man in Mecklenburg-Vorpommern, die meisten in Küstennähe bzw. auf den Inseln Rügen und Usedom oder aber an der Mecklenburgischen Seenplatte. Die mit Abstand größte Anlage stellt mit bemerkenswerten drei (!) 18-Loch- und zwei 9-Loch-Plätzen samt Club und riesiger Driving-Range der *Golf & Country Club Fleesensee* am gleichnamigen See bei Malchow (www.golfclub-fleesensee.de), doch auch die anderen, teilweise noch recht neuen Golfplätze erfreuen sich großer Beliebtheit, zumal sie verkehrsgünstig für die Hauptstädter, aber auch recht hübsch in der Landschaft liegen.

Weitere Infos erteilt der Golfverband Mecklenburg-Vorpommern e. V., Werner-von-Siemens-Str. 1 b, 19061 Schwerin, ✆ 0385-5577788, 📠 0385-5577790, www.golfverband-mv.de.

Reiten

Die Zahl der Reiterhöfe ist enorm, über 250 gibt es in ganz Mecklenburg-Vorpommern. Das Angebot reicht vom Ponyreiten für Kinder bis zum Dressurtraining mit eigenem Pferd.

Weitere Informationen und Adressen zu Reiterhöfen unter www.reiten-in-mv.de, hier kann man auch nach bestimmten Ausstattungsmerkmalen suchen.

Segeln/Surfen

Die zergliederte Ostseeküste mit ihren vielen geschützten Bodden ist ein attraktives Segelrevier. Entsprechend umfangreich ist das Angebot: Kurse für Anfänger und Fortgeschrittene (inkl. Scheinerwerb), Bootsverleih und Yachtcharter, organisierte Segeltörns, oft nagelneue Sportboothäfen mit gut ausgestatteten Serviceeinrichtungen. Als beste Surfspots gelten die Südspitze der Halbinsel Mönchgut auf Rügen und die Westküste des Fischlands. Für Anfänger bieten sich die ruhigeren, flachen Bodden an. Wem das alles zu lasch ist, der kann es mit Kitesurfen versuchen (sowohl Unterricht als auch Materialverleih an mehreren Orten entlang der Küste bzw. auf Rügen/Usedom). Zahlreiche kombinierte Surf- und Segelschulen bieten Kurse für Anfänger und Fortgeschrittene sowie Materialverleih, manchmal sind sie auch an einen der großen Campingplätze angeschlossen. Bei den Binnengewässern eignen sich vor allem die großen Seen wie der Schweriner See, Plauer See, Kummerower See und natürlich die Müritz zum Surfen und Segeln, entsprechende Windverhältnisse vorausgesetzt. Segel- und/oder Surfschulen gibt es u. a. in Schwerin, Land Fleesensee, Waren/Müritz und Röbel an der Müritz.

Infos und Adressen unter www.mv-maritim.de.

MV aktiv: Golfen, Kiten, Segeln, Radeln, Reiten oder doch Beachvolleyball?

Tauchen

Nicht allzu groß ist die Auswahl an Tauchbasen und -schulen, an der Küste wird man u. a. in Kühlungsborn und Rostock fündig. Die Unterwasserwelt der mecklenburgischen Seen kann man z. B. beim Tauchcenter am Schweriner See und bei der Tauchbasis Thomsdorf (südlich des Feldberger Sees) erkunden.

Wandern

Küste und Insellandschaften lassen sich kaum schöner erleben als bei einer Wandertour, manche der Naturschönheiten sind sogar ausschließlich zu Fuß zu erreichen. Ob am Bodden entlang oder über Hochuferwege – die Pfade und Wege sind meist gut in Schuss und oft auch bestens ausgeschildert. Geführte Wanderungen werden von den Touristinformationen der größeren Ostseebäder und den Nationalparkzentren angeboten.

Warnung

Nach starken Regenfällen oder bei Tauwetter sind die Ostseestrände unter Steilufern unbedingt zu meiden! Erdrutsche und Küstenabbrüche können lebensgefährlich sein. Auch Fossiliensammler seien eindringlich gewarnt: Ein Kreideabbruch mag zahlreiche Fundstücke freilegen, dass aber auf den ersten ein zweiter Abbruch erfolgt, ist nicht ungewöhnlich.

Warnhinweise und Absperrungen vor Ort sind dringend ernst zu nehmen!

Auch die Mecklenburgische Seenplatte erweist sich als formidables Wanderrevier. Dabei sind es vor allem der Müritz-Nationalpark und die Naturparks, die passionierte Wanderer anziehen. Die Wege sind auch hier vorbildlich beschildert und gut gepflegt.

Wasserwandern

Ob eine kleine zweistündige Paddeltour, eine Mehrtagesreise im Kanu mit Biwakieren oder eine Zweiwochentour im voll ausgestatteten Hausboot: Die Mecklenburgische Seenplatte ist für Wasserwanderer ein wahres Paradies – schließlich befinden Sie sich hier im größten zusammenhängendem Wassersportrevier Europas, in dem Naturliebhabern wie auch Einsamkeitssuchenden das Herz aufgeht. Vor allem mit dem Kanu ist das Naturerlebnis hier quasi vorprogrammiert. Herzstück des Wasserwander-Reviers ist der Müritz-Nationalpark.

Kanu (Kajak oder Kanadier): Bei Anmietung erfolgt eine ausführliche Einweisung durch den Vermieter, bei der auch über Routen, Umtragestellen, Schleusen, Wasserwanderrastplätze, Campingplätze usw. informiert wird. Etwa zwölf bis 15 Kilometer sind als Tagesetappe auch für Anfänger gut zu schaffen. Die Preise für einen Einer-Wanderkajak beginnen bei ca. 18–20 €/Tag, der Zweier-Kajak kostet um 30–35 €/Tag, ein Vierer-Kanadier etwa 40 €. Im Preis enthalten sind Paddel, Schwimmwesten und wasserdichter Packsack bzw. Gepäcktonne sowie meist auch eine Wasserwanderkarte. One-Way-Touren mit Abholung durch den Vermieter sind gegen Aufpreis möglich, ebenso geführte Touren (meist Mindestteilnehmerzahl), die aber vorher angemeldet werden müssen. Im Reiseteil dieses Buchs sind zahlreiche Verleihstationen aufgelistet, einen Überblick verschafft die Seite www.mv-maritim.de. Auch an der Ostsee werden Wasserwandertouren mit dem Kajak angeboten, wenn auch eher spärlich.

Wasserwanderer auf dem Peenestrom

Hausboote und Motoryachten: Seit einigen Jahren gilt auf fast allen Gewässern der Mecklenburgischen Seenplatte die sog. *Charterscheinregelung*, das heißt: Fahren ohne Führerschein ist erlaubt! Ganz ohne Auflagen geht das jedoch nicht, Voraussetzung ist eine mindestens dreistündige Einweisung durch den Vercharterer, auch darf das zu steuernde Hausboot (bzw. die Motoryacht) nur maximal 15 Meter lang sein und eine Geschwindigkeit von zwölf Stundenkilometern nicht überschreiten. Für die Übernachtung bieten zahlreiche Marinas, Sportboothäfen, Campingplätze und Wassersportvereine gegen Gebühr Liegeplätze an. *Achtung*: Im Müritz-Nationalpark sind motorisierte Boote verboten.

Eine Liste der Anbieter u. a. unter www.mv-maritim.de.

Segelyachten: Anbieter gibt es sowohl an Ostsee und Bodden wie auch an der Mecklenburgischen Seenplatte. Wer eine Segelyacht auf der Ostsee chartern will, braucht dafür den Sportküstenschifferschein (SKS), auf den Binnenseen reicht der Sportbootführerschein Binnen. Führerscheinfrei Segeln kann man auf den Seen bis zu einer Größe von maximal zwölf Quadratmetern Segelfläche und einer Antriebsleistung des Motors von maximal fünf PS. Im eigenen Interesse sollte man für alle Gewässer über die nötige Erfahrung verfügen, wenn man sich eine Segelyacht chartert.

Eine Liste der Anbieter findet sich u. a. unter www.mv-maritim.de.

Weiterführende Informationen

Nützliche Webseiten: Unter *www.mv-maritim.de* findet man alle Anbieter im Bereich Wassersport in Mecklenburg-Vorpommern sowie sehr detaillierte Informationen zu Revieren, Routen, Marinas etc.

Die Seite *www.flussinfo.net* bietet sehr ausführliche Beschreibungen der Paddelreviere der Mecklenburgischen Seenplatte mit Liste der Vermieter, Literatur- und Kartentipps, Infos zu Schleusen, Wasserwanderrastplätzen, Tourvarianten, Übernachtungs- und Einkaufsmöglichkeiten usw.

Rügens berühmte Kreideküste – im Nationalpark Jasmund

Mecklenburg-Vorpommern

Schwerin → S. 72
Westmecklenburg → S. 89
Ostseeküste → S. 100
Klützer Winkel → S. 102
Wismar → S. 107
Zwischen Wismar und Rostock → S. 119
Rostock → S. 140
Fischland-Darß-Zingst → S. 160
Stralsund → S. 188
Rügen → S. 200
Hiddensee → S. 252
Greifswald → S. 262
Usedom → S. 274
Mecklenburgische Seenplatte → S. 305
Im Westen der Seenplatte → S. 306
Im Osten der Seenplatte → S. 372
Mecklenburgische Schweiz → S. 426

Schwerins Alter Garten – Klassizismus pur

Schwerin

ca. 91.500 Einwohner

Die idyllische Lage zwischen sieben von Wald und Parklandschaften gesäumten Seen, ein eindrucksvoller Dom, eine hübsche Altstadt und nicht zuletzt das prächtige Schloss sind gute Gründe für einen Zwischenstopp in der Landeshauptstadt Mecklenburg-Vorpommerns.

Das städtische Leben Schwerins wird deutlich von seinem Status als kleinste Landeshauptstadt Deutschlands geprägt. Großstädtische Hektik kommt hier kaum auf, selbst das Regierungsviertel gibt sich recht beschaulich. Nichtsdestotrotz präsentiert sich Schwerin geradezu weltgewandt, nicht nur wegen der repräsentativen Gebäude aus herzoglicher Zeit, sondern auch wegen der allgegenwärtigen Betriebsamkeit der aktuellen Landespolitik. Der ganze Stolz Schwerins ist das prachtvolle, von Wasser umgebene **Schloss**, u. a. auch Sitz des Landtags. Südlich davon erstreckt sich der weitläufige, von Kanälen durchzogene **Schlosspark**, die Hauptausstellungsfläche der *Bundesgartenschau 2009*. Zwischen Schloss, Marienplatz und Pfaffenteich, der „Binnenalster" Schwerins, verläuft das kleine Gassengewirr der Altstadt, in dessen Mitte sich der sehenswerte **Markt** befindet. Dort erinnert ein Denkmal an *Heinrich den Löwen*, der die Keimzelle der Stadt, die slawische Burg *Zuarin* auf der heutigen Schlossinsel, 1160 einnahm und deswegen gemeinhin als Stadtgründer gilt. Bald darauf schuf er das Bistum Schwerin, der zugehörige **Dom** wurde 1171 geweiht. Dessen Nachfolgebau, ein bemerkenswertes Beispiel Norddeutscher Backsteinarchitektur, prägt heute die Silhouette der Stadt.

Stadtgeschichte

Nach den Anfängen als slawische Festung und der eigentlichen Stadtgründung durch *Heinrich den Löwen* erlebte Schwerin seine erste Blüte Anfang des 16. Jh. als Residenzstadt des Herzogtums Mecklenburg. *Johann Albrecht I.* (1525–1576) scharte ganz im Stile eines Renaissancefürsten Vertreter von Kunst, Kultur und Wissenschaft um sich, ließ das Schloss zu einem repräsentativen Renaissancebau umgestalten und führte Schwerin dem lutherischen Glauben zu. Der Dreißigjährige

Krieg, die Pest und ein verheerender Brand im Jahr 1651 zerstörten die Stadt fast vollständig. Einen weiteren Rückschlag erlebte Schwerin 1756, als die Residenz Stück für Stück nach Ludwigslust verlegt wurde (bis 1764). Erst 1837 kehrte die Macht an den Schweriner See zurück. Im Gepäck hatte Großherzog *Paul Friedrich* (1800–1842) ambitionierte städtebauliche Pläne und einen Mann, der sie realisieren sollte: *Georg Adolph Demmler,* Schüler des berühmten Architekten *Karl Friedrich Schinkel* und seit 1835 Hofbaumeister des Herzogtums. Unter seiner Ägide entstand eine Vielzahl repräsentativer öffentlicher Gebäude, die noch immer das Stadtbild prägen, darunter der Marstall und das Kollegienhaus, heute Sitz der Staatskanzlei. Sein Meisterwerk war der Umbau des alten Schlosses, den er ab 1843 in Angriff nahm.

Mehr als nur Architekt Schwerins: Georg Adolph Demmler (1804–1886)

Der 1804 in Berlin geborene spätere Hofbaumeister Mecklenburgs machte nicht nur als Architekt von sich reden. Seit seinen Studientagen war er Freimaurer. Er engagierte sich schon früh in den liberal-demokratischen Zirkeln Schwerins und forderte eine Verfassung für das Fürstentum, die aber bis 1919 auf sich warten ließ. Ungewöhnlich für einen Liberalen des 19. Jh. war Demmlers Eintreten für die Arbeiterschaft, etwa seine Initiative für die Einrichtung einer Kranken- und Unfallversicherung für die Arbeiter des Schlosses oder sein Einsatz für eine Erhöhung der Bezüge von Handwerksgesellen.

Seine politischen Überzeugungen bescherten ihm 1850 jedoch das vorzeitige Karriereende. Der Hof verbat sich seine Einflussnahme und erklärte, Demmler habe „sich fortan von politischem Treiben fern zu halten und sich zu freuen [...], daß der Betrieb der Politik zu seinem Berufe nicht gehöre". Den Knebel ließ sich Demmler nicht anlegen, er trat von seinem Amt zurück. Nach ein paar Jahren im Ausland kehrte er nach Schwerin und in die Politik zurück. Er wandte sich der Sozialdemokratie zu und wurde 1877 in den Reichstag gewählt, zog sich aber bereits 1878 von der öffentlichen Bühne zurück. Die Sozialdemokratie unterstützte Demmler bis zu seinem Tod am 2. Januar 1886.

Schwerins Zeit als Residenzhauptstadt endete 1918, als der letzte Großherzog, *Friedrich Franz IV.*, im Gefolge der Novemberrevolution abdanken musste. Unter den Nationalsozialisten war Schwerin Hauptstadt des Landes Mecklenburg, nach dem Krieg wurde es im Zuge der DDR-Verwaltungsreform von 1952 zur Bezirkshauptstadt. Nach der Wiedervereinigung einigte man sich auf Schwerin als Hauptstadt des neuen Bundeslandes Mecklenburg-Vorpommern.

Basis-Infos

Information **Tourist-Information**, am Markt mitten im Zentrum; vielfältige Informationen und Zimmervermittlung, Stadtführungen (→ unten), Kartenvorverkauf, Fahrradverleih. Mo–Fr 9–18 Uhr, Sa/So 10–16 Uhr geöffnet. Am Markt 14, 19055 Schwerin, ✆ 0385-5925212, Fax 0385-555094, www.schwerin.com.

Nebenan befindet sich eine **kleine Ausstellung** mit historischen Stadtansichten („Demmler-Ausstellung").

Verbindungen Mit der **Bahn** ca. stündl. nach Wismar und Rostock (RE), fast stündl. zum Hamburger Hauptbahnhof (RE und IC), ca. alle 90 Min. nach Berlin Hauptbahnhof (RE), meist mit Umsteigen in Ludwigslust.

Verkehrsknotenpunkte für **Busse und Straßenbahnen** sind der Marienplatz und der Bahnhofsplatz; *Buslinie 14* fährt via Schleifmühle und Zoo zur Jugendherberge, *Tram 1* und *2* ebenfalls zum Zoo. Näheres unter ✆ 0385-3990222 (Fahrplanauskunft) bzw. www.nahverkehr-schwerin.de.

Taxis stehen u. a. am Hauptbahnhof, am Marienplatz, am Alten Garten und am Markt.

Die **Pfaffenteichfähre** spart den Weg zwischen Hauptbahnhof und Schelfstadt. Mai bis Sept. tägl. außer Mo 10–18 Uhr (mit einer Pause von 14 bis 14.30 Uhr), Abfahrten nach Bedarf; einfache Fahrt 1 €, Kinder 3–14 J. 0,50 €.

Schwerin-Ticket

Zahlreiche Vergünstigungen in Museen sowie freie Fahrt mit den Stadtbussen und Straßenbahnen. Preis: 5 €/Tag (2 Tage 7 €), Kinder unter 14 J. 3 € (4 €). Erhältlich bei der Tourist-Information und beim Ticketschalter des Schweriner Nahverkehrs am Marienplatz.

Bootsausflüge Mit der **Weißen Flotte** von April bis Okt. mehrmals tägl. über Schweriner See, Heidensee und Ziegelsee. Broschüren mit den Routen bei der Tourist-Information oder beim Anleger der Weißen Flotte gegenüber dem Schloss (neben dem Restaurant Wallenstein). Werderstr. 140, ✆ 0385-557770, Fax 0385-5577711, www.weisseflotteschwerin.de.

Einkaufen Die Shoppingmeilen der Stadt sind die Fußgängerbereiche in der Puschkinstraße zwischen Markt und Schlossstraße sowie die Friedrichstraße, die Schmiedestraße und die Mecklenburger Straße und umliegende Straßen. Schwerins größtes Einkaufszentrum ist das **Schlosspark-Center** am Marienplatz (bis 20 Uhr geöffnet).

Eine bemerkenswert gut sortierte Buchhandlung bezüglich Regionalia, aber auch im Bereich Belletristik ist die **Buchhandlung Schoknecht** in der Schlossstr. 20, ✆ 0385-565804. Mo–Fr 9–18.30 Uhr, Sa 9.30–13.30 Uhr.

Antiquarische Bücher nicht nur zur Stadt bietet das Schweriner Antiquariat, 2. Enge Straße 3, ✆ 0385-562912, www.schweriner-antiquariat.de. Di–Fr 10–17 Uhr, Sa bis 13 Uhr, So/Mo geschlossen.

Kleiner **Wochenmarkt** Mi und Fr 9–17 Uhr am Schlachtermarkt.

Golf 2x 18 + 9-Loch-Anlage **WINSTONgolf Klub** in Vorbeck an der Ostseite des Schweriner Sees. Greenfee 78–120 €. Auch Golfschule (Platzreifekurs 419 €, Schnupperstunde ab 15 €), Verleih, Restaurant. Kranichweg 1, 19065 Vorbeck, ✆ 03860-5020, www.winstongolf.de.

Parken Diverse Parkhäuser im Zentrum, u. a. beim Schlosspark-Center am Marienplatz (1. Std. frei, dann 1–1,50 €) oder am Burgsee/Schloss (2 €/1. Std., jede weitere Stunde 1,50 €).

Stadtführungen **Schwerin kompakt**, tägl. 11 Uhr, Treffpunkt vor der Tourist-Infor-

Schwerin
Karte → S. 77

2011 feierte das Mecklenburgische Staatstheater Schwerin 125-jähriges Jubiläum

mation, Dauer ca. 1:30 Std. (mit Schloss, Alter Garten, Theater, Markt, Dom), 5,50 €/Pers.

Nachtwächterführung von Mai bis Sept. jeden Fr/Sa 20.30 Uhr, Okt. bis April nur Fr 18 Uhr, ca. 1:30 Std., 8 €/Pers.

Sonderführung Schloss Schwerin: Ostern bis Nov. Sa und So, Dez. nur So jeweils um 14 Uhr, Dauer ca. 1:30 Std., 12 €/Pers., Kinder 6–16 J. 10 € (obligatorische Anmeldung bei der Tourist-Information).

Stadtrundfahrten **Petermännchen**, einstündige kommentierte Rundfahrten mit dem Touristen-Bähnchen, Abfahrt am Markt, Dauer ca. 1 Std. Von April bis Okt. 4-mal tägl., im Sommer 5-mal. Erw. 9 €, Kind bis 16 J. 4,50 €, Tickets im Bus. ✆ 0385-65800, www.petermaennchen-stadtrundfahrten.de.

Doppeldecker-Bus, ab Anlegestelle der Weißen Flotte. Mai bis Sept. tägl. zwischen 10 und 17.30 Uhr alle 45 Min., im Mai/Okt. nur bis 16 Uhr, Dauer ca. 1 Std., 9,50 €/Pers., ermäßigt 5 €. Infos unter ✆ 0385-5577737, www.schwerinerstadtrundfahrt.de.

Theater **Mecklenburgisches Staatstheater**, repräsentativer Prachtbau (1883–1886) gegenüber dem Schloss. Tickets an der Theaterkasse Mo–Fr 10–18 Uhr, Sa 10–13 Uhr, außerdem unter ✆ 0385-5300123, 📠 0385-5300129, www.theater-schwerin.de.

Zum Staatstheater gehören das **E-Werk** und das **Puppentheater im E-Werk** am Spieltordamm 1 (Pfaffenteich) und die **Fritz-Reuter-Bühne** (Alter Garten 2), wo hauptsächlich plattdeutsche Lustspiele und Schwänke gegeben werden; ✆ 0385-5300194, 📠 0385-5300284, www.fritzreuterbuehne.de.

Der Speicher, Kleinkunstbühne in der Schelfstadt – Konzerte, Lesungen, Kabarett, Filmabende usw. Röntgenstr. 22, ✆ 0385-512105, www.schwerin.de/speicher.

Veranstaltungen **Schlossfestspiele Schwerin**, große Open-Air-Oper alljährlich von etwa Mitte Juni bis Ende Juli am Alten Garten vor dem Theater. Aufführungen immer Do–Sa um 21 Uhr. Tickets 54–74 €, Hotline ✆ 0385-5300123, im Internet unter www.theater-schwerin.de.

Freilichtbühne Schwerin, im Sommer zahlreiche Konzerte, Open-Air-Kino, Public Viewing u. a.; Programme bei der Tourist-Information oder unter www.stadthalle-schwerin.de. Die Freilichtbühne liegt im Schlossgarten, zwischen Finanzamt und Schleifmühle.

Schweriner Kultur- und Gartensommer, von Mitte Mai bis Anfang Sept., ausführliches Programm bei der Tourist-Information sowie unter www.schwerinergartensommer.de.

Fünf-Seen-Lauf, immer am ersten Samstag im Juli, der größte Volkslauf in Mecklenburg-Vorpommern. Sportliche haben die Wahl zwischen 10, 15 oder 30 km; www.fuenf-seen-lauf.de.

Drachenbootfestival, alljährlich am dritten Augustwochenenende, an die 200 Drachenboot-Teams treten zum Rennen auf dem Pfaffenteich an. Weitere Infos: www.drachenbootfestival.de.

Übernachten

Niederländischer Hof [2], edles Ambiente in historischem Gebäude am Pfaffenteich, Feinschmeckerrestaurant (→ Restaurants) und Bar im Haus. 32 geschmackvoll eingerichtete Zimmer, EZ 108–129 €, DZ 139–180 €, Dreibett-Zimmer 172–228 €, Studio/App. 161–202 €, jeweils inkl. Frühstück, Halbpension 16–24 €; Hund 11 €. Alexandrinenstr. 12–13, 19055 Schwerin, 0385-591100, 0385-59110999, www.niederlaendischer-hof.de.

Pension am Theater [17], zentrale Lage neben dem Staatstheater, schönes Ambiente, 19 gepflegte Zimmer (davon ein EZ), modern und komfortabel. Eigener Parkplatz (5 €/Tag). EZ 54–70 €, DZ 69–90 €, Studio für 2 Pers. 90 €, für 1 Pers. 66 €, jeweils inkl. Frühstück; keine Haustiere. Ferienwohnung 380 €/Woche. Theaterstr. 1–2, 19055 Schwerin, 0385-593680, 0385-5936811, www.schwerin-pension.de.

Weinhaus Wöhler [6], zu dem bekannten Lokal (→ Restaurants) am Rand der Schelfstadt gehören auch 7 DZ in historischem Gemäuer: Restaurant sowie Weinbar und -kontor im Haus. EZ 70–80 €, DZ 85–105 €, Suite 110–130 €, Frühstück 10 € pro Pers.; Hund einmalig 15 €, Parkplatz 8 €/Tag. Puschkinstr. 26, 19055 Schwerin, 0385-555830, 0385-5558315, www.weinhaus-woehler.com.

Alt Schweriner Schankstuben [12], zentrale Lage am Schlachtermarkt. 16 komfortabel und freundlich eingerichtete Zimmer. Mit Restaurant (→ Restaurants). EZ 64 €, DZ 89–99 €, Vierbett-Zimmer (für Familien) 145 €, jeweils inkl. Frühstück, Halbpension 15 € pro Pers.; Hund 5 €. Am Schlachtermarkt 9–13, 19055 Schwerin, 0385-5925313, 0385-5574109, www.schankstuben.de.

Zur guten Quelle [15], etwas einfacheres Ambiente in historischem Fachwerkhaus in der Altstadt (nahe Markt). Gutbürgerliches Restaurant, im Sommer mit Hofbetrieb. EZ 57 €, DZ 82–88 €, Familienzimmer 110–112 €, jeweils inkl. Frühstück; Hund 5 €, Parken 3–6,50 €. Schusterstr. 12, 19055 Schwerin, 0385-565985, 0385-5007602, www.gasthof-schwerin.de.

Jugendherberge Schwerin [20], orangefarbener, schon etwas älterer 91-Betten-Bau mitten im Wald, zwischen Schweriner See und Faulem See. Im Sommer sollte man ca. eine Woche vorher reservieren. *Anfahrt*: Der Schlossgartenallee in südöstliche Richtung folgen (Beschilderung NDR, dann auch JH); mit dem Bus Nr. 14 ab Marienplatz bis zur Endhaltestelle, dann noch ein paar hundert Meter zu Fuß. Die Übernachtung im Mehrbettzimmer kostet mit Frühstück 20–23 €, Halbpension 5 €, Vollpension 8 € pro Pers. Waldschulweg 3, 19061 Schwerin, 0385-3260006, 0385-3260303, www.jugendherbergen-mv.de.

Außerhalb **Hotel Speicher am Ziegelsee** [1], edel-gemütliches Ambiente in einem sorgfältig restaurierten Getreidespeicher, knapp 2 km außerhalb der Innenstadt. Geschmackvolle Einrichtung mit Korbmöbeln und Terrakotta, Sauna sowie das Gourmet-Restaurant „*aurum*" und eine Terrasse direkt am See. *Anfahrt*: von der Innenstadt der Werderstraße stadtauswärts folgen (Richtung Wismar/B 104), dann links ab (ausgeschildert). Für das Gebotene nicht zu teuer: EZ 85–105 €, DZ 105–155 €, Studio 140–155 €, jeweils inkl. Frühstück; Hunde (in manchen Zimmern erlaubt) 12 €, Fahrradverleih (10 €/Tag). Speicherstr. 11, 19055 Schwerin, 0385-50030, 0385-5003111, www.speicher-hotel.com.

Camping **Ferienpark Seehof**, schön ruhig am See gelegener Campingplatz bei der gleichnamigen Ortschaft nördlich von Schwerin, gut ausgeschildert. Mit Gaststätte, Fahrradverleih, eigenem Seestrand und Bootsanleger; die angeschlossene Segelschule gibt nach Voranmeldung Kurse (www.segeln-schwerin.de), auch Bootsverleih. Erw. 5 €, Kinder (2–14 J.) 3,50 €, Auto 2 €, Zelt 4–6 €, Stellplatz Zelt/Wohnmobil (inkl. 2 Pers. und Strom) 20–31 €, Hund 1 €, Motorboot-Liegeplatz 4,50 €, Familienbad 6 €, Finnhütte (2 Pers.) 30–40 €, Mobilheim (4 Pers.) 85 €, Mietzelt für 4 Pers. 40 €. Am Zeltplatz 1, 19069 Seehof, 0385-512540, 0385-5814170, www.ferienpark-seehof.de.

Schwerin
200 m
Ziegelinnensee
Spieltordamm
Knaudtstr.
Pfaffenteich
Fähre
Hauptbahnhof
Grunthalplatz
Zum Bahnhof
Wismarsche Straße
Reutzstr.
Karl-Marx-Straße
Dr. Külz-Str.
R.-Luxemburg-Str.
Pestalozzistraße
Schweinemarkt
Landreiterstraße
Mühlenstr.
Hospitalstraße
Röntgenstr.
Taubenstr.
Lehmstr.
Gaußstr.
August-Bebel-Straße
Apothekerstraße
Schelfstr.
Bergstraße
Schelfmarkt
Kirchenstr.
Amtsstr.
F.-Schultz-Str.
Werderstraße
Schelfkirche
Schleswig-Holstein-Haus
Körnerstr.
Puschkinstr.
Jahnstr.
Franz-Mehring-Straße
Lübecker Straße
Severinstr.
St. Paul
Arsenal
Steinstr.
Friedensstraße
Johannesstr.
Arsenalstr.
Friedrichstr.
Pfaffenstr.
Schliemannstr.
Münzstraße
Bischofstr.
Dom
Domhof
Domstr.
Beutel
Wurm-Passage
Martinstr.
Schmiedestr.
Markt
Schlachterstr.
Grüne Straße
Burgstraße
Wittenburger Straße
Marienplatz
Helenenstr.
Buschstr.
Schusterstr.
Großer Moor
1. Enge Straße
2. Enge Straße
3. Enge Straße
Mecklenburgstraße
Salzstr.
Schlossstraße
Klosterstr.
Kl. Moor
Theaterstr.
Tappenhagen
Werderstr.
Marstall
Staatliches Museum
Theater
Alter Garten
Geschw.-Scholl-Str.
Goethestraße
Staatskanzlei
Siegessäule
Fähranleger
H.-Mann-Str.
Burgsee
Schloss
Schweriner See
Graf-Schack-Allee
Mecklenburgstraße
Schlossgarten
Schwimmende Wiese
Kreuzkanal
Lennéstr.
Franzosenweg
Grünhausgarten
Platz der Jugend
Bertha-Klingberg-Platz
Jägerweg
Johannes-Stelling-Str.
Pavillon
Freilichtbühne
Schleifmühle
Schlossgartenallee
Übernachten
1 Speicher am Ziegelsee
2 Niederländischer Hof
6 Weinhaus Wöhler
12 Alt Schweriner Schankstuben
15 Zur guten Quelle
17 Pension am Theater
20 Jugendherberge Schwerin
Essen & Trinken
1 Speicher am Ziegelsee
2 Niederländischer Hof
4 Friedrich's am Pfaffenteich
6 Weinhaus Wöhler
7 Zum Stadtkrug
8 Feine Kost
11 buschérie
12 Alt Schweriner Schankstuben
13 Lukas
14 Weinhaus Uhle
18 Wallenstein
Cafés
9 Café Röntgen
16 Café Prag
19 Café Orangerie
Nachtleben
3 Freischütz
5 Bolero
10 Phillies

Essen & Trinken/Nachtleben

→ Karte S. 77

Restaurants **Niederländischer Hof 2**, das stilvolle, vielfach gelobte Restaurant im gleichnamigen Hotel bietet ein 3-Gänge-Menü für 34,90 € (6 Gänge 52,90 €), auch günstiger Mittagstisch (Hauptgerichte 8,50 €). Gepflegtes Ambiente. Tägl. mittags und abends geöffnet. Alexandrinenstr. 12–13, ✆ 0385-591100.

Weinhaus Wöhler 6, verwinkelter Fachwerkbau aus dem Jahr 1819, neben den einladenden Historischen Stuben (Restaurant) gibt es im Sommer auch den Biergarten, außerdem noch eine Weinhandlung. Gute Küche mit zuvorkommendem Service, feiner Fisch, aber auch deftige mecklenburgische Gerichte (z. B. der Rollbraten). Leicht gehobenes Preisniveau. Mittags und abends geöffnet. Puschkinstr. 26, ✆ 0385-555830.

buschérie 11, in dem sympathischen Bistro kann man in freundlicher Atmosphäre und einem Hauch französischem Flair gute Küche oder auch nur ein Glas Wein mit ein paar Snacks genießen. Wechselnde Hauptgerichte ab etwa 13 € (Pasta ab 10,50 €), 3-Gänge-Menü 39,50 €, kleine und feine Weinauswahl, günstiger Hauswein. Tägl. mittags und abends geöffnet, Weinverkauf und -proben sowie Snacks nebenan in der buschérie petit (tägl. 11–18 Uhr). Buschstr. 9–11, ✆ 0385-59236066, www.buscherie.de.

Beim Dom: auf dem Markt ...

Das **Weinhaus Uhle 14**, in der Schusterstr. 13–15 wurde zuletzt umgebaut, der Zeitpunkt der Wiedereröffnung war bei unseren Recherchen noch nicht in Erfahrung zu bringen.

Fischrestaurant Lukas 13, beliebtes Fischlokal mit Wintergarten und Terrasse. Regionale Fischgerichte ebenso wie Garnelen und Steaks, leicht gehobene Preise. Zentrale Lage unweit des Marktes. Mittags und abends geöffnet. Großer Moor 5, ✆ 0385-565935, www.restaurant-lukas.de.

Zum Stadtkrug 7, gemütliches Brauhaus mit Kupferkessel und natürlich eigenem Bier, dazu mittags und abends deftige Küche, nicht teuer, auch Kleinigkeiten für zwischendurch, im Sommer kleiner Biergarten. Tägl. 11–23 Uhr geöffnet. Wismarsche Str. 126, ✆ 0385-5936693, www.altstadtbrauhaus.de.

Alt Schweriner Schankstuben 12, schöne Lage am Schlachtermarkt, im Sommer mit Terrasse auf dem Platz. Zwei rustikale Gasträume, gutbürgerliche regionale und verfeinerte Küche, mittleres bis leicht gehobenes Preisniveau („Meckelbörger Rippenbraten" 12,50 €). Mittags und abends geöffnet. Am Schlachtermarkt 9–13, ✆ 0385-592530.

Restaurant-Café Friedrich's am Pfaffenteich 4, schönes Kaffeehaus-Ambiente im neoklassizistischen „Kücken-Haus", auch draußen nett zum Sitzen; mittleres Preisniveau. Geöffnet tägl. 11–24 Uhr. Friedrichstr. 2, ✆ 0385-555473, www.restaurant-friedrichs.com.

Restaurant/Café Wallenstein 18, in Bestlage am Anleger der Weißen Flotte, Holzterrasse direkt am Wasser. Durchgehend warme Küche, 3-Gänge-Menü 17–20 €. Abends Cocktailbar. Tägl. 10–23 Uhr, in der Nebensaison 11–22 Uhr. Werderstr. 140, ✆ 0385-5577755, www.restaurantwallenstein.de.

Imbiss **Feine Kost 8**, Bio-Laden mit vegetarischem Imbiss unweit des Marktplatzes. Tägl. wechselnd stehen eine Suppe (4,90 €) und ein Gericht (6,50 €) auf dem Wochenplan. Zuletzt Mo–Sa 11.30–18 Uhr geöffnet. Puschkinstr. 36, ✆ 0385-4848668. ■

Cafés **Café Orangerie 19**, schöne Terrasse im gepflegten Burggarten, Kaffee und Kuchen (teuer), Eis, zudem ein wenig kalte Küche. April bis Okt. tägl. 10–18 Uhr. Lennéstr. 1, ✆ 0385-5252915.

Café Prag 16, einst die Hofkonditorei des nahe gelegenen Schlosses. Terrasse davor. Ganztägig bis 19 Uhr geöffnet, So bis 18 Uhr. Puschkinstr. 64, ✆ 0385-565909.

Café Röntgen 9, am Markt in der Altstadt, man sitzt erhöht in einem hellen Säulengang ein paar Stufen oberhalb des Platzes. Gute Torten und Kuchen. Ganztägig bis 18 Uhr geöffnet. Am Markt 1, ✆ 0385-5213740.

Kneipen **Freischütz 3**, eine besonders schöne und gemütliche Kneipe am Ziegenmarkt (unterhalb der Schelfkirche). Eher junge Gäste, günstige Tagesgerichte (Mo–Fr mittags 5,50 €), günstig auch die Getränke. Im Sommer einige Tische draußen an der Straße. Mo–Fr 11–3 Uhr, Sa/So 18–3 Uhr, Küche bis 1 Uhr. Ziegenmarkt 11, ✆ 0385-568655.

Nachtleben Einige Cafés/Bars und Kneipen am Südufer des Pfaffenteichs, z. B. das **Friedrich's 4** (auch Restaurant) oder das **Bolero 5** (Mecklenburger Str. 2). Cocktails bis zum Abwinken gibt es in der Bar **Phillies 10** in der Wittenburger Str. 51 (hinter dem Schlosspark-Center).

... und in den Gassen

Sehenswertes

Schloss: Das auf einer winzigen Insel im Schweriner See gelegene imposante Bauwerk mit unzähligen Türmchen und Aufbauten erinnert an die prächtigen Schlösser an der Loire – und in der Tat ließ sich *Georg Adolph Demmler* (→ „Mehr als nur Architekt Schwerins", S. 73), der wichtigste Baumeister des Schweriner Schlosses, vom dortigen Château Chambord inspirieren. Als er 1843 mit den Arbeiten beginnen konnte, hatte das Schloss, in dem heute der Landtag Mecklenburg-Vorpommerns residiert, allerdings schon eine lange Geschichte hinter sich: Ursprung war eine slawische Befestigungsanlage, die Anfang des 11. Jh. als Burg *Zuarin* und Stützpunkt des Obotritenfürsten *Niklot* in Dokumenten erwähnt wird; 1160 fiel die Anlage an *Heinrich den Löwen* (1129–1195), der bzw. dessen Nachfolger sie zur ersten Residenz der Grafschaft Schwerin ausbauten; im 16. Jh. schließlich wurde die Burg von Herzog *Johann Albrecht I.* (1525–1576) in weiten Teilen zum Renaissanceschloss umgestaltet, hinzu kam eine Schlosskirche, seinerzeit der erste protestantische Kirchenneubau Mecklenburgs. Dann aber ging es abwärts: 1756 verließen die Fürsten Schwerin und bezogen eine neue Residenz im etwa 40 km südlich gelegenen Ludwigslust. Als sie 1837 wieder zurückkehrten, war das Schloss heruntergekommen und kaum noch bewohnbar. Sechs Jahre später schlug die Stunde von Hofbaurat Demmler. Nachdem Pläne für einen kompletten Neubau verworfen worden waren, machte er sich zusammen mit seinem Kollegen *Hermann Willebrand* (1816–1899) an die Arbeit und baute bis 1851 weite Teile der alten Anlage zum prachtvollen Neorenaissanceschloss um bzw. aus. Weitere Umbauten – die Neugestaltung der Fassade zur Stadtseite hin und die Errichtung der Goldkuppel – waren das Werk *Friedrich August Stülers* (1800–1865), unter dessen Leitung auch das Reiterstandbild des Obotritenfürsten Niklot aufgestellt wurde. Die feierliche Eröffnung des neuen Schlosses fand 1857 statt.

Ein guter Geist – das Petermännchen

Ein kleines, altes Männchen mit grauem Bart und Federhut, einer Laterne in der Hand und einem Schwert, dazu ein Schlüsselbund – so sieht man auf Bildern den Schweriner Schlossgeist, der hier seit vielen Jahrhunderten wohnt und das Böse aus der Stadt vertreibt.

Der Sage nach ist das Petermännchen der einzige verbliebene Diener eines heidnischen Gottes der Tempelburg, die einst an der Stelle des heutigen Schlosses stand. Seine Dienerkollegen zogen sich – nachdem der Heidengott vor den nahenden Christen geflohen war – nach Petersberg bei Pinnow (östlich von Schwerin) zurück, daher auch der Name des Kobolds. Das Petermännchen jedoch blieb und bewachte fortan die Burg, verjagte Eindringlinge und belohnte die Guten. Seinen Schlossherren war es dabei stets treu ergeben.

Bekanntestes Opfer des umtriebigen Kobolds war Wallenstein, kaiserlicher Generalissimus während des Dreißigjährigen Krieges. Der hatte Gefallen am Schweriner Schloss gefunden und beabsichtigte, sich hier niederzulassen. Doch schon in der ersten Nacht im neuen Zuhause setzte ihm das Petermännchen ordentlich zu, machte riesigen Lärm, zog ihm die Decke weg und zwickte und boxte den Feldherren die ganze Nacht hindurch, sodass dieser am nächsten Tag entnervt in einen anderen Flügel des Schlosses umzog. Doch auch dort erging es ihm nicht besser, im Gegenteil, der Schlossgeist ließ Wallenstein nächtens ein Ahnenbild auf den Kopf fallen – der Feldherr reiste am nächsten Morgen ab und kam nie wieder.

Der *Rundgang* führt zunächst hinauf zu den Wohngemächern der Herzogin in der Beletage (zweiter Stock). Neu zugänglich sind die Räume Sagen-, Blücher- und Leanderzimmer. „Beletage“ verspricht nicht zu viel: Es folgen in der Tat recht schmucke Räumlichkeiten, darunter das kostbare Speisezimmer, die Rote Audienz und das durchaus gemütliche Wohnzimmer. Im dritten Stock gelangt man dann in die Festetage mit den Repräsentationsräumen und dem Wohnbereich des Herzogs. Letzterer ist nur teilweise zugänglich: darunter das Adjutantenzimmer, das Rauchzimmer (für die Regierungspause) und die Bibliothek. Hinter dem Bücherregal befindet sich übrigens ein Geheimgang, der es dem Herzog ermöglichte, sich auch mal ohne Wissen seines Adjutanten (respektive der Herzogin ...) zu absentieren. Schließlich gelangt man in den Thronsaal, den prachtvollsten Raum des Schlosses mit kunstvollem Intarsien-Parkett, einem vergoldeten Thronsessel mit Baldachin und Säulen aus Carrara-Marmor, dem original erhaltenen Kronleuchter, einem aufwändigen Deckengemälde nebst Stuckarbeiten – und einer geradezu modernen

Heizung. Die im Rundgang anschließende Ahnengalerie hatte der Untertan auf dem Weg zur Audienz zu durchschreiten und bekam nebenbei die Legitimation des Fürsten gezeigt: Zu sehen sind alle mecklenburgischen Fürsten von 1348 bis 1800 im mehr oder minder schmeichelhaften Porträt.

Wer die Besichtigung des Schlosses vervollständigen will, findet im ersten Stock eine umfangreiche Porzellan- und eine Waffensammlung (beim Eingang beschildert).

Der *Burggarten* um das Schloss wurde von *Joseph Lenné* (1789–1866) im englischen Stil konzipiert, wobei auch die Dachterrassen der Orangerie (heute Café) mit einbezogen wurden.

Das **Schloss** ist im Sommer (15. April bis 14. Okt.) tägl. 10–18 Uhr geöffnet, im Winter Di–So 10–17 Uhr; Einlass bis eine halbe Stunde vor Schließung. Eintritt 6 €, erm. 4 €, Kinder unter 6 J. frei, Fotoerlaubnis 3 €. *Führungen* durch die Beletage und Festetage im Sommerhalbjahr Di–So 11 und 13.30 Uhr, Mai/Juni auch Sa/So 15 Uhr, Juli/Aug. auch Di–So 12 und 15 Uhr, in den Wintermonaten nur Di–So 11.30 Uhr, Sa/So auch 13.30 Uhr; Dauer 1 Std., 3 €/Pers., erm. 2 €. Audioguide 2 €. Lennéstr. 1, ✆ 0385-5252920, www.schloss-schwerin.de.

Im Innenhof des Schlosses

Schlossgarten: Die vom Schloss aus über eine alte Drehbrücke zu erreichende Anlage wurde 1670 als barocker Lustgarten gestaltet. Knapp ein Jahrhundert später entstanden gemäß der Mode der Zeit der Kreuzkanal, gesäumt von 14 Skulpturen (u. a. antike Götter, Allegorien der Jahreszeiten), und zwei Laubengänge. Auffälligstes Monument ist allerdings das Reiterdenkmal von Großherzog *Friedrich Franz II.* (1823–1883) aus dem Jahr 1893. Für die Bundesgartenschau 2009 wurde der Schlossgarten aufwendig auf Vordermann gebracht und erscheint seither in neuem altem Glanze.

Schleifmühle: Das alte Fachwerkhaus mit großem Mühlrad am Faulen See wurde 1705 ursprünglich als Pulvermühle gebaut. Ab 1757 nutzte man den Antrieb des Wasserrades für eine Steinschleiferei, die u. a. auch die Bauherren des Schweriner Schlosses belieferte. Der Rundgang durch das Mühlengebäude (zwei kleine Ausstellungsräume mit historischen Dokumenten, geschliffenen Steinen und Halbedelsteinen) endet mit einem wirklich ohrenbetäubenden Erlebnis: Der „Müller" wirft die Mühlenanlage an und lässt in einer etwa zehnminütigen Vorführung die durch Wasserkraft betriebene Steinsäge ihr Werk verrichten. Sehenswert!

Ostern bis Anfang Nov. tägl. 10–17 Uhr, im Winter nur nach Voranmeldung. Eintritt 3 €, erm. 2 €, Familienkarte (2 Erw. + 2 Kinder) 7 €. Schleifmühlweg 1, ✆ 0385-562751, www.schleifmuehle-schwerin.de.

In der Galerie Alter Meister

Staatliches Museum am Alten Garten: Der riesige Platz an der Stadtseite des Schlosses war – der Name sagt es – ursprünglich eine Gartenanlage, die aber mit dem Bau des eigentlichen Schlossgartens 1670 ihre Bedeutung verlor und später als Exerzierplatz genutzt wurde. Heute bildet der Alte Garten mit seinem gelungenen Ensemble klassizistischer Bauten das Herz des Schweriner Regierungsviertels und dient im Sommer als repräsentativer Rahmen für Opernaufführungen. Die bedeutendste Sehenswürdigkeit am Platz und eine der größten Attraktionen des ganzen Landes ist das Staatliche Museum an der Nordostseite mit seiner beachtlichen Kunstsammlung oft hochrangiger Werke aus vier Jahrhunderten. Während das Erdgeschoss dem 20. Jh. (u. a. *Marcel Duchamp* und *Man Ray*) vorbehalten ist, bietet das Obergeschoss eine beeindruckende *Galerie Alter Meister* mit Werken der deutschen Spätgotik und Renaissance sowie einer umfangreichen Sammlung holländischer und flämischer Malerei des 17. Jh., darunter Arbeiten von *Rembrandt, Rubens* und *Frans Hals.* Auch der französische Hofmaler *Jean-Baptiste Oudry* ist mit zahlreichen großformatigen Tier- bzw. Jagdszenen vertreten (soll aber voraussichtlich 2015 nach Schloss Ludwigslust umziehen). Ebenfalls im Obergeschoss ist die *Galerie Neuer Meister* untergebracht. Sie zeigt Werke aus dem 19. und 20. Jh., u. a. von *Caspar David Friedrich, Alexej von Jawlenski, Pablo Picasso, Lovis Corinth* und *Max Liebermann.* In einem Nebenraum sind 12 Bronzen von *Ernst Barlach* (Stiftung Bölkow) zu sehen.

15. April bis 14. Okt. Di–So 10–18 Uhr, Do 12–20 Uhr; im Winter nur bis 17 Uhr und Do 13–20 Uhr, Mo geschlossen. Eintritt 5 €, erm. 3,50 €, mit Sonderausstellung 8 € bzw. 6 €, Fotoerlaubnis 3 €, Audioguide 2 €. Führungen durch das Museum Sa 12 Uhr und So 11 Uhr, Dauer ca. 1 Std., 3 €, erm. 2 €. Immer Do um 18 Uhr lädt das Museum zum „Rendezvous" mit Sonderführungen, Konzerten, Künstlergesprächen o. Ä. Museumsshop und **Café Kunstpause** im Erdgeschoss. Alter Garten 3, ✆ 0385-59580, www.museum-schwerin.de.

Alter Garten: Erwähnenswert sind auch die anderen Gebäude/Bauwerke am *Alten Garten*: das vergleichsweise schmächtig wirkende *Alte Palais*, ein Fachwerkbau aus dem 18. Jh.; das *Mecklenburgische Staatstheater* gleich daneben, ein prachtvolles, säulen- und giebelgeschmücktes Gebäude, das zwischen 1883 und 1886 errichtet wurde, nachdem ein Vorgängerbau kurz zuvor abgebrannt war; die 32 Meter hohe *Siegessäule* (1874) am Ufer des Burgsees, die an den Deutsch-Französischen Krieg von 1870/71 erinnert; das dreiflügelige *Kollegienhaus* (1825–1834) oberhalb der Siegessäule (am Beginn der Schlossstraße mit ihren repräsentativen Bauten), in dem heute die Staatskanzlei untergebracht ist; und schließlich die *Neue Regierung* (1892) – der Erweiterungsbau des Kollegienhauses ist mit diesem durch einen über Arkaden verlaufenden Übergang verbunden, vom Volksmund spöttisch „Höhere Beamtenlaufbahn" genannt.

Schwerin
Karte → S. 77

Marstall: Das von riesigen Kastanienbäumen flankierte Gebäude, in dem einst die Stallungen der herzoglichen Pferde untergebracht waren, stammt wie vieles in der Stadt von Hofbaumeister Demmler und entstand zwischen 1838 und 1842. Heute befindet sich hier das Ministerium für Bildung, Wissenschaft und Kultur des Landes Mecklenburg-Vorpommern.

Altstädtischer Markt mit Neuem Gebäude und Altem Rathaus: das Herz der Stadt, ein lebendiger Platz, zwar ohne Markt, aber mit einigen architektonischen Sehenswürdigkeiten. Auffälligstes Gebäude am Markt (Nordseite) ist zweifelsohne das ursprünglich 1783–1785 als Markthalle gebaute *Neue Gebäude* (auch „Säulengebäude"), in dem heute das Café Röntgen untergebracht ist. Zweiter optischer Blickfang des Platzes ist das *Alte Rathaus* mit der 1835 aufgesetzten Fassade im (neogotischen) Tudorstil, hinter der sich vier alte Giebelhäuser verbergen. Auf der mittleren Zinne des Rathauses thront die recht kleine, aber strahlend goldene Reiterstatue von Stadtgründer *Heinrich dem Löwen* (1129–1195), dem auch das zweite Denkmal am Platz, eine Löwenplastik vor dem Neuen Gebäude, gewidmet ist. Letztere wurde anlässlich des 800. Todestages des Stadtgründers im Jahr 1995 aufgestellt.

Schlachtermarkt: Ein Durchgang am Rathaus führt vom Altstädtischen Markt zum Schlachtermarkt, heute der eigentliche Marktplatz. Mit seinen alten Fachwerkhäusern, den hohen Bäumen und dem modernen Brunnen *Von Herrn Pastor sien Kauh* (1978) zählt er zu den schönsten Plätzen der Stadt. Bis 1938 befand sich hier (Hausnummer 3–5) die **Schweriner Synagoge**. Ein Neubau der Synagoge, in dem die Fundamente des am 9. November 1938 zerstörten Gebäudes integriert sind, wurde hier Ende 2008 eröffnet.

Dom: Die imposante dreischiffige Basilika mit mächtigem, ebenfalls dreischiffigem Querhaus entstand ab 1270 anstelle eines romanischen Vorgängerbaus. Da sich die Arbeiten bis ins 15. Jh. hineinzogen, weist die Einwölbung bereits spätgotische Einflüsse auf. So ist das ältere Langhaus mit einem Kreuzrippengewölbe versehen, das

Löwe, Dom und Neues Gebäude: Am Altstädtischen Markt

Blick über den Pfaffenteich auf Schwerins Dom

Querhaus dagegen aufwendiger mit einem Netz-, die Vierung mit einem Sterngewölbe. Der Raumeindruck der Basilika ist majestätisch und licht. Anders als beispielsweise in der zeitgleich entstandenen Zisterzienserkirche von Bad Doberan dominiert hier nicht das warme Rot des Backsteins, sondern ein strahlendes Weiß, das von grauen Diensten, roten und grünen Gewölberippen etc. durchbrochen wird. Der 1327 fertiggestellte Chorumgang wird von einem Kapellenkranz abgeschlossen. Von der gotischen Innenausstattung ist, nachdem die ehemalige Bischofs- und Klosterkirche zu einer evangelischen Pfarrkirche geworden war, nicht mehr viel erhalten. Das bedeutendste Kunstwerk ist – neben einem ursprünglich aus der Marienkirche in Wismar stammenden Triumphkreuz (um 1420) – der Flügelaltar, dessen Mitteltafel aus Sandstein gefertigt ist (ebenfalls um 1420). Dargestellt sind Kreuzigung, Höllenfahrt und Auferstehung Christi. Das älteste Stück ist ein achteckiges Bronzetaufbecken von 1325. Die übrige, vor allem neogotisch geprägte Ausstattung stammt aus der Mitte des 19. Jh., als die Kirche umfassend restauriert wurde. Neogotisch ist auch der 117,5 Meter hohe, von einem spitzen kupfergedeckten Helm abgeschlossene Kirchturm, der anstelle des niedrigeren gotischen Turms Ende des 19. Jh. errichtet wurde.

Geöffnet Mai bis Okt. Mo–Sa 10–17 Uhr, So 12–17 Uhr; im Winter Mo–Fr 11–15 Uhr, Sa 11–16 Uhr, So 12–15 Uhr. Eintritt frei, Spende erbeten. Turmbesteigung bis 30 Min. vor Schließung (2 €, Kinder 1 €). Domführungen: Di und Sa 11 Uhr; 2 €.

Schelfstadt mit Schelfkirche und Schleswig-Holstein-Haus: eine der schönsten und beschaulichsten Ecken in Schwerin. Die *Schelfe* (= „Land zwischen den Wassern“) erstreckt sich grob zwischen Pfaffenteich, Ziegelinnensee, Werderstraße und Friedrich- bzw. Burgstraße. Bereits seit 1284 befand sich das Gebiet im Besitz der Bischöfe, damals ein einfaches kleines Fischerdorf mit Pfarrkirche. Im Jahr 1705 ernannte Herzog *Friedrich Wilhelm* (1675–1713) die Schelfe zu einer selbstständigen Stadt, der „Schelfstadt“ (oder auch „Neustadt“), und ließ diese gleich darauf auch städtebaulich umgestalten: Es entstanden rechtwinklige Straßenzüge mit ein- bis zweigeschossigen Fachwerkbauten, im Zentrum der Schelfmarkt mit der *Schelfkirche* (St. Nikolai). Die barocke Backsteinkirche, die den gotischen Vorgängerbau von 1238 ersetzte, entstand in den Jahren 1708–13. Besondere Bedeutung hat die Schelfkirche heute als einziger echter barocker Kirchenbau und als erste große nachreformatorische Kirche ganz Mecklenburgs. Im Kircheninneren sehenswert ist ein Altarbild von Hofmaler *Gaston Lenthe* (1805–1860). Die Fürstengruft unter dem Altar kann besichtigt werden (Licht 1 €, Vorsicht, steile Treppe). Ganztägig geöffnet.

Schwerin
Karte → S. 77

Zweiter Anziehungspunkt in der Schelfstadt ist das ebenfalls barocke *Schleswig-Holstein-Haus* (1737), in dem sich seit 1995 ein wichtiges kulturelles Zentrum befindet: Wechselnde Ausstellungen, Lesungen, Chor- und Gospelkonzerte, Kammermusik und vieles mehr füllen den Veranstaltungskalender, eine ständige Ausstellung ist darüber hinaus der klassischen Moderne gewidmet. Im Sommer sind auch Garten und Remise zu besichtigen.

Tägl. 10–18 Uhr und zu Veranstaltungen. Eintritt 3 €, erm. 2 €, bei Sonderausstellungen teurer. Puschkinstr. 12, ✆ 0385-555524.

Um den Pfaffenteich – Wohnhaus Demmlers, Kückenhaus, Arsenal: In einer natürlichen Senke wurde der ursprünglich zum Besitz der Kirche zählende Pfaffenteich („Papendiek“) schon im 12. Jh. als See aufgestaut, damals die nördliche Grenze der Stadt. Dem Stadtarchitekten Demmler ist es zu verdanken, dass sich der See heute so harmonisch in das Stadtbild einfügt: Im Zuge der innerstädtischen Ausdehnung um 1840 ließ er die Ufer befestigen und einen repräsentativen Rundweg inklusive Lindenallee um den See herum anlegen. Repräsentativ sind auch die noblen Bürgerhäuser um den See: am Südufer zunächst das *Wohnhaus Demmlers* (Arsenalstraße, Ecke Mecklenburger Straße), an der Ecke zur Friedrichstraße das *Kückenhaus* von 1868 (heute Café Friedrich), in dem einst der Komponist und Hofkapellmeister *Friedrich Kücken* (1810–1882) lebte. Blickfang am Südufer des Sees ist allerdings das *Arsenal* schräg gegenüber: Der ockerfarbene Bau im Stil der englischen Tudorgotik entstand nach Plänen Demmlers zwischen 1840 und 1844 und beherbergte neben Kaserne, Zeughaus, Stallungen und Werkstätten auch Militärgericht und Gefängnis der Stadt. Nach umfangreicher Restaurierung befindet sich hier heute das Innenministerium Mecklenburg-Vorpommerns.

Am Pfaffenteich

Die kleine *Pfaffenteichfähre* (→ S. 74) pendelt im Sommer regelmäßig zwischen Ost- und Westufer und erlaubt schöne Ausblicke auf das Südufer mitsamt der Wasserkaskaden. Auf dem Pfaffenteich finden alljährlich im August auch die bekannten Drachenbootrennen statt.

Im Freilichtmuseum Mueß

Um den Schweriner See

Deutschlands viertgrößter See (61,5 km²) ist in der unmittelbaren Umgebung der Landeshauptstadt bestens erschlossen, an seinem Nord- und Ostufer jedoch fast noch Brachland. Nur wenige Hotels und eine Kurklinik finden sich am Ostufer, Strände gibt es kaum. Ab und zu stemmt sich ein hartgesottener Surfer oder Segler gegen den Wind, ansonsten bleibt die Gegend menschenleer. Das sumpfige Nordufer kann ohnehin nur weiträumig umfahren werden.

Am Südufer des Schweriner Sees

Zippendorfer Strand: Der Hausstrand von Schwerin liegt am südlichen Ufer des Schweriner (Innen-)Sees. Der schöne Sandstrand zieht die Badegäste hier schon seit Anfang des 19. Jh. an, um die Jahrhundertwende entstand dann die Strandpromenade mit den repräsentativen Villen. Am Strand Beachvolleyball, Bootsanleger, Imbissbuden und Gaststätten. Zippendorf selbst ist ein ruhiger Ort mit großer Seniorenresidenz am Waldrand.

Vom Zippendorfer Strand fällt der Blick auf die beiden Inseln *Kaninchenwerder* und *Ziegelwerder*, zwei unbewohnte Naturschutzgebiete, die zahlreichen Wasservögeln als Brutplatz dienen.

Anfahrt **Mit dem Pkw**: Zippendorf liegt ca. 3 km südlich von Schwerin; auf der B 321 Richtung Güstrow, dann links ab, beschildert. Großer gebührenpflichtiger Parkplatz am Strand.

Mit Tram/Bus: Tram Linie 1 oder 2 ab Marienplatz (Richtung Hegelstraße) bis Stauffenbergstraße, dort umsteigen in den Bus Linie 6 (Richtung Pinnow) bis Haltestelle Zippendorf Eiche, dann am Parkplatz vorbei ist man gleich am Strand.

Zu Fuß/mit dem Fahrrad: Im Schweriner Schlossgarten auf den Franzosenweg einbiegen und diesem (vorbei am Zoo) immer folgen, zu Fuß ca. 45 Min.

Weiße Flotte: Im Sommer wird der Zippendorfer Strand mehrmals tägl. von den Schiffen der Weißen Flotte angefahren (Abfahrt → S. 74).

Schwerin
Karte → S. 77

Freilichtmuseum Schwerin-Mueß: ein schöner Ausflug zu den Traditionen bäuerlichen Lebens in Mecklenburg. Der etwa einstündige Rundgang führt durch rund 20 Gebäude aus dem 18. bis ins frühe 20. Jh., die zwischen 1970 und 1989 restauriert und für die Besucher hergerichtet wurden, darunter Bauernhäuser und Scheunen, Dorfschmiede, Büdnerei (Hallenhaus norddeutscher Kleinbauern), Spritzenhaus und eine Dorfschule. Zudem gibt es einen Kräutergarten, einen überdachten Backofen und diverse landwirtschaftliche Geräte. Auf dem Gelände des Museums lädt ein günstiges Café mit schattiger Terrasse zur Pause ein. Museumsshop am Eingang.

Öffnungszeiten/Eintritt April bis Sept. Di–So 10–18 Uhr (Einlass bis 17.30 Uhr), Okt. Di–So 10–17 Uhr, im Winter nur So 10–17 Uhr. Eintritt 3,50 €, Kinder/Jugendliche unter 18 J. 2,50 €, Familienkarte 7 €. Alte Crivitzer Landstr. 13, 19063 Schwerin, ✆ 0385-208410.

Anfahrt Von Schwerin zunächst in südlicher Richtung nach Zippendorf und dann in den Nachbarort Mueß. Dort ist das Freilichtmuseum bestens ausgeschildert. Mit Tramlinie 1 oder 2 ab Marienplatz (Richtung Hegelstraße) bis Stauffenbergstraße, dort umsteigen in den Bus Linie 6 (Richtung Pinnow); das Museum hat eine eigene Haltestelle.

Einkaufen **Fischereihof Mueß**, neben dem Museum und direkt am Schweriner See gelegen; hier gibt es frischen und geräucherten Fisch. Ganzjährig geöffnet, Di–Fr 8–18 Uhr, Sa 8–12 Uhr. Zum Alten Bauernhof 7 a, ✆ 0385-201670, www.fischereihof-muess.de.

Am Ostufer des Schweriner Sees

Felder, so weit das Auge reicht, durchschnitten von kilometerlangen Alleen, Bauernhöfe und stillgelegte Agrarbetriebe am Wegesrand, hier und da ein kleines, ruhiges Dorf, aber auch die Autobahn A 14 nach Wismar – das ist die Ostseite des Schweriner Sees in Stichworten. Idyllisch ist die Gegend nicht (bis auf wenige Oasen), eher wirkt sie verlassen, und das trotz relativer Nähe zur Landeshauptstadt. Etwa in der Mitte des lang gezogenen Sees hilft der *Paulsdamm* (B 104) zwischen Wickendorf und Rampe ein wenig Wegstrecke zu sparen, größter Ort der Gegend ist das verschlafene 5000-Einwohner-Städtchen **Crivitz** mit einigen schönen Fachwerkhäusern.

Ganz im Südosten des Schweriner Sees zeigt sich **Raben Steinfeld** mit seinen Häusern im englischen Landhausstil noch relativ ansehnlich (Campingplatz am See, → Camping). Am Ortsrand erinnert ein Denkmal an den Todesmarsch der Häftlinge aus den Konzentrationslagern von Sachsenhausen und Ravensbrück, der hier am 2. Mai 1945 mit der Befreiung durch die Rote Armee endete.

Etwa sechs Kilometer nördlich erweckt **Leezen** (mit Kurklinik) einen etwas trostlosen Eindruck, ebenso die benachbarten **Rampe** und **Retgendorf** noch weiter nördlich am See. Einziger Lichtblick ist **Flessenow** mit seinem schönen Hotel direkt am Ufer (→ Übernachten).

Übernachten **Schloss Basthorst**, ein gutes Stück außerhalb von Schwerin gelegen, doch der Weg lohnt sich: ein wunderschönes Anwesen in ruhiger Lage und mitten im Grünen, hinter dem Park erstreckt sich der Glambecksee – ideal für Ruhesuchende. Die Gegend ist wie geschaffen für Spaziergänge und Radtouren. Kanuverleih (und -touren), auch Ausritte können organisiert werden. Das Hotel verfügt über ein gehobenes Restaurant, mehrere Bars und Terrasse, dazu ein großzügiger Wellnessbereich mit Schwimmbad, Sauna, Fitness, Massagen und Kosmetik. Der Golfplatz (→ S. 74) in Vorbeck ist gleich um die Ecke. Insgesamt 45 moderne Zimmer, edel eingerichtet, auch Suiten. EZ 88–115 €, DZ 118–170 €, Suite 152–194 €, jeweils inkl. Frühstück. Appartements (Nebengebäude) 120–152 € für 2 Pers. Restaurant tägl. 17.30–21.30 Uhr, mittags Snacks und kleine Karte in der Bar bzw. Lounge. Schlossstr. 18, 19089 Crivitz/OT Basthorst, ✆ 03863-5250, 📠 03863-525555, www.schloss-basthorst.de. *Anfahrt*: von Schwerin die B 321 Richtung Crivitz/Parchim nehmen, in Crivitz links Richtung Pinnow, dann Richtung Gädebehn/Kladow und schließlich Richtung Basthorst/Schloss Basthorst.

Hotel Seewisch, in Flessenow. Gepflegtes Hotel in moderner Backstein-Fachwerk-Optik, ebenfalls in schöner, aber sehr abgeschiedener Lage, quasi direkt am See, mit Liegewiese. Gehobenes Restaurant mit Terrasse (Seeblick), außerdem Sauna, Fahrrad- und Bootsverleih. Angenehm eingerichtete Zimmer, je nach Ausstattung mit Balkon (Seeblick). EZ 79–109 €, DZ 99–129 €, jeweils inkl. Frühstück. Am Schweriner See 1d, 19067 Dobin am See/OT Flessenow, ✆ 03866-46110, 📠 03866-4611166, www.seewisch.de. *Anfahrt*: ca. 16 km von Schwerin, am schnellsten über den Paulsdamm zu erreichen, dann über Rampe und Retgendorf nach Flessenow.

Camping **Süduferperle**, in Raben Steinfeld, direkt am See gelegen. Platz mit viel Baumbestand, Liegeplätzen und Restaurant („Taucherstübchen"); hier befindet sich auch die Poseidon-Tauchschule: Anfänger- und Fortgeschrittenenkurse, Ausrüstungsverleih und Tauchausflüge. Auch Bootsverleih (Kanus, Ruder- und Motorboote). Ganzjährig geöffnet. 5 €/Pers., Kinder 2–14 J. 3,50 €, Zelt 4,70–6,50 €, Auto 3 €, Stellplatz für Wohnmobil/Wohnwagen und 2 Pers. 18–23 €. Mietwohnwagen inkl. 2 Pers. 46 €. Hund 2,50 €. Forststr. 19, 19065 Raben Steinfeld, ✆ 03860-312, 📠 03860-501636, www.sueduferperle.de. *Anfahrt*: in Raben Steinfeld ausgeschildert.

Golf → S. 74.

Am Westufer des Schweriner Sees

Ebenfalls eher abgelegen, aber doch deutlich dichter besiedelt und verkehrsreicher als das Ostufer. Zwischen dem Ort **Hohen Viecheln** am Nordufer des Sees und Bad Kleinen überquert man den *Wallensteingraben*, einen im 16. Jh. angelegten Kanal, der den Schweriner See mit der Ostsee verbindet. Bei einer Tiefe von maximal einem halben Meter hat er jedoch keinen Nutzen für den Wassertourismus, über einen Ausbau des heutigen Landschaftsschutzgebietes wurde immer mal wieder nachgedacht.

Bad Kleinen muss man nicht gesehen haben, schon eher das südlich benachbarte **Schloss Wiligrad** in schöner Lage am See: Das Schloss wurde in den Jahren 1896–1898 im Auftrag des mecklenburgischen Herzogs *Johann Albrecht* erbaut, der hier bis zu seinem Tod im Jahr 1920 lebte. Umgeben ist das Anwesen von einem sehenswerten Skulpturenpark und einem über 200 Hektar großen Wald- und Landschaftspark mit vielen exotischen Bäumen. In einigen repräsentativen Räumen des Schlosses unterhält der Kunstverein Wiligrad e. V. eine *Galerie* mit wechselnden Ausstellungen; Schlossführungen sind nach Voranmeldung möglich. Unweit des Schlosses wird bei der Schlossgärtnerei ein Gartencafé betrieben.

Galerie: Zu Ausstellungen Di–Sa 10–17 Uhr, So 11–17 Uhr. Eintritt 3,50 €, erm. 2,50 €. Kunstverein Wiligrad e. V., Wiligrader Str. 17, 19069 Lübstorf, ✆ 03867-8801, 📠 03867-7450, www.kunstverein-wiligrad.de. *Anfahrt:* am Nordende von Lübstorf Richtung See abbiegen (beschildert), dann 2 km durch den Wald zum Schloss.

Gartencafé: gleich beim Schloss, einladendes Café, hausgemachter Kuchen und kleine Gerichte. März bis Okt. tägl. 10–18 Uhr, im Nov./Dez. nur Mi–So 10–18 Uhr, im Jan. und Febr. geschlossen. Wiligrader Str. 6, ✆ 03867-612703, www.schlossgaertnerei-wiligrad.de.

In voller Pracht – das Ludwigsluster Schloss

Westmecklenburg

Der Westen Mecklenburgs ist das Aschenputtel unter den Landschaften Mecklenburg-Vorpommerns und findet bei Urlaubern und Reisenden nur wenig Beachtung.

Entweder man fährt – Strandkorb, Seeufer oder Schlosshotel schon vor dem geistigen Auge – achtlos durch Westmecklenburg hindurch oder aber (von Süden kommend) einfach dran vorbei. Auch in Sachen Kultur ist die Anziehungskraft Schwerins viel zu groß, um noch Interesse für das Umland übrig zu lassen. Tatsächlich erstrecken sich westlich von Schwerin fast nur schnurgerade Straßen – schier endlos und überwiegend an landwirtschaftlichen Nutzflächen vorbeiführend. Das war nicht immer so: Einst überzogen riesige Waldgebiete das Land, die nach ihrer Abrodung einen armen, kargen Sandboden hinterließen. Daher wird Westmecklenburg auch die *Griese Gegend* genannt (griese = grau, karg), nicht zuletzt nach ihren einst ärmlichen Bewohnern, die in grauem Gewand als Wanderarbeiter durch das Land zogen.

Doch auch der Westen und Südwesten Mecklenburgs haben die ein oder andere Sehenswürdigkeit zu bieten. Zuforderst ist da natürlich die prächtige Residenzstadt *Ludwigslust* zu nennen, die ein wenig im Schatten der nahen Landeshauptstadt steht und ihrerseits die Nachbarstadt *Neustadt-Glewe* in den Schatten stellt. Sehenswert sind alle beide: Ludwigslust mit seinem schmucken Schloss, herrlichem Park und beeindruckend geschlossener Stadtanlage; Neustadt-Glewe mit Burg, kleinem Schloss (heute Hotel) und idyllisch-ländlichem Stadtbild.

Über der Elbe thront *Dömitz*, ein kleines Städtchen mit einer bemerkenswert gut erhaltenen Festungsanlage. Weiter im Norden befindet sich *Zarrentin* mit einem alten Kloster am Ufer des Schaalsees, der Teil des *Biosphärenreservats Schaalsee* ist. Und ganz im Norden erstreckt sich der Klützer Winkel, ostseenahes Landidyll und Kornkammer Mecklenburgs.

Timmendorfer Strand
Travemünde
Bad Schwartau
LÜBECK
A 1
Kreuz Hamberge (A 1)
Steinbeck
Elmenhorst
Redewisch
Boltenhagen
Kalkhorst
Goldbeck
Klütz
Rosenhagen
Klützer Winkel
Camshagen
Grevenstein
Rolofshagen
Dassow
Roggenstorf
Mallentin
Selmsdorf
105
Schönberg
Grevesmühlen
Kirchdorf
Poel
Stove
Blowatz
Wismarbucht
Wohlenberger Wiek
Walfisch
Hohen Wieschendorf
Wendorf
Wismar
Gägelow
Rostock
A 20
Upahl
Dorf Mecklenburg
106
Hohen Viecheln
Bobitz
104
Rehna
Wedendorf
208
Mühlen Eichsen
Bad Kleinen
207
Rieps
Carlow
Veelböken
Alt Meteln
Wiligrad
Dobin am See
Güstrow, Neubrandenburg
Schlagsdorf
Dalberg
Schweriner
Lübstorf
Biosphären-
Möllin
Gadebusch
Seehof
Ratzeburg
reservat
Brüsewitz
Leezen
Schaal-
Lützow
A 241
Schaalsee
see
Renzow
See
Mölln
Badow
SCHWERIN
Warnow
Seedorf
Dümmer See
Stralendorf
Mueßer Holz
Neuhof
Dümmer
Gudow
Zarrentin
Neu Zarrentin
Parum
321
A 24
Wittenburg
Warsow
Banzkow
Gallin
Bandenitz
Lehsen
Hoort
Greven
Goldenstädt
195
Hagenow
Nostorf
Gresse
Vellahn
Boizenburg
5
Brahlstorf
Pritzier
Neustadt-Glewe
Kuhstorf
Melkof
Pichersche Heide
Naturpark
Redefin
Picher
Sude
Mecklen-
Ludwigslust
Lübtheen
Biosphären-
Bleckede
Neuhaus
burgisches
Ludwigsluster Kanal
Glaisin
191
Grabow
Elbe
Jessenitz
reservat
Vielank
Grebs
Eldena
Elbetal
Müritz-Elde-Wasserstraße
Neu Dachau
Woosmer
Flusslandschaft
216
Kaarßen
Neu-Kaliß
Dahlenburg
Elbe
Westmecklenburg
Hitzacker
Dömitz
5,5 km
Dannenberg

Westmecklenburg
Karte → S. 90

Neustadt-Glewe

ca. 6500 Einwohner

Eine mittelalterliche Burg, ein kleines barockes Schloss und ein ungemein schmuckes Stadtbild. Neustadt-Glewe steht zu Unrecht ein wenig im Schatten der barocken Strahlkraft der nahen Residenz Ludwigslust.

Das Städtchen an der Elde muss sich nämlich keineswegs hinter der Nachbarin verstecken. Sicherlich fehlt im Vergleich zur barocken Planstadt das Außergewöhnliche, in großer Geste weitläufig Angelegte. Dafür aber finden sich hier auf engem Raum kleinstädtische Idyllen. Neustadt-Glewe wurde nach einem verheerenden Stadtbrand 1728 auf dem mittelalterlichen Grundriss neu aufgebaut. Es entstanden um den Markt, den Kirchplatz und entlang der kopfsteingeplasterten Straßen malerische kleine Häuser, teils weiß verputzt, teils backsteinrot mit buntem Fachwerk und Fenstern. Am Stadtrand erhebt sich über die Elde die mittelalterliche **Burg**, die heute von einem kleinen Stadtpark umgeben wird. Und am östlichen Ortseingang liegt das **Schloss** von Neustadt-Glewe, eine dreiflügelige Anlage mit wechselvoller Geschichte. Lange Jahre wollte das Schloss, 1619 begonnen, nicht fertig werden. Vom Dreißigjährigen Krieg unterbrochen, blieb das Projekt lange Zeit unvollendet. Erst im 18. Jh. wurde der Bau mit seinen aufwendigen Stuckarbeiten fertiggestellt. Heute beherbergt das Schloss ein gehobenes Hotel.

Information Die Stadtinformation befindet sich im Museum in der Burg, gleiche Öffnungszeiten wie das Museum (→ „Sehenswertes").

Übernachten **Mercure Hotel Schloss Neustadt-Glewe**, in der repräsentativen dreiflügeligen Schlossanlage ist heute ein nobles Hotel untergebracht. Mit Restaurant (auch Terrasse, tägl. mittags und abends geöffnet) und Bar. 37 Zimmer, EZ ab 77 €, DZ ab 97 €, Frühstück inkl., Hunde 10 €, diverse Arrangements, WLAN kostenlos. Schlossfreiheit 1, 19306 Neustadt-Glewe, ✆ 038757-5320, 📠 038757-53299, www.schlosshotel-neustadt-glewe.de.

Sehenswertes

Burg und Museum: Die alte *Burg* geht zurück auf den Sachsenfürsten Heinrich den Löwen, der nach dem Sieg über die slawischen Obotriten 1160 sein neu erworbenes Land sichern wollte. Zu diesem Zweck ließ er bei dem jungen Städtchen (*Nova Civitas* wird erstmals 1248 urkundlich erwähnt) die Burg über der Elde errichten, die in den folgenden Jahrhunderten weiter befestigt wurde. Sie besteht heute im Wesentlichen aus zwei Flügeln und einem trutzigen Rundturm: Das *Alte Haus* stammt aus dem 13. Jh., das *Neue Haus* aus dem 16. Jh., der runde Turm wurde im 15. Jh. errichtet. Einstmals von einem Wassergraben geschützt, umgibt heute ein Park die mittelalterliche, jüngst renovierte Burg. Im obersten Stockwerk des Neuen Hauses, dem nunmehr ein Treppenhaus aus Glas und Stahl vorgestellt ist, befindet sich das *Museum* von Neustadt-Glewe. Hier kann man sich über die Geschichte der Burg sowie der 1995 abgerissenen großen Lederfabrik am Ort, aber auch über das dunkelste Kapitel der Stadtgeschichte, das Außenlager des Konzentrationslagers Ravensbrück informieren. Vom Museum führt ein Verbindungsgang zum Turm, der ebenfalls besichtigt werden kann. Am Wochenende von Christi Himmelfahrt findet hier das **Burgfest** statt.

Museum und Stadtinformation: in der Burg, geöffnet Di–Fr 10–16 Uhr, Sa/So 11–16 Uhr. Eintritt Museum Erw. 3 €, Kinder/Jugendl. 6–16 J. 1,50 €, Familien 7,50 €. ✆ 038757-23784, www.neustadt-glewe.de.

Ludwigslust

ca. 12.000 Einwohner

Der Sonnenkönig hauste ja schließlich auch nicht in Paris! Also ließ sich Herzog Friedrich von Mecklenburg-Schwerin eigens eine Residenz auf dem Lande errichten. Und das Ergebnis konnte sich damals wie heute sehen lassen.

Zugegeben: Versailles ist etwas größer geraten, aber mit der bereits bestehenden Planstadt der Verwandtschaft, der Nachbar-Residenz Neustrelitz, konnte Ludwigslust allemal mithalten: barock strukturierte Straßenzüge mit einer weiten Hauptachse, ein respektables **Schloss** mit Wasserspielen und ein prächtiger **Schlossgarten**.

Anfang des 18. Jh. gab es noch kein Ludwigslust, nur ein kleines Dorf namens Klenow am Rand eines wildreichen Waldes. Der Jagdleidenschaft des Herzogs *Christian II. Ludwig* geschuldet, wurde in das Lieblingsrevier des Herzogs nicht nur ein kleines Jagdschloss gestellt, sondern der Ort auch umgetauft in *Ludwigs-Lust*. Erst der Sohn Ludwigs aber, Friedrich, begann aus dem waidmännischen Refugium eine formidable Residenz zu machen, nachdem er diese 1764 endgültig von Schwerin nach Ludwigslust verlegt hatte. Der feinsinnige *Friedrich*, Herzog von Mecklenburg-Schwerin, auch „der Fromme" genannt, kannte viele Tugenden, Sparsamkeit gehörte aber nicht dazu. Neben dem bescheidenen Jagdschloss entstand nach Plänen des Architekten *Johann Joachim Busch* 1772–1776 ein repräsentatives Schloss. Zuvor war bereits die Stadtkirche errichtet worden (1765–1770), für die Busch ebenso verantwortlich zeichnete, wie auch die Planung der streng strukturierten Stadtanlage auf ihn zurückging. Busch prägte bis zum Ende des 18. Jh. das architektonische Bild der Residenzstadt, sein Nachfolger war *Johann Georg Barca*, der nach 1808 in Ludwigslust wirkte. Vorbei war es mit der höfischen Pracht, als Großherzog *Paul Friedrich* im Jahr 1837 die Residenz wieder zurück nach Schwerin verlegen ließ, Ludwigslust diente nunmehr nur noch als Sommerfrische und Jagdschloss. Bereits in den 1920er-Jahren waren einige Räume des Westflügels des Schlosses für die Öffentlichkeit zugänglich gemacht worden, die herzogliche Familie lebte hier jedoch bis 1945.

Heute wirkt das Städtchen ein wenig verschlafen, mal abgesehen von den vielen Besuchern rund um Schloss und Schlosspark. Geradlinige Straßenzüge mit niedrigen Backstein- oder Fachwerkhäusern, eine spätbarocke Planstadt eben, in der sich das gemächliche Kleinstadtleben abspielt.

Information Ludwigslust-Information, Mai bis Mitte Sept. Mo/Di und Do/Fr 10–18 Uhr, Mi 10–12 Uhr, Sa/So 10–15 Uhr; Mitte Sept. bis April Mo–Fr 10–12 Uhr, Mo und Do auch 13–16 Uhr, Di 13–18 Uhr, am Wochenende geschlossen. Schlossstr. 36, 19288 Ludwigslust, ✆ 03874-526251, ℻ 03874-526109, www.stadtludwigslust.de.

Übernachten/Essen Hotel de Weimar, unweit des Schlossplatzes gelegen, viel gelobtes Hotel mit prämiertem Restaurant „Ambiente" (mittags und abends geöffnet, So Ruhetag, 5-Gänge-Menü inkl. Weine 85 €), entsprechend stilvoll und edel ist selbiges. Der Innenhof des Hauses wird von einer Glaskonstruktion überdacht und bildet eine Art „internen Wintergarten", in dem es sich stilvoll speisen lässt. Hübsche, individuell eingerichtete Zimmer. EZ 59–100 €, DZ 85–125 €, Suiten 140–160 €, jeweils inkl. opulentem Frühstücksbuffet. Schlossstr. 15, 19288 Ludwigslust, ✆ 03874-4180, ℻ 03874-418190, www.hotel-de-weimar.de.

››› Unser Tipp: Alte Wache, Kaffeehaus und Restaurant. Das ehemalige, 1853 erbaute und sorgsam restaurierte Wachegebäude liegt direkt am Schlossplatz. Innen sitzt man in einem kleinen Raum in stilvollem Ambiente, mächtige Kronleuchter hängen von der Decke, in der Ecke steht ein gusseiserner Zierofen. Im Sommer sitzt man auch herrlich draußen, in bzw. vor dem prächtigen Portikus, zum Beispiel auf einen Kaffee. Sehr gute Küche. Kleine, aber ausgewählte Karte, für das Gebotene geradezu günstig. Sehr freundlich und rundum nett. Geöffnet Di–Sa 11.30–21 Uhr, So nur bis 18 Uhr, Mo Ruhetag. Schlossfreiheit 8, ✆ 03874-570353, www.altewache-ludwigslust.de. «

Westmecklenburg
Karte → S. 90

Sehenswertes

Zunächst ist Ludwigslust an sich sehenswert: die barocke Stadtanlage mit der Schlossstraße als lange und breite Achse, die über den kreisrunden Alexandrinenplatz mit dem Standbild der reitenden Alexandrine, Tochter der Königin Luise und Gattin von Paul Friedrich von Mecklenburg-Schwerin, zum Schlossplatz führt; dann das Schloss samt Schlossplatz und umliegender Gebäude; der Schlossgarten, der zu den schönsten Landschaftsgärten Norddeutschlands gehört – und und und.

Ludwigsluster Carton

Die Idee ist so einfach wie genial, das Rezept dazu streng geheim: mit Ludwigsluster Carton ließ sich im Ludwigslust des späten 18. Jh. fast jede Illusion erzeugen, seien es antike Statuen wie die *Venus Medici* (1786) nach Vorbild der Originalskulptur aus den Uffizien von Florenz oder Terrakotta-Figuren wie *La Frileuse* nach Antoine Houdon (ebenfalls um 1790). Dazu kommen die unzähligen goldenen Ornamente und Applikationen in den Räumlichkeiten der Festetage im Schloss. Nicht Marmor, gebrannter Stein oder gar Gold sind hier zu sehen, sondern schlicht und einfach raffiniert und täuschend echt bearbeitetes Papier! Wie genau das Rezept für das erstaunlich wetterfeste Papiermaché lautet, haben die Meister am Hof des Herzogs mit ins Grab genommen. Auf alle Fälle altes und unbrauchbar gewordenes Papier, Mehl und Leim gehörten zu den Ingredienzen der Ludwigsluster Illusionen, das ergab zumindest die penible Buchführung am Ludwigsluster Hof. In den 1820er-Jahren schwand dann das Interesse an der Papp-Deko, die eigens gegründete Ludwigsluster Carton-Fabrique ging 1835 pleite, die Dekorationen und Skulpturen aus Papiermaché haben aber noch heute Bestand.

Schloss (mit Museum): Dass das bescheidene kleine Jagdschloss in Sachen Repräsentanz keine Dauerlösung sein konnte, war nach dem Tod von Herzog *Christian II. Ludwig* im Jahr 1756 schnell klar, zumal es das bisherige Schloss an Komfort deutlich mangeln ließ. Seinem Sohn *Friedrich „dem Frommen"*, dem sittenstrengen Schöngeist, gefiel es ebenfalls gut in Ludwigslust und er gab deshalb das neue Residenzschloss in Auftrag, das unter Hofbaumeister *Johann Joachim Busch* (1720–1802) in den Jahren 1772–1776 ausgeführt wurde. Von ihm stammen auch die Entwürfe für den Schlossplatz, Kanal und Kaskade sowie, hinter den Kaskaden, den Bassinplatz, der von zahlreichen Backsteinhäusern umgeben wird: seinerzeit die Wohnhäuser von Adel und Hofstaat.

Das Schloss selbst wurde aus Ziegeln errichtet und mit einer für Mecklenburg eher untypischen Sandsteinfassade überzogen. Es entstand ein dreigeschossiger, symmetrischer Bau, der stilistisch zwischen Spätbarock und Klassizismus zu verorten ist. Im Jahr 1777, die Innenausstattung war noch nicht fertig, zog der Herzog bereits in sein neues Zuhause ein, im gleichen Jahr ließ er das alte Schloss in weiten Teilen abtragen. Besonders beachtenswert an der Fassade sind die **Attikafiguren** am Dach

Herbststimmung im herrlichen Park

des Schlosses: Zu sehen sind 40 Statuen, die Allegorien zur Kunst, den Tugenden und besonders zur Wissenschaft darstellen, nicht aber zur Schauspielkunst, die der fromme Friedrich verabscheute. Die mittlere Figurengruppe der Kaskade gegenüber vom Schloss stellt Allegorien der Flüsse *Rögnitz* und *Stör* dar.

Zu besichtigen sind im Inneren des Schlosses die Räumlichkeiten der Festetage: Zuerst führt der **Rundgang** durch den Ostflügel (die Gemächer des Herzogs Friedrich), dann in den zentralen „Goldenen Saal" und schließlich durch den Westflügel (die Gemächer von Friedrichs Gemahlin Louise Friederike). Die prächtigen Dekorationen und Ornamente wurden – und das ist das Besondere – aus Papiermaché gefertigt und später vergoldet bzw. mit einer Messinglegierung angestrichen. Das Papier für diese Scheinpracht, den sog. *Ludwigsluster Carton*, ließ man sich aus den mecklenburgischen Amtsstuben liefern – Recycling im späten 18. Jh., das seine Wirkung nicht verfehlte. Besonders der völlig symmetrische Goldene Saal weist eine beeindruckende vergoldete Verzierung auf.

Achtung Bauarbeiten!

Derzeit werden der Ostflügel des Schlosses wie auch der „Goldene Saal" umfangreich renoviert und sind daher nicht oder nur sehr eingeschränkt (mit Führung, → unten) zugänglich. Voraussichtlich im Lauf des Jahres 2015 soll dieser Bereich dann wieder geöffnet sein, die Sanierung des Westflügels soll im Anschluss in Angriff genommen werden. Geplant ist auch, die großformatigen Tierporträts und Jagdszenen von *Jean-Baptiste Oudry* (bisher im Staatlichen Museum Schwerin, → S. 82) Ende 2015 bzw. Anfang 2016 hier auszustellen.

Auffällig in den Räumlichkeiten des Schlosses sind auch die Korkmodelle meist antiker Bauwerke und die **Figurentafeln** von *Georg David Matthieu* aus den 1760er-Jahren: diese lebensgroßen Figuren von Mitgliedern des Adels wurden in den Sälen aufgestellt und wirkten – durch den Spiegel über Eck betrachtet – verblüffend echt, wenn auch aus heutiger Sicht ein wenig unheimlich. Darüber hinaus sind noch kostbare originale Möbel der Herzogsfamilie zu sehen, außerdem Gemälde u. a. des französischen Hofmalers *Jean-Baptiste Oudry* sowie zahlreiche weitere Gemälde aus dem späten 18. und frühen 19. Jh.

Die Räumlichkeiten im Erdgeschoss sind wechselnden Ausstellungen vorbehalten. Einen **Museumsshop** gibt es am Eingang (bei der Kasse), nebenan befindet sich das **Schlosscafé** im historischen Jagdschloss-Ambiente.

Schloss Ludwigslust mit Museum: Mitte April bis Mitte Okt. Di–So 10–18 Uhr, im Winterhalbjahr Di–So 10–17 Uhr. Eintritt zurzeit (während der Renovierung) 3,50 €, erm. 2 €, Familien 7,50 €. **Führungen** finden im Sommer Di–Fr um 14 Uhr statt, Sa/So zusätzlich 11 und 15 Uhr; im Winter nur Sa/So 14 Uhr; 3,50 € pro Pers. Schlossfreiheit 1, ✆ 03874-571915, 📠 03874-571919, www.schloss-ludwigslust.de.

Westmecklenburg Karte → S. 90

Schlosspark und Schlossplatz: zweifellos eine der schönsten Parkanlagen in Mecklenburg-Vorpommern, wenn nicht der ganzen Republik. Ein Besuch in Ludwigslust bleibt unvollständig, wenn man nicht auch einen Rundgang durch den Park macht – und sei es nur ein kurzer Spaziergang im Rücken des Schlosses. Auch wenn der Park in seiner Anlage deutlich älter ist, ist er in seiner heutigen Form vor allem ein Werk des preußischen Gartenbaugenies *Peter Joseph Lenné*. Lenné integrierte die bestehenden, immer wieder erweiterten Parkanlagen – u. a. den barocken Garten, den englischen Park, den langen Kanal mit den Wasserspielen, der Mitte des 18. Jh. entstanden war und nicht nur der Belustigung, sondern v. a. der Bewässerung diente – und schuf daraus einen weitläufigen, herrlichen Landschaftspark. Zahlreiche Bauwerke, Skulpturen und Parkelemente sind in dem Park zu entdecken: darunter der genannte Kanal (1756–63) mit Kaskaden und Wasserspielen, die neogotische Katholische Kirche (1803–1809), klassizistische Mausoleen für Herzoginnen, der Louisenteich samt Denkmal, lange prächtige Alleen usw.

Um den Schlossplatz gruppieren sich zahlreiche sehenswerte Gebäude, darunter ein paar sehr hübsche, niedrige Fachwerkhäuser und die klassizistische *Wache*. Gegenüber vom Schloss befinden sich die *Großen Kaskaden* von 1780. Auf einer Achse mit Schloss und Kaskaden liegt schließlich die *Schlosskirche* (1765–1770), die mit der mächtigen, vorgelagerten Säulenhalle eher wie ein Tempel wirkt.

Dömitz

ca. 3000 Einwohner

Mächtig erhebt sich die Festung Dömitz über den Elbauen, an der Mündung der Elde in die Elbe. Sie zählt zu den am besten erhaltenen Festungen in Deutschland. *Cavalier, Held, Drache, Greif* und *Burg* heißen die schier unüberwindlichen Bastionen.

An dieser strategischen Stelle hat seit jeher eine Wehranlage gestanden. Über der Ruine der mittelalterlichen Burg wurde im Auftrag des mecklenburgischen Herzogs *Johann Albrecht I.* zwischen 1559 und 1565 die stärkste Festung Mecklenburgs errichtet: eine regelmäßige fünfeckige Anlage mit meterdicken Mauern, Kommandantenhaus, Kaserne und Kasematten, eingefasst von einem Wassergraben. Da fehlte es natürlich nicht an namhaften Militärstrategen, die die Festung Dömitz auch nutzten, also besetzten. Wallenstein und Tilly verschanzten sich hier, im Dreißigjährigen Krieg war Dömitz hart umkämpft. Als sich aber fast 200 Jahre später der preußische Offizier *Ferdinand von Schill* wappnete, den napoleonischen Truppen zu begegnen, konnte die Festung den Waffen des 19. Jh. nicht standhalten und fiel schnell an die Franzosen. Die Dömitz blieb danach zwar Garnisonsstandort, diente aber gleichzeitig auch als Zuchthaus. Prominentester Insasse war Fritz Reuter. Der kommende Dichter Mecklenburgs verbüßte mehr als ein Jahr seiner Festungshaft in Dömitz, bevor er begnadigt wurde (→ auch S. 425).

Hinter diesen Mauern saß Fritz Reuter ein, bekanntester Dichter Mecklenburgs

Zugang in die Festung erhält man über das stark befestigte Tor in der südöstlichen Bastion. Im Inneren befinden sich u. a. das Zeughaus und das Kommandantenhaus, in dem heute das **Museum** untergebracht ist. Hier kann man sich über die Geschichte der Festung bis in die jüngere Zeit hinein, Dömitz als Grenzbastion der DDR, informieren. Zudem wird Alltagsgeschichte vornehmlich des 18./19. Jh. mittels einer nachgebauten Guten Stube, eines Kolonialwarenladens, einer Küche etc. thematisiert. Eine steile Stiege führt in das oberste Stockwerk, wo sich im Turmzimmer der Fritz-Reuter-Gedenksaal befindet, der heute als Außenstelle des Standesamtes dient und eine herrliche Aussicht bietet.

Das Städtchen Dömitz war einst in die Befestigungsanlage integriert, was heute an den Straßenzügen noch erkennbar ist, die auf die Festung zulaufen. Von den 1945 gesprengten Brücken über die Elbe stehen nur noch Ruinen auf der niedersächsischen Seite des Flusses. Die Straßenbrücke wurde bald nach 1989 auch als Symbol der Wiedervereinigung wieder aufgebaut.

Festung Dömitz: Mai bis Sept. (genauer gesagt symbolträchtig bis zum 3. Okt.) Di–Fr 9–17 Uhr, Sa/So 10–18 Uhr; (4.) Okt. bis Ende April Di–So 10–16.30 Uhr. Eintritt 3,50 €, erm. 2,50 €, Kinder 1,50 €, Familien 7,50 €. Auf der Festung 3, 19303 Dömitz, ✆ 038758-22401, www.festung-doemitz.de.

Landgestüt Redefin

Der Rolls-Royce unter den Gestüten. Weithin bekannt ist Redefin für seine Hengstzucht, derzeit zählt man 33 Aktive. Das 1812 unter Großherzog *Friedrich Franz I.* gegründete Gestüt befindet sich seit 1993 im Besitz des Landes Mecklenburg-Vorpommern und wurde seitdem Stück für Stück restauriert und saniert, allein die Reithalle mit klassizistischem Portal und die historischen Stallungen sind einen Besuch wert. Heute bietet die weitläufige Anlage außer den berühmten *Hengstparaden* (an Sonntagen im September) auch das prachtvolle Ambiente für ein jährlich stattfindendes internationales Reitturnier (*CSI Redefin*), für die Konzerte der *Festspiele Mecklenburg-Vorpommern* sowie diverse andere Veranstaltungen. Führungen über das Gestüt sind möglich, ebenso kann man hier – mit eigenem Pferd oder

Schulpferd – auch Reiten lernen, wir behaupten mal: auf hohem Niveau. Für die Schüler steht ein Gästehaus zur Verfügung, ebenso Gastboxen. Auf der Anlage gibt es auch ein Café (Do–So 11-18 Uhr geöffnet).

Landgestüt Redefin: Betriebsgelände 1, 19230 Redefin,, ✆ 038854-6200, 📠 038854-62011, www.landgestuet-redefin.de. Führung 4 €/Pers. (mind. 10 Teilnehmer, mit Voranmeldung). *Anfahrt*: Redefin liegt ca. 20 km westlich von Ludwigslust nahe der B 5, ausgeschildert.

Westmecklenburg Karte → S. 90

Boizenburg

ca. 10.000 Einwohner

In der verschlafenen Kleinstadt an der Elbe findet sich eine hübsche, kompakte Altstadt. Entlang der Straßenzüge, die nach einem verheerenden Stadtbrand 1709 wieder aufgebaut wurden, stehen zahlreiche sehenswerte, meist ein- bis zweistöckige Backstein-Fachwerkhäuser. Das bemerkenswerteste Bauwerk ist das **Rathaus**, das sich auf dem weitläufigen Marktplatz befindet. Nach 1710 erbaut, ist es ein zweigeschossiger, barocker Fachwerkbau mit malerischem Laubengang, Mansardwalmdach und kleinem Türmchen darauf. Die **St. Marien Kirche** von Boizenburg ist im Kern mittelalterlich, wurde aber zweimal gründlich zerstört: durch eine Explosion im Dreißigjährigen Krieg und durch den erwähnten Stadtbrand Anfang des 18. Jh. So wurde über den Resten der mittelalterlichen Kirche eine neue, barocke errichtet, die wiederum Mitte des 19. Jh. komplett umgebaut und erweitert wurde und sich heute als neugotisches Bauwerk präsentiert. In Boizenburg gibt es außerdem zwei **Museen**, neben dem obligaten Heimatmuseum auch ein Fliesenmuseum. Die Herstellung von Fliesen hat in Boizenburg eine lange Tradition, was man an vielen kunstvoll gestalteten Fliesen im Stadtbild bis heute sehen kann.

Information **Stadtinfo**, geöffnet Di–Fr 9–12 und 13–16 Uhr, am Di bis 17 Uhr. Am Markt 1, 19258 Boizenburg, ✆ 038847-62666, www.boizenburg.de.

Museen **Heimatmuseum**: Di–Fr 10–12 und 14–16 Uhr, Sa 14–17 Uhr (Mai bis Sept.), So 14–17 Uhr. Am Markt 1, ✆ 038847-62665.

Erstes deutsches Fliesenmuseum: Di–Fr 10–16 Uhr, Sa/So 14–16 Uhr. Eintritt 4 €, erm. 3 €. Reichenstr. 4, ✆ 038847-53881, www.jugendstilfliesen-museum.de.

Hagenow

ca. 11.500 Einwohner

Hagenow gehört zu den größeren Städten im Westen Mecklenburgs und ist, was man angesichts des ländlich-kleinstädtischen Charakters der Stadt nicht vermuten möchte, ein wirtschaftliches Zentrum der Gegend. Erstmals Ende des 12. Jh. urkundlich erwähnt, war Hagenow eine typische Ackerbürgerstadt. Bis heute hat sich das charmante historische (Klein-)Stadtbild bewahrt. Zahlreiche kleine Wohnhäuser im Stadtzentrum präsentieren sich als schmucke backsteinerne Fachwerkhäuser, die ältesten stammen aus dem 18. Jh.

Wittenburg

ca. 5000 Einwohner

Etwas überraschend erhebt sich am Marktplatz des verschlafenen 5000-Einwohner-Städtchens ein **Rathaus**, das (z. B. in idyllische Landschaft versetzt) auch als Märchenschloss durchgehen würde: Der tudorgotische Putzbau mit repräsentativer Freitreppe und Loggia wurde von keinem Geringeren als *Georg Adolph Demmler* entworfen. Schräg gegenüber steht wie ein trotziger gotischer Gegenentwurf die backsteinerne Hallenkirche **St. Bartholomäus** aus dem 13. Jh. Und ganz im Gegensatz zu diesen architekturhistorischen Bauwerken trifft man vor den Toren der Stadt auf eine Skihalle: Das *alpincenter Hamburg-Wittenburg* (dank der nahen Autobahn so etwas wie der „Hausberg Hamburgs“) bietet im nicht gerade alpinen Mecklenburg immerhin 330 Meter Abfahrt ... (Infos unter www.alpincenter.com).

Zarrentin am Schaalsee

ca. 5000 Einwohner

Am Rand des kleinen, ansonsten eher unscheinbaren Ortes erheben sich über das Ufer des Schaalsees die Reste des ehemaligen **Zisterzienserinnen-Klosters**. Mitte des 13. Jh. gegründet, wurde es wie so viele Klöster in Mecklenburg während der Säkularisation im Zuge der Reformation aufgehoben (Mitte 16. Jh.). Erhalten sind nur noch die ungewöhnliche Feld- und Backstein-Fachwerk-*Kirche St. Peter und Paul* mit dem kleinen Uhrtürmchen und das ehemalige *Konventsgebäude* des Klosters mit sehenswerten Kreuzrippengewölben. In Letzterem finden sich im verbliebenen Rest des Kreuzgangs einige Ausstellungsstücke und Informationen zur Klostergeschichte. Im Nebengebäude ist das **Heimatmuseum** untergebracht, wo man sich über die Geschichte des Ortes von den Anfängen bis in die jüngere Vergangenheit informieren kann. Thema ist natürlich in einer kleinen Sektion auch die ehemals hier verlaufende innerdeutsche Grenze.

Kloster und Heimatmuseum: Di/Mi und Fr 14–17 Uhr, Sa/So 13–17 Uhr (im Winter 10–12 Uhr) geöffnet. Eintritt 3 €, auch Audioguides. Infos unter ✆ 038851-838510, www.kloster-zarrentin.de.

Der Schaalsee und die nördlich gelegene Seenkette – früher der nördlichste Abschnitt der innerdeutschen Grenze – ist heute der Kern des **Biosphärenreservats Schaalsee**, das sich bis vor die Tore Lübecks zieht. Am nördlichen Ortsausgang von Zarrentin befindet sich im *Pahlhuus* das Infozentrum des Biosphärenreservats mit einer sehr lehrreichen Ausstellung zur Geologie der Region, der Ausformung der Landschaft durch die Eiszeit, den Lebensräumen Moor, Wald, See usw.

Pahlhuus: April bis Okt. Di–So 9–17 Uhr geöffnet, im Winter nur Sa/So 10–16 Uhr. Wittenburger Chaussee 13, 19246 Zarrentin, ✆ 038851-3020, www.schaalsee.de.

Übernachten/Essen **Fischhaus**, freundliches Landhotel in backsteinrotem Fachwerkhaus, innen helle Gaststube, außen Terrasse über dem Schaalsee, sehr freundlich. Fahrrad- und Bootsverleih. Auf der Karte viel Fisch, leicht gehobenes Preisniveau, zur Saison tägl. 12–23 Uhr geöffnet (bis 22 Uhr Küche). EZ 75 €, DZ 95 €, inkl. Frühstück, Hund 10 €/Tag. Amtsstr. 11, 19246 Zarrentin am Schaalsee, ✆ 038851-55990, ℻ 038851-559933, www.fischhaus-schaalsee.de.

Eine ausführliche Ausstellung zur deutsch-deutschen Grenze befindet sich im **Grenzhus Schlagsdorf**, dem vom Land Mecklenburg-Vorpommern geförderten *Informationszentrum zur innerdeutschen Grenze* ein paar Kilometer nördlich des Schaalsees. Zu sehen sind Dauer- und wechselnde Ausstellung sowie im Außenbereich ein Teil rekonstruierter Grenzanlage und der 3,5 Kilometer lange Grenzparcours mit zahlreichen Infotafeln.

Mo–Fr 10–16.30 Uhr, Sa/So 10–18 Uhr geöffnet. Eintritt 4 €, erm. 3 €. Der Grenzparcours ist jederzeit zugänglich (Eintritt frei). Neubauernweg 1, 19217 Schlagsdorf, ✆ 038875-20326, www.grenzhus.de. Mit Café „Grenzstein“: Mi–Fr 12–16.30 Uhr, Sa/So 12–18 Uhr, ✆ 038875-20736, www.cafe-grenzstein.de. *Anfahrt*: Schlagsdorf liegt ca. 27 km nördlich von Zarrentin, von dort Richtung Ratzeburg, dann rechts Richtung Ziethen und dort links Richtung Schönberg, in Schlagbrügge dann links ab nach Schlagsdorf.

Gadebusch

ca. 5500 Einwohner

Eingefasst in die sanfte mecklenburgische Landschaft liegt Gadebusch, ein uraltes, aus dem 12. Jh. stammendes Städtchen. Spaziert man heute durch die kopfsteingepflasterten Straßen entlang der backsteinroten Häuser könnte man meinen, die Jahrhunderte seien spurlos an Gadebusch vorbeigezogen. Oberhalb des kleinen, kompakten Zentrums mit Marktplatz, gotischer Kirche (geöffnet Mai bis Okt. tägl. 10–18 Uhr) und spätmittelalterlichem Rathaus erhebt sich über einer Anhöhe das **Renaissanceschloss** von Gadebusch, ein in der Anlage eher schlichtes Schloss, das aber mit aufwendigen Terrakotten verziert ist. Im nahen **Museum**, das vor allem über die Geschichte der Stadt informiert, wird man von einer freundlichen Dame in Tracht empfangen.

Museumsanlage Gadebusch: Ostern bis Okt. Di–Fr 10–17 Uhr, Sa/So 14–17 Uhr; im Winter geschlossen. Eintritt 3 €, erm. 2 €. Amtsstr. 5, 19205 Gadebusch, ✆ 03886-211160.

Westmecklenburg Karte → S. 90

Rehna

ca. 3000 Einwohner

In dem kleinen Städtchen auf halbem Weg zwischen Lübeck und Schwerin kann man das idyllische ehemalige **Benediktinerinnen-Kloster St. Maria und Elisabeth** besichtigen. Das Kloster wurde im 13. Jh. gegründet und im Zuge der Reformation 1552 säkularisiert. Von der Klosteranlage ist einiges erhalten geblieben, wie die einschiffige Klosterkirche mit dem niedrigen Turm, der zentrale, kreuzrippengewölbte Saal und Teile des Kreuzgangs.

Kloster und Stadtinformation April bis Okt. Di–Fr 10–17 Uhr, Sa/So 11–17 Uhr; Nov. bis März Di–Fr 10–16 Uhr. Eintritt 2 €, Kinder unter 14 J. frei; Führungen nach Voranmeldung (Mindestteilnehmerzahl) 2,50 €, erm. 1,50 €. Kirchplatz 1 a, 19217 Rehna, ✆ 038872-52765, www.kloster-rehna.de.

Übernachten/Essen **** Schloss Wedendorf, etwa 5 km außerhalb von Rehna auf dem Weg nach Grevesmühlen befindet sich das strahlend weiße, an einem kleinen See gelegene und von einem Landschaftspark umgebene Schlosshotel. Großes Foyer, nobles Interieur, stilvolle Zimmer. Mit Restaurant und Terrasse, es gibt auch eine Bar. Sehr freundlich. EZ 85 €, DZ 140 €, im Marstall EZ 75 € und DZ 120 €, je inkl. Frühstück. Schlossstr. 7, 19217 Wedendorf, ✆ 038872-6770, 📠 038872-67777, www.schloss-wedendorf.de.

Grevesmühlen und Umgebung

ca. 10.500 Einwohner

Die 10.500-Einwohner-Stadt Grevesmühlen ist vor allem für die alljährlich stattfindenden **Piraten-Festspiele** bekannt. Die Freilichtbühne befindet sich am Ufer eines Sees am Stadtrand. Weitere Attraktionen findet man eher in der näheren Umgebung als im Ort.

Open-Air-Theater und karibisches Spektakel, Ende Juni bis Anfang Sept. Eintritt 19–29 € (Kinder 14–24 €). Infos und Tickets unter www.piratenopenairtheater.de, Tickethotline unter ✆ 03881-759342.

Knapp fünf Kilometer nördlich von Grevesmühlen liegt das Freiluftmuseum **Steinzeitdorf Kussow**, das besonders für Kinder eine Attraktion darstellt: Beim Rundgang über das Gelände kommt man u. a. an einem Ziegen- und einem Wildschweingehege vorbei oder kann sich eine Bratwurst am Spieß über dem offenen Feuer grillen. Ansonsten erlaubt das Freilichtmuseum auch für Erwachsene einen interessanten Einblick in die Lebensumstände der Jungsteinzeitmenschen.

April bis Okt. tägl. 10–17 Uhr, Nov. bis März nur Mo–Do 9–15 Uhr. Eintritt 4 €, Kinder (2–14 J.) 2,50 €, Familien (2 Erw. + 2 Kinder) 9 €. ✆ 03881/715055, www.steinzeitdorf-kussow.de.

Steinzeitliche Zeugnisse finden sich im **Everstorfer Forst** östlich von Grevesmühlen. Die Südgruppe der Großsteingräber von beachtlichem Ausmaß liegt nahe der B 105 Richtung Wismar, die Nordgruppe an einer kleinen, nach Nordosten führenden Landstraße (beide beschildert).

Am Darßer Weststrand

Die Ostseeküste

Wie man hier den Tag verbringt? Im Strandkorb mit Blick auf das Meer, den Horizont und Sandburgen. Oder mit einem Bummel auf den Flaniermeilen der Ostseebäder. Mit einer Radtour entlang der abgelegenen Boddenküste oder einer Wanderung durch die Naturparks. Natürlich kann man auch die prächtigen Kirchen der Hansestädte bestaunen oder durch mittelalterliche Gassen spazieren oder faszinierende Museen besuchen oder …

Beliebt und entsprechend belebt sind die Strände der berühmten Ostseebäder, etwa von Binz oder Sellin auf Rügen, der drei Kaiserbäder auf Usedom, von Warnemünde oder aber von Prerow auf dem Darß. Urlauber flanieren auf den breiten Strandpromenaden, die mit den typischen verspielten Fassaden der Bäderarchitektur geschmückt sind und mittels der Seebrücken, den „Flanierstegen zum Horizont", übers Meer verlängert werden. Am Strand bevölkern Sonnenhungrige die Strandkörbe, über denen zuweilen der ein oder andere Lenkdrachen schwebt. Andere liegen auf bunten Badetüchern, die von kunstvollen Sandburgen flankiert werden. Beachvolleyballer hechten sich in den feinen Sand. Surfer stemmen sich gegen den Wind …

Abseits des Trubels der Seebäder gibt es jedoch auch noch zahlreiche ruhigere, oft über weite Strecken naturbelassene Strände, wie zum Beispiel entlang der gesamten Außenküste Hiddensees, des Tromper und des Prorer Wieks auf Rügen oder der herrlichen Westküste des Darß. Hier können sich Kinder nach Belieben austoben oder Hunde ihre Stöckchen aus der Ostsee retten, doch auch Ruhesuchende finden

Die Ostseeküste

immer ein abgelegenes Plätzchen für den eigenen Sonnenschirm. Und um die Badekleiderordnung schert sich hier ohnehin niemand. Gemeinsam haben all diese Strände, dass sie kilometerlang und oft sehr breit, feinsandig und weitgehend steinfrei sind und fast überall flach in die Ostsee abfallen.

Die kulturellen Highlights befinden sich dagegen in den altehrwürdigen Hansestädten, die nicht nur das Tor zur Welt, sondern auch den besten Einstieg in die Küstenlandschaft bilden: so in Rostock, der „Leuchte des Nordens", Stralsund und Wismar, gemeinsam UNESCO-Weltkulturerbe, sowie in Greifswald, der stillen Universitätsstadt im Osten. Bei der Besichtigung stehen die Monumente der norddeutschen Backsteingotik, Stein gewordener Ausdruck bürgerlich-hanseatischen Selbstbewusstseins, im Vordergrund, etwa die imposante basilikale Kirche von St. Nikolai in Wismar, das Doberaner Münster, St. Marien in Rostock sowie St. Nikolai und St. Marien in Stralsund. Dazu gesellen sich säkulare Bauten wie das Stralsunder Rathaus mit seiner prächtigen Fassade oder die zahllosen gotischen Giebelhäuser entlang mittelalterlicher Straßenzüge in Wismar, Stralsund und Greifswald.

Aber auch wen es in die Ruhe ländlicher Idylle zieht, kommt an der Ostsee voll auf seine Kosten. Vor allem entlang der zergliederten Boddenküste finden sich zahlreiche kleine Fischerdörfer inmitten abgeschiedener Stille. Ein besonderes Naturparadies bieten die beiden Nationalparks: der 80.000 Hektar große *Nationalpark Vorpommersche Boddenlandschaft* mit seiner eindrucksvollen Küstenlandschaft auf dem Darß und dem größten Kranich-Rastplatz Europas am Großen Werder bei Zingst sowie der nur 3000 Hektar große *Nationalpark Jasmund* auf Rügen mit seinem herrlichen Wald vor der schroffen Kreideküste. Hier ragt auch der berühmteste Kreidefels über das Meer, der Königsstuhl, das Wahrzeichen der ganzen Region.

Gemeinsam UNESCO-Welterbe: Die Altstädte von Wismar und Stralsund

Der Klützer Winkel

Im Westen von Wismar, zwischen Wismarbucht und Trave, erstreckt sich ein lieblicher Landstrich. Seit jeher wurde rund um das kleine Städtchen Klütz Landwirtschaft betrieben und auch heute noch befindet sich hier die Kornkammer Mecklenburgs.

Im Klützer Winkel scheint vielerorts die Zeit stillzustehen. Winzige Weiler, teilweise nur durch Schotterpisten miteinander verbunden, verstecken sich zwischen sanften Hügeln. Am Straßenrand scharren Hühner, auf den Koppeln weiden Kühe neben Pferden und Eseln, Schweine liegen träge in offenen Stalltüren und auf dem Dorfteich schwimmen die Enten in Paaren umher.

Stilles Zentrum der Landschaftsidylle ist das kleine Städtchen Klütz. Das touristische Zentrum hingegen ist das Ostseebad Boltenhagen mit langem Sandstrand, Seebrücke und Kurzentrum.

Klütz

ca. 3000 Einwohner

Ein verträumtes kleines Städtchen mit einem prächtigen **Schloss**, geadelt durch ein literarisches Erbe. Kaum etwas scheint sich geändert zu haben, seit Uwe Johnson in seinem berühmten Roman *Jahrestage* das kleine (fiktive) Jerichow beschrieb, das gemeinhin mit Klütz identifiziert wird (→ S. 104): kopfsteingepflasterte Straßen, ein beschaulicher Markt, eine schmucke, kleine, steinalte **Kirche** mit weithin sichtbarem Turm, am Ortsrand eine alte Mühle sowie das überraschend stattliche barocke Schloss Bothmer mit ausladendem Park und schließlich vor allem – keine Hektik.

Information Stadtinformation Klütz, im Uwe-Johnson-Literaturhaus am Markt, Zimmervermittlung und Information. April bis Okt. Di–So 10–17 Uhr, Nov. bis März Do–So 10–16 Uhr. Im Thurow 14, 23948 Klütz, ✆ 038825-22295, www.kluetzer-winkel.de.

Verbindungen Von 6–19 Uhr etwa stündl. Busse nach *Boltenhagen* und häufig auch nach *Wismar* (Sa/So eingeschränkt).

Übernachten/Essen Landhaus Sophienhof, nettes Café (auch Mittagstisch) in einem Fachwerkhaus zwei Häuser hinter der

Kirche (Eckhaus). Im Sommer mit Terrasse an der Durchgangsstraße (abends wird es ruhiger). Freundliche, helle Einrichtung, modern und mit Geschmack. Im Obergeschoss werden 5 sorgsam renovierte, gemütliche Zimmer vermietet. EZ 69 €, DZ 89 €, Frühstück inkl. Die dazugehörige Villa Ruhnke liegt wenige Gehminuten entfernt am Ortsrand, Ferienwohnung für max. 4 Pers. 90 € pro Nacht (plus 35 € Endreinigung), mit Garten, allergikergeeignet, keine Haustiere. Wismarsche Str. 34, 23948 Klütz, ✆ 038825-267080, 📠 038825-24128, www.landhaus-sophienhof.de.

Gutshaus Stellshagen, herrlich auf einer Anhöhe liegt dieses einladende Anwesen. Von Klütz in südliche Richtung nach Damshagen (ca. 3 km), dort rechts ab nach Stellshagen (ca. 1,5 km). Bio- und Gesundheitshotel, Kosmetikbehandlungen, Entschlackungskuren, ganzheitliche, fernöstliche Wellnessanwendungen, Meditation, Yoga etc. Nichtraucherhotel und handyfreie Zone, im Restaurant ausschließlich vegetarische Gerichte, auch gluten- und laktosefrei, z. T. aus eigenem Anbau. Einladendes Café mit Wintergarten, im Sommer große Terrasse, Fahrradverleih. EZ je nach Größe und Ausstattung 69–115 €, DZ 88–180 €, Drei-/Vier-Bettzimmer 155–235 €, inkl. Frühstück. Ferienwohnung ohne Frühstück 85–130 € (2 Pers., Endreinigung 35–45 €), Hunde in einigen Zimmern erlaubt. Halbpension 15–18 €/Tag. Lindenstr. 1, 23948 Stellshagen, ✆ 038825-440, 📠 038825-44333, www.gutshaus-stellshagen.de. ■

Sehenswertes

Schloss Bothmer: Die größte und bedeutendste barocke Schlossanlage Mecklenburg-Vorpommerns liegt am südlichen Ortsrand von Klütz. Zwischen 1726 und 1732 wurde sie als Residenz des Reichsgrafen von Bothmer erbaut. Der ursprünglich französische Park mit rund 15 Hektar Fläche und seiner Lindenallee (*Festonallee*, ehemals die Hauptzufahrt zum Schloss) wurde Mitte des 19. Jh. nach dem Vorbild englischer Landschaftsparks umgestaltet. Im Inneren der symmetrischen Schlossanlage sind noch einige Überreste der barocken Originalausstattung erhalten, darunter Stuckdecken, Wandverkleidungen etc. Von 1948 bis 1994 war im Schloss ein Altersheim untergebracht, danach fand sich erst mal kein privater Investor für dieses Mammutprojekt, bis Anfang 2008 das Land Mecklenburg-Vorpommern Schloss Bothmer übernahm. Für die nächsten Jahre wurde eine umfangreiche Sanierung angekündigt. Der **Schlosspark** kann schon heute besichtigt werden.

Schlosspark: April bis Sept. tägl. 10–20 Uhr, im März und Okt. nur bis 18 Uhr, im Winter nur bis 16 Uhr, Eintritt frei. Von April bis Okt. werden **Führungen** durch den Park veranstaltet, Anmeldung im Literaturhaus Uwe Johnson, ✆ 038825-22387 (→ S. 104).

Uwe Johnsons „Jahrestage"

„... einwärts der Ostsee zwischen Lübeck und Wismar gelegen, ein Nest aus niedrigen Ziegelbauten entlang einer Straße aus Kopfsteinen, ausgespannt zwischen einem zweistöckigen Rathaus mit falschen Klassikrillen und einer Kirche aus der romanischen Zeit, deren Turm mit einer Bischofsmütze verglichen wird; lang und spitz läuft er zu, und wie die Mütze eines Bischofs hat er Schildgiebel an allen vier Stirnen"

Uwe Johnson, *Jahrestage,* Bd. 1, Frankfurt/M. 1993, S. 30f.

Jerichow, das fiktive mecklenburgische Städtchen aus Uwe Johnsons Roman *Jahrestage*, wird längst mit dem realen Klütz in Beziehung gesetzt, auch wenn Johnson in Interviews dieser Zuweisung immer widersprochen hat. Den edlen Spender des literarischen Ruhmes hat man in Klütz gleich mehrfach bedacht: Seit 2002 gibt es den *Förderverein Uwe Johnson in Klütz*, der u. a. die **Klützer Literaturtage** (alljährlich im Sommer, meist Lesungen) organisiert. Um eine weitere Attraktion reicher ist der Ort seit Frühling 2006: In einem umgebauten Getreidespeicher von 1890 wurde das **Literaturhaus Uwe Johnson** eröffnet, das neben einer Dauerausstellung zu Johnson auch die Stadtbibliothek beherbergt. Hier finden häufig Lesungen und andere kulturelle Veranstaltungen statt. Es werden auch die Werke des Autors verkauft, außerdem gibt es eine kleine Automaten-Cafeteria.

April bis Okt. Di–So 10–17 Uhr; Nov. bis März Do–So 10–16 Uhr. Eintritt 3,50 €, erm. 2 €. Im Thurow 14, 23948 Klütz, ✆ 038825-22387, www.literaturhaus-uwe-johnson.de.

Kirche St. Marien: Die ältesten Teile der dreischiffigen backsteinernen Hallenkirche im Zentrum von Klütz stammen aus der Mitte des 13. Jh. Im 14. Jh. wurde sie um den weithin sichtbaren, wuchtigen Turm erweitert. Im Inneren der überaus schönen und sehenswerten Kirche finden sich Zeugnisse aus fast allen Jahrhunderten: Der romanische Taufstein stammt aus dem 13. Jh., das gotische Chorgestühl (an der Südwand) aus dem 14. Jh., die Kanzel wurde 1587 gefertigt, die fein geschnitzte Taufe 1653, der Barockaltar kam 1730 hinzu, die Orgel schließlich 1871.

In den Sommermonaten tägl. 10–16 Uhr, im Winter geschlossen. Gottesdienst So 9.30 Uhr.

Ländliches Idyll im Klützer Winkel

Westlich von Klütz

Verschlafene Einsamkeit am **westlichsten** Ende Mecklenburgs. Abgelegen und kaum überlaufen sind die Ostseestrände des Klützer Winkels: ein kleiner Kies-Stein-Abschnitt vor der Steilküste bei **Steinbeck** und die deutlich attraktiveren, in westlicher Richtung gelegenen Strände von **Brook**, **Groß Schwansee** und **Barendorf**. Ein Küstenwanderweg verbindet Steinbeck und **Priwall** am westlichsten Zipfel Mecklenburgs. Von Priwall ist es nur ein Katzensprung über die Trave hinüber nach Travemünde, die kleine Auto- und Personenfähre verkehrt etwa alle zehn Minuten (pro Pers. 1,10 €, Fahrrad 0,70 €, Motorrad 1,50 €, Auto 3,40 €).

Boltenhagen

ca. 2400 Einwohner

Das drittälteste deutsche Ostseebad bietet zwar nicht ganz so viel Noblesse wie die anderen Seebäder, dafür aber einen fast vier Kilometer langen, feinen Sandstrand mit angrenzender Steilküste. In dem lang gezogenen Ort herrscht Kuratmosphäre, wozu das Kurhaus und der Park mit Konzertmuschel und Trinkkurhalle sowie im hinteren Ortsteil Kurkliniken und die Ostseetherme ihr übriges tun. Noch recht neu ist die Marina „Weiße Wiek" knapp drei Kilometer östlich des Zentrums – mit 290 Liegeplätzen und einer großen, etwas seelenlos geratenen Hotel- und Appartementanlage. Ein 18-Loch-Golfplatz befindet sich einige Kilometer östlich in Hohen Wieschendorf (→ S. 106).

Boltenhagen ist eines der ältesten deutschen Seebäder. Bereits 1803 wurden hier die ersten Badekarren ins Wasser gezogen, 1845 öffnete das Hotel *Großherzog von Mecklenburg* seine Pforten, bereits 1850 herrschte reger Badebetrieb. Heute stehen den Kur- und Badegästen etwa 10.000 Gästebetten zur Verfügung.

Der Klützer Winkel
Karte → S. 90

Basis-Infos

Information **Kurverwaltung/Touristinformation**, im Kurhaus an der Hauptstraße (Ostseeallee) auf Höhe der Seebrücke. Im Sommer (April bis Okt.) Mo–Fr 9–18 Uhr, Sa 10–15 Uhr, So 10–16 Uhr; im Winter nur Mo–Fr 9–17 Uhr und So 11–15 Uhr. Ostseeallee 4, 23946 Boltenhagen, ✆ 038825-36010, ✆ 038825-36030, www.boltenhagen.de.

Verbindungen **Busse** 12-mal tägl. (Sa/So 7-mal) über Klütz nach *Wismar*, im Sommer Shuttle-Bus nach Redewisch und Tarnewitz (Weiße Wiek). Haltestelle gegenüber der Touristinformation.

Baden fast 4 km schöner Sandstrand, seit vielen Jahren mit der Blauen Flagge geadelt. Sehr seicht, im Sommer von der DLRG bewacht (Mitte Juni bis Mitte Sept.). Beachvolleyball, FKK bei Aufgang 11 + 12, Hundestrand bei Aufgang 22 und am Steilufer westlich vom Ort.

Fahrradverleih Mehrere Anbieter im Ort, z. B. **Fahrradverleih Krämer**, auch Anhänger, Nachläufer, Kindersitze und Tandems im Angebot. Ganzjährig geöffnet. Ostseeallee 58 b, ✆ 038825-23288 oder ✆ 0177-2928198.

Kurtaxe Mai bis Sept. 2,10 €/Tag, Okt. bis April 1,50 €/Tag, unter 16 J. frei.

Therme Die **Ostsee-Therme Boltenhagen** mit ihrem auf gut 30 °C erwärmten Ostsee-Meerwasser befindet sich bei den Kliniken am östlichen Ortsrand. Auch Sauna, Massagen, kosmetische Behandlungen usw., alles relativ günstig. Tägl. 10–21 Uhr, Eintritt 7 € (2 Std.), mit Sauna 8,50 €, Kinder 3,25 € (3,75 €). Ostseeallee 106, ✆ 038825-493, ✆ 038825-49444, www.ostsee-therme-boltenhagen.de.

Übernachten/Essen & Trinken

Übernachten **** **Seehotel Großherzog von Mecklenburg**, erstes Haus am Platz, zentral an der Seebrücke gelegen. Gediegen-elegantes Ambiente, mit Bio-Restaurant, Bar, Hallenbad, Sauna und Beauty-Studio, Medical Wellness. 150 komfortable Zimmer, diverse Arrangements. Hunde sind willkommen. EZ ab ca. 120 €, DZ ab ca. 150 €, inkl. Frühstück. Ostseeallee 1, 23946 Boltenhagen, ✆ 038825-500, ✆ 038825-50900, www.seehotel-boltenhagen.de.

Villa Seebach, ansprechendes Haus an der Mittelpromenade, teilweise Fachwerk, schöne Veranda mit Korbsesseln, im Garten

Kinderspielplatz und Sommertheater (v. a. für Kinder). Das einladende Restaurant ist mit Antiquitäten eingerichtet, an den Wänden zahlreiche historische Porträts. Ausgefallene Küche mit mediterraner Prägung, leicht gehobenes Preisniveau, mittags und abends geöffnet. 7 nett eingerichtete Appartements (2 Pers. 122,50 €, bis 4 Pers. 136 €, 6 Pers. 159 €). Außerdem gibt es einige DZ mit Frühstück zu 112 € (als EZ 85 €) und Ferienwohnungen (2–4 Pers., ca. 70–90 €). Mittelpromenade 28, 23946 Boltenhagen, ✆ 038825-3150, 📠 038825-31555, www.villa-seebach.de.

Gutshaus Redewisch, im gleichnamigen Ort ca. 3 km westlich von Boltenhagen. Gutshaus aus dem Jahr 1817, schönes Ambiente im Speisesaal, Restaurant mittags und abends geöffnet, Küche bis 21 Uhr. Die großzügigen, modern eingerichteten Zimmer sind teilweise mit Parkett (und Teppich) ausgestattet, manche mit Balkon. EZ 65–80 €, DZ 105–140 €, Dreibett-Suite 150–175 €, Vierbett-Suite 170–185 €, jeweils inkl. Frühstück. Redewischer Str. 46, 23946 Boltenhagen, ✆ 038825-3760, 📠 038825-37637, www.gutshaus-redewisch.de.

Camping **Regenbogen Camp**, zwischen Ostseeallee und Strandpromenade. Professionell geführte Anlage, über 400 Stellplätze auf schattigem Gelände, auch Mietwohnwagen und 96 gut ausgestattete Ferienhäuser (115–135 €). Mit Restaurant, Supermarkt, Spielplatz, Sportplätzen etc., außerdem Sauna, Massagen, Fitness usw. Zum Camp gehört im Sommer auch eine Tauchschule (www.tauchschule-nord.de). Stellplatz inkl. Pers., Auto/Wohnwagen oder Wohnmobil 33,50–39,50 €, Stellplatz Zelt inkl. Pers. 30,50–35 €, Hund 4 €, Strom 3,50 €, Familienbad 8,50 €. Ostseeallee 54, 23946 Boltenhagen, ✆ 038825-42222, 📠 038825-42225, www.regenbogen.ag.

Essen & Trinken **Blinkfür**, beliebtes Fischrestaurant mit Terrasse, innen maritim eingerichtet. Dank des kleinen Leuchtturms vor dem Haus kaum zu verfehlen (an der Straße Richtung Osten). März bis Okt. tägl. abends geöffnet, Sa/So auch mittags, im Winter nur am Wochenende. Ostseeallee 64, ✆ 038825-22114.

An der Wohlenberger Wiek

Die sichelförmige Bucht der Wohlenberger Wiek am Eingang der Wismarbucht liegt nur wenige Kilometer südöstlich von Boltenhagen. Die Bundesstraße nach Wismar (B 105) führt zum Teil direkt am flachen, deshalb kinderfreundlichen Strand entlang. Etwa in der Mitte der Bucht befindet sich eine Surf- und Kiteschule, hier auch Anfänger- und Schnupperkurse (✆ 0170-4446354, www.surfknopf.de). Außerdem gibt es eine Tauchschule am Strand der Weißen Wiek (www.tauchschule-nord.de).

Verbindungen Am besten ist man in dieser abgelegenen Gegend mit dem eigenen Fahrzeug unterwegs. Der **Bus** auf der Strecke Wismar – Boltenhagen (ca. 12-mal tägl., Sa/So 7-mal) hält nur in Wohlenberg, nach Beckerwitz fährt 2-mal tägl. der Schulbus.

Golf **Golfclub Hohen Wieschendorf**, direkt an der Landzunge zwischen Wohlenberger Wiek und Eggers Wiek. Zu erreichen von der Straße von der Wohlenberger Wiek Richtung Wismar, bei Gramkow links ab nach Beckerwitz und weiter nach Hohen Wieschendorf. Am Golfplatz 1, 23968 Hohen Wieschendorf, nicht telefonisch erreichbar, nur 📠 038826-89868 oder www.howido-golfclub.de.

Übernachten **Jugendherberge Wohlenberger Wiek**, die einzige und gut organisierte Jugendherberge auf weiter Flur befindet sich in Beckerwitz Ausbau. Von der Straße von der Wohlenberger Wiek Richtung Wismar geht es links ab auf eine schmale Straße, ca. 1 km von der Hauptstraße. Zur Ostsee sind es zu Fuß 800 m. Mit Fahrradverleih, Tischtennis, Bolzplatz und Grillstelle, im Garten kann auch gezeltet werden, außerdem auch Baumhausdorf mit schicken Baumhäusern für 6 Pers. (139 €/Nacht, Frühstück extra). DJH-Ausweis erforderlich. Übernachtung mit Frühstück im Zweibett- bis Achtbett-Zimmer 19,90 €, im DZ 23,90 €, Senioren ab 27 J. 24,10 € (im Mehrbettzimmer), im DZ 29 €, Zeltplatz 13,50–16,10 € pro Pers. mit Frühstück. Halbpension 4–5,50 €, Hund 5 €. Zur Wiek 4, 23968 Hohenkirchen, ✆ 038428-60362, 📠 038428-61986, www.beckerwitz.jugendherberge.de.

Das schiefe Gewölbe über der Grube

Wismar

ca. 42.500 Einwohner

Dass Wismars Altstadt in die Liste des UNESCO-Welterbes aufgenommen wurde, wundert nicht: Die ehrwürdige Hansestadt fasziniert durch zahlreiche Baudenkmäler zwischen Altem Hafen, dem großen Marktplatz und dem gotischen Viertel.

Wismars Stadtbild erinnert in jeder Straßenflucht an die Blütezeit der Hanse: Nirgendwo sonst in Deutschland hat sich in dieser Geschlossenheit und auf einer so großen Fläche das Erscheinungsbild einer Hansestadt erhalten – angefangen vom Grundriss der Altstadt über zahlreiche Bürgerhäuser bis zu den beiden großen Kirchen **St. Georgen** und **St. Nikolai** sowie dem Turm von **St. Marien**, allesamt bedeutende Bauwerke der Norddeutschen Backsteingotik. Aber auch aus der Zeit danach sind sehenswerte Bauwerke erhalten: Im 16. Jh. entstanden in Anlehnung an die niederländische Renaissance z. B. die **Wasserkunst** auf dem Markt, der **Fürstenhof** und das **Schabbellhaus**; im 19. Jh. wurde das klassizistische **Rathaus** errichtet.

Im Zentrum der Altstadt liegt der riesige **Marktplatz**. Hier und in den umliegenden Straßen und Sträßchen spielt sich ein großer Teil des innerstädtischen Lebens ab. Mit über 7000 Studenten ist die Universitätsstadt Wismar eine relativ junge Stadt. Einer der wichtigsten Arbeitgeber Wismars ist die **Werft** mit ihrer riesigen, blaugrünen Dockhalle vor den Toren der Stadt. Hier werden Containerschiffe, Tanker und Fähren gebaut, es liefen aber auch schon luxuriöse Kreuzfahrtschiffe wie die *Aida Vita* vom Stapel. Daneben besitzt die Stadt einen Handelshafen und neuerdings auch ein Kreuzfahrt-Terminal.

Stadtgeschichte

Wismar wurde 1229 erstmals urkundlich erwähnt. Die topografischen Voraussetzungen für eine Stadtgründung waren denkbar günstig: Geschützt durch die vorgelagerte Insel Poel, ermöglichte die Lage in der Bucht den Ausbau eines versandungsfreien Hafens. Landseits schützten weite Sümpfe die junge Siedlung und mitten hindurch führte die Handelsstraße von Lübeck nach Rostock und weiter in den Osten. Innerhalb kürzester Zeit entstand eine geradezu vorbildliche mittelalterliche Stadt: wehrhaft durch einen umschließenden Mauerring (ab 1276), handelsoffen aufgrund des günstigen Hafens und ehrgeizig, mittels prachtvoller Bauten (z. B. seit 1250 mit dem Bau von St. Marien) dem eigenen Selbstbewusstsein Ausdruck zu verleihen.

Alter Schwede! Erinnerung an Wismars schwedische Zeit

Die Basis für die rasante Entwicklung bildete der Handel. Ein bereits 1259 abgeschlossener Vertrag zwischen Lübeck, Rostock und Wismar sicherte die Handelswege zwischen den aufstrebenden Städten und begründete den Kern eines bald mächtigen Städtebundes, der Hanse (→ S. 35). Der Exportschlager der Stadt war das Bier, 183 Brauereien sind für das Jahr 1464 in Wismar dokumentiert.

Mit dem Niedergang des mächtigen Städtebundes im 16. Jh. verlor auch Wismar an kaufmännischer Kraft. Einen (vorläufigen) Tiefpunkt erlebte die Stadt im Dreißigjährigen Krieg. Wismar, das um 1530 die Reformation eingeführt hatte, musste 1627 *Albrecht von Wallenstein* mit seinen kaiserlichen Truppen aufnehmen und versorgen, Abgaben zahlen und die Befestigungsanlagen ausbauen. 1632 belagerten die Schweden die Stadt, nahmen sie ein – und blieben. Bis 1803 (bzw. 1903, → unten) war Wismar schwedisch. Unter der Herrschaft der Drei Kronen wurden der Stadt zahlreiche Privilegien gewährt und ein nicht unerhebliches Maß an kommunaler Selbstverwaltung. Außerdem eröffnete sich Wismar an der Ostsee ein lukrativer Binnenmarkt, sodass der Handel wiederbelebt wurde. Andererseits wurde die Stadt natürlich in die Händel des schwedischen Reiches hineingezogen. Und so litt Wismar wie kaum eine andere schwedische Stadt unter dem Großen Nordischen Krieg 1700–1721. 1716 wurde Wismar von den alliierten Truppen beschossen, belagert und schließlich eingenommen. Um 1718 glich Wismar einem Trümmerfeld und die gefallene Großmacht Schweden hatte weder die Möglichkeiten noch das Interesse, die Stadt nachhaltig zu stärken. Aber es sollte bis 1803 dauern, bis die schwedische Krone Wismar aufgab und für 100 Jahre an das Großherzogtum Mecklenburg verpfändete. Nach Auslaufen des Vertrages 1903 verzichtete Schweden auf die Rückgabe und Wismar war endgültig Teil Mecklenburgs und damit des Deutschen Reiches.

Im Zweiten Weltkrieg setzten die alliierten Luftangriffe auch Wismar arg zu. Ziel der Bomber waren vor allem kriegsrelevante Anlagen, also besonders die Fabrik- und Flugzeughallen der Norddeutschen Dornier-Werke sowie der Hafen. Der schwerste Angriff erfolgte am 24. September 1942, als über 60 Tonnen Bomben auf Wismar abgeworfen wurden. Der letzte Angriff (in der Nacht zum 15. April 1945) traf drei von Wismars bedeutenden Bauwerken mit voller Wucht: das Archidiakonat wurde stark beschädigt, St. Georgen und St. Marien lagen in Ruinen. Insgesamt kamen über 300 Menschen bei den Angriffen ums Leben und fast ein Viertel der vorhandenen Wohnungen wurde zerstört.

Wismar
Karte → S. 111

Nichtsdestotrotz hat sich in Wismar ein enormes Maß an historischer Bausubstanz erhalten. Dass dies auch im neuen Jahrtausend so ist, ist vor allem den engagierten Bewohnern der Stadt zu danken, die sich oft auch gegen Widerstände der Behörden für die Bewahrung von Wismars Kulturgut einsetzten; auch wenn es in Einzelfällen nicht gelang – berühmtestes Beispiel ist die Sprengung der Marienkirche 1960. Wismars Altstadt gehört heute zu den besterhaltenen historischen Stadtkernen in Deutschland, sodass der Tourismus eine nicht unerhebliche wirtschaftliche Rolle spielt. 2002 wurde sie gemeinsam mit der Altstadt Stralsunds in die Liste des UNESCO-Welterbes aufgenommen.

Basis-Infos

Information **Tourist-Information** am Markt, auch Zimmervermittlung und Kartenvorverkauf. Mo–Sa 10–18 Uhr, So 10–16 Uhr (Nov. bis März tägl. 10–16 Uhr). Am Markt 1, 23966 Wismar, ✆ 03841-19433, Zimmervermittlung ✆ 03841-2513027, ✆ 03841-2513091, www.wismar.de.

Stadtrundgänge von Ostern bis Anfang Nov. tägl. um 10.30 Uhr, Dauer ca. 2 Std., 4 €, erm. 3 €, Kinder bis 12 J. kostenlos. Außerdem im Frühling, Herbst und Winter immer freitags um 18 Uhr **Nachtwächterführungen**, sowie ganzjährig jeden Samstag um 15 Uhr die **Störtebeker-Führung**; Infos in der Tourist-Information.

Stadtrundfahrten mit dem Panoramabus von April bis Sept. halbstündl. zwischen 10 und 17 Uhr (im Winter stündl. 11–15 Uhr), Abfahrt an der Tourist-Information, hier gibt es auch die Tickets (9 €/Pers., erm. 4,50 €).

Verbindungen **Bus 240** verbindet Wismar 12-mal tägl. mit *Boltenhagen* (via Klütz), Sa/So 7-mal; die **Linie 241** fährt zur Jugendherberge (Beckerwitz). Die **Linie 430** fährt auf die *Insel Poel*. **Stadtbusse** fahren rund um die Altstadt und in die Vororte (ca. alle 30 Min. in das Seebad Wendorf). Busfahrpläne bei der Tourist-Information. Der Busbahnhof befindet sich am nördlichen Rand der Altstadt zwischen Bahnhof und Altem Hafen.

Bahn: Regionalexpress fast stündl. nach Schwerin und Ludwigslust, alle 2 Std. nach Berlin Hbf., außerdem stündl. über Bad Doberan nach Rostock. Bahnhof am nördlichen Ende der Altstadt.

Ausflugsschiffe Mit dem **Schiff** der *Reederei Adler* von April bis Okt. 9-mal tägl. Hafenrundfahrten, Erw. 11 €, Kinder 4–14 J. 6 €, Familien 29,90 €, Hund 1,50 €. Außerdem 2- bis 3-mal tägl. zur Insel Poel (hin/zurück 17,50 €, erm. 8 €, Familien 45,90 €, Rad 4,50 €, Hund 2,50 €). Anlegestelle am Alten Hafen. ✆ 01805-123344, www.adler-schiffe.de.

Eine ganz besondere **Ausflugsfahrt** kann man mit der **Wissemara**, dem Nachbau einer Hansekogge unternehmen, Infos → „Die Poeler Kogge", S. 116.

Baden **Wonnemar**, Erlebnisbad am Stadtrand. Wasserrutschen, Wellenbecken mit Grotte, Außenbecken, Sauna, Dampfbad, Wellnesslandschaft. Mai bis Sept. tägl. 10–21 Uhr, Okt. bis April tägl. 10–22 Uhr. 3:30 Std. kosten 10,50 € (Erw.) bzw. 8,50 € (Kinder). Anfahrt beschildert, mit dem Stadtbus zur Haltestelle „Sporthalle". Bürgermeister-Haupt-Str. 38, ✆ 03841-327623, www.wonnemar.de.

Einkaufen **Karstadt** **7**, sieht aus wie jeder andere (Provinz-)Karstadt, ist aber das Stammhaus des 1881 gegründeten Kaufhausimperiums, Rudolf-Karstadt-Platz 1.

WeinKost **5**, Weinhandlung neben dem Café in der Alten Löwenapotheke (Bademutterstr. 2). Auch Feinkost. Mo 14–18 Uhr, Di/Mi 12–18 Uhr, Do/Fr 11–18 Uhr, Sa 10–13 Uhr. ✆ 03841-73842432, www.weinkost-wismar.de.

Hanse Sektkellerei **14**, Hanse-Sekt aus der nördlichsten Sektkellerei Deutschlands. Verkauf und Führungen mit Sektverkostung Mo–Sa 10–16 Uhr. Turnerweg 4 b, ✆ 03841-48480, www.hanse-sektkellerei.de.

Räucherfisch und **fangfrischen Fisch** gibt es am Alten Hafen.

Fahrradverleih **wismar rad**, im Bahnhof (Bahnsteig 2 C). Mo–Fr 9–13 und 16.30–18 Uhr, Sa 9.30–12.30 Uhr. Fahrrad 7 €/Tag, auch Kinderräder, Pannenservice. Bahnhofstr. 1, ✆ 03841-224670 (mobil ✆ 0170-5871395), www.fahrradverleih-wismar-rad.de.

Veranstaltungen Die Nr. 1 unter den Stadtfesten ist zweifelsohne das **Schwedenfest**, das jährlich am dritten oder vierten Wochenende im August stattfindet und zahlreiche Besucher auch aus dem Land der drei Kronen in die Stadt lockt (www.schwedenfest-wismar.de).

Im Juni werden die **Wismarer Hafentage** (mit Feuerwerk) veranstaltet, Termine und Infos: www.wismarer-hafentage.de.

Übernachten

**** **Steigenberger Hotel Stadt Hamburg** **9**, erstes Haus am Platz, hervorragende Lage am Markt, 102 komfortable Zimmer, die besonders von Geschäftsreisenden belegt werden, freundlicher Service. Mit Sauna und Restaurant, Tiefgarage. EZ ab 96 €, DZ ab 117 €, inkl. Frühstück. Am Markt 24, 23966 Wismar, ✆ 03841-2390, ℻ 03841-239239, www.steigenberger.com/wismar.

»» Unser Tipp: **Fründts Hotel** **3**, recht neues Hotel in zentraler, aber ruhiger Lage inmitten der Altstadt. Sorgsam renovierte, große Zimmer, Terrasse nach hinten hinaus, Spielplatz und großer Parkplatz hinter dem Haus (4 €/Tag). Mit Restaurant. EZ 52 €, DZ 68–76 €, Frühstück 5 € pro Pers., Hund 10 €/Tag. Ganzjährig geöffnet. Schweinsbrücke 1–3, 23966 Wismar, ✆ 03841-2256982, ℻ 03841-2256984, www.hotel-stadtwismar.de. ««

To'n Zägenkrog **4**, die fünf renovierten Appartements des „Ziegenkrugs" sind teils recht unkonventionell geschnitten, aber rundum geschmackvoll eingerichtet. Gemütliches Fischrestaurant im Erdgeschoss (→ unten). Das Gasthaus befindet sich unweit des Hafens am Ziegenmarkt. Alle Appartements mit Küche und Wohnbereich, je nach Größe 90–120 € pro Tag, Frühstück 10–13 € pro Pers. Ziegenmarkt 10, 23966 Wismar, ✆ 03841-282716, www.ziegenkrug-wismar.de.

Hotel Reuterhaus **12**, am Marktplatz. Gelbes Giebelhaus mit traditionsreichem Restaurant (→ Essen), nur 10 Zimmer. EZ 50–85 €, DZ 80–110 €, mit Frühstück. Am Markt 19, 23966 Wismar, ✆ 03841-22230, ℻ 03841-222324, www.reuterhaus-wismar.de.

Pension Chez Fasan **6**, fürs kleinere Budget. Ruhige Lage unterhalb der Fußgängerzone (Richtung Schabbellhaus/St. Nikolai). 26 solide ausgestattete Zimmer, die EZ z. T. mit Bad auf dem Flur. In der Hochsaison besser reservieren. EZ 25 €, DZ 47 €, Familienzimmer 69 €, Frühstück 6 € pro Pers. Bademutterstr. 20 A, 23966 Wismar, ✆ 03841-213425, ℻ 03841-202285, www.pension-chez-fasan.de.

Jugendherberge **Jugendherberge Wismar** **8**, etwas außerhalb im Stadtteil Friedenshof (westlich vom Zentrum, beschildert). Übernachtung mit Frühstück im Mehrbett-Zimmer 20,90 €/Pers., im DZ 24,90 €, Senioren über 27 zahlen 25,50 € bzw. 30,40 € (jeweils pro Pers.), Halbpension 4–5 €/Pers. Bettwäsche inbegriffen. Juri-Gagarin-Ring 30 a, 23966 Wismar, ✆ 03841-32680, ℻ 03841-326868, www.wismar-jugendherberge.de.

Camping In Boltenhagen → S. 106.

Einen **Wohnmobilpark** gibt es am Westhafen, Schiffbauerdamm 12, 23966 Wismar, ✆ 0172-3884003, ℻ 03841-762002, www.wohnmobilpark-wismar.de.

Übernachten außerhalb Seehotel Neuklostersee, herrliche Anlage 2 km südlich von Neukloster (westlich von Wismar, Richtung Bützow) im Ortsteil Nakenstorf am Ufer des Neuklostersees, → S. 307.

Essen & Trinken

Restaurants Alter Schwede **10**, spätgotisches Backsteinhaus (14. Jh.) mit auffälliger Fassade am Marktplatz (→ *„Sehenswertes“*). Ein Gasthaus gibt es hier schon seit 1878; heute bietet der Alte Schwede deftige mecklenburgische Küche in stilvoll-rustikalem Ambiente bei leicht gehobenem Preisniveau (Hauptgerichte 10–20 €). Mit Terrasse. Tägl. ab 11.30 Uhr geöffnet. Am Markt 19, ✆ 03841-283552.

Restaurant im Reuterhaus 12, noch ein Restaurant am Marktplatz, ebenfalls in historischem Ambiente (handgeschnitzte Holzvertäfelung!), einige Tische draußen. Traditionelle mecklenburgische Küche, darunter der typische Rippenbraten (12,90 €), auch viele Fischgerichte. Tägl. 12–22 Uhr geöffnet. Am Markt 19, ✆ 03841-22230.

Fischrestaurant Poeler Dampfer im Gasthaus To'n Zägenkrog 4, drei Gasträume: der gemütliche „Krug“ und die „Kajüte“ mit

Nach dem Einlaufen in den Hafen wird erst einmal gefeiert – mittelalterliche Wandmalerei im Ratskeller

nur einem runden Tisch in maritimem Ambiente, zudem der elegante „rote Salon". Im Sommer stehen auch draußen an der „Grube" ein paar Tische. Serviert werden Fischspezialitäten, darunter diverse Deftigkeiten wie Matjes und Labskaus. Sehr freundlich, nicht teuer, mittags und abends geöffnet. Ziegenmarkt 10, ✆ 03841-282716.

Brauhaus am Lohberg 1, bereits im 15. Jh. wurde in dem backsteinernen Fachwerkhaus Bier gebraut. Nach jahrhundertelanger Nutzung v. a. als Speicher wird hier heute die große Braugeschichte der Hansestadt Wismar weitergeführt. In der urigen Gaststätte sitzt man neben den großen Kupferkesseln oder draußen auf der Terrasse am Lohberg nahe dem Hafen. Einfache mecklenburgische Küche und natürlich – Bier: darunter vorzügliche Biere mit so klingenden Namen wie *Roter Eric* oder Wismars traditionelle *Mumme*. Im Sommer ab 11 Uhr, im Winter ab 17 Uhr, Sa abends Live-Musik. Kleine Hohe Str. 15, ✆ 03841-250238, www.brauhaus-wismar.de.

››› Lesertipp: **Altwismarsche Schankstube 11**, im Schatten des Marienturms: „frischer Fisch und andere bodenständige Gerichte zu sehr fairen Preisen". Tägl. 10–14.30 und ab 17 Uhr geöffnet. Negenchören 10, ✆ 03841-328917. ‹‹‹

Cafés **Café Glücklich 2**, guter Kaffee (und fair gehandelt), der Service unumwunden herzlich und der hausgebackene Kuchen köstlich. Von der Mittagsquiche über die Stullen bis zum Kaffeekeks, hier ist alles gelungen. Das finden auch zahlreiche Leser, die hier glücklich wurden. Tägl. ab 9 Uhr geöffnet, So–Mi bis 18 Uhr, Do–Sa bis 20 Uhr. Do gibt es frische Waffeln. Schweinsbrücke 7, ✆ 03841-7969377. ■

Café Alte Löwenapotheke 5, in der geschichtsträchtigen Wismarer Apotheke aus dem Jahr 1645. Nettes Café, auch Lesungen und Musikabende, Kuchen und Torten, auch Tagesgericht und kleine Speisen. Di–Sa 12–18 Uhr, So 14–17 Uhr (sowie zu Abendveranstaltungen), Mo geschlossen. Bademutterstr. 2, ✆ 03841-252538.

Fürstenhof Café 13, schräg gegenüber vom Fürstenhof, mit einem wunderschönen Garten (hinter dem Hinterhof). Leider nur 5 Tische, bei schönem Wetter schnell besetzt. Innen fein eingedeckte Tische. Köstliche, selbst gebackene Kuchen, netter Service. Tägl. 10–18 Uhr. Bliedenstr. 32, ✆ 03841-388190.

Sehenswertes

Marktplatz

Der mit einer Ausdehnung von 10.000 Quadratmetern größte Marktplatz Norddeutschlands gehört zweifelsohne zu den schönsten Europas. Prächtige, von Giebeln gekrönte Fassaden flankieren das pulsierende Herz der Stadt. Im südöstlichen Eck des Platzes befindet sich das Wahrzeichen Wismars: die **Wasserkunst**. Der Name des Bauwerkes lässt bereits erahnen, dass es sich nicht nur um ein architektonisches, sondern auch um ein technisches Denkmal handelt. Das Brunnenhaus entstand zwischen 1580 und 1602. In Anlehnung an die Architektur der niederländischen Renaissance wölbt sich über zwölf verzierten Säulen ein Kupferdach, das von einem kleinen Türmchen gekrönt wird. Die Wasserkunst wurde mittels Holzrohren von einer vier Kilometer entfernten Quelle gespeist und verteilte das Wasser in die Bürgerhäuser und öffentlichen Schöpfstellen der Stadt. Nicht von ungefähr betrieb der Auftraggeber der Wasserkunst, der Rat *Hinrich Schabbell* (1531–1600), ein wasserintensives Gewerbe: Er war einer der Braumeister der Stadt. Der beauftragte Baumeister *Philipp Brandin* stammte aus den Niederlanden und hatte bereits Schabbells prächtiges Wohn- und Brauhaus, das Schabbellhaus, errichtet (→ S. 118).

Wismar
Karte → S. 111

Prestigebau der Renaissance: die Wasserkunst auf dem Marktplatz

Um die inoffizielle Auszeichnung als Wahrzeichen der Stadt bewirbt sich auch ein unweit der Wasserkunst gelegenes Gebäude: der **Alte Schwede**. Ende des 14. Jh. erbaut, gehört es zu den ältesten Bürgerhäusern der Stadt. Die prächtigen gotischen Stufengiebel sind heute noch backsteinerner Ausdruck hanseatischen Stolzes. Den Namen erhielt das ehemalige Kaufmannshaus, nachdem es Ende des 19. Jh. als Gastwirtschaft genutzt wurde. Auch heute noch befindet sich in dem historischen Gemäuer ein Restaurant. Seine direkten Nachbarn – links ein mit Jugendstil-Ornamenten verziertes Gebäude, rechts das rekonstruierte **Reuterhaus**, in dem der Dichter *Fritz Reuter* residierte – geben auf engstem Raum ein Beispiel für die Vielgestaltigkeit der Bürgerhäuser rund um den Marktplatz.

Die Nordflanke des Platzes säumt ein großes klassizistisches Gebäude, das Wismarer **Rathaus**. Es wurde 1819 fertiggestellt, nachdem das alte Rathaus an gleicher Stelle teilweise eingestürzt war.

Erhalten blieb das gelb-rot verzierte gotische Kellergewölbe, in dem sich heute die Dauerausstellung *Wismar – Bilder einer Stadt* befindet. Zu sehen sind Darstellungen zur Stadtentwicklung seit frühester Zeit, darunter auch ein altes Stadtmodell, archäologische Funde und besonders auch Dokumente, alte Schiffsmodelle und andere Exponate aus der Blütezeit der Hanse.

Ausstellung: Mo–Sa 10–18 Uhr, So 10–16 Uhr, m Winter tägl. 10–16 Uhr. Eingang rechts neben dem Rathaus die Treppe hinunter. Am Markt 1.

Gotisches Viertel

Westlich des Marktplatzes liegt das gotische Viertel, dessen historische Gebäude durch die alliierten Luftangriffe in den letzten Tagen des Zweiten Weltkriegs zwar starken Schaden nahmen, teilweise aber erhalten werden konnten, so z. B. das **Archidiakonat** am Kirchhof. Das ehemalige Wohnhaus des Archidiakons, erbaut um 1450 im Stil der Norddeutschen Backsteingotik, war bereits im 19. Jh. saniert und neugotisch umgestaltet worden und wurde nach seiner Zerstörung unter großem Aufwand Anfang der 1960er-Jahre wieder aufgebaut.

Der Turm der Marienkirche

Die Kirche **St. Marien** wurde jedoch, gegen alle Widerstände der Bevölkerung, im August 1960 gesprengt. Nur der mächtige Turm blieb erhalten, er wurde in den 1990er-Jahren restauriert. In den noch erhaltenen Vorhallen des Turms erinnert eine Ausstellung an die ehrwürdige Kirche. Hinter dem Turm vermitteln die Fundamentreste einen Eindruck von den Ausmaßen des Gotteshauses.

St.-Marien-Turm: April bis Okt. tägl. 10–18 Uhr (Juli/Aug. bis 20 Uhr), in den Wintermonaten 11–16 Uhr. *Turmführungen* um 11, 13, 15 und 17.30 Uhr (Juli/Aug. auch 19 Uhr, Nov. bis März nur 12 und 14 Uhr). Eintritt frei, Spende erwünscht, man kann sich auch durch den Erwerb eines Backsteines an der Erhaltung des Monuments beteiligen. Mit Souvenirshop, Infos: ✆ 03841-222021.

Auch die Kirche **St. Georgen** wurde in den letzten Tagen des Zweiten Weltkriegs erheblich beschädigt. Doch statt in die Luft gesprengt zu werden, verfiel sie. Die Versuche Wismarer Bürger, St. Georgen zu retten, scheiterten an Material- und Geldmangel. Nach 1990 wurde die verwahrloste Ruine unter enormem Aufwand Stück für Stück saniert und konnte im Jahr 2010 wiedereröffnet werden.

Die komplizierte Baugeschichte des Gotteshauses begann in der Mitte des 13. Jh. Gerade eine Generation später begann der erste Um- bzw. Ausbau mit derart ambitionierten Plänen, dass die Arbeiten sich gut 200 Jahre hinziehen sollten und dennoch nicht fertig wurden. Letztlich entstanden ist eine bis zu 42 Meter hohe, ebenso breite und 76 Meter lange Kirche mit gewaltigen Querschiffen und einem ungewöhnlichen Chor. Denn anstelle des üblichen halbrunden Chorumgangs wurde der alte, flache Chor beibehalten. Der geplante Turm wurde nie gebaut. An dessen Stelle soll aber eine Aussichtsplattform (mit Aufzug) errichtet werden, geplante Fertigstellung noch im Jahr 2014.

April bis Okt. tägl. 10–18 Uhr (Juli/Aug. bis 20 Uhr), im Winter 11–16 Uhr. Häufig auch Konzerte (u. a. gastiert das NDR-Sinfonieorchester, Tickets 18–33 €).

Zwischen der St.-Marien-Kirche und der St.-Georgen-Kirche wurde Mitte des 16. Jh. der **Fürstenhof** neu errichtet. Anlässlich seiner Hochzeit ließ Herzog *Johann Albrecht I. von Mecklenburg* (1525–1576) an das bestehende ältere Gebäude im spätgotischen Stil (Altes Haus) diesen Stadt-Palazzo (Neues Haus) anbauen und brachte damit ein Stück italienische Renaissance an die Ostsee. Das dreistöckige Gebäude ist durch detailfreudige Friese aus Kalkstein und Terrakotta gegliedert. An der Straßenseite dominieren Szenen aus dem Trojanischen Krieg, hofseits ist das Gleichnis vom verlorenen Sohn dargestellt. Aufwendig gestaltet zeigen sich auch die Portale der Hofdurchfahrt. Heute befindet sich das Amtsgericht im Fürstenhof.

Wismar Karte → S. 111

Richtung Hafen kann man an der Lübschen Straße ein Stück mittelalterlicher Sozialgeschichte besichtigen. Mitte des 13. Jh. wurde in Wismar ein Armen- und Krankenhaus, das Heiligen-Geist-Hospital, eingerichtet. Dazu entstand später eine schlichte gotische Saalkirche, die **Heiligen-Geist-Kirche**, an die kurze Zeit später das „Lange Haus“ angeschlossen wurde. Dieses auch „Siechenhaus“ genannte Gebäude war zur Kirche hin offen, sodass die Bettlägerigen den Gottesdienst verfolgen konnten. Ein bemerkenswertes Ausstattungsdetail erhielt die Kirche, nachdem 1699 die gotische Gewölbedecke infolge einer Explosion eingestürzt war. Anstatt das Kreuzrippengewölbe wieder aufzubauen, wurde eine einfache Holzdecke eingezogen, farbenprächtig mit Ornamenten und Bibelszenen aus dem Ersten Buch Moses verziert. Sehenswert ist auch das gotische Glasfenster, das zwölf Szenen aus den Evangelien und verschiedene Heilige zeigt.

Tägl. 10–18 Uhr geöffnet, im Winter bis 17 Uhr, Gottesdienst So 10 Uhr, danach Besichtigung. Als Eintritt wird eine Spende von 1 € erbeten.

Alter Hafen

Der **Alte Hafen** war ehemals Dreh- und Angelpunkt hanseatischer Betriebsamkeit. Heute flanieren Wismarer und Besucher an Schiffen vorbei, die Räucher- und Frischfisch anbieten, oder an den Speichern zwischen Altem und Neuem Hafen (heute Überseehafen) entlang. Architektonisch orientieren sich die v. a. im 19. Jh. entstandenen Speicher am **Wassertor**, der Nahtstelle zwischen Hafen und Altstadt. Es ist das letzte verbliebene von einst fünf Stadttoren. Außer dem Wassertor ist kaum noch etwas von der ehemaligen Stadtbefestigung erhalten, ihrem Verlauf folgt heute die Ringstraße um die Altstadt. In gewisser Weise aber ist auch das **Baumhaus** am Alten Hafen ein Teil der Stadtbefestigung. In dem barocken Gebäude aus dem 18. Jh. diente der „Baumschließer“. Seine Aufgabe war es, die Hafeneinfahrt mittels eines Langholzes (später wohl einer Kette, nichtsdestotrotz „Baum“ genannt) des Nachts und bei Gefahr zu verschließen. Vor dem Baumhaus stehen fotogen zwei Schwedenköpfe, die einstmals die Fahrrinne des Hafens markierten. Heute sind im Baumhaus wechselnde Ausstelllungen zu besichtigen.

Baumhaus: Die Ausstellungen wechseln ca. alle drei Wochen, Mai bis Okt. Di–So 10–20 Uhr, Nov. bis April 10–17 Uhr. Eintritt frei. Am Alten Hafen, ✆ 03841-252548.

Die Poeler Kogge

1997 spülte ein Sturm Wrackteile an den Strand von Timmendorf auf der Insel Poel. Bei der daraufhin einsetzenden Suche fanden Unterwasserarchäologen das gut erhaltene Wrack einer Kogge aus dem 14. Jh. – eine Sensation, denn es handelte sich um das größte gefundene Frachtschiff des Spätmittelalters. Bei einer Länge von 31,5 Metern und einer Breite von bauchigen 8,5 Metern besaß die Poeler Kogge ein Fassungsvermögen von 200 Tonnen (zum Vergleich: die berühmte Bremer Kogge fasste 84 Tonnen). Gleichzeitig hatte sie einen relativ geringen Tiefgang, was sie gerade für das Befahren von Bodden und Haff befähigte. Das bei Poel geborgene Wrack wurde nach Schwerin gebracht, wo weitere Untersuchungen angestellt und die Konservierung gewährleistet werden sollen.

Klar zum Segelmanöver

Im Jahr 2000 begann ein faszinierendes Projekt auf dem Feld der experimentellen Archäologie: Im Hafen von Wismar entstand ein originalgetreuer Nachbau der Poeler Kogge unter Zuhilfenahme spätmittelalterlicher Techniken des Bootsbaus. Beteiligt waren neben all den ehrenamtlichen Bootsbauern Schiffsbauingenieure und Bootsbaumeister, ein Nautiker und ein Archäologe. Nach sechs Jahren Bauzeit wurde die *Wissemara* getaufte Kogge vom Stapel gelassen und das bauchige Transportschiff aus Hansezeiten stellte sogleich ihre bemerkenswerte Manövrierfähigkeit unter Beweis.

Am Alten Hafen kann man die Kogge nicht nur besichtigen, wenn sie vor Anker liegt, man kann mit ihr auch in See stechen. Der Nachbau der Poeler Kogge läuft im Sommer etwa zweimal täglich aus und segelt in etwa dreistündiger Fahrt vor die Insel Poel und zurück. Die ehrenamtliche, etwa zehnköpfige Besatzung gibt während der Fahrt bereitwillig Auskunft über den Bau des Seglers und technische Details, Segelverhalten und Seemannsgarn. Und wenn der Kapitän den Befehl gibt: „Klar zum Segelmanöver! Klar zur Halse!“, können auch die Passagiere mit anpacken, während die *Wissemara* sachte durch den Wind dreht.

Auf der Wissemara müssen auch die Passagiere mit anpacken

Gesegelt wird in etwa von Mai bis Sept., in der Nebensaison mehrmals in der Woche, im Sommer bis zu 3-mal tägl. Die etwa dreistündige Fahrt kostet 23 € (meist nachmittags) bzw. 28 € (über Mittag und mit Eintopf), jeweils pro Pers. Infos zur Kogge oder zu den Segeltörns erhält man an Bord (Anleger am Alten Hafen, in der Nähe des Baumhauses), im Büro des Fördervereins im Baumhaus (Eingang an der Rückseite), unter ✆ 03841-304310 oder unter www.poeler-kogge.de.

Idyllisch zeigt sich der Alte Hafen am **Lohberg**. Hier stehen ein paar Tische und Stühle der Restaurants und Cafés auf dem Kopfsteinpflaster und vor den farbenprächtigen Fassaden der mittelalterlichen Gebäude. In der Nähe mündet die **Grube** in den Hafen. Im 13. Jh. angelegt, ist sie einer der ältesten Kanäle in Deutschland und verbindet den Mühlensee (und zeitweise via Wallensteingraben sogar den Schweriner See) mit der Ostsee. Die Grube diente nicht nur der Süßwasserversorgung, sondern auch als Transportweg, auf dem Lastkähne vom Hafen in die Altstadt getreidelt wurden. Blickfang ist das entzückend schiefe Fachwerkgebäude, das sich beim Hafen über die Grube spannt und „Gewölbe" genannt wird.

St. Nikolai

Die Kirche St. Nikolai ist die dritte große Stadtkirche Wismars und ein bedeutendes Beispiel Norddeutscher Backsteingotik. Wenngleich die älteste Pfarrkirche Wismars, begann der Bau der heutigen Kirche relativ spät. Ab etwa 1380 wurde die Vorgängerkirche aus- und umgebaut. Obwohl zu dieser Zeit bereits neue architektonische Einflüsse spürbar waren, orientierten sich die Baumeister von St. Nikolai am Vorbild hochgotischer französischer Kathedralen. Entstanden ist eine prächtige dreischiffige Basilika mit schlankem Chorumgang und Kapellenkranz. Das Mittelschiff erhebt sich bei einer Breite von gerade einmal 10,5 Metern eindrucksvoll über 37 Meter in die Höhe. Der dadurch geschaffene überwältigende Raumeindruck wird von keiner Kirche an der Ostseeküste übertroffen. Ein Kleinod ist der Giebel des Südanbaus (1438/39). Der aus glasierten Backsteinen geformte Schmuckgiebel ist mit figürlichen Terrakotta-Friesen bestückt, die Fabeltiere, Fratzen, Heilige und Marien darstellen, darüber thront eine schmucke Blendrose. Der Kirchturm erhob sich ursprünglich dank eines enormen spitzen Turmhelmes auf eine Höhe von 120 Metern. Er wurde von einem schweren Sturm 1703 heruntergerissen und zertrümmerte das Mittelschiff.

Wismar Karte → S. 111

St. Nikolai – im Giebel die Blendrose

Blick von der Grube auf St. Nikolai

Diese Katastrophe hatte zur Folge, dass St. Nikolai heute über eine bemerkenswerte barocke Innenausstattung verfügt. Dazu kommen wertvolle Stücke, die aus den Kirchen St. Marien und St. Georgen gerettet werden konnten. Barock sind u. a. die Kanzel mit ihrer verspielten Haube (1708) und die Taufe schräg gegenüber (1719). In der südlichen Vorhalle sind der prächtige Schnitzaltar (um 1430) und das Hochkreuz aus der Kirche St. Georgen untergebracht. Auf dem bronzenen Taufbecken aus St. Marien, um 1335 gegossen, sind Szenen aus dem Leben Jesu zu sehen. Beeindruckend sind auch die erhaltenen Wandmalereien: allen voran der riesige, bis ans Gewölbe hinaufreichende St. Christopherus, Schutzheiliger der Reisenden (um 1450). Empfehlenswert ist der Aufstieg in das Gewölbe im Verlauf einer kenntnisreichen Führung.

Mai bis Sept. 8–20 Uhr, Okt. und April 10–18 Uhr, Nov. bis März 11–16 Uhr, Gottesdienst So 10 Uhr. Im Sommer tägl. Gewölbeführungen, im Winter eingeschränkt. St. Nikolai ist eine besucherfreundliche Kirche, Fotografieren ist ausdrücklich erlaubt, auch artige Hunde dürfen an der Besichtigung teilnehmen. Die ehrenamtlichen Mitarbeiter, die die Öffnungszeiten ermöglichen, sind sehr engagiert.

Stadtgeschichtliches Museum im Schabbellhaus

Schräg gegenüber der Kirche St. Nikolai und auf der anderen Seite der Grube liegt das Schabbellhaus, das heute das Stadtmuseum beherbergt. *Hinrich Schabbell* (1531–1600) war angesehener Bierbrauer, Kaufmann, Ratsherr und Bürgermeister der Stadt. Er engagierte zum Bau seines Wohn- und Brauhauses den holländischen Baumeister *Philipp Brandin* (ca. 1530–1594). Von 1569 bis 1571 ließ dieser das Gebäude im Stil der niederländischen Renaissance entstehen und setzte dabei auf eine Kombination aus Backstein und Sandstein, wie es in seiner Heimat üblich war. Besondere Aufmerksamkeit verdient der Nordgiebel (zur Grube hin) mit seinen sandsteinernen Gliederungselementen wie Säulen, Figuren, Voluten und Fensterrahmen, der Rest der Fassade besteht aus rotem Backstein.

Anlässlich der 750-Jahr-Feiern der Stadt Wismar wurde hier 1979 das *Stadtgeschichtliche Museum* eröffnet. Im Inneren sind u. a. die alte Eingangsdiele, eine Wendeltreppe und der Speicherboden erhalten. Wegen umfangreicher Sanierung muss man seinen Besuch allerdings bis ins Jahr 2015 verschieben. Dafür wird dann aber eine deutlich größere Ausstellungsfläche den umfangreichen Sammlungen zur Verfügung stehen.

Wegen Sanierung bis mindestens Anfang 2015 geschlossen.

Am Hafen von Timmendorf (Insel Poel)

Zwischen Wismar und Rostock

In der lieblichen mecklenburgischen Landschaft, die sich zwischen den beiden Hansestädten erstreckt, verbergen sich einige sehenswerte Attraktionen und sogar einige Superlative.

Mit Heiligendamm das älteste Seebad Deutschlands, nahebei die älteste Galopprennbahn in Bad Doberan und ebenda auch das Bad Doberaner Münster – eines der bedeutendsten Beispiele Norddeutscher Backsteingotik. Touristisches Zentrum ist das schmucke Ostseebad Kühlungsborn. Und schließlich gibt es noch das Naturparadies Insel Poel vor den Toren Wismars.

Insel Poel

ca. 2800 Einwohner

Die stille Insel, der Wismarbucht schützend vorgelagert, war dank ihrer strategisch günstigen Lage in der Vergangenheit oft umkämpft. Heute erholen sich dort Besucher am lang gestreckten Sandstrand.

Die 37 Quadratkilometer große Insel Poel ist weitgehend landwirtschaftlich geprägt, Baumbestand findet sich vornehmlich in Form eines schmalen Waldstreifens zum Schutz der Außenküste. Zum Festland hin sowie rund um die Bucht Fauler See im Südwesten wird die Küste von unter Naturschutz stehenden Salzwiesen (→ S. 124) gesäumt. Im Nordosten befindet sich rund um die kleine Insel Langenwerder ein bereits 1924 eingerichtetes Vogelschutzgebiet. Seit jeher lebten die Bewohner der Insel von der Landwirtschaft und der Fischerei, heute bildet der Tourismus die Haupteinnahmequelle der etwa 2500 Einwohner. Seit 2005 kann sich die gesamte Insel mit dem Prädikat (staatlich anerkanntes) Ostseebad schmücken.

Ostsee
Mecklenburger Bucht
-West
Meschendorf
Bastorfer Signalberg
Bastorf
Küh
Mechelsdorf
Rerik
Garvsmühlen
Gaarzer Hof
Blengow
Gersdor
Zweedorf
Wustrow
Roggow
Salzhaff
Biendorf
Großes Rerikriff
Russow
Jörnsto
Kielung
Rakow
Westen-brügge
Boiensdorfer Werder
Pepelow
Schliemann Gedenkstätte
Neubukow
Langenwerder
Klein Strömkendorf
Am Schwarzen Busch
Gollwitz
Boiens-dorf
105
Krempin
Kaltenhof
Panzow
Stove
Timmendorf/ Strand
Kirchdorf
Vorwerk
Damekow
Niendorf
Alt Bukow
Ravensberg
Timmendorf
Blowatz
Insel Poel
Garvens-dorf
Fährdorf
Kirch Mulsow
Wismarbucht
Groß Strömken-dorf
Neuburg
Walfisch
Krusenhagen
Steinhausen
Klützer Winkel
Gagzow
Kartlow
Züsow
Zierow
Hornstorf
Wismar
Benz
Gägelow
Warkstorf
105
Neukloster
Lübow
Dorf Mecklenburg
Neukloster See
192
A 20
106
Lübeck
Groß Stieten
Schwerin
Bobitz
Jesendorf
Warin

Zwischen Wismar und Rostock

Der Hauptort Poels ist **Kirchdorf**, das zwar mitten auf der Insel liegt, dank der lang gestreckten Bucht namens Kirchsee aber über einen Hafen verfügt. Neben dem Hafen findet man die beiden Sehenswürdigkeiten der Insel: das Inselmuseum und die kleine Inselkirche.

Die Attraktion Poels ist der lange Strand, der im Sommer auch zahlreiche Ausflügler aus der nahe gelegenen Hansestadt Wismar anlockt. Das touristische Zentrum ist **Timmendorf-Strand** mit seinem kleinen Hafen, dem schmucken Leuchtturm, einem Campingplatz und vor allem einem herrlichen Sandstrand. Gänzlich abgeschieden und still liegt **Gollwitz** im Nordosten der Insel. Dazwischen befindet sich unweit von Kirchdorf der ruhige Ortsteil **Am Schwarzen Busch**. Hier erinnert ein Mahnmal an eine der größten Katastrophen der Seefahrtsgeschichte. In den letzten Tagen des Zweiten Weltkriegs, als die alliierten Truppen auf dem Vormarsch waren, wurden die Häftlinge des KZ Neuengamme nach Lübeck getrieben und dort auf kaum fahrtaugliche Schiffe verladen, darunter die *Cap Arcona*. Einen Zielhafen hatte die KZ-Flotte nicht, was geschah, war von den Nationalsozialisten nicht nur billigend in Kauf genommen worden, sondern menschenverachtendes Kalkül. Eine britische Bomberstaffel griff am 3. Mai 1945 die Schiffe an, nicht wissend, dass sich überlebende KZ-Häftlinge an Bord befanden. Bei dem Angriff, der den Untergang der *Cap Arcona* zur Folge hatte, starben über 7000 Menschen.

Basis-Infos

Information **Kurverwaltung Insel Poel**, Zimmervermittlung, naturkundliche Veranstaltungen und **geführte Wanderungen**, auch Fahrradverleih und WLAN. In der Hauptsaison Mo–Fr 9–17.30 Uhr, Sa 10–12 und 14–16 Uhr, So 10–12 Uhr; Mitte Sept. bis Mitte Mai nur Mo–Fr 9–12 und 14–17 Uhr. Wismarsche Str. 2, OT Kirchdorf, 23999 Insel Poel, ✆ 038425-20347, ℻ 038425-4043, www.insel-poel.de.

Appartementvermittlung In der **Kurverwaltung** (→ Information) oder dem **PAS** (Poeler Appartement Service), dort v. a. Appartements rund um den OT Am Schwarzen Busch. Sonnenweg 5 f, 23999 Insel Poel/Schwarzer Busch, ✆ 038425-42155, ℻ 038425-42157, www.pas-poel.de.

Außerdem **Poeler Tourismus-Service**, Wismarsche Str. 7 a, OT Kirchdorf, 23999 Insel Poel, ✆ 038425-405003, ℻ 038425-405004, www.poel.de.

Verbindungen Der **Bus 430** verbindet Wismar mit Poel tägl. ca. 10-mal, Sa/So 5-mal.

Die **Fahrgastschifffahrt** der Reederei *Adler Schiffe* steuert April bis Okt. 3-mal tägl. ab Wismar (Alter Hafen) den Hafen von Kirchdorf an, Fahrtdauer 1 Std. (hin/zurück 17,50 €, Kinder 8 €, Fahrrad 4,50 €). ✆ 01805-123344, www.adler-schiffe.de.

Die *MS Salzhaff* (Fahrgastschifffahrt Steußloff) wird im Sommer (Mitte Juni bis Anfang Sept.) als kleine (Fahrrad-)Fähre zum Ostseebad Rerik eingesetzt, nur dienstags, dann aber drei Fahrten, Abfahrt ab Gollwitz, einfach 14 € (Kinder 4–16 J. 10 €), hin und zurück 18 € (12 €), inkl. Fahrrad. Haffplatz 5, 18230 Rerik, ✆ 038296-74761, ℻ 038296-74764, www.ms-ostseebad-rerik.de.

Baden Die feinsandigen, flach ins Meer abfallenden Strände der Insel Poel sind im Bereich Timmendorf und Am Schwarzen Busch überwacht (kostenpflichtig), die Hundestrände befinden sich etwas abseits der jeweiligen Hauptabschnitte. In Timmendorf-Strand auch Tretbootverleih und Eisverkauf, Strandkorb ca. 7 €/Tag.

Fahrradverleih Poel ist eine Fahrradinsel, überall findet man gut ausgebaute Fahrradwege. Verleih u. a. bei der **Kurverwaltung** (→ Information) und bei **Fahrradverleih Stolpmann**. Ab 5 €/Tag, auch Kinderräder und Anhänger. Wismarsche Str. 16, OT Kirchdorf, ✆ 038425-20470.

Parken In den Orten oft Parkverbot, kostenpflichtige Parkplätze befinden sich an den Ortseingängen (1 €/Std., 4 €/Tag).

Wassersport Beliebt bei Surfern und Kitern sind u. a. der Naturstrand bei *Hinterwangern* (das letzte Stück auf einer Sand-

Der Timmendorfer Strand ... auf Poel

Zwischen Wismar und Rostock
Karte → S. 120/121

piste, Parkplatz, zum Baden nicht so schön) und – zentraler und leichter zu erreichen – der Strand beim Camping in Timmendorf-Strand: **Wassersport-Insel-Poel**, Surf- und Kitekurse, auch Verleih von Kanus und Schnupperkurse (je 49 €). Im Sommer tägl. 10–18 Uhr geöffnet. ✆ 0172-2688469, www.wassersport-insel-poel.de.

Übernachten/Essen & Trinken

Poeler Forellenhof, im kleinen Weiler Niendorf (von Wismar kommend Richtung Kirchdorf auf der linken Seite). Große Auswahl an Fischgerichten im Restaurant, uriges Ambiente in der Fischräucherei, auch Ferienwohnungen, Fahrrad- und Motorbootverleih. Ferienwohnung bis 4 Pers. 71–86 €/Tag, Ferienhaus für max. 8 Pers. 145 €, Frühstück 7,50 €/Pers., Halbpension 19,50 €, Wohnmobil inkl. 2 Pers. 12 €/Nacht mit Wasser, Strom und Dusche. Niendorf 13, 23999 Insel Poel, ✆ 038425-4200, 📠 038425-42011, www.poeler-forellenhof.de.

Seeblick, Gaststätte und Pension beim Strand des OT Schwarzer Busch. In der Gaststätte wird Bier aus dem Wismarer Brauhaus ausgeschenkt, mit Biergarten. EZ 25 €, Ferienwohnung für 4–6 Pers. 65 €, Frühstück nach Absprache. An der Promenade 1 a, 23999 Am Schwarzen Busch/Insel Poel, ✆ 038425-42549, 📠 038425-42642, www.traditionshaus-seeblick.de.

Pension Haus Margarethe, freundliche Unterkunft in einem orangefarbenen Haus. Einfache und günstige Zimmer, gemütliche Wohnzimmeratmosphäre, Restaurant nur zur Saison tägl. (in Nebensaison nur Fr–So), nachmittags auch Café mit selbst gebackenem Kuchen. EZ 40 €, DZ 56 €,Frühstück inkl. Gollwitz 15, 23999 Insel Poel, ✆/📠 038425-42246, pension-haus-magarethe@web.de.

»» Unser Tipp: Café Frieda, sehr schönes Garten- und Kunstcafé mit wechselnden Ausstellungen in der Galerie im Dachgeschoss, dazu auch eine Leseecke, vor allem aber: grandioses Backwerk! Während der Saison tägl. 12–18 Uhr geöffnet, im Winter Fr–So 14–18 Uhr (Jan. geschlossen.). Kostenloses WLAN. Hunde sind nur draußen gestattet. Oertzenhof 4, ✆ 038425-429820, www.cafe-frieda.de. *Anfahrt*: In Kirchdorf die Straße Richtung Schwarzer Busch, im Ortsteil Oertzenhof geht es links ab, gut ausgeschildert. ««

Camping Campingplatz Leuchtturm, großer, moderner Platz in Timmendorf-Strand in unmittelbarer Strandnähe, mit kleinem Laden bei der Rezeption und Minigolf. Geöffnet April bis Okt. Erw. 5 €, Kinder bis 14 J. 2 €, Zelt 5,50–6,50 €, Wohnmobil 8,50–9,50 €, Hund 2,50 €, Dusche 1 €. Lotsenstieg 25, 23999 Timmendorf-Strand, ✆ 038425-20224, www.campingplatz-leuchtturm.com.

Sehenswertes

Poeler Kirche und Festungsschanzen: Die Inselkirche ist das älteste Bauwerk Poels. Vom romanischen Vorgängerbau, um 1220 begonnen, zeugt noch der massige Turm. Im 14. Jh. wurde die Kirche im gotischen Stil umgestaltet und erweitert. Bemerkenswert sind der fein geschnitzte Hauptaltar aus dem frühen 15. Jh., der die Marienkrönung darstellt. Um die Kirche sieht man die Reste der Festungsschanzen, die im 17. Jh. errichtet worden waren. Ab 1614 wurde das kleine Schloss erbaut und 1620 mitsamt Turm und wehrhafter Sternschanze fertiggestellt. Doch bereits elf Jahre später musste sich die kleine Festung dem Ansturm der Truppen Wallensteins ergeben. Zwar wurde das Schloss wieder aufgebaut, verfiel aber gegen Ende des 17. Jh. und diente schließlich nur noch als Steinbruch.

Während der Saison ganztägig geöffnet, Gottesdienst So 10 Uhr (danach Kirchenführung).

Inselmuseum Poel: In der ehemaligen Inselschule präsentiert das kleine Museum ein buntes Sammelsurium von Ausstellungsstücken rund um die Insel Poel, von einigen wenigen archäologischen Funden bis hin zu Alltagsgegenständen und Fischereigerätschaften wie Fischwaage und Aaleisen. Schautafeln informieren über die Geschichte der Insel, die Festung und die Tragödie der *Cap Arcona* (→ S. 122). Vor dem Museum befindet sich der **Poeler Findlingsgarten**, in dem Findlinge der Insel und näheren Umgebung zu sehen sind.

Mitte Mai bis Mitte Sept. Di–So 10–16 Uhr; Mitte Sept. bis Mitte Mai nur Di/Mi und Sa 10–12 Uhr. Eintritt 2,50 €, Schüler 1,25 €, mit Kurkarte 2 €/1 €. Möwenweg 4, ✆ 038425-20732.

Stove

ca. 200 Einwohner

Östlich der Insel Poel, auf dem Weg Richtung Rerik, gelangt man in sattgrüner Landschaft nach Stove. Am Eingang des kleinen Dorfs thront malerisch auf einem sanften Hügel eine 1889 erbaute **Windmühle**. Der „Holländer“ ist noch voll funktionstüchtig, mahlt noch immer Mehl wie vor 100 Jahren und kann besichtigt werden. Wenige Schritte sind es von der Mühle zu dem kleinen **Dorfmuseum**, einem Sammelsurium an landwirtschaftlichem Gerät.

Öffnungszeiten **Windmühle und Dorfmuseum**: April bis Okt. Di–So 10–16 Uhr, Juli/Aug. bis 18 Uhr, im Winter nach Voranmeldung. Mühle 2,50 €, Kinder 1,50 €; Museum 2 €, Kinder 1 €; Kombiticket für beides 3 €. Im Angebot Schmalzbrote, Kuchen und Kaffee. Mühlenstr. 34, ✆ 038427-64446 (Museum), ✆ 038427-2801 (Mühle), www.muehlenverein-stove.de.

Übernachten **Villa Seeheim**, in idyllischer Alleinlage am Wasser werden in der Villa 5 Appartements vermietet, schöner großer Garten, Kinderspielplatz, Strand; das Salzhaff hier gilt als gutes Surfrevier. Für 2–4 Pers. 80–120 € für einen Tag, jeder weitere Tag 50–80 €. Ab Stove beschildert, ca. 1 km vom Ort. Zum Breitling 58, 23974 Stove, ✆ 038292-8613, ✆ 038292-86145, www.villa-seeheim.de.

Salzhaff und Boiensdorfer Werder

Das **Salzhaff**, die tief eingeschnittene Bucht, die sich zwischen der Festlandsküste und der Halbinsel Wustrow erstreckt, hat ihren Namen vom überdurchschnittlich hohen Salzgehalt, den die Ostsee hier aufweist. Mit einer durchschnittlichen Wassertiefe von nur vier Metern gilt das Salzhaff als ideales Surfrevier für Anfänger. An seiner Küste erstrecken sich Dünen und Salzwiesen, seltene Vögel nisten hier. Auf dem **Boiensdorfer Werder**, der glühbirnenförmig in das Salzhaff ragenden Halbinsel, findet sich ländliche Idylle auf dem platten Land, mit Pferdekoppeln und Kuhweiden, Getreidefeldern und Salzwiesen.

Wassersport **Segelschule Rerik**, Haffstr. 6, ✆ 0162-2162466, www.segelschule-rerik.de.

Surfschule Rerik, An der Haffpromenade, ✆ 0173-2432501, www.surfschule-rerik.de.

Tauchschule Ostseebasis Seeblick, auch Ausrüstungsverleih und Kanuverleih. Mai bis Mitte Okt. geöffnet. Am Campingplatz Seeblick, Meschendorfer Weg 1, ✆ 038296-70551, www.ostseebasis.de.

Übernachten/Essen & Trinken

Hotel Haffidyll, am Hafen, mit Blick auf das Salzhaff. DZ 72–86 €, mit Seeblick 98 €, Suite 126 €, Frühstück inkl., auch Appartements für 2–4 Pers. (140 €). Haffstr. 13, 18230 Rerik, ✆ 038296-70456, Fax 038296-74081, www.haffidyll.de.

Campingpark Ostseebad Rerik, an der Straße Richtung Meschendorf, ruhige Lage oberhalb der Ostsee (ca. 500 m entfernt). Mit Bistro. Ganzjährig geöffnet. Pro Pers. 4,50 €, Kinder 3 €, Stellplatz Wohnwagen/-mobil 12–20 €, Zelt 6–10 €, Auto 2 €, Hund 3,50 €, Strom 3 €. Straße am Zeltplatz 8, 18230 Rerik, ✆ 038296-75720, Fax 038296-75722, www.campingpark-rerik.de.

Ostseecamp Seeblick, netter, etwas abgelegener Platz etwa 3 km nördlich von Rerik in unmittelbarer Strandnähe, wenig Schatten. Auch Bungalows/Appartements. Mit Restaurant, Imbiss, kleinem Laden, Fahrradverleih. Auf dem Gelände befindet sich eine Tauchschule, die auch Kanus verleiht (→ Wassersport). Ganzjährig geöffnet. Erw. 7,60 €, Kinder 4,70 €, Stellplatz 13,10–17,20 €, Hund 5,50 €, Appartement 69–99 €, Bungalow 87–124 €. Meschendorfer Weg 3 b, 18230 Rerik, ✆ 038296-7110, Fax 038296-78378, www.ostseecamp.de.

Sehenswertes

Pfarrkirche St. Johannes: Das sehenswerte backsteinerne Gotteshaus, das auf einem Feldsteinfundament ruht, wurde um 1270 errichtet. In Innern der gotischen Kirche dominiert eine barocke Ausstattung. Vom mittelalterlichen Inventar sind lediglich Triumphkreuz, Tauffünte und der Schrein des ehemaligen Hauptaltars erhalten. Bemerkenswert ist v. a. die ornamentreiche und fast vollständig erhaltene barocke Bemalung des Innenraums (1668). Kurios: An der Kanzel befindet sich eine Sanduhr, mittels der sich die Predigtlänge überwachen ließ.

Im Sommer tägl. 10–16.30 Uhr, im Winter eingeschränkt. Kirchenführungen Mo 10–12 Uhr sowie So 11 Uhr nach dem Gottesdienst. Turmbesteigung 1 € (Spende). ✆ 038296-78236.

Die Landenge zur Halbinsel Wustrow

Heimatmuseum: In der ehemaligen Schule Reriks ist das örtliche Museum untergebracht. Gezeigt werden Exponate zur Geschichte des kleinen Städtchens und der Gegend von der Steinzeit bis zur Gegenwart, v. a. aus der maritim geprägten Alltagskultur: Fischereigerätschaften, Knoten und natürlich Schiffsmodelle, außerdem eine Fossiliensammlung.

Mitte Mai bis Mitte Sept. Di/Mi und Fr 10–12 und 14–17 Uhr, Do 14–18 Uhr, Sa 14–17 Uhr, So 15–17 Uhr; Mitte Sept. bis Mitte Mai Di 10–12 und 14–17 Uhr, Mi 14–17 Uhr, Do 14–18 Uhr, Fr 10–12 Uhr, Sa/So 14–16 Uhr. Eintritt Erw. 2 €, erm. 1 €, Kinder (6–18 J.) 0,50 €. Dünenstr. 4, ✆ 038296-78429.

Dolmen: Mehrere Großsteingräber bezeugen die frühe Anwesenheit von Menschen in der Umgebung Reriks. Zwei Dolmen befinden sich beispielsweise an der Ausfallstraße Richtung Kröpelin (rechte Seite, auf Höhe der Bushaltestelle), andere liegen nördlich von Rerik. Ausgrabungen brachten zahlreiche Funde zutage, von denen einige im Reriker Heimatmuseum zu sehen sind. Die Kurverwaltung (→ Information) organisiert geführte Wanderungen zu den steinzeitlichen Gräbern.

Kühlungsborn

ca. 7400 Einwohner

Das größte Ostseebad in Mecklenburg erfreut sich nicht zuletzt dank seines fast sechs Kilometer langen Sandstrandes allergrößter Beliebtheit. Kühlungsborn besteht eigentlich aus zwei Orten, die durch eine elegante Strandpromenade miteinander verbunden sind.

Hier hat man die Qual der Wahl zwischen den beiden Ortsteilen Kühlungsborn West und Kühlungsborn Ost, die bis 1938 als eigenständige Orte Arendsee bzw. Brunshaupten existierten. Beide verfügen über eine autofreie Promenade, Ost zusätzlich über eine Seebrücke und einen modernen Yachthafen, West dafür über die vielleicht etwas schickere Strand-Piazza mit der einst prächtigen Villa Baltic, die aber leider schon sehr lange auf eine Renovierung wartet (wobei sich jüngste Gerüchte verdichten, dass aus der altehrwürdigen Villa demnächst tatsächlich ein Luxushotel werden soll ...). Alles in allem geht es in Kühlungsborn West noch ein wenig beschaulicher zu als im moderner wirkenden Kühlungsborn Ost. Verbunden sind beide Orte durch die über drei Kilometer lange **Ostseeallee** – die längste Strandpromenade Deutschlands – mit ihren repräsentativen Villen. Dahinter erstreckt sich der 133 Hektar große Stadtwald. An Sehenswürdigkeiten hat Kühlungsborn nicht viel zu bieten, eine **Kirche** aus dem 13. Jh., eine Holländer-Windmühle von 1870, die *Brunshöver Möhl*, und das **Molli-Museum**.

Basis-Infos

Information Touristinformation im *Haus des Gastes* (Villa Laetitia) neben dem Rathaus bei Strandzugang 11, auch Zimmervermittlung. Mo–Fr 9–18 Uhr, Sa/So 10–16 Uhr; im Winter Mo–Fr 9–16 Uhr, Sa/So 10–13 Uhr. Touristik-Service-Kühlungsborn GmbH, Ostseeallee 19, 18225 Kühlungsborn, ✆ 038293-8490, 📠 038293-84930, www.kuehlungsborn.de.

Verbindungen Mit dem **Bus 121** über Heiligendamm nach *Bad Doberan* und weiter nach *Rostock* sowie über Bastorf nach *Rerik* (Mo–Fr ca. 10-mal tägl., Sa/So 6-mal).

Zur **Schmalspurbahn Molli** → unten.

Mit dem Touristen-Bähnchen **Bäder-Express** von Ost nach West, Stationen u. a. Bahnhof Ost, Seebrücke, Rathaus; in West Balticplatz, Kunsthalle, Camping, Bahnhof West.

Baden Die *Blaue Flagge* weht seit über 15 Jahren in Kühlungsborn und in der Tat: Der Strand ist schneeweiß und feinsandig, das Wasser sauber, die Hafenanlage äußerst gepflegt. Der Strand ist fast 6 km lang und teilweise bis zu 50 m breit. FKK-Abschnitte gibt es östlich des Yachthafens (Ost) sowie in West bei der Ostseeklinik, einen Hundestrand findet man bei Aufgang 14 und 15. Vom 15. Mai bis zum 15. Sept. wird der Strand von 9.30 bis 18.30 Uhr von der DLRG bewacht.

Fahrradverleih Gibt es zahlreich in Kühlungsborn Ost und West, überall ähnliche Preise.

Kurtaxe Mai bis Sept. 2 € pro Pers., Okt. bis April 1 €, Schüler und Studenten halber Preis, Kinder und Jugendliche unter 18 J. frei.

Schmalspur 1: Molli

Schmalspur 2 → S. 211

Eine schwerfällige Attraktion schnaubt im Stundentakt von Kühlungsborn die Küste entlang nach Heiligendamm und weiter nach Bad Doberan: die Dampfzüge der Mecklenburgischen Bäderbahn, genannt „Molli". 1886 wurden die 900-Millimeter-Schmalspurgleise von Bad Doberan nach Heiligendamm verlegt. Die zunächst 6,6 Kilometer lange Strecke wurde 1910 auf 15,4 Kilometer verlängert, Zielbahnhof war damals wie heute das Seebad Arendsee, das nunmehr Kühlungsborn West heißt. Die bis heute die Last des Bahnbetriebs ziehenden Lokomotiven stammen aus dem Jahr 1932 und erreichen mit 450 PS eine Höchstgeschwindigkeit von 50 km/h. Bereits in den 1970er-Jahren wurde die Schmalspurbahn zum technischen Denkmal erklärt und weitgehend touristisch genutzt, um Strecke, Lokomotive und Waggons erhalten zu können. Nach der Privatisierung in den 1990er-Jahren ging der „touristische Ausbau" des Molli weiter. Im Bahnhof Kühlungsborn West entstand ein Museum, im Bahnhof Heiligendamm wurde das nostalgische Restaurant *Herzoglicher Wartesaal* eröffnet. Und auch in Bad Doberan bietet der Molli eine kleine Attraktion: Im Zentrum Bad Doberans nämlich schnaubt die Schmalspurbahn im Schritttempo durch die Fußgängerzone.

Unter Dampf: der Molli

Verbindungen: Von Bad Doberan via Heiligendamm nach Kühlungsborn (Ost und West) etwa im Einstundentakt (im Winter ca. alle 2 Std.), Fahrtzeit etwa 45 Min. Bei Veranstaltungen an der Bad Doberaner Rennbahn (Ostsee-Meeting, Zappanale) hält der Molli auch dort.

Preise: Kurzstrecke 2,50 €, Einzelkarte Erw. 6,50 €, (hin/zurück 12 €), Kinder (6–14 J.) 4,90 € (9 €), Familien 17,90 € (32,50 €), Fahrrad/Hund pauschal 3,20 € bzw. 3,50 €. Auch Wochenkarten (22,50 € für die gesamte Strecke).

Information: Mecklenburgische Bäderbahn Molli GmbH, Am Bahnhof, 18209 Bad Doberan, ✆ 038293-431331, www.molli-bahn.de.

Zwischen Wismar und Rostock
Karte → S. 120/121

Sport

Golf Golfresort Wittenbeck, → „Umgebung von Kühlungsborn", S. 133.

Klettern Kletterwald Kühlungsborn, im Stadtwald nahe der Touristinformation. 7 Parcours verschiedener Schwierigkeitsgrade (auch für Kinder), Biergarten nebenan. Pro Pers. 20 €, Kinder/Jugendliche 6–17 J. 15 €, jeweils für 2:30 Std.; Kinder bis 6 J. 10 € (1 Std.). Mitte März bis Ende Okt. geöffnet, im Sommer tägl. 10–19 Uhr, ansonsten nur bis 18 Uhr, außerhalb der Hochsaison Mo/Di geschlossen. Ostseeallee 25/26, ✆ 038293-417623, www.kletterwald-kuehlungsborn.de.

Wassersport Wassersport Center in Kühlungsborn West. Surf- und Segelkurse, Schnupperkurse, Sportbootführerschein (Binnen und See), Yachtcharter, Verleih von Angelbooten und Motorbooten bis 5 PS (führerscheinfrei), Hochsee-Angeltouren, Törns etc. Auch Pension *Sailer's Inn* (→ Übernachten). Ganzjährig geöffnet. Anglersteig 2, ✆ 038293-14026, 📠 038293-14027, www.wassersport-center.de.

Bootsverleih Kühlungsborn am Bootshafen Kühlungsborn Ost. Angelboote und kleine Motorboote (führerscheinfrei) für 12 € bzw. 20 € pro Std. Am Yachthafen, ✆ 0172-4210307, www.bootsverleih-ostsee.de.

Tauchbasis BALTIC in Kühlungsborn West. Mai bis Mitte Okt. tägl. 10–18 Uhr, in der Hochsaison bis 20 Uhr, im Winter nach Voranmeldung. Schnuppertauchen und diverse Kurse. Anglersteig 1, ✆ 038293-490841, www.tauchbasis-baltic.de.

Übernachten

Jede Menge 4-Sterne-Häuser an der Ostseeallee, vor allem in Kühlungsborn Ost ist die Auswahl geradezu erschlagend. Im Low-Budget-Bereich findet sich dagegen nicht allzu viel. Eine Auswahl:

Kühlungsborn West **** **Schweriner Hof**, am Eck zum Baltic-Platz, benannt übrigens nicht nach der Landeshauptstadt, sondern nach dem Gründer des Hauses, Karl Schwerin. Einladende, komfortable Zimmer in hellem Gelb, im EG Salon mit Bibliothek, Café und das gemütliche Restaurant/Weinstube *Skagen*. EZ 79–109 €, DZ 95–119 €, Dreibett-Appartement 129–169 €, Vierbett-Appartement 139–189 €, Frühstück 14 €/Pers. Ostseeallee 46, 18225 Kühlungsborn, ✆ 038293-790, 📠 038293-79410, www.schwerinerhof.de.

Sailer's Inn, hauptsächlich Gäste des zugehörigen Wassersport-Centers (→ Wassersport). Nette und gepflegte Zimmer, nur wenige Schritte zum Meer. DZ 90 €, Dreibett-Zimmer 120 €, Frühstück inkl., Hund 6 €, Parkplatz 2 €. Anglersteig 2, 18225 Kühlungsborn, ✆ 038293-14026, 📠 038293-14027, www.sailersinn.de.

Campingpark Kühlungsborn, großes Gelände in Kühlungsborn West am Strand (hier auch FKK- und Hundestrand) mit allen möglichen Freizeiteinrichtungen, Kinderanimation, großes Sportangebot, Wellness, Bistro und Supermarkt, WLAN. April bis Okt. geöffnet. Teilweise schattig. Großer Stellplatz für Wohnwagen/-mobil 18–26 €, Zeltstellplatz 8–15 €, Erw. 9,50 €, Kinder 3–12 J. 6 €, Hund 5 €. Waldstr. 1 b, 18225 Kühlungsborn, ✆ 038293-7195, 📠 038293-7192, www.topcamping.de.

Kühlungsborn Ost **** **Europa**, großer und gut geführter Hotelkomplex an der Uferpromenade, mit 2 Restaurants und Bar. 115 gepflegte Zimmer und Appartements, großer Saunabereich. EZ 120 €, DZ 99–180 €, Frühstück inkl. Ostseeallee 8, 18225 Kühlungsborn, ✆ 038293-880, 📠 038293-88444, www.europa-hotel.de.

Wilhelmine, Hotel und Appartements am Kreisel bei der Seebrücke, Terrasse davor (Café). Stilvolles Restaurant (gehobenes Preisniveau), Wellness mit Hallenbad, Sauna, Kosmetik. Gediegen-elegantes Ambiente. EZ ab 105 €, DZ ab 130 €, Frühstück inkl. App. für 2 Pers. 75–100 €, für 4 Pers. ab 110 €. Strandstr. 53, 18255 Kühlungsborn, ✆ 038293-8090, 📠 038293-80999, www.hotelwilhelmine.de.

**** **Strandperle**, über 100 Jahre alte Jugendstilvilla an der Uferpromenade. Mit Restaurant (Terrasse), zentrale Lage, 22 gediegen-komfortable Zimmer, Sauna und Whirlpool im Haus. EZ ab 70 €, DZ ab 130 €,

Frühstück inkl. Keine Hunde. Ostseeallee 4, 18225 Kühlungsborn, ✆ 038293-8790, ℻ 038293-8791, www.hotel-strandperle.de.

**** **Hotel am Strand**, 38 gediegene Zimmer (z. T. mit Balkon), Fahrradverleih. Mit Restaurant (leicht gehobenes Preisniveau, mittags und abends geöffnet). DZ 95–115 €, Appartement 120–135 €, Frühstück inkl., Hund 7 €/Tag. Ostseeallee 16, 18225 Kühlungsborn, ✆ 038293-800, ℻ 038293-80118, www.hotel-am-strand.de.

Ostsee Brauhaus Hotel, zentrale Lage, im EG das Brauhaus-Restaurant (→ Essen), darüber 12 Zimmer. EZ 80 €, DZ 95 €, Dreibett-Zimmer 120 €, Frühstück inkl. Strandstr. 41, 18225 Kühlungsborn, ✆ 038293-4060, ℻ 038293-40630, www.ostsee-brauhaus.de.

Jugendgästehaus Kühlungsborn, recht groß, insgesamt 140 Betten (in Vier- bis Sechsbett-Zimmern). Es gibt barrierefreie Zimmer/Bäder, Aufzug vorhanden. Übernachtung mit Frühstück 23,90 €, für Senioren (ab 27 J.) 28,90 €, Leihbettwäsche 5 €. Dünenstr. 4, 18255 Kühlungsborn, ✆ 038293-17270, ℻ 038293-17279, www.jgh-kuehlungsborn.de.

Zwischen Wismar und Rostock
Karte → S. 120/121

Essen & Trinken

In quasi allen Hotels sind die zugehörigen Restaurants nicht nur auf Hausgäste eingestellt, sondern oft mit einladender Terrasse zur Promenadenseite hin ausgestattet, die auch Vorübergehende zur Einkehr einlädt.

Restaurants in Kühlungsborn West

Fisch Hus, fast direkt am Strand, neben der alten DLRG-Station. Innen im Pavillon nicht allzu viele Plätze, mit Terrasse. Fisch aus eigenem Fang, hervorragender Räucherfisch. Günstig. Es gibt auch eine Verkaufstheke mit leckeren Fischbrötchen (um 3 €). Tägl. ab 9 Uhr (So ab 10 Uhr) durchgehend, Küche bis ca. 21 Uhr. Ostseeallee 50, ✆ 038293-43855.

Rossini, beliebter Italiener inmitten der etwas sterilen *Kolonnaden* (Einkaufsmeile), gute Pizza, leckere Pasta, frische Salate, preislich o. k. Mittags und abends geöffnet. Unter den Kolonnaden 2, ✆ 038293-43640.

Restaurants in Kühlungsborn Ost

Vielmeer, beliebtes Lokal am Yachthafen. Restaurant, Cocktailbar und Café in einem, mit riesiger Holzterrasse, innen modernes Lounge-Ambiente. Beliebt zum Aperitif, ab 21 Uhr oft Live-Musik. Mediterrane Küche, besonders Fisch, eher teuer. Junges und nicht mehr ganz so junges Publikum. Tägl. ab 11 Uhr (So ab 10 Uhr) bis 1 Uhr, So nur bis 23 Uhr. Am Yachthafen, ✆ 038293-41741, www.vielmeer.com.

Alte Hafenkneipe, viel gelobtes Fischlokal in der Strandstraße, ein paar Tische auch draußen. Tägl. mittags und abends geöffnet. Strandstr. 40, ✆ 038293-877270.

An der langen Strandpromenade von Kühlungsborn

Brauhaus, uriges Restaurant der Brauerei, zu den diversen Bieren – je nach Jahreszeit u. a. Helles, Weizen, Maibock, Winterbier – werden deftige Brotzeiten, Fisch und Schnitzel angeboten. Tägl. 11–22 Uhr, am Wochenende bis 24 bzw. 1 Uhr. Strandstr. 41, ✆ 038293-4060.

Cafés **Classic Conditorei & Café Röntgen**, in Kühlungsborn Ost. Köstliche Kuchen und Torten in der Vitrine, auch Mittagsgerichte, kleine Gerichte und Suppen. Mit Terrasse, mitten im Zentrum. Etwas teurer. Strandstr. 30 a, ✆ 038293-78163, www.classic-conditorei.com.

Sehenswertes

Kirche St. Johannis: Die ursprünglich spätromanische Kirche liegt etwas außerhalb an der Straße Richtung Kröpelin und geht auf das frühe 13. Jh. zurück, wurde aber um 1400 im gotischen Stil erweitert. Erst später kam der hölzerne Turm hinzu. Besonders sehenswert im Kircheninneren sind die hölzerne *Kühlungsborner Madonna* aus dem Jahr 1380 und die barocke Kanzel aus dem Jahr 1698. Die Kirchenfenster sind mit 42 barocken Glasmalereien geschmückt.

Tägl. 9–18 Uhr, im Winter bis 16 Uhr. Schlossstr. 19, ✆ 038293-17261.

Molli-Museum: Im Bahnhof Kühlungsborn West ist das Museum untergebracht. Die kleine Fundgrube für Eisenbahnnostalgiker bietet alles vom Fahrkartendrucker bis zur Schiene. Zu den Exponaten gehört auch eine alte Dampflok von 1951. Angeschlossen ist ein Museumscafé, Molli-Souvenirs gibt es am Fahrkartenschalter nebenan.

Im Sommer tägl. 10–17.30 Uhr, im Winter 9.30–16.30 Uhr. Eintritt frei. Fritz-Reuter-Str. 16, ✆ 038293-431340, www.molli-bahn.de.

Kunsthalle: Das Jugendstilgebäude aus der Zeit um 1900 liegt an der Strandpromenade von Kühlungsborn West, neben dem Hotel Schweriner Hof. Einst war hier eine Lesehalle untergebracht, heute hat der Kunstverein Kühlungsborn e. V. in der Kunsthalle seinen Sitz. Wechselnde Ausstellungen.

Di–So 12–18 Uhr, im Winter bis 17 Uhr. Eintritt variiert je nach Ausstellung (zuletzt um 3 €). Ostseeallee 48, ✆/📠 038293-7540, www.kunsthalle-kuehlungsborn.de.

Umgebung von Kühlungsborn

Bastorf: Das kleine Dorf liegt etwa vier Kilometer südwestlich von Kühlungsborn und knapp drei Kilometer vom nächsten Strand entfernt. Etwas nördlich ragt der 1878 erbaute rote *Klinker-Leuchtturm* auf dem Bastorfer Signalberg in die Landschaft. Bei gutem Wetter kann der Leuchtturm auch bestiegen werden.

Leuchtturm Im Sommer 11–17 Uhr, im Winter 11–16 Uhr geöffnet (bei schlechtem Wetter geschlossen), Erw. 2 €, Kinder 0,50 €, auch Fernglasverleih. Kostenlose Parkmöglichkeit unterhalb, von hier ca. 15 Min. zu Fuß zum Leuchtturm.

Baden **Kägsdorfer Strand**, ca. 3 km nordwestlich von Bastorf, in Kägsdorf der schmalen Asphaltstraße zum Strand folgen. Sand und große Steine, nicht sehr idyllisch, dafür aber auch nicht übermäßig besucht. Im Sommer Imbisswagen und Toiletten, Parken von Mai bis Okt. gebührenpflichtig: Auto 2 €/Tag, Kleinbus 5 €,

Wohnmobil 15 €. Leser berichten, dass das Übernachten hier am Parkplatz neuerdings untersagt ist!

Einen schöneren, weitläufigen Naturstrand findet man bei den **Arendseer Dünen** (Fahrradweg von Kühlungsborn West über die Waldstraße in westliche Richtung), westlich davon liegt das *Naturschutzgebiet Riedensee*. Kostenloser Parkplatz etwas oberhalb an der Straße.

Übernachten/Essen **Gutshof Bastorf**, auf dem sorgsam restaurierten Hof ist für jeden etwas geboten – vom Streichelzoo über Beauty-, Wellness- und Massagebereich, Heilpraxis, Sportprogramm, Sauna und Hofladen (tägl. 10–18 Uhr, Nov. bis März nur bis 17 Uhr). Im Restaurant gibt es Bioprodukte aus der Region zu moderaten Preisen, viel Vegetarisches, aber auch gute Fischgerichte. Gemütlicher Wintergarten, im Sommer Terrasse. Ferienwohnung für 2–8 Pers. 75–150 €, Ferienhaus 190 €, Frühstück 9 €, Halbpension 27 €. Im Ort an der Durchgangsstraße. Kühlungsborner Str. 1, 18230 Bastorf, ✆ 038293-6450, 038293-64555, www.gutshof-bastorf.de. ■

Pension Schmelzer, im Zentrum des ruhigen Gutsdorfes Kägsdorf, davor ein netter, schattiger Kinderspielplatz, dahinter ein großer Garten mit Strandkörben, Tischen, Bänken und Grill. Die Zimmer bzw. Appartements sind zweckmäßig eingerichtet – Fliesenböden, helles Holz, Küchenzeile, zwei davon mit Balkon. Appartement für 2 Pers. 59–64 €, für Familien (max. 4 Pers.) 75–80 €, Frühstück 7 € (Kinder 3,50 €). 1,2 km vom Kägsdorfer Strand. Mitte März bis Anfang Nov. und über Weihnachten/Neujahr geöffnet. Zum Strande 6, 18230 Kägsdorf, ✆ 038293-14902, 038293-410252, www.pensionschmelzer.de.

Zwischen Wismar und Rostock
Karte → S. 120/121

Wittenbeck: Auf halber Strecke zwischen Kühlungsborn und Heiligendamm befindet sich der Golfplatz. Der Ort Wittenbeck expandierte in den letzten Jahren enorm, in dem einst so verschlafenen Dorf inmitten schöner Natur schießen die schicken Ferienhäuser wie Pilze aus dem Boden. Kein Wunder bei der Lage: Südlich an den Golfplatz grenzt das Waldgebiet Kühlung, zur Ostsee ist es nur ein Katzensprung.

Golf **Ostsee Golf Resort Wittenbeck**, südlich vom Ort, in Wittenbeck ausgeschildert. Greenfee 9 Loch 35 €, 18 Loch 60 €, Platzreifekurs 440 €. Zum Belvedere, 18209 Wittenbeck, ✆ 038293-410090, 038293-4100911, www.golf-resort-wittenbeck.de.

Übernachten **Gut Klein-Bollhagen**, wunderschön restaurierter Gutshof im winzigen Nachbarort von Wittenbeck. 7 Ferienhäuser, alle mit Terrasse, geschmackvoll und edel ausgestattet, Wellnessbereich mit Dampfbad, Sauna, Massage und Whirlpool. Haus für 2 Pers. 170 €, für 4–6 Pers. 195–205 € pro Tag. Hunde willkommen. Fulgenweg 3, 18209 Klein-Bollhagen, ✆ 040-41352086, 040-41354333, www.landleben-am-meer.de.

Weide mit Weitblick (bei Bastorf)

Stimmige Kulisse für einen Mittelaltermarkt: das Kloster

Bad Doberan

ca. 11.500 Einwohner

Zu Recht gerühmt wird Bad Doberan wegen seines bedeutenden Münsters und dessen kostbarer Ausstattung. Die kleine Stadt am Rande der ehemaligen Klosteranlage gerät aufgrund der enormen Strahlkraft des Gotteshauses ein wenig in dessen Schatten, verfügt aber über einen ganz eigenen Charme.

Wer angesichts des berühmten gotischen Bauwerks auch ein mittelalterliches Städtchen erwartet, wird überrascht sein. Es gibt nahe dem Klostergelände zwar eine sehenswerte Altstadt, allerdings eine durch und durch klassizistische. Begründet liegt dieser eigenwillige Stilmix in einer nicht minder eigenwilligen Geschichte. Am Anfang stand das **Kloster**, neben dem sich ein kleines Dorf entwickelte. Nachdem mit der Einführung der Reformation in Mecklenburg 1552 das Kloster geschlossen wurde, wurde es still um Doberan. Betriebsamkeit kehrte lediglich anlässlich adeliger Todesfälle ein, da die Fürsten von Mecklenburg Doberans Münster zu ihrer Begräbnisstätte gewählt hatten. 1793 war es schlagartig aus mit der ländlichen Ruhe, als Herzog *Friedrich Franz I.* Doberan zu seiner Sommerresidenz machte. Da sein Arzt geraten hatte, einer neuen Mode zu folgen, nach der das Bad im Meer der Gesundheit förderlich sei, ließ Friedrich Franz das erste deutsche Seebad Doberan-Heiligendamm gründen. In Doberan entstanden rund um eine ehemalige Kuhweide, die zu einem Park samt Pavillons umgestaltet wurde und fortan *Kamp* heißen sollte, prächtige klassizistische Bauwerke. Ab 1886 verband eine **Schmalspurbahn** das prachtvolle gesellschaftliche Zentrum Doberan mit dem Strand von Heiligendamm. Bis heute schnauben die Züge, genannt der „Molli", durch das Zentrum und die Fußgängerzone Doberans, das 1921 den Namenszusatz „Bad" erhielt.

Für wenige Tage im Sommer weht ein Hauch von Ascot über die stille mecklenburgische Landschaft: Dann findet auf der traditionsreichen **Galopprennbahn** das alljährliche **Ostsee-Meeting** statt. Bereits 1822 wurden auf dem Geläuf Pferderennen veranstaltet, wodurch sich Bad Doberan nicht nur mit dem ältesten Seebad zieren kann, sondern auch mit der ältesten Galopprennbahn Deutschlands. Nach langer Pause werden seit 1993 wieder Rennen veranstaltet.

Basis-Infos

Information **Tourist-Information Bad Doberan**, auch Zimmervermittlung, Kartenvorverkauf und Stadtführungen. Geöffnet Mitte Mai bis Mitte Sept. Mo–Fr 9–18 Uhr, Sa 10–15 Uhr, So geschlossen; Rest des Jahres Mo–Fr 10–16 Uhr (Do bis 18 Uhr), Sa/So geschlossen. Severinstr. 6, 18209 Bad Doberan, ✆ 038203-62154, 📠 038203-77050, www.bad-doberan.de.

Stadtführungen: immer Di und Sa um 11 Uhr (Treffpunkt Tourist-Information; 3,50 €, erm. 3 €); Mai bis Okt. immer Do um 11 Uhr kombinierte Münster- und Stadtführungen (Treffpunkt Münster; 4 €, Kind 6–18 J. 2 €); von Juni bis Sept. immer freitags 11 Uhr geführte Radtouren ab Münster (ca. 3 Std., 6 €/Pers., erm. 5 €, Kind 3 €, Fahrradverleih unter ✆ 038203-12738).

Verbindungen Mit dem **Regionalexpress** etwa ständl. nach Wismar und nach Rostock.

Zur **Schmalspurbahn Molli** → S. 129.

Der **Bus 119** verbindet Bad Doberan mit Warnemünde (via Nienhagen), Mo–Fr etwa 12-mal, Sa/So 5-mal. Mit der **Linie 121** gelangt man über Heiligendamm (Parkplatz) nach Kühlungsborn und weiter nach Rerik, Mo–Fr ca. 10-mal, Sa/So 6-mal.

Kurtaxe Mai bis Sept. 2 €, Okt. bis April 1 €, erm. 1 € bzw. 0,75 €, Kinder unter 16 J. frei.

Veranstaltungen **Ostsee-Meeting** auf der Bad Doberaner Galopprennbahn, 4 Tage im Sommer (meist Mitte August). Am Stadtrand an der Straße nach Heiligendamm, mit Molli-Haltestelle (nur bei Veranstaltungen). Genaue Termine bei der Tourist-Information, hier auch Kartenvorverkauf. Eintritt 7 €, Tribüne 11 €. Infos unter www.doberaner-renntage.de.

Zappanale, das große Musik-Festival zu Ehren von Frank Zappa mit zahlreichen Coverbands findet ebenfalls im Sommer (Juli oder August) auf der Galopprennbahn bei Bad Doberan statt. Auch während der Zappanale hält der Molli an der Rennbahn. Tagesticket 69 €, erm. 35–55 €, bis 15 J. frei, Vorverkauf in der Tourist-Information, Infos unter www.zappanale.de.

Zwischen Wismar und Rostock
Karte → S. 120/121

Übernachten/Essen & Trinken

»› Unser Tipp: **** **Hotel Prinzenpalais**, zweifellos das erste Haus am Platz. Man residiert in einer repräsentativen Herberge am Alexandrinenplatz. Das 1831 von Severin errichtete Palais wurde jüngst wieder eröffnet und verfügt über 30 sehr schöne Zimmer/Suiten sowie das gehobene Restaurant *Orangerie* (Hauptgerichte 15–20 €). Freundlicher Service. EZ ab 79 €, DZ ab 99 €, Juniorsuite ab 129 €, Frühstück inkl., Hund 15 €. Alexandrinenplatz 8, 18209 Bad Doberan, ✆ 038203-73160, 📠 038203-731666, www.prinzen-palais.de. ‹«

»› Lesertipp: **Hotel Villa Sommer**, Leser haben den Aufenthalt in der renovierten Jugendstilvilla sehr genossen. Obgleich nur unweit vom Molli-Bahnhof gelegen, sei das Hotel angenehm ruhig. Individuell eingerichtete Zimmer. Auch Café. EZ ab 60 €, DZ ab 85 €, Frühstück inkl. Friedrich-Franz-Str. 23, 18209 Bad Doberan, ✆ 038203-73430, 📠 038203-734329, www.hotel-villa-sommer.de. ‹«

Zum weißen Schwan, gehobenes, sympathisches Restaurant am Marktplatz, stilvolles Ambiente, auch draußen ein paar Tische, feine Küche zu angemessenen Preisen (3- bis 6-Gänge-Menü 35–65 €, mittags günstiger). Im Sommer tägl. 12–14 und 18–22 Uhr geöffnet, Okt. bis Dez. und März/April Di–So ab 18 Uhr, Mo Ruhetag. Am Markt 9, ✆ 038203-77820, www.zumweissenschwan.de.

Café Zikke Wein & Bar, etwas zurückgesetzt vom eigentlichen Alexandrinenplatz liegt dieses nette Café im Alexandrinenhof, idyllische Hinterhofatmosphäre, im Sommer auch draußen ausreichend Plätze, ansonsten kann es drinnen schon mal recht voll werden. Bistro-Atmosphäre, sehr gute Küche (wechselnde Tageskarte), hausgemachter Kuchen, sehr freundlicher Service. Tägl. 11–23 Uhr geöffnet. Alexandrinenplatz 2, ✆ 038203-649470.

Café-Restaurant Weißer Pavillon, in einem der beiden Pavillons auf dem Kamp (→ „Sehenswertes"), mit überdachter Terrasse. Fleisch- und Fischgerichte, aber auch Salate und Vegetarisches. Mittleres Preisniveau. Tägl. 11–21 Uhr geöffnet, nachmittags Kaffee und Kuchen. Auf dem Kamp, ✆ 038203-62326.

Außerhalb **Fischereihof Detlefsen**, südöstlich von Bad Doberan liegen im Hütter Wohld die ehemaligen Fischteiche des Zisterzienserklosters, die auch heute noch zur Fischzucht genutzt werden. Von Bad Doberan auf der B 105 Richtung Rostock, dann rechts ab Richtung Bartenshagen/Parkentin, insgesamt ca. 8 km von Bad Doberan. Feines, mehrfach ausgezeichnetes Restaurant, saisonale Speisen rund um den fangfrischen (Süßwasser-)Fisch. Stilvolles Ambiente. 12–21 Uhr warme Küche, Mo Ruhetag, im Winter besser vorher anrufen. Sehr beliebt, Reservierung ist ratsam. Angeschlossen ist auch ein kleiner Fischladen (9–18 Uhr, Mo geschlossen, im Winter eingeschränkt). Am Hütter Wohld 5, 18209 Hütten, ✆ 038203-12244, www.fischereihof.de. ■

Sehenswertes

Münster und ehemalige Klosteranlage: Das Münster zählt zu den bedeutendsten gotischen Bauwerken in Mecklenburg-Vorpommern. Der augenfälligste Unterschied zu den Kirchen der Hansestädte ist das Fehlen einer Turmanlage. Stattdessen steht über der Vierung ein Dachreiter mit hoch aufragender Spitzhaube. Dies und die elegante Außenfassade, die sich mit Ausnahme von Blendrosetten in den Giebeln der Querschiffe und der Westfassade kaum Verzierung erlaubt, lassen die Kirche als Bauwerk der Zisterzienser erkennen, denen eigentlich jeder Zierrat zuwider war. Eigentlich – denn im Innern zeigt sich das Münster ungemein kunstvoll gestaltet. Aber bereits in ihren Ausmaßen ist es für eine Klosterkirche, zumal des Zisterzienserordens, ungewöhnlich groß ausgefallen. In seiner Anlage ist das Münster von Bad Doberan eine dreischiffige Basilika von 79 Metern Länge. Die eleganten Querschiffe geben dem Grundriss die Form eines Kreuzes. Gleichmäßig legen sich fünf Kapellen zu einem Kranz um den Chorumgang. 1368 war das Münster vollendet und präsentierte sich dank der strengen Ausführung der architektonischen Vorgaben der Zeit geradezu modellhaft als eines der herausragenden Beispiele Norddeutscher Backsteingotik, wenn auch der Turm fehlte. Nicht zuletzt aber verdankt das Gotteshaus seine Bedeutung der außergewöhnlichen, weitgehend mittelalterlichen Ausstattung. Beeindruckend ist zunächst die Raumwirkung im lichtdurchfluteten Inneren der Kirche. Dank der aufwendigen Restaurierung zwischen 1964 und 1984 ist u. a. die ursprüngliche Farbgebung wieder sichtbar gemacht worden. Zu den herausragenden Stücken der Ausstattung gehören der kostbare Hochaltar, der um 1310 entstanden war (um die unterste Reihe Mitte des 14. Jh. erweitert) und damit eines der ältesten Beispiele eines Flügelaltars darstellt, daneben der schlanke Sakramentsturm, der um 1360 aus Eichenholz kunstvoll geschnitzt wurde, und gegenüber der ebenfalls um 1360 fertiggestellte doppelseitige Kreuzaltar mit dem monumentalen Triumphkreuz. Bemerkenswert sind auch die fast vollständig erhaltenen mittelalterlichen Mönchsgestühle mit kunstvoll geschnitzten Seitenwänden.

Dass das Doberaner Münster in derart gutem Zustand erhalten ist, hat verschiedene Ursachen. Sicherlich bewahrte die abgeschiedene Lage die Kirche vor Schaden – beispielsweise vor Bilderstürmerei oder vor den Bombennächten des Zweiten Weltkriegs. Als Grablege der mecklenburgischen Fürsten wurde das Gotteshaus auch zu keiner Zeit dem Verfall überlassen. Mit dem Aufstieg Doberans zur Sommerresidenz der mecklenburgischen Fürsten wurde das ehemalige Klostergelände schließlich Ende des 18. Jh. zu einem englischen Landschaftsgarten umgestaltet.

Die Außenanlage ist noch immer ein anmutiger Landschaftspark, umgeben von der alten (1963 restaurierten), 1,5 Kilometer langen Klostermauer. Vor der Westfassade erstreckt sich ein idyllischer Teich. Am Südschiff findet sich ein Stück des ehemaligen Kreuzgangs. Auf der anderen Seite der Kirche erhebt sich das frühgotische Beinhaus. Etwas abseits liegt die malerische Ruine einer Scheune, die „Wolfsscheune". Und schließlich findet sich südlich des Münsters noch die Ruine des Wirtschaftsgebäudes, das Kornhaus, und dahinter der gepflegte Klostergarten sowie ein Spielplatz samt Picknickbänken.

Münster: Mai bis Sept. tägl. 9–18 Uhr, März/April und Okt. 10–17 Uhr, Nov. bis Febr. 10–16 Uhr, So jeweils erst ab 11 Uhr, Gottesdienst So 9.30 Uhr. Eintritt Erw. 2 € (inkl. Führung 3 €), erm. 1,50 € (2,50 €), Schüler 0,50 € (1 €), Familien 4 € (6,50 €). Tägl. Münsterführungen (11 Uhr, im Sommer auch 14 Uhr) sowie diverse Sonderführungen. Anmeldung für Führungen unter ✆ 038203-62716, www.muenster-doberan.de.

Zwischen Wismar und Rostock
Karte → S. 120/121

Am Kamp: Die klassizistischen Gebäude im Zentrum Bad Doberans gruppieren sich vor allem um den kleinen Park namens Kamp. Die prächtigsten Gebäude liegen an der Ostseite des Parks entlang der August-Bebel-Straße. Den Anfang macht die Sommerresidenz Friedrich Franz' I., das Großherzogliche Palais (errichtet ab 1806) zum ehemaligen Klostergelände hin, daneben das Salongebäude (1802) und das Logierhaus (1796). Im Park selbst befinden sich die beiden Pavillons, der Rote (1808/1809), ehemals als Ausschank errichtet, und der Weiße (1810), ursprünglich ein Musiksaal, in dem sich heute ein Café/Restaurant befindet. Schöpfer dieses klassizistischen Ensembles (mit Ausnahme des Logierhauses) war der Baumeister *Carl Theodor Severin*, der ab 1802 in Bad Doberan wirkte und in dem von ihm entworfenen Haus am Alexandrinenplatz von 1823 bis zu seinem Tod 1836 lebte.

Einer der großen Musiker unserer Zeit: Frank Zappa

Stadt- und Bädermuseum Möckelhaus: In dem neugotischen Gebäude (erbaut 1886–1888) ist das Bad Doberaner Museum untergebracht. Die Exponate verweisen natürlich vor allem auf die Badekultur, beispielsweise in Form diverser Strandmoden. Weitere Bereiche informieren über die Frühgeschichte der Gegend, das Mittelalter und den Bau des Zisterzienserklosters mit seinem prächtigen Münster. Nicht zuletzt aber ist das Gebäude selbst samt hübschem Garten einen Besuch wert.

Mitte Mai bis Mitte Sept. Di–Fr 10–12 und 13–17 Uhr, Sa/So 12–17 Uhr, Mo geschlossen; im Winter nur bis 16 Uhr und So/Mo geschlossen. Eintritt 3 €, erm. 2 €, Familien 6 €. Beethovenstr. 8, ✆ 038203-62026, www.stadtmuseum.moeckelhaus.de.

Frohsinn erwartet dich hier ...

Heiligendamm

ca. 300 Einwohner

Noblesse oblige: Deutschlands ältestes Seebad erstrahlt wieder in altem Glanz. Blendend weiß, würdevoll chic – und kaum bezahlbar.

Eine prachtvolle Allee führt von Bad Doberan zum Ableger an der Ostsee, der als „Weiße Stadt am Meer" in die deutsche Bädergeschichte einging. Und in der Tat – das neoklassizistische Gebäudeensemble sucht in Deutschland seinesgleichen.

Das älteste deutsche Seebad hat seine Existenz dem Kur- und Badearzt Prof. Dr. Samuel Gottlieb Vogel zu verdanken. Er verordnete dem damaligen mecklenburgischen Herzog *Friedrich Franz I.* ein heilendes Bad hier am „Heiligen Damm" in der Ostsee. 1793 ließ der Herzog die ersten Badehäuser bauen, 1816 entstand unter dem Baumeister *Carl Theodor Severin* das klassizistische Kurhaus mit seinem 250 Quadratmeter großen Ballsaal, es folgten nach und nach weitere Prachtbauten, später dann unter der Leitung von *Georg Adolph Demmler*. Bis in die 1930er-Jahre hinein gaben sich die Prominenten und Mächtigen in Heiligendamm ein Stelldichein, Rilke und Proust, aber auch Hitler und Mussolini. Nach dem Zweiten Weltkrieg wurde der Ort als staatliches Sanatorium genutzt, viele der Prachtbauten verfielen. 1996 kaufte die Kölner Fundus-Gruppe hier ein Areal von insgesamt rund 400 Hektar und begann mit der umfangreichen Sanierung. Im Frühjahr 2003 wurde das Fünf-Sterne-Haus *Kempinski Grand Hotel Heiligendamm* feierlich eröffnet. Die Pläne der Fundus-Gruppe waren nicht unumstritten, gehörte doch zur „Sanierung" der Abriss der *Perle*, eines der Logierhäuser, im Januar 2007. Auch das Wegerecht wurde stark eingeschränkt, da sich die Hotelgäste über die Anwesenheit der zahlreichen Neugierigen beschwert haben sollen.

Die ganze Welt blickte im Juni 2007 auf Heiligendamm, als im Zuge des G 8-Gipfels die Staatschefs im Grand Hotel residierten. Anfang 2009 geriet Heiligendamm wieder in die Schlagzeilen: Kempinski kündigte den Vertrag mit der Fundus-Gruppe, die Trennung der ehemaligen Partner geriet zu einem medialen Rosenkrieg. Im Sommer 2013 übernahm ein Privatinvestor aus Hannover das 2012 in die Insolvenz gegangene Grand Hotel.

Abseits der klassizistischen Hotelgebäude zeigt sich Heiligendamm ein wenig vernachlässigt. Es ist umgeben von viel Wald, der Strand zählt nur zu den durchschnittlicheren in der Gegend – etwas steinig und auch nicht allzu breit. Mit der Sanierung der Logierhäuser wurde 2010 begonnen, geplant und zum Teil auch schon entstanden sind hier exklusive Eigentumswohnungen. Außerhalb des Hotelkomplexes gibt es ein Restaurant und zwei Cafés, am Ortsrand befindet sich eine Rehaklinik.

Information Eine Touristinformation gibt es nicht, allerdings kann man am Schalter des Molli-Bahnhofs Auskünfte erfragen. Kühlungsborner Str. 4, ✆ 038203-4150, www.heiligendamm.de.

Verbindungen Zur **Schmalspurbahn Molli** → S. 129.

Der **Bus 121** fährt über Bad Doberan und Kühlungsborn weiter nach *Rerik* (Mo–Fr ca. 10-mal, Sa/So 6-mal).

Kurtaxe In der Hochsaison 2 €, erm. 1 €, ansonsten 1 €, erm. 0,75 €.

Parken z. B. gegenüber dem Café im Alten Golfhaus (gebührenpflichtig 9–18 Uhr, 0,50 €/Std.).

Wassersport **Kite- und Surfschule Heiligendamm**, am Strand östlich des Grand Hotels. ✆ 0162-3633658, www.kiteschule-heiligendamm.de.

Übernachten ***** **Grand Hotel**, Heiligendamm besteht heute in weiten Teilen aus diesem Luxushotel. Verschiedene Bars und Restaurants, darunter das Gourmet-Restaurant *Friedrich Franz*, in dessen Küche Sternekoch Ronny Siewert wirkt (mit 18 Punkten im Gault Millau 2014). Schwimmbad, Saunen, Dampfbad, Fitness, Luxus-Spa usw. EZ ab 260 €, DZ ab 290 €, Frühstück inkl. Prof.-Dr.-Vogel-Straße 6, 18209 Bad Doberan-Heiligendamm, ✆ 038203-7400, 📠 038203-7407474, www.hotelheiligendamm.de.

Essen & Trinken **Jagdhaus Heiligendamm**, vielfach gelobtes Restaurant, dem Gault Millau war die junge Küche stattliche 15 Punkte wert. Viel Wild wie auch Fisch aus heimischen Gewässern. Hauptgerichte 19,50–27,50 €. Tägl. ab 12 Uhr geöffnet, Mi Ruhetag. Im Winter ab 17 Uhr, Sa/So auch mittags, Di/Mi geschlossen. Seedeichstr. 18b, ✆ 038203-735775, www.jagdhaus-heiligendamm.de.

Café/Restaurant Herzoglicher Wartesaal, im Bahnhof Heiligendamm, stilvolles Ambiente aus alter Zeit, wechselnde Tagesgerichte, Hauptgerichte um 14 €. Tägl. 11–22 Uhr, im Winter abends kürzer. Kühlungsborner Str. 4, ✆ 038203-773700, www.herzoglicher-wartesaal.de.

Der Nienhäger Gespensterwald

Die Küste zwischen Heiligendamm und Warnemünde

Östlich von Heiligendamm verläuft ein Weg am Ufer Richtung Börgerende und Nienhagen. Hier kann man auf dem „Heiligen Damm" (rad-)wandern – oder parken (gebührenpflichtig, versteht sich) – und an den langen Strand gehen. **Börgerende** ist ein unspektakuläres Straßendorf mit ein wenig touristischer Infrastruktur; beim benachbarten **Nienhagen** lohnt ein Spaziergang oberhalb der Steilküste durch den *Nienhäger Gespensterwald* (Naturschutzgebiet) mit seinen bizarr anmutenden Bäumen. Davor erstreckt sich der Sandstrand.

Rostocks Brunnen der Lebensfreude

Rostock

knapp 203.000 Einwohner (inkl. Warnemünde)

Die „Leuchte des Nordens" präsentiert sich als quirlige, kontrastreiche Ostseemetropole: Die Innenstadt zeigt ebenso hanseatische Geschäftigkeit wie backsteingotische Würde und die Universität, die älteste Nordeuropas, sorgt für das junge Antlitz Rostocks.

Lebensader der alten Hansestadt ist heute die Fußgängerzone, die von Rathaus und Marienkirche zum Universitätsplatz und dem ehemaligen Kloster bzw. dem Kröpeliner Tor führt. Im Zentrum der Altstadt erhebt sich nahe dem weitläufigen Markt und dem eigenwilligen **Rathaus** die **Marienkirche**, ein grandioses, somit unbedingt besichtigenswertes Beispiel der Norddeutschen Backsteingotik. Ein interessantes Gebäudeensemble befindet sich am **Universitätsplatz**, das sich u. a. aus dem barocken Herzoglichen Palais, der klassizistischen Wache und dem den Platz dominierenden Hauptgebäude der Universität zusammensetzt. Schräg hinter Letzterem erstreckt sich das ehemalige **Kloster Zum Heiligen Kreuz**, heute eine kleine, fast dörflich anmutende Idylle mitsamt sehenswertem Museum im Klostergebäude und einer hübschen Kirche. Schließlich gelangt man am westlichen Ende der Innenstadt an das **Kröpeliner Tor** (um 1270 begonnen und im 14. Jh. auf die heutige Höhe von 54 Metern erweitert). Von den ehemals 22 Stadttoren stehen außer dem Kröpeliner Tor noch drei weitere: das wuchtige **Steintor** mit dem spitzen Helm (16. Jh.), an dessen Innenseite auf Lateinisch der fromme Wunsch zu lesen ist, es mögen Eintracht und allgemeines Wohlergehen herrschen; nahebei das gedrungene **Kuhtor** (um 1260, und damit eines der ältesten Stadttore Norddeutschlands) und schließlich zum Hafen hin das klassizistisch umgeformte **Mönchentor**. Die Stadttore sind Überreste der mittelalterlichen Befestigungsanlage. Erhalten sind auch Abschnitte der bis zu sieben Meter hohen Stadtmauern, die ab 1270 Rostock umgaben. Entlang des südwestlichen Abschnitts erstreckt sich ein von alten Bäumen bestandener Park, der zum Steintor hin in den Rosengarten übergeht.

Vor dem Kröpeliner Tor entfaltet sich ein kleiner studentischer Gegenentwurf zur touristischen Ostseeküstenromantik. Um den Doberaner Platz liegt die **Kröpeliner-Tor-Vorstadt**, von formulierungsmüden Jungakademikern kurz die KTV genannt: Kopierbuden und Handyshops, internationale Restaurants, hippe Bars und Lounges.

Dagegen präsentiert sich der Stadtteil, der sich im Rücken des Rathauses erstreckt, die östliche Altstadt, ruhig und geradezu kleinstädtisch. Schmale Gassen ziehen sich leicht bergauf an hübschen, niedrigen Häusern entlang. Hier steht die Kirche St. Petri am weitläufigen und oft leeren Alten Markt. Hinter dem Rathaus zeugen ein paar sehenswerte gotische Giebelhäuser von hanseatischem Bürgerstolz: so vor allem das **Kerkhoff-Haus** (Hinter dem Rathaus 5), das 1470 entstanden ist und heute Stadtarchiv und Standesamt beheimatet, oder auch das **Krahnstöver-Haus** (Große Wasserstraße 30) mit seinen zinnengekrönten Giebeln.

Vom **Hafen** hingegen sollte man nicht allzu viel erwarten. Sehenswerte Bauten finden sich fast nicht. Vor allem aber führt die B 105 direkt am Hafen entlang. Am westlichen Teil des Hafens befinden sich das Theater am Stadthafen, etwas weiter ein paar Bars sowie die Basen von Surf- und Tauchschulen.

Stadtgeschichte

Erste historisch gesicherte Erwähnung fand Rostock anlässlich seiner Zerstörung. Kein Geringerer als *Saxo Grammaticus,* der berühmte dänische Geschichtsschreiber, berichtet davon, dass die Dänen im Jahr 1161 eine slawische Burg namens *roztoc* niederbrannten. Bald aber begann der Wiederaufbau unter Mithilfe zugezogener niederdeutscher Neusiedler und es wuchs um die St. Petrikirche eine Ortschaft, die 1218 das Lübische Stadtrecht erhielt. Der rasante Aufstieg der Stadt begann nach dem Zusammenschluss der Altstadt mit den nahe gelegenen Siedlungen: zunächst mit der Mittelstadt um St. Marien, dann der Neustadt um St. Jakobi, der dritten großen Stadtkirche, die aber im Zweiten Weltkrieg zerstört und nicht wieder aufgebaut wurde.

Rostocks Entwicklung ist untrennbar mit den Geschicken der Hanse verknüpft. Zum Schutz ihrer Handelsfahrer gingen 1260 Lübeck, Wismar und Rostock ein Bündnis ein, das Kern und Motor des bald machtvollen Handelsverbands war. Rostocks Kaufleute waren dabei auf den Handel nach Skandinavien ausgerichtet. Die hanseatische Blüte fand einen nachhaltigen Ausdruck in der Gründung der Universität, die 1419 von Papst Martin V. gestattet wurde. Die *alma mater rostochienses* war die erste Universität in Nordeuropa und wurde *das* Bildungszentrum der Hanse im gesamten Ostseeraum.

Mit dem Niedergang der Hanse verblühte auch die Pracht Rostocks. Nahezu ruiniert im Dreißigjährigen Krieg, vernichtete ein schwerer Stadtbrand 1677 weite Teile der Stadt. Erst Mitte des 19. Jh. ging ein neuer wirtschaftlicher Schub durch die Stadt, ausgelöst durch die Industrialisierung. Auf einer ansässigen Werft wurden moderne Dampfschiffe gebaut und bald war Rostock der Heimathafen der größten Dampferflotte der Ostsee. Zu den Schiffsbauern gesellte sich ab 1925 noch die junge Flugzeugindustrie. Unter den Nationalsozialisten wurde Rostock dann ein wichtiger Standort der Rüstungsindustrie. Das wiederum machte die Stadt an der Warnow zu einem bevorzugten Ziel alliierter Bomber, die Rostock in Schutt und Asche legten – zu Kriegsende war fast die Hälfte der Stadt zerstört.

Der Wiederaufbau ging vergleichsweise zügig voran, Rostock war der wichtigste Hafen der DDR. Die großen Werften und der Hochseehafen waren die wirtschaftlichen Motoren Rostocks, das 1952 Hauptstadt des nördlichsten Bezirks der DDR wurde. 1990 verlor die Stadt zwar im neu geschaffenen Bundesland Mecklenburg-Vorpommern den Status der Landeshauptstadt an Schwerin, aber Rostock knüpfte an eine alte Tradition an und nennt sich seither wieder Hansestadt.

Rostocks Brunnen, Reliefs und Skulpturen

Zwar gibt es kaum einen Ort in Europa, der nicht sein kleines Monument hätte, und sei es ein Gefallenendenkmal, in Rostock aber sind die Reliefs, Brunnenfiguren und Plastiken nicht nur in bemerkenswerter Häufigkeit anzutreffen (knapp 300 sollen es sein), es ranken sich auch teils kuriose Geschichten um die Kunstwerke. Die wohl berühmteste Plastik Rostocks ist die bronzene *Schlange*, die sich um eine Säule des Rathauses windet. Es heißt, dass sich hier bereits nach der Fertigstellung der Rathausvorhalle ein bronzenes Reptil schlängelte. Ihre Bedeutung ist bis heute rätselhaft. Soll sie Weisheit symbolisieren oder doppelzüngige Stadtpolitik? Schlängelt sie sich aus dem gleichen Grund, aus dem die Lübecker Maus in der dortigen Marienkirche nagt: Um wandernden Gesellen als verborgenes Wahrzeichen zu dienen, damit diese beweisen konnten, dass sie tatsächlich in der Stadt gewesen waren? Oder handelt es sich bei der Schlange in Wirklichkeit um einen Aal, den eine schwere Flut zum Rathaus trug? Die heutige Bronzeschlange Rostocks stammt aus dem Jahr 1998.

Zu den älteren Statuen zählt das Denkmal des wohl berühmtesten Sohnes der Stadt: *Gebhard Leberecht von Blücher*, geboren 1742 in Rostock, preußischer Generalfeldmarschall und mit Wellington gefeierter Sieger über Napoleon bei Waterloo. Die Statue zeigt den „Marschall Vorwärts“ nicht in Uniform, sondern in den Gewändern eines antiken Helden, wenngleich er in den Händen Marschallstab und Degen hält. 1819 wurde die von Johann Friedrich Schadow geschaffene Bronzestatue auf dem Universitätsplatz aufgestellt.

Ebenfalls auf dem Universitätsplatz befindet sich der ausdrucksstarke *Brunnen der Lebensfreude* von Reinhard Dietrich und Jo Jastram, die sich auch mit diversen anderen Skulpturen im Stadtbild Rostocks verewigt haben. Mehrere Gruppen aus überlebensgroßen Menschen und Tieren vergnügen sich im Wasserspiel: eine suhlende Wildsau, badende Pärchen, balgende Hunde, Vater und Sohn tanzen im lockeren Kreis um die zentrale Familie. Der Volksmund nennt den 1980 eingeweihten Brunnen der Lebensfreude aufgrund der Nacktheit, die Badenden nun mal zueigen ist, auch „Pornobrunnen“ – etwas schnodderig respektlos vielleicht, keineswegs aber verächtlich. Denn die Rostocker lieben ihren Brunnen, hier wie an kaum einem anderen Platz schlägt das Herz der Stadt.

Eine weitere Berühmtheit ist an der Straße namens Glatter Aal zu sehen: Hier hängt ein von Reinhard Buch 1996 gestaltetes Porträtrelief des berühmten dänischen Astronomen *Tycho Brahe* mitsamt Planeten im Hintergrund, Arbeitsinstrumenten, dickem Bauch und – goldener Nase. Letztere ist keineswegs sprichwörtlich gemeint: Brahe hatte Mitte des 16. Jh. in Rostock studiert und nicht nur ein Duell, sondern dabei auch die Nase verloren, sodass er fortan eine goldene Prothese tragen musste. Zu unseren Lieblingsfiguren zählt die *Afrikanische Bergziege* (Gerhard Rommel, 1979). Sie steht neben der Marienkirche und wirft einen skeptischen Blick über den Ziegenmarkt. Eine der formschönsten Statuen schließlich ist die Bronzeplastik *Die Trinkende* (Viktor H. Seifert, 1922), eine elegante Brunnenfigur im Rosengarten.

Rostocks Skulpturenreichtum strahlt bis Warnemünde. Zwei seien abschließend genannt: Zentral bei Leuchtturm und Teepott steht ein klobiges Betonboot mit Besatzung auf einem Sockel: die *Lotsenehrung* von Reinhard Dietrich (1976). Sehr viel eleganter hebt ein Liebender seine bronzene Angebetete in die Höhe: Das *Liebespaar* (1979) von Wilfried Fitzenreiter auf der Strandpromenade von Warnemünde.

Wer sich vertiefend mit den Kunstwerken in Rostocks Innenstadt beschäftigen will, dem sei das 2006 im Hinstorff-Verlag erschienene Buch *Kunstwege. Spaziergänge durch Rostock und Warnemünde* von Matthias Schümann und Reiner Mnich empfohlen.

Die Trinkende und die Afrikanische Bergziege

Heute ist es neben dem Tourismus wieder der Hafen, der Rostocks wirtschaftlichen Aufschwung ausmacht. Ausgebaut und modernisiert, verfügt Rostock nun über einen der bedeutendsten Warenumschlags-, Kreuzfahrt- und Fährhäfen Deutschlands.

Basis-Infos

Information Tourist-Information am Universitätsplatz. Eintrittskarten, Stadtführungen, Zimmervermittlung etc. Mai bis Okt. Mo–Fr 9–18 Uhr, Sa/So 10–15 Uhr; Nov. bis April Mo–Fr 10–17 Uhr, Sa 10–15 Uhr, So geschlossen. Universitätsplatz 6 (Barocksaal), 18055 Rostock, ✆ 0381-3812222, 📠 0381-3812601, www.rostock.de.

Stadtführungen durch die Innenstadt Mai bis Okt. tägl. um 14 Uhr (So um 11 Uhr), Mai bis Sept. auch Do um 18 Uhr, Nov. bis April nur Sa 14 Uhr. Treffpunkt bei der Tourist-Information.

Rostock
Karte → S. 146

Mit der **RostockCard** erhält man u. a. eine kostenfreie Stadtführung, Ermäßigungen im Schifffahrtsmuseum, in einigen Theatern, bei Hafenrundfahrten usw., vor allem aber freie Fahrt im Nahverkehr. 24 Std. 8 €, 48 Std. 13 €.

Verbindungen Bahn: im Sommer 1-mal tägl. ICE nach Berlin, Leipzig, Nürnberg und München, ansonsten regelmäßig ICs nach Stralsund, Binz (Rügen), Schwerin, Berlin, Hamburg, Hannover und Frankfurt. Regionalverkehr nach Wismar (via Bad Doberan), Schwerin und über Ribnitz-Damgarten nach Stralsund (von dort weiter nach Rügen, Greifswald und Usedom).

Im Nahverkehr fährt die S-Bahn vom Hauptbahnhof nach Warnemünde (S 1), Güstrow (S 2) und zum Seehafen (S 3). Der Hauptbahnhof befindet sich ein gutes Stück südlich der Altstadt.

Bus: tägl. nach *Rerik* über Bad Doberan und Kühlungsborn (Linie 121) sowie nach *Graal-Müritz* (Linie 118). ZOB neben dem Hauptbahnhof.

Personenfähre: von Juni bis Sept. halbstündl. ab Anleger Kabutzenhof (Straßenbahnhaltestelle in der Kröpeliner-Tor-Vorstadt, westlich des Stadthafens) bzw. Sa/So näher am Stadthafen zur anderen Seite der Warnow (Anleger Gehlsdorf) und zurück.

Autofähre: Ab Warnemünde alle 20 Min. über den Seekanal zur Hohen Düne. Pkw (inkl. Fahrer) 3 €, Pers. 1,30 €, Kinder (6–14 J.) 0,90 €, Fahrrad 0,90 €. Infos unter ✆ 0381-519860, www.weisse-flotte.de.

Warnow-Tunnel: mautpflichtiger Tunnel (790 m), führt bei Lütten-Klein unter der Warnow hindurch zum Überseehafen. Pkw/Motorrad im Sommer 3,60 €, im Winter 2,90 €; Gespann/Wohnmobil 4,60 € bzw. 3,40 €. Infos unter www.warnowquerung.de.

In der Innenstadt fährt man **Straßenbahn**, zentraler Knotenpunkt ist das Steintor, direkt zum Hauptbahnhof fahren die Linien 3, 4, 5 und 6, zum Stadthafen die Linien 1 und 2. Einen handlichen Netzplan erhält man am Bahnhof und in der Tourist-Information. **Busse** verkehren durch die Innenstadt und bis in die Vororte.

Der große Rostocker **Überseehafen** (auf der anderen Seite der Warnow) ist einer der wichtigsten Fährhäfen Deutschlands. Verbindungen u. a. nach Trelleborg/Schweden, Gedser/Dänemark und Helsinki/Finnland.

Der **Flughafen** *Rostock-Laage* befindet sich südlich von Rostock an der A 19 (Busshuttle), werktags u. a. Linienflüge nach München oder Stuttgart, Charterflüge mit Germanwings etc. ✆ 01805-007737, www.rostock-airport.de.

Am Markt

Einkaufen **buch...bar** **7**, freundlicher, kleiner Buchladen in der Nähe der ehemaligen Nikolai-Kirche. Im Bereich Belletristik gut sortiert, kleine Abteilung literarischer Regionalia. Es finden auch vornehmlich literarische Veranstaltungen statt. Mo–Fr 11–18 Uhr, Sa 10–14 Uhr. Altschmiedestr. 32, ✆ 0381-2104676, www.buchbar-hamann.de.

Fahrradverleih **Radstation Rostock** am Hauptbahnhof (davor stehend links). Mo–Fr 10–18 Uhr, Sa 10–13 Uhr. ✆ 0381-2523990, www.radstation-rostock.de.

Fußball Der **FC Hansa Rostock** bereicherte jahrelang die Bundesliga, zurzeit kämpft sich der Verein im Zeichen der Kogge durch die Dritte Liga. Karten für Heimspiele und Fanartikel im **Hansa-Fan-Shop**, Breite Str. 12–15, ✆ 0381-499910.

Hafenrundfahrten U. a. mit der *MS Rostocker 7*, 2-stündige Fahrt nach Warnemünde und zurück. Liegeplatz am Stadthafen. Zwischen 10.30–15.30 Uhr etwa halbstündlich. Erw. 14 €, Kinder 7–16 J. 5 €, Kinder 4–6 J. 3,50 €. ✆ 0381-699962, www.rostocker-flotte.de.

Parken Stundenweise mit Parkschein z. B. an der Langen Straße. Mehrere Parkhäuser und -plätze in Zentrumsnähe.

Taxi Hanse-Taxi, ✆ 0381-685858.

Theater **Volkstheater Rostock,** mehrere Bühnen: *Großes Haus* (Theater, Oper, Ballett), Doberaner Str. 134/135, Abendkasse ✆ 0381-3814702; *Theater am Stadthafen* (vornehmlich Theater), Am Warnowufer 65, ✆ 0381-440407017; *Kleine Komödie Warnemünde*, Rostocker Str. 8, ✆ 0381-5191400. Konzerte finden u. a. im Barocksaal statt. Vorverkauf im Großen Haus, ✆ 0381-3814700, werktags nachmittags, sowie unter www.volkstheater-rostock.de oder in der Tourist-Information (hier auch Infos über Kleinkunst).

Veranstaltungen **Hanse Sail**, *das* Großereignis der Stadt. Jedes Jahr am zweiten Augustwochenende treffen sich Windjammer und Schoner, Traditionssegler und Museumsschiffe zum größten maritimen Fest an der deutschen Ostseeküste. Mit großer Regatta und Feuerwerk. Infos unter www.hansesail.com.

Rostocker Weihnachtsmarkt, der größte seiner Art in Norddeutschland, ab Ende November in der Altstadt, www.rostocker-weihnachtsmarkt.de.

Wassersport **Tauchsportschule Rostock**, Ausbildung und Scheine, Wracktauchen, Tauchfahrten, Ausrüstung, Füllstation etc. Am Warnowufer 61 (im Surfhaus), ✆/📠 0381-690440, www.tauchschule-rostock.de.

Baltic Windsport, Segelschule, auch Scheine, Surf- und Katamaranschule. Stadthafen 71, ✆ 0381-2009555, www.wassersport-rostock.de.

Übernachten

→ Karte S. 146

Am zweiten Wochenende im August zur Hanse Sail ist fast kein Zimmer zu bekommen, wenn doch, ist es in der Regel noch ein Stück teurer als sonst.

**** **Steigenberger Hotel Sonne** **12**, erstes Haus am Platz, weithin sichtbar dank der Sonnen auf dem Giebel. Eingang an der Seite zum Rathaus. Mit gehobenem Restaurant und der stilvollen Weinwirtschaft am Eck (→ Essen). DZ ab 104 €, Suite ab 134 €, Frühstück 18 €/Pers., Tiefgarage 9 €/Tag. Neuer Markt 2, 18055 Rostock, ✆ 0381-49730, 📠 0381-4973351, www.rostock.steigenberger. de.

*** **Die Kleine Sonne** **13**, Ableger des Steigenberger, schräg gegenüber in der Steinstraße. Kreativ und stilvoll eingerichtet, mit Sauna und Solarium. DZ 82 €, Frühstück 13 €, Tiefgarage 11 €/Tag. Steinstr. 7, 18055 Rostock, ✆ 0381-46120, 📠 0381-46121234, www.die-kleine-sonne.de.

Altes Hafenhaus **1**, schöne Stadtvilla am Hafen mit gelber Fassade, neben dem klassizistischen Mönchentor. Ungemein stilvoll und teils mit Antiquitäten eingerichtet, Gemälde an den Wänden. EZ 79 €, DZ 99 €, Frühstück inkl. Strandstr. 93, 18055 Rostock, ✆ 0381-4930110, 📠 0381-4930119, www.altes-hafenhaus.de.

Am Hopfenmarkt **10**, die Rezeption des Garni-Hotels befindet sich im Durchgang zum Hopfenmarkt (geöffnet tägl. ab 7 Uhr). Recht neue, gediegene Zimmer, zentral. Dazu gehört das urige Gasthaus *Hopfenkeller* (→ Essen). EZ ab 69 €, DZ ab 93 €, Appartement ab 120 €, Frühstück inkl., in den Nebenhäusern *Aalreuse* (Kistenmacherstr. 20/21) und *Kemlade* (im Hopfenmarkt) um einiges günstiger. Rezeption in der Kröpeliner Str. 19, 18055 Rostock, ✆/📠 0381-4583443, www.am-hopfenmarkt.de.

B & B Barili's **8**, das sympathische Bed and Breakfast gehört zum gleichnamigen Restaurant im sehenswerten backsteingotischen Krahnstöverhaus. Sehr schöne, stilvoll eingerichtete Zimmer. DZ je nach Größe 120–150 €, Frühstück inkl. Große Wasserstr. 30, 18055 Rostock, ✆ 0381-4901022, www.barilis.de.

Jellyfish Hostel **15**, überzeugendes Backpacker-Hostel wie aus guten, alten Traveller-Zeiten. Ein- bis Achtbett-Zimmer, Frühstück möglich, Internet und WLAN, Gemeinschaftsraum, Garten. Zentral gelegen, nur einen Steinwurf vom Neuen Markt entfernt. Ab 17 €/Pers. im Achtbett-Zimmer bis 31 €/Pers. im DZ mit Bad bzw. 37 €/Pers. im EZ, Frühstück 4 €/Pers., Bettwäsche 2,50 €/Pers. Beginenberg 25, 18055 Rostock, ✆ 0381-4443858, www.jellyfish-hostel.de.

Rostock Karte → S. 146

Essen & Trinken

→ Karte S. 146

Neben den Restaurants und Lokalen in der Innenstadt haben sich im ehemaligen Arbeiterviertel Kröpeliner-Tor-Vorstadt (KTV) zwischen der Heiligen-Geist-Kirche und dem Doberaner Platz Restaurants mit internationaler Küche, Kneipen und Bars niedergelassen.

Restaurants **Ratskeller** **5**, ältestes Gasthaus der Stadt. Deftige, gutbürgerliche Küche im stimmungsvollen Gewölbekeller unter dem Rathaus. Das Preisniveau ist für Standort und Gebotenes in Ordnung (z. B. Matjes 9,50 €, ansonsten Hauptgerichte ab 13 €, Fisch ab 14 €, auch saisonale Angebote). Tägl. ab 12 Uhr geöffnet, So bis 18 Uhr, Mo ab 18 Uhr. Neuer Markt 1, ✆ 0381-5108460, www.ratskeller-rostock.de.

Albert und Emile **4**, mittags Bistro, abends Restaurant, jeweils mit ambitionierter Küche französischen Einschlags, dabei gar nicht mal teuer. Kleine, wechselnde Karte, auch vegetarische und vegane Gerichte.

Übernachten
1 Altes Hafenhaus
8 B & B Barilli's
10 Am Hopfenmarkt
12 Steigenberger Hotel Sonne
13 Die Kleine Sonne
15 Jellyfish Hostel

Einkaufen
7 buch-bar

Essen & Trinken
2 Brauhaus Zum alten Fritz
3 Kaminstube
4 Albert und Emile
5 Ratskeller
6 Hopfenkeller
8 Barilli's
9 Weinwirtschaft

Cafés
14 Cafe in der Likörfabrik
16 Café Kloster
17 Heumond

Nachtleben
11 KTV

Verarbeitet werden in der Küche biologische und regional erzeugte Produkte. Das ungemein stilvolle Restaurant liegt in der östlichen Altstadt. Bistro Di–Fr 11.30–14 Uhr, Restaurant Di–Sa 18–23 Uhr. Altschmiedestr. 28, ✆ 0381-4934373, www.albert-emile.de. ■

Barili's **8**, nochmals ein Hauch französischen Flairs im hohen Norden. In dem sehenswerten backsteingotischen Krahnstöverhaus findet sich neben dem hoch gelobten, stilvollen Restaurant auch eine gemütliche Bar sowie ein B & B (→ Übernachten). Junge, französisch inspirierte Küche, Hauptgericht ab 18 €, auch saisonale Menüs. Günstige, täglich wechselnde Mittagsgerichte (6,90 €). Sehr freundliche Restaurantleitung. Mo–Fr ab 11 Uhr, Sa ab 16 Uhr, So Ruhetag. Große Wasserstr. 30,18055 Rostock, ✆ 0381-4901022, www.barilis.de.

Weinwirtschaft **9**, Weinlokal und Restaurant am Eck des *Hotels Sonne*, aus der (Show-)Küche kommen regionale und mediterrane Gerichte, nicht teuer. Angemessen große Weinkarte (auch Weinverkauf), freundlich und gemütlich. Tägl. 11–24 Uhr. Neuer Markt 2, ✆ 0381-4973249.

Kaminstube **3**, beliebtes Restaurant zwischen Marienkirche und Hafen, viel Fisch, interessante Tageskarte sowie Thai-Küche (Hauptgerichte um 14 €). Di–Do ab 17 Uhr, Sa/So ab 18 Uhr. Burgwall 17, ✆ 0381-31337.

Hopfenkeller **6**, urgemütliches Restaurant im steinalten Keller mit niedrigem Kreuzrippengewölbe am Hopfenmarkt. Deftige

Hausmannskost bei mittlerem Preisniveau (Hauptgericht um 13 €), es gibt auch ein paar vegetarische Gerichte. Kröpeliner Str. 18, ✆ 0381-2036247.

Brauhaus Zum alten Fritz **2**, am Stadthafen beim Theater befindet sich der große Brauereigasthof. Urig eingerichtet, zum empfehlenswerten Bier aus dem Stralsunder Stammhaus gibt es Deftiges aus der Küche. Wechselnde Wochenkarte, im Sommer Biergarten, sehr beliebt und oft voll. Tägl. 11–1 Uhr. Am Warnowufer 65, ✆ 0381-208780, www.alter-fritz.de.

In der **KTV** **11** findet man um den Doberaner Platz internationale Küche. Ob indische Brasserie (**Jyoti**, Leonhardstr. 23, ✆ 0381-4590485), spanische Tapas-Bar (**Bodega de Cervantes**, Leonhardstr. 21 a) oder diverse italienische Pizzerien.

Cafés **Heumond** **17**, sympathisches alternatives Café, innen sehr gemütlich und mit viel Liebe zum Detail eingerichtet, draußen hübscher Garten hinter der Stadtmauer. Mo–Sa 12–1 Uhr. Hermannstr. 36, ✆ 0381-455970, www.heumond.de.

Café in der Likörfabrik **14**, beliebtes junges Café unweit des Neuen Marktes (Eckhaus am Kuhtorplatz). Von morgens bis nachts geöffnet, So 10–14 Uhr Brunch. Grubenstr. 1, ✆ 0381-3777654.

Café Kloster **16**, im hübschen Gebäudeensemble um das Kloster zum Heiligen Kreuz. Mo–Sa 11–19 Uhr. Klosterhof 6, ✆ 0381-3757950, www.cafe-kloster.de.

Rostock
Karte → S. 146

Sehenswertes

Die Highlights der Stadt, neben oben genannten gotischen Giebelhäusern, öffentlichen Kunstwerken etc., sind zweifellos die mächtige, an Höhe und Bedeutung alles überragende Marienkirche mit der bemerkenswerten astronomischen Uhr und das ehemalige Kloster zum Heiligen Kreuz mit Rostocks Kulturhistorischem Museum.

Rathaus

Am weitläufigen Neuen Markt weist das Rathaus einen eigentümlichen Stilmix auf: Es besteht aus zwei Gebäuden, die ähnlich dem Stralsunder Rathaus mit einer gotischen Fassade verbunden wurden. 1726 entschloss sich ein mutiger Stadtrat, der gotischen Fassade einen barocken (damals hochmodernen) Vorbau vorzusetzen. So erhebt sich heute über sieben Arkaden eine repräsentative, barocke Fassade, die wiederum von den spitzen Türmen der gotischen Schaufassade überragt wird.

Marienkirche

Einen wuchtigen Eindruck vermittelt die Marienkirche zwischen Neuem Markt und Langer Straße. Zunächst wurde Mitte des 13. Jh. eine Hallenkirche errichtet, die nach 1290 zu einer Basilika aus- und umgebaut wurde und sogar eine Doppelturmanlage erhalten sollte, die einzige neben St. Nikolai in Stralsund. Doch nach über hundert Jahren Arbeit brach der Bau in sich zusammen. Um das Gebäude stabiler zu halten, wurde an das vergleichsweise kurze Langschiff ein mächtiges Querschiff angefügt, sodass die Marienkirche nahezu genauso lang wie breit (und auch fast ebenso hoch) ist – ein kompaktes, wuchtiges Erscheinungsbild. Im Innern werden die Haupt- und Seitenschiffe in über 31 Meter Höhe durch schöne Sterngewölbe abgeschlossen.

Von der mittelalterlichen Ausstattung ist zwar nicht allzu viel erhalten, was aber noch zu sehen ist, zeigt sich umso bemerkenswerter. Ein kunst- und technikhistorisches Kleinod befindet sich hinter dem Hauptaltar: die **Astronomische Uhr**. 1472 vom Uhrmacher *Hans Düringer* angefertigt, ist sie zwar die jüngste von einer ganzen Reihe dieser aufwendig gestalteten Chronometer, die im hanseatischen Raum zu finden sind, aber sie ist die mit Abstand am besten erhaltene und – ihre spätmittelalterliche Mechanik funktioniert noch immer wie das sprichwörtliche Uhrwerk. Dieser zweiteilige Zeitmesser ist mehr als nur eine Uhr, denn neben der Tageszeit (etwas ungewohnt im 24-Felder-Umlauf) und dem Datum (inkl. Jahr) sind u. a. auch noch Tierkreiszeichen, Mondphasen, Wochentage und Heiligenkalender abzulesen. Die Uhr zieren schöne Schnitzereien, so sind beispielsweise auf der oberen Uhrscheibe die Monate figürlich dargestellt: Im Februar z. B. wärmt sich ein Mann am Feuer, im März wird gepflanzt, im Juli sichelt die Bäuerin Kornähren, die im August gedroschen werden, im September werden Reben, im Oktober Äpfel geerntet usw. Gekrönt wird das Kunstwerk von einem Apostelumgang am oberen Ende des Zeitmessers. Sechs Apostel stehen über der Uhr, in der Mitte thront Christus. Pünktlich um 12 Uhr (und um Mitternacht) öffnet sich das Türchen rechts von Christus, aus dem die übrigen sechs Apostel erscheinen, sich Jesus zuwenden, gesegnet werden und im linken Türchen wieder verschwinden. Nur der letzte Apostel wird nicht gesegnet und bleibt schließlich vor wieder verschlossenem Tor draußen stehen: Judas, unschwer zu erkennen am Geldsäckel in der Hand. Wer sich eingehender mit der Astronomischen Uhr befassen will, kann das mittels einer kleinen, informativen Broschüre oder im Rahmen eine Kirchenführung durch die kenntnisreichen Mitarbeiter tun.

Als diese Uhr das erste Mal tickte, war Amerika noch nicht entdeckt

Aber es gibt noch andere Sehenswürdigkeiten in der Kirche, z. B. die links vom Altar stehende bronzene **Tauffünte** aus dem Jahr 1290. Getragen von vier knienden Gestalten, wird auf der Fünte mit feinen Verzierungen das Leben Christi dargestellt, ein nicht minder aufwendig gestalteter Deckel schließt das Kunstwerk ab. In einer der Kapelle des Chorumgangs hängt der **Rochusaltar**, ein großer Schnitzaltar für den Schutzheiligen der Bartscherer und Wundheiler (um 1530), im Nordquerhaus (gegenüber dem Eingang) findet sich der **Nikolaialtar** aus dem 15. Jh. Die Westwand des Hauptschiffs füllt die monumentale **Orgel** (samt Fürstenloge) aus dem 18. Jh.

Öffnungszeiten: Mai bis Sept. Mo–Sa 10–18 Uhr, So 11.15–17 Uhr; Okt. bis April Mo–Sa 10–16 Uhr, So 11.15–12.15 Uhr. Am Ziegenmarkt 4, ✆ 0381-453325, www.marienkirche-rostock.de.

Kirchenführung: Mit Erklärung der astronomischen Uhr im Sommer tägl. außer So/feiertags 11 Uhr. Erw. 4 €, Kinder bis 12 J. frei. ✆ 0381-453325.

Petrikirche

Weithin sichtbar erhebt sich der Kirchturm auf eine Höhe von 117 Metern, wobei der schlanke, spitze Helm über die Hälfte der Höhe ausmacht. Die vergleichsweise kleine Petrikirche war im Zweiten Weltkrieg stark zerstört und unter widrigen Umständen in den folgenden Jahrzehnten mühsam wieder aufgebaut worden, nur der lange Helm konnte erst 1994 wieder auf den Turm gesetzt werden. Der Bau der Kirche wurde um 1300 auf dem ältesten Rostocker Siedlungsgebiet begonnen, aber nach Verzögerungen, Bauplanänderungen und Erweiterungen erst im 15. Jh. fertiggestellt – inklusive Turm, der in den folgenden Jahrhunderten mit erschreckender Regelmäßigkeit vom Blitz getroffen und mehr oder weniger stark beschädigt wurde.

Dass es sich bei der Petrikirche eigentlich um eine dreischiffige Basilika handelt, ist in ihrem Inneren kaum noch zu erkennen, da die beiden Seitenschiffe vom Mittelschiff seit dem Wiederaufbau abgetrennt sind. Das für den Gottesdienst genutzte Mittelschiff ist heute ein schmaler, karger Raum, der in 24 Metern Höhe von einer Holzdecke abgeschlossen wird. Dagegen ist in der Kapelle im nördlichen Seitenschiff noch ein Kreuzrippengewölbe erhalten. Im Nordschiff, dem „Raum der Stille“, befinden sich die bedeutendsten Sehenswürdigkeiten der Kirche: zwei Altarflügel aus dem 15. Jh., der Rest des Hauptaltars hängt heute in der Marienkirche. Der Turm kann bis unter den Helm bestiegen werden, entweder über 196 Stufen unter den Helm auf 45 Meter Höhe oder gelenkschonender mit dem Aufzug.

Mai bis Sept. tägl. 10–18 Uhr, Okt. bis April 10–16 Uhr. Eintritt frei. Turmbesteigung bzw. Aufzug 3 €, erm. 2 €. Alter Markt, ✆ 0381-21101, www.petrikirche-rostock.de.

Rostock
Karte → S. 146

Kulturhistorisches Museum im Kloster zum Heiligen Kreuz

Das ehemalige Zisterzienserkloster zeigt sich heute als ein stimmungsvolles, geschlossenes Gebäudeensemble. Gegründet wurde es 1270 von der dänischen Königin Margarete. Rund um den Kreuzgang des sorgsam restaurierten Klosters ist das Kulturhistorische Museum untergebracht, das allein aufgrund der Räumlichkeiten einen Besuch wert ist: Die Ausstellungsräume des zweigeschossigen Kreuzgangs sind verwinkelt und überraschen immer wieder mit zahlreichen sehenswerten Details. Im Erdgeschoss rund um den Kreuzgang findet man Ausstellungsstücke und Schautafeln zur (Bau-)Geschichte der Anlage und dem Klosterleben im Allgemeinen, der hintere Teil (gegenüber dem Eingang) ist wechselnden Ausstellungen vorbehalten. Im ersten Stock sind in mehreren Sektionen Skizzen und Gemälde Rostocker Stadtansichten, eine bemerkenswerte Sammlung niederländischer Malerei aus dem 16. bis 19. Jh., historisches Spielzeug, Kunsthandwerk, Porzellan, Trinkgefäße, Uhren, Silbertand und eine Münzsammlung zu sehen.

Die Highlights des Museums aber sind die kleine **Kirche** (am Eingang rechts durch die schwere Holztür) und das **Refektorium**, das linker Hand an den Kreuzgang anschließt. In der gotischen Klosterkirche aus dem 14. Jh. bestimmt das warme Rot des Backsteins den Raum, die Gewölbedecke zeigt sich sparsam bemalt, bei der Kanzel ist ein hübsches Gethsemane-Fresko erhalten. Im Refektorium schließlich findet man sich unter einem herrlichen Kreuzrippengewölbe wieder, das den Raum zu einem eleganten Zeugnis gotischer Architektur werden lässt. Sehenswert.

Im Klosterhof hat sich neben Café, Goldschmiede und Galerie auch das **Kempowski Archiv** angesiedelt, das über das Schaffen des 2007 verstorbenen Rostocker Schriftstellers *Walter Kempowski* informiert. Wer ein bisschen Ruhe vom Großstadttrubel sucht, dem sei der idyllische **Klostergarten** empfohlen.

Museum: Di–So 10–18 Uhr. Eintritt frei. Klosterhof 7, ✆ 0381-2035910, www.kulturhistorisches-museum-rostock.de. **Kempowski Archiv**: Di–So 14–17 Uhr, Do auch 9.30–12 Uhr. Eintritt frei. Klosterhof 3, ✆ 0381-2037540. **Klostergarten**, April bis Okt. Mo–Do 8–22 Uhr, Fr–So 8–24 Uhr, Nov. bis März Mo–So 9–18 Uhr.

Untersuchungshaftanstalt der Stasi in Rostock

Außerhalb der Innenstadt

Dokumentations- und Gedenkstätte: Südlich der Innenstadt kann man in der ehemaligen Untersuchungshaftanstalt der Stasi in Rostock einen Zellentrakt besichtigen, der einen bedrückenden Eindruck hinterlässt. Mit der Stasi, ihren Methoden und ihrer Wirkung befasst sich eine ständige Ausstellung. Außerdem werden wechselnde Ausstellungen gezeigt. Ein geführter Rundgang bringt die Besucher nicht nur durch den Zellentrakt, sondern auch hinunter in den winzig kleinen, trostlos grauen Hof und in den Keller der Untersuchungshaftanstalt: Hier befanden sich die Dunkelzellen zur Einzelhaft. Im Erdgeschoss kommt man abschließend zum „Schleusenbereich“, in dem die Verhafteten ankamen.

März bis Okt. Di–Fr 10–18 Uhr, Sa 10–17 Uhr; Nov. bis Febr. Di–Fr 9–17 Uhr, Sa 10–17 Uhr. Eintritt frei, kostenlose Führungen Mi und Sa 14 Uhr, Dauer 1:30 Std. Hermannstr. 34 b (Eingang im Hof gegenüber Penny-Markt), ✆ 0381-4985651, www.bstu.de.

Kunsthalle: Am Rand des Stadtteils Reutershagen und neben der B 105, die hier Hamburger Straße heißt, befindet sich oberhalb des Schwanenteichs die 1969 errichtete Kunsthalle, der einzige Museumsneubau in der Geschichte der DDR. In dem quadratischen Gebäude ist eine Sammlung moderner Kunst vornehmlich aus Ostdeutschland zu sehen. Der Schwerpunkt liegt auf Gemälden und Skulpturen aus Norddeutschland, von Künstlern wie *Otto Niemeyer-Holstein* (→ S. 286), der Rostockerin *Kate Diehn-Bitt* oder *Jo Jastram*. In den weitläufigen Sälen der Kunsthalle finden außerdem wechselnde Ausstellungen zeitgenössischer Künstler vornehmlich aus dem Ostseeraum statt. Für Kunstfreunde ein Muss. Nett ist das angeschlossene Kunstcafé am Schwanenteich (mit Terrasse), gleiche Öffnungszeiten wie die Kunsthalle.

Di–So 11–18 Uhr. Eintritt frei (außer bei Sonderausstellungen). Hamburger Str. 40, ✆ 0381-3817008, www.kunsthallerostock.de. Ab Hauptbahnhof mit Straßenbahnen Nr. 1, 4 und 5 Richtung Lütten Klein bzw. Lichtenhagen bis Haltestelle „Kunsthalle“.

Warnemünde

ca. 7000 Einwohner

Bei Warnemünde denkt man zu allererst an den feinsandigen und breiten Strand, von dem aus man den großen Fährschiffen und Frachtern zusehen kann, die im Rostocker Hafen ein- oder auslaufen. Aber Rostocks berühmter Stadtteil am offenen Meer hat viele Gesichter.

Entlang des Alten Stroms erinnert das Ostseebad Warnemünde an seine Ursprünge als kleines Fischerdorf an der Mündung der Warnow, in das Mitte des 19. Jh. der Bädertourismus einzog. Kleine, kopfsteingepflasterte Gassen ziehen sich entlang sorgsam restaurierter Häuser und kleiner Gärtchen. In dem kleinen Ort, bereits im 12. Jh. erwähnt und seit 1323 im Besitz Rostocks, lebten die Menschen jahrhundertelang nur von der Fischerei oder hatten als Matrosen oder Lotsen ein Auskommen. Warnemünde bestand nur aus zwei Straßenzügen, der Vorder- und der Hinterreihe entlang des Alten Stroms, und erst mit dem Bädertourismus wurde der alte Ort modernisiert und begann langsam zu wachsen. Ein malerisches Idyll, das jedoch im Sommer von wahren Menschenmassen besucht wird. Auf der anderen Seite des Alten Stroms liegen abwechselnd Ausflugs- und Fischbrötchenkutter, während in den restaurierten Häusern Boutiquen, Restaurants und Souvenirshops auf Kundschaft warten.

Rostock/Warnemünde
Karte → S. 153

Auf dem weiten Platz am Anfang der Strandpromenade befinden sich die beiden Wahrzeichen Warnemündes: der **Leuchtturm** und der **Teepott**, Letzterer ein markantes Gebäude von *Ulrich Müther* (→ „Architektur in den Dünen, S. 154), das in den 1960er-Jahren errichtet wurde und Restaurants und Cafés beherbergt. Dahinter beginnt der berühmte weite Sandstrand. Unübersehbar erhebt sich hier das Hotel Neptun, 1970/71 im zeitgemäßen Stil erbaut und nunmehr zwar noch immer nicht formschön, aber im Inneren zu einer Fünf-Sterne-Unterkunft restauriert. Daneben befindet sich in etwas bescheideneren Ausmaßen das Kurhaus. Im Zentrum Warnemündes steht die sehenswerte neugotische **Kirche**. Die vom Kirchplatz Richtung Westen führende Mühlenstraße fungiert als kleine Einkaufsmeile.

Die Landzunge Hohe Düne auf der anderen Seite des stark befahrenen Neuen Stroms erreicht man über eine Autofähre. Die Hohe Düne trennt die bauchige Bucht mit dem schönen Namen Breitling, in der sich auch der **Überseehafen** Rostocks befindet, von der Ostsee. Von hier aus gelangt man zum abgeschiedenen Vorort Markgrafenheide am Rand der Rostocker Heide (→ „Rostocker Heide“, S. 155).

Basis-Infos

Information Die **Tourist-Information** nahe der Fußgängerbrücke über den Alten Strom, Zimmervermittlung, Information und Stadtführungen. Mai bis Okt. Mo–Fr 9–18 Uhr, Sa/So 10–15 Uhr; Nov. bis April Mo–Fr 10–17 Uhr, Sa 10–15 Uhr, So geschlossen. Am Strom 59, 18119 Rostock-Warnemünde, ✆ 0381-548000, 📠 0381-5480030, www.rostock.de.

Stadtführungen, „Warnemünn ankieken“: April bis Okt. Di 18 Uhr, Do und Sa 11 Uhr; im Winter nur Sa 11 Uhr. 5 €/Pers., erm. 3 €. Treffpunkt bei der Tourist-Information.

Verbindungen → auch *Rostock/Verbindungen.* Wichtigstes Nahverkehrsmittel ist die **S-Bahn** (S 1/S 2), die häufig vom Hauptbahnhof Rostock nach Warnemünde fährt.

In Warnemünde setzt eine **Autofähre** der Weißen Flotte alle 20 Min., im Sommer alle 10 Min., über den Seekanal zur Hohen Düne über. Pkw (inkl. Fahrer) 3 €, Pers. 1,30 €, Kinder (6–15 J.) 0,90 €, Fahrrad 0,90 €. Infos unter ✆ 0381-519860, www.weisse-flotte.de.

Bus 119 von Warnemünde etwa stündl. (Sa/So 5-mal tägl.) nach Bad Doberan.

Baden Warnemündes Kapital ist der teils über 100 m breite, feinsandige Strand. Während der Hauptsaison flächendeckend überwacht, rollstuhlgerechter Zugang unweit des Leuchtturms, FKK- und Hundestrandabschnitte Richtung Dietrichshagen.

Einkaufen Möwe **4**, kleine, sympathische Buchhandlung unweit der Strandpromenade. Hervorragend sortiert und kenntnisreich geführt. Seestr. 5/Luisenstr., ✆ 0381-8578563.

Fahrradverleih Mehrere Verleiher in Warnemünde, u. a. am Bahnhof und am Kirchenplatz. Fahrräder ab 8 €/Tag.

Golf Golfplatz Warnemünde, westlich vom Ort zwischen Diedrichshagen und Elmenhorst. Greenfee 60 €, 9-Loch 35 €, Platzreifekurs 399 €. Am Golfplatz 1, 18119 Warnemünde, ✆ 0381-7786830, ℻ 0381-77868318, www.golf-warnemuende.de.

Hafenrundfahrten/Ausflugsboote Z. B. mit der *MS Rostocker 7* der Reederei Rostocker Personenschifffahrt. Fahrt von Warnemünde nach Rostock und zurück. Liegeplatz am Seekanal, nahe der S-Bahn-Haltestelle. ✆ 0381-699962, www.rostocker-flotte.de.

Mit der *MS Baltica* ebenfalls Hafenrundfahrten sowie 5-stündige Touren nach Kühlungsborn und retour (mit Landgang), Liegeplatz am Alten Strom (etwa auf Höhe Leuchtturm), ✆ 0381-5106790, www.msbaltica.de.

Kurtaxe Mai bis Sept. 2,25 €, Schüler/Studenten 1,50 €; Okt. bis April 1,50 €, erm. 1 €.

Veranstaltungen Warnemünder Woche, traditionsreiches internationales Seglerevent in der ersten/zweiten Juliwoche mit abwechslungsreichem Rahmenprogramm für die Zuschauer an Land. Infos unter www.warnemuender-woche.com.

Hanse Sail, → Rostock/Veranstaltungen, S. 144.

Übernachten

***** Neptun **5**, von außen nicht gerade eine Zierde, aber unübersehbar, innen nobel. Das 1971 eröffnete Neptun war Vorzeigehotel der DDR, in dem ausländische Staatsgäste untergebracht und rundum versorgt wurden. Seit der Wende ist die Dichte an Politprominenz unverändert hoch. Es gibt drei Restaurants, zwei Cafés, drei Bars (darunter die *Sky Bar* im obersten Stock mit entsprechendem Blick). Neptun Spa mit großem Wellnessangebot, Saunalandschaft, Meerwasser-Hallenbad und Fitness. EZ 130–270 €, DZ ab 210–380 €, Frühstück inkl. Seestr. 19, 18119 Warnemünde, ✆ 0381-7770 (Zimmerreservierung 0381-7777777), ℻ 0381-777888, www.hotel-neptun.de.

**** Am Leuchtturm **2**, schönes, renoviertes Haus, frei stehend an der Strandpromenade mit Blick auf den Leuchtturm. EZ 135 €, DZ 159–225 €, Frühstück inkl., auch Appartements. Am Leuchtturm 16, 18119 Warnemünde, ✆ 0381-54370, ℻ 0381-548510, www.hotel-am-leuchtturm.de.

**** KurparkHotel **7**, schöne historische Villa im Stil der Bäderarchitektur, ein Stück hinter dem Kurhaus und mit Blick auf den Park. Mit Hotelbar und Restaurant, Sauna und Fahrradverleih. Nur 18 Zimmer, EZ 85 €, DZ 138 € (mit Balkon 152 €), Frühstück inkl. Appartements im Nachbarhaus. Kurhausstr. 4, 18119 Warnemünde, ✆ 0381-4402990, ℻ 0381-440299999, www.kur-park-hotel.de.

Fischerhus **10**, ruhige Lage im alten Warnemünde, unweit des Heimatmuseums. EZ 90–105 €, DZ 115–125 €, Frühstück inkl. Auch Appartements. Alexandrinenstr. 124, 18119 Warnemünde, ✆ 0381-548310, ℻ 0381-5483110, www.hotel-fischerhus.de.

Jugendherberge Warnemünde **9**, großes Haus, relativ weit außerhalb vom Zentrum Richtung Diedrichshagen, strandnah. Im Mehrbettzimmer 25,50 €/Pers., im DZ 29,50 €, inkl. Frühstück, Senioren (über 27 J.) 31,30 € bzw. 36,20 €. Parkstr. 47, 18119 Warnemünde, ✆ 0381-548170, ℻ 0381-5481723, www.jugendherbergen-mv.de.

Außerhalb Auf der anderen Seite des Neuen Stroms erstreckt sich die Yachthafenresidenz Hohe Düne **6**, eine riesige, sehr noble Hotelanlage mit modernem Yachthafen (www.yachthafen-hohe-duene.de). Zur Residenz gehören sechs Restaurants, darunter auch „Der Butt" (→ unten), fünf Bars, ein Café, diverse Boutiquen, ein großer Spa-Bereich, Wassersportangebot etc. EZ ab 165–240 €, DZ ab 205–300 €. Am Yachthafen 1, 18119 Warnemünde, ✆ 0381-50400, ℻ 0381-50406099, www.hohe-duene.de.

Essen & Trinken

Restaurants Unangefochtene Nr. 1 ist natürlich **Der Butt** **6**, das Restaurant von Gourmetkoch Matthias Stolze in der Ferienresidenz *Hohe Düne* (→ oben). 4-Gänge-Menü 98 €, 6 Gänge 125 €. Di–Sa ab 19 Uhr geöffnet, So/Mo Ruhetag. Am Yachthafen 1, ✆ 0381-50400, www.hohe-duene.de.

Chezann **8**, Gourmetrestaurant in der Nähe der Kirche, modern und mit Stil eingerichtet. Hauptgerichte um 30 €, 5-Gänge-Menü 87 €. Di–So ab 18 Uhr geöffnet. Mühlenstr. 28, ✆ 0381-5107177, www.chezann.de.

Zum Stromer **11**, traditionsreiches Restaurant und freundliche Kneipe, urgemütlich mit knisterndem Kaminfeuer im Innern und ein paar hübschen Plätzen draußen. Ab 17 Uhr, Di Ruhetag. Am Strom 32, ✆ 0381-8579786.

››› **Lesertipp: Klön-Klause**, Restaurant und Café. Urige Atmosphäre, schöner Wintergarten mit grünen Polstern, freundliche Bedienung. Auch Pension. Am Strom 89, ✆ 0381-548190, www.kloen-klause.de. ‹‹‹

Warnemündes Wahrzeichen: Teepott und Leuchtturm

Cafés/Bars **Café Röntgen** **3**, Ableger des beliebten Cafés in Kühlungsborn, beim Leuchtturm. Seestr. 5, ✆ 0381-6193656.

Schuster's **1**, je nach Tageszeit Strandbar, Café und Cocktailbar, in jedem Fall aber cool und ideal zum Abhängen am Strand. Neben dem **Teepott**. Tägl. ab 11 Uhr. ✆ 0381-7007835.

Sky Bar im obersten Stock des **Hotel Neptun** **5** (→ Übernachten).

Sehenswertes

Heimatmuseum: In einem hübschen alten Fischerhaus aus dem 18. Jh. ist eine exponatreiche Ausstellung untergebracht: Diele, Küche, Gute Stube und Schlafkammer wie vor hundert Jahren im Fischerdorf Warnemünde; außerdem Ausstellungsstücke aus der Arbeitswelt der Warnemünder. Sie verdienten zunächst ausschließlich als Fischer, Matrosen und Lotsen ihr Brot, ab dem 19. Jh. auch als Seenotrettung. Ein paar Exponate dokumentieren die Anfänge des Badetourismus.

April bis Sept. Di–So 10–18 Uhr, Okt. bis März Di–So 10–17 Uhr. Eintritt Erw. 3 €, erm. 2,50 €, Kinder 1 €, Familien 6 €. Alexandrinenstr. 30/31, ✆ 0381-52667, www.heimatmuseum-warnemuende.de.

Leuchtturm und Teepott: Der über 34 Meter hohe Leuchtturm wurde 1897/98 anstelle eines älteren Seezeichens errichtet. Daneben befindet sich ein eigenwilliges Bauwerk mit einem kühn geschwungenen Dach: Der Teepott, gebaut 1968 und vor wenigen Jahren komplett saniert, beherbergt heute Restaurants und ein Café. Der Name „Teepott" stammt noch vom kuppelbedachten Vorgänger-Pavillon.

Leuchtturm: Ostern bis Anf. Okt. tägl. 10–19 Uhr. Eintritt 2 €, Familien 4 €.

Architektur in den Dünen

Heimliche Wahrzeichen hat der in Binz auf Rügen geborene Bauingenieur *Ulrich Müther* (1934–2007) an der Ostseeküste geschaffen. Müther war dank seiner Schalenbauten – genauer: hyperbolische paraboloide Betonschalen oder kurz „Hyparschalen" – weit über die Grenzen der DDR hinaus bekannt. In Binz erhebt sich über die Dünen der einzigartige *Rettungsturm*-Prototyp der Wasserwacht, der bis heute nichts von seiner faszinierenden futuristischen Leichtigkeit eingebüßt hat. In Glowe auf Rügen sticht die lichte *Ostseeperle* ins Auge. Und in Warnemünde ist es das berühmteste in sich gekrümmte *Teepott*-Dach, das mit dem Leuchtturm ein unverkennbares Ensemble bildet. Den kühnen Schwung auf das kreisrunde Gebäude neben dem alterehrwürdigen Warnemünder Seezeichen setzte Müther 1968.

Seebär Fin beim Training: im Robbenforschungszentrum

Rostock/Warnemünde
Karte → S. 153

Kirche: Im Ortskern erhebt sich die 1871 eingeweihte, im neugotischen Stil errichtete Kirche von Warnemünde. An anderer Stelle gab es vermutlich drei Vorgängerbauten, aus denen die teils (echt-)gotische Inneneinrichtung stammt. So z. B. der sehenswerte Schnitzalter aus dem 15. Jh. oder die Kanzel aus dem späten 15. Jh.

Mai bis Sept. Mo–Fr 10–18 Uhr, Sa/So 12–17 Uhr, So 10 Uhr Gottesdienst.

Robbenforschungszentrum der Uni Rostock: Beim Yachthafen Hohe Düne befindet sich an der Ostmole auf einem ehemaligen Fahrgastschiff samt „Außenbecken" das Rostocker Forschungsinstitut *Marine Science Center* (MSC), in dem acht Seehunde, ein Seebär und drei Oktopusse untergebracht sind. Erforscht werden der Orientierungssinn der Robben sowie deren kognitive Fähigkeiten. Besucher sind ausdrücklich willkommen, von der Plattform aus kann man bei den Übungen und Lernerfolgen zusehen, gearbeitet wird nach dem Belohnungsprinzip mit bis zu fünf Kilo Fischhappen pro Tier und Tag. Mitarbeiter des Forschungsinstituts erklären den interessierten Besuchern Sinn und Ziel der Übungen, es werden – nach Voranmeldung – auch wissenschaftliche Führungen angeboten.

April bis Okt. tägl. 10–16 Uhr, Nov. Do–So 10–15 Uhr, im Winter geschlossen. Erw. 6 €, Kinder 4 €. Am Yachthafen 1 (Ostmole der Warnow), ✆ 0381-50408181, www.marine-science-center.de. *Anfahrt*: Von der Anlegestelle der Fähre an der Ostmole gleich nach links in das Gelände der Yachtresidenz Hohe Düne (Parkplatz), am Hauptgebäude vorbei und zur Ostmole.

Rostocker Heide

Auch wenn der Name vielleicht irreführt: Die Rostocker Heide ist ein ausgedehntes Mischwaldgebiet, durchsetzt von Wiesen und geschützten Moorgebieten. Bereits 1252 gelangte die Stadt Rostock in Besitz der Heide. Während des Mittelalters hatten die Bürger der Stadt das Recht, Brennholz zu sammeln, Torf zu stechen, Bäume für Masten und Planken zu schlagen und sogar den Festbraten zu jagen – bis der Wald Gefahr lief, irreparablen Schaden zu nehmen. Nach dem Zweiten Weltkrieg verloren die Rostocker ihre Heide, sie wurde verstaatlicht und von der sowjetischen Armee als militärischer Übungsplatz genutzt. Erst nach der Wende erhielt die

Hansestadt ihren Wald zurück und das Militärgebiet wurde renaturiert. Heute steht den Rostockern und ihren Besuchern ein hübsches Naherholungsgebiet von hohem ökologischen Wert zur Verfügung. Der Wald besteht zu je einer Hälfte aus Nadel- und Laubbäumen, allen voran Kiefern und Fichten, Birken und Erlen, aber auch Eichen und Eschen. Dazwischen erstrecken sich vor allem in Küstennähe ausgedehnte Moorgebiete wie das Naturschutzgebiet **Große Moorwiese Heiligensee** oder das **Große Moor** nordwestlich von Graal-Müritz.

Graal-Müritz

ca. 4200 Einwohner

Ein kompaktes kleines Zentrum und ein wenig Bebauung entlang einer Handvoll Straßen, dazu viel Wald und ein langer Sandstrand. Die Kombination aus Wald- und Seeluft hat Graal-Müritz früh zu einem Kurort werden lassen, bereits 1884 wurde hier ein Kindersanatorium eröffnet. Die Kuratmosphäre hat sich bis heute erhalten, inklusive diverser Einrichtungen, und Graal-Müritz kann sich offiziell nicht nur Ostseebad, sondern sogar Ostseeheilbad nennen.

Am Rande des beschaulichen Zentrums erstreckt sich ein **Rhododendron-Park**, der im Mai und Juni in voller Blüte steht. Mittelpunkt des Strandlebens ist im Sommer der Platz am Fuß einer 350 Meter ins Meer reichenden **Seebrücke**. Der Dünenweg (Strandpromenade) verbindet die beiden Ortsteile Graal und Müritz.

Basis-Infos

Information **Haus des Gastes Graal-Müritz**, an der Durchgangsstraße (Ecke Kurstraße), auch Zimmervermittlung. Mai bis Sept. Mo–Fr 9–20 Uhr, Sa 9–18 Uhr, So 10–16 Uhr; im Winter Mo–Fr 9–17 Uhr, Sa 9–12 Uhr, So geschlossen. Rostocker Str. 3, 18181 Graal-Müritz, ✆ 038206-7030, 📠 038206-70320, www.graal-mueritz.de.

Verbindungen Etwa stündl. mit der **Regionalbahn** nach Rostock.

Mit dem **Bus 202** 9-mal tägl. nach Ribnitz-Damgarten sowie 4-mal weiter nach Hohe Düne/Fähre (Übersetzen nach Warnemünde), Sa/So 2-mal.

Baden Weißer, feinsandiger Strand, flach abfallend, breit und kilometerlang, Blaue Flagge, im Bereich um die Seebrücke überwacht. Etwas abseits FKK- und Hundestrand.

Fahrradverleih **Thon**, 3-Gang-Rad 6 €, auch Tandems und Tretmobile sowie E-Bikes (18 €/Tag), bei längerer Mietdauer günstiger. Lange Str. 29, ✆ 038206-79805.

Kurtaxe Mai bis Sept. 2 €, erm. 1 €; Okt. bis April 1 €, erm. 0,50 €, Kinder unter 16 J. frei.

Sport Unweit der Seebrücke liegt das **Aquadrom**, ein Erlebnisbad mit Wasserwelt, Wellness, Sauna und Fitness, Tennis, Badminton, Kegeln etc. Mit Bistro. Tägl. 9.30–21.30 Uhr. Buchenkampweg 9, ✆ 038206-87900, www.aquadrom.net.

Übernachten/Essen & Trinken

Übernachten **Witt**, empfehlenswerte Pension mit Restaurant in rohrgedecktem Haus, im Ortsteil Müritz. Beliebtes **Restaurant** mit schönem Garten, auch **Cafébetrieb** (hausgebackene Kuchen), gute, mecklenburgische Hausmannskost zu fairen Preisen (tägl. 12–22 Uhr, Mo Ruhetag). DZ 80–100 €, Frühstück inkl. Am Tannenhof 2, 18181 Graal-Müritz, ✆ 038206-77221, 📠 038206-77913, www.cafestuebchen-witt.de.

Ostseecamp Rostocker Heide, nur durch die Düne vom Strand getrennt, etwa 1 km westlich von Graal-Müritz, mit kleinem Laden und Gasthaus, Sportmöglichkeiten etc. Erw. 6 €, Kinder 6–15 J. 3,50 €, Zelt 5–8 €, Auto 5 €, Wohnmobil 10 €, Strom 3 €. Geöffnet April bis Okt. Wiedortschneise 1, 18181 Graal-Müritz, ✆ 038206-77580, 📠 038206-79194, www.ostseecamp-ferienpark.de.

Essen & Trinken Leckere Fischbrötchen gibt es im **Bistro Kombüse** an der Seebrücke, einen hübschen Garten hat das **Caféstübchen Witt** der gleichnamigen Pension im OT Müritz (→ Übernachten).

Rostocker Heide
Karte → S. 162/163

Informationszentrum Wald und Moor

Das sehenswerte Informationszentrum samt Naturpfad befindet sich nahe Klein-Müritz (Zufahrt auch über eine Forststraße, die nördlich von Klockenhagen links abzweigt). Hier kann man sich von der Entstehung und der Beschaffenheit der Moore, von ihrer historischen Nutzung und ihrer Renaturierung sowie von den Lebensräumen Wald und Moor ein Bild machen.

April bis Okt. Mi–So 10–17 Uhr. Erw. 2 €, Kinder 1 €. Ribnitzer Landweg 3, 18311 Ribnitz-Damgarten/OT Neuheide, ✆ 038206-14444.

Freilichtmuseum Klockenhagen

Im Zentrum von Klockenhagen befindet sich ein bemerkenswertes Museum für ländliche Architektur und bäuerliche Lebenswelt in Mecklenburg-Vorpommern. Auf dem sechs Hektar großen Freigelände sind aus verschiedenen Dörfern 20 historische Gebäude zusammengetragen, sorgsam restauriert und wiederaufgebaut worden, u. a. Dorfkirche, Scheunen, diverse Bauernhäuser, Katen und Scheunen, Schmiede, Backhaus, Spritzenhaus, Bienenhaus, ein Dorfladen und eine Windmühle sowie ein Klohäuschen. In den Sommermonaten wird das Idyll von historischem Handwerk belebt. Dann wird in der Schmiede geschmiedet und im Backhaus Brot gebacken und auch beim Wollhandwerk von anno dazumal kann man zusehen oder auch beim Filzen, Weben, Spinnen oder Stricken mitmachen. Auf dem Gelände werden außerdem Hühner, Gänse, Ziegen, Schafe und Pferde gehalten, in einem Querdielenhaus werden wechselnde Sonderausstellungen gezeigt und in einem beeindruckenden, zentral gelegenen Fachwerkhaus ist die Museumsgaststätte untergebracht.

Juni bis Sept. tägl. 10–18 Uhr, April bis Mai und Okt. tägl. 10–17 Uhr, im Winter geschlossen. Eintritt 6 €, erm. 4 €, Kinder 7–16 J. 3 €, Familien 14 €, Hund 2 €, Fotoerlaubnis 1,50 €. Mit Gaststätte, der historische Dorfladen des Museums ist Mi–So 10–17 Uhr geöffnet. Mecklenburger Str. 57, 18311 Ribnitz-Damgarten/OT Klockenhagen, ✆ 03821-2775, www.freilichtmuseum-klockenhagen.de.

Jagdschloss Gelbensande

Das Schloss am Ostrand der Rostocker Heide war – nicht zuletzt wegen seines Heilklimas zwischen Meer und Wald – der bevorzugte Aufenthaltsort von *Friedrich Franz III.* (1851–1897), dem zeitlebens schwer asthmakranken Großherzog von Mecklenburg-Schwerin. Erbaut wurde es in den Jahren 1885–1887 durch den Baumeister *Gotthilf Ludwig Möckel*, ein historisierender Backsteinbau mit Obergeschoss aus Fachwerk, dazu Erker und Türmchen. Teile der Familie lebten bis Ende 1944 im Jagdschloss Gelbensande.

Der Rundgang durch das Erdgeschoss – Souterrain und Obergeschoss sind nicht zu besichtigen – führt u. a. durch Salon, Kabinett, Studierzimmer und Jagdhalle, z. T. sind noch originale (bzw. originalgetreu restaurierte) Möbel zu sehen, auch die Böden und Wandverkleidungen sind teilweise noch erhalten, Fotos an den Wänden erläutern die Geschichte des Schlosses. Einige Räume sind wechselnden Ausstellungen vorbehalten.

Tägl. 11–17 Uhr (im Winter bis 16 Uhr). Eintritt 4,50 €, erm. 4 €, Kinder 3 €, Familien 11 €; Audioguide 2 €. Im Schloss befindet sich auch ein Restaurant mit Café. Am Schloss 1, 18182 Gelbensande, ✆ 038201-475, www.jagdschloss-gelbensande.de.

Drei Farben Rot in Ribnitz: wie Honig der Bernstein ...

Ribnitz-Damgarten

ca. 15.000 Einwohner

Die Bernsteinstadt: Hier dreht sich alles um den honigfarbenen Stein. Größte Attraktion ist das Bernsteinmuseum im alten Kloster.

Ribnitz und Damgarten wurden im frühen 13. Jh. gegründet und 1950 zu einer Stadt vereinigt. Ribnitz war dabei immer die bedeutendere der beiden Nachbarinnen, ausgestattet mit einem großen Hafen, einer gotischen Marienkirche und seit 1323 mit einem reichen Nonnenkloster. Zentrum des gleichförmigen Stadtplans ist ein weitläufiger Platz, an dem sich das Rathaus, die Tourist-Information sowie die wuchtige Stadtkirche **St. Marien** aus dem 13. Jh. befinden (Mo–Fr 9–15 Uhr, April bis Sept. tägl. 10–16 Uhr). Der hübsche **Bernsteinfischerbrunnen** stammt von Thomas Jastram, der unverkennbar in der Werkstatt seines berühmten Onkels Jo gelernt hat. In westlicher Richtung liegt das **Rostocker Tor**, das einzig erhaltene von fünf mittelalterlichen Stadttoren. Am Bodden findet man den traditionsreichen **Hafen**, etwas südlich des Marktes ist im ehemaligen Nonnenkloster das Bernsteinmuseum untergebracht.

Das **Deutsche Bernsteinmuseum** ist zweifelsohne die größte und stets gut besuchte Attraktion in Ribnitz-Damgarten. Die umfangreiche Sammlung zeigt neben Fundstücken mit den verschiedensten Inklusen (u. a. Einschlüsse urzeitlicher Blüten, Insekten oder auch Skorpione) grandiose Bernsteinkunst aus den verschiedensten Epochen. Beeindruckend ist die Nachbildung eines Teils des berühmten Bernsteinzimmers. Infotafeln erläutern Entstehung und Beschaffenheit des Bernsteins, Verbreitung und Abbau sowie die Verarbeitung von der Altsteinzeit über das Mittelalter bis heute. In der kleinen Werkstatt des Museums kann man bei der Bearbeitung zusehen oder auch eigene Steine schleifen und polieren. Mit Café und Museumsshop. In der Klosterkirche schließlich, die an sich schon sehenswert ist, befindet sich eine schmucke und informative Dauerausstellung zur Geschichte des Ribnitzer Klarissinnenklosters.

März bis Okt. tägl. 9.30–18 Uhr, Nov. bis Febr. Di–So 9.30–17 Uhr. Eintritt 8,50 €, erm. 7,50 €, Kinder 4–16 J. 4 €, Familien 18,50 €; Ausstellung zur Klostergeschichte 3 €. Im Kloster 1–2, ✆ 03821-4622, www.deutsches-bernsteinmuseum.de.

Schräg gegenüber vom Bernsteinmuseum, in einigen Räumlichkeiten des St.-Klaren-Klosters aus dem 14. Jh., befindet sich die sehenswerte **Galerie im Kloster**. Drei Räu-

... hochgotisch backsteinrot die Marienkirche und postmodern verspiegelt der Informationskubus

Rostocker Heide
Karte → S. 162/163

me sind wechselnden Ausstellungen regionaler Künstler vorbehalten, eine kleine Dauerausstellung widmet sich dem Maler und Grafiker *Lyonel Feininger* (1871–1956).

Di–So 10–17 Uhr. Eintritt 2,50 €, Kinder 10–16 J. 1 €, Familien 5 €. Im Kloster 9, ✆ 03821-4701, www.galerie-ribnitz.de.

Information **Tourist-Information** im nagelneuen roten Würfel auf dem Marktplatz im Zentrum. Mitte Mai bis Okt. Mo–Fr 10–18 Uhr, Sa 10–16 Uhr, So 10–14 Uhr; Nov. bis Mitte Mai Mo–Fr 10–16 Uhr, Sa/So geschlossen. Am Markt 14, 18311 Ribnitz-Damgarten, ✆ 03821-2201, ℻ 03821-894750, www.ribnitz-damgarten.de.

Verbindungen Zwei **Bahnhöfe**, der wichtigere befindet sich in Ribnitz, südlich des Zentrums (Ribnitz-Damgarten West). Am Bahnhof in Damgarten (Ribnitz-Damgarten Ost) halten nicht alle Züge. Fast stündl. ab Bahnhof West nach Rostock und Stralsund, alle 2 Std. auch ab Bahnhof Ost.

Bus, Linie 210 fährt etwa stündl. über Fischland-Darß-Zingst nach *Barth*. Je 6-mal tägl. mit Linie 211 oder 214 direkter Weg nach Barth. Mit Linie 202 11-mal tägl. nach *Graal-Müritz*, 4-mal tägl. weiter zur *Hohen Düne* (Fähre nach Warnemünde), Sa/So nur 2-mal.

Übernachten/Essen außerhalb »» Unser Tipp: **** **Park-Hotel Schloss Schlemmin**, ca. 15 km östlich von Ribnitz-Damgarten in ländlicher Idylle. Schneeweißes Schloss mit Zinnen und Türmchen, 20 ha großer Park. Innen vollständig renoviert, 37 Zimmer, sehr komfortabel, Sauna, Wellness, Salon, Bibliothek, Restaurant (nachmittags auch Café, abends Weinstube). DZ 80–120 €, Familienzimmer (4 Betten) ab 120 €, Frühstück inkl. Am Schloss 2, 18320 Schlemmin, ✆ 038225-5160, ℻ 038225-516100, www.schlosshotel-schlemmin.de. *Anfahrt*: Von Ribnitz zunächst auf der B 105 nach Damgarten, dort rechts abbiegen Richtung Richtenberg und nach ca. 12 km links ab nach Schlemmin, das Schlosshotel ist ausgeschildert. ««

Essen und Trinken »» Lesertipp: **Meeresbüfett**, Leser schrieben, das Restaurant am Ribnitzer Stadthafen sollte man sich nicht entgehen lassen: „Das Lokal ist zwar eher einfach eingerichtet, die Speisen werden aber absolut frisch zubereitet und sind superlecker. Das Preis-Leistungs-Verhältnis ist top!" Im angeschlossenen Laden gibt es nicht nur Frischfisch, sondern auch Backfisch, Fischbrötchen, Krabbensalat usw. Tägl. ab 11.30 Uhr. Ribnitzer Fischerhafen, Am See 40, ✆ 03821-390718. ««

Sport **Golfanlage „Zum Fischland"**, knapp 2 km südlich von Ribnitz gelegener 9-Loch-Platz, auch Kurse. Pappelallee 23 a, 18311 Ribnitz-Damgarten, ✆ 03821-894610, www.golfclub-fischland.de.

Bodden-Therme, Spaßbad und Saunalandschaft, Rutsche, Wellenbecken, Blockhaussauna etc. Di/Mi 14–22 Uhr, Do–So 10–22 Uhr, in den Schulferien (MV) tägl. 10–22 Uhr. Körkwitzer Weg 15, ✆ 03821-3909961, www.bodden-therme.de.

Aussicht bei Ahrenshoop

Fischland–Darß–Zingst

Die schönste Halbinsel der deutschen Küste, Nationalpark und Künstlerkolonie, gesäumt von Traumstränden und belebt von ein paar schmucken Dörfern, ein wenig mondän, doch meist idyllisch in der herrlichen Landschaft zwischen Ostsee und Bodden.

Ursprünglich eine Inselkette, wuchsen die Eilande erst im Laufe der Zeit zusammen und erhielten eine Verbindung zum Festland. Als Erstes machte sich das schlanke Fischland sowohl am Festland als auch am Darß fest, allerdings nicht ganz von selbst. Strömung trug im Laufe der Jahrhunderte nördlich von Dierhagen, das streng genommen zum Festland gehört, Land an. Es entstand ein sich festigender Sandhaken, der nur durch einen Strom vom Fischland getrennt war: den *Permin*. Ein weiterer Wasserweg trennte das Fischland nördlich von Ahrenshoop wiederum vom Darß. Im 14. Jh. aber versenkten die Hansestädte Rostock und Stralsund in beiden Meerengen mehrere Schiffe, um die Wasserstraßen unpassierbar zu machen. Es war die Blütezeit nicht nur der Hanse, sondern auch der meist auswärtigen Piraten und der heimischen Schmuggler, die zwischen all den Inseln, Haken und Buchten vorzügliche Voraussetzungen für ihr Gewerbe fanden. Die Blockade, die den umtriebigen Piraten wie auch den kleinen, schmuggelnden Fischern die Bewegungsfreiheit nehmen sollte, bewirkte die Versandung der Ströme, bis schließlich die ehemaligen Inseln Darß und Fischland miteinander und mit dem Festland verbunden waren. Der letzte natürliche Wasserweg schließlich wurde erst Ende des 19. Jh. gekappt. Nach der verheerenden Sturmflut von 1872 wurde die Außenküste mit Dünen gesichert, wobei der *Prerower Strom*, der Zingst vom Darß trennt, seine Ostseemündung verlor.

Auf der schmalen Landenge **Fischland** befinden sich die Ostseebäder Wustrow und Ahrenshoop, Letzteres bekannt dank seiner Künstlerkolonie. Verglichen zum Fischland ist der **Darß** dünn besiedelt. Zwar gibt es drei Dörfer, die beiden kleinen Boddenhäfen Born und Wieck sowie das Ostseebad Prerow im Norden, aber die Orte liegen relativ gedrängt zwischen Küste und dem weitläufigen Wald, der sich fast über die gesamte Halbinsel erstreckt. Bei dem Ostseebad **Zingst** hingegen handelt es sich um die einzige Ortschaft auf der gleichnamigen Halbinsel, deren äußere Küstenlinie, von der Strömung genährt, noch immer stetig wächst.

Weite Teile des Darß und der Halbinsel Zingst gehören zum 805 Quadratkilometer großen **Nationalpark Vorpommersche Boddenlandschaft**. In seiner Kernzone liegt mit den Inseln *Großer Werder* und *Kleiner Werder* (östlich von Zingst) einer der wichtigsten und größten Kranichrastplätze Mitteleuropas. Touristische Zentren sind v. a. die an der nördlichen Außenküste gelegenen Ostseebäder sowie das besonders schöne Ahrenshoop, während der Tourismus an Wieck und Born an der Boddenküste eher vorbeiläuft. Das Highlight auf der Halbinselkette ist der Weststrand auf dem Darß: Bizarre Windflüchter beugen sich über die spärlich bewachsenen Dünen, im feinen Sand sammelt sich hier und da von Wind und Strömung angetragenes Strandgut. Der dichte, urwüchsige Wald hält dem Naturstrand den Rücken frei, denn hier im Nationalpark ist jede Art von Bebauung verboten. So ist der Weg zum Strand zwar etwas lang, mit dem Fahrrad aber mühelos zu bewältigen. Apropos: Auf Fischland-Darß-Zingst ist man generell besser mit dem Fahrrad unterwegs. Das Wegenetz ist sehr gut ausgebaut, und die Entfernungen sind überschaubar.

Karte → S. 162/163

Dierhagen

ca. 1500 Einwohner

Das Tor zum Fischland liegt an einer Landenge noch vor der lang gestreckten Halbinsel. Ostsee und Bodden sind hier kaum einen Steinwurf voneinander entfernt. Eigentlich besteht Dierhagen aus drei kleinen Weilern, die unter einem Namen zusammengefasst werden: Der Tourismus spielt sich vor allem in *Dierhagen Strand* ab. An der Zufahrtsstraße auf die Halbinselkette und an der schmalsten Stelle der Landenge stehen die paar Häuser, die den Namen *Dierhagen Ost* tragen. *Dierhagen Dorf* dagegen erstreckt sich hinter dem kleinen Hafen am Saaler Bodden.

Information Kurverwaltung im **Haus des Gastes** in Dierhagen Strand. Im Sommer immer Do 10 Uhr historische Ortsführungen. Geöffnet Mo–Fr 9–18 Uhr, Sa/So 10–14 Uhr. Ernst-Moritz-Arndt-Str. 2, 18347 Dierhagen Strand, ✆ 038226-201, 📠 038226-80466, www.dierhagen-fischland.de.

Verbindungen Etwa stündl. mit dem **Bus Linie 210** nach Ribnitz-Damgarten und über Wustrow, Ahrenshoop, Born, Wieck, Prerow und Zingst nach Barth. Nächster **Bahnhof** in Ribnitz-Damgarten.

Baden Westlich und nordwestlich von Dierhagen erstreckt sich hinter einem Streifen Dünenwald der etwa 6 km lange, feinsandige Strand, der seit vielen Jahren mit der Blauen Flagge ausgezeichnet wird. Juni bis Sept. tägl. 9–18 Uhr DLRG-überwacht (Strandzugang 15), ✆ 038226-274. FKK-Bereiche bei den Zugängen 7, 12, 17 und 24, Hundestrand bei den Zugängen 9, 16 und 23. Strandzugang 15 ist rollstuhlgerecht.

Bootsausflüge Im Sommer 4-mal tägl. mit dem **Zeesenboot** über den Saaler Bodden, ab Dierhagen Hafen (Erw. 14 €, Kinder 7 €), auch Tagestouren und Segelkurse, Infos unter ✆ 0170-4512671 und www.boddenskipper.de.

Fahrradverleih U. a. beim **OstseeCamp Dierhagen** (nahe Kurverwaltung), Fahrrad 5–7 €/Tag, auch Kinderräder, -sitze, Anhänger, Helme und Bollerwagen. Ernst-Moritz-Arndt-Str., ✆ 038226-80778.

Kurtaxe 15. Juni bis 14. Sept. pro Pers. 2 €/Tag, erm. 1,20 €, unter 16 J. frei. Außerhalb der Hochsaison 1,10 € pro Pers., erm. 0,80 €. Hunde ganzjährig 1 € pro Tag.

Fahrradweg
Darßer Ort
Leuchtturm Darßer Ort (NATUREUM)
Seebrücke
Kern-zone I
Esper Ort
Prerow
Wieck a. Darß
Darß
Born a. Darß
Bliesenrade
Ahrenshoop
Althagen
Niehagen
Hohes Ufer
Fuhlendorf
Michaelsdorf
Neuendorf Heide
Wustrow
Barnstorf
Saaler Bodden
Hermannshagen
Harmannshof
Fischland
Saal
Bartelshagen
Dierhagen Ost
Dierhagen
Dierhagen Strand
Dierhagen Dorf
Hessenburg
Kückenhagen
Neuhaus
Dändorf
Ribnitzer See
Großes Moor
Infozentrum Wald und Moor
Ribnitz-
Damgarten
Graal-Müritz
Freilicht-museum
Klockenhagen
Hirschberg
Daskow
Ahrenshagen
Neuhof
Altheide
Rostocker Heide
Markgrafen Heide
Warnemünde
Gelbensande
Hinrichshagen
Rostock
Bartelshagen
Poppendorf
Recknitz
105

Hiddensee
Gellen
Gellerhaken
Nationalpark Vorpommersche Boddenlandschaft
Kernzone I
Großer Werder
Kleine Werder
Bock
Barhöft
Zingst
Zingst
Pramort
Sundische Wiese
Straße gesperrt
Große Kirr
Meiningenbrücke
Bathe Oie
Kleine Wiek
Große Wiek
Bresewitz
Barther Strom
Barther Bodden
Grabow
Fahrenkamp
Pruchten
Barth
Dabitz
Küstrow
Neu Bartelshagen
Rubitz
Divitz
Kenz
Spoldershagen
Groß Kordshagen
Karnin
Lassentin
Niepars
Kummerow
Martenshagen
Löbnitz
Starkow
Velgast
Neuhof
Trinwillershagen
Schlemmin
Weitenhagen
Wolfshagen
Millenhagen
Richtenberg
Semlow
Jakobsdorf
Steinhagen
Klausdorf
Hohendorf
Bisdorf
Groß Mohrdorf
Nisdorf
Günz
Prohn
Altenpleen
Preetz
Parow
Kramerhof
Buschenhagen
Stralsund
Pantelitz
Martensdorf
Langendorf
Zimkendorf
Lüssow
Borgwallsee
Negast
Neu Lüdershagen
Krummenhagen
Windebrak
105
194
2,5 km
Fischland-Darß-Zingst

Veranstaltungen Am zweiten oder dritten Wochenende im Juli startet im Hafen die **Zeesenbootregatta** mit den traditionellen Schiffen mit rotbraunen Segeln. Abends großer Ball.

Am zweiten Samstag im August trifft sich ganz Dierhagen zum **Tonnenabschlagen** zu Pferde, der Brauch stammt noch aus der Schwedenzeit. Ebenfalls Tanz am Abend.

Übernachten **** **Strandhotel Fischland**, in Alleinlage hinter den Dünen und nur wenige Meter vom Strand befindet sich die komplett renovierte, große Hotelanlage. Die dazugehörigen Ferienhäuser und -appartements gruppieren sich im Halbrund auf dem Areal. Gehobenes Hotelrestaurant mit großer Terrasse (und neuerdings einem Michelin-Stern), Wellnessbereich mit Schwimmbad, Saunen, Whirlpool, Kosmetikstudio etc.; außerdem Segeln, Surfen, Reiten, Tennis, Tischtennis, Badminton und Fahrradverleih. EZ 185–215 €, DZ 230–295 €, Frühstück inkl., Appartement für 2 Pers. ab 200 €, Landhausvillen ab 380 €. Ernst-Moritz-Arndt-Str. 6, 18347 Dierhagen, ✆ 038226-520, 📠 038226-52999, www.strandhotel-fischland.de.

**** **Hotel Blinkfüer**, im Ortsteil Dierhagen Strand (relativ weit östlich), hübscher Garten, zum Meer sind es gut 100 m. Restaurant, Café-Terrasse und Wintergarten, mittags und abends geöffnet. EZ 95 €, DZ 125–145 €, Frühstück inkl., Halbpension 26 €. An der Schwedenschanze 20, 18347 Dierhagen, ✆ 038226-53570, 📠 038226-80392, www.hotel-blinkfueer.de.

Essen & Trinken **Restaurant Meeresrauschen**, beliebtes und nicht teures Restaurant in Dierhagen Strand. Einladende Terrasse, auf den Tisch kommt hauptsächlich mecklenburgische Fischküche. Tägl. 11–23 Uhr geöffnet. Am Badesteig 8 a, ✆ 038226-53608.

Gaststätte Boddenblick, einfach und günstig, Terrasse am Hafen von Dierhagen Dorf und mit Blick auf den Saaler Bodden. Auch Fischräucherei. Mittags und abends geöffnet. ✆ 038226-80166.

Wustrow

ca. 1200 Einwohner

Der größte Ort auf dem Fischland erstreckt sich vom Ostseestrand bis zum Boddenhafen. Das traditionsreiche Wustrow hat zwei Gesichter: Bädertourismusambiente zum Meer hin und Fischerdorfflair im Rücken des Hafens.

Weithin sichtbar erhebt sich der spitze Helm der *neugotischen Kirche* von Wustrow, die in der zweiten Hälfte des 19. Jh. erbaut wurde. Bei einer Turmbesteigung eröffnen sich weite Blicke über die Boddenlandschaft und auch ein Überblick über den Ort. Ein Rundgang durch das alte Fischerdorf führt von der Kirche aus die Neue Straße hoch und die Osterstraße wieder zurück zum Hafen – eine idyllische Ansammlung alter, sorgsam restaurierter Fischerkaten und Kapitänshäuser. Prominent ist das **Fischlandhaus** in der Neuen Straße 38, ein hübsches Hochdielenhaus, dessen Rohrdach weit über die rote Fassade reicht (Bibliothek und wechselnde Ausstellungen).

Etwas anders präsentiert sich der zum Strand orientierte Teil Wustrows. Über die Strandstraße gelangt man zu einer kleinen Seebrücke. Auch die Strandseite Wustrows lohnt eine Erkundungstour, hier finden sich ebenfalls beschauliche kleine Straßen mit alten Häuschen, wie z. B. in der Parkstraße und der Lindenstraße.

Endloser Sandstrand am Fischland

Fischland–Darß–Zingst
Karte → S. 162/163

Östlich des Hafens gelangt man schließlich in den Ortsteil *Barnstorf.* Der kleine Weiler besteht aus einer Handvoll traditioneller, niederdeutscher Hallenhäuser und Scheunen, umgeben von ungemein idyllischen Gärten. In einem der Gebäude ist die **Kunstscheune Barnstorf** untergebracht, in der wechselnde Ausstellungen stattfinden Ein netter Spaziergang führt vom Hafen hierher.

Mai bis Mitte Okt. tägl. 10–13 und 15–18 Uhr, außerdem an Ostern und Weihnachten und Feiertagen. Eintritt 1 €. Barnstorf Hufe IV, ✆ 038220-201, www.kunstscheune-barnstorf.de.

Basis-Infos

Information **Haus des Gastes** (Kurverwaltung), in dem backsteinernen Gebäude an der Durchgangsstraße, einstmals das kaiserliche Postamt. Mo–Fr 9–17 Uhr, Sa/So 10–15 Uhr, in der Nebensaison eingeschränkt. Ernst-Thälmann-Str. 11, 18347 Wustrow, ✆ 038220-251, ✆ 038220-253, www.ostseebad-wustrow.de.

Verbindungen Mit dem **Bus Linie 210** ca. stündl. über Dierhagen nach Ribnitz-Damgarten und über Ahrenshoop, Born, Wieck, Prerow und Zingst nach Barth.

Fährverbindung nach Ribnitz in der Hochsaison 3-mal tägl. mit der *MS Boddenkieker*; einfache Fahrt Erw. 8 €, Kind 4 €, Familien 22 € (hin und zurück: 12,50 €, 6 €, 32 €), Fahrrad 2 €, Hund 1 €. ✆ 038320-588, www.boddenschifffahrt.de.

Baden Von Dierhagen über Wustrow bis Ahrenshoop und weiter bis zum *Darßer Ort* erstreckt sich der herrliche, blau beflaggte Sandstrand. Im Ortsbereich des Ostseebads Wustrow ist der Strand DLRG-bewacht. Das Gelände fällt relativ sanft ins Meer ab, etwas Vorsicht sollte man bei den vorgelagerten Wellenbrechern walten lassen. FKK-Bereiche befinden sich nördlich und südlich des Hauptstrandes, einen Hundestrand gibt es im Süden auf Höhe der Surfschule (Strandübergänge 8 und 9).

Bootsausflüge **Zeesenbootsegeln** vom Wustrower Hafen aus, bei gutem Wetter legen die Traditionssegler mehrmals tägl. ab. ✆ 038320-201 oder ✆ 0170-2017816 oder über die Fischländer Segelschule (→ Wassersport).

Boddenrundfahrten mit der *MS Ostseebad Wustrow* in der Hochsaison tägl., Dauer 2 Std., Erw. 12,50 €, Kinder 6 €, Familien 32 €. Im Sept./Okt. finden Mi und Sa spätnachmittags Kranichbeobachtungstouren statt (ca. 2:30 Std., gleiche Preise). Infos am

Hafen, unter ✆ 038320-588 oder unter www.boddenschifffahrt.de.

Fahrradverleih Diverse Verleiher im Ort, z. B. die **Schatztruhe**, Strandstr. 32, ✆ 038220-80365; sowie **Fahrrad Schröder** (hier auch E-Bikes und geführte Radwanderungen), Lindenstr. 17, ✆ 038220-80905, www.fahrradtourismus-wustrow.de.

Baywatch in Wustrow

Kurtaxe Mitte Juni bis Mitte Sept. 2 €, erm. 1 €, in der Nebensaison 1 €/0,50 €, Kinder unter 6 J. frei, Hund ganzjährig 1 €.

Veranstaltungen Am Ostersamstag übernehmen beim **Strandgalopprennen** die Pferde den Strand; die **Zeesbootregatta** findet am ersten Samstag im Juli statt, eine Woche darauf (zweiter Sonntag im Juli) das traditionelle **Tonnenabschlagen**.

Wassersport **Surfcenter Wustrow**, etwa 1 km südlich von Wustrow, an der Landenge am Strand. Surf- und Kitekurse, Verleih, Parkplatz (8 €/Tag), Wohnmobilstellplätze über Nacht 8–14 € (inkl. 1 Pers., jede weitere 4 €). An der Nebelstation 2, 18347 Wustrow, ✆ 038220-80250, ℻ 038220-66919, www.surfcenter-wustrow.de.

Fischländer Segelschule, Grundkurs, auch für Kinder, Sportbootführerscheine, Segeltouren im Zeesenboot, Vermietung von Jollen. Hafenstr. 10, 18347 Wustrow, ✆ 03382-7078188 oder 0171-3277290, www.fischlaender-segelschule.de.

Wohnmobilstellplatz Am Hafen und beim Surfcenter Wustrow (→ Wassersport).

Übernachten/Essen & Trinken

Dorint Strandresort & Spa, in der Strandstraße unweit der Seebrücke. Modernes Luxusambiente, großer Spa-Bereich mit Hallenbad, nobles Restaurant. EZ ca. 115 €, Standard-DZ ca. 150 €, Frühstück inkl. Strandstr. 46, 18347 Wustrow, ✆ 038220-650, ℻ 038220-65100, www.dorint.com.

››› Unser Tipp: **Schimmel's**, kleines Restaurant samt Pension schräg hinter dem Haus des Gastes. Die ambitionierte, junge Küche verfeinert unter Verwendung regionaler Produkte mecklenburgische Spezialitäten. Angeboten werden auch Tagesmenüs (drei Gänge 38 €, fünf Gänge 48 €). Unbedingt reservieren! Das Restaurant/Café ist ab 14 Uhr geöffnet (So auch mittags, Do Ruhetag), nachmittags Kaffee und Kuchen. Nur 3 Zimmer, hell und geschmackvoll eingerichtet, außerdem eine Ferienwohnung. DZ 70 €, Frühstück 6–12 € pro Pers. Nov. geschlossen. Parkstr. 1, 18347 Wustrow, ✆ 038220-66500, www.schimmels.de. ‹‹‹

Schifferwiege, Pension und Restaurant in einer ruhigen Seitenstraße (am Anfang der Strandstraße rechts rein). Terrasse und Garten, Wintergarten mit hellen Korbmöbeln, freundliches Ambiente, behaglich-gediegene Zimmer. EZ 68 €, DZ 73 €, Appartement 79–85 €, Frühstück inkl. Restaurant tägl. ab 11 Uhr durchgehend, nachmittags Kaffee, Kuchen und Eis. Karl-Marx-Str. 30, 18347 Wustrow, ✆/℻ 038220-80336, www.pension-schifferwiege.m-vp.de.

Pension Schlunt und das *Restaurant Fischschuppen* liegen einander quasi gegenüber. In der Pension Doppelzimmer im rustikalen Stil, Sauna im Haus. DZ ab 55 €, Appartement ab 65 €, Frühstück 7,50 €/Pers. Osterstr. 30, 18347 Wustrow, ✆ 038220-80515, www.landhaus-schlunt.de.

Das dazugehörige **Restaurant Fischschuppen** bietet nettes Ambiente, urig mit Holzbalken, kleine Nischen. Große Speisekarte, auf der nicht nur gängige (Fisch-)Gerichte zu finden sind, sondern auch Exoten wie Schwertfisch oder Wok-Pfanne. Sehr beliebtes Restaurant, mittleres Preisniveau: Hauptgerichte ca. 10–15 €. Mo–Do nur abends geöffnet, Fr–So auch mittags. Osterstr. 30, ✆ 038220-80515.

Ahrenshoop

ca. 650 Einwohner

Der vielleicht schönste Ort der Halbinsel – die ehemalige Künstlerkolonie verdient das Attribut „malerisch" voll und ganz. Dank traumhaftem Strand, vielen Kunstgalerien und hervorragenden Hotels ist Ahrenshoop heute eines der nobelsten Ziele an der deutschen Ostseeküste.

Ein Bummel durch das alte Fischerdorf macht Lust am Entdecken, an jeder Ecke wartet ein neues Fotomotiv – liebevoll restaurierte Fischerkaten, edle Strandvillen, das beeindruckende Hochufer, die schilfgesäumte Boddenküste oder einfach der endlose Ostseestrand. In den niedrigen Rohrdachhäusern verbergen sich zahlreiche **Kunstgalerien**, teilweise in nur zu Fuß zugänglichen Seitensträßchen gelegen, von denen der leuchtend blaue Kunstkaten am Strandweg mit seinem rohrgedeckten Dach sicher am auffälligsten ist. Entlang der viel befahrenen Hauptdurchgangsstraße reihen sich dagegen die schicken, oft aufwendig um- oder neu gebauten Hotels aneinander, hier trifft man sich in edlen Restaurants und Cafés. Wer Ahrenshoop erkunden will, sollte sich das Panorama vom **Hohen Ufer** auf den Strand nicht entgehen lassen: Der Blick von hier oben zählt zu den beliebtesten Fotomotiven der Halbinsel, und – man ahnt es schon – gemalt wurde diese Ansicht auch schon mehrfach.

Idylle in Ahrenshoop

Historisch spielte der Ort, der Ende des 13. Jh. erstmals als „Arens Hof" oder „Arnes Hof" erwähnt wurde, zunächst kaum eine Rolle. Ahrenshoop bildete seit jeher die Grenze zwischen dem mecklenburgischen Fischland und dem Darß, der schon zu Vorpommern gehört. Erst Ende des 18. Jh. entstand hier ein richtiges Fischerdorf. Zu größerer Bedeutung kam Ahrenshoop ab 1889, als der Maler *Paul Müller-Kaempff* (1861–1941) den Ort „entdeckte" und bald darauf zu seiner neuen Wohn- und Schaffensstätte erkor. Ihm folgten zahlreiche Künstler und Künstlerinnen, denen Ahrenshoop sein Renommee als Künstlerkolonie verdankt, von dem es noch heute zehrt. Mit den Künstlern kamen auch die betuchten Badegäste hierher. Nach dem Zweiten Weltkrieg lebte der Künstlerort Ahrenshoop weiter und avancierte zum beliebten Urlaubsziel der DDR-Kulturschaffenden. Heute zählt der Ort ca. 2000 Gästebetten und eine stetig wachsende Zahl an (Eigentums-)Wohnanlagen, in die besser Betuchte für einen komfortablen Lebensabend investieren.

Künstlerkolonie Ahrenshoop

Bei einer Wanderung im Jahr 1889 erblickte der Maler *Paul Müller-Kaempff* das beschauliche Fischerdörfchen erstmals vom Hohen Ufer aus, der Ahrenshooper Steilküste, und war sogleich angetan von diesem „Bild des Friedens und der Einsamkeit". Es war die unberührte Natur und das romantische, einfache Leben, durch das Müller-Kaempff sich angezogen fühlte – er wollte weg vom akademisch-bürgerlichen Kunstbetrieb der Großstadt mit seinen strengen Hierarchien und hin zur Einheit von Mensch und Natur und der damit verbundenen Freiheit. 1892 ließ sich Müller-Kaempff an der Dorfstraße ein erstes Haus bauen und gründete eine Malschule, es folgte als Schule und Pension das *Künstlerhaus Lukas* in der Dorfstraße (Nr. 35), das damals bis zu 50 Schüler und Schülerinnen beherbergen konnte – hauptsächlich Schülerinnen, denen der Zugang zu den meisten staatlichen Akademien bis 1919 verwehrt blieb.

Ahrenshoop wurde zu einem Zentrum impressionistischer Landschaftsmalerei, was sich auch an den Hochschulen von Berlin und Düsseldorf herumsprach. Mit den Malschülern kamen auch die Maler, die das alte Fischerdorf als ihren neuen Wohnsitz auserkoren, und mit der Kunst kam der Badetourismus. 1909 wurde der *Kunstkaten* (→ *Sehenswertes*) als öffentliches Ausstellungsgebäude eröffnet, doch brachte der Erste Weltkrieg das rege künstlerische Treiben in Ahrenshoop bald zum Erliegen. Auch der Kunstkaten wurde geschlossen (1919) und bald darauf verkauft. Nach einer zweiten Blütezeit in den 1920er Jahren kam es erst wieder in der DDR zu einer erneuten Aufnahme des Kulturbetriebes: Ahrenshoop wurde zum „Bad der Kulturschaffenden", in dem Maler, Schriftsteller und Theaterleute, aber auch Funktionäre entspannte Ferientage verbrachten.

Auch wenn so manche Kreativität mittlerweile Kommerz und Profit weichen musste, hält man noch heute die Tradition der Künstlerkolonie Ahrenshoop aufrecht. Künstler unterhalten Ateliers, im Kunstkaten sind wieder Ausstellungen zu sehen und auch das Künstlerhaus Lukas wurde wieder seiner ursprünglichen Funktion zugeführt: In sieben Atelierwohnungen sind Stipendiaten untergebracht, das in der Regel einmonatige Stipendium steht den Bereichen Bildende Kunst, Literatur, Tanz und Musik offen (www.kuenstlerhaus-lukas.de). Ein weiteres Denkmal für die Künstlerkolonie öffnete erst jüngst seine Pforten: das *Kunstmuseum Ahrenshoop* (an der Straße Richtung Althagen rechter Hand, → auch unten, *Sehenswertes*). In fünf Räumen finden hier ständige und wechselnde Ausstellungen statt, hinzu kommen diverse Veranstaltungen wie kunsthistorische Vorträge, Filmabende etc.

Zu Ahrenshoop gehören auch die beiden südlich gelegenen Ortsteile *Althagen* und *Niehagen*, beide ebenfalls mit ausreichend Unterkünften (und ein wenig Gastronomie) ausgerüstet, insgesamt aber doch deutlich ruhiger als der Ort selbst. Mit dem Fahrrad ist man schnell im „Zentrum", zu Fuß sind es von Niehagen zur „Bunten Stube" in Ahrenshoop etwa 30 bis 45 Minuten.

Basis-Infos

Information **Kurverwaltung Ahrenshoop**, zwischen Durchgangsstraße und Strand beim Kunstkaten. In der Hochsaison Mo–Fr 9–18 Uhr, Sa/So 10–15 Uhr; in der Nebensaison Mo–Fr 9–17 Uhr (im Winter nur bis 16 Uhr), Sa 10–15 Uhr, So geschlossen. Kirchnersgang 2, 18347 Ahrenshoop, ✆ 038220-666610, 📠 038220-666629, www.ahrenshoop.de. Immer mittwochs 10 Uhr (im Winter 11 Uhr) **Ortsrundgänge**.

Verbindungen Mit **Bus Linie 210** etwa stündl. über Wustrow und Dierhagen nach *Ribnitz-Damgarten* und über Born, Wieck, Prerow und Zingst nach *Barth*.

Baden Endloser, feinsandiger Strand, nur ein schmaler Dünenstreifen trennt Dorf und Meer, in südwestliche Richtung schließt mit dem Ahrenshooper *Hohen Ufer* ein Stück Steilküste an. In den Sommermonaten DLRG-bewacht (Übergang 12, ✆ 038220-666616), Blaue Flagge. FKK eher in nordöstlicher Richtung (Richtung Darßer Weststrand). Hundestrände bei Übergang 3 und 13 (im ganzen Ort und am Strand Leinenpflicht).

Bootstouren **Zeesenbootfahrten** auf der *Sannert* oder der *Blondine*, im Sommer 5-mal tägl., Dauer 90 Min., Erw. 12 €, Kinder 6 €. Infos im *Räucherhaus* (am Althäger Hafen, → Essen) bzw. unter ✆ 038220-6946, www.raeucherhaus.net.

Einkaufen Sofort ins Auge fällt die **Bunte Stube** an der Dorfstraße – der halbrunde Bau in Rot und Weiß stammt aus der Zeit des Bauhauses (1929) und lädt zum Stöbern ein: Bücher, Postkarten, Keramik, Tee, Pullover, Schals etc., auch kleine Galerie. Mo–Sa 10–18 Uhr, So 13–17 Uhr; in der Nebensaison So/Mo geschlossen; im Winter nur Do–Sa 11–17 Uhr. Dorfstr. 24, www.buntestube.de.

> **Kunst** aller Art und aller Preisklassen wird in den Galerien und Ateliers verkauft.

Fahrradverleih **Gielow**, Dorfstr. 21 (an der Hauptstraße beim Schild bis ganz hinten zum schwarzen Schuppen durchgehen). ✆ 038220-80134, www.haus-gielow.de.

Brilke, in Niehagen, Pension mit Fahrradverleih, auch Kinderräder und -sitze, Anhänger/Nachläufer, Hundekörbe etc. Niehäger Str. 1, ✆ 038220-80396, www.pension-brilke.de.

Kurtaxe In der Hochsaison (Mai bis Sept.) 2,30 € pro Pers., erm. 1,80 €; in der Nebensaison 1,40 €, erm. 0,90 €, unter 18 J. frei. Hunde ganzjährig 1 €.

Parken Im „Zentrum" fast überall verboten oder gebührenpflichtig. Beim Edeka-Parkplatz im Zentrum von 8–19 Uhr gebührenpflichtig: 1 €/Std., 2 €/3 Std., 3 €/6 Std., Tageskarte 6 €. Strenge Parkwächter!

Reiten **Islandpferdehof Fischland**, in Niehagen, Kurse, Ausritte (z. B. zum *Darßer Weststrand*), Ganztagesritte und auch Mehrtagesritte; auch das eigene Islandpferd kann mitgebracht werden. Reitstunde 20 €. Weg zum Kiel 12, 18347 Ahrenshoop-Niehagen, ✆ 038220-69328 oder 0160-99752433, www.islandpferdehof-fischland.de.

Veranstaltungen Viele temporäre Ausstellungen (Termine im Veranstaltungskalender), außerdem: **Tonnenabschlagen** zu Pferde am dritten Sonntag im Juli, abends großer Reiterball.

Ein Wochenende später trifft man sich zum Ahrenshooper **Strandfest**.

Die **Ahrenshooper Kunstauktion** findet immer am ersten Samstag im August statt.

Lange Nacht der Kunst am dritten Samstag im August: Kunsthäuser, Galerien und Werkstätten sind bis Mitternacht geöffnet, dazu diverse Veranstaltungen und Vorführungen.

Die **Althäger Fischerregatta** findet am dritten Septemberwochenende statt: Regatta mit Zeesenbooten auf dem Saaler Bodden, dazu Hafenfest und Markt, abends Tanz und Live-Musik.

Wassersport → Wustrow, S. 166.

Fischland–Darß–Zingst
Karte → S. 162/163

Übernachten

Die Auswahl an guten bis sehr guten Hotels ist groß, im mittleren und unteren Preissegment findet sich dagegen nicht allzu viel. In Althagen und Niehagen gibt es auch einige günstige Pensionen. Nächster Campingplatz in Born (→ S. 174).

In Ahrenshoop **** **Der Fischländer – Weststrand Hotel**, knallgelbes Haus mit Rohrdach am nordöstlichen Ortsausgang (Richtung Prerow). Nur über die Straße zum Strand, 28 komfortable, stilvolle Zimmer, die meisten mit Balkon. Gehobenes Restaurant, Terrassencafé und Cocktailbar *Tute* (→ Nachtleben), Wellnessbereich mit Sauna, Whirlpool, Massage und Kosmetik. EZ 110–135 €, DZ 135–165 €, Frühstück inkl., Halbpension 26 €/Pers., Haustier 10 €. Ferienwohnung für 4 Pers. 150–165 €/Tag. Dorfstr. 47 e, 18347 Ahrenshoop, ✆ 038220-6950, 📠 038220-69555, www.hotelderfischlaender.de.

**** **Romantik Hotel Namenlos & Fischerwiege**, auf mehrere Gebäude verteiltes Hotel, alles sorgsam saniert. Mit Restaurant (→ Essen), Hallenbad, Sauna und Whirlpool, auch Massagen und Kosmetik. Im Haupthaus EZ 115 €, DZ 180 €; in der Fischerwiege EZ 115 €, DZ 160 €; Appartement für 2 Pers. im Dünenhaus ab 125 €; im Haus Bergfalke EZ 65 €, DZ ab 95 €; Frühstück inkl., Halbpension möglich (Menü 28 €). Schifferberg 9 a, 18347 Ahrenshoop, ✆ 038220-6060, 📠 038220-606301, www.hotel-namenlos.de.

Pension Nordlicht, pastellgelbes Gebäude an der Dorfstraße, an Strandübergang 9 und nur wenige Schritte zum Meer. Parkplatz am Haus, mit Terrasse. EZ 67 €, DZ 88–100 €, Appartement für 2 Pers. 120 €, für 4 Pers. 150 €, Frühstück inkl., Halbpension 18 €, Hund 2 €/Tag. Dorfstr. 34, 18347 Ahrenshoop, ✆ 038220-69610, 📠 038220-69623, www.nordlicht-ahrenshoop.de.

In Althagen **Ferienwohnungen „Räucherhaus“**, direkt am Althäger Hafen, 3 Appartements und 4 Ferienwohnungen, für 2 Pers. 61–69 €/Tag, für 4 Pers. 105 €, für 7 Pers. 185 € (jeweils mit kleiner Küche). Rustikale Gaststätte im Haus (→ Essen). Am Hafenweg 6, 18347 Ahrenshoop/Althagen, ✆ 038220-6946, 📠 038220-69481, www.raeucherhaus.net.

In Niehagen »» Lesertipp: **Pension Bradhering**, altes Backsteinhaus (ehemals Bauernhof) in ruhiger Lage, mit schönem Garten, Frühstück im Wintergarten. DZ 85 €, Appartement für 2 Pers. 95–110 €, Frühstück inkl., auch Fahrradverleih. Weg zum Kiel 7, 18347 Ahrenshoop/Niehagen, ✆ 038220-414, www.pension-bradhering.de. ««

Pension Brilke, freundliche Pension unter einem Rohrdach, mit Fahrradverleih, relativ günstig, allerdings an der Durchgangsstraße im Ortsteil Niehagen gelegen. EZ 40 €, DZ 70–75 €, Appartement für 2 Pers. 80 €, Frühstück inkl. Niehäger Str. 1, 18347 Ahrenshoop/Niehagen, ✆ 038220-80396, 📠 038220-66219, www.pension-brilke.de.

Essen & Trinken/Nachtleben

Restaurants/Cafés **Namenlos**, mit herrlicher Terrasse und schönem Meerblick, wo es sich am Nachmittag bei Kaffee und Kuchen aus eigener Konditorei bestens aushalten lässt. Verfeinerte mecklenburgische Küche von heimischen Produzenten, allerdings nicht ganz billig (Hauptgerichte um 20 €), im Angebot auch ein etwas günstigeres Tagesgericht. Tägl. durchgehend geöffnet. Schifferberg 2, ✆ 038220-6060.

»» Unser Tipp: **Buhne 12**, traumhafte Lage oberhalb des Strandes am Hohen Ufer, herrlicher Blick aufs Meer (v. a. abends). Schöner, großer Garten, nettes Ambiente auch innen in den Gasträumen (auch hier wunderbarer Blick aufs Meer). Freundlicher Service, viel gelobtes (Fisch-)Restaurant und gar nicht mal so teuer, nachmittags ein Muss für Kaffee und Kuchen. Di–So 12–22 Uhr; im Winter nur Sa/So 12–22 Uhr. Grenzweg 12, ✆ 038220-232. ««

Achtern Strom, im Zentrum an der Hauptstraße (im Baltischen Hof), mit Terrasse. Tägl. ab 11 Uhr durchgehend warme Küche, nachmittags Kaffee und Kuchen. Dorfstr. 4, ✆ 038220-82601.

Räucherhaus, hier am Althäger Boddenhafen (Ortsteil Althagen) kommt hauptsächlich geräucherter Fisch auf den Tisch, natürlich aber auch fangfrischer. Uriges Ambiente, überdachte Veranda. Tägl. ab 11.30 Uhr durchgehend geöffnet. Am Hafen, ✆ 038220-6946.

Café Stübchen, im Ortsteil Niehagen an der Hauptstraße, moderner orangener Pavillon mit Terrasse und Garten, selbst gebackene Kuchen und Eis, auch kleine Gerichte. Im Sommer tägl. 9–11 Uhr (zum Frühstück) und 13–18 Uhr geöffnet, im Winter eingeschränkt (am besten vorher anrufen). Niehäger Str. 14, ✆ 038220-667558.

Nachtleben **Cocktailbar Tute**, im Hotel *Fischländer*, weithin bekannter und beliebter Treffpunkt für Nachtschwärmer, auch diverse Veranstaltungen. Mi–Sa ab 21 Uhr geöffnet. Dorfstr. 47 e, ✆ 038220-6950.

Sehenswertes

Kunstmuseum Ahrenshoop: Mit dem im Sommer 2013 eröffneten Museumsneubau an der Straße nach Althagen hat der Ort seiner Künstlerkolonie endlich ein würdiges Denkmal gesetzt, finanziert wurde das private Museum durch diverse Stiftungen und Förderer. Allein das goldfarbene Gebäude an der Straße ist zum Hingucker geworden, im Inneren werden in fünf lichtdurchfluteten Sälen die Kostbarkeiten aus über 120 Jahren Künstlerkolonie präsentiert. Nach einer umfassenden Eröffnungsausstellung soll ein Teil des Museums zukünftig einer permanenten Ausstellung zur Künstlerkolonie vorbehalten sein, der andere wechselnden (Themen-)Ausstellungen. Die Sammlung umfasst über 500 Bilder, Grafiken, Zeichnungen und Skulpturen. Absolut sehenswert!

Fischland–Darß–Zingst Karte → S. 162/163

Tägl. 11–18 Uhr, Nov. bis Febr. Di–So 10–17 Uhr. Eintritt 8 €, Studenten 4 €, Schüler 3 €, Kinder unter 6 J. frei, Familien 18 €. Führungen immer Fr 15 Uhr, Architektur-Führung zum Museumsbau Mo 15 Uhr (jeweils 5 €, Studenten 4 €, Kinder/Schüler 3 €). Weg zum Hohen Ufer 36, ✆ 038220-66790, www.kunstmuseum-ahrenshoop.de.

Kunstkaten Ahrenshoop: Der leuchtend blaue Katen mit Rohrdach ist nicht zu übersehen. 1909 wurde das Haus eröffnet und ist heute mit seiner fast 100-jährigen Geschichte die älteste Galerie in Ahrenshoop. Im künstlerischen Leben der DDR spielte der Kunstkaten eine bedeutende Rolle. Unter Führung von *Johannes R. Becher*, Gründungsmitglied und erster Präsident des Kulturbundes der DDR (ursprünglich: Kulturbund zur demokratischen Erneuerung Deutschlands), war er im Sommer 1946 mit einer Ausstellung heimischer Maler wiedereröffnet worden. 1974 brannte das Gebäude teilweise ab und konnte erst 1977 wieder für die Öffentlichkeit zugänglich gemacht werden – von nun an in dem strahlenden Blau, für das es so bekannt ist. Seit 1993 ist der Kunstkaten im Besitz der Gemeinde Ahrenshoop. Zu sehen sind etwa alle vier bis sechs Wochen wechselnde Ausstellungen hauptsächlich zeitgenössischer Künstler, oft mit geografischem bzw. thematischem Bezug zu Ahrenshoop und der Ostsee. Darüber hinaus finden zahlreiche Veranstaltungen statt – Lesungen, klassische Konzerte, Schauspiel, Kabarett, Jazz- und Liederabende etc.

Tägl. 10–13 und 14–18 Uhr; im Winter Di–So 10–13 und 14–16 Uhr. Eintritt 2 €, erm. 1 €. Strandweg 1, ✆ 038220-80308, www.kunstkaten.de.

Strandhalle: Nur einen Steinwurf vom Kunstkaten entfernt, zwischen Dorfstraße und Strand, befindet sich dieses deutlich modernere Veranstaltungshaus (1998 eröffnet). Angeschlossen ist ein Gästehaus für Künstlergruppen. Hier finden alljährlich die *Ahrenshooper Kunstauktion* (→ Veranstaltungen) und immer wieder auch Konzerte, Filmabende und Lesungen statt, außerdem die *Ahrenshooper Literaturtage* im Oktober.

Nur zu Veranstaltungen geöffnet. Dorfstr. 16 b, ✆ 038220-82522.

Galerie Alte Schule: Das recht kleine Ausstellungsgebäude befindet sich neben der Strandhalle und zeigt wechselnde Ausstellungen zeitgenössischer Künstler aus dem Ostseeraum bzw. dem Norden Deutschlands.

Tägl. 10–13 und 14–18 Uhr, im Winter eingeschränkt. Eintritt frei. Dorfstr. 16, ✆ 038220-66330, www.galerie-alte-schule-ahrenshoop.de.

Neues Kunsthaus: Auf der Boddenseite der Dorfstraße, schon Richtung Althagen und etwas versteckt gelegen. Sehenswerte Galerie zeitgenössischer Kunst aus Mecklenburg-Vorpommern und dem gesamten Ostseeraum. Hier sind auch Ausstellungen von Stipendiaten aus dem *Künstlerhaus Lukas* zu sehen. Schöner rohrgedeckter Bau, mit Skulpturengarten. Gemeindebibliothek nebenan.

Tägl. 10–18 Uhr, im Winter nur bis 16 Uhr, im Frühling/Herbst bis 17 Uhr. Eintritt 2 €, erm. 1 €, unter 16 J. frei. Bernhard-Seitz-Weg 3 a, ✆ 038220-80726, www.neues-kunsthaus-ahrenshoop.de.

Galerie im Dornenhaus: Unter Denkmalschutz stehendes altes Fachwerkhaus mit tiefem Rohrdach, um die Ecke vom Neuen Kunsthaus. Ausgestellt sind neben meist zeitgenössischer Malerei auch Keramik und schräge Skulpturen im Garten. Auch Lesungen, Konzerte etc. Ein lohnenswerter Weg!

Tägl. 10–18 Uhr, im Winter bis 17 Uhr. Eintritt frei. Bernhard-Seitz-Weg 1, ✆ 038220-80963, www.dornenhaus.de.

Schifferkirche: Der originelle Kirchenbau aus dem Jahr 1951 liegt am Fuß des (immerhin 14,6 Meter hohen) Schifferbergs in einer Seitenstraße der Dorfstraße – eine kleine Holzkirche, deren Dach dick mit Rohr gedeckt ist. Im Kircheninneren finden sich Werke der Bildhauerin *Doris Oberländer-Seeberg:* der hölzerne Taufständer, die Kanzel und die Schrift an der Altarwand.

Juni bis Sept. Di–So 10–16 Uhr, ansonsten nur Do–So 10–16 Uhr. So 9 Uhr Gottesdienst. Paetowweg 5, Infos: ✆ 038233-69133 (Pfarramt Prerow), www.schifferkirche-ahrenshoop.de.

Auf halber Strecke zwischen Ahrenshoop und Born befindet sich der **Parkplatz Drei Eichen** (Parkgebühr 1 €/Std., 6 €/Tag), der ideale Ausgangspunkt für eine Wanderung zum Darßer Weststrand, der von hier in gut einer halben Stunde zu erreichen ist.

Born

ca. 1100 Einwohner

Eigentlich findet man hier doch noch viel vom Charme eines alten Fischerdorfes: ein paar rohrgedeckte Häuschen mit bunten Fassaden und bemalten Haustüren, kopfsteingepflasterte Sträßchen und eine traditionsreiche Anlegestelle an der Boddenküste. Dazwischen wurde und wird in den letzten Jahren aber enorm expandiert, Baulücken im Ort mit Ferienhausbauten geschlossen und das nächste Projekt zumindest auf dem Reißbrett in Angriff genommen: die Bebauung der 16 Hektar großen Landzunge „Holm" südwestlich von Born – ein Landschaftsschutzgebiet. Doch hier regt sich Widerstand, bei den Bürgern wie bei den Darß-liebenden Urlaubern, die sich nach Ruhe und Natur und vielleicht ein paar weniger Autos sehnen (aktuelle Infos hierzu: www.borner-holm.de). Am Ortsrand von Born befindet sich heute ein Campingplatz, im Darßer Wald die Jugendherberge.

Bedeutendste Sehenswürdigkeit von Born ist die hübsche hölzerne **Fischerkirche** mit Rohrdach. Sie wurde 1934/1935 erbaut und zeigt im Innern ein hölzernes Tonnengewölbe. Auf dem Dach thront ein kleiner Turm, die dazugehörigen Glocken aber befinden sich separat auf dem 50 Meter entfernten Friedhof.

Nur Mi 14–16 Uhr, Sa 18 Uhr Gottesdienst (im Winter nicht). Im Sommer oft Fr abends Konzerte. Kirchenort 2, ✆ 038233-69133, www.kirchengemeinde-prerow.de.

Im Ort finden sich einige kleine Galerien, darunter die *Zeitkunstg***alerie Born** in relativ zentraler Lage am Darßer Sommertheater unweit des Hafens. Die *Galerie Born* liegt etwas abseits in der Südstraße, hier werden etwa viermal jährlich wechselnde Ausstellungen gezeigt.

Zeitkunstgalerie Born: von ca. Ostern bis Ende Okt. Di–So 10–13 und 15–19 Uhr (im Herbst Di–So 10–17 Uhr); Chausseestr. 90, ✆ 038234-236, www.zeitkunstgalerie.de. **Galerie Born**: zu Ausstellungen Mi–So 11–17 Uhr; Südstr. 22, ✆ 0172-8855692, www.galerie-born.de.

Die Fischerkirche von Born

Basis-Infos

Information **Kurverwaltung Born**, im Sommer Mo–Fr 9–18 Uhr, Sa 10–14 Uhr (Juli bis Sept. Sa/So 10–15 Uhr); im Winter nur Mo–Fr 9–17.30 Uhr. Chausseestr. 73 b, 18375 Born a. Darß, ✆ 038234-50421, 📠 038234-50431, www.darss.org. Während der Saison immer Di 10 Uhr **Ortsführung** (2,50 €, Kinder frei).

Verbindungen Mit dem **Bus 210** ca. stündl. über Ahrenshoop und Wustrow nach Ribnitz-Damgarten und über Wieck, Prerow und Zingst nach Barth.

Bootstouren *MS Blütenkieker*, im Sommerhalbjahr 2-mal tägl. große **Boddenrundfahrt** sowie im Sept./Okt. auch Kranichbeobachtungsfahrten. Jeweils 12,50 €, Kinder 4–14 J. 6 €, Familien 32 €, Hund 1 €. Infos unter ✆ 038220-588 oder www.boddenschifffahrt.de.

Mit der *MS Heidi* während der Saison nach Fuhlendorf (Bodstedter Bodden) und Prerow. ✆ 038234-210, www.fahrgastschiff-darss.de.

Die *MS Swantevit* der Reederei Oswald fährt Mitte April bis Ende Okt. 1-mal tägl. (vormittags) auf große Boddentour mit Halt in Ahrenshoop und Ribnitz, Weiterfahrt nach Zingst. Ribnitz einfach 10 €, Kinder 5,50 €, Hund 2,50 €; hin und zurück 15 €, Kinder 7,75 €, Hund 3,75 €. ✆ 0170-5841644.

Fahrradtransport auf allen Schiffen möglich.

Einkaufen **Bio-Hofladen Gut Darß**, am Ortsrand, beschildert. Gemüse, Fleisch, Fisch, Käse, Backwaren, Gewürze, Honig usw. Mai bis Okt. Mo–Fr 9–18 Uhr (im Winter nur bis 17 bzw. 16 Uhr), Sa 9–13 Uhr (im Winter 10–12 Uhr). Im angeschlossenen *Hof-Café* gibt es Bio-Burger, natürlich kann man aber auch Kaffee und Kuchen bekommen. Am Wald 26, 18375 Born, ✆ 038234-5060, www.gut-darss.de. ■

Fahrradverleih **Neumann's Fahrradshop** im Zentrum, auch MTBs, Kinderräder und Zubehör. Mai bis Okt. tägl. 9–19 Uhr geöffnet. Im Moor 2, ✆ 038234-272, www.neumann-darss.de.

Klettern **Kletterwald Darß**, gleich gegenüber vom Gut Darß, 8 verschiedene Parcours für Erwachsene und Kinder ab 1,10 Meter Größe, ideales Programm für Familien und Abwechslung vom Strand (allerdings bei Regen geschlossen). Ende März bis Anfang Nov. Mi–So 11–17 Uhr (sowie feiertags), im Juli/Aug. tägl. 9–19 Uhr. Erw. 20 €, Kinder/Jugendliche 15 €, Familien (mit 2 Kindern) 45–50 €. Imbiss im Gut Darß. Am Wald 26, ✆ 038234-50694, www.kletterwald-darss.de.

Kurtaxe In der Hauptsaison 2 €, erm. 1 €; in der Nebensaison 1 €, erm. 0,80 €.

Veranstaltungen **Darß Festspiele**, Theater, Kabarett und Konzerte auf der Freilichtbühne in der Chausseestraße (Achtung: auch auf Platt!) von Anfang Juli bis Ende August. Infos unter ✆ 038234-55812, www.darss-festspiele.de und bei der Kurverwaltung.

Tonnenabschlagen, am ersten Sonntag im August auf der Borner Festwiese. Abends großer Reiterball.

Wassersport **Kitesurf & Kanu Born**, Wassersportcenter am Regenbogencamp (→ Übernachten), Kurse für Kiten und Windsurfen (2 Tage Kite-Anfängerkurs 195 €, Surfkurs Anfänger 2 Tage 95 €), auch Boardverleih und Kajakvermietung. Ostern bis ca. Okt. geöffnet. Nordstr. 86, ✆ 038234-55582, www.kiten-lernen.de.

Übernachten/Essen & Trinken

Übernachten **Pension Walfischhaus**, am Boddenhafen, neue kleine Pension in geschmackvoll restauriertem Gebäude, auch Restaurant und Café (→ Essen). Nur 7 Zimmer, komfortabel und gemütlich. EZ 68 €, DZ 120–130 €, Frühstück inkl. Ganzjährig geöffnet. Chausseestr. 74, 18375 Born, ✆ 038234-55784, ℻ 038234-55785, www.walfischhaus.de. ■

Capitänshaus von Petersson, aufwendig renoviertes Kapitänshaus mitten im Dorf, Café/Restaurant nebenan. 5 große Ferienwohnungen (zweistöckig) für max. 5 Pers. 100–150 €/Tag. Bäckergang 12, 18375 Born, ✆ 05154-96350 oder 030-94519866 bzw. unter www.capitaenshausvonpetersson.de.

Jugendherberge Born, etwa 3 km außerhalb (Richtung Ahrenshoop) abseits der Straße im Nationalpark, umgeben vom Darßer Wald. Mit Minigolf, kleiner Gaststätte, Fahrradverleih. Im hölzernen Bungalow bzw. Schwedenhaus 23,90 €/Nacht, Senioren ab 27 J. 29,30 €/Nacht, im DZ 27,90 € (Junioren) bzw. 34,20 € (Senioren), Frühstück jeweils inkl., Halbpension 5,50 €. Auch Campingmöglichkeit (15,50 € bzw. 19,30 € pro Pers.), Hund 5 €. Ibenhorst 1, 18375 Born, ✆ 038234-229, ℻ 038234-231, www.jugendherberge.de.

In Born

Regenbogen Camp Born, ruhig gelegener Campingplatz westlich des Ortes am Boddenufer (Badestelle). Großzügiger, schattiger Platz, keine Gaststätte, kleiner Supermarkt und Kiosk/Café, Fahrradverleih, Surfen, Kite-Schule, Kajak-Verleih und Kanutouren (→ Wassersport). Stellplatz Zelt inkl. Pers. und Auto 27–31 €, Zelt und Fahrrad und 1 Pers. 12 €, Stellplatz Wohnwagen/-mobil 31–35,50 €, weitere Pers. (Erw.) 6 €, Pkw 4,30 €, Hund 4 €, Strom 3,50 €, Familienbad 8,50 €. Geöffnet Ende März bis Anfang Nov. Nordstraße 86, 18375 Born, ✆ 038234-244, ℻ 038234-59303, www.regenbogen.ag.

Essen & Trinken »» Lesertipp: **Walfischhaus**, nur wenige Meter vom Borner Hafen, mit Terrasse und Boddenblick, innen gemütliches, schönes Ambiente. Feine Küche zu gehobenen Preisen (Bio-Gütesiegel), auch Vegetarisches sowie allergikergeeignete Gerichte. 12–22 Uhr geöffnet, nachmittags Kaffee und Kuchen. Mi Ruhetag. Chausseestr. 74, ✆ 038234-55784. ««

Borner Hafenbistro, gelbes Haus mit Terrasse am Hafen, kaum zu übersehen. Köstliche Fischbrötchen und einige warme Fischgerichte. Während der Saison ganztägig geöffnet.

Café Tonart, ein reizendes kleines Café mit schönem Garten, sehr freundlicher Service, alternativ, gemütlich und beliebt. Im Sommer Di–So 10–18 Uhr, in der Nebensaison eingeschränkt, im Winter geschlossen (außer Weihnachten/Neujahr). Chausseestr. 58, ✆ 038234-55957, www.cafe-tonart.de.

Wieck

ca. 700 Einwohner

Was auf Born zutrifft, gilt auch für den kleineren Nachbarort Wieck: ein altes Fischerdörfchen nahe der Boddenküste, das von der stark befahrenen Hauptverbindungsstraße der Halbinsel nur gestreift wird und sich somit relativer Ruhe erfreuen kann. Hauptanziehungspunkt von Wieck ist die **Darßer Arche**, das hiesige Besucherzentrum des *Nationalparks Vorpommersche Boddenlandschaft*. In dem Gebäude, das aussieht wie ein Schiff im Trockendock, kann man sich über Land und Bodden im Nationalpark informieren. Schautafeln, Ausstellungsstücke und Filme informieren über die Lebensräume Wasser, Düne, Wald etc.

Mai bis Okt. tägl. 10–17 Uhr, Juni bis Sept. schon ab 9 Uhr, Nov. bis April Do–Sa 10–16 Uhr. Erw. 4,50 €, Schüler/Studenten, Rentner 3,50 €, Familien 10 €. Bliesenrader Weg 2, ✆ 038233-703821, www.darsser-arche.de.

Fischland–Darß–Zingst
Karte → S. 162/163

Information **Kurverwaltung** im Nationalparkzentrum Darßer Arche. Hier auch Karten und Bücher zur Gegend. Mai bis Okt. tägl. 10–17 Uhr, Juni bis Sept. 9–17 Uhr, Nov. bis April Do–Mo 10–17 Uhr. Bliesenrader Weg 2, 18375 Wieck a. Darß, ✆ 038233-201, 📠 038233-497, www.darss.org.

Verbindungen Mit dem **Bus 210** ca. stündl. über Born, Ahrenshoop und Wustrow nach Ribnitz-Damgarten und über Prerow und Zingst nach Barth.

Fahrradverleih **Neumann's Fahrradshop**, Müggenberg 31 (hinter dem Eiscafé bei der Darßer Arche), ✆ 038233-70536, www.neumann-darss.de.

Veranstaltungen **Darss Marathon**, am dritten oder vierten Wochenende im April, Marathon und Halbmarathon, Start ist an der Darßer Arche. Infos und Anmeldungen unter www.darss-marathon.de.

Tonnenabschlagen, am vierten bzw. letzten Sonntag im Juni.

Übernachten/Essen »» Unser Tipp: **Haferland**, gegenüber dem kleinen Hafen. Großes Wellnessangebot, schöner Garten. Im Haus gibt es zwei Restaurants: das gehobene Restaurant *Gute Stube* (Mittagstisch, Kaffee und Kuchen und Abendmenü ab 18 Uhr, Menü 36 €) sowie das vegetarische Gourmetrestaurant *Bajazzo* in privatem Ambiente im ersten Stock (nur abends, 4-Gang-Menü 38 €). Immer Do 10–13 Uhr finden hier vegetarische Kochkurse statt (42 €/Pers.). DZ 137–172 €, EZ 117–152 €, Appartement 166–192 €, jeweils inkl. Frühstücksbuffet (bis 13 Uhr!), Halbpension (3 Gänge) in der „Guten Stube" 36 €; Hund 12 €/Tag. Bauernreihe 5 a, 18375 Wieck, ✆ 038233-680, 📠 038233-68220, www.hotelhaferland.de. ««

Am kleinen Hafen von Wieck

Prerow

ca. 1500 Einwohner

Weitläufiger, aber eher unspektakulärer Ort am Rand des dichten „Darßer Urwaldes", allerdings mit herrlichem Strand samt moderner Seebrücke – ein familienfreundliches Badeparadies. Der berühmte Darßer Weststrand ist in einer schönen Wanderung gut zu erreichen.

Prerows Kapital ist der knapp fünf Kilometer lange und bis zu 80 Meter breite feinsandige *Nordstrand*, hinter dem sich ein Stück Küstenwald und der Prerowstrom erstrecken. Das Dorf selbst ist ein Stück vom Meer entfernt. Die Flaniermeile von der Seebrücke führt über den Prerowstrom ins Zentrum, wo sich das touristische Leben rund um die Waldstraße abspielt. Parallel und abzweigend von der Waldstraße stößt man dagegen noch auf einige Relikte vergangener Tage, als Prerow noch ein bedeutender Seefahrerort war: flache alte Kapitänshäuser mit rohrgedecktem Dach und den berühmten *Darßer Haustüren* – bunt bemalt und mit handgeschnitzten Motiven (Blumen und oft die Sonne) –, zu sehen u. a. in der Grünen Straße und in der Buchenstraße.

Ein Fischerdorf am *Prerowstrom*, der einst den Bodstedter Bodden mit der Ostsee verband und dadurch Darß und Zingst trennte, gab es wahrscheinlich schon zu slawischer Zeit. Zu Wohlstand kam das Dorf ab dem 17. Jh., als die Prerower sich als Seefahrer verdient machten. Drei Werften und über 100 Kapitäne soll man hier in der Blütezeit Mitte des 19. Jh. gezählt haben, die von ihren weiten Fahrten auch den entsprechenden Wohlstand mitbrachten. Nach der Sturmflut von 1872, die ganz Prerow unter Wasser gesetzt hatte, entschied die Preußische Regierung, die Mündung des Stromes zuzuschütten. Mit der Seefahrt ging es bergab, als Erwerbszweig rückte dafür ab ca. 1880 der Badetourismus ins Blickfeld. In der DDR war Prerow einer der bekanntesten Urlaubsorte an der Ostsee.

Basis-Infos

Information **Kurverwaltung Prerow**, an der Waldstraße im Zentrum. April bis Sept. Mo–Fr 9–18 Uhr, Sa/So 10–17 Uhr (April bis Mitte Juni So geschlossen); Okt. Mo–Fr 9–18 Uhr, Sa 10–16 Uhr; Nov. bis März Mo–Fr 9–16 Uhr, Sa 10–14 Uhr. Gemeindeplatz 1, 18375 Prerow, ✆ 038233-6100, 📠 038233-61020, www.ostseebad-prerow.de. Im Sommer **Ortsführungen** (zuletzt Di 14 Uhr und Mi 10 Uhr).

Verbindungen Mit dem **Bus 210** ca. stündl. über Wieck, Born, Ahrenshoop, Wustrow und Dierhagen nach Ribnitz-Damgarten sowie nach Zingst und Barth.

Mit der **Darßbahn** (Touristenbähnchen) im Sommer ca. stündl. vom Hafen Prerow (nahe der Seemannskirche) durch den Ort und zum Leuchtturm Darßer Ort (Haltestelle ca. 2,5 km vorher, dann zu Fuß). Infos unter ✆ 038233-60081, www-darssbahn.info.

Baden Der **Prerower Nordstrand** ist zweifellos einer der schönsten Strände an der Ostseeküste – darum beliebt und dementsprechend belebt. Blaue Flagge und auf einer Strecke von gut 3 km um die Seebrücke DLRG-überwacht. FKK-Bereiche befinden sich im Osten hinter der Hohen Düne und im Westen nach dem Ortsausgang, Hundestrände noch ein Stück dahinter.

Deutlich ruhiger geht es auf der nordwestlichen Seite des Nordstrands zu, wo sich dieser in sanftem Bogen bis zum Nothafen am Darßer Ort erstreckt.

Wer einen Marsch oder eine kleine Radtour auf sich nimmt, kann einen der herrlichsten Naturstrände Deutschlands besuchen: den **Darßer Weststrand**. Hier finden sich weder FKK-, Hunde- oder Textil-Strandzuteilungen noch DLRG-Überwachung oder Verpflegung, dafür aber mit Sicherheit irgendwo ein ruhiges Plätzchen zum Sonnenbaden – selbst in der Hochsaison.

Bootsausflüge Mississippi-Flair am Rande Mecklenburgs vermittelt die *River Star*. Der Nachbau eines **Schaufelraddampfers** fährt von Mitte März bis Nov. 3- bis 4-mal tägl. den Prerower Strom hinab (Erw. 12 €, Kinder bis 12 J. 6 €). Reederei Poschke, Pumpeck 5, 18375 Born, ✆ 038234-239, www.reederei-poschke.de.

Fahrradverleih z. B. **Fahrradverleih Wiedner**, am Bernsteinweg (Straße zum Strand) oder in der Grünen Straße 2b und 20a, in der Saison tägl. 9–18 Uhr geöffnet, ✆ 038233-60187, www.wiedner-prerow.de.

Kremserfahrten Mehrere Kutscher bieten Rundfahrten über den Darß sowie einen Kutschen-Linienverkehr zum Leuchtturm/Natureum an, u. a. **Alfred Kayserling** (Schmiedeberge 20, ✆ 0171-5286744, www.kutscherhof-kayserling.de); **Ralf Bergmann** (Bogislav-Rosen-Weg 3, ✆ 038233-70277 oder ✆ 0171-6041651, www.kutschfahrten-bergmann.de). Abfahrt am westlichen Ortsrand, nahe Hotel Waldschlösschen.

Kurtaxe Mai bis Sept. 2 €, erm. 1 €; in der Nebensaison und im Winter 1 € (0,50 €).

Parken Kostenpflichtige Parkplätze am östlichen Ortseingang sowie am westlichen Ortsende (5 €/Tag, ab 18 Uhr 2,50 €/2 Std.; Wohnmobil 6,50 €/Tag, über Nacht 15 €). Im Ort zur Saison schwierig.

Veranstaltungen **Anbaden** in der Ostsee am 1. Januar, wahrhaftig nichts für Warmduscher. Danach wärmendes Feuer und Glühwein am Strand.

Seebrückenfest zuletzt Anfang/Mitte Juni.

Am letzten Sonntag im Juli **Tonnenabschlagen**, abends mit großem Tonnenball.

Prerower Hafenfest (am Prerowstrom) alljährlich am letzten Juli- oder dem ersten Augustwochenende, mit Drachenbootrennen, abends Livemusik im Festzelt.

Ein schützenswertes Kulturgut: die Darßer Haustüren

Wassersport Surfen und Segeln mit dem **UniSurfTeam** am Strand des Regenbogen Camp Prerow. Einsteiger- und Grundkurse, Segelkurse, Brett- und Jollenverleih. April bis Okt. ✆ 038233-69494, www.ust-sport.de.

Kiteschule Darss, Kurse für Anfänger und Fortgeschrittene, auch Materialverleih. Bernsteinweg 28 a, ✆ 038233-703444 oder 0170-2712527, www.kiteschule-darss.de.

Übernachten

Hotels/Pensionen **** **Hotel Waldschlösschen**, noble Herberge ca. 400 m vom Ostseestrand am Rand des Darßer Waldes. Fachwerkbau von 1891 mit zwei Anbauten, private Atmosphäre, schickes Restaurant, großer Wellnessbereich mit SPA und Meerwasser-Hallenbad, Dampfbad, Saunen, Kosmetik etc. Komfortable, individuell eingerichtete Zimmer. EZ 149 €, DZ 198 €, mit obligatorischer Halbpension. Bernsteinweg 9, 18375 Prerow, ✆ 038233-6170, ℻ 038233-617403, www.waldschloesschen-prerow.de.

»»» Lesertipp: **** **Hotel Bernstein**, „Wunderschöne Hotelanlage, ruhig gelegen, guter Service, einfach ideal um auszuspannen.“ 127 Zimmer, mit Pool im großzügigen Garten, Restaurant, Bar, Wellnessangebot. Am Ortsrand direkt am Darßwald gelegen. Buchenstr. 42, 18375 Prerow, ✆ 038233-64000, ℻ 038233-64466, www.travelcharme.com. «««

Carpe Diem, am Ende der Grünen Straße (zweigt von der Waldstraße ab) gelegenes Gesundheits- und Wellnesshotel mit großem Garten. Mit (Wein-)Bar (kleine vegetarische Bioküche), Sauna und Fitness, zudem eigene Naturheilpraxis mit Osteopathie und Massagen. Fahrradverleih. EZ 100 €, DZ 120 €, Appartement für 2–3 Pers. 140–180 €, Frühstück inkl. Grüne Str. 31 b, 18375 Prerow, ✆ 038233-7080, ℻ 038233-70810, www.carpe-diem-prerow.de. ■

Pension Voss, freundliche Herberge schräg hinter dem Waldschlösschen, ca. 500 m zum Strand, ruhige Lage. Auf mehrere Gebäude verteilt, das angeschlossene Restaurant *Voß's Gute Stube* mit Terrasse bietet ein dreigängiges Tagesmenü für 14,50 € €, Hauptgerichte um 11 € (mittags und abends geöffnet, Di Ruhetag). Einfache günstige Zimmer, EZ 45 €, DZ 78 €, Frühstück inkl., Ferienwohnung 75–85 €. Villenstr. 6, 18375 Prerow, ✆ 038233-60136, ℻ 038233-60138.

Appartements **Haus hinter den Dünen**, Appartement-Anlage gleich beim Strand, mit Spielplatz, Tischtennis und Sauna, Fahrradverleih. Mit hellen Kiefernmöbeln eingerichtet, Appartement für 2 Pers. 62–99 €/Tag, für 4 Pers. ab 122 €, Ferienhaus 140–156 € (max. 6 Pers.). WLAN kostenlos. Bernsteinweg 6, 18375 Prerow, ✆ 038233-7060, ℻ 038233-706101, www.haus-hinter-den-duenen.de.

Camping **»»» Unser Tipp:** **Regenbogen Camp Prerow**, Camping mitten in den Dünen! Das riesige, lang gezogene Gelände befindet sich in traumhafter Strandlage nordwestlich des Ortes, ruhig und abgelegen, Schattenplätze oder Stellplätze auf den Dünen. Restaurants, Supermarkt, Sportangebot (u. a. Surfschule, Fahrradverleih), Kinderanimation. Zelt und 2 Pers. 29–33 €, Wohnwagen/-mobil und 2 Pers. 34–38 €, Kinder bis 13 J. frei, Pkw 6 €, Strom 3,50 €, Familienbad 9,50 €, Hund 4 €. Ganzjährig geöffnet. Waldstr. 8, 18375 Prerow, ✆ 038233-331, ℻ 038233-69351, www.regenbogen.ag. «««

Essen & Trinken

Restaurants **Restaurant Titania**, im Hotel *Waldschlösschen*. Gourmetrestaurant, gehobenes Preisniveau (Hauptgerichte 18–28 €), auch vegetarische Gerichte, gepflegtes Ambiente, große Weinauswahl, auch Terrasse. Mittags und abends geöffnet. Bernsteinweg 4, ✆ 038233-6170.

Restaurant Seeblick, an der Seebrücke, in dem skandinavisch anmutenden Holzhaus wird gute Fischküche serviert, im Sommer mit drei Terrassen. Leicht gehobenes Preisniveau. Tägl. ab 11.30 Uhr geöffnet, für abends unbedingt reservieren! ✆ 038233-348.

Cafés **Teeschale**, neben dem Darß-Museum, innen wie ein großer Wintergarten, herrliche Terrasse, es gibt auch kleine Gerichte (um 6 €) und natürlich Tee und Kuchen. Im Sommer tägl. 12–22 Uhr, in der Nebensaison Di–Sa 10–18 Uhr. Waldstr. 50, ✆ 038233-60845.

Café zum Leuchtturm, Museumscafé im Natureum Darßer Ort. Köstliche Kuchen, nicht teuer. Öffnungszeiten und Anfahrt → *Natureum*. Am Leuchtturm, ✆ 038233-304.

Sehenswertes

Darß-Museum: Eine kunterbunte Sammlung präsentiert alles Wissenswerte über die Halbinsel, von den kunstvollen Darßer Haustüren über Geografisches und Geologisches, die Entstehung einer Dünenlandschaft, Bernstein, die nahe gelegene Hertesburg (eine Slawenburg aus dem 10. Jh., nicht mehr erhalten) bis hin zu steinzeitlichen Funden in der Gegend. In den Räumen der ersten Etage findet sich u. a. eine originalgetreu aufgebaute Darßer Stube. Eine eigene Abteilung ist

Bizarre Windflüchter auf dem Darß

dem Beginn des Bäderwesens im ausgehenden 19. Jh. gewidmet, mit teils sehr origineller Bademode. Ansonsten Schiffsmodelle, Sextanten, Fischereihandwerkszeug und so fort.

Mai. bis Okt. Di–So 10–18 Uhr, Nov. bis März Fr–So 13–17 Uhr, im April Mi–So 10–17 Uhr. Eintritt 4 € (mit Kurkarte 2 €), Kinder 2,50 € (1,50 €), unter 6 J. frei. Waldstr. 48, ✆ 038233-69750.

Leuchtturm und Natureum Darßer Ort: Hoch erhebt sich der backsteinerne Leuchtturm über den Darßer Ort. Mitte des 19. Jh. erbaut und in Betrieb genommen, war er bis 1978 von einem Leuchtturmwärter besetzt. Seit der Restaurierung beherbergt der Turm mitsamt Gehöft das *Natureum Darßer Ort*, eine Außenstelle des Stralsunder *Meeresmuseums*. Hier wird man anschaulich über den Naturraum Küste informiert, indem z. B. Luftbilder ab 1937 bis in die jüngste Gegenwart die Küstendynamik und das Entstehen des Darßer Ortes in seiner heutigen Form verdeutlichen. Der Leuchtturm kann auch bestiegen werden: über eine Wendeltreppe mit 127 gusseisernen Stufen zu einer Aussichtsgalerie – prächtiger Ausblick auch bei nur passablem Wetter garantiert, bei guter Sicht bis Hiddensee! Nicht unterschlagen werden darf schließlich das freundliche Museumscafé.

Öffnungszeiten **Leuchtturm** und **Natureum Darßer Ort**: Mai bis Okt. tägl. 10–18 Uhr, Nov. bis April Mi–So 11–16 Uhr. Eintritt 5 €, erm. 4 €. ✆ 038233-304, www.meeresmuseum.de.

Anfahrt Leuchtturm und Natureum sind nicht mit dem Pkw erreichbar! Von Prerow sind es gut 5 km zu Fuß oder mit dem Fahrrad. Das **Bäderbähnchen** fährt bis auf knapp 2,5 km heran, am bequemsten ist eine **Kremserfahrt** vom westlichen Ortsrand von Prerow (Bernsteinstraße, Höhe Küsters Allee) direkt zum Leuchtturm, Mai bis Okt. 5-mal tägl. (zuletzt 10, 11, 12, 13.30 und 14.30 Uhr), einfach 4 €, erm. 2 € (→ Basis-Infos/Kremserfahrten).

Seemannskirche: Verlässt man den Ort in Richtung Zingst, gelangt man gleich nach der Brücke über den Prerowstrom linker Hand zur Seemannskirche von Prerow. Das Gotteshaus aus Backstein (mit Holzturm) stammt aus dem Jahr 1728 und birgt im barocken Inneren einige Votivschiffe: kleine Schiffsmodelle, die von geretteten Seefahrern als Dank gestiftet wurden.

Mo–Sa 10–18 Uhr, So 13–18 Uhr, im Winter nur bis 16 Uhr. So 10.30 Uhr Gottesdienst.

Zingst

ca. 3000 Einwohner

Das Ostseeheilbad bietet noch die besten Chancen, auch zur Hochsaison ein Urlaubsbett in (relativer) Strandnähe zu ergattern. Wie ein Gürtel legen sich die Appartementhäuser um das „alte Zingst". Zwar nicht immer zum Vorteil des Ortsbildes, aber zur Freude der Besucher.

Mit über 10.000 Gästebetten ist Zingst der touristisch mit Abstand größte Ort der Halbinsel (zum Vergleich: Prerow hat gerade mal etwa 7000 Gästebetten). Überwiegend Ferien- und Appartementhäuser legen sich wie ein Gürtel um das „alte" Zingst, das sich rund um die Strandstraße noch erahnen lässt. Unweit der modernen Seebrücke mit 270 Metern Länge befindet sich der alte Zingster **Rettungsschuppen** von 1875. Hier ist heute eine kleine Ausstellung rund um die Seenotrettung zu sehen (tagsüber geöffnet, Eintritt frei). Über die Strandstraße gelangt man zum Fischmarkt und ein Stück weiter zum **Heimatmuseum/Museumshof** in einem ansehnlichen Kapitänshaus in der Strandstraße 1 (am Kreisel) mit großer Ausstellung zur Geschichte des Ortes (im Sommer Mo–Sa 10–17 Uhr, Eintritt 3 €). Über die Jordan- und die Hafenstraße sind es nur wenige Fußminuten zum **Hafen** am Zingster Strom. Auf dem Rückweg lohnt der Abstecher zur evangelischen **Peter-Pauls-Kirche**. Das neugotische Gotteshaus entstand 1860 bis 1862 nach Plänen von *Karl Friedrich Schinkel*, die dessen Schüler *Friedrich August Stüler* ausführte.

Die Beliebtheit des Ortes ist – neben dem traumhaften Sandstrand – zu einem großen Teil auch der schönen Lage zwischen Ostsee und Zingster Strom mit der vorgelagerten **Insel** *Kirr* (Vogelschutzgebiet und wichtiger Kranichrastplatz) geschuldet. In westlicher Richtung wird Zingst vom *Freesenbruch*, einem moorigen Waldgebiet, begrenzt. Im Osten zieht der *Nationalpark Vorpommersche Boddenlandschaft* mit den „Sundischen Wiesen" (Kernzone des Nationalparks) die Besucher in Scharen an. Ein Radweg führt von Zingst hier hindurch zum Aussichtspunkt am **Pramort**, von wo der Blick bis nach Hiddensee reicht. Das seichte Wassergebiet östlich von Pramort ist einer der wichtigsten Kranichrastplätze in ganz Europa.

Basis-Infos

Information Kur- und Tourismus GmbH im Kurhaus (Haus des Gastes), an der Seebrücke. Ganzjährig tägl. 9–21 Uhr geöffnet. Seestr. 57, 18374 Zingst, ✆ 038232-81580, 📠 038232-81550, www.zingst.de. **Ortsrundgänge** Mo und Do 10 Uhr (ab Kurhaus, 5,50 €, erm. 3,50 €), auch geführte Radtouren. Die *Zimmervermittlung* der Kurverwaltung befindet sich am westlichen Ortseingang, ✆ 038232-81521.

Verbindungen Mit **Bus 210** etwa stündl. nach *Barth* sowie nach *Prerow, Wieck, Born, Ahrenshoop, Wustrow, Dierhagen* und *Ribnitz-Damgarten.*

Mit der **Touristen-Bummelbahn** *Zingst-Express* während der Saison etwa 7-mal tägl. ab Fischmarkt zum Hafen und retour.

Öffnungszeiten Meiningenbrücke

Im Sommer wird die Brücke tägl. um 7.45 Uhr, 9.45 Uhr, 17.45 Uhr und 20.45 Uhr für den Schiffsverkehr max. 15 Min. geöffnet (so es überhaupt ein Verkehrsaufkommen gibt) und ist damit nicht passierbar. Ende März bis Anfang Mai und im Sept./Okt. tägl. um 9.45 Uhr und 17.45 Uhr (jeweils 15 Min.), im Winter nur Di 10.30 Uhr. **Achtung**: An gesetzlichen Feiertagen keine Brückenöffnung!

Mehrmals tägl. **Schiffsverbindung** Zingst – Barth – Zingst sowie **Boddenrundfahrten** mit der Reederei Poschke. Infos unter ✆ 038234-239, www.reederei-poschke.de.

Baden Von Prerows Nordstrand bis weit hinter Zingst zieht sich der feinsandige, blau beflaggte Strand. Etwa 2 km hinter Zingst/Ost beginnt die Kernzone des Nationalparks, der Strand ist gesperrt. Rund um die Seebrücke gibt es auch behindertengerechte Zugänge. Ein FKK-Bereich befindet sich auf Höhe des Campingplatzes und beim Ortsteil Zingst/Ost. Hundestrände gibt es im Osten des Ortes Zingst.

Bootsausflüge Die *Reederei Zingst* (gehört zur *Reederei Hiddensee*) unternimmt von Mitte Mai bis Mitte Sept. ganztägige **Ausflugsfahrten** nach Hiddensee/Vitte (tägl. außer Mo). Erw. 24,90 €, Kinder 4–14 J. 16,50 €, Familien 66 €, Fahrrad 9 € (empfiehlt sich für den 4-stündigen Landgang!), Hund 10 €, jeweils hin und zurück. Ganztägige Fahrten nach Stralsund Mo und Sa, Erw. 19 €, Kinder 11 €, Familien 49 €, Hund 10 €, Fahrrad 9 € (hin und zurück). Infos unter ✆ 03831-26810, www.reederei-zingst.de. Start ist jeweils am Boddenhafen.

Fahrradverleih Mehrere Verleiher im Ort, z. B. **Fahrrad Neumann**, auch Kinderräder und Zubehör. Klosterstr. 13, ✆ 038232-12027, www.fahrrad-neumann.de.

Außerhalb beim **Hotel Schlösschen**, Sundische Wiese, geöffnet bei gutem Wetter. **Tipp**: Wenn die Kraniche unterwegs sind, sollte man sein Fahrrad möglichst früh ausleihen.

Kinder **Experimentarium**, am westlichen Ortsrand. Naturwissenschaft zum Anfassen und Mitmachen. Im Juli/Aug. tägl. 10–18 Uhr, April bis Juni Di–So 10–17 Uhr, Sept. bis März Di–So 10–16 Uhr. Seestr. 76, ✆ 038232-84678, www.experimentarium-zingst.de.

Kranichbeobachtung Ein beeindruckendes Spektakel, das sich größter Beliebtheit erfreut. Die Besucherzahlen sind begrenzt. Karten im Nationalparkhaus (am Anfang der Straße zur Sundischen Wiese, 5 €/Pers.), Infos in der Kurverwaltung. Der Aussichtspunkt befindet sich 8 km vom Eingang zu den Sundischen Wiesen am Pramort, der Weg dorthin ist von Sept. bis Anfang Nov. von 15–19 Uhr nur für Karteninhaber zugänglich, danach bis zum Morgen gesperrt (→ auch S. 186/187).

Am Strand auf Zingst

Kurtaxe Mai bis Sept. 2,80 €/Tag, erm. 1,40 €; Okt. bis April 1,20 €, erm. 0,60 €; Hund ganzjährig 1 €, Kinder/Jugendliche unter 16 J. frei.

Parken Kostenpflichtige größere Parkplätze an den Rändern des Ortes, auch an der Sundischen Wiese beim Hotel Schlösschen: 4 €/Tag.

Tauchgondel An der Seebrücke auf Tauchgang gehen, Dauer ca. 30–40 Min. Mai bis Okt. 10–19 Uhr, Juni bis Aug. bis 21 Uhr, im Winter nur Mi–So 11–16 Uhr; Erw. 8 €, Kinder bis 15 J. 5 €, Studenten 6 €, Familien 19–23 €. ✆ 03836-201261, www.tauchgondel.de.

Veranstaltungen **Anbaden** am 1. Mai an der Seebrücke, die Ostsee bringt es dann auf immerhin 8–10 °C. 50 Unerschrockene stürzen sich in die Fluten.

Zingster Hafenfest mit Zeesenbootregatta am dritten Wochenende im Juni.

Das **Shantychortreffen** findet immer am zweiten Septemberwochenende statt.

Wassersport **Wassersportzentrum Zingst**, Windsurfen, Kitesurfen und Tauchen, auch Schnupperkurse und Scheine. Mit kleiner Bar und ein paar Wohnmobil-Stellplätzen nebenan (15 €/Nacht). Auf halbem Weg nach Zingst/Ost. Am Strandübergang 6, ✆ 038232-20869, www.die-surfschule.de.

Übernachten

Hotels/Pensionen **** **Meerlust**, modernes, gelbes Gebäude am Deich, dahinter der weiße Ostseestrand. Bekanntes Wellnesshotel mit schickem Restaurant (→ Essen), schönes und privates Ambiente, Hallenbad, Sauna, Dampfbad und Fitness, Massagen, Bäder, Beautyfarm. 35 edel ausgestattete Zimmer, EZ 170 €, DZ 230–295 €, Frühstück inkl. Auch 16 Ferienwohnungen, für 2 Pers. 190 €, für 4 Pers. 205–245 € (Frühstück 20 €/Pers.). Seestr. 72, 18374 Zingst, ✆ 038232-8850, 📠 038232-88599, www.hotelmeerlust.de.

**** **Hotel Schlösschen**, sehr abgelegen und ruhig bei den Sundischen Wiesen, etwa 8 km von Zingst. Sehr freundlich, Biergarten vor dem Haus (bei schönem Wetter 10–17.30 Uhr geöffnet). Nebenan Fahrradverleih. DZ 95–160 €, Frühstück inkl. Landstr. 19, 18374 Zingst, ✆ 038232-8180, 📠 038232-81838, www.hotelschloesschen.de.

Boddenhus, direkt am Hafen, das angeschlossene Restaurant bietet verfeinerte regionale Küche, natürlich viel Fisch, mittleres Preisniveau. DZ 80–120 €, EZ 70–110 €, Frühstück inkl. Hafenstr. 4, 18374 Zingst, ✆ 038232-15713, 📠 038232-15629, www.boddenhus.de.

Jugendherberge **JH Zingst**, ruhige Lage am Rand des Zentrums und nicht mal 10 Min. zum Strand. In einer Seitenstraße der Bahnhofstraße, beschildert. Gepflegte Anlage, Tischtennis, Billard, Volley- und Basketball. Unterbringung in Ein- bis Vierbett-Zimmern. Übernachtung mit Frühstück 21,90 €, Senioren über 27 J. 26,70 €, auch DZ vorhanden (25,90 € bzw. 31,60 €), Halbpension zusätzlich 4–5 €/Pers. Glebbe 57, 18374 Zingst, ✆ 038232-15465, 📠 038232-12285, www.jugendherbergen-mv.de.

Camping **Wellness-Camp Düne 6**, am östlichen Ortsrand, erst spärlich bewachsen, daher noch wenig Schatten. Dafür ist aber auch alles neu und modern, großes Gebäude mit Schwimmbad, Sauna, Fitness- und Wellnessbereich; außerdem Restaurant. Ca. 300 m vom Strand. 2 Erw. und Zelt inkl. Auto 22,50 €, 2 Erw. und Wohnmobil 37,50 €, Kinder unter 3 J. frei, Kinder 3–13 J. 4 €, Hund 3 €, Strom 3 €, Mietbad 9,50 €. Auch Appartements für 2–4 Pers. (77–98 €) und Mietwohnwagen (max. 4 Pers., 93 €). Ganzjährig geöffnet. Inselweg 9, 18374 Zingst, ✆ 038232-17617, 📠 038232-17627, www.wellness-camp.de.

Am Freesenbruch, knapp außerhalb vom Ort (Straße nach Prerow) auf der linken Seite. Wohlorganisierter und geradlinig parzellierter Campingplatz, auch hier relativ wenig Schatten. Über 300 Stellplätze, hauptsächlich Wohnwagen und -mobile; nur über die Straße zum Strand. Mit Restaurant, Biergarten, Markt und Imbiss, Fahrradverleih, Sauna, Fitnessraum. Pro Pers. 8 €, Kinder 3–14 J. 5 €, Komfortstellplatz Wohnwagen/-mobil 16 €, Zelt 10–12 €, Auto 2 €, Hund 4 €, Mietbad 10,50 €, Strom nach Verbrauch. Ganzjährig geöffnet. Am Bahndamm 1, 18374 Zingst, ✆ 038232-15786, 📠 038232-15710, www.camping-zingst.de.

Essen & Trinken/Nachtleben

Essen & Trinken **Restaurant Meerlust**, im gleichnamigen Hotel (→ Übernachten). Feinschmeckerrestaurant, überwiegend regionale Produkte, oft aus biologischem Anbau, nicht ganz billig (Suppen/Vorspeisen 8–12 €, Hauptgerichte 28 €). Tägl. mittags und abends geöffnet, nachmittags Café. Seestr. 72, ✆ 038232-8850, www.hotelmeerlust.de.

Boddenhus, nettes Restaurant im gleichnamigen Hotel am Hafen, verfeinerte regionale Küche, viel Fisch, mittleres Preisniveau, mit Terrasse und großem Wintergarten. Hafenstr. 4, ✆ 038232-15713, www.boddenhus.de.

> Guten **Räucherfisch** gibt es bei *Kruse*, am Hafen rechts, zum Mitnehmen, als Imbiss oder im Restaurant. Sehr freundlich.

Nachtleben **Kon Tiki**, Steakhouse und Cocktailbar hinterm Deich am Strandübergang 8, mit Terrasse. Steaks, Salate, Nachos, Chicken-Wings und andere Snacks. Während der Saison freitagabends Live-Musik. Mo–Mi 17–1 Uhr geöffnet, Do–So 12–1 Uhr. Seestr. 32, ✆ 038232-15544, www.kon-tiki-bar.de.

Blick auf Barth

An der Boddenküste
Karte → S. 162/163

An der Boddenküste

Barth

ca. 8500 Einwohner

Ein beschauliches Städtchen mit überschaubarer Innenstadt, das die alten Grenzen der mittelalterlichen Ringstruktur nie verlassen hat. Weitläufig zeigen sich dagegen Marktplatz und Hafen.

Zwar war Barth bereits 1255 das Stadtrecht verliehen worden, die Stadt konnte sich aber, eingeklammert zwischen den beiden mächtigen Hansestädten Rostock und Stralsund, nie zu vergleichbarer Größe entfalten. Umso immenser erscheint der Anspruch mythischer Größe. Barth legt großen Wert darauf, Heimat der legendären Stadt Vineta zu sein und hat sich dies sogar amtlich verbriefen lassen – seither nennt man sich offiziell „Vinetastadt“. Der versunkenen Stadt zu Ehren finden jedes Jahr die Vineta-Festtage rund um eine Open-Air-Theateraufführung am Hafen statt und selbst ein Museum ist diesem Mythos gewidmet: In einem ehemaligen Kaufmannshaus in der Langen Straße im Zentrum ist das **Vineta-Museum** untergebracht, das eine kleine Dauerausstellung zum sagenumwobenen Vineta beherbergt.

Mo–Fr 10–17 Uhr, Sa/So 11–17 Uhr. Eintritt 5 €, Senioren/Kurkarteninhaber 4 €, erm. (für Schüler, Studenten *und* – klar, in einer Stadt namens Barth – Männer mit Vollbart!) 3 €, Familien 12 €. Lange Str. 16, ✆ 038231-81771, www.vineta-museum.de.

Erstaunlich weitläufig zeigt sich der *Hafen* von Barth, der zuletzt Stück für Stück modernisiert und umgestaltet wurde. Das Zentrum des kleinstädtischen Lebens ist der *Marktplatz* und die von ihm ausgehende Lange Straße. Neben dem Markt erhebt sich auch die hübsche, dreischiffige, backsteinerne *Marienkirche* (Mo–Fr 10–

18 Uhr, Sa 10–17 Uhr, im Winter eingeschränkte Öffnungszeiten, Turmbesteigung möglich), die im 14. Jh. errichtet wurde. Ungewöhnlich platziert zeigt sich das *Rathaus*, ein imposanter Backsteinbau, der sich etwas abseits und mitten in einem Wohngebiet befindet.

Konzentrationslager Barth

Wer sich von Süden der Stadt nähert, wird die Mahn- und Gedenkstätte des Konzentrationslagers in Barth kaum übersehen. Bereits ab 1940 befand sich hier ein Kriegsgefangenenlager, von 1943 bis 1945 dann ein Außenlager des Konzentrationslagers Ravensbrück. Die etwa 7000 KZ-Häftlinge mussten in der Flugzeugmontage der hier ansässigen Rüstungsbetriebe arbeiten. Das Denkmal an der Chausseestraße stammt von *Jo Jastram* und wurde 1966 eingeweiht.

Information **Barth Information**, am Markt, freundliches Personal. Mo–Fr 10–13 und 14–18 Uhr, Sa 10–14 Uhr; im Winter etwas eingeschränkt. Markt 3/4, 18356 Barth, ✆/℡ 038231-2464, www.stadt-barth.de.

Verbindungen **Bahn**: Mit der UBB etwa alle 2 Std. nach Stralsund, mit UBB und dem Regionalexpress ca. alle 2 Std. über Velgast (Umsteigen) nach Ribnitz-Damgarten.

Mit **Bus 210** stündl. über Zingst, Prerow, Wieck, Born, Ahrenshoop, Wustrow und Dierhagen nach Ribnitz-Damgarten und retour.

April bis Okt. 6-mal tägl. (in der Hochsaison 8-mal tägl.) **Schiffsverbindung Barth – Zingst** mit der Reederei Poschke. Erw. einfach 6 €, Kinder bis 12 J. 4 €; hin und zurück 12 € bzw. 6 €, Familien 17 € bzw. 32 €, Hund/Fahrrad 2 € pro Strecke. Infos unter ✆ 038234-239, www.reederei-poschke.de.

Bootsausflüge Im Sommer mit der Reederei Poschke jeden Sonntag ganztägige **Ausflugsfahrten** nach Hiddensee/Neuendorf, Erw. 22 €, Kinder bis 12 J. 14 €, Familien 62 €, Fahrrad 6 € (empfiehlt sich für den 4-stündigen Landgang!), Hund 6 €. Infos unter ✆ 038234-239, www.reederei-poschke.de.

Veranstaltungen **Tonnenabschlagen** an einem Samstag im Juni (genauer Termin bei der Touristinformation).

Meist im Juli/Aug. finden die **Barther Segel- und Hafentage** statt, ein Großereignis mit jeder Menge Rummel.

Übernachten/Essen & Trinken **** **Ringhotel „Speicher" Barth**, in einem ehemaligen Kornspeicher am Hafen, kaum zu übersehen. Modernes Ambiente, große Fensterflächen mit viel Blick, eine architektonische Besonderheit. Im Haus Sauna, Whirlpool, Massagen und Fitness, feines Restaurant (gehobenes Preisniveau, 3-Gänge-Menü 35 €). EZ ab 75 €, DZ ab 110 €, Suite 150–300 €, Frühstück inkl., Halbpension 28,50 € pro Pers. Am Osthafen 2, 18356 Barth, ✆ 038231-63300, ℡ 038231-63400, www.speicher-barth.de.

Jugendherberge Barth, herrliche Lage über dem Barther Bodden, völlig ab vom Schuss und entsprechend ruhig. Badestelle und Bootsanleger vorhanden, viele Freizeitangebote, Surfschule mit Kanu- und Surfbrettverleih sowie ein Reiterhof. Unterbringung in Zwei- bis Sechsbett-Zimmern, z. T. auch in Bungalows. Übernachtung mit Frühstück 19,90–23,90 €, über 27-Jährige zahlen 24,10–29 €. Im Garten darf gezeltet werden: 13,50 € pro Pers., Senioren ab 27 J. 16,10 €, ebenfalls inkl. Frühstück. Hunde erlaubt. April bis Okt. geöffnet. Vom Zentrum (Platz der Freiheit) aus beschildert, ca. 2 km östlich gelegen. Glöwitz 1, 18356 Barth, ✆ 038231-2843, ℡ 038231-2090, www.djh-mv.de.

Café und Barther Puppen- und Spielzeugmuseum, schönes Café am Markt mit köstlichem hausgebackenen Kuchen, ein paar Plätze draußen. Dazu gehört ein hübsches Museum mit historischen Puppen und Spielzeug aus privater Sammlung (Erw. 3,50 €, erm. 2 €). Tägl. 10–18 Uhr geöffnet. Markt 5, ✆ 0163-3655914, www.barther-puppenmuseum.de.

Café Galerie, in schönem Eckhaus ebenfalls am Markt befindet sich dieses sympathische Café, in dem, wie der Name schon sagt, auch eine Galerie untergebracht ist. Stilvoll eingerichtet, ideal nicht nur für Frühstück oder Kaffee und (hausgemachte) Kuchen, sondern auch für ein gepflegtes Glas Wein. Wechselnde Ausstellungen (Malerei, Grafik, Fotografie, Keramik etc.) und eine kleine Dauerausstellung regionaler Künstler. Klosterstr. 1, ✆ 038231-499057, www.galerie-café-barth.com.

››› Lesertipp: **Sur la Mer**, Restaurant mit angeschlossener Pension am Westhafen. Nur 7 Zimmer in den oberen Stockwerken, im Erdgeschoss ein helles *Restaurant* mit Terrasse zum Bodden hin. Leicht gehobene Preise, freundlicher Service. EZ ab etwa 55 €, DZ ab 90 €, inkl. Frühstück. Am Westhafen 24, 18356 Barth, ✆/℻ 038231-77536, www.sur-la-mer.de. ‹‹‹

Zwischen Barth und Stralsund

Eine verlassene Gegend, obwohl mit Fischland-Darß-Zingst eines der wichtigsten touristischen Zentren der Ostseeküste gleich um die Ecke liegt, und auch Stralsund ist nur rund 20 Kilometer entfernt. Strände gibt es hier nur wenige, das Gebiet ist oft schilfig und gehört bereits zur Schutzzone des Nationalparks. Ein Niemandsland mit einer Handvoll Dörfern, in denen man vom großen Ostseetourismus nichts spürt. Dennoch lohnt ein Abstecher: In Groß Mohrdorf befindet sich das überaus sehenswerte **Kranich-Informationszentrum**.

Karte → S. 162/163

Kranich-Informationszentrum Groß Mohrdorf

In einem unscheinbaren Neubau am Ortsausgang von Groß Mohrdorf in Richtung Hohendorf liegt das Informationszentrum, in dem interessierte Besucher neben diversen Schautafeln, Tierpräparaten und Fotografien auch einen Film über das Leben der Kraniche anschauen können. Darüber hinaus können die Mitarbeiter vom Kranich-Informationszentrum tagesaktuell die besten Beobachtungsplätze nennen.

Öffnungszeiten März bis Mai tägl. 10–16 Uhr, Juni bis Aug. Mo–Fr 10–16 Uhr, im Aug. tägl. 10–16.30 Uhr, Sept./Okt. tägl. 9.30–17.30 Uhr, im Nov. Mo–Fr 10–16 Uhr, im Dez. und Jan. nur nach tel. Voranmeldung, Febr. geschlossen. Eintritt frei. Lindenstr. 27, 18445 Groß Mohrdorf, ✆ 038323-80540, www.kraniche.de. Groß Mohrdorf liegt 14 km nordwestlich von Stralsund.

Kranichbeobachtung Wer auf eigene Faust unterwegs ist, findet ca. 1 km außerhalb von Bisdorf (nördliches Nachbardorf von Groß Mohrdorf) einen Beobachtungsstand (ab Bisdorf beschildert). Nur im Herbst geöffnet ist der *Kranich Utkiek* in Hohendorf (nordöstlicher Nachbarort von Groß Mohrdorf); auf dem Feld vor dem Utkiek finden auch Ablenkungsfütterungen statt. Das Kranichzentrum selbst veranstaltet im Herbst **Führungen** zu den Beobachtungsplätzen, Infos unter ✆ 038323-80540.

Barhöft

ca. 100 Einwohner

Ein abgeschiedener, leerer Ort, am autofreien Hafen werden frischer und geräucherter Fisch sowie Fischbrötchen verkauft. Wenn man sich vom Hafen nach links wendet, geht es auf einem schmalen Waldweg und nach links hinauf zur *Nationalpark-Ausstellung* in einem Häuschen im Wald (im Sommer tägl. 10–17 Uhr, Nov. bis April tägl. 10–16 Uhr; Eintritt frei). Noch ein Stück weiter (Treppen hinauf) erreicht man den Barhöfter *Aussichtsturm* (Mo–Fr 10–18 Uhr, Sa/So 12–18 Uhr, im Winter kürzer; Erw. 1 €, Kinder 0,50 €). Bleibt man auf dem Waldweg, geht es am Wasser entlang und dann rechts ab zu einer **Bodden-Aussichtsplattform**. Parken muss man gebührenpflichtig am Ortseingang von Barhöft.

Kraniche in Mecklenburg-Vorpommern

Ihr eleganter Balztanz hat sie berühmt gemacht, aber auch das lautstarke Trompeten, mit dem sie sich allabendlich bei Einbruch der Dämmerung an ihren Schlafplätzen in der „Rügen-Bock-Region“, dem größten mitteleuropäischen Rastplatz für Kraniche, einfinden. Bis zu 40.000 Graue Kraniche (*Grus grus*) gleichzeitig, so die Schätzungen des 1996 gegründeten Kranich-Informationszentrums in Groß Mohrdorf, treffen sich alljährlich im Herbst zur gemeinsamen Rast an den der Küste vorgelagerten Inseln *Großer Werder, Kleiner Werder, Bock* und etwas weiter westlich der *Kirr* (bei Zingst) sowie an der *Udarser Wiek* nördlich der Halbinsel Ummanz (Rügen). Von hier aus machen sie sich auf den Weg nach Süden.

Die Kraniche überwintern in der spanischen Extremadura bzw. im südspanischen Andalusien sowie in der zentralspanischen *Laguna de Gallocanta*, durch die milden Winter auch zunehmend nördlich der Pyrenäen in Südwestfrankreich. Den Sommer verbringen sie in Süd- und Mittelschweden. Die Boddenregion zwischen Rügen und Zingst dient also nur als – vor allem im Herbst oft über Wochen besetzte – Zwischenstation, um sich für die weite Reise zu stärken. Gereist wird im Verband und in der charakteristischen „V“-Formation. Bei ihren Langstreckenflügen nutzen die Kraniche die Thermik und können, bei Rückenwind, mit nur wenigen Flügelschlägen eine Geschwindigkeit von über 60 km/h erreichen. Distanzen von mehreren hundert Kilometern am Tag sind durchaus möglich.

Doch dazwischen ruhen sie eben in Nordostdeutschland aus, bevorzugt in den weiten Flachwasserbereichen östlich von Zingst, aber auch in den Sumpfgebieten des im Landesinneren gelegenen Müritz-Nationalparks. Etwa 70.000 Kraniche befinden sich alljährlich auf der Durchreise; an die 8000 Paare bleiben ganzjährig in Deutschland und von ihnen wiederum etwa die Hälfte in Mecklenburg-Vorpommern. Gebrütet wird im flachen Wasser auf dem Boden, meist im Schutz eines Baumes, in einem großen, aus aufeinander geschichteten Pflanzenstängeln bestehenden Nest, in dem in der

Formationsflug zum Rastplatz

Regel zwei bräunlich-graue Eier liegen. Nach gut vier Wochen Brutzeit schlüpfen im Abstand von wenigen Tagen die beiden Küken mit rotbraunem Daunenkleid und leben dann maximal bis zum nächsten Frühjahr bei ihren Eltern. Das Brutpaar selbst bleibt oft ein Leben lang zusammen. Ein ausgewachsener Kranich bringt es auf eine Standhöhe von 1,20 bis 1,30 Metern bei einem Gewicht von sechs bis sieben Kilogramm und einer Flügelspannweite von bis zu 2,20 Metern, damit ist er der größte Vogel Deutschlands. Sein Federkleid ist grau mit schwarzem Oberkopf samt roter Kopfplatte und seitlichen weißen Streifen, die Schwungfedern bilden eine schwarze Schleppe. Die Jungvögel sind durch ihren bräunlichen Kopf zu erkennen. Kraniche sind Allesfresser, die ihre Nahrung beim Umherschreiten vom Boden oder aus dem flachen Wasser aufsammeln und damit wie auch Reiher und Störche zu den sog. Schreitvögeln zählen. Geschlafen wird stehend im knietiefen Wasser, das hier als Schutz gegen Feinde wie beispielsweise den Fuchs dient. Im Herbst ernähren sich die Kraniche auch von den Ernteresten der Felder und der Saat. Um den Schaden für die Bauern gering zu halten – und den Tausenden von Vögeln ausreichend Nahrung zu bieten – gingen die Naturschutzorganisationen in den 1990er-Jahren zu „Ablenkfütterungen" über, wie sie beispielsweise am *Kranich Utkiek* in Hohendorf (bei Groß Mohrdorf) zu beobachten sind.

Aus der Nähe wird man einen Kranich in freier Natur ansonsten kaum zu sehen bekommen. Die Tiere sind sehr scheu und fliegen schon bei einer Annäherung auf etwa 300 Meter auf. Bessere Chancen hat man an den Kranich-Beobachtungspunkten, doch auch hier sollte man unbedingt ein Fernglas dabeihaben. Bei ihrer berühmten Balz wird man die Kraniche nur gelegentlich im Frühjahr erleben dürfen, diese findet hauptsächlich an den Brutplätzen in nördlicheren Gefilden statt. Während die Tiere bis Ende der 1980er-Jahre noch als überaus selten galten, hat sich ihr Bestand heute vervielfacht. Vor allem durch die im Jahr 1990 ausgewiesenen strengen Schutzgebiete des *Nationalparks Vorpommersche Boddenlandschaft* finden die Kraniche hier optimale Bedingungen ohne Störung durch Mensch und Landwirtschaft.

Über den Kranich wird schon in der Mythologie als Glücksbringer berichtet. Auf altägyptischen Grabplatten ist er genauso zu finden wie im russischen Märchen, in Indien verehrt man ihn als Gott, in China als göttlichen Himmelsboten und als Symbol für Weisheit und ein langes Leben, in Japan werden Papierkraniche als Glücksbringer gefaltet. Seinen Namen als „Vogel des Glücks" soll der Kranich allerdings in Schweden bekommen haben, wo sein Erscheinen im Frühjahr das Ende der dunklen, kalten Zeit einläutet. Kein Wunder, dass immer mehr Besucher diese großen, eleganten Vögel auch aus der Nähe (bzw. aus relativer Nähe) betrachten möchten. Die alljährlich im Frühherbst (ca. Mitte September bis Mitte/Ende Oktober) angebotenen Kranichfahrten mit dem Schiff erfreuen sich jedenfalls großer Beliebtheit und finden 2-mal wöchentlich nachmittags ab Schaprode/Rügen (zuletzt Di und Do), 2-mal wöchentlich ab Zingst (zuletzt Mi und Fr) und 1-mal wöchentlich ab Stralsund (zuletzt Sa) statt (Dauer ca. 4 Std.; 21,50 € bzw. 22,50 €/Pers., Kinder 14,50 € bzw. 16 €; Anmeldung unter ✆ 03831-26810, weitere Infos: www.reederei-hiddensee.de). Begleitet und moderiert werden die Fahrten von Mitarbeitern des Kranichzentrums Groß Mohrdorf (→ S. 185, außerdem www.kraniche.de).

Stralsund müsse man vom Strelasund aus sehen ...

Stralsund

ca. 58.000 Einwohner

Was für eine herrliche Stadt! Reich an Tradition und weltoffen, geziert mit hanseatischer Pracht, altehrwürdig und sehr gastfreundlich. Die bemerkenswerten Bauten der alten Hansestadt reichen von backsteingotischen Perlen wie Nikolaikirche und Rathaus bis zu faszinierender zeitgenössischer Architektur, zu sehen am Ozeaneum.

Die malerische Altstadt Stralsunds, 2002 in die Welterbeliste der UNESCO aufgenommen, ist fast vollständig von Wasser umgeben: einstmals ein effektiver Schutz gegen Angriffe, heute ein blauer, von Grünflächen gesäumter Gürtel um den historischen Stadtkern. Landseits erstrecken sich Knieperteich und Frankenteich entlang der teils erhaltenen Stadtmauern und Bastionen. Zum Strelasund hin öffnet sich der traditionsreiche, von Kanälen durchzogene Hafen. In der Altstadt stehen bedeutende Bauten der Norddeutschen Backsteingotik auf engstem Raum: Die *Nikolaikirche* und die berühmte Schmuckfassade des *Stralsunder Rathauses* bilden ein einzigartiges städtebauliches Ensemble, gegenüber zeugt das *Wulflamhaus* von hanseatischem Bürgerstolz und über dem Neuen Markt erhebt sich majestätisch *St. Marien*. Dazwischen sind in einem alten Kloster zwei sehenswerte Museen untergebracht: das *Deutsche Meeresmuseum* und das *Kulturhistorische Museum*. Das *Deutsche Meeresmuseum* hat vor wenigen Jahren einen spektakulären Neubau realisiert: Am *Hafen*, der mit seinen stolz aufragenden backsteinernen Speichern und den Kanälen selbst zu den wichtigsten Sehenswürdigkeiten der Stadt gehört, entstand mit dem *Ozeaneum* ein bemerkenswerter Besuchermagnet.

Ein weiteres Wahrzeichen erhebt sich südöstlich der Altstadt und ergänzt kontrastreich die markante Silhouette Stralsunds: die *Zweite Strelasundquerung*. Die 2007 eröffnete, spektakuläre Brücke mit hoch aufragendem Pylon verbindet das Festland mit der Insel Rügen.

Stadtgeschichte

Am 31. Oktober 1234 verlieh *Wizlaw von Rügen* der Ortschaft Stralow das lübische Stadtrecht. Damit war der Grundstein gelegt für einen sagenhaften Aufschwung, der Stralsund zu einem Flaggschiff der mächtigen Hanse werden ließ. Dank seiner Lage konnte sich der Ort schnell als Handelszentrum etablieren. Zum einen wurde Stralsund Umschlagplatz für die regionale landwirtschaftliche Produktion vor-

... meinte schon Wilhelm von Humboldt

nehmlich von der Insel Rügen, zum anderen zu einer wichtigen Kraft im Nord- und Ostseehandel zwischen Flandern und Nowgorod.

Stralsund gehörte neben Lübeck, Wismar, Rostock und Greifswald von Anfang an der Hanse an. Nachdem der Städtebund seine größte Bewährungsprobe – den militärischen Konflikt mit dem dänischen Königreich – bestanden hatte, erreichte er mit dem am 24. Mai 1370 geschlossenen *Frieden von Stralsund* den Zenit seiner Macht (zur Hanse → S. 35). Der Stadt bescherte das einen anhaltenden Bauboom. St. Nikolai bekam einen neuen Doppelturm, dem Rathaus wurde die prächtige Fassade vorgesetzt und auch die Marienkirche erhielt ihre imposante Gestalt. Der Reichtum der Stadt zeigte sich auch in der Entstehung vieler repräsentativer Bürgerhäuser im Stil der Backsteingotik, bekanntes Beispiel ist das Wulflamhaus. Auch die Kirchen wurden von den Kaufleuten reich ausgestattet, dieser Glanz aber ging während des Bildersturms im Zuge der Reformation weitgehend verloren.

Die Jahrzehnte zwischen 1628 und 1715 trafen Stralsund hart. Zuerst kam *Wallenstein* und verlangte die Aufnahme seiner Truppen in der Stadt. Die folgende Belagerung der kaiserlichen Truppen konnte erst durch schwedische Waffenhilfe gebrochen werden. Das neue Bündnis der Stadt mit dem schwedischen König *Gustav II. Adolf* hatte jedoch einen hohen Preis, denn die Schweden blieben. Stralsund war de facto ein Teil des Schwedischen Reiches geworden (bestätigt im *Westfälischen Frieden* 1648). 1680 wütete ein Brand in der im Wiederaufbau befindlichen Stadt, 1710 rollte die letzte Pestwelle durch die Gassen und schließlich hatte Stralsund unter dem Großen Nordischen Krieg zu leiden.

Auch von den Napoleonischen Kriegen blieb Stralsund nicht verschont. Erst nach Napoleons Fall endete für Stralsund die Zugehörigkeit zu Schweden. Nach dem *Wiener Kongress* (1814/15) hatten die Schweden Vorpommern und Stralsund an die Preußen abgetreten. Das 19. Jh. schließlich brachte vor allem eines: technischen Fortschritt (das erste Dampfschiff, das in Stralsund anlegte, war 1824 die schwedische *Constitutiones*). 1863 rollte die erste Eisenbahn aus Berlin ein. In Stralsund selbst entwickelte sich allerdings kaum Industrie, es blieb vor allem eine Stadt des Handels, der Dienstleistungen und der Verwaltung. Mit dem Bau des Rügendammes 1936 konnte die Stadt zudem verstärkt vom Inseltourismus nach Rügen profitieren.

Die dunkelste Stunde der Stadtgeschichte schlug am 6. Oktober 1944. Eine britisch-amerikanische Bomberstaffel legte die Stadt in Schutt und Asche. Dass Stralsund überhaupt Ziel der Bomben wurde, war das Ergebnis zynischer Kriegslogik: Die vernichtende Fracht war eigentlich für die Heeresversuchsanstalt Peenemünde (→ S. 283ff.) vorgesehen, doch waren die alliierten Fliegerstaffeln vor Peenemünde auf starken Widerstand gestoßen und konnten ihre Bomben nicht ausklinken. Landen aber konnten die Flugzeuge mit dieser Fracht auch nicht. Also wurden die Bomben „auf dem Rückweg" über Stralsund abgeworfen.

Nach dem Krieg war es vor allem die Volkswerft, die Stralsund wieder auf die Beine brachte. Rund 8000 Arbeiter bauten hier gigantische Fischfang-Trawler. In den 1990er-Jahren wurde die Volkswerft zu einer der modernsten Kompaktwerften Europas umgebaut, ihre riesige blaugrüne Fertigungshalle ist unübersehbar. Hier werden heute Großschiffe aller Art gebaut, wie z. B. Passagier-, Container- und Tankschiffe. Hinzu kommt der Tourismus als wichtiges wirtschaftliches Standbein.

Basis-Infos

Information **Tourismuszentrale**, Zimmervermittlung, Ticketverkauf (z. B. auch für das Ozeaneum), Stadtführungen. Mai bis Okt. Mo–Fr 10–18 Uhr, Sa 9–16 Uhr, So und feiertags 10–14 Uhr; Nov. bis April Mo–Fr 9–18 Uhr, Sa 10–14 Uhr. Alter Markt 9, 18439 Stralsund, ✆ 03831-24690, ℻ 03831-246922, www.stralsund.de bzw. www.stralsundtourismus.de.

Von April bis Okt. tägl. **Führungen**, u. a. die *Altstadtführung* (tägl. um 11 Uhr, Dauer 1,5 Std.) oder auch die *Nachtwächterführung* (Do und Fr 21 Uhr), Treffpunkt ist immer vor der Tourismuszentrale. Weitere Infos und Anmeldung in der *Tourismuszentrale*.

Verbindungen **Zug**: Mit **ICE**, **IC** und **EC** sowie **RE** mindestens stündl. via Greifwald direkt nach Berlin, u. a. jeweils 1-mal tägl. direkt von/bis München bzw. Frankfurt; sowie in anderer Richtung mit dem IC alle zwei Stunden über Rostock und Schwerin nach Hamburg (u. a. jeweils 1-mal tägl. direkt von/bis Koblenz via Köln bzw. Hannover); nach Rostock sogar mindestens stündl. (dann mit RE/RB). 4-mal tägl. fährt der IC *nach Rügen* über Bergen und Prora bis Binz.

Mit der **Regionalbahn** sehr gute Verbindungen in die Region (Rostock, Barth und Greifswald sowie bis nach Berlin). Nach Rügen fährt der Regionalexpress stündl. über Bergen weiter nach Sassnitz oder Binz. Nach Usedom fährt via Greifswald etwa stündl. die UBB (Usedomer Bäderbahn); evtl. mit dem Regionalexpress bis Greifswald und dort umsteigen.

Busverbindungen nach Rügen mit der **Linie 30** ca. 7-mal via Garz nach *Putbus* und weiter bis *Bergen*, Sa/So 2-mal. Mit der **Linie 41** in den Westen Rügens nach *Gingst* (dort Umsteigen nach Schaprode; im Winter einzige Verbindung mit Hiddensee). Haltestelle am Hauptbahnhof.

Stadtbuslinie 2 nach *Altefähr* auf Rügen, die **Linie 4** fährt zum *HanseDom*.

Schiffe der *Weißen Flotte* fahren ca. 6-mal tägl. nach Altefähr (nur Mai bis Okt.).

Die *Reederei Hiddensee* steuert von Mitte März bis Okt. (sowie von Weihnachten bis Neujahr) 2- bis 3-mal tägl. die Insel Hiddensee an. Infos unter ✆ 03831-26810, ℻ 03831-268130, www.weisse-flotte.de oder direkt unter ✆ 0180-3212150, www.reederei-hiddensee.de.

Baden/Sport/Wellness **Seebadeanstalt**, städtisches Freibad am Strelasund, nördlich der Altstadt. Mitte Mai bis Mitte Sept. tägl. 9–18 Uhr, mit Gaststätte, Strandabschnitt überwacht. Sundpromenade 5, ✆ 03831-393295.

HanseDom, großes Freizeitzentrum mit Therme, Wellenbecken, Riesenrutsche und Wildwasserbach etc., außerdem Saunalandschaft (mit Wellnessbereich und diversen Dampfbädern) sowie Tennis, Squash, Badminton, Kletterwand; Gastronomie. Tägl. 9.30–23 Uhr. Grünhufer Bogen 18–20, ✆ 03831-37330, www.hansedom.de.

Hafenrundfahrten Mit der **Weißen Flotte**, Dauer ca. 1 Std., April bis Okt. bis 4-mal tägl. vom Stralsunder Hafen (Steinklappe). ✆ 03831-268138.

››› Unser Tipp: **Kranichfahrten** Im Herbst werden Kranichfahrten auch von Stralsund aus angeboten! Mit dem Schiff geht es zu den Schlafplätzen der Kraniche im Nationalpark Vorpommersche Boddenlandschaft. An Bord gibt es einen hoch informativen Vortrag über die scheuen Vögel, deren Einflug man in der Abenddämmerung schließlich live erleben kann. Zum Kranich → S. 186/187. Ab Stralsund Ende Sept. bis etwa Mitte Okt. Sa 16.30 Uhr (Okt.

Ein Gotteshaus wie ein Burg: die Marienkirche

Stralsund Karte → S. 193

16 Uhr), Dauer 4 Std., Erw. 22,50 €, Kinder 16 €. Da die Teilnehmerzahl begrenzt ist, empfiehlt sich Tickets zu reservieren, ✆ 03831-26810, www.weisse-flotte.de. «

Parken Nicht ganz einfach, z. B. am Alten und am Neuen Markt, am Frankenwall, im Parkhaus am Hafen unweit des Ozeaneums und am Bahnhof.

Veranstaltungen Meist Ende Juli finden die farbenfrohen, kostümträchtigen **Stralsunder Wallensteintage** statt. Mit Mittelaltermarkt, Musketieren, Handwerkern und Gauklern sowie mit einem „guten alten Feind": Wallenstein und seinen Truppen. Genaue Termine unter www.wallensteintage.de.

Lange Nacht des offenen Denkmals, am ersten Samstag im September; Kirchen, Museen, Klöster öffnen bis Mitternacht ihre Pforten für besondere Veranstaltungen – Konzerte, Lesungen, Ausstellungen etc.

Übernachten

→ Karte S. 193

**** **Scheelehof 2**, noch neuer, stilvoll hergerichteter Hotelkomplex in historischem Gemäuer in der Fährstraße, eröffnet 2011 und seither die erste Adresse der Stadt. Zum Hotel gehören zwei Restaurants, darunter das Gourmet-Restaurant *Scheel's* (3-Gänge-Menü 51 €), eine Kneipe und die Kaffeerösterei *Kontor Scheele*. EZ ab 119 €, DZ ab 135 €, Frühstück inkl., Halbpension 28 €/Pers., Parkhaus 8 €/Tag, WLAN. Zum Hotel gehört auch das Aparthotel „markt fuffzehn" direkt am Alten Markt (ca. 80 €/2 Pers.). Fährstr. 23–25, 18439 Stralsund, ✆ 03831-283300, 📠 03831-2833488, www.scheelehof.de.

Kontorhaus Hotel 7, schönes Hotel am Hafen, die Inneneinrichtung hat etwas von einem Luxusliner, die geräumigen, hellen Zimmer tragen die Namen berühmter Schiffe (darunter die QE2 oder die Gorch Fock). EZ 85–105 €, DZ 125 €, Juniorsuite 145 €, Frühstück im *Kaffeekontor* im Erdgeschoss. Am Querkanal 1, 18439 Stralsund, ✆ 03831-289800, 📠 03831-289809, www.kontorhaus-stralsund.de.

Norddeutscher Hof 12, familiengeführtes Haus am Neuen Markt, mit nettem *Restaurant* (tägl. 11–23 Uhr), einige Tische auch im schönen Innenhof. EZ ab 65 €, DZ ab 85 €, Frühstück inkl. Auch von Lesern empfohlen. Parkplätze vorhanden. Neuer Markt 22, 18439 Stralsund, ✆ 03831-293161, 📠 03831-287939, www.norddeutscher-hof.de.

Villa am Meer 1, alte, 1912 gebaute Villa mit Türmchen, nördlich der Altstadt in der „Villengegend" gelegen (knapp 10 Min. zur Innenstadt). Hohe Zimmer, hell und freundlich, viele mit Blick auf den Strelasund, entspannte Atmosphäre, freundliche Hotelführung. DZ je nach Größe 77–87 €, EZ 52 €, inkl. Frühstücksbuffet, Hunde nach Vereinbarung (4 €). Gerhart-Hauptmann-Str. 14, 18435 Stralsund, ✆ 03831-308466, 📠 03831-308640, www.hotel-mit-meerblick.de.

Essen & Trinken

Restaurants **Tafelfreuden im Sommerhaus** **9**, zwischen Knieperteich und Hauptbahnhof. Das hübsche Haus könnte auch in Schweden stehen. Gehobene Küche in angenehmem Ambiente, auch Vegetarisches, wechselnde kulinarische Wochen, heller Wintergarten, oberes Preissegment, Mo–Fr günstiger Mittagstisch. Im Haus auch drei schön eingerichtete Zimmer unterm Dach (DZ mit Frühstück 80 €). Mo–Fr Mittagstisch, Di–So abends 18–24 Uhr geöffnet, Mo abends geschlossen. Jungfernstieg 5 a, ✆ 03831-299260, www.tafelfreuden-stralsund.de.

Bismarckhering

Johann Wiechmann, Brauer, Kaufmann und Gründer einer der ersten Fischkonservenfabriken an der Ostseeküste, sandte 1871 an den jüngst ernannten Reichskanzler *Otto von Bismarck* ein kleines Holzfässchen, in dem entgräteter Hering eingelegt war. „Untertänigst" bat Wiechmann, die von seiner Gattin Karoline zubereitete Spezialität *Bismarckhering* nennen zu dürfen. Dem Reichskanzler schien es geschmeckt zu haben, denn in einem handgeschriebenen Antwortschreiben gab er sein fürstliches Einverständnis. Seither gibt es den Bismarckhering, der Stralsunder ist der originale.

Essbar **6**, freundliches kleines Restaurant und Weinbar unweit des Alten Marktes. Viele vegetarische Gerichte, Hauptgericht ab 8,50 €. Auch Leser schrieben uns begeistert von der Essbar. Mo–Sa ab 18 Uhr geöffnet, Mo–Fr auch Mittagstisch, Küche bis 22 Uhr, sonn- und feiertags Ruhetag. Kleinschmiedstr. 22, ✆ 03831-298176, www.die-essbar.de.

››› **Unser Tipp:** **Wulflamstuben** **3**, traditionsreiches Restaurant am Alten Markt im sehenswerten Wulflamhaus (14. Jh.). Stilvollmodernes Ambiente unter dunklem Holzgebälk. Feine Küche bei mittlerem bis gehobenem Preisniveau. Wir probierten hier eine fantastische Fischsuppe (den *Stralsunder Fischtopf*, 5,20 €). Hervorragend auch die anderen Fischgerichte und Desserts, dazu eine gute Weinauswahl. Hauptgericht ab 10 €. Mittags und abends geöffnet, kein Ruhetag. Alter Markt 5, ✆/📠 03831-291533. ‹‹‹

Braugasthaus Zum Alten Fritz **13**, hier wird das Stralsunder Bier („Störtebeker – das Bier der Gerechten") gebraut und ausgeschenkt. Gemütliche Gaststätte, die wie ein Brauereimuseum wirkt. Große Karte für jeden Geschmack, mittleres bis gehobenes Preisniveau, großer Biergarten. Es werden auch Brauereiführungen veranstaltet. Tägl. ab 11 Uhr geöffnet. Gut 2 km südlich der Innenstadt. Greifswalder Chaussee 84/85, ✆ 03831-255500, www.alter-fritz.de.

Cafés Reich an Cafés ist der Alte Markt, sympathisch und nett ist vor allem das kleine **Nikolai-Café** **4** neben dem Zugang zur Kirche; selbstgebackene Kuchen und köstliche Palatschinken. Tägl. bis 18.30 Uhr geöffnet. Alter Markt 12, ✆ 03831-290765.

››› **Lesertipp:** **Café Kelm** **10**: „Das Café ist klein und urgemütlich eingerichtet, jahreszeitlich hübsch dekoriert, mit leckeren Kuchen und Torten. U. a. eine wunderbare Joghurt-Sanddorn-Torte. Es kommen fair gehandelte Kaffees und Tees zu fairen Preisen in die Tassen." Diesem Urteil können wir uns nur anschließen und möchten lediglich hinzufügen, dass in dem muggelich engen Café auch Waffeln und Eis angeboten werden. Mo–Sa 10–18.30 Uhr, So 11–18 Uhr geöffnet. Böttcherstr. 31, ✆ 03831-667790. ‹‹‹

Imbiss Räucherfisch gibt es vom **Räucherschiff** im Hafen.

Rasmus **8**, traditionsreiches Fischgeschäft und Räucherei; hier wird der Bismarckhering noch immer nach traditionellem (und natürlich geheimem) Rezept in Essig, Senfkörner, Zwiebeln und Lorbeerblätter eingelegt. Eine weitere Köstlichkeit ist der süß-

sauer-scharfe *Hiddenseer Pfefferlappen*. Heilgeiststr. 10, ✆ 03831-281538, www.bismarckhering.com.

Fischhalle 5, in einer der Querstraßen am Hafen (Neue Badenstr.). Köstliche Fischbrötchen für 3 €. Tägl. 9–20 Uhr (So ab 10 Uhr).

Die Suppenmacher 11, empfehlenswerte Suppenküche, oft voll. Wöchentlich wechselnde Suppen in kleinen und großen Portionen, viel Vegetarisches. Günstig: 3,10–4,50 € (inkl. Brot). Nur Mo–Fr 11–15 Uhr geöffnet. Böttcherstr. 36, ✆ 03831-469891, www.diesuppenmacher.de.

Sehenswertes

Der Alte Markt und das Rathaus

Rund um den Alten Markt kann man mit der Nikolaikirche und dem **Rathaus** ein einzigartiges Ensemble Norddeutscher Backsteingotik besichtigen. Die zum Markt weisende Schaufassade des Rathauses ist ein Juwel, wenn nicht das Kronjuwel deutscher Backsteingotik. Erstmals 1270 erwähnt, bestand das Rathaus zunächst aus den zwei Langhallen und (seit Ende des 13. Jh.) dem verbindenden Querbau im Süden. Auf dem Höhepunkt hanseatischer Macht entstand der nördliche Vorbau mit seiner prächtigen Schaufassade. Sechs Dreiecksgiebel krönen die Fassade, zwischen ihnen behelmte schlanke Pfeiler, zwei weitere schmücken die St. Nikolai zugeneigte Seite. Unterhalb der Blendbögen und direkt über den Spitzbogenfenstern sind die Wappen der wichtigsten Hansestädte eingefügt. 1579 erhielt das Rathaus die Renaissance-Treppe, 1720 wurde das Barockportal der Längsfassade (Fußgängerzone/Ossenreyerstraße) angefügt. Über dem Eingang befindet sich ein farbenprächtiges Stadtwappen. Das Wappenschild (mit Stralsunds gekröntem Pfeil) wird gehalten von einem goldenen Löwen und einem roten Greif. Wenn man vor dem Barockportal steht, hat man quer durch das Rathaus hindurch einen eigenwilligen Blick auf das Hauptportal der Nikolaikirche. Der Innenhof des Rathauses ist heute mit Glas überdacht.

Außer dem Rathaus schmücken noch viele andere Fassaden in einem Stilmix der Epochen den Alten Markt. Besonders markant sind das **Commandanten-Hus,** ein Barockbau aus schwedischer Zeit, und das **Wulflamhaus.** Dieses Backsteingebäude, über dessen Treppengiebel sich vier Pfeilertürmchen erheben, wurde in der ersten Hälfte des 14. Jh. vom Bürgermeister *Bertram Wulflam* errichtet, der als der reichste Mann der Ostsee galt. Drei Häuser weiter links in Richtung Neuer Markt trifft man auf das **Giebelhaus,** erbaut Ende des 13. Jh. (Mühlenstraße 1). Sein Pfeilergiebel gilt als der älteste der Backsteingotik. Zwei Häuser weiter stößt man auf das **Dielenhaus**, in dem Modelle wichtiger Bauwerke der Stadt zu sehen sind (tägl. 10–17 Uhr geöffnet, feiertags geschlossen).

„Hoch hinaus und nichts dahinter," sagen Spötter: die Rathausfassade

St. Nikolai

Die Kirche St. Nikolai ist die älteste Kirche Stralsunds und der erste Nachfolgerbau der Lübecker Marienkirche. Zunächst entstand über der vorhandenen Bausubstanz der Vorgängerkirche eine dreischiffige Hallenkirche mit Querschiff und einem Turm. Kaum vollendet, wurde die Kirche nach 1270 zu einer dreischiffigen, querhauslosen Basilika mit Chorumgang umgebaut. Die Nähe zur Lübecker Marienkirche zeigt sich am deutlichsten in der wuchtigen Doppelturmanlage – neben Lübeck die einzige an der Ostseeküste, die vollendet wurde. Bei einem Brand 1662 wurden die Türme schwer beschädigt. Anfang des 18. Jh. kam es zu der bis heute das Stadtbild prägenden uneinheitlichen Bedachung der Türme, der eine mit barockem Helm, der andere mit niedrigem Pyramidendach.

Farbenprächtig im Innern: St. Nikolai

Im Innern der Kirche beeindrucken die mit Fresken geschmückten farbenprächtigen Säulen (die sogenannten „Bunten Pfeiler"), aus manchen Kapitellen der Spitzbogenarkaden ragen kleine steinerne Köpfe mit auf die Säulen gemalten Körpern. Die Ausstattung der Kirche ist beachtlich – bedenkt man, was alles während des „Kirchenbrechens" 1525 verloren gegangen ist, lässt sich der Reichtum der ursprünglich vorhandenen mittelalterlichen Kunstschätze erahnen. Aus der Fülle der wertvollen Details sind besonders der gotische Hochaltar (gestiftet 1470), die Reste einer astronomischen Uhr von 1349 (hinter dem Hochaltar) und die Stuckplastik *Anna Selbdritt* (vor 1270) hervorzuheben sowie die erhaltenen Nebenaltäre. Einstmals sollen es 56 gewesen sein, viele davon von Fernhandeltreibenden gestiftet, z. B. der Altar der Bergenfahrer (Bergen in Norwegen, um 1500). Bemerkenswert sind zudem die vier erhaltenen Tafeln des Gestühls der Rigafahrer (fälschlicherweise auch als Gestühl der Nowgorodfahrer bekannt) aus dem 14. Jh. (beim barocken Trennaltar rechts). Die lebendige Darstellung zeigt den Ursprung des Profits: bärtige Zobeljäger, Holzfäller und Honigsammler bei der Arbeit und in Verhandlungen mit Figuren in hanseatischer Tracht. Kurzum: St. Nikolai ist unbedingt einen Besuch wert.

April und Okt. Mo–Sa 10–18 Uhr, So und feiertags 13–17 Uhr; Mai und Sept. Mo–Sa 9–18 Uhr, So und feiertags 13–17 Uhr; Juni bis Aug. Mo–Sa 9–19 Uhr, So und feiertags 13–17 Uhr; Nov. bis März Mo–Sa 10–16 Uhr. Sonntag 10.30 Uhr Gottesdienst. Eintritt 2 €, Kinder und Jugendliche frei. **Führungen** Juni bis Sept. Mo–Sa 11 und 15 Uhr (außer Mi). Zugang vom Markt aus durch das Seitenportal, das Hauptportal (zum Rathaus hin) wird nur zu Gottesdiensten geöffnet. www.nikolai-stralsund.de.

Johanniskloster

An der nördlichen (rekonstruierten) Stadtmauer liegt das ehemalige Kloster St. Johannis. 1254 von den Franziskanern gegründet, entwickelte es sich in den folgenden Jahrhunderten zu einem der bedeutendsten Klöster in Norddeutschland. Die Reformation beendete jedoch die Blüte des Klosters, das in städtischen Besitz gelangte und u. a. als Armenhaus und Rentnerdomizil, Waisenhaus, Krankenstube, Gefängnis, Friedhof und Militärstall diente. Den größten Schaden nahm das Kloster bei dem britisch-amerikanischen Bombenangriff 1944. Heute beherbergt St. Johannis das Stadtarchiv.

Kloster und Stadtarchiv waren zuletzt geschlossen, Näheres bei der Tourismuszentrale. Am Johanniskloster 35, ✆ 03831-666466.

Museen in der Mönchstraße

Hinter den dicken Mauern des **Katharinenklosters**, eines ehemaligen Dominikanerklosters aus dem 13. Jh., verbergen sich heute zwei bedeutende Museen der Stadt: das Deutsche Meeresmuseum und das Kulturhistorische Museum.

Deutsches Meeresmuseum: 1951 begann die Geschichte des Deutschen Meeresmuseums mit einer kleinen Sammlung im Katharinenkloster. Daraus entwickelte sich nicht nur das bedeutendste Museum Stralsunds, sondern auch das meistbesuchte Norddeutschlands. Neben den Außenstellen (darunter das *Natureum* am Darßer Ort, → S. 179) wurde 2008 das *Ozeaneum* (→ unten) am Hafen eröffnet, das die Attraktivität des Deutschen Meeresmuseums nochmals enorm steigert. Während sich das Ozeaneum den nördlichen Meeren Ost- und Nordsee bis hin zum Polarmeer widmet, werden im Katharinenkloster eher Mittelmeer und tropische Meere thematisiert.

In die riesige Halle der ehemaligen Kirche hat man zwei Zwischenebenen eingezogen und so eine deutlich größere Ausstellungsfläche geschaffen. Das Erdgeschoss befasst sich vornehmlich mit den Themen Meereskunde, Meeresbiologie und Tiefseeforschung. Darüber hinaus sind diverse Schiffsmodelle zu bewundern – u. a. Jean-Jacques Cousteaus berühmte *Calypso* – sowie Modelle und Skelette von Haien und Robben, Mond- und Thunfischen. Hinter dem großen Modell eines Korallenriffs findet man sich unversehens im Chor der alten Klosterkirche und unter einem 15 Meter langen und 1000 Kilogramm schweren Skelett eines Finnwals wieder, der im Jahr 1825 vor Rügen strandete. Das erste Obergeschoss der Ausstellung ist ganz der Geschichte der Fischerei gewidmet: Neben verschiedenen Schiffsmodellen vom ca. 2000 Jahre alten Einbaum bis hin zum Modell *Atlantik-Supertrawler* aus dem Jahr 1980 werden die verschiedensten Methoden in Sachen Fischfang gezeigt, außerdem zahlreiche Modelle der entsprechenden Hochseeschiffe. Im zweiten Stock hat man eine bunte Sammlung zu verschiedenen Themen rund um das Meer zusammengetragen. Nicht verpassen sollte man, einen Blick nach oben ins prächtige Gewölbe und (wieder im Chor) hinab auf den Finnwal zu werfen. Von hier aus geht es vorbei an Ausstellungsvitrinen, die sich der Meeresvielfalt in der Ostsee und an ihrer Küste widmen, die Treppen hinunter zu den Tropen- und Mittelmeeraquarien mit ihren farbenprächtigen Bewohnern: Seeanemonen und Clownfische, Seepferdchen und Garnelen. Höhepunkt ist sicherlich das Becken mit den majestätischen Meeresschildkröten.

Ganzjährig tägl. 10–17 Uhr (Okt. bis Dez. Mo geschlossen). Eintritt 9 €, erm. 7 € (Schüler, Studenten etc.), Kinder (4–16 J.) 4 €, Kinder unter 4 J. frei. Audioguide 2 €. **Kombiticket** mit Ozeaneum 21 €, erm. 14 €. **Museumsführer** 3 €. Katharinenberg 14–20, ✆ 03831-2650210, www.meeresmuseum.de.

Kulturhistorisches Museum: Ebenfalls im Komplex des ehemaligen Katharinenklosters untergebracht ist das älteste Museum Mecklenburg-Vorpommerns (bereits seit 1858). Im Kloster befindet sich die Sammlung seit 1924. Die Ausstellungen beschäftigen sich mit der Geschichte Stralsunds und Vorpommerns und reichen von der Frühgeschichte bis in die Moderne. Gleich im ersten Raum stößt man auf drei wertvolle gotische Altäre. Direkt im Anschluss beginnt die Abteilung für Ur- und Frühgeschichte mit diversen Skeletten und anderen Funden aus der *Lietzow-Kultur* (um 5200–4000 v. Chr.). Das Highlight der gesamten Ausstellung bildet der *Goldschatz von Hiddensee* aus dem 9. Jh. (→ S. 259). Nach einem kurzen Exkurs zu Stralsunds Stadtgeschichte zu Zeiten der Hanse (wertvollstes Exponat ist hier der *Stralsunder Becher,* ein gotischer Murano-Glasbecher aus dem 14. Jh.) gelangt man ins Sommerrefektorium des Klosters aus der Zeit um 1500, einem weiten Saal, mit seinen bemerkenswerten Grotesken im Gewölbe. Unbedingt sehenswert sind auch die Räumlichkeiten um die beiden Kreuzganghöfe mit den schönen Kreuzrippen- und Netzgewölben.

Stralsund Karte → S. 193

Das erste Obergeschoss widmet sich der jüngeren Stralsunder Geschichte: Zu sehen sind das Modell Stralsunds aus dem Jahr 1647, Fayencen aus der „Stralsunder Fayencenfabrique“ (1755–1792), Möbel, Uniformen, Waffen, Stadtansichten sowie Spielkarten aus den Stralsunder Spielkartenfabriken des 18./19. Jh. Sehenswert auch die komplett eingerichteten historischen Räume: ein Biedermeierzimmer, ein Wäschezimmer von 1900, ein Wohn-/Esszimmer von 1927 und schließlich ein DDR-Wohnzimmer aus dem Jahr 1970. Zahlreiche Gemälde und Grafiken, u. a. Werke von *Caspar David Friedrich,* runden die Ausstellung ab.

Tägl. 10–17 Uhr, Mo Ruhetag. Eintritt 6 €, erm. 3 € (Kinder, Studenten), Kinder unter 6 J. frei, Familien 14 €. **Kombiticket** mit Museumshaus und Museumsspeicher 10 €, erm. 5 €, Familien 18 €. Mönchstr. 25/27, ✆ 03831-253617.

Das Lastenrad im Museumshaus

Museumshaus: Etwas weiter südlich in der Mönchstraße liegt diese Außenstelle des Kulturhistorischen Museums. Das uralte Haus, dessen Gebälk sichtlich unter der Last der Jahrhunderte ächzt, ist selbst das Exponat. Um 1320 erbaut, gehört es zu den ältesten Wohnhäusern der Stadt (und war bis 1979 bewohnt). Bei der in den 1990er-Jahren erfolgten Sanierung ging es weniger darum, den mittelalterlichen Bauzustand komplett wiederherzustellen, vielmehr wurden die 650 Jahre, die dieses Haus bewohnt war, „sichtbar“ gemacht, z. B. durch das „Aufblättern“ von 20 Tapetenschichten. Zu sehen sind u. a. der krumme, niedrige Keller und ein kleines Kontor. Der Höhepunkt des Rundganges befindet sich im Dachgeschoss: Hier steht ein gotisches Lastenrad, das nicht nur zu den ältesten Nordeuropas zählt, sondern auch noch funktioniert.

Tägl. 10–17 Uhr, Mo Ruhetag. Eintritt 5 €, erm. 2,50 € (Kinder, Studenten), Kinder unter 6 J. frei, Familien 14 €. Kombiticket mit Kulturhistorischem Museum und Museumsspeicher 10 €, erm. 5 €, Familien 18 €. Mönchstr. 38, ✆ 03831-253617.

Museumsspeicher: Diese dritte Außenstelle des Kulturhistorischen Museums widmet sich der vorpommerschen Volkskunde. Auf drei Stockwerken sind Exponate aus handwerklicher Tradition zu sehen, wie z. B. Webstühle und Drehmaschinen, die Inneneinrichtung ländlicher Stuben und Trachten. Das Erdgeschoss ist dem Spielzeug gewidmet: vom Schachspiel über Puppen (samt Theater) und Bären bis zur Spielzeugdampfmaschine.

Tägl. 10–17 Uhr, Mo Ruhetag. Eintritt 5 €, erm. 2,50 € (Kinder, Studenten), Kinder unter 6 J. frei, Familien 14 €. **Kombiticket** mit Kulturhistorischem Museum und Museumshaus 10 €, erm. 5 €, Familien 14 €. Böttcherstr. 23, ✆ 03831-253617.

Marienkirche

Die Kirche St. Marien ein Gotteshaus zu nennen ist eigentlich eine Untertreibung, „Burg Gottes" trifft es besser. Wuchtig und geradezu wehrhaft erhebt sich der kolossale Backsteinbau über den Neuen Markt. Die trutzige Kirche wurde erstmals 1298 erwähnt. Ihr Aussehen wurde in den folgenden Jahrhunderten jedoch stark verändert. Wesentliche Teile der heutigen Anlage entstanden Anfang des 15. Jh., nachdem in den 80er-Jahren des 14. Jh. der Kirchturm umfiel und auch Langschiff und Chor zerstörte. St. Marien ist die letzte große Backsteinbasilika im norddeutschen Raum und damit der kolossale Schlussstein der Norddeutschen Backsteingotik. Von außen sieht man der Kirche kaum an, dass es sich um ein dreischiffiges, basilikales Langhaus handelt. Die wuchtigen, von kleinen Türmchen gekrönten Anbauten des Kirchturms erwecken den Eindruck eines Querschiffes, das aber nicht vorhanden ist. 1478 erhielt der Turm eine gigantische Spitze: 151 Meter hoch ragte er nun über die Stadt, weit sichtbar über Wasser und Land (zum Vergleich: heute sind es 104 Meter). 1647 schlug der Blitz ein und zerstörte den Aufbau. 1708 erhielt der Turm seine heutige barocke Haube.

Eine eindrucksvoll steile Raumproportion ergibt sich im kargen Innern der Kirche, bei einer Mittelschiffbreite von etwas mehr als zehn Metern geht es fast 33 Meter in die Höhe. Von der Aussichtsplattform auf dem Kirchturm in 90 Metern Höhe hat man einen einzigartigen Blick über die Hansestadt, den Strelasund und Rügen.

April bis Okt. 9–18 Uhr, Nov. bis März Mo–Fr 10–12 und 14–16 Uhr, Sa/So 10–12 Uhr. Während der Öffnungszeiten ist eine **Turmbesteigung** (366 Stufen) möglich: Erw. 4 €, erm. 2 €. **Führungen** durch das Dachgewölbe (mit Turmbesteigung) Di 15 Uhr und Do 15.30 Uhr, Erw. 4 €, erm. 2,50 €, Anmeldung in der Kirche oder unter ✆ 0172-3125491.

Jakobikirche

Die Dritte im Bunde der gotischen Backsteinkirchen Stralsunds ist die Jakobikirche. Die Hallenkirche wurde im 14. Jh. errichtet und später in eine dreischiffige Basilika umgebaut. Die Jakobikirche hatte unter den Wirren der Jahrhunderte besonders zu leiden, kaum ein Krieg, dessen Geschosse ihre Fassaden nicht getroffen hätten. Hinzu kamen Blitzschlag und Brände. St. Jakobi dient heute als Kulturkirche und ist Bühne für Konzerte, Theater oder diverse andere Veranstaltungen.

Zu Ausstellungen tägl. 10–18 Uhr geöffnet, die Eintrittspreise variieren je nach Ausstellung. Infos und Kartenvorverkauf unter ✆ 03831-309696.

Am Hafen: das Ozeaneum

Einst die Basis hanseatischer Macht, ist der Hafen heute eine quirlige Flaniermeile. Von Kanälen umschlossen, setzt sich die Hafeninsel ein wenig ab und bleibt doch ein lebendiger Teil der Altstadt. Blickfang und Besuchermagnet ist das **Ozeaneum**. Seine spektakuläre Architektur passt sich zwischen den alten backsteinernen Speichern ein, ohne sich vorzudrängen. Vier Gebäude, durch ein gläsernes Foyer miteinander verbunden, bilden einen architektonisch gelungenen Museumskomplex, der in interessantem Kontrast zu der historischen Hafenfront steht. Im ersten Gebäude befassen sich die Ausstellungen (auch interaktiv) mit dem „Weltmeer", der „Ostsee" und der „Erforschung der Meere". In den beiden nächsten Gebäuden sind die Aquarien untergebracht, die vor allem die Lebensräume der Nordsee und der Ostsee sowie des Polarmeeres nachstellen. Insgesamt sind es 39 Aquarien, die zusammen sechs Mio. Liter Wasser fassen, das größte davon ist das Schwarmfischbecken mit einem Fassungsvermögen von 2,6 Mio. Litern. Das vierte Gebäude ist den Riesen der Meere gewidmet: Modelle von Walen in Originalgröße hängen im Raum. Klanginstallationen simulieren den Gesang der Meeressäuger. Ein besonderes Highlight des an Attraktionen sicher nicht armen Museums ist die großzügige Pinguinanlage auf dem Dach. Daneben gibt es für Kinder eine kleine Erlebnisausstellung („Ein Meer für Kinder").

Ganzjährig tägl. 9.30–18 Uhr, Juni bis Mitte Sept. bis 20 Uhr. Erw. 16 €, erm. 10 €, Kinder (4–16 J.) 7 €, Kinder unter 4 J. frei. **Kombiticket** mit Meeresmuseum 21 €, erm. 14 €, Kinder (4–16 J.) 10 €, Kinder unter 4 J. frei. Die Kombitickets sind 12 Monate gültig. Hafenstr. 11, ✆ 03831-2650610, www.ozeaneum.de.

Faszinierende Unterwasserwelt

Am Hafen liegt des Weiteren die **Gorch Fock** vor Anker. Der stattliche Windjammer war der Vorgänger des heutigen Marinesegelschulschiffes gleichen Namens. Seit 1933 stand der Großsegler als Ausbildungsschiff im Dienst, nach dem Krieg fuhr er unter dem neuen Namen *Towarischtsch* (Kamerad, Genosse) für die russische Handelsmarine. Schließlich erwarb ein Förderkreis den Windjammer und ließ ihn wieder instand setzen. Ein Rundgang führt auf die Brücke und in den Funkraum, dann in den Kapitänssalon und unter Deck.

Mai bis Sept. tägl. 10–18 Uhr, April bis 17 Uhr, Okt./Nov. nur bis 16 Uhr, Ende Nov. bis Ende März geschlossen. Eintritt 4 €, Schüler 2 €, Kinder bis 12 J. frei, Familien 10 €. ✆ 03831-666520, www.gorchfock1.de.

Grandios: Rügens Kreideküste | Hiddensee: Am Strand von Neuendorf

Rügen

Zwischen zergliederten Boddenufern, endlosen Sandstränden und spektakulärer Steilküste erstreckt sich eine vielgestaltige Landschaft, die stets mit neuen Naturschönheiten überrascht. Im Inselinneren verbinden kilometerlange Alleen mondäne Ostseebäder mit beschaulichen Dörfern.

Mit 926 Quadratkilometern ist Rügen mit Abstand die größte Insel Deutschlands. Und doch ist das Wasser immer nah: Auf der ganzen Insel gibt es keinen Ort, der mehr als sieben Kilometer vom Meer oder Bodden entfernt ist. Rügen ist ein Badeparadies. Von den 574 Kilometern Küstenlinie sind über 63 Kilometer Badestrände, die sich v. a. entlang Rügens Ostküste erstrecken. Beliebt sind die Hausstrände der Ostseebäder Göhren, Sellin und Binz sowie der Große Strand auf dem Mönchgut, beschaulicher geht es am abgelegenen Sandstrand der Schaabe zwischen den Halbinseln Jasmund und Wittow sowie am weiten Strand von Prora zu.

Rügen wäre eigentlich besser als Inselgruppe beschrieben und weniger als zusammenhängende Insel, doch die Natur und der Mensch haben mit Nehrungen und Geröllwällen vom „Inselkern“ Rügens Brücken zu den Nachbarinseln geschlagen: Im Südosten hängen sich die zergliederten Küsten des Mönchguts an, das sich wie ein verkleinertes Spiegelbild Rügens zwischen Bodden und Ostsee aus dem Wasser erhebt. Die Landengen Schmale Heide und der Lietzowdamm reichen in nordöstlicher Richtung nach Jasmund, dessen herrlicher Buchenwald hart über den berühmten Kreidefelsen abbricht. Schließlich ist die Halbinsel Jasmund ihrerseits über eine enge, lange Nehrung namens Schaabe mit Wittow verbunden, dem flachen „Windland“, dessen Leuchtturm bewehrtes Kap Arkona weit in die Ostsee ragt. Während die stille Insel Ummanz durch eine Brücke mit dem Westen Rügens verbunden ist, hat sich Hiddensee seine exklusive Insellage erhalten.

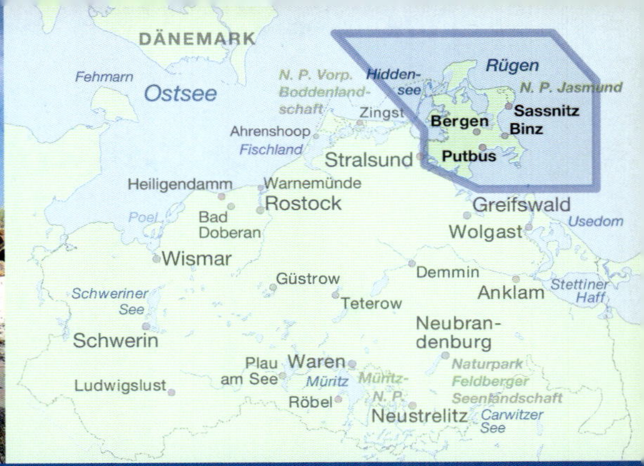

Rügens Süden

Die südwestliche Ecke Rügens, das Dreieck Altefähr, Zudar und Bergen, markiert für viele Rügen-Reisende lediglich den letzten Abschnitt der Fahrt an den Urlaubsort. Wer sich vor dem ersten Strandgang ein bisschen mehr Zeit lassen will, kann sich auf dem nördlichsten Teil der **Deutschen Alleenstraße** über die Orte Gustow, Poseritz und Garz langsamer seinem Reiseziel nähern. In Rügens Mitte wird es dann städtisch. Bergen am Rugard, Inselhauptstadt und -zentrum, verbreitet kleinstädtisches Flair. In der näheren Umgebung der Stadt befinden sich die beiden Festspielorte Rügens: das Theater von Putbus, der klassizistischen „weißen Stadt", und die Freilichtbühne von Ralswiek, wo jedes Jahr die spektakulären *Störtebeker Festspiele* stattfinden.

Altefähr (ca. 1200 Einwohner): Der Name verrät bereits viel über den kleinen Ort. Hier legten die Fähren aus der Hansestadt Stralsund an. Mit dem Bau des Rügendamms 1936 wurde Altefähr gewissermaßen arbeitslos und seither von den meisten Reisenden im wahrsten Sinne des Wortes links liegen gelassen. Heute verfügt Altefähr über eine kleine Marina, einen Badestrand und überschaubare touristische Infrastruktur. Sehenswert ist die *St. Nikolaikirche* (15. Jh.) mit ihrer eigenwilligen Turmuhr.

Verbindungen Mit **Buslinie 2** des Stralsunder Nahverkehrs bis nach *Altefähr*, am etwas abseits gelegenen Bahnhof hält die **Regionalbahn** von Stralsund über Bergen nach *Sassnitz* (5–23 Uhr, fast jede volle Stunde), hier hält auch die (Bus-)Linie 30 (von Stralsund via Garz und Putbus nach Bergen).

Klettern **Wald Seil Park Rügen**, im schmalen Waldstreifen westlich von Altefähr. Klettergarten mit sieben Parcours verschiedener Schwierigkeitsgrade. April bis Juni und Sept. Mi–Fr 12–18 Uhr, Sa/So 10–18 Uhr (April nur bis 17 Uhr), Juli/Aug. tägl. 10–19 Uhr, Okt. nur Sa/So 11–17 Uhr. Klingenberg 25, ✆ 038306-239758, www.waldseilpark-ruegen.de.

Gellort
Kap Arkona
Varnkevitz
Putgarten
Schwarbe
Bakenberg
Vitt
Nobbin
NSG
Nordwestufer Wittow
mit Kreptitzer Heide
Wittow
Kahle
Altenkirchen
Dranske
Wiek
Breege
Juliusruh
Tromper
Wiek
Wieker
Bodden
Bohlendorf
Breeger
Bodden
Enddorn
Grieben
Dornbusch
Bessin
Kloster
Alt-
Neu-
Bug
Buger
Bodden
Vitte
Vitter
Bucht
Hahnentief-
(Bessinische)
Schaar
Vitter
Bodden
Buger
Haken
Rassower
Strom
Wittower
Fähre
Vieregge
Lebbin
Lebbiner
Bodden
Liddow
Breetzer
Bodden
Fähr-
insel
Trog
Dünen-
heide
Hiddensee
Vaschvitz
Neuen-
kirchen
Poggenhof
Neuen-
dorfer
Wiek
Tetzitzer
See
Banzelvitzer
Berge
Neuendorf
Plogshagen
Trent
Schaproder
Bodden
Schaprode
Rappin
Udarser
Wiek
Fauler
Haken
Ummanz
Koselower
Woorker
Berge
Schloss
Ralswiek
Natur-
bühne
Ralswiek
Glowe
Spykerscher
See
Mittelsee
NSG
Spykerscher See
und Mittelsee
Schloss
Spyker
Bobbin
Polchow
Martins-
hafen
Großer
Jasmunder
Bodden
Semper-
heide
Lohme
Nationalpark
Jasmund
Nationalpark-
zentrum
Hagen
Neddesitz
Stubnitz
Jasmund
Kreide-
tagebau
Sagard
Dargast
96
Großer-
Wostevitzer
Teich
Kleiner
NSG
Wostevitzer Teiche
Große Stubbenkammer
Königsstuhl
Kleine Stubbenkammer
Kollicker Ufer
Ernst-Moritz-Arndt-
Sicht
Wissower Ufer
Piratenschlucht
SASSNITZ
Fährhafen Sassnitz
Neu

Rügen
BERGEN auf Rügen
PUTBUS
STRALSUND
Ostseebad Binz
Ostseebad Sellin
Ostseebad Baabe
Ostseebad Göhren
Prora
Prorer Wiek
Jasmunder Bodden
Thießow
Naturerbe Zentrum Rügen
Buschvitz
Zittvitz
Rugard
Nonnensee
Patzig
Gingst
Suhrendorf
Mursewiek
Freesenort
Heuwiese
Lieschow
Geller Haken
Nationalpark Vorpommersche Boddenlandschaft
Kubitzer Bodden
Liebitz
Dreschvitz
Güttin
Flugplatz Güttin
Samtens
Rambin
Parow
Strelasund
Altefähr
Sehlen
Karnitz
Kniepower See
Deutsche Alleenstr.
Dt. Alleenstr.
Garz
Poseritz
Gustow
Wamper Wiek
Drigge
Gustower Wiek
Prosnitz
Groß Schoritz
NSG Schoritzer Wiek
Zudar
Zicker
Poppelvitz
Gelbes Ufer
Grabow
Palmer Ort
Glewitzer Fähre
Glewitzer Ort
Posnitzer Schanze
Devin
Brandshagen
Stahlbrode
Reinberg
Karow
Zirkow
Schmachter See
Granitz
NSG Granitz
Jagdschloss Granitz
Granitzer Ort
Serams
Lancken-Granitz
Altensien
Neuensiner See
Seeliner See
Vilmnitz
Groß Stresow
Seedorf
Moritzdorf
Lauterbach
Stresower Bucht
Having
Neu Reddevitz
Alt Reddevitz
Kasnevitz
Neuendorf
Wreecher See
Neukamp
Altkamp
Vilm
Reddevitzer Höft
Middelhagen
Hagensche Wiek
Lobbe
NSG Lobber Ort
Gager
Mönchgut
Bakenberg 66 m
Zickersches Höft
Groß Zicker
NSG Zicker
Zickersee
Zickerhörn
Klein Zicker
Thiessow
Südperd
Thiessower Haken
Biosphärenreservat Südost-Rügen
Rügischer Bodden
96
96n
196
2 km
Rügen

Wassersport **Sail & Surf Rügen**, Surfkurse für Anfänger, Fortgeschrittene und Kinder, auch Scheine, Kurse im Kitesurfen und Katamaran, Materialverleih (auch Kajaks). Am Fährberg 8, ✆ 038306-23253, www.segelschule-ruegen.de.

Garz (ca. 2200 Einwohner): Als erster Ort der Insel erhielt **Garz** 1319 das Stadtrecht. Doch dieses Privileg scheint im Laufe der Jahrhunderte an der uralten Siedlung spurlos vorübergegangen zu sein. Garz ist ein Dorf geblieben. Die „Attraktionen" des Ortes liegen am südwestlichen Ortsrand: Der **slawische Burgwall** zeugt von der Bedeutung von Garz (*Charenza*) in slawischer Zeit. Garz war damals ein Handelszentrum und neben dem religiösen Zentrum Arkona der wichtigste Ort der Insel. Heute dienen Überreste des Burgwalls als kleiner Stadtpark. Im **Ernst-Moritz-Arndt-Museum** nebenan wird an den berühmtesten Sohn der Stadt erinnert: der politische Schriftsteller Ernst-Moritz Arndt (1769–1860).

Ernst-Moritz-Arndt-Museum, Mai bis Okt. Di–Sa 10–16 Uhr, Nov. bis April 10–15 Uhr. Eintritt 1,50 €. An den Anlagen 1, 18574 Garz, ✆ 038304-12212.

Verbindungen **Bus**: Die *Linie 30* verbindet Garz etwa 14-mal tägl. mit Bergen und 7-mal mit Stralsund (Sa/So 2-mal).

Golf **Golf-Centrum Schloss Karnitz**, nördlich von Garz, 18-Loch-Challenge-Course und 9-Loch-Public-Course. Mit Restaurant und Ferienwohnungen. Von Süden kommend am Ortseingang links. 18574 Karnitz, ✆ 038304-82470, www.inselgolf-ruegen.de.

Halbinsel Zudar: Die Halbinsel wäre nahezu menschenleer, wäre da nicht der Verkehr, der im Sommer der **Glewitzer Fähre** zustrebt. Abseits dieser Verbindungsader, an der mit **Zudar** auch die größte Siedlung der Halbinsel liegt, wird es ländlich und einsam. Ein pittoreskes Bild gibt die Kormoran-Kolonie auf dem Inselchen **Tollow** ab: Mitten in der südlichsten Ausbuchtung der Schoritzer Wiek sitzen die großen Vögel auf abgestorbenen Bäumen und bilden eine skurrile Silhouette.

Verbindungen **Glewitzer Fähre**: Mitte April bis Okt. tägl. 6–20.10 Uhr, Mai bis Sept. bis 21.40 Uhr. Pkw (inkl. Fahrer) 4,90 €, Pers. 1,20 €, Fahrrad 1,20 €. Auskunft unter ✆ 0172-7526836.

Baden Die Sandstrände Zudars befinden sich an der Ostküste der Halbinsel und sind dank ihrer abseitigen Lage meist nur spärlich besucht. Baden kann man auch um den Palmer Ort, der Südspitze Zudars. Nicht überwacht, kein Strandservice.

Boddenidyll auf der Halbinsel Zudar

Bergen

ca. 13.500 Einwohner

Bergen bildet nicht nur die geografische Mitte Rügens, es ist auch die „Hauptstadt“ und das wirtschaftliche Zentrum der Insel. Der historische Ortskern mit Marktplatz, Marienkirche und altem Klostergelände versprüht sympathisches Kleinstadtflair.

Geschäftig geht es zu im Stadtzentrum von Bergen rund um den Markt. Dass der abschüssige, unsymmetrische Platz nur zum Teil verkehrsberuhigt ist, stört kaum, wenn man am oberen Teil auf einer der Caféterrassen sitzt und sich das Treiben in Ruhe anschauen kann. Umgeben wird der Marktplatz von einem wahllos aneinander gereihten, aber ansehnlichen Häuserensemble: hier ein bisschen Backstein, dort eine strahlend weiße Fassade, hübsche Giebel oder ein schmuckes Erkertürmchen neben funktionalem Nachkriegsdesign. Im **Benedix-Haus**, einem hübschen Fachwerkgebäude, logiert die Touristeninformation. Nur ein paar Schritte weiter, im Rücken des Benedix-Hauses, wird es ruhig und idyllisch. Um die **Marienkirche** verteilen sich ein paar schmucke Häuser mit blühenden Vorgärten und die sorgsam restaurierten Gebäude des ehemaligen Nonnenklosters. Im **Klosterhof** befinden sich heute eine Schauwerkstatt samt Café und ein kleines sehenswertes Stadtmuseum.

Rügen
Karte → S. 202/203

Basis-Infos

Information **Touristeninformation Bergen**, am Markt im Benedix-Haus, auch Ticketverkauf (z. B. Störtebeker-Festspiele oder Fähren). Mo–Fr 10–18 Uhr, Juli/Aug. auch Sa 10–13 Uhr. Markt 23, 18528 Bergen auf Rügen, ✆ 03838-811276, ℻ 03838-811127, www.stadt-bergen-auf-ruegen.de.

Verbindungen **Regionalexpress** nach und von Stralsund und Sassnitz 5–23 Uhr fast jede volle Stunde. Die Regionalbahn (RB 14) nach Binz und retour ebenfalls stündl. Außerdem **IC-Anschluss** (nach Binz bzw. zum Festland).

Bergen ist auch das Zentrum des öffentlichen Insel-Nahverkehrs, in der Stadt treffen sich (fast) alle **Buslinien**: Die **Linie 24** fährt von Bergen zunächst zum Wendeplatz Serams (werktags etwa halbstündl.). Richtung Sassnitz (via Binz und Prora) hier umsteigen in die **Linie 20**; die **Linie 24** fährt mehrmals tägl. weiter bis ins Mönchgut. **Linie 28** nach *Prora* 8-mal tägl. (Sa/So 4-mal) und werktags 3-mal nach *Binz*; **Linie 30** werktags 15-mal nach *Putbus* (Sa/So 3-mal), mehrmals tägl. weiter über *Garz* nach *Stralsund* (Sa/So 4-mal bzw. 3-mal); **Linie 33** 7-mal via *Garz* auf die *Halbinsel Zudar*; **Linie 35** via *Trent* nach *Schaprode* (Fähre nach Hiddensee) unter der Woche ca. 12-mal tägl., Sa/So 6-mal; **Linie 38** werktags ca. 8-mal von und nach *Waase* auf Ummanz via *Gingst* (Sa/So 2-mal); **Linie 12** 7-mal tägl. (Sa/So 5-mal) via Ralswiek, Sagard, Juliusruh und Altenkirchen nach Dranske. Den Stadtverkehr übernimmt die **Linie 32**.

Einkaufen **Schauwerkstatt im Klosterhof**, hinter der Kirche, mehrere kleine Kunsthandwerksläden und -werkstätten. Mo–Fr 10–18 Uhr, Sa 10–16 Uhr; außerhalb der Saison Mo–Fr 10–16 Uhr, Sa 10–13 Uhr. Billrothstr. 20.

Im unteren Bereich des Klosterhofs befindet sich der Laden **Klostergenuss**, hier gibt es Marmelade, Likör, Säfte und was sich sonst noch aus Obst (ungespritzt, Eigenanbau) machen lässt sowie andere regionale Produkte. Hier befindet sich auch ein **Café** im gemütlichen Innenraum und auf der herrlichen Terrasse. Mo–Fr 10–18 Uhr, Sa 10–16 Uhr; außerhalb der Saison Mo–Fr 10–16 Uhr. ✆ 03838-31409, www.obstbau-zoellmann.de.

Fahrradverleih **Zweirad Kresse**, Trekkingräder und MTB, auch Kinderräder, Anhänger und Zubehör. Dammstr. 31, ✆ 03838-256620.

Parken Kostenpflichtig auf dem Markt, großer kostenloser Parkplatz gegenüber dem Parkhotel Rügen.

Sport Zwei Attraktionen befinden sich auf dem Rugard: Im **Kletterwald Rügen** kann

Der Marktplatz in Bergen

man sich durch sechs Parcours hangeln; geöffnet April bis Okt. tägl. 10–18 Uhr (wetterabhängig). Rugardweg 9, ✆ 0152-04903263, www.kletterwald-ruegen.eu.

Vom Rugard schlängelt sich auch die **Inselrodelbahn Bergen** hinab. Geöffnet April bis Okt. 10–18 Uhr (Juni bis Aug. bis 19 Uhr), Nov. bis März ab 13 Uhr bis zum Einbruch der Dunkelheit. Rugardweg 7, ✆ 03838-828282, www.inselrodelbahn-bergen.de.

Taxi ✆ 03838-252627.

Übernachten/Essen & Trinken

**** **Parkhotel Rügen**, etwas unterhalb vom Zentrum, ruhige Lage an einem kleinen See. Modernes 154-Zimmer-Hotel, auch Tagungshotel, mit Bar und Restaurant. Wellnessbereich mit Sauna, Dampfbad, Fitnessraum und Solarium, auch Fahrradverleih. EZ 90 €, DZ 134 €, Frühstück inkl. Stralsunder Chaussee 1, 18528 Bergen auf Rügen, ✆ 03838-8150, ℻ 03838-815500, www.parkhotel-ruegen.de.

Hotel/Restaurant Am Rugard, zu Füßen des Ernst-Moritz-Arndt-Turms, ruhige Lage. Gutes Restaurant mit pommerschen Spezialitäten (z. B. der Pommersche Wickelbraten mit Backpflaumenfüllung), auf der Terrasse Cafébetrieb. Mittags und abends geöffnet. 18 Zimmer, DZ 93 €, als EZ 66 €, Frühstück 8 €/Pers. Rugardweg 10, 18528 Bergen auf Rügen, ✆ 03838-20190, ℻ 03838-201919, www.rugard.de.

Romantik Hotel Kaufmannshof Hermerschmidt, wenige Schritte vom Marktplatz. Schöne Anlage mit Terrasse im Innenhof, leider an befahrener Straße. Stilvolles Restaurant *Kontor*, nicht teuer (Hauptgerichte ab 10 €), mittags und abends geöffnet. EZ 60–90 €, DZ 90–130 €, Frühstück inkl., 2er-Appartement 110–140 €. Bahnhofstr. 6–8, 18528 Bergen auf Rügen, ✆ 03838-80450, ℻ 03838-804545, www.kaufmannshof.com.

Bibo ergo sum, gemütliche Kneipe am Markt, junges Publikum. Cocktails ab 5 €, am Wochenende Live-Musik und/oder DJs. Große Auswahl an gutem und günstigem Essen (Küche bis 22 Uhr). Markt 14, ✆ 03838-2552259, www.biboergosum.de.

Gutshaus Kubbelkow, ausgezeichnetes Restaurant in schönem altem Gutshaus etwa 3 km südwestlich von Bergen. Innovative Küche aus regionalen Produkten, stilvolles Ambiente, Menü 39,50–48 €, Feinschmeckermenü 63 €, Hauptgerichte um 26 €. Im Sommer tägl. ab 18 Uhr, So auch mittags, Reservierung empfehlenswert, Di Ruhetag. Auch Hotel (DZ 120 €, Suite 160–190 €). Im Dorfe 8, 18528 Klein-Kubbelkow, ✆ 03838-8227777, www.kubbelkow.de.

Sehenswertes

Marienkirche: Der Backsteinbau ist die älteste Kirche Rügens (Baubeginn zwischen 1170 und 1180). Noch heute ist die Grundanlage der romanischen Basilika mit Querschiff und abgerundeter Apsis erkennbar. Während Restaurierungsarbeiten im 15. Jh. wurden die gotischen Elemente in Kirchenschiff und Apsis eingefügt, auch das Kreuzrippengewölbe sowie der Turm stammen aus dieser Zeit. Die Ausstattung hingegen zeigt sich überwiegend barock. Besonders beeindruckend sind die romanischen Fresken, die Chorraum und Apsis fast vollständig bedecken. Deren historische Originalität aber ist aufgrund der nicht ganz fachgerechten Restaurierung zwischen 1896 und 1902 nicht unproblematisch. Das vielleicht älteste Ausstattungsstück der Marienkirche befindet sich außen: In die Fassade eingelassen ist eine Grabplatte aus Granit, auf der das Relief eines Mannes zu sehen ist (vor dem Portal stehend links). Es wird vermutet, dass es sich hierbei um die Darstellung Jaromars handelt, des slawischen Fürsten, der 1168, von der dänischen Streitmacht besiegt, zum Christentum übertrat.

Mai bis Okt. Mo–Sa 10–16 Uhr und So zu Gottesdiensten und bei Veranstaltungen, außerhalb der Saison eingeschränkt.

Stadtmuseum im Klosterhof: In teils lockerer Anordnung sind in den Räumen des sorgsam renovierten Klostergebäudes Funde zur Kloster- und Inselgeschichte zu sehen, u. a. bronzezeitliche Stücke, informative Schautafeln zu den slawischen Göttern, Alltagshistorisches, Exponate aus der Schwedenzeit und natürlich zur Geschichte des Zisterzienserklosters. Wechselnde Kunstausstellungen sind im zweiten Stock untergebracht.

Mai bis Okt. Di–Sa 10–16.30 Uhr; Nov. bis April Di–Fr 11–15 Uhr, Sa 10–13 Uhr. Eintritt 2 €, erm. 1 €, Familien 4 €. Im Klosterhof, Billrothstr. 20 a, ✆ 03838-252226.

Rügen
Karte → S. 202/203

Ernst-Moritz-Arndt-Turm: Eine Wendeltreppe führt über 90 Stufen hinauf in die Kuppel des Denkmals für den seinerzeit berühmtesten Sohn der Insel, den politischen Schriftsteller Ernst-Moritz Arndt (1769–1860). Von hier aus hat man einen grandiosen Panoramablick über die Insel.

Im Sommer tägl. 10–18 Uhr, im Winter liegt der Schlüssel im Hotel Am Rugard (an der Rezeption fragen). Vom Zentrum aus beschildert, oben kostenloser Parkplatz. Eintritt 1,50 €, erm. 1 €, Familien 4 €.

Nördlich von Bergen

Ralswiek (ca. 250 Einwohner): Das idyllische Dorf am Großen Jasmunder Bodden ist weithin bekannt und steht als Synonym für das Spektakel, das zur Saison fast allabendlich hier aufgeführt wird: die **Störtebeker Festspiele**, gewidmet den legendären Freibeutern *Klaus Störtebeker* und *Gödecke Michels* (→ Kasten S. 208). Kaum 250 Menschen leben normalerweise in dem kleinen Hafenort, den größten Teil des Jahres geht es hier entsprechend beschaulich zu. Wenn allerdings im Sommer die Festspielzeit beginnt, strömen zahllose Besucher herbei, um dem Schauspiel auf der Naturbühne beizuwohnen. Vor der malerischen (Natur-)Kulisse des Großen Jasmunder Boddens geraten die Aufführungen alljährlich zum Spektakel: Zum Programm gehören halsbrecherische Stunts und handfeste Schwertkämpfe, Kanonenfeuer, Seegefechte und zum Abschluss ein prächtiges Feuerwerk über dem Wasser. Zu den Darstellern zählen nicht nur 20 Schauspieler sowie über hundert Statisten, sondern auch vier Koggen, 30 Pferde und ein Seeadler.

Piraten der Ostsee – Klaus Störtebeker und Gödecke Michels

Klaus Störtebeker gehört zu den historischen Personen, die man gar nicht erst versuchen sollte, rein historisch zu erfassen. Zu dünn sind die Quellen, zu ausufernd die Sagen, die sich um den Freibeuter ranken. So viel weiß man von ihm: Er wurde möglicherweise auf Rügen geboren, er war ein begnadeter Pirat und er starb – aufgebracht von einer hanseatischen Flotte –, durch das Schwert des Hamburger Henkers. Sein letzter Wunsch, so die berühmteste Legende um Störtebeker, sei es gewesen, als Erster geköpft zu werden, während sich seine Mannschaft vor ihm aufstellen sollte. Die Männer, an denen er – enthauptet – vorbeilaufen könnte, sollten freigelassen werden. Und sein kopfloser Körper lief, bis ihm ein Henkersknecht einen Klotz zwischen die Beine warf, und eine Handvoll Männer – oder waren es 17?, oder gar die Hälfte seiner Mannschaft? – war frei.

Die Karriere Störtebekers begann vor Stockholm. Er war einer der *Vitalienbrüder*, die das im dänisch-mecklenburgischen Konflikt belagerte Stockholm (1389) mit Lebensmitteln, „Viktualien“, versorgten, indem sie die dänische Seeblockade brachen. Die Freibeuter waren zudem von der Hanse mit Kaperbriefen ausgestattet worden, die es ihnen „gestatteten“, feindliche Schiffe aufzubringen und deren Ladung zu übernehmen, im Fachjargon „Prise zu machen“. Der Akt der Piraterie konnte recht gesittet ablaufen – der Kapitän fragte die enternden Freibeuter nach ihrem Kaperbrief und übergab nach Einsicht der Dokumente die Ladung. Die Übernahme konnte aber auch damit enden, dass die eine Hälfte der Mannschaft niedergemetzelt wurde und der Rest die Reise in Fässer gesperrt fortsetzte.

Nachdem der dänisch-mecklenburgische Konflikt unter Vermittlung der Hanse beigelegt war, wurden konsequenterweise die Kaperbriefe wieder eingezogen. Einige der Freibeuter aber dachten nicht daran aufzuhören, schließlich ließen sich die Aktionen nun auf fette hanseatische Schiffe ausdehnen. Auch die berühmtesten Vitalienbrüder, Gödecke Michels und Klaus Störtebeker, begannen nun jedes Schiff zu jagen, das ihren Kurs kreuzte, bevorzugt natürlich die Koggen hanseatischer „Pfeffersäcke“. Die Piraten, die auch *Likedeeler*, „Gleichteiler“, genannt wurden, legten bald den gesamten Ostseehandel lahm. Die Hanse sah sich zu drastischen und kostenintensiven Gegenmaßnahmen gezwungen. Nachdem die Freibeuter aus der Ostsee vertrieben waren, ihre Tätigkeit aber in der Nordsee ungehindert fortsetzten, stellten hanseatische Flotten die Piraten. Nacheinander wurden Gödecke Michels und Klaus Störtebeker um 1400 gefangen genommen und hingerichtet.

Vorverkauf und **Kartenreservierung** in den größeren Touristen-Informationen der Insel oder unter Störtebeker Festspiele, Am Bodden 100, 18528 Ralswiek, ✆ 03838-31100, 03838-313192 oder www.stoertebeker.de.

Spielzeit ist von Mitte/Ende Juni bis Anfang Sept., Aufführungen tägl. außer So 20 Uhr, Kartenreservierung empfehlenswert. **Preise** für Platzkarten 21–30 €/Pers. (Kinder bis 15 J. 12–21 €). Außerdem gibt es nicht nummerierte Karten auf den hinteren Rängen für 12 € (10 €).

Anfahrt: Zu Festspielzeiten ist der Ort für den privaten Pkw-Verkehr ab 17 Uhr gesperrt. Entweder mit Auto oder Bus zum Parkplatz an der B 96 fahren und dann mit dem Pendelbus nach Ralswiek; oder mit dem Auto zum Parkplatz hinter Jarnitz und von dort noch etwa 15 Min. zu Fuß. Von Bergen aus steuert der *Störtebekerbus* den Festspielort an.

Verbindungen Mit **Bus Linie 12** 7-mal tägl. (Sa/So 5-mal) von Bergen nach Ralswiek (teilweise nur bis zur Abzweigung) und weiter nach Sagard, Juliusruh, Altenkirchen und Wiek bis Dranske.

ÜbernachtenEssen **** **Schlosshotel Ralswiek**, einmalige Lage hoch über dem Bodden, Blick auf die Naturbühne. Historische Ausstattung, moderner Wellnessbereich mit Kosmetik, Massagen, Schwimmbad, Sauna, Fitnessraum. Im EG Restaurant, außerdem gibt es noch die *Grafenschänke* mit Terrasse (nur abends, Drinks und kleinere Speisen). EZ 85 €, DZ 118–188 €, Frühstück inkl. Parkstr. 35, 18528 Ralswiek, ✆ 03838-20320, 📠 03838-2032222, www.schlosshotel-ralswiek.de.

Ralswieks Kirche

Rügen Karte → S. 202/203

Lietzow (ca. 250 Einwohner): Für viele Reisende lediglich „auf dem Weg nach Jasmund" am Ende des Lietzowdamms (1886) gelegen, kann das Dorf heute zumindest mit kleinen Attraktionen aufwarten: einer Traditionsräucherei samt Erlebnisscheune, dem gemütlichen Bücher-Bahnhof und einem kleinen Badestrand mit Wassersportschule. Von weitem sichtbar ist der schlanke Rundturm des *Lietzower Schlosses*, eine architektonische Hommage an das schwäbische Schloss Lichtenstein.

Verbindungen **Regionalbahn** von Stralsund über Bergen nach Sassnitz oder Binz zwischen 5 und 23 Uhr zu fast jeder vollen Stunde.

Busse der **Linie 12** verbinden mehrmals tägl. Bergen mit Lietzow; weiter über Sagard, Juliusruh, Altenkirchen und Wiek bis Dranske.

Baden Der kleine **Sandstrand** am Großen Jasmunder Bodden wird vom Ort durch die Durchgangsstraße getrennt, flach abfallendes Ufer, das Wasser ist immer ein bisschen wärmer als die Ostsee.

Einkaufen **Bücher-Bahnhof**, Antiquariat und Café, eine Fundgrube! In einem urgemütlichen, liebevoll eingerichteten Bahnhofsgebäude finden sich nicht nur ein großer Bestand an antiquarischen Büchern, sondern auch Schallplatten, alte und neue Postkarten sowie Antiquitäten. Vom Parkplatz am Damm rechts über den Bahnübergang und an der Weggabelung links. Mi–So 13–17 Uhr, im Winter nur Sa/So 13–17 Uhr oder nach Anmeldung. Spitzer Ort 10 a, ✆ 038302-56433 oder 0172-3151924, www.buecherbahnhof.de.

Fischräucherei & Erlebnisscheune Lietzow, zur Räucherei gehört die Gaststätte *Röckerhus*, auch Hofladen. Spitzer Ort 7, ✆ 038302-719980.

Wassersport **Wassersportschule Timpeltu**, Surfschule am Lietzower Strand, ideales Anfänger-Revier, Einsteiger- und Fortgeschrittenenkurse, Einzelstunden, Scheine und Materialverleih, auch Kanuverleih. Geöffnet Mai bis Okt. Strandpromenade, ✆ 0173-1513970, www.timpeltu.com.

Übernachten **Pension Jasmund**, ein bisschen Bäderarchitektur auch jenseits der Ostseeküste, EZ 60 €, DZ 85–95 €, inkl. Frühstück. Hunde willkommen (5 €/Tag). Boddenstr. 50, 18528 Lietzow, ✆ 038302-3033, 📠 038302-569810, www.pensionjasmund.de.

Gästehaus Lietzow und Störtebeker-Camp, schöner Campingplatz im Wald der Semper Heide am Ortsrand von Lietzow. Mit gutbürgerlicher Gaststätte, abends warme Küche (So Ruhetag). Von Bergen kommend in Lietzow rechts, ausgeschildert. Auch 30 Zimmer im Gästehaus (EZ 60 €, DZ 80 €, Frühstück inkl.). Die schattigen Stellplätze kosten für Caravan und 2 Erw. 30,50 €, mit Pkw und kleinem Zelt 21,50 €. Nov. bis Mitte März geschlossen. Waldstr. 59 a, 18528 Lietzow, ✆ 038302-2166, 📠 038302-3171, www.lietzow.net.

Kreisrund: der Circus in Putbus

Putbus

ca. 4300 Einwohner

Eine Stadt in Weiß: Der Circus im Zentrum, eine schmucke Allee mit prächtigen Häusern inklusive Theater und ein weitläufiger Schlosspark – Putbus hat sich seinen Charakter als klassizistische, strahlend weiße Residenzstadt bewahrt.

„Ich komme Ihnen wieder mit einer kleinen Völkerwanderung", kündigte sich der preußische König *Friedrich Wilhelm IV.* im Jahr 1846 beim Fürsten zu Putbus an, „da Sie, lieber Fürst, nun das Unglück haben, den schönsten Teil der Insel zu bewohnen und das Ungeschick gehabt haben, daraus ein irdisches Paradies zu machen, so müssen wir bei Ihnen landen". Viel Mühe hatte den Fürsten *Wilhelm Malte I. zu Putbus* (1783–1854) dieses „Ungeschick" gekostet. Ab 1808 hatte der ambitionierte Adlige um- und ausbauen lassen: Es entstand eine der letzten Residenzstädte im klassizistischen Stil samt Schloss (nicht erhalten) und **Schlosspark**, in dem es noch heute grünt und blüht wie vor 150 Jahren, Badehaus (Haus Goor), Kursalon, Theater, Marktplatz und schließlich dem großen Rondell im Zentrum, dem **Circus**. Vor allem Letzterer präsentiert sich als Musterbeispiel klassizistischer Architektur. Der Rondellplatz ist weitläufig angelegt, mit streng symmetrisch gestalteter Grünanlage um den zentralen Obelisken, außen aber nicht geschlossen bebaut. Zwischen den dreigeschossigen Häusern mit den weißen, klassizistischen Fassaden klaffen breite Lücken und verleihen dem Ensemble den Eindruck von Vorläufigkeit. Der Circus ist der Treffpunkt der Alleen, die Putbus wie ein Strahlenkranz umgeben: nach Garz und nach Bergen, Richtung Binz, nach Lauterbach und in die zauberhafte Gegend um den kleinen Weiler Wreechen beim gleichnamigen See.

Information Kurverwaltung Putbus in der Orangerie. Geöffnet tägl. 10–17 Uhr (Nov. bis April So/Mo geschlossen). Alleenstr. 35, 18581 Putbus, ✆ 038301-431, www.putbus.

de. Auch **Stadt- und Schlossgartenführungen** (April bis Okt. Di–Do 11 Uhr, Dauer 2 Std., Treffpunkt Orangerie-Vorplatz, Erw. 4 €; Mai bis Sept. So 11 Uhr „Stadtbummel", Dauer 1 Std. Treffpunkt Bahnhof).

Verbindungen **Bus Linie 30** fährt etwa 14-mal tägl. nach Garz, (und 7-mal tägl. bis Stralsund) und ca. 16-mal nach Bergen.

Kleinbahn Rasender Roland → Kasten.

Kurtaxe Mai bis Okt. 1,50 €, Nov. bis April 1 €.

Übernachten/Essen **** **Ringhotel Wreecher Hof**, zwischen Schlosspark und Bodden im Ortsteil Wreechen, nobler Komplex aus 7 reetgedeckten Häusern, umgeben von einer parkähnlichen Gartenanlage. Wellness- und Beauty-Angebot, Solarium, Hallenbad, Fitness. Elegantes, gehobenes Restaurant (ganzjährig abends geöffnet, Sonn- und Feiertage auch mittags). EZ 89 €, DZ ab 119 €, Frühstück inkl. Kastanienallee, 18581 Putbus/Wreechen, ✆ 038301-850, 📠 038301-85100, www.wreecher-hof.de.

Café/Restaurant Marstall, in den fürstlichen Stallungen, einem klassizistischen Bau von 1824, im Schlosspark untergebracht. Im Angebot Kaffee, Kuchen und einige Tagesgerichte sowie kleine Speisen, nette Terrasse mit Blick auf den See, rechter Hand die Alte Schmiede mit einer sehenswerten kleinen Ausstellung zum Schloss. Mi–Mo 11–17 Uhr geöffnet, Di Ruhetag. Park 1, ✆ 0176-96245962.

Schmalspur 2: Der Rasende Roland

Schmalspur 1 → S. 129

Der Zug ist mehr als ein technisches Denkmal. Mit 30 km/h schnaubt und dampft die historische Bahn auf 750-Millimeter-Schmalspurgleisen von Putbus (mit Anbindung an Lauterbach) über Binz durch die Granitz nach Sellin und Baabe bis nach Göhren. Historisch sind sowohl die Strecke (1895 wurde das erste Teilstück Putbus – Binz in Betrieb genommen) als auch die Dampflokomotiven. Die Älteste rollte 1914 aus den Vulkan-Werken in Stettin. Von dem einstmals fast 100 Kilometer umfassenden Streckennetz der Rügenschen Kleinbahnen (RüKB) sind 24,1 Kilometer erhalten und für den 1996 wieder eröffneten Fahrbetrieb restauriert worden.

Der *Rasende Roland* ist dabei keineswegs nur eine nostalgische Reisemöglichkeit, die Kleinbahn ist ein durchaus ernstzunehmendes Transportmittel im öffentlichen Nahverkehr. Von Putbus nach Binz beispielsweise kommt man mit dem Bus auch nicht schneller – und man muss nicht einmal umsteigen.

Verbindung: Der *Rasende Roland* fährt ganzjährig und tägl. alle 2 Std. von Putbus aus über die Granitz in die Ostseebäder Binz, Baabe, Sellin und Göhren; in die andere Richtung nach Lauterbach nur im Sommerhalbjahr und 5-mal tägl., die Strecke Binz – Göhren im Sommerhalbjahr stündl.

Preise: kurze Strecke 3,60 € (erm. 1,80 €), mittlere Strecke ab 5,40 € (2,70 €) und der ganze Weg nach Göhren 9 € (4,50 €), Fahrrad 3 €. Noch günstiger fährt man mit Familien-, Wochen- und Monatskarten (z. B. Wochenkarte Erw. Putbus – Binz 14 €, Monatskarte 22,50 €).

Information: Pressnitztalbahn, Zweigniederlassung Rügensche BäderBahn, Bahnhofstr. 14, 18581 Putbus, ✆ 038301-884012, www.ruegensche-baederbahn.de.

Rügen
Karte → S. 202/203

Sehenswertes

Historisches Uhrenmuseum: Ein Kleinod unter den Museen der Insel! Der passionierte (Hobby-)Restaurator Franz Sklorz hat sein Leben lang Uhren gesammelt, dabei über 1000 Exponate zusammengetragen und in liebevoller Kleinstarbeit wieder hergestellt. Den Schwerpunkt des Museums bilden Zeitmessgeräte im Stil des Klassizismus, daneben zahllose Taschenuhren, eine Wiener Tischuhr, eine barocke Weltzeituhr und eine gänzlich aus Birnbaumholz gefertigte barocke Uhr. Das älteste Stück ist eine gotische Uhr aus dem 15. Jh. Sehenswert!

Mai bis Okt. tägl. 10–18 Uhr, Nov. bis April 11–16 Uhr. Eintritt Erw. 3 €, Kinder 1,50 €. Alleestr. 13, ✆ 038301-60988, www.uhrenmuseum-putbus.de.

Theater: Der schmucke klassizistische Bau mit zum Schloss hin ausgerichteter Vorhalle auf vier Säulen wurde 1819–1821 erbaut, 1820 erstmals bespielt und bereits 1826 renoviert. Nachdem das Putbuser Theater seit den 1960er-Jahren bis zur Baufälligkeit brachgelegen hatte, konnte es nach mehrjähriger Rekonstruktion 1998 wiedereröffnet werden. Seither erfreut sich das Schauspielhaus regen Zuspruchs. Geboten werden klassische Konzerte und Pop, Lustspiele und Kabarett und natürlich Theater von klassisch bis komisch.

Schlossparkidyll

Führungen: An spiel- und probefreien Tagen, meist Mo–Do 11.30 und 14 Uhr (vorher anrufen). Markt 13, ✆ 038301-8080 (Karten unter ✆ 038301-80830), www.theater-vorpommern.de.

Schlosspark: Bereits im 18. Jh. angelegt, wurde der Park (im Zuge der Umgestaltung des Schlosses unter *Wilhelm Malte von Putbus*) nach englischem Vorbild gestaltet und erweitert. Auf dem 75 Hektar großen Areal rund um das Schloss und den Schwanenteich wuchsen ab 1803 nicht nur exotische Hölzer und Stauden zwischen heimischen Buchen, Ulmen, Lärchen und Kastanien, es entstanden auch zahlreiche Gebäude und Denkmäler beidseitig der Kastanienallee, die vom Circus aus den Park durchquert: ein Kursalon (1892 zur Christuskirche umgewidmet), ein Affen- und ein Fasanenhaus, ein Gartenhaus zur Unterbringung respektabler Persönlichkeiten (darunter Otto von Bismarck), ein Reitstall und nicht zuletzt die Orangerie. Das Schloss wurde 1960 gesprengt und abgetragen.

Lauterbach

Über die Lauterbacher Chaussee gelangt man zum Putbuser Hafen. Der Fürst zu Putbus ließ ihn anlegen, nachdem das Geschäft mit den Badegästen abflaute. Eine neue Einnahmequelle für die geradezu aus dem Boden gestampfte Stadt musste her. Das Rezept: ein die Konjunktur belebender Hafen. Heute ist Lauterbach dank seiner modernen **Marina** in erster Linie als Seglertreff bekannt. Hier starten auch die Ausflugsschiffe auf und um die Insel Vilm. Richtung Osten geht Lauterbach fast nahtlos in die beschauliche Fischersiedlung Neuendorf über.

Baden Ein paar schmale Strände entlang des Ufers: um Neuendorf, in der Nähe von Neukamp und südlich von Altkamp (keinerlei Service).

Bootsverleih **im-jaich**, Ruderboote und führerscheinfreie 5-PS-Boote 39 €/halber Tag, 65 €/Tag, auch Jollen und Kajaks. Adresse → Übernachten.

Fahrradverleih **Zweiradhandel Deutschmann**, Rad ab 6 €/Tag, E-Bike 20 €, auch Helme und Anhänger. Mai bis Sept. tägl. 9–11.30 und 18.30–19 Uhr. Chausseestr. 11, ✆/℻ 038301-429.

Wassersport **im-jaich**, großes Angebot, vor allem natürlich Segelschule, auch Seekajak, Yachtcharter, Regatten und Segeltörns (www.im-jaich.de). Adresse → Übernachten.

Goor, Segelschule und Yachtcharter, Vilmnitzer Weg 16, 18581 Lauterbach, ✆ 038301-882780, ℻ 038301-882788, www.segelschule-goor.de.

Übernachten **Badehaus Goor**, in dem klassizistischen Badetempel befindet sich heute ein Nobelhotel mit elegantem Restaurant und großem Wellnessbereich samt Sauna und Schwimmbad. EZ 91–119 €, DZ 136–160 €, inkl. Frühstück. Fürst-Malte-Allee 1, 18581 Lauterbach, ✆ 038301-88260, ℻ 038301-8826300, www.hotel-badehaus-goor.de.

im-jaich – wasserferienwelt, schwimmende Ferienhäuser in teils zweistöckigen Hausbooten, stilvoll eingerichtet. Auch für Segelschüler der zugehörigen Wassersportschule (→ Wassersport). Dazu Sauna, Wellness- und Fitnessbereich, Bootsverleih, kleiner Kiosk und Restaurant (tägl. ab 12 Uhr). Ganzjährig geöffnet. Ferienhaus zwischen 149 € (2–4 Pers.) und 185 € (bis 6 Pers.). Am Yachthafen, 18581 Lauterbach, ✆ 038301-8090, ℻ 038301-80910, www.im-jaich.de.

Abendstimmung am Hafen

Rügen Karte → S. 202/203

Insel Vilm

Die Insel liegt ruhig und verlassen in Sichtweite des Hafens von Lauterbach. Bereits 1936 wurde Vilm unter Naturschutz gestellt. 1959 verbrachte DDR-Ministerpräsident *Otto Grotewohl* (1894–1964) hier seine Urlaubstage, die Insel wurde daraufhin zum Nobel-Urlaubsziel des Ministerrates. Im Jahr 1990 richtete der Bund für Naturschutz auf Vilm eine Außenstelle ein; heute dürfen täglich maximal 30 Gäste (mit Voranmeldung!) zu einem geführten Rundgang auf die Insel. Lediglich in der Nähe des Landestegs ist eine Handvoll Häuser zu sehen. Wer die Insel Vilm mit dem Schiff umrundet, wird in erster Linie eine Vielzahl von Seevögeln beobachten können, mit etwas Glück sogar ein Seeadlerpärchen.

Ausflüge zur Insel Mit der *MS Julchen* der **Fahrgastreederei Lenz** ab Lauterbach nach Vilm, für die Führung über die Insel (April bis Okt.) sollte man sich in der Hochsaison mindestens 1–2 Wochen vorher anmelden, Fahrten nur 1-mal tägl., Dauer ca. 3 Std. Anmeldung obligatorisch unter ✆ 038301-61896, ℻ 038301-61874. Fahrgastreederei Lenz & Co., Chausseestr. 9, 18581 Putbus/Freetz (oder in *Jenny's Hafencafe* in Lauterbach), www.vilmexkursion.de.

Rund um die Insel Vilm schippert die **Weiße Flotte**, April bis ca. Mitte Okt. bis zu 3-mal tägl. ab Hafen Lauterbach. Infos unter ✆ 03831-26810, www.weisse-flotte.de.

Strandkorbsiedlung in Binz

Granitz

Ausgedehnte Wälder, durchzogen von zahlreichen Waldpfaden und Wanderwegen, kilometerlange Sandstrände und mit Binz und Sellin zwei der traditionsreichen Seebäder – die Granitz im Osten Rügens präsentiert sich abwechslungsreich. Der Baumbestand des lichten Waldes besteht vor allem aus Buchen, zwischen die sich auch Erlen, Linden und wilde Obstbäume mischen. Im Osten bricht die bewaldete Hügelkette am Hochufer ab, darunter breitet sich ein wildromantischer Steinstrand aus. Auf der höchsten Erhebung, dem 107 Meter hohen Tempelberg, steht die größte Attraktion abseits der Ostseebäder: das Jagdschloss Granitz. Der schönste Strandabschnitt findet sich im Norden von Binz an der Prorer Wiek. Dahinter liegt die wohl problematischste Immobilie Rügens: der Koloss von Prora.

Binz

ca. 5000 Einwohner

Das größte und bekannteste Ostseebad Rügens spart nicht an prachtvollem Dekor und aufwendigen Bauten der Bäderarchitektur – wahrlich ein Seebad von Welt. Man badet im Meer oder im mondänen Glanz vergangener Zeiten.

„Sorrent des Nordens“ oder auch „Nizza des Ostens“ – Beinamen für Binz gibt es viele. Dabei wäre es gar nicht nötig, den Ort mit fremden Federn zu schmücken. Über drei Kilometer erstreckt sich die Promenade von Binz am Strand entlang, auf der es sich prächtig flanieren lässt – auf der einen Seite das rauschende Meer und quirliger Strandbetrieb, auf der anderen Seite glanzvolle Bäderarchitektur mit einer Vielfalt an ornamentaler Spielerei: Türmchen und Erker, Veranden, Loggien und Balkone mit ziselierten Schmuckblenden und verspielten gusseisernen Geländern sowie von Ziergiebeln gekrönte Fassaden. Das Flaggschiff unter den Prachtbauten ist das 1908 errichtete dreiflügelige **Kurhaus** mit seinem zum Meer hin geöffneten Portal. Ganz in der Nähe beginnt die Binzer **Seebrücke** und reicht über 370 Meter weit in die Ostsee hinein. Sie wurde 1994 eröffnet, nachdem Binz über 50 Jahre ohne Seebrücke auskommen musste – den ersten Pfahlbau von 1902 hatte bereits drei Jahre später ein Sturm zerstört, die wiedererrichtete Brücke wurde 1942 von treibendem Eis zermalmt. In den Dünen von Binz erhebt sich ein architektonisches Kleinod: Die **Rettungsstation** des in Binz geborenen Bauingenieurs *Ulrich Müthers* schwebt wie ein lichtes Raumschiff über dem Dünengras, weiß, abgerundet wie ein

Kiesel und transparent (zu Müther → auch S. 154). Der **Rettungsturm**, der 1968 als Prototyp geschaffen wurde, steht am südlichen Ende des Binzer Strandes beim Strandzugang 6 und dient heute als Außenstelle des Binzer Standesamtes.

Basis-Infos

Information **Kurverwaltung Binz** im *Haus des Gastes*, Febr. bis Okt. Mo–Fr 9–18 Uhr, Sa/So 10–18 Uhr; Nov. bis Jan. Mo–Fr 9–16 Uhr, Sa/So 10–16 Uhr. Heinrich-Heine-Str. 7, 18609 Binz, ✆ 038393-148148, 📠 038393-148145, www.ostseebad-binz.de.

Bei der Seebrücke befindet sich ein **Info-Pavillon** (Mai bis Okt. tägl. 9–16.30 Uhr); ein weiteres **Info-Büro** gibt es am Kleinbahnhof: April bis Okt. tägl. 9–16.30 Uhr geöffnet, in den Wintermonaten eingeschränkt, hier auch Fahrradverleih.

Geführte Wanderungen werden zur Saison von der Kurverwaltung und vom Nationalparkamt organisiert, u. a. zum Jagdschloss Granitz (zuletzt Do 10 Uhr). Von Mai bis Sept. werden **Führungen** durch den **historischen Ortskern** von Binz angeboten (zuletzt Mi um 10 Uhr). Infos bei der Kurverwaltung.

Verbindungen **Zug**: mit Regionalbahn und -express etwa stündlich von Binz nach *Bergen* (und weiter nach Stralsund); Achtung: oft muss man in Lietzow umsteigen!

Bus: Die **Linie 20** verbindet Binz mit *Prora*, dem *Fährhafen Sassnitz* bei Neu Mukran, der *Stadt Sassnitz* und dem Königsstuhl sowie mit den Ostseebädern *Sellin*, *Baabe*, *Göhren* und ganz im Süden *Thiessow*, je fast stündl., bis Sassnitz bzw. Göhren häufiger. Die **Linie 23** von Binz nach *Sassnitz* (etwa 5-mal tägl., Sa/So öfter) und zum *Königsstuhl* (2-mal-tägl.), weiter nach *Bergen*. Ebenfalls nach *Bergen* (via Prora) fährt die **Linie 28**.

Der **Rasende Roland** beginnt seinen Weg entlang der Ostseebäder in Binz (Haltestelle am südlichen Ortsrand): über Sellin, Baabe nach Göhren und nach Putbus. Mai bis Anfang Okt. bis zu 13-mal tägl., in der Nebensaison nur 6-mal tägl. nach Sellin und Baabe sowie nach Putbus. Preise: Zum Jagdschloss 1,80 € (Kinder 6–13 J. 0,90 €), nach Sellin und Baabe sowie nach Putbus 3,60 € (1,80 €), nach Göhren und Lauterbach 5,40 € (2,70 €), Fahrradkarte 2 €, es werden auch Hunde mitgenommen. Weitere Infos → S. 211.

Schiffsverbindungen zu Rügens Ostseebädern: Die Reederei *Adler Schiffe* verbindet Binz mit dem Sassnitzer Stadthafen. Fährbetrieb April bis Okt. Preise einfach 8 € (erm. 5 €, Fahrrad 6 €), auch Familienti-

Rügen Karte → S. 202/203

Tradition und Event: Beachvolleyball-Turnier vor dem Binzer Kurhaus

ckets, Karten an Bord. Adler Schiffe, Hafenstr. 12 j, 18546 Sassnitz, ✆ 038392-3150, www.adler-schiffe.de.

Ausflugsschiffe Ebenfalls *Adler Schiffe* bieten im Sommer neben dem Fährverkehr auch Ausflugsfahrten zum *Kreidefelsen*, zum **Kap Arkona** sowie **Rundfahrten** um die Insel an (kein Landgang). Adresse → Verbindungen.

Baden Besonders attraktiv ist der breite, feine Sandstrand **nördlich von Binz**, an Prora entlang und fast bis Neu Mukran. Der Strand wurde wiederholt mit der Blauen Flagge ausgezeichnet. Sanitäre Einrichtungen an allen Abschnitten, außerdem Beachvolleyball-Felder und im Sommer ein Trampolin. Wie üblich ist der Strand in textile, FKK- und Hundeabschnitte unterteilt. Über weite Teile des Binzer Strandes wachen die Rettungsschwimmer der DLRG.

Fahrradverleih Mehrere in Binz, u. a. beim **Kleinbahnhof**, beim **Zweiradhaus Deutschmann** (am Großbahnhof), hier auch Trailer, Bollerwagen, Helme, Hundekorb etc. Dollahner Str. 17, ✆ 038393-32420; weiterer Verleih an der Proraer Chaussee 4a, ✆ 038393-2927, www.zweirad-deutschmann.de; oder in **Pauli's Radshop**, Hauptstr. 9 a, ✆ 038393-66924, www.ruegen-bike.de.

Kurtaxe Mai bis Sept. 2,60 €, Okt. bis April 1,50 €, unter 18 J. frei, Hunde ganzjährig 0,50 €.

Parken Im Ortszentrum schwierig bzw. flächendeckend verboten, an den Rändern befinden sich einige Parkplätze, alle kostenpflichtig, auch Tageskarten.

Veranstaltungen **Anbaden** am 1. Mai, anschließend Kurkonzert. Mitte Juni lockt das **Binzer Seebrückenfest** mit großem Feuerwerk. Ende Juli findet das **Binzer Sommerfest** statt, Anfang August lockt das **Binzer Seebrückenfest** mit großem Feuerwerk.

Wassersport Zur Saison am Strandabgang 28 oder 47, Tretboote, Wasserski, Banana-Boat etc. (tägl. 10–17 Uhr).

Übernachten

**** **Loev Hotel** 6, relativ großes Hotel (77 Zimmer) mitten im Ort an der Hauptstraße, im Haus Restaurant, Bar/Brasserie, Spa mit Hamam, Massagen, Kosmetik etc., auch Strandkorbverleih. EZ 115 €, DZ 135–250 €, Studio 300–325 €, Frühstück inkl., Halbpension 25 €/Pers., Hund 15 €/Tag, Garage 10 €/Tag. Auch Appartements. Hauptstr. 20–22, 18609 Binz, ✆ 038393-390, ✆ 038393-39444, www.loev.de.

**** **Hotel meerSinn** 4, modernes Hotel und Gesundheitszentrum, mit Wellness-Beauty-Bereich, Sauna, Dampfbad und Pool. EZ ab 170 €, DZ ab 280 €, jeweils mit obligatorischer Halbpension. Im Haus das **Restaurant meerSalz** 4, täglich wechselnde Gerichte aus regionalen Zutaten, nebenan das Braugasthaus *Zum Alten Fritz* (→ Essen). Schillerstr. 8, 18609 Binz, ✆ 038393-6630, ✆ 038393-66323, www.meersinn.de. ■

Pension Haus Colmsee 7, bodenständige Pension in alter Bädervilla, etwas abseits am Ende der Promenade. DZ ab 79 €, mit Balkon zum Meer 99 €, Frühstück inkl., in der Hochsaison mind. 4 Tage Aufenthalt. Keine Haustiere. Strandpromenade 8, 18609 Binz, ✆ 038393-21424, ✆ 038393-21426, www.hauscolmsee.de.

Hotel „Villa Schwanebeck" 3, kleines Hotel in „zweiter Reihe" unweit des Kurplatzes. Mit Lift, Fahrradverleih, Sauna, Whirlpool und Restaurant (tägl. ab 17 Uhr geöffnet, Pasta und Pizza). Nov. bis Jan. geschlossen. EZ 79 €, DZ 89–125 €, Frühstück inkl. Margaretenstr. 18, 18609 Binz, ✆ 038393-2013, www.villa-schwanebeck.de.

Jugendherberge Binz 2, in bester Lage nahe am Strand und nahe am Ortskern, meist Fünf- bis Achtbett-Zimmer mit Waschbecken, außerdem 6 kleine Zimmer mit Dusche und WC. 22,90 €/Pers. im Mehrbettzimmer, 26,90 €/Pers. im DZ, Senioren über 27 J. 28,10 € bzw. 33 €, jeweils inkl. Frühstück, Halbpension 4 € (Senioren 5 €). Strandpromenade 35, 18609 Binz, ✆ 038393-32597, ✆ 038393-32596, www.jugendherbergen-mv.de.

Essen & Trinken/Nachtleben

Essen & Trinken ››› Unser Tipp: **Gaststätte Strandhalle** 9, stilvolles Ambiente in der über 100 Jahre alten restaurierten Strandhalle: hoher Raum mit Gebälk und dunkler Holzdecke, zwischen urigem Kaffeehaus und Antiquitätensammlung – ge-

mütlich. Vielfach empfohlene und gelobte Küche (nach eigenen Angaben „feinbürgerlich"), Spezialität ist der Ostseedorsch, sehr gut auch die Fischsuppe, 3-Gänge-Menü 27 €. Tägl. 12–22 Uhr geöffnet, wenige Parkplätze. Strandpromenade 5, ✆/📠 038393-31564. «<

»> **Lesertipp: Bootshaus Binz 1**, v. a. wegen der Fischküche empfohlenes Restaurant in einem denkmalgeschützten Gebäude, in dem einstmals die erste Seenotrettung der Ostsee untergebracht war. Reservierung empfehlenswert. Tägl. ab 12 Uhr durchgehend geöffnet. Strandpromenade 49, ✆ 038393-57944. «<

Braugasthaus Zum Alten Fritz 5, wie das Pendant in Stralsund urgemütlich als Kneipe, Café oder Restaurant. Bodenständige Küche, mit überdachter, windgeschützter Terrasse. Schillerstr. 8, ✆ 038393-663333.

Imbiss Fischräucherei Kuse 8, am südlichen Ende der Strandpromenade, Terrasse am Strand. Leckere Brötchen mit geräuchertem Heilbutt, Butterfisch, Lachs und eingelegtem Hering; Mittagsgerichte mit Räucherfisch und Außer-Haus-Verkauf. Während der Saison tägl. 9–20 Uhr geöffnet. Strandpromenade 3, ✆ 038393-2970.

Nachtleben M 3 – Miami, → Prora.

Jagdschloss Granitz

Umgeben von Buchenwald thront das Jagdschloss auf der höchsten Erhebung der Granitz, dem 107 Meter hohen Tempelberg. Als idealer Aussichtspunkt gehört der repräsentative Prunkbau zu den beliebtesten Ausflugszielen Rügens, dementsprechend voll kann es hier im Sommer werden.

Das Schloss ist ein eigenwilliges Bauwerk aus der Mitte des 19. Jh., spätklassizistisch mit einem für die Zeit typischen Hang zu vermeintlich mittelalterlichen Stilelementen. Der Putbuser Fürst *Wilhelm Malte I.* ließ es an der Stelle eines älteren Jagdhauses errichten. Es entstand ein verputzter Backsteinbau auf quadratischem Grundriss, der Dank seiner von Zinnen gekrönten Ecktürmchen und dem alles überragenden zentralen Aussichtsturm verspielt trutzig wirkt. Von der Aussichtsplattform kann man ein grandioses Panorama genießen. Sehenswert sind auch die Innenräume: die mit Jagddekor bestückte Vorhalle, der festliche Rittersaal, der Empfangssaal, der elegante Speisesaal, Damen- und Billardzimmer und so fort. Das außergewöhnlichste Stück ist die gusseiserne Wendeltreppe, die sich den Aussichtsturm hinaufschraubt. Im Jagdschloss befindet sich auch ein Souvenirshop, Gastronomie gibt es im Gewölbe und im Biergarten.

Öffnungszeiten Mai bis Sept. tägl. 9–18 Uhr; April und Okt. tägl. 10–16 Uhr; Nov. bis März Di–So 10–16 Uhr. Erw. 3 €, erm. 2,50 €, Kinder (6–14 J.) 1,50 €. ✆ 038393-66710, www.granitz-jagdschloss.de.

Anfahrt Für Pkw gesperrt. Wer auf den Tempelberg weder laufen noch mit dem Fahrrad fahren will, muss den kostenintensiven *Jagdschloss-Express* nehmen (ab der Binzer Seebrücke oder dem gebührenpflichtigen Parkplatz südlich von Binz). Im Sommer alle 45 Min., im Winter etwa 1-mal pro Std. ✆ 038393-33880. Auch der *Rasende Roland* verfügt über eine Haltestelle *Jagdschloss Granitz*, von hier aus Fußweg (ansteigend) von 15 Min. bis zum Schloss.

Essen & Trinken Alte Brennerei, rustikale Gaststätte im Schlossgewölbe, altertümliches Ambiente und traditionelle Speisen, viel Wild, im Sommer auch Biergarten und Cafébetrieb. Im Sommer regelmäßig abends ein Schlemmerspektakel, d. h. jede Menge Gaukeleien zum 4-Gänge-Menü. In der Hauptsaison tägl. 10–19 Uhr, Okt. bis Ostern Di–So 11–17 Uhr geöffnet. ✆ 038393-32872, www.alte-brennerei.com.

Nördlich von Binz: Schmale Heide und Prora

Auf der Schmalen Heide, einem Geröllgürtel, der die Granitz mit der Halbinsel Jasmund verbindet, steht Rügens prominenteste und wohl auch problematischste Immobilie: Prora. Entlang der gleichnamigen sanft geschwungenen Wiek erstreckt sich ein kilometerlanger Badestrand.

Vom weiten Sandstrand aus ist Prora, heute ein grauer, großteils sanierungsbedürftiger Gebäudegigant, kaum zu sehen, denn die wuchtigen Betonblöcke werden von dem Kiefernwald verdeckt, der sich über die Schmale Heide erstreckt. Die wirklichen Ausmaße von Prora kann man ohnehin nur aus der Luft erfassen.

Was tun mit dem NS-Koloss? Die Sowjets hatten versucht, einen Block zu sprengen, dabei aber nur eine Ruine produziert. Seit 1994 steht die Anlage unter Denkmalschutz (einschließlich der Ruine!). Teile Proras werden seit vielen Jahren genutzt, andere Blöcke blieben, teils bis heute sanierungsbedürftig, sich selbst überlassen.

Wichtigster Anlaufpunkt ist das **Dokumentationszentrum Prora** (→ unten), das seit 2000 besteht und seit 2004 die sehenswerte Dauerausstellung MACHTUrlaub zeigt (auch Sonderausstellungen und Veranstaltungen). Das Dokumentationszentrum befindet sich im Querriegel von Block 3, also im „Zentrum" des lang gestreckten Kolosses. Nebenan gibt es eine Diskothek sowie eine Gastwirtschaft, gegenüber hat sich zuletzt auch ein Klettergarten angesiedelt; in Block 3 selbst schließlich findet sich, was von der ehemaligen Museumsmeile übrig geblieben ist. Im nördlichen Block 5, der noch dem Landkreis Rügen gehört, eröffnete 2011 die Jugendherberge Prora, seit 2007 gibt es bereits den Jugendzeltplatz. Hier ist auch das *Prora-Zentrum*, eine Bildungsstätte mit kleiner Ausstellung rund um Prora. Die Blöcke 1 und 2 werden seit wenigen Jahren von einer Investorengruppe saniert. Es entstehen exklusive Eigentumswohnungen, Ferienappartements und Hotelzimmer in so großer Zahl, dass kritische Stimmen hinter vorgehaltener Hand bereits spötteln, dass das „Seebad der Zwanzigtausend" nun doch noch realisiert würde, nur eben für die „oberen Zwanzigtausend". Übrigens hat auch Block 6 einen Investor gefunden, was dieser aber mit der teilgesprengten Ruine vorhat, ist seit vielen Jahren offen.

Verbindungen **Bus**: Die **Linie 20** hält auf dem Weg von *Sassnitz* nach *Binz* (und weiter ins Mönchgut) mehrmals tägl. in Prora, ebenso die **23** und **28** von *Bergen* nach *Binz* bzw. nach *Sassnitz*. Außerdem gibt es zwei Haltestellen der **Regionalbahn** (Verbindung Bergen – Binz, Achtung: oft muss man in Lietzow umsteigen). Schließlich fährt während der Saison auch das Bäderbähnchen **Prora-Express** von der Binzer Seebrücke aus.

Klettern **Seilgarten** mit 13 Höhenparcours verschiedener Schwierigkeitsstufen. Gegenüber dem Dokumentationszentrum von Prora. April bis Okt. Di–So 10–17 Uhr geöffnet (Mai/Juni und Sept. bis 18 Uhr, Juli/Aug. auch Mo und bis 19 Uhr). ✆ 03831-3569473, www.seilgarten-prora.de.

Parken Großer Parkplatz am Dokumentationszentrum, 1 €/Std. (Mindestgebühr 2 € für 2 Std.).

Jugendherberge **Jugendherberge Prora**. Beim Jugendzeltplatz (→ Camping), ganz neue Herberge im komplett sanierten, strahlend weiß gestrichenen, nördlichsten Stück des Prora-Kolosses, wirbt als „längste Jugendherberge der Welt". 96 Zimmer mit insgesamt 400 Betten, davon 18 DZ mit eigenem Bad, 16 Zimmer (DZ) sind behindertengerecht ausgestattet. Großes Sportangebot, u. a. Beachvolleyball und Fahrradverleih. Übernachtung mit Frühstück im Mehrbettzimmer 25,50 € (Senioren ab 27 J. 31,30 €), im DZ 29,50 € (Senioren 36,20 €), EZ 10 € Zuschlag pro Nacht, Mittag-/Abendessen je 5,50 €. DJH-Mitgliedschaft notwendig. Mukraner Str., Gebäude 15, 18609 Binz, ✆ 038393-66880, 📠 038393-668822, www.prora.jugendherbergen-mv.de.

Camping **Jugendzeltplatz Prora**, weitläufiger Campingplatz des DJH im Norden Proras und gegenüber der neuen Jugendherberge im Prorablock 5. Alles recht neu, wenig Schatten. Auch Fahrradverleih. Mitte April bis Okt. geöffnet. Übernachtung pro Pers. 15,50 €, Senioren über 27 J. 19,30 €, Frühstück inkl., Mittag-/Abendessen je 5,50 €. Man kann auch Zelte ausleihen. Adresse → JH.

››› Lesertipp: **Campingplatz Meier**, „auf einem alten NVA-Gelände zwischen Binz und Prora, etwas abseits der Straße. Gepflegter Rasenplatz, schöne Stellplätze für Wohnmobile und Caravan; teilweise im Schatten. Separater Platzteil für Zelte im Nadelwald. Sehr saubere Sanitäranlagen. Am Platz die Gaststätte *Zur Mücke*. April bis Okt. geöffnet." Erw. 6,50 €, Jugendliche 5,50 €, Kinder 4 €, Hunde 4 €, Zelt 5,50–6,50 €, Caravan 6,50 €, Wohnmobil 12 €, Pkw 5,50 €, Motorrad 5 €. Proraer Chaussee 30, 18609 Binz/Prora, ✆ 038393-2085, 📠 038393-32624, www.camping-meier-ruegen.de. ‹‹‹

Nachtleben **M 3 – Miami**, Rügens größte Diskothek und Nightspot für die gesamte Insel, 5 Dancefloors (von denen immer mindestens zwei geöffnet sind) sowie mehrere Bars und ein Bistro, im Sommer Biergarten, ganzjährig Sa ab 22 Uhr und am Abend vor Feiertagen geöffnet, im Sommer außerdem zu diversen Events. Strandstr. 51, ✆ 038393-32645, www.m3-disco.de.

Rügen Karte → S. 202/203

Die Museen von Prora

Dokumentationszentrum Prora: Historisch Interessierte wird es in Prora wahrscheinlich v. a. in das Dokumentationszentrum ziehen. Die erste Abteilung informiert umfassend über Vorgeschichte, Planung und Baugeschichte des KdF-Bades sowie über die Nutzung der Bauruine während des Krieges und nach Kriegsende. Die zweite Sektion konzentriert sich unter dem Schlagwort „Volksgemeinschaft" auf die sozial- und gesellschaftshistorischen Hintergründe des Nationalsozialismus: Bilddokumente und Schautafeln befassen sich mit der Idee der Volksgemeinschaft und deren gewaltsamer „Formierung" in Alltag und Lebenswelt. Wechselnde Sonderausstellungen und Veranstaltungen sowie ein 35-minütiger Film begleiten die Dokumentation. Unbedingt sehenswert.

Juni bis Aug. tägl. 9.30–19 Uhr, März bis Mai und Sept./Okt. 10–18 Uhr, Nov. bis Febr. 11–16 Uhr. Eintritt 6 €, erm. 3 €, Kinder unter 13 J. frei, Familien 14 €. Öffentliche Führungen (Vortrag und Besichtigung) tägl. 11.45 und 14.30 Uhr. Im Dokumentationszentrum gibt es auch ein Café (ab 11 Uhr geöffnet). Objektstr. 1, Block 3/Querriegel, ✆ 038393-13991, www.proradok.de.

KulturKunststatt Prora: Über insgesamt fünf Stockwerke bzw. auf 5000 Quadratmetern erstrecken sich vier Museen in einem, alle zu verschiedenen Aspekten des Themas Prora/Rügen. Dazu gibt es Galerien und ein Kaffeehaus.

Im Sommer tägl. 9–19 Uhr, im Winter 10–16 Uhr. Erw. 6,90 €, erm. 3,90 €, Kinder bis 6 J. frei. Objektstr., Block 3, ✆ 038393-32696, www.kulturkunststatt.de.

Eisenbahn- und Technikmuseum: Ein Stück nördlich ist auf 10.000 Quadratmetern überdachter Fläche das Eisenbahn- und Technikmuseum untergebracht. In der mittleren Halle stehen vor allem Oldtimer, darunter eine echte *Tin Lizzy* von Ford (1911) sowie eine MIG 21. In den Seitenhallen befinden sich dann die Lokomotiven (ab Baujahr 1903), besonders sehenswert die Dampfschneeschleuder von 1930.

April bis Okt. tägl. 10–17 Uhr, im Winter geschlossen. Eintritt 6 €, Kinder 3 €. Am Bahnhof „Prora", ✆ 038393-2366 (hinter dem Bahnhof links und bald rechter Hand).

Naturerbe Zentrum Rügen/Prora

Der jüngst eröffnete Baumwipfelpfad samt Ausstellung liegt nur wenige Kilometer westlich von Prora. Der insgesamt 1250 Meter lange Erlebnispfad ist barrierefrei und kinderwagengeeignet. Spiralförmig und mit geringer Steigung schraubt er sich am Einstiegsturm in die Höhe und verläuft dann als hoher Steg durch den Wald. Höhepunkt ist der Aussichtsturm, der um eine Buche herum gebaut ist. In weiter Spirale gelangt man auf eine Höhe von 40 Metern und kann einen herrlichen Blick genießen. Die zugehörige Ausstellung im neuen Gebäude unterhalb des Baumwipfelpfades informiert kindgerecht anhand von Fotos, Schaubildern und Grafiken über Rügens Naturräume. SB-Bistro im Ausstellungsgebäude.

Anfahrt/Verbindungen Beim alten Forsthaus Prora, gut beschildert. Hier halten die **Busse 20, 24** und **28** von *Binz, Bergen* bzw. *Sassnitz*, außerdem Fahrten mit dem Bäderbähnchen **Prora-Express**.

Parken Am neuen Ausstellungsgebäude, die ersten 3 Std. pauschal 2 €, dann 1 €/Std.

Öffnungszeiten/Eintritt Mai bis Sept. tägl. 9.30–19.30 Uhr, April und Okt. bis 18 Uhr, im Winter nur bis 17 Uhr. Eintritt 9,50 €, erm. 8 €, Kinder/Jugendliche 6–17 J. 7,50 €, Familien 19,50 €. Führungen tägl. um 10 und 14 Uhr (3 €). Forsthaus Prora 1, ✆ 038393-662200, www.nezr.de.

Projekt: Urlaub total – das „Seebad der 20.000"

Wenn ein Bauvorhaben das Attribut „gigantomanisch" verdient, dann das 1936 begonnene Projekt der nationalsozialistischen Organisation *Kraft durch Freude* (KdF): eine zentrale Festhalle samt Platz, groß genug um 20.000 Menschen zu fassen, rechts und links davon je vier sechsgeschossige Wohnblöcke von mehr als einem halben Kilometer Länge, dazwischen riesige, bis zum Strand reichende Gemeinschaftshäuser, außerdem Seebrücken, Theater, Geschäfte, Sportstätten, Aussichtstürme und eine kleinstadtartige Anlage für 5000 Angestellte. Der Koloss aus Stahl und Beton sollte sich über eine Länge von mehr als vier Kilometer erstrecken. 20.000 Menschen sollten hier einen jeweils zehntägigen Urlaub verbringen – ein Urlaub so total wie der folgende Krieg.

Oberster Bauherr war der Chef der *Deutschen Arbeitsfront* (DAF), *Robert Ley* (der beauftragte Architekt war der Kölner *Clemens Klotz*, der für seinen Entwurf bei der Weltausstellung in Paris 1937 einen Preis gewann). Die DAF hatte vor allem die Aufgabe, die arbeitende Bevölkerung zu Nationalsozialisten zu erziehen. *Kraft durch Freude* war eine Unterabteilung der DAF und die populärste Organisation des Regimes überhaupt. Das effektive Propaganda-Instrument dehnte die „nationalsozialistische Erziehung" auf die Freizeit der Arbeiter aus und versuchte damit eine Art „Gleichschaltung des Urlaubs" zu erwirken.

Das Seebad Prora wurde aber lediglich propagandistisch eingesetzt: Der Ausbruch des Zweiten Weltkrieges stoppte die Arbeiten und hinterließ eine gigantische Baustelle. Urlaub machte hier niemand. Die beteiligten Arbeiter, darunter ungezählte versklavte Zwangsarbeiter, wurden nach Peenemünde gebracht, um dort die Heeresversuchsanstalt aufzubauen, den Geburtsort der sogenannten Wunderwaffe V2. Während des Krieges wurden die fertiggestellten Gebäude Proras als Lazarett genutzt, dann wurden ausgebombte Hamburger in den Rohbau mit Seeblick einquartiert. Es folgten die Sowjets, dann die NVA (1961–1982), Prora wurde militärisches Sperrgebiet. Nach 1982 wurden DDR-Kriegsdienstverweigerer, sogenannte Bausoldaten, in Prora zwangsstationiert und mussten am neuen Hafen von Mukran mitbauen. Die NVA-Erbin, die Bundeswehr, löste den Standort 1992 schließlich auf.

Rügen
Karte → S. 202/203

Schmale Heide

Feuersteinfelder: Eine geologische Besonderheit im nördlichen Teil der Schmalen Heide: Auf einer Länge von ca. 2,5 Kilometern erstrecken sich mehrere bis zu 300 Meter breite Wälle aus Feuerstein. Eingefasst in das „Naturschutzgebiet Steinfelder in der Schmalen Heide" befindet sich im Norden der Feuersteinfelder ein kleiner Mischwald aus Kiefern, Ahorn und Eichen. Auf dem kargen Boden der Geröllwälle und entlang seiner Ränder wachsen vor allem Wacholder, Vogelbeere, Brombeeren und Blaubeeren, Heiderose und Heidekraut.

Ein Parkplatz (1 €/Std., Tagesticket 5 €) befindet sich südlich von Neu Mukran, von hier aus führt ein Fußweg zunächst parallel zu den Bahngleisen, dann über eine Brücke über die Gleise und auf der anderen Seite nach Süden zu den Feldern (ca. 20 Min., beschildert).

Ein außergewöhnliches Stück Bäderarchitektur: Sellins Seebrücke

Sellin

ca. 2400 Einwohner

Auch in Sellin bestimmt grandiose Bäderarchitektur das Stadtbild. Besonders hervorzuheben: die in der Ortsmitte gelegene Wilhelmstraße, gesäumt von weiß getünchten Villen, und die berühmte Selliner Seebrücke, zu deren Füßen sich ein herrlicher Sandstrand erstreckt.

Eingerahmt wird der Ort von den südlichen Ausläufern der Granitz sowie dem Selliner See. Die Hauptverbindung zur bis zu 40 Meter hohen Steilküste bildet die Prachtallee Sellins, die *Wilhelmstraße*, eine Flaniermeile in Weiß, die ihre „Verlängerung" in der berühmten, 1998 wieder aufgebauten *Seebrücke* findet. Wie ein Steg in eine andere Zeit reicht die einzige bebaute Seebrücke Rügens, in dessen prachtvollen Gebäuden stilvolle Restaurants untergebracht sind, in die Ostsee hinein. Das Verbindungsstück der beiden außergewöhnlichen Beispiele der Bäderarchitektur ist die *Himmelstreppe*, eine Freitreppe, die über 99 Stufen vom Ende der Wilhelmstraße auf die Brücke und hinab zum breiten, feinsandigen Strand führt.

Ursprünglich war Sellin nur ein winziges Fischerdorf am Rande der ausgedehnten Ländereien der Herren zu Putbus, in dem noch 1806 kaum mehr als 100 Menschen lebten. Der Aufschwung zum Seebad erfolgte mit dem Anschluss des Dorfes an die Schmalspurbahn im Jahr 1895. Ein Jahr später ließ Fürst *Wilhelm zu Putbus* eine breite Allee anlegen, 1896 entstand das erste Hotel auf dem Hochufer. In schneller Folge wurden weitere Gebäude errichtet, alle im Stile der Zeit, reich verziert, strahlend weiß und mit Veranden, Loggien und Balkonen versehen. Bis 1912 hatte sich die Wilhelmstraße zu dem entwickelt, was sie heute ist: eine außergewöhnliche Bäderarchitektur-Meile. Ganzer Stolz des jungen Bades war die 1906 eröffnete Seebrücke. Zwischenzeitlich zerstört und abgerissen, wurde 1998 der Neubau des Wahrzeichens Sellins fertiggestellt.

Basis-Infos

Information **Kurverwaltung Sellin**, Informationen und Zimmervermittlung. Mo–Fr 8.30–18 Uhr, Sa/So 10–14 Uhr; in der Nebensaison (Okt. bis April) Mo–Fr 8.30–16.30 Uhr, Sa/So geschlossen. Seitenstraße am oberen Teil der Wilhelmstraße, beim Kurpark. Warmbadstr. 4, ✆ 038303-160, 📠 038303-16200, www.ostseebad-sellin.de. *Ortsführungen* immer Di 10 Uhr ab Kurverwaltung.

Verbindungen **Bus**: Die **Linie 20** verbindet Sellin mit *Binz, Prora*, dem *Fährhafen Sassnitz* bei Neu Mukran, der Stadt *Sassnitz* und (seltener) direkt mit dem *Königsstuhl* sowie mit den Ostseebädern *Baabe, Göhren* und *Thiessow*, fast stündl., bis *Sassnitz* bzw. Göhren häufiger. Nach *Bergen* fährt die **Linie 24**, allerdings relativ selten direkt, sodass man mit der **Linie 20** zum Wendeplatz Serams fahren und dort in die **24** umsteigen muss. Die **Linie 25** ist der *Ortsbus* und verbindet Sellin 7-mal tägl. mit *Neuensien* und *Seedorf*, 6-mal mit *Altensien* und *Moritzdorf*.

Der **Rasende Roland** fährt auf seinem Weg entlang der Ostseebäder nach *Sellin*, im Sommer stündl., im Winter alle 2 Std. Haltestellen am südlichen und westlichen Ortsrand. ✆ 03838-813591. Preise und weitere Infos → S. 211.

Schiffsverbindungen zu Rügens Ostseebädern: Die Reederei *Adler Schiffe* verbindet Sellin via Binz mit dem Sassnitzer Stadthafen. Fahrten von April bis Okt., Tickets an Bord. Adler Schiffe, Hafenstr. 12 j, 18546 Sassnitz, ✆ 038392-3150, 📠 038392-50672, www.adler-schiffe.de.

Baden Die Blaue Flagge ziert auch Sellins Strand. Unterhalb des Hochufers bei der Wilhelmstraße erstreckt sich bei der Seebrücke der lange und breite **Nordstrand**. Etwas nördlich (hier etwas steinig) sowie südlich beginnen Hundeabschnitte, noch etwas weiter nach Süden der FKK-Bereich. Daran schließt der **Südstrand** (Vorteil: länger Sonne) an, den man über den Weißen Steg erreicht (Ostbahnstraße, dann vor dem Seepark abbiegen, kostenpflichtiger Parkplatz). Der Nordstrand wird auf der Höhe der Seebrücke, der Südstrand bei der Einmündung des Weißen Stegs von der DLRG überwacht.

Erlebnisbad Das **Inselparadies** ein Hallenbad zu nennen, wäre untertrieben: Abenteuer- und Warmbecken, Wildwasserkanal und Sprudelliegen, über 100 m lange Rutsche, große Saunalandschaft und Gastronomie. Tägl. 9–22 Uhr, im Winter 14–21 Uhr. Badstr. 1, ✆ 038303-1230, www.inselparadies.de.

Fahrradverleih Gibt es mehrere im Ort: z. B. **Conny's Fahrradverleih**, gegenüber der Seepark-Passage am unteren Ende der Wilhelmstraße. Granitzer Str. 45, ✆ 038303-95577, www.fahrradverleih-sellin.de.

Fahrradverleih Neumann, in der Hauptstraße 1 (zur Saison tägl. 8–18 Uhr), eine Verleihstation auch im unteren Teil der Wilhelmstraße (bei Hausnr. 4, zur Saison tägl. 10–13 Uhr und 14–18 Uhr), auch Tandems und Elektroräder. ✆ 038303-87990, www.selliner-fahrradverleih.de.

Kurtaxe Mai bis Sept. sowie Weihnachten/Neujahr 2,30 €, Kinder 1,15 €; ansonsten 1,20 €, Kinder 0,60 €.

Tauchgondel Juni bis Aug. tägl. 10–21 Uhr, April/Mai und Sept./Okt. tägl. 10–19 Uhr, Nov. bis April 11–16 Uhr (max. bis Sonnenuntergang), wetterbedingte Ausfälle

Rügen Karte → S. 202/203

In Sellin

möglich. Ein Tauchgang dauert etwa 30–40 Min., Erw. 8 €, erm. 6 €, Kinder bis 15 J. 5 €, Familien 19–23 €. ✆ 038303-92777, www.tauchgondel.de.

Veranstaltungen U. a. das **Seebrückenfest** am letzten Juliwochenende. Veranstaltungskalender über die Kurverwaltung oder unter www.ostseebad-sellin.de.

Übernachten

**** **Hotel Bernstein**, sehr schöne Lage auf dem Hochufer (südlich der Wilhelmstraße), aussichtsreiches, gutes Restaurant mit Terrasse sowie Lounge/Bar. Großer Wellnessbereich samt Sauna, Fitnessraum und Schwimmbad (indoor, aber dank Panoramafenster mit Ostseeblick). EZ 98–104 €, DZ 152–212 €, Frühstück inkl. Hochuferpromenade 8, 18586 Sellin, ✆ 038303-1717, ℻ 038303-1718, www.hotel-bernstein.de.

Villa Elisabeth, freundliches und bodenständiges Hotel in der Wilhelmstraße in einer schönen Bädervilla, geräumige Zimmer, teils mit Balkon. Im Haus das Restaurant *achtern*. EZ 50 €, DZ 100 €, Dreibett-Zimmer 120 €, Frühstück inkl. Wilhelmstr. 40, 18586 Sellin, ✆ 038303-87044, ℻ 038303-87045, www.hotel-elisabeth-sellin.de.

››› Unser Tipp: **Pension Tatjana**, Rügens rotes Russlandhaus an der weißen Wilhelmstraße. Große, individuelle, von Künstlern vor allem aus Russland und Rügen gestaltete Zimmer, dabei „work in progress", denn immer wieder wird das eine oder andere Zimmer neu eingerichtet und ausgestattet. Parkplätze am Haus, schöne Dachterrasse, Sauna. Zur Pension gehört auch die russische Teestube/Restaurant *Tschai Kowski* (→ Essen). EZ 45–47 €, DZ 72–80 €, inkl. Frühstück. Ca. 200 m vor der Seebrücke. Wilhelmstr. 28, 18586 Sellin, ✆ 038303-1450, ℻ 038303-85693, www.pension-tatjana.de. ‹‹‹

Jugendherberge Sellin, in einem Mehrfamilienhaus mit Parkplatz im Hof, nahe des Kleinbahnhofs im südlichen Ortsteil, zu Fuß ca. 10 Min. ins Zentrum. Viele Schulklassen. Im Mehrbettzimmer 25,50 €, im DZ 29,50 €, Senioren ab 27 J. 31,30 € im Mehrbettzimmer, im DZ 36,20 €, jeweils inkl. Frühstück. Mittag-/Abendessen je 5,50 €. Kiefernweg 4, 18586 Sellin, ✆ 038303-95099, ℻ 038303-95098, www.jugendherbergen-mv.de.

Außerhalb **Hotel Moritzdorf**, absolut ruhig am südlichen Rand des hübschen gleichnamigen Weilers gelegen, nettes Restaurant (auch vegetarisch) mit Terrasse. DZ mit Frühstück 90–132 €, Halbpension 19 €. Moritzdorf 15, 18586 Sellin, ✆ 038303-186, ℻ 038303-18740, www.hotel-moritzdorf.de.

Essen & Trinken

Palmengarten und Kaiserpavillon, durchaus als Erlebnisgastronomie zu bezeichnen. Ob auf einen Kaffee oder einen Drink im stilvollen Café oder zum Dinner im schicken Restaurant – das einzigartige Ambiente erzeugt der Standort: die Seebrücke. Geschmackvoll eingerichtet, freundlicher Service (Hauptgerichte um 16–24 €, Pasta um 10 €). Tägl. 12–21 Uhr, Mo Ruhetag. Seebrücke Sellin, ✆ 038303-929600, www.seebrueckesellin.de.

Tschai Kowski, russische Teestube und Restaurant in der *Pension Tatjana* (→ Übernachten), große Teeauswahl, Frühstück, Mittagstisch und Abendessen mit köstlichen russischen Spezialitäten. Sehr sympathisch. Wilhelmstr. 28, ✆ 038303-1450, www.pension-tatjana.de.

Selliner Kleinbahnhof, nochmals Erlebnisgastronomie, schönes, mal nicht-maritimes Ambiente, das nett hergerichtete Restaurant gleicht in Teilen einem Eisenbahnmuseum, und wenn draußen der Rasende Roland vorbeifährt, könnte man tatsächlich meinen, auf Reisen zu sein. Mit Terrasse. Relativ günstige Tagesgerichte, ansonsten mittleres Preisniveau, Hauptgerichte ab 10 €. Tägl. ab 12 Uhr geöffnet, im Winter Mo/Di Ruhetag. Am Kleinbahnhof, ✆ 038303-87971.

Außerhalb **Moritzburg**, beliebtes Ausflugslokal oberhalb von Moritzdorf, etwas anstrengender Aufstieg über zahlreiche Stufen. Hier kann man Kaffee und Kuchen oder die herzhafte regionale Küche samt herrlicher Aussicht über die Boddenlandschaft genießen. Nur zur Saison (April bis Okt.) ab 11 Uhr, abends dann nicht allzu lange geöffnet. Am Ortsausgang von Moritzdorf führen Treppen hinauf. ✆ 038303-95884.

Traditionsreich: Ruderbootfähre am Baaber Bollwerk

Mönchgut

Die Halbinsel südöstlich der Granitz streckt sich mehr wie eine Inselgruppe weit ins Meer hinein. In zwei eleganten Schwüngen zieht sich die Küste vom Kap Nordperd beim Ostseebad Göhren über die kleine Landzunge Lobber Ort zum Kap Südperd bei Thiessow. Der südliche Abschnitt ist ein einziges kilometerlanges, feinsandiges Badeparadies, schlicht (und zutreffend) Großer Strand genannt. Die westliche Küste hingegen ist stark zergliedert, weit springen die hügeligen Halbinseln in den Bodden hinein und formen lang gestreckte Buchten.

Baabe

ca. 850 Einwohner

Das „Tor zum Mönchgut" ist bis heute ein ruhiges Ostseebad mit dörflichem Charakter geblieben. Ein paar sorgsam renovierte Bädervillen und eine im Bau befindliche Kuranlage zeugen von vergangenen und aktuellen Ambitionen, mit den „großen Schwestern" Sellin und Binz im Norden mitzuhalten. Jenseits der Göhrener Chaussee zeigt sich das andere Gesicht Baabes: Boddenseits erstreckt sich in einem leichten Bogen das alte Fischerdorf bis an das schilfgesäumte Ufer des Selliner Sees. Ein gutes Stück jenseits der Ortsgrenze endet die Dorfstraße am Bollwerk, dem kleinen Hafen von Baabe, an dem noch ein paar Fischer ablegen. Ein Fährmann setzt im Ruderboot über nach Moritzdorf.

Information **Touristinformation** in einem Pavillon aus Holz und Glas am Anfang der Strandstraße. Geöffnet Mai bis Okt. Mo–Fr 10–14 Uhr (✆ 038303-14242). Infos auch in der **Kurverwaltung Baabe**, die in das neue *Haus des Gastes* umgezogen ist (geöffnet zuletzt Mo–Fr 9–18 Uhr, Sa/So 10–18 Uhr, im Winter eingeschränkt), hier auch Spielplatz, Minigolfanlage und Bocciabahn. Am Kurpark 9, 18586 Baabe, ✆ 038303-1420, 📠 038303-14299, www.baabe.de.

Verbindungen/Ausflüge **Bus 20** fährt fast stündl. von Sassnitz nach Baabe und von hier weiter nach Thiessow.

Kleinbahn: Im Sommer stündl. mit dem *Rasenden Roland* nach Göhren und nach

Sellin, Binz und Putbus, in der Nebensaison alle 2 Std. ✆ 038301-884012. Preise und weitere Infos → Putbus, S. 211.

„Stadtbus“: *Uns lütt Bahn* pendelt 9-mal tägl. zwischen Strandpromenade und Bollwerk (nur Ostern bis Okt.).

Personenfähre Baabe - Moritzdorf: Vom Bollwerk Baabes Hafen am Bodden rudert der Fährmann zur Saison tägl. zwischen 9 und 21 Uhr über die schmale Wasserstraße zwischen Having und Selliner See. Man muss die Schiffsglocke läuten. Fahrräder, Kinderwägen und Hunde werden mitgenommen. 0,50 €/Pers., 1 €/Fahrrad.

Ausflugsschiff Mit der *MS Lamara* durch das Biosphärenreservat Südost-Rügen und um die Insel Vilm. Mai bis Sept. 2-mal tägl. ✆ 038303-909951, www.ms-lamara.de.

Fahrradverleih **Fahrrad Mix**, ab 5 €/Tag (3-Gang), Strandstr. 36, ✆ 038303-371190, www.fahrradverleih-baabe.de.

Kitesurfen **Kiteschule Atlantis** in der *Casa Atlantis*, Schnupperkurs und Kitekurs, auch Unterkunft (→ Übernachten). Strandstr. 5, ✆ 038303-95565, www.casa-atlantis.de.

Kurtaxe Erw. 2,30 €, Jugendliche (16–18 J.) 1,15 €, Kinder bis 16 J. frei.

Theater **Lachmöwe**, Kleinkunst zwischen politischem Kabarett und Comedy. Gespielt wird Ostern bis Okt., Vorstellungsbeginn 20.30 Uhr, auch Restaurant (→ Essen). Strandstr. 24–28, ✆ 038303-99075, www.kabarett-theater-lachmoewe.de.

Übernachten/Essen **Hotel Solthus am See**, am Bollwerk, stilvolles Hotel mit Hallenbad, Wellness und Sauna in einem architektonisch interessanten Gebäudekomplex mit tiefem Rohrdach. Mit gehobenem Restaurant. Ganzjährig geöffnet. EZ 115 €, DZ 156–176 €, Frühstück inkl. Bollwerkstr. 1, 18586 Baabe, ✆ 038303-87160, 📠 038303-871699, www.solthus.de.

*** **Strandhotel Baabe**, an der Strandstraße, mit Sauna und Fahrradverleih, Restaurant mit regionaler Küche (mittags und abends geöffnet). Ganzjährig geöffnet. DZ mit Frühstück 100–140 €. Auch Appartements (ab 100 €/2 Pers). Strandstr. 24–28, 18586 Baabe, ✆ 038303-150, 📠 038303-15150, www.strandhotel-ruegen.de.

Casa Atlantis, sympathisches Restaurant/Tapas-Bar (auch Hotel und Kiteschule) an der Strandstraße, günstige Tagesgerichte (spanische Küche), vor allem junges Publikum, auch Zimmer. DZ mit Frühstück ab 79 €, EZ ab 49 €. Strandstr. 5, 18586 Baabe, ✆ 038303-95565, 📠 038303-95525, www.casa-atlantis.de.

Zum Fischer, uriges Gasthaus einer alteingesessenen Fischerfamilie, die auch heute noch fängt, der Fisch ist also mit Sicherheit frisch. Eigene Räucherei und Verkauf, von März bis Anfang Okt. ab 12 Uhr geöffnet, Fischverkauf ab 8 Uhr. Bollwerkstr. 4 (am südwestlichen Dorfrand am Weg zum Hafen), ✆ 038303-86428, www.zumfischer.de.

››› **Lesertipp:** Leser empfehlen das gemütliche **Café Klatsch**, entspannte Atmosphäre, leckerer selbst gebackener Kuchen. Tägl. ab 11.30 Uhr, Mo Ruhetag. Am Kurpark 2, ✆ 0172-3027058, www.baabe-cafe klatsch.de. ‹‹‹

Göhren

ca. 1200 Einwohner

Das Ostseebad mit den zwei Stränden – dem feinsandigen Nordstrand samt Promenade und Seebrücke und dem naturbelassenen Südstrand. Dazwischen erhebt sich der Kurort auf einer Anhöhe.

Endlos an der Strandpromenade aneinandergereihte, strahlend weiße Villen sucht man in Göhren vergebens. Dafür lässt das bewaldete *Nordperd*, die durchaus bergige Landzunge, auf die der Ort gebaut wurde, einfach keinen Platz. Hinter dem Strand erstreckt sich der neu gestaltete Kurpark mit Musikpavillon aus dem Jahr 1924, in dem heute nach sorgsamer Restaurierung wieder regelmäßig Konzerte stattfinden. Im Ortszentrum stößt man dann auf das alte Göhren mit seinen rohrgedeckten Fachwerkhäusern. Drei von ihnen gehören heute zum Verbund der Mönchguter Museen: Im **Heimatmuseum** (Strandstraße/Ecke Thiessower Straße im Zentrum) erhält man einen Einblick in die Geschichte des Seebades Göhren, zu sehen sind u. a. eine alte Bauernstube, Trachten und historische Fotos; im **Mu-**

Sand satt: Göhrens Strand

Rügen
Karte → S. 202/203

seumshof (nur wenige Schritte auf der Strandstraße weiter bergab) in einem teilweise originalen Gebäude eines bäuerlichen Gehöftes kann man eine bunte Mischung aus landwirtschaftlichen Gerätschaften besichtigen; und das um 1720 erbaute **Rookhus** (Rauchhaus), ein schornsteinloses Fachwerkhaus mit tief herabhängendem Rohrdach (unterhalb des Heimatmuseums in der Thiessower Straße) verschafft Eindrücke von den einstigen Wohn-, Arbeits- und Lebensverhältnissen der hiesigen Fischer und Bauern. Komplettiert wird die „Göhrener Museumsmeile" durch das am Südstrand auf Beton aufgebockt liegende **Museumsschiff Luise**, ein begehbarer und vollständig eingerichteter Küstenfrachter von 1906.

Heimatmuseum: in der Saison Di–So 10–17 Uhr, Nov. bis Ende April nur Fr–So 10–16 Uhr. Museumshof: Mai bis Okt. Di–So 10–17 Uhr; April Fr–So 10–16 Uhr; im Winter geschlossen. Rookhus: Mai bis Okt. Di–So 10–17 Uhr; Mitte Jan. bis Ende April und 1. Nov. bis 15. Dez. Di–Do 10–16 Uhr; Mitte Dez. bis Mitte Jan. geschlossen; Museumsschiff Luise: Mai bis Okt. Di–So 10–16 Uhr (Juli/Aug. bis 17 Uhr); Nov. bis Ende April geschlossen. Eintritt jeweils 3 €, erm. 2,50 € (Kinder/Kurkarte), Sammelticket für alle 4 Museen 10 € (erm. 8 €).

Eine weitere Sehenswürdigkeit ist der **Buskam**, ein vor dem Nordstrand Göhrens aus dem Wasser ragender Granitblock mit imponierendem Maß (40 Meter Umfang) und nicht weniger beeindruckendem Gewicht (über 1600 Tonnen). Der gewaltige Fels ist der größte Findling der deutschen Ostseeküste, zuweilen wird er auch der „größte Stein Nordeuropas" genannt. Natürlich ranken sich um solch einen markanten Felsen zahlreiche Legenden und Geschichten, Meerjungfrauen sollen sich hier sonnen und Hexen Versammlungen abhalten.

Basis-Infos

Information Kurverwaltung Göhren, Mai bis Sept. Mo–Fr 9–18 Uhr, Sa 10–15 Uhr; im Winter Mo–Fr 9–12 und 13–16.30 Uhr, Sa 9–12 Uhr. Poststr. 9, 18586 Göhren, ✆ 038308-66790, 📠 038308-667932, www.goehren-ruegen.de.

Verbindungen Bus: die **Linie 20** verbindet fast stündl. Göhren mit *Baabe, Sellin, Binz, Prora*, dem *Fährhafen Sassnitz* bei Neu Mukran und der *Stadt Sassnitz* (seltener auch direkt mit dem Königsstuhl) sowie mit *Thiessow* und *Klein Zicker*. Nach *Bergen* fährt die **Linie 24**, allerdings relativ selten direkt, sodass man mit der **Linie 20** zum Wendeplatz Serams fahren und dort in die **24** umsteigen muss. Haltestellen am Kleinbahnhof und im Zentrum.

Bahn: Göhren ist die Endhaltestelle des **Rasenden Rolands**. In der Hauptsaison bis zu 12-mal tägl. (Sept. bis Mai nur 6-mal) zu den Ostseebädern Baabe und Sellin, über die Granitz nach Binz sowie nach Putbus. ✆ 03838-813591. Preise und weitere Infos → S. 211.

Der **Ortsbus „Buskam"** pendelt während der Saison vom Campingplatz über Kleinbahnhof und Strandpromenade durch den Ort zur Reha-Klinik und retour, mit Kurkarte kostenlos.

Schiffsverbindungen zu Rügens Ostseebädern: Die Reederei *Adler Schiffe* verbindet Göhren mit dem Sassnitzer Stadthafen sowie mit Binz und Sellin, Tickets an Bord. Adler Schiffe, Hafenstr. 12 j, 18546 Sassnitz, ✆ 038392-3150, www.adler-schiffe.de.

Baden Zwei Strände: ein **Hauptstrand im Norden** und ein weniger frequentierter **Südstrand**. Beide Strände erstrecken sich über mehr als 4 km: der Nordstrand bis nach Baabe, der Südstrand bis zum Lobber Ort. Der attraktivere Badespot ist zweifellos der feinsandige, flach ins Meer abfallende Nordstrand. Der südliche Abschnitt ist ruhiger und hat länger Sonne, ist aber nicht so ansehnlich wie sein nördliches Pendant. Der letzte Strandabschnitt Richtung Nordperd ist in zwei **FKK-Strände** und einen **Hundestrand** unterteilt.

Fahrradverleih Mehrere Anbieter im Ort: **Conny's Verleih**, Friedrichstr. 12 a, ✆ 038308-25156, www.fahrradverleih-goehren.de; **Tilly**, Schulstr. 7, ✆ 038308-2240, www.fahrrad-tilly.de; **Volk**, Kastanienallee 9, ✆ 038308-25406; **Klingenberg Fahrrad-Verleih**, Gartenweg 2, ✆ 038308-2169.

Kurtaxe Mai bis Sept. 2,80 €, Okt. bis April 1,50 €, unter 18 J. frei, Hund ganzjährig 0,50 €/Tag.

Übernachten

Hotels/Ferienwohnungen **** **Hotel Hanseatic**, gegenüber dem alten Wasserturm (am höchsten Punkt von Göhren). Stilvolles Ambiente, zwei Restaurants (→ Essen), Cocktailbar, Wintergarten, Turmcafé mit herrlichem Blick, im Untergeschoss Hallenbad, Sauna und Wellnessbereich. Komfortable und stilvoll-modern eingerichtete Zimmer, meist mit französischem Balkon. EZ 149 €, DZ 179 €, Frühstück inkl. Nordperdstr. 2, 18586 Göhren, ✆ 038308-515, 📠 038308-51600, www.hotel-hanseatic.de.

**** **Hotel Meeresblick**, am Ortsrand nahe Südstrand, schöner Blick, zu Fuß wenige Minuten zum Meer. Bekanntes Restaurant, Zimmer und Ferienwohnungen über mehrere Gebäude verteilt, außerdem Hallenbad, Sauna, Solarium. EZ 93 €, DZ 126 €, Frühstück inkl., auch Ferienwohnungen für max. 4 Pers. 123–138 €/Tag. Friedrichstr. 2, 18586 Göhren, ✆ 038308-5650, 📠 038308-565200, www.avr.de.

Hotel Stranddistel, sympathisches kleineres Hotel in ruhiger Seitenstraße bei der Strandstraße, 20 Zimmer sowie 10 Appartements. Fitnessraum, Sauna, Solarium, ganztägige Segeltörns auf eigener Yacht. EZ ab 70 €, DZ ab 98 €, Frühstück inkl., Hund 10–12 €/Tag. Katharinenstr. 9, 18586 Göhren, ✆ 038308-5450, 📠 038308-54555, www.ruegen-hotel-stranddistel.de.

Camping **Regenbogen Camp**, riesiges Areal beim Bahnhof, großer Strandabschnitt (Textil, FKK, Hund), Restaurant, Cafébar und Supermarkt, Wellnessbereich, am Strand Segeln, Surfen, Beachvolleyball etc., auch Animation und Abendunterhaltung. Idyllische Stellplätze für Zelte im Waldstreifen, weniger romantisch sind die Wohnmobil-Stellplätze. Auch Ferienhäuser, Tipis, Mietwohnwagen und -zelte. Stellplatz mit Zelt, 2 Erw. mit Kindern und Pkw 33–38,50 €, mit Wohnwagen/Pkw 42–45 €, mit Wohnmobil 38,50–41,50 €, 1 Pers. mit Zelt und Fahrrad 15 €; sonstige Extrakosten: Hund 4 €, Strom 3,50 €, privates Bad 8,50 €. Ganzjährig geöffnet. Am Kleinbahnhof, 18586 Göhren, ✆ 038308-90120, 📠 038308-2123, www.regenbogen.ag.

Essen & Trinken/Nachtleben

Essen & Trinken **Knoblochs Kräuterküche**, nur am Wochenende (Do–So jeweils ab 19 Uhr) zaubert Spitzenkoch Peter Knobloch ein 8-gängiges Degustationsmenü für seine Gäste (98 €, Weinset 39 €) und lässt sich dabei auch über die Schulter schauen. Nur zwölf Plätze, Reservierung obligatorisch! Friedrichstr. 8, ✆ 038308-34094, www.villa-mit-sonnenhof.de.

Berliner Salon, das Gourmet-Restaurant im *Hotel Hanseatic*, gehobenes Preisniveau. Tägl. ab 18 Uhr geöffnet. Ebenfalls im Hanseatic befindet sich das **Restaurant Friedrichs**, Hauptgerichte hier um 15 €, auch Pizza, Pasta, Salate etc. Nordperdstr. 2, ✆ 038308-515, www.hotel-hanseatic.de.

Räucherei Ebert, am Kleinbahnhof. Die Fischräucherei erfreut sich großer Beliebtheit; viel gelobt: die Fischsuppe. Auch Hauptgerichte, selbstverständlich gibt es hier auch das Fischbrötchen auf die Hand. Während der Saison tägl. 8–21 Uhr geöffnet. Bahnhofstr. 1, ✆ 038308-34043.

››› **Lesertipp:** **Strandhaus 1**, nach Ansicht von Lesern die beste Fischsuppe weit und breit. Teils überdachte Terrasse am Strand. Wechselnde Tagesgerichte (natürlich Fisch) zu mittleren Preisen, Kaffee, Kuchen und Waffeln; auch Pension (13 Zimmer): DZ 65–95 €, EZ 55–75 €, Frühstück inkl. Nordstrand 1, 18586 Göhren, ✆ 038308-25097, ✆ 038308-25460, www.strandhaus1.de. ‹‹‹

Nachtleben **Globetrotter Cocktailbar**, karibisch anmutende Bar in einer Seitenstraße im Zentrum, bei Cocktails versinkt man in tiefen Rattansesseln. Gemischtes Publikum. Mai bis Okt. Di–So 19–1 Uhr geöffnet. Katharinenstr. 5, ✆ 038308-25414, www.globetrotterbar.de.

Rügen Karte → S. 202/203

Middelhagen und Alt Reddevitz

Im Herzen der Halbinsel liegt das idyllische **Middelhagen** (ca. 600 Einwohner). Seine Gründung geht auf eine Rodung der Eldenaer Mönche zurück, die den Verwaltungssitz ihres Gutes hierher verlegten. Malerisch ist das Gebäudeensemble im winzigen historischen Kern mit der von den Zisterziensern Mitte des 15. Jh. errichteten Kirche St. Katharina, dem aus dem 17. Jh. stammenden **Hallenhaus**, dem alten Gasthof und dem Schulhaus von 1825. Bis 1962 wohnte und unterrichtete dort der Dorflehrer, heute dient das Gebäude als **Schulmuseum.** Unterricht findet aber immer noch statt – allerdings historische Schulstunden für Besucher.

St.-Katharinen-Kirche

Schulmuseum und Hallenhaus: April Di–So 11–15 Uhr, Mai und Sept. 10–16 Uhr, Juni bis Aug. 10–17 Uhr, Okt. 10–15 Uhr; historische Schulstunden Mi 10 Uhr (Juli/Aug. auch Di 10 Uhr, April Mi 11 Uhr). Eintritt 3 €, Schüler/Stud. 2,50 €, Schulstunden 2 € bzw. 1 €. Anmeldung/Infos unter ✆ 038308-2478.

Alt Reddevitz ist ein schmuckes 150-Seelen-Dorf nordöstlich von Middelhagen am Nordufer der Hagenschen Wiek. Seinen Kern bilden ein paar hübsche rohrgedeckte Häuser, darunter ein uriger Gasthof in einer Scheune. An den Dorfrand schließt sich ein kleiner steiniger Badestrand an. Über vier Kilometer zieht sich von hier eine lange, dürre Landzunge in den Bodden: das *Reddevitzer Höft.*

Verbindungen **Buslinie 20** von *Sellin* und *Göhren* fast stündl. nach *Thiessow* mit Halt in Middelhagen, nach Norden bis *Binz* und *Sassnitz*, außerdem nach *Bergen* (z. T. in Serams umsteigen).

Achtung: Die **Kleinbahn**-Haltestelle Philippshagen befindet sich 2 km nördlich von Middelhagen/Philippshagen mitten in der Baaber Heide.

Fahrradverleih **Radlerhus**, Tourenräder, Trailer, Bollerwagen, Hundekörbe etc. Dorfstr. 34/35, 18586 Middelhagen, ✆ 038308-25482, www.radlerhus-deutschmann.de.

Übernachten/Essen **Zur Linde**, historisches Gasthaus in der Dorfmitte von Middelhagen. Bier aus hauseigener Brauerei, regionale Küche. Innen rustikal-gemütlich, außen mit Biergarten. Geräumige Zimmer, auch Wellness, Sauna und geführte Wanderungen. EZ ab ca. 60 €, DZ 85–95 €, mit Frühstück. Dorfstr. 20, 18586 Middelhagen, ✆ 038308-5540, 📠 038308-55490, www.zur-linde-ruegen.de.

Having Hof, Hofanlage am äußersten Ende des *Reddevitzer Höfts*, sympathisches Ausflugslokal in herrlicher Umgebung (und absoluter Alleinlage). Gaststätte Ostern bis Okt. tägl. ab 12 Uhr geöffnet, Mi Ruhetag. Ferienwohnungen mit kleiner Terrasse, großer Garten mit Grillplatz, Blick über das Meer, Strandzugang und Strandsauna (80–145 €/Pers.). Alt Reddevitz 49, 18586 Alt Reddevitz, ✆ 038308-5500, 📠 038308-55025, www.having-hof.de.

Gasthof Kliesow's Reuse, in einer rohrgedeckten Scheune in *Alt Reddevitz*, mit eigener Backstube. Traditionelle Gerichte zu fairen Preisen, auch Ferienwohnungen. Durchgehend ab 10 Uhr geöffnet, Di Ruhetag. Dorfstr. 23 a, 18586 Alt Reddevitz, ✆ 038308-2771, 📠 038308-25527, www.gasthof-kliesows-reuse.de.

››› **Lesertipp: Café Moccavino**, am Ortseingang von Alt Reddevitz, von der Terrasse hat man einen herrlichen Blick aufs Wasser und hinüber auf die Zickerschen Berge. Hausgemachter Kuchen, freundliche Atmosphäre. Alt Reddevitz 18a, ✆ 038308-66336. ‹‹‹

Groß Zicker und Gager

ca. 300/ca. 400 Einwohner

Wie eine Insel erheben sich die Zickerschen Berge aus Bodden, Salzwiesen und Schilfmeer. An ihren Rändern liegen der kleine Hafenort Gager und das Dorf Groß Zicker.

Die höchste Erhebung des Mönchguts ist mit 66 Metern der Bakenberg, von dem aus man einen herrlichen Panoramablick über die Halbinsel, Bodden und Ostsee genießen kann. Um den westlichen Ausläufer der Erhebung, Zickersches Höft genannt, verläuft über dem Uferabbruch ein hübscher Wanderweg. Im Norden liegt das beschauliche Fischerdorf **Gager**. Im Süden befindet sich das idyllische **Groß Zicker**. Am Ortseingang duckt sich eine alte *Kirche* unter prächtigen Bäumen. Das Gotteshaus mit Kreuzrippengewölbe im Chor wurde im 14. Jh. errichtet, der hölzerne Dachturm stammt allerdings aus dem 19. Jh. In der Dorfmitte befindet sich das **Pfarrwitwenhaus**, ein niederdeutsches Hallenhaus und eines der ältesten Wohnhäuser auf Rügen. Gebaut wurde es 1720, nachdem der ansässige Pfarrer verstorben war und seine Witwe mittel- und obdachlos hinterlassen hatte. Heute ist es sorgsam renoviert und gehört zum Verbund der Mönchguter Museen.

Pfarrwitwenhaus: April/Mai und Sept./Okt. Mo–Sa 10–17 Uhr, Juni bis Aug. bis 18 Uhr, Nov. bis März bzw. bis Ostern geschlossen. Eintritt 2 €, Kinder 1,50 €. Auch wechselnde Kunstausstellungen.

Verbindungen Die **Busse** der **Linie 20** biegen ca. 6-mal tägl. (Sa/So 4-mal) von ihrer Route von und nach *Thiessow* auf die Halbinsel ab.

Malerisch: das Pfarrwitwenhaus

Rügen
Karte → S. 202/203

Fahrradverleih **Kraft**, Tourenräder 5–7 €/Tag, auch MTBs, Tandems, Anhänger und Helme, außerdem Strandutensilien aller Art. An der Abzweigung von der Verbindungsstraße Göhren/Thiessow. Boddenstr. 3, ✆ 038308-30512.

Wandern Kenntnisreich und sympathisch führt René Geyer **Kräuterwanderungen** in die Zickerschen Berge. Dass man dabei mehr erfährt als nur Infos über die Flora und die Anwendung von Heilkräutern, versteht sich (Erw. 9 €, Kinder 6–14 J. 3 €, Familien 18 €). Treffpunkt ist am Ende der Boddenstraße von Groß Zicker, bei der Gaststätte *Taun Hövt*. Termine zuletzt April bis Sept. Mo und Do/Fr 10 Uhr, Sa 13 Uhr. Telefonische Anmeldung ist ratsam, ✆ 0173-9898031, www.naturgeyer.de.

> Eine herrliche Wanderung führt von Gager rund um das Zickersche Höft nach Groß Zicker und über den Bakenberg zurück.

Übernachten/Essen in Groß Zicker

>>> Unser Tipp: **Taun Hövt**, sehr beliebtes Restaurant mit guter Küche, malerisch in Alleinlage am äußersten (westlichen) Rand von Groß Zicker. Herrlicher Blick über Wiesen und Bodden, jüngst renoviert und recht schick, die Preise aber noch immer völlig in Ordnung, nachmittags auch Kaffee und Kuchen. Außerdem Ferienwohnungen für 80 € für 2 Pers. (in der Hauptsaison nur wochenweise). Ganztägig geöffnet. Boddenstr. 61, 18586 Groß Zicker, ✆ 038308-5420, 038308-54213, www.taun-hoevt.de. <<<

Hotel und Restaurant Inselwind, freundliches Hotel neben der Kirche, geräumige Zimmer, Fischrestaurant mit gemütlicher Terrasse, Biergarten mit Strandkörben (auch Kaffee und Kuchen), den Hering gibt es hier für 10 €, die große Fischsuppe (Hauptgericht) für 13 €, ansonsten Hauptgerichte um 12 €. DZ 92 €, EZ 68 €, jeweils inkl. Frühstücksbuffet, ganzjährig geöffnet. Boddenstr. 16, 18586 Groß Zicker, ✆ 038308-8254, www.hotel-inselwind.de.

Thiessow und Klein Zicker

ca. 350 Einwohner

Thiessows Ortsbild ist unspektakulär. Das Kapital des kleinen Ostseebads ist seine Lage: mit dem Rücken zum 36 Meter hohen Lotsenberg, meerumschlungen und an zwei Seiten von Stränden gesäumt. Das **Surfrevier** um den Thiessower Haken gilt als eines der besten der Ostseeküste. Von Thiessow geht es über eine schmale Nehrung weiter bis Klein Zicker (kostenpflichtiger Parkplatz am Ortsanfang). Wenige hundert Meter weiter sind mit der Straße auch Ort und Insel zu Ende.

Information **Kurverwaltung Thiessow**, zur Saison Mo und Mi/Do 8–16 Uhr, Di 9–18 Uhr, Fr 8–14 Uhr; in der Nebensaison eingeschränkt, im Winter nur Mo–Fr 9–12 Uhr, Di bis 18 Uhr. Hauptstr. 36, 18586 Thiessow, ✆ 038308-8280, ℻ 038308-30191, www.ostseebad-thiessow.de.

Verbindungen **Busse** der **Linie 20** nach *Göhren* und *Sellin* fast stündl., mit Anschluss an *Bergen* sowie *Binz* und *Sassnitz* (gegebenenfalls am Wendeplatz in Serams umsteigen).

Baden In einem lang gestreckten Bogen zieht sich der **Große Strand** vom Landvorsprung Lobber Ort bis hinunter zum Südperd bei Thiessow: über 5 km feiner, weißer Sand, dahinter ein schmales Kiefernwäldchen, das die Landenge schützt. Mehrere gebührenpflichtige Parkplätze an der Verbindungsstraße zwischen Thiessow und dem Norden. Kleine Wege führen durch das Kiefernwäldchen zum Strand, parallel zum Strand verläuft ein Radweg im Wald. Strandservice vom Strandkorb bis zum Kaltgetränk gibt es ganz im Norden und bei Thiessow sowie in der Mitte (auf Höhe der Abzweigung nach Groß Zicker/Gager). Streckenweise ist der Große Strand in Hunde-, Textil- und FKK-Zonen unterteilt. Der teils steinige **Südstrand** hingegen lädt nicht unbedingt zum Baden ein, eher zum Surfen.

Fischerboote im kleinen Hafen von Klein Zicker

Kurtaxe April bis Mitte Juni sowie Mitte Sept. bis Okt. 1 €, Kinder 0,50 €; Mitte Juni bis Mitte Sept. 2 €, Kinder 1 €.

Surfen **Sail & Surf Rügen**, Mitte Mai bis Mitte Sept. befindet sich ein Außenposten der Surfschule aus Altefähr (Surfoase Mönchgut) zwischen Thiessow und Klein Zicker. Surfkurse für Anfänger, Fortgeschrittene und Kinder, auch Scheine, außerdem Kitesurfen und Materialverleih. 10–18 Uhr geöffnet. Dörpstrat 2, ✆ 038308-30360, www.sail-surf-ruegen.de.

Camping **Campingplatz Thiessow**, lang gezogener Platz am Ortseingang entlang der Straße. 320 Stellplätze, viele mit Schatten, kleine Gaststätte und Laden, nur durch Straße und den 150 m breiten Kiefernwald vom Großen Strand getrennt. Fahrradverleih und Veranstaltungen. Geöffnet April bis Okt. Erw. 5,50 €, Jugendliche (6–17 J.) 3 €, Kinder unter 6 J. frei, kleines Zelt 8,50 €, Caravan oder großes Zelt inkl. Auto 17–18 €, Pkw 2,50 €, Hund 3 €. Hauptstr. 4, 18586 Thiessow, ✆ 038308-669585, ℻ 038308-669587, www.campingplatz-thiessow.de.

Surfoase Mönchgut, während sich auf dem Campingplatz Thiessow in erster Linie Familien aufhalten, treffen sich die Surfer in der Dependance. 60 Stellplätze, v. a. Caravans, kein Schatten, direkt am Strand. Geöffnet Mai bis Anfang Okt. Erw. 5 €, Jugendliche (12–17 J.) 4 €, Kinder (6–11 J.) 1,50 €, kleines Zelt 7,50 €, Caravan oder großes Zelt inkl. Auto 14 €, Pkw 2 €, Hund 1,50 €. Dörpstrat 2, 18586 Klein Zicker, ✆/℻ 038308-30125, www.sail-surf-ruegen.de.

Essen & Trinken »» Lesertipp: **Mönchguter Fischerklause**, traditionsreiches Lokal am südlichen Rand von Thiessow, vor allem Fisch, beliebt und nicht teuer, von Lesern nachdrücklich empfohlen. Mittagstisch von 12 bis 15 Uhr, abends ab 18 Uhr. Hauptstr. 48, ✆ 038308-30397. ««

Wald, Kreide, Meer: im Nationalpark Jasmund

Jasmund

Hier liegt das Postkartenmotiv der Insel schlechthin: die spektakuläre Steilküste mit dem Königsstuhl, der 118 Meter hohen, blendend weißen Kreideklippe mit ihrem von Treibholz, abgestürzten Bäumen und groben Steinen übersäten Strand im Erdgeschoss. Umrahmt ist das Wahrzeichen Rügens von den ausgedehnten Wäldern des 1990 eingerichteten *Nationalparks Jasmund*, der den Nordosten der Halbinsel einnimmt. Kleinstädtische Akzente setzt die am südlichen Rand des Nationalparks gelegene Hafenstadt Sassnitz, immerhin der zweitgrößte Ort der ganzen Insel mit ausgelagertem Fährhafen für Schiffe nach Schweden und Dänemark. Im Norden des Nationalparks befindet sich über dem flacher werdenden Steilufer der hübsche Ort Lohme, der eine romantische Aussicht auf das Kap Arkona bietet.

Sassnitz

ca. 9.500 Einwohner

Die „Weiße Stadt am Meer" war einst das „Tor des Nordens" – auch wenn der Fährhafen heute aus der Stadt in den Süden verlegt wurde, lockt das vielseitige Sassnitz immer noch zahlreiche Besucher an.

Bis weit ins 19. Jh. hinein war Sassnitz nicht mehr als ein kleines Fischerdorf, das sich an das steile Ufer schmiegte. Dann kamen die ersten Besucher, darunter auch Prominente wie Theodor Fontane, und mehr und mehr Fischerhäuser machten Hotels und Pensionen Platz. Gegenüber den Seebädern Binz, Sellin und Göhren konnte sich Sassnitz aber auf Dauer nicht behaupten, sodass sich der Ort schon bald auf seine zweite Karriere konzentrierte: Mit der Anbindung ans Eisenbahnnetz 1891 wurde das „Tor zum Norden" aufgestoßen und Sassnitz zu einem wichtigen Fährhafen nach Skandinavien. Mittlerweile starten die Fähren im etwa fünf Kilometer südlich gelegenen **Neu Mukran**, während an der fast 1,5 Kilometer langen Mole des **Stadthafens** Fischkutter, Ausflugsschiffe, Yachten, Segler und sogar ein U-Boot (heute Museum) vor Anker liegen. Ergänzt wird das maritime Museumsangebot am Hafen durch das **Fischerei- und Hafenmuseum**. Am oberen Teil des Hafens beginnt die Strandpromenade mit der kleinen Seebrücke. Die Promenade reicht bis zur Altstadt mit ihren herrlichen Bauten im Stil der Bäderarchitektur in den verwinkelten kleinen Gassen rund um den alten Markt.

Basis-Infos

Information **Tourist Service der Stadt Sassnitz**, Zimmervermittlung und geführte Wanderungen, Tickets sowie Fahrradverleih (6,50 €/Tag). Die Touristinformation befindet sich am Stadthafen am Fuß der Mole. Mo–Fr 9–18 Uhr, Sa/So 10–17 Uhr geöffnet. Strandpromenade 12, ✆ 038392-6490, ℻ 038392-64920, www.insassnitz.de.

Verbindungen **Regionalbahn** über Bergen nach Stralsund, 5–22 Uhr fast stündl.

Bus: Die **Linie 13** verbindet mehrmals täglich Sassnitz mit Sagard, Glowe und Altenkirchen (weiter über die Halbinsel Wittow). Die **Linie 20** fährt hinauf zum *Königsstuhl* und zum *Fährhafen Sassnitz* bei Neu Mukran, *Prora* und den Ostseebädern *Binz*, *Sellin*, *Baabe*, *Göhren* und ganz im Süden *Thiessow*, fast stündl., bis Göhren häufiger. **Stadtbusse (Linie 18)** mit Anschluss an *Alt Mukran* und bis zum Eingang des *Nationalparks (Wedding)*, werktags halbstündl., Sa/So stündl.

Schiffsverbindungen zu Rügens Ostseebädern: Mit der *Reederei Adler Schiffe* vom Sassnitzer Stadthafen zu den Seebrücken von Binz, Sellin und Göhren. Fährbetrieb April bis Okt. Hafenstr. 12 j, ✆ 038392-3150, ℻ 038392-50672, www.adler-schiffe.de.

Ausflugsschiffe Zu den **Kreidefelsen** in der Saison mit der *Reederei Lojewski* (Schlossallee 4–5, ✆ 038392-35136) oder mit der *Reederei Adler-Schiffe* (→ Verbindungen). Letztere bietet auch Fahrten zum **Kap Arkona** an.

Kurtaxe In der Hauptsaison 1 €, in der Nebensaison 0,80 €, im Winter 0,50 €.

Parken Gebührenpflichtige Parkplätze im Zentrum neben dem Rügenhotel, am Stadthafen vor der Strandpromenade und beim Fischereimuseum.

Übernachten/Essen & Trinken

Kurhotel Rügen und **Rügenhotel**, beide im Zentrum. Ersteres in einem schmucken Gebäude, das zweite zwar renoviert, aber ein wenig ansehnlicher Koloss, hier befindet sich die *Rügentherme*, zu der die Gäste beider Hotels freien Zugang haben, das Spa ist dagegen im Kurhotel. Beide Hotels mit Restaurant und Wellnessangebot, ganzjährig geöffnet. EZ 52–62 €, DZ 92–112 €, jeweils inkl. Frühstücksbuffet. Kurhotel Rügen Hauptstr. 1, 18546 Sassnitz, ✆ 038392-530, ℻ 038392-53333; Rügenhotel, Seestr. 1, 18546 Sassnitz, ✆ 038392-53100, ℻ 038392-53550, www.kurhotelsassnitz.de.

Gastmahl des Meeres, traditionsreiches Fischrestaurant in gediegen-maritimem Ambiente am unteren Ende der Strandpromenade, auch Zimmer. EZ 75 €, DZ 96 €, inkl. Frühstück. Strandpromenade 2, 18546 Sassnitz, ✆ 038392-5170, ℻ 038392-51733, www.gastmahl-des-meeres-ruegen.de.

Villa Seestern, Hotel im Stil der Bäderarchitektur oberhalb der Promenade. EZ 65 €, DZ 120 €, inkl. Frühstück. Mühlenstr. 5, 18546 Sassnitz, ✆ 038392-33257, ℻ 038392-36765, www.villa-seestern.info.

Grundtvighaus, Kulturzentrum mit Café, Kino, Töpferei, Veranstaltungen, Workshops, Seminaren etc. Das Café (Mo–Fr ab 14 Uhr) ist mit viel Liebe zum Detail eingerichtet und mit Fensterfront zum Hafen, günstig, genauso wie die 6 einfachen Zimmer (DZ mit Etagenbad 40 €) sowie die eine Ferienwohnung (56 €). Früh buchen. Seestr. 3, 18546 Sassnitz, ✆ 038392-57726, ℻ 038392-66022, www.grundtvighaus-sassnitz.de.

Kutter 4, die Fischgaststätte der Fischereigenossenschaft am Stadthafen, der Fisch ist hier natürlich fangfrisch, denn er kommt tatsächlich direkt vom Kutter. Tägl. ab 9 Uhr geöffnet, auch Imbiss. ✆ 038392-51355, www.kutterfisch.de.

An der Strandpromenade von Sassnitz

Rügen
Karte → S. 202/203

Sehenswertes

Sonderausstellung „100 Jahre Eisenbahnfährverkehr Sassnitz – Trelleborg“: Die Ausstellung über die „Königslinie“ befindet sich in der früheren Abfertigungshalle des alten Sassnitzer Fährhafens, einem denkmalgeschützten Gebäude, ehemals prestigeträchtig und an sich schon sehenswert, wenn auch architektonisch eigenwillig.

Tägl. 10–17 Uhr geöffnet. Eintritt 1 €.

Erlebniswelt U-Boot: „Jawohl, Herr Kaleun“ wird man im Bauch des Stahlkolosses vielleicht des Öfteren zu hören bekommen, wenngleich das – streng genommen – nicht angebracht ist, denn bei diesem Boot handelt es sich um die *HMS Otus*, ein 1963 in Dienst genommenes U-Boot der Royal Navy. 28 Jahre war es in den Weltmeeren unterwegs, dann wurde es nach Stralsund geschafft und erhielt von den Torpedoklappen bis zum Heckstabilisator einen neuen Anstrich, um fortan als *Erlebniswelt U-Boot* das Angebot am Sassnitzer Hafen zu bereichern – und ein „Spaziergang“ durch die Enge des 90,7 Meter langen, aber nur 8,1 Meter breiten Stahlschlauchs ist in der Tat ein Erlebnis („Mind your head!“).

April bis Okt. 10–19 Uhr, Nov. bis März 10–16 Uhr. Eintritt 6,50 €, Kinder 3 €, diverse Familientickets. Hafenstr. 12 j, ✆ 038392-31516, www.hms-otus.com.

Fischerei- und Hafenmuseum: Das Museum vereint ein Sammelsurium nautischer Exponate: von Handbüchern über Knotentafeln und Sextanten bis zu Fischernetzen und Schiffspapieren – allerlei Interessantes und Informatives über Fischfang und -verarbeitung, Stadt- und Hafengeschichte seit der ersten Hälfte des 19. Jh. Zum Museum gehört auch der Fischkutter *Havel* gegenüber, der einen Einblick in die harte Arbeit auf See bietet.

April bis Okt. tägl. 10–18 Uhr, Nov. bis März Di–So 10–17 Uhr. Erw. 4 €, Kinder ab 6 J. 2 €, darunter frei. Im Stadthafen Sassnitz, ✆ 038392-57846, www.sassnitz-museum.de.

Der Nationalpark Jasmund

Über den ganzen Höhenrücken von Sassnitz bis Lohme erstreckt sich die Stubnitz, ein herrlicher Buchenwald, der beste Wandermöglichkeiten bietet. Begrenzt wird sie von der eindrucksvollen Steilküste, deren Kreidefelsen sich hoch über das strahlend blaue Meer erheben.

Als würden Wind und Wetter die Kreidefelsen blank polieren, ragen die imposanten Klippen und die bizarren Felsformationen leuchtend weiß aus der üppig grünen Vegetation. Oft hängen entwurzelte Bäume über dem Abgrund oder liegen malerisch am Geröllstrand. Der Besuchermagnet schlechthin ist natürlich die *Stubbenkammer*, wie der Küstenabschnitt im Nordosten genannt wird. Ob mit dem Pendelbus von Hagen, zu Fuß oder auf dem Ausflugsschiff von Sassnitz: einen Blick auf den *Königsstuhl*, den hohen, steil abfallenden Kreidefelsen, wollen die wenigsten Reisenden auf Rügen versäumen. Beim Königsstuhl befindet sich auch das **Nationalpark**-Zentrum mit einem sehenswerten naturkundlichen Museum. Im Hinterland der Stubbenkammer liegt der idyllische **Herthasee**.

Die Kreideklippen im Nationalpark Jasmund

Wem der Rummel in der Stubbenkammer zu viel wird, kann abseits auf einem der zahlreichen Wanderwege, die durch den Nationalpark führen, mehr Ruhe finden. Der vielleicht schönste, sicherlich aber der berühmteste Wanderweg Rügens ist der **Hochuferweg**. Er verläuft entlang der Küstenlinie von Sassnitz nach Lohme. Hoch über dem wunderschönen Naturstrand kann man immer wieder grandiose Ausblicke auf die Kreideküste und das Meer genießen. Zahlreiche Bäche fließen durch den naturbelassenen Rotbuchenwald, den größten der gesamten Ostseeküste. Ihr Wasser hat sich tief in die erosionsfreundliche Kreide gegraben und so malerische kleine Schluchten, sogenannte *Lieten*, geschaffen. Unter die Buchen mischen sich in den Feuchtgebieten der Bachquellen Erlen und Eschen sowie an den Steilhängen der Küste Ahorn, Ulmen, Wildobstbäume und sogar die seltenen Eiben. In den Mooren finden sich zahlreiche seltene Moose und Blumen wie der Sonnentau oder der dreiblättrige Fieberklee. Auch in Sachen Tierwelt ist die Stubnitz reich gesegnet: Rot- und Damhirsch, Reh, Wildschwein, Dachs, Fuchs und sogar Seeadler leben hier, ebenso wie Kamm- und Teichmolch, Spring- und Laubfrosch sowie die

Rotbauchunke. Im Juni 2011 wurden die „Alten Buchenwälder Deutschlands", darunter im Besonderen die Buchenwälder des Nationalparks Jasmund, in die Weltnaturerbeliste der UNESCO aufgenommen.

Information **Nationalpark-Zentrum Königsstuhl** (am Königsstuhl), ✆ 038392-661766, www.koenigsstuhl.com.

Verbindungen **Shuttle-Bus (Linie 19)** zwischen *Großparkplatz Hagen* und *Königsstuhl*, 9.10–19.20 Uhr etwa halbstündl.

Von und nach *Sassnitz* mit der **Linie 20** ca. stündl., über Mittag auch halbstündl., die meisten Busse fahren direkt zum Königsstuhl, morgens und abends muss man an der Abzweigung Königsstuhl in den Shuttle-Bus umsteigen. Die **Linie 14** fährt bis zu 8-mal tägl. (Sa/So 4-mal) von Sassnitz nach Lohme mit Halt am Parkplatz Hagen.

Parken Großparkplatz bei Hagen (1 Std. 1,50 €, 5–8 Std. 5,50 €), auch Caravanstellplatz. Hier auch Tickets für den Shuttle-Bus.

Übernachten/Essen **Baumhaus Hagen**, in dem urigen Restaurant gibt es auch Wildgerichte aus der Stubnitz, außerdem Fisch und zum Kaffee köstliche Windbeutel und Apfelstrudel, alles in allem nicht teuer. Mittags und abends geöffnet (im Winter nur abends), auch Zimmer (DZ mit Frühstück 79 €) und Appartements (99 € für 2 Pers.). An der Verbindungsstraße von Sassnitz nach Lohme bei der Abzweigung in die Stubbenkammer. Stubbenkammer, 18546 Sassnitz, ✆ 038392-22310, ✆ 038392-66869, www.baumhaushagen.im-web.de.

Rügen
Karte → S. 202/203

Sehenswertes

Die Stubbenkammer – Königsstuhl und Viktoria-Sicht: Senkrecht erhebt sich die schneeweiße Wand des Königsstuhls 118 Meter über das Meer. Gekrönt wird das Inselwahrzeichen im Küstenabschnitt *Große Stubbenkammer* von einem Aussichtsplateau, das bereits vor 300 Jahren auf dem Gipfel befestigt wurde, um den weiten Blick über die Ostsee zu ermöglichen. Die beste Aussicht auf den Königsstuhl selbst hat man natürlich vom Meer aus. Zu Land kann man von einem weiteren, einen knappen Kilometer südlich gelegenen Aussichtspunkt, der *Viktoria-Sicht*, einen Blick auf den berühmten Kreidefelsen werfen. Oder aber man steigt hinab zum Strand: zwischen Königsstuhl und Viktoria-Sicht zieht sich eine lange, steile Treppe hinunter zum Fuß des Kreidefelsens. Über 400 Stufen benötigt man, um die 110 Höhenmeter hinunter zum Strand zu überwinden – die muss man auch wieder hinauf!

Achtung: Der Zutritt auf die Plattform des Königsstuhls ist nur mit einem Ticket des Nationalpark-Zentrums möglich! Man sieht jedoch nicht viel von der Attraktion, wenn man draufsteht. Weite Aussicht *und* einen schönen Blick auf den Königsstuhl hat man von der Viktoria-Sicht aus.

Nationalpark-Zentrum Königsstuhl: Das Zentrum des Nationalparks ist in Bezug auf Architektur, Innenausstattung, Informationsgehalt und Unterhaltungswert rundum gelungen. Zwischen vielen aufwendigen Installationen findet man auch jede Menge naturkundliche und inselspezifische Informationen: über Entstehung und Beschaffenheit der Kreidefelsen, die letzte Eiszeit oder über Flora und Fauna unter der Erde, in den Feuchtwiesen und in den Buchenwäldern. Die Tour lässt sich durch einen Besuch in der Multivisionsschau komplettieren, im Außenbereich gibt es einen Spielplatz mit Kletterwald.

Öffnungszeiten/Eintritt Ostern bis Okt. 9–19 Uhr, Nov. bis Ostern 10–17 Uhr, Multivisionsschau im 20-Min.-Takt, Dauer 15 Min. Letzter Einlass in die Ausstellung ist eine Stunde vor Schließung des Nationalpark-Zentrums (und man schließt pünktlich!). Erw. 7,50 €, Kinder (6–14 J.) 3,50 €, Familien 15 €, inkl. Ausstellung, Multivisionsschau, Königsstuhlplattform. Nationalpark-Zentrum Königsstuhl, Stubbenkammer 2, 18546 Sassnitz, ✆ 038392-661766, www.koenigsstuhl.com.

Essen & Trinken **Bistro** mit schöner Terrasse neben dem Nationalpark-Zentrum, regionale Bio-Produkte, Kaffee und Kuchen. März bis April 10–17 Uhr, Mai bis Okt. 10–18 Uhr (Juli/Aug. bis 19 Uhr), Nov. bis Febr. 11–17 Uhr. ■

Herthasee: Rund um den idyllischen Waldsee hat die Erdgöttin *Nerthus*, auch *Hertha* genannt, ihre Spuren hinterlassen, zumindest was die Namensgebung betrifft. Die Herthaburg sei ihr Zuhause gewesen, auf dem Opferstein habe man ihr zu Ehren blutige Kulte abgehalten und in dem „unergründlichen“ See soll sie gebadet haben. Die nüchterne Erklärung: Der Wall war eine der vielen slawischen Burgen, die auf Rügen zu finden sind. Bei dem Opferstein mit seinen eigenartigen Vertiefungen handelt es sich um einen prähistorischen Mahlstein. Der See schließlich, dessen Unergründlichkeit etwa elf Meter tief reicht, ist durch einen riesigen Eisblock entstanden, der gegen Ende der letzten Eiszeit hier hängen blieb und langsam dahinschmolz. Aber auch ohne legendäres Beiwerk ist der Herthasee einen Abstecher wert. Auf dem Weg zum See passiert man einen pittoresken Schwarzerlensumpf, der zuweilen intensiv, ja fast unwirklich grün leuchtet. Der Herthasee selbst liegt einsam und still im Wald. Über das Ufer ragen die Äste der Buchen weit in den See und beschatten die dunkle Wasseroberfläche, die von kaum einem Lufthauch gekräuselt wird.

Lohme

ca. 450 Einwohner

Der kleine, direkt an der 70 Meter hohen Steilküste gelegene Ort ist ein ausgezeichneter Standort, um den Nationalpark zu erkunden oder um einfach nur auszuspannen und grandiose Ostseeblicke zu genießen – insbesondere auch abends, wenn hinter dem Kap Arkona die Sonne untergeht. Vom Aussichtsbalkon führt eine Holztreppe hinab zum kleinen Hafen. Der Tourismus hat in dem ehemaligen Fischerdorf Tradition, bereits in den 1860er-Jahren startete hier ein Hotelbetrieb: das *Strandhotel Hagemeister*, heute *Panorama Silence Hotel*. Bäderhektik kommt hier nicht auf, denn der kiesige Strand eignet sich eher für einen Spaziergang als zum Baden. Aber gerade die Beschaulichkeit macht den Charme Lohmes aus.

Verbindungen Bus: Die **Linie 14** kommt aus Glowe und fährt zum Parkplatz Hagen und weiter zum *Königsstuhl* (dort umsteigen nach Sassnitz).

Baden Nicht ideal – kleiner Kiesstrand rechter Hand vom Hafen.

Einkaufen **Hofgut Bisdamitz**, Bioprodukte im Hofladen und in der Gaststätte, Herz des Hofguts ist die eigene Käserei, im Restaurant kann man die Produkte des Hofes probieren. Wechselnde Tageskarte, auch Vegetarisches, Tagesgericht 5–7 €, für Kinder 3 €, auch Kaffee und Kuchen. Tägl. 10–18 Uhr, im Sommer bis 19 bzw. 20 Uhr, warme Küche bis 17.30 Uhr. Hofgut Bisdamitz, ✆ 038302-9207, 📠 038302-90199, www.hofgut-bisdamitz.de. Von Lohme Richtung Glowe, das Hofgut befindet sich in Bisdamitz auf der linken Seite. ■

Übernachten/Essen **Panorama Silence Hotel**, traditionsreiches Hotel, stilvoll eingerichtete, helle Zimmer, teils mit herrlichem Panoramablick. Ausgezeichnetes Restaurant: Vom Wintergarten hoch über dem Ufer hat man einen grandiosen Blick. Menü ca. 30 €. Tägl. 12–21.30 Uhr. EZ ab 58 €, DZ ab 89 € (mit Seeblick ab 136 €), Frühstück inkl. An der Steilküste 8, 18551 Lohme, ✆ 038302-9110, 📠 038302-911132, www.lohme.com.

Übernachten/Essen außerhalb **Pension/Café Rugeshus**, allein stehendes Haus im Hochuferwäldchen. Ein Fußpfad führt durch eine kleine Schlucht hinab zum Meer (Strand mit sehr groben Kieseln). Auch Café, warme Gerichte auf Vorbestellung. 8 individuell eingerichtete Zimmer (früh reservieren!), Haustiere willkommen. DZ mit Frühstück 84–108 €. Am Ufer 2, 18551 Lohme/Nardewitz, ✆ 038302-88960, 📠 038302-91220, www.rugeshus.de. Von Lohme kommend am Ortseingang von Nardevitz rechts und noch ca. 500 m auf Schotter.

Krueger Naturcamping Nipmerow, einfacher, herrlich gelegener Campingplatz in einem Ausläufer der Stubnitz. Viel Schatten, kleiner Laden, einfache Gaststätte, Grillplatz, Fahrradverleih, Fußballplatz etc. Geöffnet Mitte April bis Ende Okt. Erw. 7 €, Kinder (3–16 J.) 4 €, Zelte (je nach Größe) 3–5 €, Auto 3 €, Wohnwagen 9 €, Wohnmobil 10 €, Hunde frei, Strom 3 €. Jasmunder Str. 5, 18551 Lohme/Nipmerow, ✆ 038302-9244,

📠 038302-56308, www.ruegen-naturcamping.de. Von Sassnitz kommend in Nipmerow zunächst Richtung Lohme, dann gleich rechts.

Gaststätte Am Jasmunder Bodden, Landlokal in Polchow, ein paar Kilometer südlich von Bobbin. Vor allem für seinen guten, günstigen und fangfrischen Fisch berühmt, beliebt und in der Saison oft bis zum letzten Platz besetzt. Von Bobbin kommend auf der rechten Seite. Tägl. 12–22 Uhr geöffnet, Küche bis 21.30 Uhr, im Winter Mo Ruhetag. Dorfstr. 8, ✆ 038302-53003.

Schloss Spyker

Bereits im 14. Jh. vermutlich als Speicherhaus errichtet und später als Herrenhaus genutzt, erhielt das Schloss sein heutiges Aussehen – den auffällig roten Fassadenputz und die runden, von niedrigen Hauben überdachten Türme – unter *Carl Gustav Wrangel*, der nach dem Ende des Dreißigjährigen Krieges zum Generalgouverneur von Schwedisch-Pommern ernannt wurde. Die schwedische Königin übertrug ihm Schloss Spyker als Wohnsitz. Bei seinen Umbaumaßnahmen orientierte er sich am Heimatschloss seiner Familie in Schweden. Heute ist das Schloss zwar öffentlich zugänglich, wird aber nicht museal genutzt: Es dient als nobles Hotel mit zwei Restaurants, Bar und Café.

Hotel Schloss Spyker, ungemein stilvoll, das Gebäude beeindruckend, das Ambiente fein, aber keinesfalls steif. Das Restaurant *Zum alten Wrangel* befindet sich im Gewölbekeller (mit Terrasse) und ist auch bei Nichthotelgästen beliebt: gute Küche, leicht gehobenes Preisniveau, für die Lage und das Gebotene nicht teuer. Im Sommer klassische Konzerte (meist montags), außerdem Schloss- oder Grillfeste. Hotel mit Sauna und WLAN, DZ 110–140 €, Turmzimmer 130–150 €, EZ ab 60 €, Frühstück inkl., Halbpension 26 €/Pers. (drei Gänge). Auch Fahrradverleih (6 €/Tag). Schlossallee 1, 18551 Spyker, ✆ 038302-770, 📠 038302-77300, www.schloss-spyker.de.

Rügen Karte → S. 202/203

Glowe und die Schaabe

ca. 1000 Einwohner

Glowe ist ein kleines, lang gestrecktes Straßendorf am nordwestlichen Rand der Halbinsel Jasmund. Seine einzige Attraktion beginnt am kleinen Hafen: Von der Landzunge Königshörn im Norden Glowes zieht sich in einem leichten Halbbogen ein kilometerlanger herrlicher Sandstrand bis nach Juliusruh. Die Nehrung, die die Ostsee vom Jasmunder Bodden trennt (die „Schaabe" genannt), gehört zu den jüngeren Teilen Rügens. Erst im 19. Jh. wuchs – unter Zuhilfenahme straßenbaulicher Maßnahmen – die Anlandung zu einer Landbrücke zusammen, welche die Halbinsel Wittow mit Jasmund und dem Rest Rügens verbindet.

Information **Tourismusbüro Glowe**, im östlichen Ortsteil. Mo–Do 8–12 und 14–18 Uhr, Fr nur bis 16 Uhr, Sa 9–12 Uhr. Hauptstr. 37, 18551 Glowe, ✆ 038302-889939, 📠 038302-889940, www.glowe.de.

Verbindungen Die **Busse** der **Linie 13** verbinden etwa stündl. (Sa/So alle 2 Std.) Sassnitz mit Glowe (via Sagard) und fahren weiter über die Halbinsel Wittow nach Altenkirchen und bis Dranske. Die **Linie 14** fährt 2-mal tägl. via Lohme zum Königsstuhl. Von Bergen aus nimmt man die **Linie 12** bis Sagard und steigt dort um in die **13**, lediglich 2-mal tägl. fährt die **12** weiter bis Dranske.

Alles dabei?
Strandzugang auf der Schaabe

Baden Das lange Ostseeufer der Schaabe ist zweifellos einer der schönsten Strände der Insel. Zwischen Wald und Meer erhebt sich ein sanfter Dünengürtel, ein feinsandiger Strand zieht sich bis hinauf nach Juliusruh, flach fällt das steinlose Ufer in die Tromper Wiek. Keinerlei Service. Entlang der Straße über die Schaabe mehrere (kostenpflichtige) Parkplätze.

Einkaufen **Kunstraum Wasserwerk**, Galerie am Ortseingang von Glowe auf der rechten Seite (aus Sagard kommend). Grafiken, Malerei, Skulpturen, auch Schmuck, Keramik, Kalender und andere kleine Kunstsouvenirs, ein Ort zum Verweilen. Jährlich wechselnde Ausstellungsschwerpunkte. Geöffnet ca. Ostern bis Ende Okt. (im Nov./Dez. teils noch Fr/Sa) Mo–Sa 11–18 Uhr. Hauptstr. 1, ✆ 038302-719844, www.schmuckdelikatessen.de.

Parken In der „Dorfmitte" stehen kostenpflichtige Parkplätze zur Verfügung.

Übernachten/Essen **Sandstrand Ostseeperle**, schickes, noch recht neues Appartement-Hotel in Glowe. Dazu gehört auch das *Restaurant Ostseeperle* in dem auffälligen, jüngst sanierten Stahl-Glas-Gebäude von Ulrich Müther (→ S. 154), das aussieht wie eine eckige Konzertmuschel am Strand. Tägl. ab 12 Uhr mittags geöffnet, Sa/So auch Frühstück, Di/Mi Ruhetag (Nebensaison). Stilvoll eingerichtete Appartements (ab 130 € für 2 Pers., für 4 Pers. ab 174 €), Wellness-Bereich. Hauptstr. 42, 18551 Glowe, ✆ 038302-56380, 📠 038302-563856, www.sandstrand-ostseeperle.de.

Das idyllische Vitt und das Kap

Wittow

Die Halbinsel wird auch das „Windland“ genannt – eine treffende Bezeichnung, denn der salzige Seewind wird hier von kaum einer Erhebung behindert. Die berühmteste Sehenswürdigkeit Wittows sind die Leuchttürme von Kap Arkona, die sich von dem hübschen kleinen Ort Putgarten mit seinem zu groß geratenen (und doch oft voll gestellten) Parkplatz aus erreichen lassen. Ganz in der Nähe liegt das malerische, leider meist hoffnungslos überlaufene Fischerdörfchen Vitt. Stilles Zentrum von Wittow ist das Städtchen Altenkirchen mit seiner schönen alten Kirche.

Seebad Breege-Juliusruh

ca. 650 Einwohner

Der Brückenkopf der Schaabe, die die Halbinsel mit dem Rest der Welt verbindet, ist ein kleiner Doppelort mit zwei Gesichtern: auf der einen Seite *Juliusruh*, ein Straßendorf an der Ostseeküste, und auf der anderen Seite der kleine Boddenhafen *Breege*. Zu einer Gemeinde vereint wurden die ungleichen Schwestern 1928. Dank des kilometerlangen Sandstrandes an der *Tromper Wiek* haben sich um Juliusruh zahlreiche Pensionen und Ferienanlagen angesiedelt. Breege, das sich die Boddenküste entlangzieht, war einst ein wichtiger Hafen- und Gemeindeflecken.

Information Informationsamt Seebad **Breege-Juliusruh**, zur Saison Mo–Fr 8–12 und 13–18 Uhr, Sa 9–13 Uhr geöffnet. Wittower Str. 5, 18556 Juliusruh, ✆ 038391-311, ✉ 038391-13235, www.ostseebad-breege.de.

Verbindungen Die **Busse** der **Linie 13** fahren etwa stündl. von Sassnitz (via Sagard) nach Breege und Juliusruh, dann weiter über Altenkirchen und Wiek bis Dranske. Die **Linie 10** fährt werktags ca. 5-mal tägl. eine Runde über die Halbinsel (über Wiek werktags zur Wittower Fähre).

Mit der **Fähre** zwischen 1- und 3-mal tägl. (April bis Okt.) von und nach Vitte/Hiddensee. Personenschifffahrt Kipp, Schipperweg 1, 18556 Breege, ✆ 038391-12306, www.reederei-kipp.de.

Baden → „Glowe und die Schaabe“.

Wassersport **Mola**, Segelschule, Törns, Yachtcharter und Pension (→ Übernachten). Auch Grundkurse und Kindersegeln, alle Scheine, Jollenvermietung. Boddenweg 1–2, 18556 Breege, ☏ 038391-4320, 📠 038391-43211, www.segelschule-mola.de.

Fly-A-Kite, Kiteschule auf dem Campingplatz Drewolke (→ Camping). Zahlreiche Kurse vom Schnupperkurs über diverse Einsteigerkurse bis zum Air & Style-Kurs, auch Materialverleih. Mit Shop und Bar. Mai bis Mitte Okt. geöffnet. Zittkower Weg 27, ☏ 038391-760880, www.fly-a-kite.de.

Übernachten/Essen **Strandhotel Dünenhaus**, am Strand, großes, in den 1920er-Jahren erbautes Hotel mit Sauna, Solarium und Fitnessraum, auch Restaurant mit Terrasse. EZ 70 €, DZ 110–140 €, Frühstück inkl. Ringstr. 5, 18556 Juliusruh, ☏ 038399-4070, 📠 038391-40769, www.duenenhaus.im-web.de.

››› Lesertipp: **Zum alten Fischer**, am Hafen von Breege, hier kann man gut und preiswert essen, kein Gericht, ob Fisch- oder Fleisch, über 13 €. Tägl. ab 12 Uhr geöffnet. In Breege im Hafen, ☏ 038391-12189. ‹‹‹

Pension Mola, neues Haus am Hafen von Breege (und Dependance etwas außerhalb). Gehört zur gleichnamigen Segelschule und ist oft von Segelschülern belegt, daher besser früh reservieren. Mit Restaurant/Café *Steghaus*. DZ mit Frühstück 80–100 €. Boddenweg 1–2, 18556 Breege, ☏ 038391-4320, 📠 038391-43211, www.pension-mola.de.

Camping **Freizeitcamp Am Wasser**, schöner Campingplatz im Wald und am Wasser, südlich von Juliusruh auf der Schaabe zwischen Bodden und Meer gelegen. Neue sanitäre Einrichtungen, Fahrrad- und Ruderbootverleih, Spielplatz, Laden, Gaststätte. Erw. 6 €, Kinder (4–14 J.) 3,50 €, Zelt 5–6 €, Wohnmobil 6,50–9 €, Pkw 3 €, Hund 3 €. Wittower Str. 1–2, 18556 Juliusruh, ☏ 038391-43928, 📠 038391-237, www.freizeitcampamwasser.m-vp.de.

Campingplatz Drewolke, nördlich von Juliusruh, etwa 700 m nach der Abzweigung von der Landstraße, mit Gaststätte, Laden und Fahrradverleih. Auf dem Platz auch die Kiteschule *Fly-a-Kite* (→ Wassersport). Geöffnet April bis Okt. Erw. 6 €, Kind 4–14 J. 3,50 €, Hund 4,50 €, Zelt 6–10,50 €, Wohnmobil 9–10,50 €, Pkw 3,50 €, Strom 2,90 €, auch Mietwohnwagen und Bungalows. Zittkower Weg 27, 18556 Altenkirchen, ☏ 038391-12965, 📠 038391-56655, www.camping-auf-ruegen.de.

Knaus Campingpark, hinter dem Campingplatz Drewolke, neues grünes Haus mit Rezeption, Gaststätte und Sanitäreinrichtungen; Wohnmobil-Stellplätze, Zeltplatz (kein Schatten) und kleine, bunte Ferienhäuser mit Blick aufs Meer. Ganzjährig geöffnet, freundlich. Erw. 6,30 €, Kinder 3,50 €, Stellplatz 13,90 €, Stellplatz mit Seeblick 22,90 €. Zittkower Weg 30, 18556 Altenkirchen, ☏ 038391-434648, www.knauscamp.de.

Altenkirchen

ca. 1000 Einwohner

Dem Dorf um die namensgebende „Antiqua Ecclesia“ (erstmals 1314 erwähnt) sieht man nicht an, dass es das Zentrum der Halbinsel ist. Denn obwohl alle Wege auf Wittow nach Altenkirchen führen, geht es hier ruhig und beschaulich zu.

Die Mitte des 12. Jh. von den dänischen Eroberern der Insel begonnene **Backsteinkirche** ist nach der Marienkirche in Bergen das zweitälteste Gotteshaus Rügens. Mittelschiff und Chor wurden wahrscheinlich um 1200 erbaut. Die Außenseite des Chores ist unterhalb des Daches mit Schmuckfriesen verziert, die unteren Anschlusssteine stellen Gesichter dar. Bemerkenswert ist das Innere der ursprünglich als dreischiffige romanische Basilika konzipierten, später aber mehrfach umgebauten Kirche: ein alter Taufstein (um 1250), aus dem vier bärtige Gesichter in alle Himmelsrichtungen ragen; nach Originalfunden aus dem 13. Jh. rekonstruierte Malereien am Kreuzrippengewölbe; schließlich der sogenannte *Svantevit-Stein*, der versteckt im südlichen Seitenanbau des Chores liegt. Es handelt sich wahrschein-

Poet und Pastor: Gotthard Ludwig Theobul Kosegarten

Der Pfarrer, der 1792–1808 die Gottesdienste in Altenkirchen hielt, hieß *Gotthard Ludwig Theobul Kosegarten* und war seinerzeit ein bekannter Schriftsteller. Zahlreiche namhafte Zeitgenossen wie Otto Runge, Ernst Moritz Arndt oder Caspar David Friedrich waren Gast in seinem Pfarrhaus, mit Goethe, Schiller und Herder stand Kosegarten in Briefkontakt. Ein nicht geringer Teil seines literarischen Werkes entstand in Altenkirchen. Dass es heute kaum noch bekannt ist, liegt wohl zuallererst an dem Übermaß an Empfindsamkeit, mit der er zur Feder griff. Nicht zuletzt wenn Kosegarten über das vom ihm innig geliebte Rügen schrieb, übersprang er zumeist die schmale Linie zwischen Kunst und Kitsch. Beispiel gefällig?

„Dort, wo umschäumt Arkona die Brust den Wogen beut, schaut glanzberauscht das Auge in die Unendlichkeit. Es späht in Ost und Westen, in Süd und Nord der Blick, und späht umsonst. Nicht draußen, nur drinnen wohnt das Glück."

Auf Rügen wurde der Pfarrer vor allem durch seine Uferpredigten bekannt (→ S. 246). 1808 nahm er in Greifswald, der Stadt, in der er auch studiert hatte, eine Professur für Geschichte an, 1817 einen Lehrstuhl für Theologie. Kosegarten starb am 16. Oktober 1818. Er liegt auf dem alten Friedhof in Altenkirchen begraben.

Rügen
Karte → S. 202/203

lich um eine Grabplatte, die aus der Zeit vor 1168 stammt. Zu sehen ist darauf ein bärtiger Mann, der ein großes Füllhorn in Händen hält. Ob es sich dabei tatsächlich um die Abbildung der slawischen Gottheit handelt, ist ungeklärt. Wahrscheinlicher ist, dass auf der Grabplatte ein slawischer Fürst (möglicherweise sogar Jaromar) dargestellt ist.

Verbindungen Sehr gute **Busanbindung**: Die **Linie 13** fährt von *Sassnitz* etwa stündl. (Sa/So alle 2 Std.) nach *Altenkirchen* (und etwa alle 2 Std. weiter nach Wiek und bis Dranske). Nach *Putgarten* pendelt die **Linie 11** ca. 7-mal tägl. (Sa/So 6-mal) und schließlich fährt die **Linie 10** ca. 5-mal tägl. *rund um Wittow* (nicht Sa/So).

Fahrradverleih **Wittow Bike**, *die* Alternative, um die Parkgebühren in Putgarten zu sparen, gute 7-Gang-Tourenräder ab 6 €/Tag, auch Kinderräder, Helme und Kindersitze. Straße des Friedens 10, 18556 Altenkirchen, ✆ 038391-13071, 📠 038391-439904, www.ruegen-fahrrad-fewo.de.

Putgarten und das Kap Arkona

ca. 250 Einwohner

Das Flächendenkmal zwischen Putgarten, dem Kap und dem hübschen Fischerdörfchen Vitt ist reich an Sehenswürdigkeiten – und reich an Besuchern. Zur Hochsaison kann es hier eng werden.

Das Kap ist geschichtsträchtiges Land. Schon die germanischen Rugier siedelten hier. Unter den Slawen entstand in der Tempelfestung Arkona das religiöse Zentrum der Insel. Die Einnahme der Burg durch die Dänen und die Zerstörung des Heiligtums (1168) leitete die Christianisierung Rügens ein. In der Folge schwand die Bedeutung Arkonas, nur unter den Seefahrern blieb das Kap wegen seiner Gefährlichkeit über die Jahrhunderte berühmt und berüchtigt.

Das ganze Gebiet um Kap Arkona einschließlich des Fischerdorfs Vitt, das malerisch in einer kleinen, zum Meer hin sich öffnenden Schlucht liegt, ist heute Landschafts- und Naturschutzgebiet und autofreie Zone. Der Einstieg befindet sich in Putgarten, wo ein riesiger Parkplatz am Ortseingang die Besucherfahrzeuge aufnimmt. Von hier aus beginnt der etwa fünf Kilometer lange Rundgang zu allen Sehenswürdigkeiten.

Zum **Baden** sind die steinigen Strände unterhalb der Steilküste am Kap kaum geeignet. Man erreicht sie von Vitt aus oder über die südlichste der drei steilen Treppen: die Veilchentreppe bei der Jaromarsburg. Im Wasser liegt hier ein mächtiger Findling namens „Kosegartenstein". Die beiden anderen Treppen, die 42 Meter hohe Königstreppe am Kap und die Treppe beim Gellort, die hinab zum „Siebenschneiderstein", einem Findling von geschätzten 165 Tonnen, führt, waren zuletzt wegen der Gefahr von Steilküstenabbrüchen gesperrt; auch ein Aufenthalt unterhalb der Küste kann gefährlich sein! Sperrungen und Warnhinweise sind unbedingt ernst zunehmen (Lebensgefahr!).

Putgarten: Die einzige Sehenswürdigkeit des Ortes ist der *Rügenhof Arkona,* ein Kultur-, Handwerks- und Geschäftszentrum, u. a. mit Töpferhof, Korbflechterei und Kerzenmacherei, diversen Läden und Gutshauscafé mit hübschem Garten sowie einer kleinen Kaffeerösterei nebenan. Weiter hinten im Dorf wird es etwas ruhiger, hier befindet sich das *Helene-Weigel-Haus.* Die Schauspielerin und Intendantin des Berliner Ensembles hatte das reetgedeckte Gebäude Mitte der 1950er-Jahre für sich und ihren Ehemann Bertolt Brecht als Ferienhaus gekauft. Heute beherbergt es neben einer kleinen, sehenswerten Ausstellung über Helene Weigel ein idyllisches Gartencafé, das unbedingt zu einer Pause vom Putgarten-Trubel einlädt (→ Café).

Ungleiche Verwandte: die beiden Leuchttürme am Kap

Information **Tourismusgesellschaft Kap Arkona**, in der Hauptsaison tägl. 9–17 Uhr, in der Nebensaison 11–16 Uhr, ansonsten eingeschränkt. Auch Zimmervermittlung. Am Parkplatz, 18556 Putgarten, ✆ 038391-4190, 📠 038391-41917, www.kap-arkona.de.

Verbindungen Aus Altenkirchen kommt der **Bus 11** ca. 10-mal tägl. (Sa/So 6-mal tägl.). Vom Ortseingang weiter zum Kap oder nach Vitt (Haltestelle bei der Kapelle) fährt die kleine **Arkona-Bahn**, Erw. 2 € (hin und zurück 3,50 €), Kinder 0,50 € (1 €).

Kutschrundfahrten zum Kap mit Erläuterungen, Aufenthalt bei den Leuchttürmen, Erw. 8 €, Kinder 4 €, nur während der Saison. Abfahrt ebenfalls beim Parkplatz.

Fahrradverleih Direkt am Parkplatz (am Ortseingang), 6 €/Tag, auch Kindersitze.

Parken Am Ortseingang, hier auch Imbissbuden, 3 €/Std., Wohnmobilstellplatz gegenüber, 5 €/Tag, über 3,10 m Höhe 15 €.

Übernachten **Hotel/Pension Zum Kap Arkona**, familiär geführtes, freundliches

Haus mit 33 Zimmern, Bar, Restaurant und teils weitem Ausblick. Ganzjährig geöffnet (Nov. bis 24 Dez. geschlossen). DZ mit Frühstück 86–89 €, Halbpension 15,50 €/Pers., Hund 5 €/Tag. Dorfstr. 22 a, 18556 Putgarten, ✆ 038391-4330, 📠 038391-43351, www.zum-kap-arkona.de.

Café »» Unser Tipp: **Helene-Weigel-Haus**, in dem alten Bauernhaus, das Helene Weigel in den 1950ern zu ihrem Feriendomizil erkoren hatte, und bei gutem Wetter vor allem im idyllischen Garten befindet sich eines der schönsten Cafés der Insel. Guter Kaffee, hervorragender, selbst gebackener Kuchen, der Service herzlich. Auch Leser schrieben uns begeistert: „Eine Oase inmitten des Kap-Arkona-Rummels." Es werden auch Lesungen und Liederabende veranstaltet. Von Mai bis Okt. tägl. 13–18 Uhr geöffnet (in der Nebensaison Mi Ruhetag), bei schlechtem Wetter wird auch schon mal um 17 Uhr geschlossen. Dorfstr. 16, ✆ 038391-431007, www.helene-weigel-haus.de. ««

Leuchttürme: Gleich drei Türme teilen sich den Standort Kap Arkona. Der Veteran unter ihnen ist der *Schinkelturm*, mit dessen Bau nach jahrelanger Planungsphase 1826 begonnen wurde. Seinen Namen verdankt er dem berühmten Architekten *Karl Friedrich Schinkel*, der ihn als dreigeschossiges klassizistisches Gebäude auf quadratischem Grundriss konzipierte. Sein Leuchtfeuer im verglasten Aufsatz war bis 1905 in Betrieb, dann wurde der Schinkelturm durch den *Neuen Turm* ersetzt. Dieser mit 33 Metern höchste Turm am Kap ist übrigens heute noch in Betrieb. Der dritte Turm steht nahe der Jaromarsburg (→ unten) und entstand als *Marinepeilturm*. Heute wird er nur noch „zivil", d. h. touristisch genutzt. Darüber hinaus ist unweit des Schinkelturms ein Bunker zu besichtigen (Ausstellung und Führungen).

Rügen Karte → S. 202/203

Schinkelturm mit Museum zu Schinkel: ganzjährig geöffnet, in der Saison tägl. 10–18 Uhr (Juli/Aug. bis 19 Uhr), im Winter 11–15 Uhr. Erw. 2 €, erm. 1,50 €. **Neuer Leuchtturm**: April bis Okt. tägl. 11–16 Uhr (Juli/Aug. bis 18 Uhr, Juni und Sept. bis 17 Uhr). Eintritt 3 €. **Marinepeilturm** mit Atelier für Bernsteinkunst: Ostern bis Ende Okt. tägl. 10–16 Uhr (Juli/Aug. bis 18 Uhr, Juni und Sept. bis 17 Uhr), im Winter geschlossen. Eintritt 2 €, erm. 1,50 €.

Gartencaféidyll: das Helene-Weigel-Haus in Putgarten

Die Jaromarsburg: Die Tempelfestung war das religiöse Zentrum der Slawen auf Rügen und ihrem Hauptgott *Svantevit* geweiht. Vor ihrem Fall war sie bedeutend größer, aber es waren nicht die Dänen, die sie geschleift haben, sondern Wind und Wetter. Die Reste des Walls stellen gerade einmal ein Drittel der ehemaligen Gesamtanlage dar!

Im Sommer tägl. 10–18 Uhr, in der Nebensaison 10–15.45 Uhr. Eintritt 1 €.

Vitt: Geschützter kann ein Dorf nicht liegen – und idyllischer wohl auch nicht. Ein gutes Dutzend hübscher Häuschen mit rohrgedeckten und von Moos geschmückten Dächern duckt sich in eine schmale Liete. Enge, von Bäumen beschattete Gassen ziehen sich entlang hübscher Fassaden und Gärten und führen zum kleinen Hafen. So viel Idylle hat natürlich ihren Preis: In der Saison ziehen unzählige Besucher durch das komplett unter Denkmalschutz stehende Dorf – großer Rummel.

Verbindungen Nach Vitt (Haltestelle bei der Kapelle) fährt während der Saison zu jeder vollen und halben Stunde die kleine **Arkona-Bahn**. Erw. 2 €, Kinder 0,50 €, hin/zurück 3,50 € bzw. 1 €.

Essen & Trinken Nahe beim Strand das **Café am Meer**, wo man Kaffee und selbst gebackenen Kuchen, auch kleine Snacks und vor allem Sanddornprodukte bekommt.

Unbedingt empfehlenswert ist der Dorfgasthof **Goldener Anker**, eine gemütliche Fischgaststätte, die trotz der exklusiven Lage günstige Gerichte anbietet; oft bis zum letzten Platz gefüllt. Im Garten davor bei gutem Wetter Cafébetrieb, außerdem Fischbrötchenstand. Nov. und Jan. geschlossen, sonst tägl. 11–20 Uhr. Vitt Nr. 2, ✆ 038391-12134, www.gasthof-vitt.de.

Am Hafen gibt es **Räucherfisch**.

Uferpredigten

Eine Variation der Geschichte vom Berg und dem Propheten: Die Altenkirchener Pastoren hatten einst das Problem, dass die Bauern und Fischer aus Vitt jedes Jahr im Spätsommer dem Gottesdienst fernblieben. Grund war der Hering, den keiner vorbeiziehen lassen wollte. Also kam der Pastor nach Vitt und hielt die Predigten am Ufer ab, während ein Ausguck das Auge auf der See behielt und wenn nötig den Gottesdienst nicht mit einem Amen, sondern mit den Worten „De Hiering kümmt" beendete. Zum Schutz vor dem launischen Wetter ließ der berühmte Pastor Kosegarten (→ auch S. 243), der bereits jahrelang Uferpredigten abgehalten hatte, die *Vitter Kapelle* errichten. Das weiß getünchte, rohrgedeckte Gotteshaus mit achteckigem Grundriss steht hoch über dem Dorf. In seinem Inneren hängt eine Kopie von Philipp Otto Runges beziehungsreichem Gemälde *Petrus auf dem Meer*.

Um den Wieker Bodden

Auf dem **Bakenberg** beschattet ein Kiefernwald zahlreiche Feriendörfer und weitläufige Campingplätze, die sich dank des herrlichen Ostseestrandes unter dem Steilufer größter Beliebtheit erfreuen. Im Westen liegt **Dranske**, einst eine muntere Kleinstadt, die vom ehemaligen Marinestützpunkt der NVA auf der Halbinsel Bug lebte. Heute ist es hier recht trostlos, der Bug wieder Sperrgebiet und nur mit Führung zu betreten. Freundlicher ist da schon **Wiek**: Der kleine Ort hat eine lange Tradition im Bootsbau, noch heute werden hier die sogenannten *Wieker Boote* produziert. Darüber hinaus hat sich Wiek als Kurort einen Namen gemacht. Sehenswert ist vor allem die um 1400 entstandene *St.-Georgs-Kirche*, ein Backsteinbau mit winzigen Dachtürmchen über einem imposanten Giebel (in der Saison meist Mo–Fr 10–12 und 14–16 Uhr, Aufstieg ins Gewölbe möglich). Südlich von Wiek befindet sich die **Wittower Fähre**, eine der letzten Fährverbindungen Deutschlands, die tatsächlich noch als alltägliche Verkehrsader fungiert. Man spart sich den langen Umweg um den Großen Jasmunder Bodden.

Information **Informationsbüro** in Wiek nahe der Kirche. In der Saison Mo–Mi 9–17 Uhr, Do 9–12 und 13–17 Uhr, Fr 9–16 Uhr und Sa 9–12 Uhr. Am Markt 5, 18556 Wiek, ☏ 038391-76870, 🖷 038391-76871, www.wiek-ruegen.de.

Fremdenverkehrsamt Dranske, in der Dorfmitte in einem reetgedeckten Klinkerhaus. Freundlich und hilfsbereit. Mo–Fr 9–12 und 13–17 Uhr, im Winterhalbjahr Mo–Fr 9.30–12 und 13–16 Uhr. Karl-Liebknecht-Str. 41, 18556 Dranske, ☏ 038391-89007, www.gemeinde-dranske.de.

Verbindungen Der **Bus Linie 13** fährt etwa alle 2 Std. von Wiek und Dranske nach Altenkirchen und weiter nach Sassnitz.

Die **Wittower Fähre** verkehrt ganzjährig von morgens 5.50 Uhr (ab Nordseite) bis 20 Uhr (ab Südseite), Mai bis Aug. bis 21 Uhr, Nov. bis März bis 19 Uhr. Pkw (inkl. Fahrer) 5,80 €, jede weitere Pers. 1,20 €, Motorrad 3 €, Fahrrad 1,20 €, Kinder (4–11 J.) 0,80 €. *Achtung*, zu Stoßzeiten im Sommer teilweise lange Wartezeiten! Auskunft Wittower Fähre: ☏ 0172-7526838.

Wassersport **UST Rügen**, Surf- und Segelschule in Dranske mit zahlreichen Angeboten, z. B. Windsurfen, Katamaran, Kitesurfen, zudem Materialverleih (auch Fahrräder). Geöffnet April bis Anfang Okt. tägl. 10–18 Uhr, Unterbringung im jugendherbergsartigen **NoHotel** (auch DZ für 45 €). Am Ufer 14, 18556 Dranske, ☏ 038391-89898, www.ustruegen.de.

Surf & Kite Camp, Surf- und Kiteschule auf dem gleichnamigen Campingplatz in Wiek. Einsteiger-, Grund- und Aufbaukurs, Scheinerwerb, auch Materialverleih. Anfahrt und Adresse → Übernachten.

Übernachten **Landhotel Herrenhaus Bohlendorf**, herrliche Anlage in einem Gutshaus südlich von Wiek (Richtung Wittower Fähre). Wintergarten, gemütliches Kaminzimmer, Sauna, Whirlpool und Fitnessraum, gutes *Restaurant* bei leicht gehobenem Preisniveau (mittags und abends geöffnet), große Weinkarte. EZ 79 €, DZ 99 €, Suite 119 €, Frühstück inkl., auch Appartements. Hund 6 €/Tag. Ganzjährig geöffnet. Bohlendorf 6 a, 18556 Wiek/Bohlendorf, ☏ 03891-770, 🖷 038391-70280, www.bohlendorf.de.

Surf & Kite Camp, kleiner, ruhig gelegener Platz in Wiek, mit Bistro und nettem Biergarten, mit Surf- und Kiteschule (→ Wassersport). Geöffnet, so lange das Wetter mitspielt. Von Altenkirchen aus am Ortseingang rechts und ca. 500 m weiter. Pro Pers. 8 €, Jugendliche 6,50 €, Kinder 4 €, Zelt, Auto, Caravan etc. bereits inkl. Boddenweg 1, 18556 Wiek, ☏ 038391-70711, 🖷 038391-76595, www.surf-kite-camp.de.

Regenbogen Camp Nonnevitz, riesiger Campingplatz (600 Stellplätze) nördlich von Nonnevitz im Kiefernwald, viel Schatten und strandnah, mit Gaststätte, Bäckerei, Fahrradverleih, neuen Sanitäranlagen. Geöffnet Ende März bis Anfang Nov. Stellplatz Zelt inkl. 2 Erw. und Kinder 26,50–33,50 € (auch inkl. Pkw), 1 Pers. und kleines Zelt (ohne Pkw) 15 €, Stellplatz mit Wohnwagen/-mobil inkl. 2 Erw. und Kinder 31–35,50 €, jede weitere Pers. ab 14 J. 6 €, Hund 4 €, Strom 3,50 €. Regenbogen Nonnevitz, 18556 Dranske, ☏ 038391-89032, Hotline ☏ 038391-89032, 🖷 038391-8765, www.regenbogen.ag.

Essen & Trinken **Schifferkrug**, eine Institution, weit über das Boddenufer hinaus bekannt. Der alte Fischerkrug, in dem bereits 1455 Bier gezapft wurde, wurde nach Besitzerwechsel und Renovierung jüngst wieder eröffnet. Hübsch gemacht und gemütlich ist der lichte Gastraum, der Service ist freundlich. Günstige Tageskarte (Hauptgerichte ab 10 €), ansonsten vor allem Fischküche (um 13 €). Tägl. ab 12 Uhr geöffnet. An der nördlichsten Ausbuchtung des Wieker Boddens im kleinen Weiler Kuhle (gut 3 km nördlich von Wiek), ☏ 038391-8460.

››› Lesertipp: **Bismarck-Stuben**, direkt im Zentrum in der ehemaligen Poststelle. Heller, etwas bieder eingerichteter Gastraum, freundlicher Service, gutbürgerliche Küche mit regionalem Touch, Leser zeigten sich zufrieden. Tägl. 12–14 Uhr und ab 17.30 Uhr, Mo Ruhetag. Am Markt 4, 18556 Wiek, ☏ 038391-70790. ‹‹‹

Rügen
Karte → S. 202/203

Landidyll in Freesenort auf Ummanz

Rügens Westen

In Rügens Westen geht es ruhig zu. Die sanft wellige, vor Urzeiten von Gletschern flach geschliffene Moränenlandschaft ist eine landwirtschaftlich geprägte Gegend. Hier und da drängen sich kleine Weiler an die Ränder der Landstraßen, andere liegen abgeschieden zwischen den Feldern. Zuweilen durchbricht ein Waldstreifen die Weite oder ein von undurchdringlichen Sträuchern geschütztes Hügelgrab. Doch auch hier im Kernland Rügens ist das Meer nie fern. Früher nannte der Volksmund das Kernstück der Insel Rügen *Muttland*. „Mutten", so heißt es, war das gängige Wort für Säue, wodurch die Bezeichnung der Bewohner dieses Inselteils als *Muttländer* wenig schmeichelhaft erscheint. Das stille Zentrum des Muttlandes ist Gingst.

Gingst

ca. 1400 Einwohner

Eine Gemeinde mit Kleinstadtflair: Um den Marktplatz gruppieren sich Lebensmittelgeschäft und Apotheke, Blumen- und Bücherladen, die Post sowie Rathaus und Gasthaus. Und natürlich steht auch die Kirche am Marktplatz: **St. Jacobi**, ein Backsteinbau, der zuallererst durch seinen klobigen Turm auffällt.

Neben kleinstädtischer Beschaulichkeit hat Gingst aber auch zwei Sehenswürdigkeiten zu bieten. Eine davon spiegelt die Geschichte des Ortes als wichtiges Handwerkszentrum wider. Schneider und Sattelmacher, Böttcher, Tischler und Schmiede hatten hier einst ihre Werkstätten und vor allem die Damastweber der Gemeinde machten sich über die Insel hinaus einen Namen. Heute erinnert das Museum **Historische Handwerkerstuben** an diese Zeit. In dem hübschen Hof mit reetgedeckten Backsteinhäusern verschaffen originalgetreue Werkstatteinrichtungen Einblicke in das Handwerkerleben um 1900. In der Museumsscheune sind ein netter Laden und das gemütliche Café untergebracht.

Der zweite Besuchermagnet ist der **Rügenpark**, eine Mischung aus Miniaturland und Vergnügungsmeile für Kinder. Zahlreiche Modelle tummeln sich auf 40.000 Quadratmetern, komplett nachgebaut wurde die Insel Rügen, dazu gesellen sich Bauwerke aus aller Welt.

Öffnungszeiten Historische Handwerkerstuben: Sa–Mo 10–17 Uhr, Mi–Fr 13–17 Uhr, Di geschlossen, im Winterhalbjahr eingeschränkt. Eintritt 3 €, erm. 2,50 €, Kinder unter 6 J. frei, Familien 5 €. 18569 Gingst, ✆ 038305-304.

Rügenpark: April bis Nov. geöffnet, Juli/Aug. tägl. 10–19 Uhr, April bis Juni Di–So 10–18 Uhr, Sept. bis Nov. Di–So 10–17 Uhr. Erw. 8,90 €, Kinder (Preis nach Körpergröße) 1,50–6,90 € (bis 3 J. frei). Mühlenstr. 22 b, 18569 Gingst, ✆ 038305-55055, www.ruegenpark.de.

Verbindungen Die **Linie 35** verbindet *Bergen* mit Schaprode via Gingst; die **Linie 38** fährt mehrmals tägl. von Gingst nach Waase (und zurück) und die **Linie 41** von und nach *Samtens* (hier Anbindung nach Stralsund). Am Wochenende eingeschränkt.

Café »» Unser Tipp: **Museumscafé**, gemütliches und freundliches Café in den Historischen Handwerkerstuben. Besonders schön sitzt man im Sommer draußen im Schatten der Bäume und inmitten des an sich schon sehenswerten Gebäudeensembles. Ideal für ein kleines Päuschen bei Kaffee und (selbst gebackenem) Kuchen. Geöffnet, wenn das Museum geöffnet ist. ✆ 038305-304. ««

Erste Rügener Edeldestillerie, edle Bio-Destillate auf der Halbinsel Lieschow: Brände gibt es vom Apfel bis zur Zwetschge, dabei werden traditionelle Apfel- und Obstsorten ebenso veredelt wie die fast in Vergessenheit geratenen Sorten, z. B. die Reneklode. Außerdem diverse Liköre und (natürlich) einen ausgezeichneten Sanddorngeist. Das Obst stammt auch aus eigenem Anbau und weitgehend von der Insel. Mo–Sa 10–18 Uhr geöffnet (wenn zu diesen Zeiten geschlossen: anrufen!), Besichtigung der Destillerie nach Absprache. Freistehendes Gehöft an der Landstraße auf halbem Weg vom Lange-Hof zum Südende von Lieschow. Haus Nr. 17, 18569 Lieschow/Ummanz, ✆ 038305-55300, www.edeldestillerie.de. ■

Übernachten/Essen in der Umgebung **Pension/Restaurant „Alte Schule"**, etwas außerhalb gelegenes Restaurant im ehemaligen Landschulgebäude, auf den Tisch kommen regionale Produkte (natürlich auch Fisch). Ganzjährig geöffnet. Stilvoll rustikale DZ mit Frühstück ab 65 €, Dreibett-Zimmer 75 €. In Gagern, 3 km nordöstlich von Gingst (hinter Kluis). Haus Nr. 5, 18569 Trent/Gagern, ✆/℻ 038305-366, www.alte-schule-gagern.de.

Camping in der Umgebung »» Unser Tipp: **Banzelvitzer Berge**, einer der schönsten Wald- und Wiesencampingplätze auf Rügen, weit ab vom Schuss, etwas auf der Höhe am Südausläufer eines Hügels gelegen und dadurch mit herrlichem Blick auf den Großen Jasmunder Bodden. Mit Gaststube *Zum Kuckuck*, kleinem Laden und Fahrradverleih. Geöffnet April bis Okt. Vom kleinen Zeltplatz (1 Erw.) 11,50 € über den kleinen Stellplatz (2 Erw. und Zelt) für 19,50 € bis zum großen Stellplatz (Pkw, Caravan/Wohnmobil, 2 Erw., 1 Kind) für 28,50 €. Weitere Erw. 5 €, 1. Kind frei, weitere Kinder 4–11 J. 2,50 €, Hund 2,50 €; auch kleine, hölzerne Ferienhäuser. 18528 Groß Banzelvitz, ✆ 03838-31248, ℻ 03838-31260, www.banzelvitzer-berge.de. *Anfahrt*: von der Straße zwischen Trent und Bergen nach Rappin abbiegen und durch das kleine Dorf hindurch noch 1 km zu den Banzelvitzer Bergen. ««

Rügen Karte → S. 202/203

Insel Ummanz

ca. 550 Einwohner

Die Insel Ummanz schmiegt sich eng an die Westküste des Rügener Kernlandes. Kraniche staksen während ihres Stopovers über die Feuchtwiesen, Kornfelder werden von Entwässerungskanälen begrenzt, Schafe weiden auf den Dämmen. Still ist es hier – und flach.

Die etwa 18 Quadratkilometer große Insel Ummanz ragt kaum mehr als drei Meter aus dem Meer heraus, manche sumpfige Wiese befindet sich sogar ein Stück unter dem Meeresspiegel. Dass der Bodden sich nicht über die von Schilf

Ummanz-Impressionen

zerfranste Küste hermacht, dafür sorgen die langen Deiche, die sich fast um die ganze Insel herumziehen. Die Stille, die zwischen den Deichen herrscht, wird nur vom Wind gestört oder von den Vögeln, die auf Ummanz ein Naturparadies vorfinden. Scharen von Zugvögeln, darunter auch der Graue Kranich, nützen die Insel im Frühjahr und im Herbst als Rastplatz, während sie für sesshaftere Vögel auch als Brutplatz dient.

Die einzige dorfähnliche Siedlung der Insel ist **Waase** mit der sehenswerten *St. Marienkirche* (in der Saison, etwa Mai bis Okt., tägl. 11–15 Uhr), in deren Innerem ein bemerkenswerter gotischer Flügelalter (1520) steht. Neben Waase verteilen sich nur noch wenige kleine Weiler über die Insel. Ganz im Süden befindet sich der malerische denkmalgeschützte Weiler **Freesenort** mit seinen Reetdachhäusern und an der Westküste **Suhrendorf**. Hier säumt schilffreier Strand die Küste und im Sommer kann es dank des Campingplatzes recht belebt zugehen. Ganz anders (und typischer für Ummanz) geht es am anderen Ende der Insel zu: Bei **Tankow** herrscht absolute Stille, denn hier steht nur ein einziges Gehöft.

Information **Ummanz-Information**, in der Alten Küsterei. Unregelmäßige Öffnungszeiten, zuletzt zur Saison Mo–Fr 11–17 Uhr. Neue Str. 63 a, 18569 Waase/Ummanz, ✆ 038305-53481.

Verbindungen Die **Linie 38** verbindet werktags mehrmals tägl. *Bergen* mit Waase (am Wochenende nur 2-mal tägl.).

Café/Einkaufen **Ostseekaffee – Rügener Kaffeerösterei**, in der ehemaligen Pfarrscheune von Waase. Freundliches Café, köstlicher, selbst gebackener Kuchen, beim Kaffeerösten kann man zusehen, auch Verkauf. Ganz in der Nähe des Hafens von Waase, zur Saison Di–So ab 10 Uhr geöffnet, im Winter geschlossen. Am Fockerstrom 2, ✆ 038305-535835, www.ostseekaffee.de.

Café Zuckerkuss, im „Haus am Kubitzer Bodden" wurde jüngst ein sympathisches Café eröffnet. Hausgebackener Kuchen, hübscher Garten sowie ein kleiner *Second-Hand-Laden* (Deko, Klamotten, Schmuck, Spielzeug usw.). Außerdem gibt es hausgemachte Marmeladen und Wein (auch Weinverkostung). Zudem Ferienwohnungen. Zur Saison tägl. 11–18 Uhr geöffnet (Mo Ruhetag). Etwa 2 km westlich von Waase (Richtung Suhrendorf) im Weiler Wusse gelegen. Dorfstr. 11, 18569 Wusse/Ummanz, ✆ 038305-53901, www.kubitzerbodden.de.

Übernachten/Wassersport **Ostseecamp Suhrendorf**, großer Platz am Wasser. Gaststätte, Kiosk, Minigolfplatz etc., Surfschule und -verleih (→ unten), Kanu- und Bootsverleih, ganzjährig geöffnet. Zeltplatz 14,50–19 €, Erw. 6 €, Kinder (3–15 J.) 3,20 €, nicht parzellierte Plätze (ohne Strom) 5–9 €, Pkw 2,50 €, Hund 2,70 €, Wohnmobil 12 €, Kleinbus 7,50 €, Tageskarte für Surfer 4,50 €. Suhrendorf 4, 18569 Ummanz, ✆ 038305-82234, 📠 038305-8165, www.ostseecamp-suhrendorf.de.

Windsurfing Rügen und **Kite Island**, Surf- und Kiteschule am Ostseecamp. Windsurf- und Kite-Unterricht für Anfänger und Fortgeschrittene, auch Kinderkurse und Materialverleih.

Dazu gehört auch das **Surfhostel** etwas weiter nördlich, Zwei- und Vierbett-Zimmer (16 €/Pers. im Mehrbettzimmer und 22 €/Pers. im DZ, Frühstück 5,90 €), dazu **Baumhausrestaurant** (v. a. Pizza und Salate, Mai bis Sept. Di–So ab 17 Uhr, Juli/Aug. tägl.) und der **Kaffeegarten** (Mai bis Sept. Sa/So ab 13 Uhr, Juli/Aug. tägl.), Bar und Lounge, Veranstaltungen und Konzerte. *Windsurfing Rügen* und *Kite Island*: beim Ostseecamp (→ oben); *Surfhostel*: Suhrendorf 8, 18569 Ummanz, ✆ 038305-55018, www.surfen-auf-ruegen.de.

Rügen Karte → S. 202/203

Schaprode

ca. 500 Einwohner

Das Sprungbrett nach Hiddensee – ganzjährig legen hier die Schiffe der Weißen Flotte an und pendeln hinüber nach Neuendorf, Vitte und Kloster. Das hat zur Folge, dass das alte Fischerdorf oft einem großen Parkplatz gleicht. Doch trotz der zahllosen Durchgangstouristen hat sich der Ort viel von seinem Charme bewahren können. So zieren ihn schmucke Kapitänshäuser, die sich von den schilfgedeckten Backsteinhütten der Fischer dadurch unterscheiden, dass der Eingang Letzterer ebenerdig ist, während die Kapitänshäuser etwas höher liegen und eine kleine Treppe zur Tür führt. Sehenswert ist auch die **St. Johanneskirche** (zur Saison tägl. 10–16 Uhr geöffnet), nach der Pfarrkirche von Altenkirchen und der Marienkirche in Bergen die drittälteste Kirche Rügens.

Verbindungen **Bus**: mit der **Linie 35** nach *Bergen*, unter der Woche fast stündl., Sa/So 5-mal am Tag, davon ca. 3-mal mit Fahrradanhänger (nur im Sommer).

Zu den **Fährverbindungen** → Hiddensee.

Fahrradverleih Im Landgasthof Schafshorn, 6 €/Tag. Streuer Weg 65 a, ✆ 038309-1313.

Parken Hiddensee ist autofrei, Parken muss man hier in Schaprode, gebührenpflichtige Parkplätze am Ortsrand (ca. 4 €/Tag, ab dem zweiten Tag 2 €) oder am Ortseingang links (2 €/Tag).

Übernachten/Essen **Die Alte Schule**, Restaurant im alten Schulgebäude nahe der Kirche, der eigenwillige Gastraum sieht aus wie ein kleines Schulmuseum: lehrreiche Schautafeln, Tafellineal und natürlich eine große Schiefertafel, auf der das Tagesmenü angeschrieben ist. Tägl. ab 11.30 Uhr geöffnet (warme Küche bis 21 Uhr). DZ 75–90 €, Frühstück inkl. Lange Str. 32 a, 18569 Schaprode, ✆ 038309-1454.

Landgasthof Schafshorn, freundliches Haus in boddennaher Lage im südöstlichen Teil des Ortes. Im Sommer auch Restaurantbetrieb mit großer Karte, Preise okay, außerdem Café mit Wintergarten (in der Saison ganztägig). EZ 70 €, DZ 92 €, Frühstück inkl. Streuer Weg 65 a, 18569 Schaprode, ✆ 038309-1313, 📠 038309-1448, www.schafshorn.de.

Camping **Am Schaproder Bodden**, in direkter Strandnähe, über 100 Stellplätze (wenig Schatten), kleiner Shop, Restaurant, Fahrradverleih, Wassersport. Geöffnet Ostern bis Ende Okt. Zuletzt hat die Segel- und Surfschule *Wiking-Surf* auf dem Campingplatz eine Station eröffnet. Erw. 7 €, Kinder 3,50 €, Zelt 3–4 €, Wohnmobil 6 €, Auto 2 €, Hund 1,75 €. Lange Str. 24, 18569 Schaprode, ✆/📠 038309-1234, www.campingplatz-schaprode.de.

Stress- und autofrei: Insel Hiddensee

Hiddensee

ca. 1000 Einwohner

Schmal und lang gezogen liegt die Insel vor der Westküste Rügens. Was von Westen her an Wind und Wellen kommt, bricht sich an der Küste Hiddensees.

Hiddensee ist eine wunderschöne Insel, „Perle der Ostsee“ und „Capri Pommerns“ sind ihre klingenden Beinamen. Zu den prominentesten Gästen der Insel zählte der Schriftsteller Gerhart Hauptmann, der sogar auf dem Dorffriedhof von Kloster begraben ist. Von ihm stammt auch ein weiteres Adelsprädikat für Hiddensee: Die Insel sei „das geistigste aller deutscher Seebäder“; und tatsächlich wirkte das schmale Stück Land zu Lebzeiten Hauptmanns wie ein Magnet auf die Größen des deutschen Geisteslebens. Nobelpreisträger trafen hier zusammen, Maler und Architekten schufen aus Gebäuden Kunstobjekte und ganze Künstlerzirkel definierten ihre Kreativität von Hiddensee aus. Thomas Mann, Albert Einstein, Gustav Gründgens, August Macke – sie alle und noch viel mehr Prominenz zog es hierher, was Gerhart Hauptmann am Ende dann offenbar doch des Guten zu viel war und ihm die mahnenden Worte „nur stille, stille, dass es nicht etwa ein Weltbad werde“ abnötigte. Auch wenn die Promi-Invasion des frühen 20. Jh. mittlerweile längst Geschichte ist – der Tourismus selbst ist seit jenen Tagen nicht mehr von der Insel wegzudenken. Jahr für Jahr kommen zahllose Feriengäste und Tagesausflügler, die es sich auf der 1995 offiziell zum Seebad erklärten Ostseeperle gut gehen lassen.

Die drei Dörfer der Insel könnten unterschiedlicher nicht sein, auch wenn sie sich auf Grund der Schlankheit der Insel alle zwischen Hafen und Strand erstrecken. *Kloster* im Norden scheint in einem lichten Wald zu liegen. Beschatten mal keine Bäume die Häuser, werden diese von dichten Gärten umgeben. *Vitte* hingegen ist gut ausgestattet mit großzügigen Wegen und sogar einem kleinen Zentrum. *Neuendorf* wiederum verzichtet fast ganz auf Wege, seine Häuser stehen weit verstreut auf einer Wiese.

Die unzähligen Besucher, die an schönen Tagen auf die Insel strömen, können nicht darüber hinwegtäuschen, dass Hiddensee eine kleine Gemeinde ist. Nur gut 1000 Menschen leben auf der Insel. Zum Einkaufen muss man ins ferne Bergen oder nach Stralsund übersetzen. Der Arzt praktiziert in Vitte, der einzige Zahnarzt hat seine Praxis in Kloster. Der Doktor ist übrigens einer der wenigen, der das Privileg hat, auf der Insel Auto fahren zu dürfen. Hinzu kommen noch der Dienstwagen des Inselpolizisten, der Inselbus, der Löschzug der Feuerwehr und der ein oder andere Trecker oder Unimog. Ansonsten ist die Insel für Privatautos gesperrt.

Basis-Infos

Information **Insel Information Hiddensee** und **Kurverwaltung** im Rathaus in Vitte, vom Hafen aus rechts, gegenüber der Blauen Scheune. Mai bis Sept. Mo–Fr 9–17 Uhr, Sa/So 10–12 Uhr (im Mai So geschlossen), April und Okt. Mo–Fr 9–16 Uhr (im Okt. auch Sa 10–12 Uhr), Nov. bis März nur Mo–Fr 9–15 Uhr. Norderende 162, 18565 Vitte, Insel Hiddensee, ✆ 038300-6420, ℻ 038300-64225, www.seebad-insel-hiddensee.de.

Infos auch im **Hafengebäude von Kloster**: Mai bis Okt. Mo–Fr 9.30–12.30 und 13.30–17 Uhr, Sa/So 9.30–12.30 Uhr (im Okt. So geschlossen); ansonsten nur zum Jahreswechsel und an Ostern geöffnet.

Busverbindungen Die **Linie 35** fährt etwa stündl. ab Bergen (Sa/So ca. 6-mal) nach Schaprode.

Fährverbindungen Von **Schaprode** (Busanschluss nach Stralsund) mehrmals tägl. nach Neuendorf, Vitte und Kloster (im Sommer etwa 15-mal tägl., im Winter ca. 10-mal). Achtung: Die Fähren laufen fast nie alle drei Häfen an! Dauer: zwischen 30 Min. (nach Neuendorf) und 45 Min. (nach Kloster), bzw. bis zu 90 Min. mit Stopps in Neuendorf und Vitte. Hin- und Rückfahrt 17,70 € (einfach 10,80 €), Kinder (4–14 J.) 10 € (6,30 €), Kinder unter 4 J. frei, Familien 45,50 €, Fahrrad 7 €, Hund 10 €, Surfausrüstung 13,80 €; die Fahrt nach Neuendorf ist etwas günstiger.

Von Stralsund nach Hiddensee: Mitte März bis Okt. 2-mal tägl. (Sa 3-mal), Sonderfahrten zwischen den Jahren nur bei eisfreier Ostsee. Hin- und Rückfahrt 19,70 € (einfach 12,60 €), Kinder (4–14 J.) 10,50 € (6,40 €), Kinder unter 4 J. frei, Familien 50,50 €, Fahrrad 8 €, Hund 10,50 €, Surfausrüstung 16 €.

Infos: *Reederei Hiddensee*, Achtern Diek 4, 18565 Vitte, Insel Hiddensee, ✆ 038300-210, ℻ 038300-50170 (in Stralsund: Fährstr. 16, 18439 Stralsund, ✆ 03831-26810, ℻ 03831-268130), www.reederei-hiddensee.de bzw. www.weisse-flotte.com.

Darüber hinaus verkehren Fähren von **Wiek** (mit der *Reederei Hiddensee*, → oben) sowie von **Breege** und **Ralswiek** nach Vitte und zurück (Infos: *Personenschifffahrt Kipp*, Dorfstr. 101, 18556 Breege, ✆ 038391-12306, ℻ 038391-12307, www.reederei-kipp.de).

Beim Kauf des Fährtickets nach Hiddensee wird Ihnen automatisch die obligatorische **Tageskurkarte** für die Insel zum Preis von 1,50 € mitverkauft.

Fahrradmitnahme: Alle Fähren nehmen Fahrräder mit, wenn viel los ist, kann es jedoch passieren, dass das Rad an der Anlegestelle zurückgelassen werden muss. Nur auf der *MS Vitte* ist immer Platz, denn sie besitzt als einziges Schiff der Reederei einen großen Frachtraum.

Wassertaxis: Schnell, aber kostenintensiv. Die drei Schiffe des **Hiddenseer Taxirings** fahren ganzjährig. Sie liegen entweder im Hafen oder kommen bei telefonischer Bestellung. Die Überfahrt von Schaprode nach Neuendorf kostet 10,80 €/Pers. (Kinder 4–14 J. 7 €), nach Vitte/Kloster 12,30 €, Kind 7,50 € (mind. 7 Mitfahrer, ansonsten Gesamtpreis 75 € bzw. 80 €), ab Stralsund 25,50 €/Pers., Kind 14,50 € (mind. 9 Mitfahrer) bzw. 225 € Gesamtpreis für die Überfahrt. Bei Nachtfahrten wird ein nicht unerheblicher Aufschlag erhoben. Zentrale in Vitte: ✆ 038300-210; oder direkt an Bord: Die *Pirat* ist unter ✆ 0171-7457713 zu erreichen, die *Störtebeker* unter ✆ 0171-7457710 und die *Anna*

Hiddensee Karte → S. 202/203

Taxi?

Maria unter ✆ 0171-6428021. Weitere Infos unter www.reederei-hiddensee.de.

Baden An Hiddensees Westküste erstrecken sich vom Gellen im Süden bis zum Enddorn an der Nordspitze 13 km herrlichster Ostseestrand, der hier alljährlich mit der *Blauen Flagge* ausgezeichnet wird. Besonders schön ist der feinsandige Strand westlich von Vitte. Lediglich auf Höhe von Kloster wird der Strand durch großsteinigen Wellenschutz begrenzt (der leider aber den Blick aufs und Zugang ins Meer deutlich stört). Von der DLRG überwacht wird der Strand jeweils auf der Höhe der Inselorte (Mitte Mai bis Mitte Sept.). Die ortsnahen Strandabschnitte (hier auch Strandkorbverleih) werden im Sommer gereinigt, alle anderen als Naturstrand belassen. Ein Strandkorb kostet auf der Insel 7 € pro Tag.

Bank Sparkassenfiliale mit Geldautomaten in Vitte, Süderende 59 (zwei Häuser nach dem Hotel Godewind).

Inselbus Der kleine Bus pendelt Mo–Fr ca. stündl. zwischen Kloster, Vitte und Neuendorf, im Winter nur 5-mal tägl. Tageskarte 4,30 €, halber Tag 3,10 €.

Kurtaxe April bis Okt. 1,50 €/Tag, sonst 1 €.

Parken Hiddensee ist autofrei, parken muss man daher in **Schaprode** (bewachter Parkplatz am Hafen oder am Ortseingang links, 2–4 €/Tag) oder in Stralsund.

Kloster

Pferdekutschen fahren über ungepflasterte Wege, Familien spazieren an blühenden Gärten entlang, in denen hübsche, teils schilfgedeckte Häuser stehen, Gäste und Hiddenseer sitzen ruhig und gelassen am Hafen oder in den Biergärten.

Hiddensee Karte → S. 202/203

Kloster im Norden Hiddensees ist ein kleines Inselidyll. Lang gezogenes „Zentrum" des Dorfes ist der Kirchweg, der etwas oberhalb des Hafens beginnt und sich bis zum **Heimatmuseum** und dem dahinter liegenden wunderschönen Weststrand zieht. An dieser Achse befinden sich auch das **Gerhart-Hauptmann-Haus**, die **Inselkirche**, Restaurants und Cafés, Supermarkt, Buch- und Souvenirläden sowie der Friseursalon der Insel mit dem pragmatischen Namen *Die Bö*. Nördlich vom Kirchweg erstreckt sich das Dorf bis in die Ausläufer eines Hügellandes mit dem hübschen Namen Dornbusch.

Die Ursprünge des Dorfes gehen auf die Zisterzienser zurück. Der Orden gründete 1296 hier eine (angesichts der abseitigen Lage) relativ stattliche Abtei, die wohl einen Großteil des heutigen Ortsgebietes umfasste. Das Kloster wurde im Zuge der Säkularisierung aufgelöst, auf dem Abteigelände entstand ein kleines Fischerdorf. Anfang des 20. Jh. sollen hier gerade einmal neun Häuser gestanden haben: die vier Häuser des Gutshofs, Pfarrei, Schule, Strandvogtei, das Haus des Amtsvorstehers und ein Gasthaus. Heute ist Kloster das kulturelle Zentrum der Insel, nicht nur, weil sich hier Inselmuseum und -kirche befinden, im Gerhart-Hauptmann-Haus finden auch regelmäßig klassische Konzerte, Sonderausstellungen und Dichterlesungen statt.

Fahrradverleih u. a. **Barbara Pehl**, auch Pension (DZ 50 €, kein Frühstück, aber Gemeinschaftsküche). Hafenweg 4, 18565 Kloster, Insel Hiddensee, ✆ 038300-437, www.hiddensee-pension.de.

Gepäcktransport/Kutschfahrten u. a. **Fuhrmannshof Neubauer**, auch Wander- und Ponyreiten. Hafenweg 10 a, ✆ 0171-1892807, abends ✆ 0171-7153809, ✆ 038309-22880, www.hiddensee-kutschfahrten.de.

Fuhrunternehmen Münzner, Transport und Kutschfahrten, auch Ferienwohnungen (für 2–4 Pers. 79–110 €/Tag). Birkenweg 24, 18565 Kloster, Insel Hiddensee, ✆ 0176-32327518, www.pferdefuhrbetrieb-hiddensee.de.

Übernachten/Essen ››› Unser Tipp: **Hotel Hitthim**, eines der besten Häuser der Insel, gleich oberhalb des Hafens von Kloster, verfügt über viel gastronomische Tradition. Im Saal hängt eine Bildergalerie berühmter Hiddensee-Gäste. Hervorragendes Restaurant (wir empfehlen den köstlichen

Das Hotel Hitthim in Kloster

Pfefferhering „Hitthim" mit Bratkartoffeln für 9,80 €), ab 12 Uhr durchgehend warme Küche. Die Zimmerpreise variieren stark nach Saison und Ausstattung (Balkon, Badewanne, Hafenblick). In einem neuen Nebengebäude befinden sich fünf gut ausgestattete Appartements mit Terrasse zum Hafen (im Sommer viel Trubel). EZ 57,50–77,50 €, DZ 95–155 €, jeweils inkl. Halbpension (3-Gänge-Menü), Ferienwohnung für 2 Pers. 89–100 €, für bis zu 5 Pers. 95–135 €. Ganzjährig geöffnet. Hafenweg 8, 18565 Kloster, Insel Hiddensee, ✆ 038300-6660, ℻ 038300-66618, www.hitthim.de. «<

Wieseneck, Restaurant, Café und Pension in einem alten, schön renovierten Haus. Klasse Kneipe, in der sich vor allem jüngeres Publikum trifft, von Terrasse und Garten hat man einen herrlichen Blick über den Inselsüden. Das Restaurant bietet gute Fischküche zu soliden Preisen, Küche 12–21 Uhr. 17 Zimmer, ganzjährig geöffnet. EZ 48–60 €, DZ 70–95 €, Frühstück inkl. Kirchweg 18, 18565 Kloster, Insel Hiddensee, ✆ 038300-316, ℻ 038300-68024, www.wieseneck-hiddensee.de.

>>> Lesertipp: **Pension Inselidyll**, Leser waren begeistert von der ruhigen Lage, der netten Gastgeberin und dem liebevoll zubereiteten Frühstücksbuffet („unzählige selbst gemachte Konfitüren, Sanddornquark, Rosenbutter und und und – einfach paradiesisch!"). Nur 9 hübsche DZ. Im Nov. geschlossen. Reservierungen schon im Frühjahr empfehlenswert. DZ mit Frühstück 90 €. Siedlung 23, 18565 Kloster, Insel Hiddensee, ✆ 038300-234, ℻ 038300-60612, www.inselidyll-hiddensee.de. «<

Sehenswertes

Inselkirche: Mitten im Ort steht das unspektakuläre Gotteshaus, umgeben vom alten Friedhof. Die spätgotische Kirche ist in ihrer Bausubstanz das älteste Bauwerk der Insel und das letzte Überbleibsel des ehemaligen Zisterzienserklosters. Seit der Renovierung gegen Ende des 18. Jh. überspannt ein blaues hölzernes Tonnengewölbe den Innenraum. Auf dem Friedhof stehen einige uralte Grabsteine, manche namenlos, nur mit Hausmarke und Todesjahr versehen. Das Grabmal Gerhart Hauptmanns gibt sich übrigens genauso wenig bescheiden wie der Schriftsteller zu Lebzeiten, der größte Stein auf dem Friedhof ist unübersehbar. Die Kirche ist ganztägig geöffnet.

Gerhart-Hauptmann-Haus: 1930 kaufte Gerhart Hauptmann das *Haus Seedorn* als Sommerdomizil und bewohnte es bis 1943 fast jedes Jahr für einige Wochen. 1954 wurde das Haus in ein Museum umgewandelt. Zu besichtigen sind u. a. die Veranda (hier eine kleine Dokumentation zum Leben des Nobelpreisträgers), die Schlafgemächer der Hauptmanns im oberen Stockwerk, der so genannte Kreuzgang (Galerie), das berühmte Abendzimmer (Speisezimmer) mit direktem Zugang zum Weinkeller und das geräumige Arbeitszimmer (samt Bibliothek und Nobelpreismedaille) des Dichters. Die Einrichtung ist weitgehend im Originalzustand, als sei der Dichter erst kürzlich abgereist. Das Haus Seedorn ist auch der Sitz der Gehart-Hauptmann-Stiftung. Es werden regelmäßig Konzerte, Sonderausstellungen und Lesungen veranstaltet.

Mai bis Okt. Mo–Sa 10–17 Uhr, So 13–17 Uhr; Febr. bis April und Nov. Di–Sa 11–16 Uhr; Weihnachten, Jahreswechsel und Ostern tägl. 11–15 Uhr, Dez./Jan. nach Voranmeldung. Eintritt 4 €, erm. 3 €, Familien 12 €. Führungen von Mai bis Okt. Di–Sa je-

Hauptmann auf Hiddensee

Im Sommer 1885 kam Gerhart Hauptmann im Alter von 22 Jahren das erste Mal nach Hiddensee und begeisterte sich sofort für die Natur und Einsamkeit der damals touristisch noch völlig unerschlossenen Insel. Es folgten mehrere Urlaube, auch mit seiner Geliebten und späteren zweiten Ehefrau Margarete. Ab 1916 – Hiddensee hatte sich inzwischen einen Ruf als Seebad gemacht – verbrachten die Hauptmanns fast jeden Sommer hier (die Winter über hielt man sich an der italienischen Riviera in Rapallo auf). Zunächst wohnte die Familie in Hotels in Vitte oder Kloster, ab 1926 dann im Haus Seedorn, dem heutigen Gerhart-Hauptmann-Haus, das der Dichter vier Jahre später kaufte und sogleich um Kreuzgang (Verbindungsflur), Speisezimmer, Arbeitszimmer und Terrasse erweitern ließ.

Auf Hiddensee erlebte Hauptmann eine produktive Zeit, wobei er sich einen strikten Tagesablauf auferlegte: Morgens ein Bad in der kühlen Ostsee, dann Frühstück und ein ausgedehnter Inselspaziergang, Mittagessen und Mittagsschlaf, Nachmittagskaffee und im Folgenden drei Stunden konzentriertes Arbeiten bei ungestörter Ruhe im Haus. Die Abende gehörten dann den berühmten Einladungen der Hauptmanns mit Essen und gutem Wein, zu denen im Abendzimmer nicht mehr als vier Gäste Platz fanden – Literaten und andere Künstler, die auf der Insel ihre Sommerfrische verbrachten, darunter z. B. die Schauspielerin *Asta Nielsen,* aber auch der Inselpastor Arnold Gustavs, ein enger Freund der Familie.

Mit nur einer Unterbrechung im Jahr 1939 verbrachten die Hauptmanns bis 1943 jeden Sommer auf der Insel. Möglich wurde dies natürlich auch durch die unpolitisch-gleichgültige bis opportune Haltung, die der Dichter der NS-Diktatur entgegenbrachte. Ab 1944 war es dann vorbei mit der Hiddenseer Sommerfrische, Hauptmann lebte bis zu seinem Tod, zuletzt schwerkrank, in Haus Wiesenstein/Agnetendorf (Schlesien), wo er am 6. Juni 1946 im Alter von 83 Jahren starb und wo er auch begraben werden wollte. Doch das erwies sich im mittlerweile polnischen Agnetendorf als unmöglich, der Leichnam konnte erst Wochen später über Berlin und Stralsund (mit großer Trauerfeier im Rathaus) nach Hiddensee überführt werden. Am 28. Juli 1946 wurde Hauptmann von seinem Freund Pastor Gustavs nach seinem Wunsch in der Stunde vor Sonnenaufgang auf dem kleinen Inselfriedhof von Kloster beerdigt.

Hiddensee
Karte → S. 202/203

weils um 12 Uhr, Dauer ca. 1 Std., 3 €/Pers. Buchverkauf im gläsernen Literaturpavillon (Eingang/Kasse), hier werden auch Karten für die Abendveranstaltungen verkauft. Kirchweg 13, ✆ 038300-397, 📠 038300-60565, www.gerhart-hauptmann.de.

Hiddenseer Inselmuseum: Das kleine Museum hält, was man sich von einem Heimatmuseum verspricht. In der ehemaligen Seenotrettung sind allerlei Exponate zu Flora und Fauna der Region zu sehen, außerdem zur Geschichte des Zisterzienserklosters, der Fischerei, der Insel als Seebad sowie über die Geschichte der Seerettung. Interessant sind auch die Schautafeln zu „Biografien" berühmter Gebäude Hiddensees und v. a. der berühmte *Hiddenseer Goldschatz* (→ Kasten), der hier (als Kopie) ganz aus der Nähe bewundert werden kann. Angeschlossen ist ein kleiner Museumsladen.

Mai bis Okt. tägl. 10–16 Uhr, Nov. bis April Do–Sa 11–15 Uhr. Mit Kurkarte 3,50 € (erm. 2 €, unter 11 J. frei), ohne Kurkarte 5 €, Familien 9 €. Di und Fr jeweils um 13 Uhr **Führungen** durch das Heimatmuseum, Mi 13 Uhr Kinderführung (nur in den Ferien). Kirchweg 1, ✆ 038300-363, 📠 038300-64225.

Nördlich von Kloster

Dornbusch, Grieben und Enddorn: Nördlich von Kloster erstreckt sich ein zauberhaftes Hügelland: der Dornbusch. Das Hiddenseer „Hochland" bricht im Westen am Steilufer bis zu 60 Meter tief ab. Der Hochuferweg führt anfangs durch einen Wald, in dem sich nicht nur eine bekannte Gaststätte befindet, sondern auch Deutschlands prominenteste Wetterfrösche ihrer Arbeit nachgehen: das Wetterstudio Nord (seit 1998). Hinter dem Leuchtturm zieht sich dichtes Sanddorngehölz entlang der Hügelkuppen, bizarre Windflüchter krallen sich in die Steilküste. Zur Boddenseite hin dominieren sanft gewellte Wiesen und Weiden. Hier liegt auch die älteste Siedlung Hiddensees: *Grieben* hat zwar Tradition, aber kaum Einwohner, nur eine Handvoll Häuser stehen malerisch in Ufernähe. Von der nördlichen Inselspitze, dem *Enddorn*, ragen zwei lange Haken in den Bodden: *Altbessin* und *Neubessin*. Letzterer gehört zur Kernzone des *Nationalparks Vorpommersche Boddenlandschaft* und ist Brutgebiet und Rastplatz unzähliger teils bedrohter Vogelarten. Betreten ist also verboten. Auf dem Altbessin verläuft ein kleiner Weg bis zum Aussichtspunkt an der Spitze.

Fahrradverleih **Der Laden**, auch kleiner Dorfladen und Zimmervermittlung in Grieben. Fahrräder in der Hochsaison (v. a. am Wochenende) reservieren. Ende April bis Okt. tägl. 8–10 und 17–18 Uhr (im Sommer bis 19 Uhr), im Winter sehr eingeschränkt. Dorfstr. 11–13, ✆ 038300-277, www.grieben-hiddensee.de.

Übernachten/Essen **Zum Klausner**, Pension und beliebte Ausflugsgaststätte mitten im Dornbuschwald, Familienbetrieb seit 1906. Außer Zimmern werden auch Appartements sowie nette kleine Holzhäuser vermietet. Während der Saison tägl. 11–20 Uhr geöffnet, im Sommer länger, im Winter sehr eingeschränkt. EZ 55 €, DZ 72 €, Frühstück inkl., Appartement 90–94 €, im Holzhaus für 2 Pers. 110 €, für 4 Pers. 220 €, Ferienhaus (2 Pers.) 95–115 €. Die Appartements haben keine Küche, Frühstück ist inkl. Im Dornbuschwald 1, 18565 Kloster, Insel Hiddensee, ✆ 038300-6610, 📠 038300-66120, www.klausner-hiddensee.de.

Hotel Enddorn, in Grieben, 22 gemütliche Zimmer, im Erdgeschoss befindet sich die „Bilderkneipe", die ihrem Namen alle Ehre macht. Gutes und deftiges Essen, schöner Garten, mittleres Preisniveau. Übernachtung frühzeitig buchen. Geöffnet Ostern bis Mitte/Ende Okt. EZ 67,50–89,50 €, DZ 105 €, jeweils inkl. Halbpension. Dorfstr. 6, 18565 Kloster/Grieben, Insel Hiddensee, ✆ 038300-460, 📠 038300-66618, www.enddorn.de.

Altes Gasthaus zum Enddorn, gleich nebenan, urgemütlich, ebenfalls mit hübschem Biergarten. Leser waren vor allem von den Fischgerichten begeistert. Ganzjährig tägl. 11–21 Uhr geöffnet, Küche bis 20 Uhr. Dorfstr. 8, ✆ 038300-60833.

Der Hiddenseer Goldschatz

Nachdem sich der schwere Sturm vom 12./13. November 1872 ausgetobt hatte, gab das Wasser nicht nur langsam das Dorf Neuendorf/Plogshagen wieder frei, sondern auch einen Schatz von unermesslichem Wert: Im Dünensand fand sich filigranes, goldenes Geschmeide. Im folgenden Frühjahr und nach einem erneuten Sturm im Februar 1874 wurden weitere Stücke des bald als *Hiddenseer Goldschatz* bekannten Wikingerfundes entdeckt, dessen insgesamt 16 Teile den bedeutendsten Fund aus Wikingerzeit auf deutschem Boden darstellen. Es handelt sich um einen geflochtenen Halsreif, eine Scheibenfibel und Teile einer prachtvollen Kette: sechs große und vier kleine Kreuze sowie vier Zwischenglieder mit Ösen. Das Geschmeide wurde 950 wahrscheinlich für *Harald Blauzahn*, den ersten getauften Wikingerkönig, gefertigt. Vor allem die Kreuze spiegeln eine Zeit im Umbruch wider. Sie vereinen die Form des christlichen Kreuzes mit der heidnischen Darstellung Mjölnirs, dem Hammer Thors, und geben anschaulich den Kampf des neuen Glaubens mit dem alten wieder. Der mutmaßliche Besitzer des Schmucks fiel eben diesem Kampf zum Opfer, denn Blauzahn musste vor seinen heidischen Gegnern, allen voran sein Sohn *Sven Gabelbart*, nach Hiddensee fliehen. Möglicherweise vergrub er hier den Schatz. Das Original ist heute im Kulturhistorischen Museum von Stralsund zu sehen (→ S. 197).

Hiddensee
Karte → S. 202/203

Der Leuchtturm: Das *Leuchtfeuer Dornbusch* steht auf der höchsten Erhebung Hiddensees, dem Bakenberg (72 Meter), und wurde 1887/1888 erbaut. Ursprünglich aus Ziegeln errichtet, musste der Turm verstärkt werden, nachdem der Boden nachgab und das Gebäude Risse zeigte. So wurde dem Turm Ende der 1920er-Jahre eine Art zwölfeckiger Stützstrumpf aus Eisen und Beton übergezogen. Der Leuchtturm ist begehbar (102 Stufen, knapp 28 Meter hoch).

April bis Okt. tägl. 10.30–16 Uhr, im April (und Ostern) nur Di–Sa; Nov. bis März Do 11–14 Uhr und nur bei ausreichend gutem Wetter (unter ✆ 038300-6420 oder 038300-210 erfragen). Zutritt für max. 15 Pers., nicht gestattet für Kinder unter 6 J., keine Hunde. Eintritt 4 €, mit Kurkarte 2 €, Kinder zwischen 6 und 16 J. 1,50 € bzw. 1 €.

Vitte

Das ehemalige Fischerdorf ist heute das Zentrum der Gemeinde Hiddensee und der größte Ort der Insel. Vitte bietet dem Besucher den idealen Ausgangspunkt zur Erkundung der Insel. Knapp zwei Kilometer sind es nach Kloster und fünf nach Neuendorf – und zum langen Sandstrand sind es immer nur ein paar Schritte.

Hat man vom Hafen aus den niedrigen Deichweg erklommen, führt der breite, gepflasterte Wallweg zwischen hellen, freundlichen Häusern hindurch. Von dem kleinen Dreieck Hafen, Einkaufszentrum und Blaue Scheune (bzw. Rathaus) abgesehen, erstreckt sich Vitte vor allem entlang des Verbindungsweges von Kloster nach Neuendorf. Der Weg Norderende gabelt sich beim Rathaus: Der Wiesenweg führt am Hafen vorbei, während man parallel zum Westufer zum Weg Süderende gelangt, von dem aus immer wieder kleine Stichpfade zum herrlichen Sandstrand abgehen.

Das „Leuchtfeuer Dornbusch"

Über Sehenswürdigkeiten verfügt Vitte nicht, allerdings über drei markante Gebäude, die allesamt auf die künstlerische Tradition der Insel hinweisen. Im Norden des Dorfes steht ein Haus mit runden Ecken, allen Rechtschreibreformen zum Trotz **Karusel** genannt. Es wurde vom Architekten *Max Taut* entworfen und diente dem Stummfilmstar *Asta Nielsen* als Sommerresidenz. Die **Blaue Scheune** stammt aus dem 19. Jh., das Gebäude wurde aber mehrfach umgebaut und war zuletzt Atelier des Künstlers *Günter Fink* (1913–2000). Der namensgebende Anstrich wurde dem traditionellen Hallenhaus 1920 von der Malerin *Henni Lehmann* verpasst. Schließlich befindet sich hinter dem Rathaus eine flügellose **Windmühle**, in der heute ein Atelier (privat) eingerichtet ist. Das **Henni-Lehmann-Haus** beim Hafen (Wiesenweg 2) beherbergt heute die Inselbibliothek Hiddensees.

Karusel: Nur im Rahmen einer Führung zu besichtigen, zuletzt Mo 18.30 Uhr, Di 12 und 17.30 Uhr, Fr 11 Uhr; Dauer ca. 30 Min., 2 €/Pers. Genaue Termine auch im monatlich erscheinenden Veranstaltungskalender.

Blaue Scheune: Zuletzt Mi und So jeweils 10–12 Uhr geöffnet.

Henni-Lehmann-Haus: Mo 13–16 Uhr, Di, Do, Sa 13–18 Uhr (im Winter bis 17 Uhr). ✆ 038300-60760.

Einen Besuch wert ist das **Nationalparkhaus Hiddensee**, das sich am nordwestlichen Ortseingang von Vitte befindet. Die teils kindgerecht aufbereitete kleine Ausstellung informiert über Hiddensee als „Landschaft in Bewegung" sowie über Flora und Fauna. Auch gibt es einen 20-minütigen Film über den Nationalpark Vorpommersche Boddenlandschaft zu sehen.

April bis Okt. tägl. 10–16 Uhr, Nov. bis März tägl. 10–15 Uhr. Norderende 2, ✆ 038300-68041.

Fahrradverleih u. a. **Fahrrad-Müller**, hafennah, Wallweg 1, ✆ 038300-464. **Christian Kula**, vom Hafen den Wallweg entlang, dann links, Süderende 6, ✆ 038300-472. Direkt am Hafen gibt es einen weiteren Fahrradverleih.

Gepäcktransport/Kutschfahrten u. a. **Hiddenseer Logistik**, Gepäcktransport auch von und nach Schaprode. Achtern Diek 35, ✆ 038300-50300, www.hiddenseer-logistik.de.

Surfen/Segeln **Surf und Segel Hiddensee**, sympathische Segel- und Surfschule,

Segelkurse (auch Katamaran) und Windsurfunterricht, auch Materialverleih, Bootsführerscheine. Mai bis Okt. tägl. 10–18 Uhr geöffnet. Vom Hafen kommend nach dem Wallweg geradeaus Richtung Strand. Norderende 163, ✆ 038300-60525, www.surfund segelhiddensee.de.

Veranstaltungen **Zeltkino**, im Sommer laufen hier ausgewählte Perlen deutscher und internationaler Filmkultur, mit etwas Glück bekommt man auch einen alten, auf Hiddensee gedrehten Streifen zu sehen: *Das Mädchen von Fanö*, mit Brigitte Horney in der Hauptrolle. Zwischen Rathaus und Hafen gelegen. Geöffnet Ende Juni bis Ende Sept., Eintritt 4–6 €. Vorstellungen zuletzt um 17 und um 20 Uhr. Achtern Diek 21.

Seebühne Hiddensee, Figuren- und Kammertheater für Groß und Klein, genaue Spielpläne per Aushang oder auf der Website. Wallweg 2, Vitte, ✆ 038300-60593, www.hiddenseebuehne.de.

Übernachten/Essen »» Unser Tipp: **Godewind**, sympathisches Haus mit beliebter Gaststätte (tägl. 12–22 Uhr, in der Hochsaison bis 24 Uhr geöffnet), in der man sich abends auf ein Bier trifft oder zum Essen geht. Gemütliche Zimmer, ganzjährig geöffnet. Vom Hafen Richtung Weststrand, dann links. EZ 50–85 €, DZ 95–125 € (mit Etagendusche kommt das EZ auf 39 €, das DZ auf 59 €), Frühstück inkl., auch Appartements. Süderende 53, 18565 Vitte, Insel Hiddensee, ✆ 038300-6600, ℻ 038300-660222, www.hotelgodewind.de. ««

Inselreif, pommersche Spezialitäten zwischen bodenständig und ausgefeilt, vor allem natürlich Fisch (Fischgerichte um 14 €). Geöffnet Ende März (bzw. Ostern) bis Mitte Okt. tägl. 12–21 Uhr. Süderende 9, ✆ 038300-263, www.hiddensee-inselreif.de.

Hotel Post Hiddensee, gediegenes Ambiente in großzügigen Zimmern, auch Appartements. Kamin in der Lounge, außerdem großer Garten, Bibliothek und Fahrradverleih. Vom Hafen aus links. DZ mit Frühstück ab 65 €, Appartement für 2–4 Pers. 87–170 €, Hund 8 €/Tag. Wiesenweg 26, 18565 Vitte, Insel Hiddensee, ✆ 038300-6430, ℻ 038300-64333, www.hotel-post-hiddensee.de.

Pension Lachmöwe, das schöne Haus liegt ganz in der Nähe des Hafens, manche Zimmer mit Boddenblick, Frühstück gibt es im dazugehörigen *Café Kanne*. DZ 72–86 €, EZ 40–50 €, inkl. Frühstück. Wallweg 5, 18565 Vitte, Insel Hiddensee, ✆ 038300-253, ℻ 038300-50405.

Hiddensee Klause, beliebter Treffpunkt beim Hafen, Restaurant, (Garten-)Café und Kneipe in einem, direkt daneben die Seebühne. Das hübsche Holzhaus ist dank seines knallroten Anstrichs unübersehbar. Mittlere Preise. Mo–Sa 11–22 Uhr geöffnet, Küche 12–21 Uhr. Wallweg 2, ✆ 038300-50400.

Hiddensee
Karte → S. 202/203

Neuendorf

Weitläufig und scheinbar zufällig verstreut stehen die weißen, schilfgedeckten Häuser auf einer Wiese, die sich über die ganze Breite der Insel erstreckt. Einige kaum befestigte Wege ziehen sich durch das Dorf, wo sie fehlen, geht man eben über das Gras zu den Eingangstüren. Auf der anderen Seite der Dünen breitet sich der herrliche feinsandige Strand weit in den Süden aus. Zwei Kilometer weiter steht das südlichste Bauwerk der Insel: der zwölf Meter hohe **Süderleuchtturm.** Der **Gellen,** das Südende der Insel, ist nämlich eine vergleichsweise junge Verlandung, die auch heute noch jährlich um mehrere Meter wächst. Dieser südliche Haken ist nicht zugänglich, er ist mit dem Bock und dem Osten von Zingst Teil der *Schutzzone I* des Nationalparks, heißt: Betreten des Biotops absolut verboten.

Fahrradverleih **Freizeitladen Leschner**, Tourenrad 6 €/Tag. Schaulbarg 7, ✆ 038300-477, www.freizeitladen-hiddensee.de. Fahrradverleih auch am Hafen.

Übernachten/Essen **Rosi**, freundliches Gasthaus mit maritimem Ambiente, sehr gute Fischsuppe, diverse Matjesvariationen. Zum Kaffee kommen auch riesige Windbeutel auf den Tisch. Sehr beliebt und das zu Recht! Ostern bis Okt. Di–So ab 12 Uhr geöffnet, warme Küche bis 21 Uhr. Pappelallee 11, ✆ 038300-50168.

Gasthaus/Pension Zur Boje, traditionelle Küche, natürlich viel Fisch, Preise okay, ganzjährig geöffnet. DZ 70 €, Appartement um 80 €. Königsbarg 18, 18565 Neuendorf, Insel Hiddensee, ✆ 038300-6520, www.zurboje-hiddensee.de.

Ahlbecks berühmte Uhr vor der Seebrücke | Der Marktplatz in Greifswald

Greifswald

ca. 55.700 Einwohner

Eine beschauliche Kleinstadt und doch voller Leben. Den pommerschen Greifen im Wappen, präsentiert sich die altehrwürdige Hanse- und Universitätsstadt heute gleichermaßen traditionsreich und jung.

Drei mittelalterliche Kirchen prägen die Silhouette der alten Hansestadt: die wuchtige *Marienkirche*, der **Dom** *St. Nikolai* mit dem hohen, schlanken Turm und die vergleichsweise überschaubare *Jakobikirche*. Dabei sind die Gotteshäuser in ihrer architektonischen Wirkung derart unterschiedlich ausgefallen, dass sie landläufig – etwas despektierlich, aber durchaus charakterisierend – „dicke Marie", „langer Nikolaus" und „kleiner Jakob" genannt werden. Sie ragen noch immer so prominent aus dem Stadtbild hervor wie Anfang des 19. Jh., als *Caspar David Friedrich* (1774–1840) sie in seinem Gemälde *Wiesen bei Greifswald* (1820) auf die Leinwand brachte. Der bedeutende Vertreter der deutschen Romantik verewigte nicht nur die Ansicht seiner Geburtsstadt, sondern fand in der nahe gelegenen **Klosterruine Eldena** ein Motiv, das ihn zeitlebens begleitete und bis heute untrennbar mit seinem Werk verknüpft ist. Neben Friedrich gibt es noch zwei weitere berühmte Söhne Greifswalds: Der sozialkritische Schriftsteller *Rudolf Ditzen*, besser bekannt als *Hans Fallada* (1893–1947), und *Wolfgang Koeppen* (1906–1996), einer der bedeutendsten Autoren der deutschen Nachkriegsliteratur, sind in Greifswald geboren.

Zentrum des unaufgeregten Stadtlebens ist der Marktplatz. Hier erhebt sich das „rote Rathaus", das seinen satten ochsenblutroten Außenanstrich allerdings erst in den 1990ern erhielt. Drumherum gruppiert sich eine buntes Ensemble schmucker Giebelhäuser, das schönste hat eine von acht schlanken Pfeilern strukturierte Giebelfront, ist von kleinen Türmchen gekrönt und beherbergt heute das *Caféhaus Marimar.* Ganz in der Nähe hat auf einem ehemaligen Klostergelände das bemerkenswerte **Pommersche Landesmuseum** mitsamt Gemäldegalerie seinen Sitz.

Die Atmosphäre der sympathischen Hansestadt wird v. a. durch das studentische Leben geprägt. Die Hauptgebäude der Universität befinden sich nahe der Kirche St.

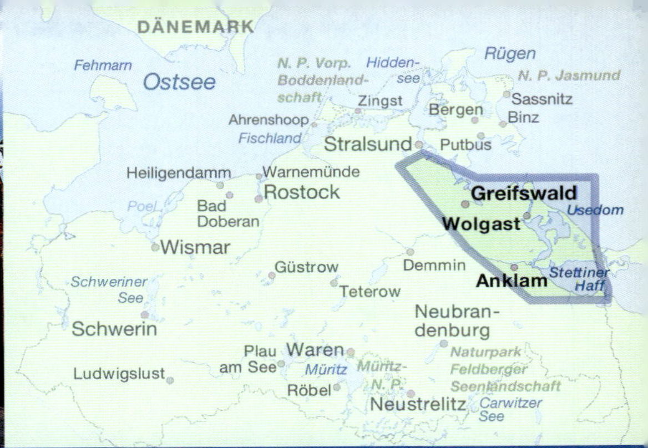

Jakobi. Umgeben wird die Altstadt Greifswalds von einer lang gestreckten Parkanlage, die dem Verlauf der ehemaligen Stadtbefestigung folgt, und dem kleinen Hafen am Flüsschen Ryck, wo ein paar alte Schiffe vor Anker liegen, darunter auch ein paar schöne Zweimast-Gaffelschoner.

Ebenfalls am Ryck, genauer gesagt an dessen Mündung in den Greifswalder Bodden, liegt das kleine Fleckchen **Wieck**, das zwar bereits 1939 nach Greifswald eingemeindet wurde, sich aber bis heute den Charme eines idyllisches Fischerdörfchens erhalten konnte. An einer Mole des postkartentauglichen Fischerhafens landeten einst auch hochseetaugliche Schiffe an, heute dient der Hafen im Wesentlichen als beliebte Anlegestelle für Sportsegler. Markenzeichen von Wieck ist die aus dem Jahr 1887 stammende hölzerne Klappbrücke über den Ryck, die heute noch ihren Dienst tut.

Greifswald
Karte → S. 265

Stadtgeschichte

Im Gegensatz zu den meisten anderen Hansestädten Mecklenburg-Vorpommerns geht die Stadt nicht auf eine slawische Siedlung zurück, sondern wurde vom Zisterzienserkloster Eldena aus gegründet. Das Kloster selbst hatte seinen Betrieb 1199 aufgenommen und war rasch zu einem mächtigen Wirtschaftsfaktor aufgestiegen, der Kolonisten von weither an die Mündung des Ryck lockte – darunter eben auch jene, die, so der Gründungsmythos der Stadt, auf der Suche nach einem geeigneten Siedlungsort mitten im Wald auf einen Greifen trafen und sich just dort niederließen, ohne sich noch Gedanken über den Namen ihrer Neugründung machen zu müssen …

1250 erhielt Greifswald das Stadtrecht und wurde Teil der Hanse. Im 15. Jh. gelang es dem Greifswalder Bürgermeister *Heinrich Rubenow* mit Unterstützung der Klosteroberen von Eldena, die nach Rostock zweite Universität an der Ostsee zu gründen. 1456 wurde der Lehrbetrieb der *alma mater gryphiswaldensis* aufgenommen – und bis heute prägt die Universität das Stadtleben.

Wie ganz Pommern litt auch Greifswald an den Folgen des Dreißigjährigen Krieges und der Besetzung durch Wallensteins Truppen. 1631 kamen die Schweden – aus protestantischer Sicht als Befreier – und blieben mit kurzen Unterbrechungen bis zum Wiener Kongress 1815. Eine Wirtschaftsmacht wurde die Hansestadt nie, es war vielmehr die Universität, die Greifswalds überregionale Bedeutung begründete, und das ist bis heute so geblieben.

Geblieben ist der Stadt auch ein bemerkenswert hoher Anteil an historischer Bausubstanz. Das verdankt sie dem mutigen Handeln *Rudolf Petershagens*, unter dessen Kommandantur sich die von den Nationalsozialisten zur Festung erklärte Stadt 1945 den heranrückenden sowjetischen Truppen widerstandslos ergab.

Basis-Infos

Information **Stadtinformation Greifswald**, im Rathaus am Markt. Information, Tickets, Stadtführungen (→ Stadtführungen), Zimmervermittlung. Sehr freundlich, informiert und hilfsbereit. Mai bis Okt. Mo–Fr 9–18 Uhr, Sa 10–14 Uhr (Juli/Aug. auch So 10–14 Uhr), Nov. bis Febr. 9–17 Uhr, März/April Mo–Fr 9–18 Uhr. Rathaus, 17489 Greifswald, ✆ 03834-521380, 📠 03834-521382, www.greifswald.de (Homepage der Stadt) oder www.greifswald.info (Webseite des Fremdenverkehrsvereins).

Verbindungen **Bahn**: Etwa stündl. zum Berliner Hauptbahnhof (tief) mit *InterCity* oder *Regionalexpress. RE, IC* und die *Usedomer Bäderbahn (UBB)* teilen sich den häufigen Anschluss an Stralsund. Die *UBB* fährt etwa stündl. weiter nach Wolgast und auf die Insel Usedom.

Innenstadt und nähere Umgebung bedient der **Stadtbus**; nach *Wieck* und *Eldena* gelangt man mit den **Linien 2** und **3**.

Stadtführungen Informative **Rundgänge** werden von der Stadtinformation Greifswald angeboten, Mai bis Okt. Mo–Fr 14 Uhr und Sa 11 Uhr, Juli/Aug. auch So 11 Uhr, Dauer 90 Min., 6,50 €/Pers., erm. 5 €, Treffpunkt an der Stadtinformation am Marktplatz.

Übernachten/Essen & Trinken

Übernachten ⋙ Unser Tipp: **Hotel Galerie 4**, vis-a-vis der Gemäldegalerie des Pommerschen Landesmuseums. Moderne, lichte Architektur, ungemein stilvoll eingerichtet, die Zimmer sind mit Gemälden zeitgenössischer Künstler geschmückt. Freundliche Hotelleitung. Nur 8 DZ und 3 EZ, Reservierung ratsam. EZ 78 €, DZ 98 €, inkl. Frühstücksbuffet. Mühlenstr. 10, 17489 Greifswald, ✆ 03834-7737830, 📠 7737831, www.hotelgalerie.de. ⋘

Olive 7, unweit des Pommerschen Landesmuseum gelegenes Restaurant (→ Essen) und Hotel, nur 8 Zimmer (4 EZ und 4 DZ), Reservierung ratsam. EZ 55 €, DZ 85 €, inkl. Frühstück. Domstr. 40, 17489 Greifswald, ✆ 03834-799143, 📠 03834-799145, www.olive-greifswald.de.

Pension Das Sofa 3, freundliche, kleine Pension in der Nähe der Gemäldegalerie, 8 einfache Zimmer, manche mit schönem Blick auf die „dicke Marie“, unten Restaurant (internationale und türkische Küche). EZ 55 €, DZ 75 €, jeweils mit Frühstück. Brüggstr. 29, 17489 Greifswald, ✆ 03834-899551, 📠 03834-899591, www.sofa-greifswald.de.

Jugendherberge Greifswald 8, südlich der Altstadt (etwa 10 Min. zu Fuß), auch Zwei- und Vierbett-Zimmer. Übernachtung mit Frühstück ab 20,90 €/Pers., im DZ 24,90 €/Pers. (für Senioren ab 27 J. 25,50 €/Pers., im DZ 30,40 €/Pers.). Pestalozzistr. 11/12, 17489 Greifswald, ✆ 03834-51690, 📠 03834-516910, www.djh-mv.de.

Essen & Trinken ⋙ Unser Tipp: **Le Croy 6**, hervorragendes und schickes Restaurant im klassizistischen Gebäude des Pommerschen Landesmuseums. Innen stilvoll, außen mit großzügiger Terrasse. Gehobene Küche, leicht und kreativ. Der freundliche und zuvorkommende Service ist sehr um das Wohl der Gäste bemüht, vergleichsweise günstige Mittagskarte (bis 14.30 Uhr), Hauptgerichte ab 12,50 €, danach auch (Museums-)Café mit Terrasse, abends à la carte oder Menü mit 3 (58 €) bis 6 Gängen (ca. 100 €). Auch „Chokoladenmanufaktur“, angeboten werden zudem Kochkurse. Di–Sa 11.30–22 Uhr, So bis 17 Uhr, Mo Ruhetag.

Rankower Str. 9, ✆ 03834-775846, www.le-croy.de. «

Braugasthaus Fritz 5, der Brauereigasthof befindet sich direkt am Markt (gegenüber dem Rathaus) in einem schmucken gotischen Giebelhaus, sehr beliebt. Zur deftigen Küche (Hauptgerichte um 14 €) kann man das gute hauseigene, naturtrübe Zwickel genießen. Am Markt 13, ✆ 03834-57830, www.fritz-braugasthaus.de.

Olive 7, sympathisches Restaurant unweit des Marktes und des Pommerschen Landesmuseums, mediterrane und orientalische Küche zu leicht gehobenen Preisen, gute Weinkarte, im Sommer mit Terrasse. Abends geöffnet, So Ruhetag. Domstr. 40, ✆ 03834-799143.

Hornfischbar auf der Pomeria 1, die *Pomeria* ist ein 1907 gebauter Dampfeisbrecher, der heute im Greifswalder Museumshafen liegt und die Hornfischbar (Bar und Restaurant) beherbergt. Hier trifft man sich zum Essen, zum Kaffee oder abends auf einen Cocktail, im Sommer auch ein paar Tische an Land. Pasta ab 7 €, Fisch um 13 €, auch Snacks und Fischbrötchen. Im Sommer ganztägig, im Winter nur abends geöffnet. Am Museumshafen, ✆ 0171-1722400, www.hornfischbar.de.

Caféhaus Miramar 2, im schönsten Haus am Marktplatz, einem sehenswerten gotischen Bürgerhaus, befindet sich die Konditorei, die eine Vielzahl ausgesuchter Köstlichkeiten bereithält, nebenan auch Cafébetrieb. Am Markt 11, ✆ 03834-898420.

Essen & Trinken in Wieck **Fischerhütte**, beliebtes Fischrestaurant in *Wieck*, direkt bei der Brücke, gemütlich eingerichtet: hier ein bisschen Omas Küche, dort ein wenig Fischerhüttenromantik. Variantenreiche Karte, auch ein paar vegetarische Gerichte. Sehr freundlich, mittleres Preisniveau, ein paar Tische auch draußen. Tägl. ab 11.30 Uhr (warme Küche im Sommer bis 24 Uhr, im Winter evtl. etwas früher). An der Mühle 12, ✆ 03834-839654, www.fischer-huette.de.

Greifswald
Karte → S. 265

Sehenswertes

Pommersches Landesmuseum

Das bemerkenswerte Museum samt Gemäldegalerie im Nebentrakt befindet sich einen Steinwurf vom Markt entfernt in einem klassizistischen Gebäude. Gelungen eingebettet in den Gewölbekeller, wird der Besucher dann durch die frühe Geschichte der Region geführt – von steinzeitlichem Werkzeug über kultische Schmuckstücke der Slawen bis zum Bernsteinkreuz als Zeugnis der Christianisierung. Es folgt ein Abschnitt über das Klosterleben, u. a. mit einem Modell Eldenas und ein paar sehenswerten sakralen Kunstgegenständen. Schließlich gelangt man –

Blick vom langen Nikolaus auf die dicke Marie

nach der Reformation und nun im Erdgeschoss – zu den beiden Höhepunkten der Ausstellung: der *Großen Lubinschen Karte* von 1618 (allerdings im zweiten Druck von 1758), einem Meilenstein der Kartografie, und dem *Croy-Teppich*. Der großflächige, aufwendig gewirkte Wandschmuck entstand 1554 im Auftrag Herzog Philipps I. von Pommern-Wolgast.

In der Gemäldegalerie im Nebengebäude des Museums dominieren das 19. und 20. Jh. Natürlich ist auch *Caspar David Friedrich* vertreten, u. a. mit der berühmten *Klosterruine Eldena im Riesengebirge* (um 1830), sowie *Philipp Otto Runge*. Darüber hinaus hängen neben Werken von *van Gogh* und *Liebermann* auch Gemälde des Usedomer Malers *Otto Niemeyer-Holstein* (Landschaft, Selbstporträt), der von 1933 bis zu seinem Tod im Jahr 1984 auf der Insel lebte (→ S. 286). In einer weiteren Abteilung werden Werke aus dem 16./17. Jh. gezeigt. Regelmäßig sind auch Sonderausstellungen zu sehen.

Di–So 10–18 Uhr (im Winterhalbjahr bis 17 Uhr). Erw. 5 €, erm. 3 Uhr, Familien 10 €, inkl. Audioguide; Sonderausstellungen Erw. 6 €, erm. 4 Uhr, Familien 12 €; Kombitickets Erw. 9 €, erm. 6 Uhr, Familien 20 €. Sehr gut sortierter Museumsshop. Rakower Str. 9, ✆ 03834-83120, www.pommersches-landesmuseum.de.

Die Greifswalder Kirchen

Grundsätzlich sind die drei Greifswalder Gotteshäuser offene Kirchen und zuletzt galten die unten genannten *Öffnungszeiten*. Diese allerdings können auch in der Hochsaison variieren und sich manchmal kurzfristig ändern. Im Zweifelsfall fragt man bei der *Stadtinformation Greifswald* (→ Information) nach, die immer über die aktuellen Öffnungszeiten informiert ist.

Marienkirche: Dass die Kirche im Volksmund „dicke Marie“ genannt wird, erklärt sich auf den ersten Blick: St. Marien, deren Bau Mitte des 13. Jh. begonnen wurde, ist eine kompakte dreischiffige Hallenkirche mit wuchtigem, quadratischem Turm, auf dem ein niedriges Pyramidendach thront. Der gerade Chorschluss ermöglichte einen im 14. Jh. fertiggestellten prächtigen Schmuckgiebel mit weiß verputzten Feldern auf rotem Backsteingrund, der die östliche Fassade ziert. Im Innern wirkt die Kirche sehr viel eleganter, als es ihre äußere Erscheinung vermuten lässt. Die Raumwirkung wird unterstützt vom Kontrast der weiß getünchten Wände und der backsteinroten Bündelpfeiler, über die sich ein gleichmäßiges Kreuzrippengewölbe erhebt. Von der Ausstattung ist vor allem die wertvolle Renaissance-Kanzel bemerkenswert. An die Südflanke schließen sich die Gedächtnis- und die Annenkapelle an.

Mai bis Okt. Mo–Fr 10–16 Uhr, Sa 10–15 Uhr, So nach dem Gottesdienst (10.15 Uhr) bis 13 Uhr, im Winterhalbjahr eingeschränkt (Anschlag beachten).

Das rote Rathaus und die Nikolaikirche

Nikolaikirche: Die Baugeschichte des Doms ist lang und verworren: 1280 erstmals erwähnt, im 15. Jh. um- und ausgebaut und mit einer gigantischen, 60 Meter hohen Turmspitze versehen, Anfang des 16. Jh. und noch einmal Mitte des 17. Jh. durch den Einsturz eben jener Turmspitze (bzw. ihrer Nachfolgerin) in Teilen zerstört und jeweils wiederaufgebaut … Heute ist eine dreischiffige Basilika zu bewundern, ohne Querhaus und mit insgesamt 21 umlaufenden Kapellen. Den hart an der 100-Meter-Marke kratzenden Turm, der ihr den Beinamen „langer Nikolaus“ eingebracht hat, krönt jetzt eine barocke Haube.

Das Innere der Kirche wurde im 19. Jh. dem Zeitgeist der Romantik folgend im neogotischen Stil umgebaut. Heute zeigt sich die weiße Verblendung des Backsteins teils etwas ergraut und bröckelnd. Von der mittelalterlichen Innenausstattung ist nichts erhalten außer ein paar gotischen Fresken, die bei Restaurierungsarbeiten freigelegt wurden.

Spektakulärer, aber auch ein bisschen mühsam ist eine Turmbegehung: Über insgesamt 264 Stufen, zuerst auf einer engen steinernen Wendeltreppe, dann über mehrere teils steile Holzstiegen, gelangt man durch eine kleine Luke hinaus auf einen engen Umgang um den unteren Rand der Kirchturmhaube. Hier, auf etwa 60 Meter Höhe, könnte man angesichts des grandiosen Panoramablicks glatt vergessen, dass man auch wieder hinuntersteigen muss.

Mai bis Okt. Mo–Sa 10–18 Uhr, nach dem Gottesdienst (10 Uhr) bis 13 Uhr sowie 15–18 Uhr, im Winterhalbjahr eingeschränkt. Eintritt frei. Domführung Juni bis Sept. Mi 11 Uhr. Turmbesteigung 1,50 €, erm. 1 €. ✆ 03834-897966.

Jakobikirche: Das dritte gotische Gotteshaus ist wie St. Marien eine Hallenkirche, allerdings deutlich kleiner, sodass sie sich trotz des wuchtigen Turms mit dem Spitznamen „kleiner Jakob" bescheiden muss. Baubeginn war Ende des 13. Jh., im 15. Jh. erhielt die Kirche dann ihre heutige Gestalt mit den schmalen Seitenschiffen und einem vergleichsweise kleinen Chor, der an das Mittelschiff anschließt. Prachtvoll ist das zwölffach gestaffelte Westportal, das kontrastreich aus glasiertem und einfachem Backstein gestaltet ist.

Etwas unregelmäßige Öffnungszeiten, zuletzt Mai bis Okt. Mo/Di und Do 10–16 Uhr, Mi 12.30–14.30 Uhr, Fr 10–15 Uhr; im Winterhalbjahr deutlich verkürzt.

Die großen Söhne der Stadt

Caspar-David-Friedrich-Zentrum: Der Vater Caspar David Friedrichs, ein Seifensieder und Lichtgießer, übte sein Handwerk in dem Backsteinhaus am Dom aus, das heute das Caspar-David-Friedrich-Zentrum beherbergt. Der Maler selbst wurde in einem Haus nebenan geboren, das aber 1901 bis auf die Grundmauern niederbrannte. Im Erdgeschoss kann man sich über Leben und Werk des Künstlers informieren. Im Keller erinnert eine historische Seifensiederei und Lichtgießerei an den Friedrichschen Familienbetrieb. Außerdem befinden sich hier Museumsshop und Bibliothek.

Di–Fr 11–18 Uhr, Sa/So 11–17 Uhr; im Winter Di–Sa 11–17 Uhr, Anfang Jan. geschlossen. Erw. 2,50 €, erm. 2 €. Lange Gasse 57, ✆/℻ 03834-776238, www.caspar-david-friedrich-gesellschaft.de.

Backsteingotik in Vollendung

Koeppenhaus: Im Geburtshaus *Wolfgang Koeppens* in der nicht gerade idyllischen Umgebung der Bahnhofstraße wurde zu Ehren des großen Schriftstellers ein Literaturzentrum eingerichtet. Eine kleine Dauerausstellung erinnert an das Schaffen Koeppens, darüber hinaus sind im *Münchener Zimmer* wechselnde Ausstellungen zu sehen, hier werden auch fast alle Werke Koeppens und Biografien über ihn verkauft. Der Autor zählt zu den bedeutendsten Stimmen der deutschen Nachkriegsliteratur, seine Romane sind auch heute noch vorbehaltlos eine Lektüre wert. Das angeschlossene Literaturcafé mit Garten lädt (auch) zum Lesen ein, hier finden regelmäßig Lesungen und kulturelle Veranstaltungen statt.

Di–Sa 14–18 Uhr. Eintritt frei. Das Literaturcafé ist tägl. ab 12 Uhr geöffnet, Sa/So ab 10 Uhr. Bahnhofstr. 4, ✆ 03834-773510, www.koeppenhaus.de.

Klosterruine Eldena

Die vielleicht berühmteste Ruine Deutschlands verdankt ihre Bekanntheit *Caspar David Friedrich*. Früh erkannte der in Greifswald geborene Maler in den wenigen, aber eindrucksvollen Resten des Klosters ein geeignetes Motiv, um seine Vorstel-

angeboten, darunter auch Mehrtagestouren, z. B. 7 Tage auf der Peene (ab 205 €/ Pers.), sehr sympathisch. Auch Bootsverleih (vom Einer-Kajak zu 15 €/3 Std., 22 €/Tag und 105 €/Woche bis zum Vierer-Kanadier zu 23 €/3 Std., 33 €/Tag und 140 €/Woche). Dorfstr. 46, 17440 Spandowerhagen, ✆/📠 038370-20665, www.kanuhof-spandowerhagen.de. «<.

Übernachten außerhalb »> Unser Tipp: **Landhotel Bömitz**, das dreiflügelige Rittergut befindet sich etwa 15 km südlich von Wolgast in Bömitz. Es beherbergt heute ein sympathisches Hotel inmitten einer Parkanlage. Für die kulinarische Versorgung zuständig ist die *Jägerstube* (sowohl deftige als auch verfeinerte pommersche Küche aus regionalen Produkten). Die geräumigen Zimmer sind im Landhausstil eingerichtet. Absolut ruhig und idyllisch gelegen. Auch Fahrradverleih, das eigene Pferd lässt sich hier ebenfalls unterbringen (15 €/Tag). EZ mit Frühstück 72 €, DZ 98–108 €, Suite 110 €, Halbpension 30 € (3 Gänge), Hund 5 €. Dorfstr. 14, 17390 Bömitz, ✆ 039724-22540, 📠 039724-22541, www.rittergut-boemitz.de. «<

Essen & Trinken »> Lesertipp: **Fischer Klaus**, ebenfalls auf der Schlossinsel gelegenes Fischrestaurant mit Blick auf den Museumshafen (neben dem Alten Speicher). Leser schreiben begeistert von der Spezialität des Fischrestaurants, der „Wolgaster Fischsuppe". Hafenstr. 6, ✆/📠 03836-234272. «<

Restaurant Fischstübchen, im 5 km entfernten Neeberg auf Usedom; 2 km weiter in Krummin das **Jagdstübchen** (→ S. 280).

Sehenswertes

St. Petri: Die etwas erhöht stehende, dreischiffige Basilika, die den Herzögen von Pommern-Wolgast als Begräbniskirche diente, wurde ab Mitte des 14. Jh. errichtet und war um 1415 vollendet. Ihre wuchtige Gestalt verdankt sie dem massigen Turm und den vergleichsweise hohen Seitenschiffen, deren Bedachung sich noch ein Stück über die Giebel der Altstadt erhebt. 1920 kamen bei Bauarbeiten im Chor einige alte Wandmalereien wieder zum Vorschein, darunter diverse Heiligenabbildungen. Bemerkenswert ist vor allem der *Wolgaster Totentanz*. Der um 1700 entstandene Bilderzyklus beharrt mit holprigen Reimen und drastischen Bildern darauf, dass der Tod einen jeden einholt.

Mai bis Okt. 10–17 Uhr, So nur für den Gottesdienst; im Winterhalbjahr im Gemeindebüro (Kirchplatz 7) melden. Turmbesteigung (letzter Einlass 16.30 Uhr) 2 €, erm. 1 €.

In Richtung Usedom
Karte → S. 276/277

Stadtgeschichtliches Museum in der Kaffeemühle: Das Museum ist in einem Mitte des 17. Jh. gebauten Kornspeicher untergebracht. Seinen originellen Namen verdankt das Fachwerkgebäude der ungewöhnlichen Dachkonstruktion, die ihm vage das Aussehen einer Kaffeemühle verleiht. Im ersten Stock kann man sich über die Geschichte der Stadt informieren. Im ehemaligen Kornboden geben historische Werkstätten Einblick in Handwerke und Gewerbe; außerdem wechselnde Sonderausstellungen. Der alte Kornspeicher ist an sich schon einen Besuch wert und voller sehenswerter Details – von der Kasse beim Eingang, die ausstaffiert ist wie ein alter Kaufmannsladen, bis zum Lastenrad unter dem Dach.

April bis Okt. Di–Fr 11–18 Uhr, Sa/So 11–16 Uhr. Erw. 3 €, erm. 2 €, Kinder 6–14 J. 1 €. Rathausplatz 6, ✆ 03836-203041, www.museum.wolgast.de.

Rungehaus: Das Geburtshaus *Philipp Otto Runges* widmet sich Leben und Werk des neben *Caspar David Friedrich* bedeutendsten Malers der norddeutschen Romantik. Wer hier allerdings einen „echten Runge" sucht, und sei es nur eine Skizze, der sucht vergeblich, man muss sich mit Reproduktionen und Grafiken zufriedengeben. Diese aber geben einen Überblick über die künstlerische Entwicklung des Malers, seine berühmte Farbenlehre, seinen Einfluss auf die Moderne usw.

April bis Okt. Di–Fr 11–18 Uhr, Sa/So 11–16 Uhr. Erw. 3 €, erm. 2 €, Kinder 6–14 J. 1 €. Kronwiekstr. 45, ✆ 03836-202000, www.museum.wolgast.de.

Anklam

ca. 12.900 Einwohner

Das beschauliche, teils kopfsteingepflasterte Zentrum des Städtchens lohnt einen Spaziergang, auch wenn die ansehnlichen historischen Baudenkmäler in einem eher verhalten ästhetischen Stadtbildkontext stehen, sprich inmitten lieblos-zweckdienlicher Nachkriegsarchitektur.

Das bemerkenswerteste Gebäude aus alter Anklamer Zeit ist wohl das recht windschiefe gotische Giebelhaus aus dem 13. Jh. Die Stadtsilhouette prägen die Türme der St.-Marien- und der St.-Nikolai-Kirche sowie das Steintor. Während St. Marien zwar in Teilen restaurierungsbedürftig, aber (gottes)diensttauglich ist, kämpfen die Bürger von Anklam seit langem um den Erhalt der St.-Nikolai-Kirche, die in den letzten Tagen des Zweiten Weltkrieges bis auf die Außenmauern zerstört wurde. Das aus dem 13. Jh. stammende, imposante Steintor war eines von einstmals vier Stadttoren und beherbergt heute das **Stadtmuseum**. Die Ausstellungsräume verteilen sich auf fünf Stockwerke, insgesamt sind 111 Stufen bis ganz oben zu erklimmen, wofür man dann mit einem schönen Rundblick über Anklam belohnt wird.

Museum im Steintor: Mai bis Sept. Di–Fr 10–17 Uhr, Sa/So 13–17 Uhr; Okt. bis April Mi–Fr 11–15.30 Uhr, So 13–15.30 Uhr. Erw. 2,50 €, Kinder 1,50 €. Schulstr. 1, ✆ 03971-245503, www.museum-im-steintor.de.

Das zweite **Museum** der Stadt ist ihrem bedeutendsten Sohn gewidmet, dem Flugpionier **Otto Lilienthal**. Im etwas außerhalb der Altstadt gelegenen ehemaligen Heimatmuseum sind neben Modellen der abenteuerlichen Gleitfluggeräte Lilienthals auch detailgenaue, materialgetreue und teils flugfähige Nachbauten zu besichtigen. Weitere Exponate zu Leben und Werk Lilienthals sowie Ausstellungen rund um die Geschichte des Fliegens ergänzen das Angebot. Unterdrücken Sie Ihre Flugangst und besuchen Sie dieses sehenswerte Museum!

Otto-Lilienthal-Museum: Juni bis Sept. tägl. 10–17 Uhr; Mai und Okt. Di–Fr 10–17 Uhr, Sa/So 13–17 Uhr; Nov. bis April Mi–Fr 11–15.30 Uhr, So 13–15.30 Uhr. Erw. 3,50 €, erm. 2,50 €. Ellbogenstr. 1 (Bahnhofsnähe), ✆ 03971-245500, www.lilienthal-museum.de.

Eines der abenteuerlichen Fluggeräte Lilienthals

Information Anklam Information, im Rathaus am Marktplatz, freundlich und hilfsbereit, auch Stadtführungen. Geöffnet Mitte Mai bis Mitte Sept. Mo–Fr 9–18 Uhr, Sa 10–12 Uhr; während des restlichen Jahres Mo–Fr 9–16.30 Uhr. Am Markt 3, 17389 Anklam, ✆ 03971-835154, ℻ 03971-835175, www.anklam.de.

Verbindungen Etwa alle 2 Std. mit der **Bahn** (RE, 2-mal tägl. zusätzlich IC/EC) nach Greifswald und weiter nach Stralsund bzw. in anderer Richtung nach Berlin.

Mit **Bus 201** zu den Kaiserbädern (werktags 8-mal tägl., Sa/So 2- bis 3-mal tägl.).

Brückenöffnungszeiten Zecheriner Brücke (B 110), geöffnet 5.45 Uhr (nur im Sommer), 9.40 Uhr, 11.45 Uhr, 16.45 Uhr, 20.45 Uhr (nur im Sommer). Die Brücke öffnet für etwa 15 Min.

Kanutouren/Bootsverleih Kanustation, unter sehr freundlicher Leitung, angeboten werden u. a. 1-Tages- bis zu 10-tägigen, geführten Kanutouren, Bootsverleih, Bootscharter. Die Kanustation befindet sich zentrumsnah am nördlichen Peeneufer, entweder über die Fußgängerbrücke oder mit dem Auto nach Norden, dann jeweils rechts, ausgeschildert. Werftstr. 6, ✆ 03971-242839, www.kanustation-anklam.de.

Peenetal

Das Peenetal ist ein kleines Naturparadies und wird zuweilen auch „Europäische Everglades“ genannt, denn entlang des mäandernden Flusses erstrecken sich weite Wälder, Moore und Feuchtwiesen sowie breite Schilfgürtel. Teile des Peenetals stehen unter Naturschutz, so das östlich von Anklam gelegene Peenetalmoor. Eine interessante Möglichkeit der Erkundung bieten geführte Kanutouren, bei denen man mit etwas Glück auch ein paar der scheuen Biber oder zumindest ihre Bauten zu Gesicht bekommt. Die Peene ist für Kanuten ein dankbares Revier, denn wegen ihres geringen Gefälles ist sie recht strömungsarm und ihre Ufer sind kaum verbaut.

Knapp zehn Kilometer westlich von Anklam, am südlichen Ufer der Peene liegt das kleine Dorf **Stolpe**, einst Standort eines bedeutenden Benediktinerklosters, das im Dreißigjährigen Krieg niederbrannte. An gleicher Stelle wurde später die prächtige Gutsanlage errichtet, die nunmehr, sorgfältig renoviert, ein nobles Hotel beherbergt. Nahebei und direkt an der Peene empfängt der *Fährkrug* seine Gäste, eine vor über 300 Jahren aus den Steinen der Klosterruine errichtete Kneipe, deren Vorgänger bereits im 12. Jh. in Betrieb war. Neben der Gaststätte befinden sich ein Wasserwanderplatz sowie die traditionsreiche kleine *Personenfähre*, mit der man sich (samt Fahrrad) ans andere Ufer der Peene bringen lassen kann.

In Richtung Usedom
Karte → S. 276/277

Übernachten/Essen Hotel/Restaurant Gutshaus Stolpe, in der prächtigen Anlage ist dieses noble, von einem schönen Park umgebene Hotel untergebracht. Freundliche Atmosphäre, stilvolle Zimmer, Bar mit Bibliothek, Salon, Kaminecke in der Lounge. Außerdem: Fahrradverleih, Tennis, Sauna, Fitnessraum, Pferdeboxen. Hunde nur in den Nebengebäuden gestattet. Das edle Restaurant, von Michelin mit einem Stern bedacht, bietet feine Küche in kultiviertem Ambiente (mittags und abends geöffnet, Reservierung erforderlich; Mo Ruhetag, Sept. bis Mai auch So). EZ 150 €, DZ 188–218 €, Suite 258–350 € (je nach Größe und Ausstattung), jeweils inkl. Frühstück. Peenestr. 33, 17391 Stolpe bei Anklam, ✆ 039721-5500, ℻ 039721-55099, www.gutshaus-stolpe.de.

››› Unser Tipp: **Stolper Fährkrug**, das traditionsreiche Gasthaus ist in einem wunderschönen, denkmalgeschützten Backstein-Fachwerk-Gebäude mit tief hinabreichendem Rohrdach untergebracht. Gemütlich kann man im liebevoll hergerichteten Innenraum oder auf der hinten gelegenen Terrasse sitzen. Auf der Karte findet sich sowohl Bodenständiges als auch Raffiniertes zu angemessenen Preisen, wechselnde Tagesempfehlungen, auch Kaffee und Kuchen. Zuvorkommender, freundlicher Service. April bis Okt. tägl. 11–21 Uhr geöffnet, Okt. bis März Di Ruhetag. Peenestr. 28, ✆ 039721-52225, www.gutshaus-stolpe.de. ‹‹‹

Strandleben bei Zinnowitz

Usedom

Vierzig Kilometer Sandstrand, über dem so häufig wie sonst nirgends in Deutschland die Sonne scheint, machen die zweitgrößte Insel der Republik zum vielbesuchten Badeparadies. Doch abseits der Ostseeküste zeigt Usedom auch eine stille, idyllische Seite.

Schneeweiße Holzbalkone, verspielte Fassaden mit filigranen Ornamenten, darunter eine ausladende Veranda zur Strandpromenade hin: Herausragendes Fotomotiv der Insel Usedom ist die im 19. Jh. vor allem in Ahlbeck, Heringsdorf und Bansin entstandene Bäderarchitektur. Noch heute ziehen die *drei Kaiserbäder* die Mehrzahl der Usedombesucher an. Doch auch im Norden der Insel gibt es mit Zinnowitz ein Seebad, das sich hinter der Pracht der südöstlichen Nachbarorte kaum zu verstecken braucht – natürlich auch hier inklusive ausladender Strandpromenade und angeschlossener Seebrücke. Das schönste Exemplar dieser „Flaniermeilen ins Meer" findet sich übrigens in Ahlbeck.

Die gesamte Außenküste der lang gestreckten Insel präsentiert sich als einziger feinsandiger, flach ins Meer abfallender Strand. Hier dürfte nahezu jeder auf seine Kosten kommen: ob bequem in einem Strandkorb oder sportlich-aktiv beim Beachvolleyball, ob mit Freunden oder mit Familie und Kindern, ob in voller Bademode oder textilfrei, ob mit oder ohne Hund, ob hotelnah oder abseits der Seebäder – der Strand ist lang genug für alle Wünsche.

Hinter den Dünen, oft nur einen Steinwurf vom Badetrubel entfernt, beginnt ein anderes, ein ländliches Usedom. Parallel zum Strand erstreckt sich ein langer Waldstreifen, der nur von den zehn Seebädern Usedoms unterbrochen wird. Im Rücken der Kaiserbäder erhebt sich die Usedomer Schweiz, ein sanftes Hügelland mit einer Handvoll hübscher Seen. Vielgliedrig gestaltete sich die schilfbestandene Binnenküste entlang des Peenestroms, der die Insel vom Festland trennt. Abgeschieden und ruhig ragen die Halbinseln Gnitz im Norden und Lieper Winkel im Süden in das Achterwasser. Kleine idyllische Dörfer verstecken sich in dieser ruhigen Landschaft; besonders sehenswert sind Mellenthin mit seinem Wasserschloss und Usedom, das so traditionsreiche wie beschauliche Städtchen im Süden, dem die Insel ihren Namen verdankt. Ganz im Norden befindet sich dagegen ein Ort, der, obwohl winzig klein, weit über die Region hinaus zum Begriff geworden ist: Peenemünde mit seiner Heeresversuchsanstalt, in der während der NS-Diktatur Raketenforschung betrieben wurde. Heute erinnert ein bemerkenswerter Museumskomplex, das Historisch-Technische Informationszentrum (HTI), an dieses dunkle Kapitel deutscher Geschichte.

UBB – Unterwegs mit der Usedomer Bäderbahn

Die Usedomer Bäderbahn (UBB) verkehrt im Sommer mindestens stündlich, von 9 bis 19 Uhr sogar halbstündlich von Swinemünde (Polen) über Ahlbeck, Heringsdorf, Bansin, Kölpinsee, Koserow, Zinnowitz (hier Umsteigen nach Peenemünde) und Trassenheide nach Wolgast und retour. Fahrtdauer von Heringsdorf nach Wolgast etwa 1 Std. Alle 2 Std. fährt der Zug weiter via Greifswald nach Stralsund (Gesamtdauer Swinemünde – Stralsund ca. 2:30 Std.). Von Zinnowitz bestehen ca. stündliche Verbindungen nach Peenemünde und retour (Achtung: Trassenheide hat zwei Bahnhöfe, einen an der Strecke nach Wolgast und einen an der Strecke nach Peenemünde, Umsteigen also in Zinnowitz).

Im Winter ist der Verkehr der UBB eingeschränkt. Fahrplanauskunft unter ✆ 038378-27132, www.ubb-online.de.

Usedom
Karte → S. 276/277

Usedoms Norden

Langer Sandstrand und das traditionsreiche Seebad Zinnowitz, dazu das beschauliche Hinterland an Peenestrom und Achterwasser. Außergewöhnliche historische Bedeutung erlangte der Inselnorden durch die Einrichtung der Raketenforschungsanstalt Peenemünde.

Zinnowitz

ca. 3900 Einwohner

Einstmals „Perle der Ostsee" genannt, arbeitet das von Mischwald umgebene Seebad daran, an vergangenen Ruhm anzuknüpfen. Zinnowitz ist das größte Seebad im Norden und das einzige, das mit den glanzvollen Kaiserbädern im Süden mithalten kann.

Bäderflair schlägt dem Besucher vor allem an der Strandpromenade entgegen: auf der einen Seite die teils prächtigen Fassaden der Hotels, auf der anderen der herrliche, 40 Meter breite Sandstrand. Genau in der Mitte der Promenade reicht die 1993 erbaute Vineta-Brücke über 300 Meter ins Meer hinaus, an deren Ende sich eine Tauchgondel befindet. Der Brückenvorplatz, das an die Ostsee verlagerte „Zentrum“ des Ortes, steht mittlerweile ästhetisch enorm unter Spannung: Auf der einen Seite findet sich der *Preußenhof* samt hübschem Museumscafé. Das Gebäude gegenüber aber ist, mit Verlaub, eine architektonische Zumutung. Wohl gedacht als eine Art Gegenstück zur Tauchgondel, quält sich ein (gebührenpflichtiges) Hebecafé in zehn Meter Höhe und beleidigt das Auge.

Im Rücken des strandnahen, „touristischen“ Zinnowitz erstreckt sich der Ort bis zur Bundesstraße. Von dort führt eine hübsche Kopfsteinpflasterallee zum kleinen Hafen am Achterwasser.

Der Ort gehört zu den ältesten Siedlungen auf Usedom. Im Jahr 1851 erhielt Zinnowitz als dritter Inselort nach Heringsdorf und Swinemünde die Genehmigung für den Seebadbetrieb, ein erstes Hotel und Badeeinrichtungen nahmen ihren Betrieb auf, der eigentliche Aufschwung kam jedoch erst mit der Anbindung an das Bahnnetz im Jahr 1863. In den 1920er-Jahren nahm die touristische Entwicklung beachtliche Ausmaße an, dennoch konnte Zinnowitz nie ganz an den Glanz der drei Kaiserbäder heranreichen. 1938 wurde der Ort der Heeresversuchsanstalt Peenemünde unterstellt und zum militärischen Sperrgebiet erklärt. Nach dem Krieg stieg Zinnowitz zum „ersten Seebad der Werktätigen“ auf, die dafür notwendige Infrastruktur besorgten sich die DDR-Behörden durch die Enteignung von Hotelbesitzern, die man im Zuge der *Aktion Rose* unter dem Vorwand vermeintlicher Wirtschaftskriminalität im Schnellverfahren aus dem Verkehr zog. Nach 1989 wurde Zinnowitz in gewisser Weise reprivatisiert und „grundrenoviert“ und ist nun neben den drei Kaiserbädern das beliebteste Urlaubsziel auf Usedom.

Ostsee
Pommersche Bucht
Ostseebad Zinnowitz
Zempin
Lüttenort/ Damerow
Ostseebad Koserow
Kölpinsee
Kölpinsee
Stubbenfelde
Achterwasser
Loddin
Netzelkow
Insel Görmitz
Ückeritz
Naturpark Insel Usedom
Stagnieß
Forsthaus Pudagla
B 111
Insel
Grüssower Ort
Usedom
Warthe
Reestow
Grüssow
Lieper Winkel
Liepe
Quilitz
Pudagla
Schmollensee
Gr. Krebssee
Sellin
Neu Sallenthin
Sallenthin
Neuhof
Gothen
Gothensee
Cosim
Balmer See
Balm
Dewichow
Benz
Neppermin
Rankwitz
Reetzow
Seehof
Korswandt
Wolgastsee
Ostseebad Bansin
Ostseebad Heringsdorf
Ostseebad Ahlbeck
DREIKAISERBÄDER
Świnoujście (Swinemünde)
Moderort
Große Heide
Krienke
Morgenitz
Mellenthin
Labömitz
Katschow
Kachliner See
Thurbruch
Ulrichshorst
Zerninsee
Suckow
Usedomer Stadtforst
Mellenthiner Heide
Kachlin
Zirchow
B 110
Golm
Garz
Kutzow
Flughafen Heringsdorf
Kamminke
POLEN
Wollin
Rathsort
Dargen
Usedom
Stolpe auf Usedom
Winkel
Usedomer See
Welzin
Wilhelmshof
Westklüne
Ostklüne
Stettiner Haff
2 km
Usedom

Basis-Infos

Information **Kurverwaltung Zinnowitz**, auch Zimmervermittlung, Kartenmaterial, geführte (Rad-)Wanderungen, Ortsrundgänge und Ticketvorverkauf. April/Mai Mo–Fr 9–17 Uhr, Sa 10–15 Uhr; Juni bis Okt. Mo–Fr 9–18 Uhr (Juli/Aug. bis 20 Uhr), Sa/So 10–15 Uhr (Juli/Aug. bis 18 Uhr); Nov. bis März Mo–Fr 9–16 Uhr, Sa 10–15 Uhr (Nov./Dez. Sa nur 10–12 Uhr). Nahe der Seebrücke. Neue Strandstr. 30, 17454 Zinnowitz, ✆ 038377-4920, ✆ 038377-42229, www.zinnowitz.de.

Verbindungen Hier Umsteigebahnhof der **UBB**, → S. 275.

Baden Breit und feinsandig, steinfrei, flach ins Meer abfallend und geadelt von der **Blauen Flagge** – der Strand von Zinnowitz lässt fast keine Wünsche offen. Der Hauptstrand rechts und links der Seebrücke wird von der DLRG überwacht, FKK-Abschnitt im Westen, Hundestrand im Osten.

Einkaufen Fisch (frisch oder geräuchert, auf dem Brötchen, in der Suppe oder als Salat) kauft man in der **Fischkiste**, Natur- und Feinkost gibt es im **Bio-Markt**, beides → Essen.

Strandbuchhandlung, freundliche Buchhandlung, in der man neben der richtigen Strandlektüre auch eine Auswahl an Regionalia findet. Gut sortiert und kenntnisreich geführt. Neue Strandstr. 29, ✆/✆ 038377-42276.

Fahrradverleih Zahlreiche Fahrradverleiher vor Ort, bei allen auch Kinderfahrräder, Zubehör, Nachläufer etc.; z. B. bei **Kruggel**, Dr.-Wachsmannstr. 5, ✆ 038377-42869, www.fahrradverleih-usedom.de (Filiale auch in Bansin); bei **Russow** in der Bergstr. 7, ✆ 0173-4785926; oder bei **Krüger**, Möskenweg 4, ✆ 038377-42668.

Kurtaxe Mai bis Sept. Erw. 2 €/Tag, im Winter 1,30 €, Kinder bis 18 J. frei.

Tauchgondel Die Gondel taucht hinab in 3,50 m Tiefe und ermöglicht einen Blick auf den Meeresboden – ohne Taucheranzug und Sauerstoffgerät. Mai bis Okt. tägl. 11–19 Uhr (Juni bis Aug. bis 21 Uhr), Nov. bis April 11–16 Uhr (max. aber bis Sonnenuntergang), Dauer 30–45 Min., Erw. 8 €, Kinder bis 15 J. 5 €, auch Familientickets. Am (seeseitigen) Ende der Vineta-Brücke. ✆ 038377-37861, www.tauchgondel.de.

Theater **die blechbüchse**, das gelbe Theater. Schauspiel, Konzerte, Varieté und Lesungen in einer ehemaligen, gelben Lagerstatt für Strandkörbe (oberhalb der Freilichtbühne). Seestr. 8, ✆ 038377-40936 (Zentraler Kartenservice: ✆ 03971-208925), www.blechbuechse.de.

Vineta-Festpiele

Theaterspektakel rund um das sagenhafte versunkene Vineta im Juli und August auf der Freilichtbühne. Karten und Infos → Theater/*die blechbüchse* bzw. www.vineta-festspiele.de.

Therme Auch bei schlechtem Wetter kann man genüsslich im Meerwasser baden – in der **Bernsteintherme**, einem Wohlfühltempel mit 800-qm-Meerwasserbad, Thermalbad mit Außenbecken, Sauna mit Strandzugang, römischem Dampfbad, diversen Massagen usw. Ganzjährig tägl. 10–22 Uhr geöffnet. Am westlichen Ende der Dünenstraße (Parallelstraße zur Strandpromenade), ✆ 038377-35500, ✆ 038377-355025, www.bernsteintherme.de.

Übernachten/Essen & Trinken

Übernachten **Strandhotel Preußenhof**, traditionsreiches Hotel in bester Lage über der Seebrücke. Stilvolles *Museumscafé* (tägl. 7.30–22 Uhr, auch Restaurant) und große Wellnesslandschaft. Sehr freundlich. DZ inkl. Frühstück ab 175 €, in der Nebensaison deutlich günstiger, auch Ferienwohnungen, diverse Arrangements. Dünenstr. 10, 17454 Zinnowitz, ✆ 038377-390, ✆ 038377-39510, www.schoener-inseln.de.

Hotel/Restaurant Asgard, freundliches Hotel mit sympathischer Leitung in einer wieder aufgebauten Jugendstilvilla, im Haus das *Café Wien* mit herrlicher Aussicht, die *Bar Sinatra* und das *Restaurant Asgard*. Hallenbad, Beautycenter mit großem Well-

Abwechslungsreiches Angebot in Zinnowitz: Banana-Boat und Tauchgondel

nessangebot, Fahrradverleih. EZ 74–75 €, DZ 100–140 €, inkl. Frühstück, Schwimmbad- und Saunanutzung. Auch Appartements. Dünenstr. 20, 17454 Zinnowitz, ✆ 038377-4670, 📠 038377-467124, www.hotelasgard.de.

››› Unser Tipp: **Aparthotel Seeschlösschen**, schöne großzügige und gut ausgestattete Appartements (teils mit Seeblick), direkt oberhalb der Promenade, Appartement ab 125 € (2 Pers., 1 Raum) bis 186 € (4 Pers., 3 Räume) und 212 € (2 Pers., 2 Räume und ein Türmchen), Frühstücksbuffet 9,50 €/Pers., Hund 8 €. Dünenstr. 15, 17454 Zinnowitz, ✆ 038377-4800, 📠 038377-48049, www.seeschloesschen-zinnowitz.de. ‹‹‹

Pension Lachmöwe, sympathisch, günstig, im Zentrum von Zinnowitz, aber ruhig in einem Hinterhof gelegen. Nur 9 Zimmer, Reservierung ratsam. EZ 40 €, DZ 69–75 €, Mehrbettzimmer 100 €, jeweils mit Frühstück, keine Hunde. Waldstr. 2, 17454 Zinnowitz, ✆ 038377-35440, 📠 038377-35628, www.pension-lachmoewe.de.

Camping **Campingplatz Pommernland**, schöner Waldcamping am Westrand von Zinnowitz, unweit vom Strand, auch Pensionszimmer und Blockhäuser. Mit Restaurant, Imbiss, kleinem Laden, Waschmaschinen, Fahrradverleih. Blockhäuser (für 2–6 Pers. 127–157 €/Tag); Erw. 7 €, erm. 6,50 €, Zelt je nach Größe 6–8 €, Wohnmobil 11,50–12,50 €, Pkw 3,50 €, Hund 3,20 €. Dr.-Wachsmann-Str. 40, 17454 Zinnowitz, ✆ 038377-40348, 📠 038377-40349, www.camping-pommernland.m-vp.de.

Essen & Trinken ››› Unser Tipp: **Zum Smutje**, viel und zu Recht gelobtes Fischrestaurant (es gibt hier auch kaum etwas anderes als Fisch), auch täglich wechselnde Fischgerichte. Gilt als eines der besten Fischrestaurants der Insel. Zur Saison mittags und abends geöffnet (abends unbedingt reservieren), ein paar Tische auch draußen. Etwas abseitige Lage: die Dünenstraße Richtung Bernsteintherme und dann links in die Vinetastraße abbiegen. Vinetastr. 5 a, ✆ 038377-41548. ‹‹‹

Museumscafé, im Hotel Preußenhof am Vorplatz der Seebrücke. Ein bisschen gute alte Zeit in Zinnowitz, ob zum Frühstück, zum Mittag- oder Abendessen oder einfach nur zum Kaffee in stilvollem historischem Ambiente. Nicht zu teuer. Dünenstr. 10, ✆ 038377-39450.

Fischkiste, ausgezeichnete Fischbrötchen gibt es in der Fischkiste im Zentrum von Zinnowitz, auch Räucher- und Frischfisch, köstliche Fischsuppen und -salate (auch zum Mitnehmen). Neue Strandstr. 22, ✆ 038377-37567.

Biomarkt & Bistro Unter den Linden, Bioladen mit Feinkost und regionalen Produkten, auch Café und Bistro, etwas abseits auf dem Weg zum Zinnowitzer Hafen gelegen. Juni bis Mitte Sept. Mo–So 9–19 Uhr, Mitte Sept. bis Mai Mo–Fr 9–19 Uhr, Sa 9–16 Uhr geöffnet. Hafenstr. 11, ✆ 038377-379990. ■

Usedom Karte → S. 276/277

Umgebung von Zinnowitz: Weißer Berg und Krummin

Weißer Berg: Unbedingt lohnenswert ist ein Ausflug zum gerade einmal 32 Meter hohen Weißen Berg. Die unter Naturschutz stehende Südspitze der Halbinsel Gnitz mit schilfreicher Binnen- und hoher Steilküste samt herrlicher Aussicht über das Achterwasser gehört zu den idyllischsten Ecken Usedoms.

Anfahrt/Wanderung Von Zinnowitz in südliche Richtung nach Neuendorf auf der Halbinsel Gnitz und weiter nach Lütow. Die Straße (hier parken) zum *Naturschutzgebiet Südspitze Gnitz* wird bald zum Feldweg und führt ca. 2 km am Achterwasser entlang zum unübersehbaren Weißen Berg.

Essen & Trinken **Galeriegarten Café**, ein kleines Idyll in Lütow, herrlicher Biergarten, guter Kaffee, köstlicher Kuchen, rundum nett und gemütlich, dabei günstig. März bis Okt. tägl. 11–19 Uhr. ✆ 038377-40190.

Krummin: Von der B 111 Richtung Wolgast führt eine der schönsten Lindenalleen der Insel hinab nach Krummin (ca. 250 Einwohner), einem idyllischen Dorf mit hübschem Hafen und einer sehenswerten Kirche. *St. Michael* ist der einzig nennenswerte Überrest mittelalterlichen Klosterlebens auf Usedom: Das Kloster *Crominio* wurde 1302 gegründet, entwickelte sich schnell zu einem der wichtigsten Klöster der Gegend und wurde im Dreißigjährigen Krieg zerstört. Geblieben ist *St. Michael zu Krummin*, Ende des 13. Jh. auf den heute noch sichtbaren Grundmauern einer älteren Feldsteinkirche aus Backstein errichtet.

Essen & Trinken **Restaurant Jagdstübchen**, das waidmännische Interieur begegnet einem bereits an der Eingangstür, dementsprechend natürlich viele Wildgerichte, nicht teuer, freundlicher Service. Mai bis Okt. mittags und abends geöffnet (Nov. geschlossen, im Winter eingeschränkt). Im Haus auch 2 DZ (50 €). Am Ortsrand von Krummin Richtung Neeberg. Schwarzer Weg 4 a, ✆ 03836-206574, www.jagdstuebchenkrummin.de.

Restaurant Fischstübchen, urgemütliche Gaststube mit dunklem Gebälk in einem reetgedeckten Haus im Nachbarort Neeberg. Sehr beliebtes Restaurant, oft bis auf den letzten Platz besetzt (also besser reservieren), große Portionen, moderate Preise, im Sommer auch Terrasse. Auch Zimmer und Appartements. DZ 68 € inkl. Frühstück. Dorfstr. 17, 17440 Krummin/Neeberg, ✆ 03836-603322, www.fischstuebchen.de.

Naschkatze, ungemein idyllischer Gartenimbiss bei der Krumminer Kirche. Kaffee und Kuchen, Snacks und ein paar warme Gerichte, sympathisch und beliebt, zur Saison tägl. 11–20 Uhr geöffnet. Dorfstr. 25, ✆ 03836-602213.

Zur Pferdetränke, kleiner Hofladen samt Café, vorwiegend regionale Bioprodukte und Inselspezialitäten wie Wild aus Pudagla oder Käse aus Melzin. Hausgemachte Kuchen und Steinofenbrote. Sehr schöner Garten, innen urig-gemütliches Ambiente. Ostern bis Okt. tägl. etwa 11–20 Uhr geöffnet. Dorfstr. 31, ✆ 03836-231023, http://www.pferdetraenke-krummin.de. ■

Trassenheide

ca. 850 Einwohner

Durch das abgelegene, stille Seebad führt zwar die Straße nach Peenemünde, das touristische Angebot aber findet sich etwa einen Kilometer vom Ortskern entfernt auf der anderen Seite des Kiefernwaldes am Strand. Hier gelangt man vom großen Parkplatz an einer Kreuzung zum neu angelegten Strandvorplatz, dem Park samt Konzertmuschel und zum zentralen Strandzugang. Die Abgeschiedenheit und natürlich der fast vier Kilometer lange, steinfreie, flach ins Meer abfallende Strandabschnitt sind das große Plus des kleinen Ortes.

Peenemünde

ca. 250 Einwohner

Weit über die Grenzen Mecklenburg-Vorpommerns bekannt, steht Peenemünde gleichermaßen für Pionierleistungen der Raumfahrtgeschichte und für menschenverachtendes Unrecht.

Bevor der Bädertourismus auf Usedom Einzug hielt, war Peenemünde mit gerade einmal 500 Einwohnern der drittgrößte Ort auf der Insel – nach Swinemünde und Usedom/Stadt. Doch während Ahlbeck und Heringsdorf im Süden bald zu mondänen Kaiserbädern erblühten, blieb Peenemünde ein ruhiges Fischerdorf, in das sich kaum ein Berliner verirrte. Die abgeschiedene Lage wurde Peenemünde schließlich zum Verhängnis. Ab 1936 wurde hier die *Heeresversuchsstelle* (später *Heeresversuchsanstalt*) *Peenemünde* eingerichtet, Ziel war die Entwicklung, Erprobung und Produktion von Raketen für den militärischen Einsatz als Massenvernichtungswaffen. Die Bewohner mussten den Ort verlassen, ihre Häuser wurden abgerissen und der gesamte Norden Usedoms zum militärischen Sperrgebiet erklärt.

In kürzester Zeit entstanden unter strengster Geheimhaltung ein Kraftwerk, Entwicklungsfabriken, eine Anlage zur Herstellung von flüssigem Sauerstoff, Prüfstände und Abschussrampen, neue Hafenanlagen, ein Flugplatz, ein Überschall-Windkanal sowie Wehrmachtskasernen und Wohnungen für die Wissenschaftler, Techniker und Offiziere – sowie Baracken für die etwa 10.000–15.000 unter unmenschlichen Bedingungen an der Raketenproduktion beteiligten Kriegsgefangenen, KZ-Häftlinge und sonstigen Zwangsarbeiter.

Im Mai 1937 nahm die Raketenforschungsabteilung der Wehrmacht unter *Walter Dornberger* und *Wernher von Braun* (→ S. 285) ihren Betrieb auf. Sie bildeten die militärische und technische Leitung der *Heeresversuchsanstalt Peenemünde Ost*, während der Luftwaffe *Peenemünde West* unterstand – zusammen eine der größten und die modernste Forschungseinrichtung ihrer Zeit.

Karte → S. 276/277

Die berüchtigtste Rakete, die in Peenemünde entwickelt und produziert wurde, war die sog. *Vergeltungswaffe 2 (V 2)*, die eigentlich schlicht *Aggregat 4* hieß, aber aus propagandistischen Gründen umbenannt wurde. Die V 2 war eine ballistische Rakete mit großer Reichweite und bis dato ungekannter Flughöhe, die erste Rakete überhaupt, die an den Rand des Weltalls kratzte. Ihren ersten militärischen Einsatz erlebte sie am 8. September 1944, als sie auf Paris abgeschossen wurde. Danach wurde sie vorrangig als Terrorwaffe gegen die britische Zivilbevölkerung eingesetzt. Wegen ihrer geringen Treffergenauigkeit war sie aber alles andere als die vermeintlich kriegsentscheidende Wunderwaffe, als die sie von der Nazi-Propaganda apostrophiert wurde.

Bereits vor den ersten Abschüssen der V 2 waren die Alliierten trotz größter Geheimhaltungsmaßnahmen auf den Standort Peenemünde aufmerksam geworden, sodass das Areal ab 1943 wiederholt zum Ziel von Bombenangriffen wurde. Der schwerste erfolgte in der Nacht zum 18. August 1943, als 600 Flugzeuge der Royal Air Force 1800 Tonnen Bomben über Peenemünde abwarfen: 733 Menschen starben, vor allem Kriegsgefangene, Zwangsarbeiter und KZ-Häftlinge, die Wissenschaftler blieben zum größten Teil verschont.

Auch nach Ende des Krieges wurde das Gebiet weiter militärisch genutzt. Nachdem die Sowjets gemäß dem Potsdamer Abkommen weite Teile der Heeresversuchsanstalt demontiert hatten, bezog in den 1950er-Jahren die Flotte der DDR den Hafen und die Luftstreitkräfte den Flugplatz von Peenemünde. Die meisten Gebäude des heutigen Peenemünde stammen aus dieser Zeit. Der Peenemünder Haken samt Dorf blieb Sperrgebiet bis zur Übernahme der NVA durch die Bundeswehr (1990) und der Auflösung des Marinestützpunktes (1996). Seither hat der (Tages-)Tourismus Fuß gefasst und ist nach fast fünfundsiebzigjähriger militärischer Präsenz einer der wenigen Arbeitgeber der Gegend.

Verbindungen UBB, → S. 275.

Die **Personenfähre** zum Festland legt Juli/Aug. 10–18 Uhr stündl. nach Freest ab (alle 2 Std. weiter bis Kröslin), Mai/Juni und Sept./Okt. bis 16 Uhr. Außerdem **Ausflugsfahrten** zur Insel Ruden und zur Greifswalder Oie. Apollo Fahrgastschifffahrt, Zum Hafen 1, 17449 Peenemünde, ✆ 038371-20829, www.reederei-peenemünde.de.

Sehenswertes

Historisch-Technisches Museum (HTM): Nach dem Ende des Krieges, der Demontage durch die Sowjets und der Auflösung des Marine- respektive NVA-Stützpunktes sind von der einstigen Heeresversuchsanstalt heute v. a. noch das Kraftwerk, der Bunker sowie die Ruine der Sauerstofffabrik erhalten. Ein Rundgang durch das Informationszentrum beginnt in der Bunkerwarte und führt über ein großes Freigelände, auf dem u. a. auch ein originalgetreues Modell der V 2 sowie ein Modell der Flügelbombe Fi 103 (V 1) mit Schleuder zu sehen sind. Im Anbau des Kraftwerks ist die gelungene und informative Ausstellung zu sehen. Als leitendes Motiv vorangestellt ist ihr der deutsche Titel von *Thomas Pynchon's* Roman *Gravity's Rainbow* (1973): *Die Enden der Parabel.* Wie in dem großen Roman steht hier die Flugbahn der V 2 symbolisch für die Spannung zwischen sensationellem technologischem Fortschritt und dem Sieg über die Schwerkraft einerseits und dem Absturz in die Barbarei durch die Produktion und den Einsatz der Massenvernichtungswaffen andererseits. Dementsprechend widmet sich die Ausstellung zunächst den Anfängen der Raumfahrt, um dann den Bogen zu schlagen zur rein militärischen Nutzung der Technologie und speziell zur Raketenforschung in Peenemünde. Schließlich informiert eine weitere Sektion über die Entwicklung der Raketenforschung nach dem Zweiten Weltkrieg. Eine neue Ausstellung ist eindrucksvoll im gewaltigen Kesselhaus, das selbst ein bedeutendes technisches Denkmal darstellt, untergebracht. Hier haben informative

Aggregat 4 –
als V 2 berühmt und berüchtigt

Die Enden der Parabel – Wernher von Braun

Genialer Forscher oder gewissenloser Karrierist? Oder beides? Bis heute tun sich die Forschung und eine interessierte Öffentlichkeit schwer, Leben und Werk *Wernher von Brauns* zu verorten. Die von ihm entwickelte Rakete *Aggregat 4* besiegte die Schwerkraft, flog eine perfekte Parabel und reichte als erste an den Weltraum heran. Doch nicht nur bei den Einschlägen (z. B. in London) starben Tausende von Menschen, sondern auch während der Produktion der vermeintlichen Wunderwaffe, deren Konstruktion später dazu beitragen sollte, den ersten Menschen auf den Mond zu transportieren.

Wernher Magnus Maximilian von Braun, geboren am 23. März 1912 bei Posen, hatte sich schon früh mit dem Raketenfieber infiziert. Bereits mit 15 entwarf er die detaillierte Skizze eines bemannten Raumschiffes, mit 20 wurde er ziviler Angestellter des Heereswaffenamtes, mit 25 stand er der *Heeresversuchsanstalt Peenemünde* als technischer Direktor vor (ab 1937). Im gleichen Jahr trat von Braun in die NSDAP ein, ab 1940 war er SS-Offizier. 1942 gelang in Peenemünde der erste Start der unter seiner Regie entwickelten A-4-Rakete. Wenige Monate später war von Braun maßgeblich daran beteiligt, Hitler von der A-4, die bald V 2 („Vergeltungswaffe“) heißen sollte, zu überzeugen. Das Forschungsprogramm erhielt höchste Priorität, die V 2 war auserkoren, die Kriegswende einzuleiten. Um die Arbeit voranzutreiben, wurde das *KZ Peenemünde* eingerichtet. Nach Bombenangriffen der Alliierten musste die Produktion 1943 in einen unterirdischen Stollen bei Nordhausen im Harz verlegt werden, wo das berüchtigte *KZ Dora*, später *Mittelbau*, entstand. Um die Massenvernichtungswaffen in Serie herstellen zu können, arbeiteten Tausende von KZ-Häftlingen, Kriegsgefangenen und sonstigen Zwangsarbeitern unter unmenschlichen Bedingungen, viele verloren dabei ihr Leben. Dass von Braun von den barbarischen Praktiken während des Baus seiner Raketen nichts gewusst haben soll, ist nicht nur unglaubwürdig, sondern nachweislich falsch. Dass er nicht zur Verantwortung gezogen wurde, verdankte er den Amerikanern.

Nach Kriegsende traten von Braun und ein Großteil der wissenschaftlichen Mannschaft aus Peenemünde in die Dienste der US-Armee ein, die bereits mehrere V-2-Raketen erbeutet hatte. Nach zwei verlorenen Kriegen, sollte von Braun später sagen, wolle er nun auf der Seite der Sieger stehen. Seine Karriere in Amerika knüpfte nahtlos an seine alte an – bald war er wieder technischer Direktor eines Raketenforschungszentrums. Seinem Traum von der Erforschung des Weltalls hingegen kam er erst mit dem Sputnik-Schock näher. Denn nicht nur die Amerikaner hatten sich in Peenemünde an Mensch und Material bedient, sondern auch die Sowjets, denen es mit einer Weiterentwicklung der V 2 1957 gelungen war, den ersten Satelliten ins All zu schießen. Damit war von Braun wieder im Rennen. Nur wenige Monate später gelang es ihm, den ersten amerikanischen Satelliten, den *Explorer 1*, ins All zu befördern. Im Auftrag der NASA entwickelte er Trägerraketen für das forcierte Weltraumprogramm der USA. Die *Saturn-V-Rakete*, von Brauns größter Triumph, beförderte schließlich das Raumschiff *Apollo 11* in den Weltraum und mit ihm die Astronauten *Neil Armstrong* und *Edwin Aldrin* als erste Menschen auf den Mond. Von Braun hatte eines seiner Lebensziele erreicht. Sein darauf aufbauendes Projekt aber, der bemannte Flug zum Mars, wurde bis heute nicht in Angriff genommen. Am 16. Juni 1977 starb Wernher von Braun in den USA.

Schautafeln die Geschichte Peenemündes und des Kraftwerks zum Thema. Regelmäßig sind auch Sonderausstellungen zu sehen.

April bis Sept. tägl. 10–18 Uhr, Okt. bis März 10–16 Uhr (Nov. bis März Mo Ruhetag). Erw. 8 €, erm. 5 €, Familien 20 €. Sehr gut sortierter Museumsshop. Im Kraftwerk, 17449 Peenemünde, ✆ 038371-5050, 📠 038371-505111, www.peenemuende.de.

Phänomenta: Physik zum Anfassen und Ausprobieren. Anhand diverser Versuchsanordnungen werden physikalische Phänomene anschaulich gemacht. Wie man mit ein wenig Muskelkraft einen Trabi hochheben kann; wie man mit einem Trommelschlag aus zwei Metern Entfernung eine Kerze zum Erlöschen bringt; wie man mit seinen Fingern Blitze schleudern kann und vieles mehr. Insgesamt mehr als 200 Experimente und Ausstellungsstücke erwarten den Besucher.

Mitte März bis Ende Okt. (sowie zum Jahreswechsel) tägl. 10–18 Uhr. Erw. 8 €, erm. 7 €, Kinder bis 18 J. 6 €. Museumsstr. 12, ✆ 038371-26066, www.phaenomenta-peenemuende.de.

Maritim Museum (U 461): Das (nach eigenen Angaben) größte U-Boot-Museum der Welt liegt im Hafen von Peenemünde vor Anker. Das Unterseeboot der Juliett-Klasse war 1962 vom Stapel gelaufen und stand bis 1993 als Teil der 58. U-Boot-Brigade in sowjetischen Diensten. Nur das obere Deck ist zugänglich: Man zwängt sich durch den knapp 86 Meter langen U-Boot-Schlauch und gelangt dabei durch Torpedoraum, Mannschafts- und Offiziersquartiere (luxuriös die Kabine des Kapitäns), Kontrollzentrale und Navigationsraum sowie Kombüse und Maschinenraum.

Ganzjährig tägl. geöffnet, Juli bis Mitte Sept. 9–20 Uhr, Mitte Sept. bis Mitte Okt. und Mai bis Juni 10–18 Uhr, Mitte Okt. bis April 10–16 Uhr. Erw. 6 €, Familien 11,50–13 €. ✆ 038371-89054, www.u-461.de.

Die Inselmitte

Usedoms Landenge: auf der einen Seite das vom offenen Meer abgeschnittene und teils von einem recht breiten Schilfgürtel flankierte Achterwasser, auf der anderen die Ostsee mit weiten Sandstränden und Dünen und dahinter liegendem Waldstreifen. Die beiden schönsten Orte auf dem schmalen Landstreifen sind das Seebad Koserow mit dem knapp 60 Meter hohen Streckelsberg und die Doppelortschaft Loddin-Kölpinsee mit Hafen am Achterwasser und kleinem Seebad am Meer.

Lüttenort/Damerow

Die Taille Usedoms, von einem schmalen Wasserarm namens Riek so ordentlich eingeschnürt, dass zwischen dem Achterwasser und der Pommerschen Bucht gerade noch 300 Meter flaches Land der Ostsee trotzen. Früher gab es hier ein kleines Fischerdorf namens *Damerow,* das von der verheerenden Sturmflut 1872 (→ S. 37) nahezu völlig zerstört und von seinen Bewohnern schließlich aufgegeben wurde. Heute erinnert nur noch das hübsch am Waldrand gelegene alte *Forsthaus Damerow* (heute Hotel) an die untergegangene Ansiedlung. *Lüttenort* hingegen ist keine Ortschaft, sondern war Wohnhaus und Atelier des Malers *Otto Niemeyer-Holstein* (1896–1984). Direkt an der schmalsten Stelle Usedoms gelegen, verdankt das Anwesen seinen Namen dem Segelboot des Künstlers, dem „Lütten", mit dem Niemeyer-Holstein bereits in den 1930er-Jahren über das Achterwasser gekreuzt war.

Heute kann man sich im Museum **Atelier Otto Niemeyer-Holstein**, das das ehemalige Wohnhaus und Atelier sowie den Ausstellungsraum Neue Galerie umfasst, einen guten Einblick in das Leben und das stark von der Küste und Landschaft Use-

Inspiration im Inselidyll: Lüttenort

doms inspirierte Werk des Künstlers verschaffen. Schön ist auch der das Anwesen umgebende Skulpturengarten mit Werken von Freunden und Kollegen Niemeyer-Holsteins.

Usedom
Karte → S. 276/277

Öffnungszeiten Mitte April bis Mitte Okt. tägl. 10–18 Uhr, Mitte Okt. bis Mitte April nur Mi/Do, Sa/So 10–16 Uhr. Eintritt 4 €, Schüler/Studenten 1,50 €, nur Garten 1,50 €. Führungen durch Wohnhaus und Atelier tägl. 11, 12, 14 und 15 Uhr (Letztere nur im Sommer), Dauer ca. 1 Std., max. 15 Pers., Erw. 7 €, Schüler/Studenten 3,50 € (Gartenführung Di 16 Uhr, 5 €). ✆ 038375-20213 oder 22004, www.atelier-otto-niemeyer-holstein.de.

Übernachten/Essen **Forsthaus Damerow/Hotel Vineta**, in Alleinlage am Waldrand (direkt bei der Landenge). Hübscher Wintergarten, tagsüber Lobby, abends Cocktailbar, Restaurant im Forsthausstil, mittlere bis gehobene Preisklasse. Wellnessbereich mit Hallenschwimmbad und Sauna, außerdem Tennisplatz, Kanuverleih am Achterwasser und Fahrradverleih, geführte Touren usw. EZ ab 75 €, DZ ab 133 €, Appartement für 2–4 Pers. 187–218 €, jeweils inkl. Frühstück. 17459 Koserow/Damerow, ✆ 038375-560, www.urlaub-auf-usedom.de.

Koserow

ca. 1700 Einwohner

Das größte Seebad der Inselmitte nimmt fast die gesamte Breite der Landenge ein und liegt am Fuß einer für Usedom beträchtlichen Erhebung. Der fast 60 Meter hohe Streckelsberg mit seinem schönen Mischwald bricht zur Ostsee hin an einer imposanten Steilküste ab.

Nur die B 111 und ein schmaler Streifen Wiese trennen den alten Ortskern Koserows vom Achterwasser, während die Häuser an der Seeseite teils nahe an die Steilküste rücken. Von der Hauptstraße gehen die kleinen, teils ungepflasterten Seitenstraßen ab, die sich bis an den Strand mit Seebrücke und zum **Streckelsberg** hin erstrecken, um den sich übrigens allerlei Sagenhaftes rankt: Das prächtige *Vineta* soll hier aufgeblüht und untergegangen sein (→ S. 32) und auch der legendäre Freibeuter *Klaus Störtebeker* soll sich hier vor seinen hanseatischen Häschern versteckt haben.

Beim Zugang zum Hauptstrand im lichten Waldstreifen befinden sich die **Salzhütten** von Koserow, in denen die Fischer einst ihren Fang, vornehmlich Heringe, einlegten und haltbar machten. Bei dem vielbesuchten Wahrzeichen des Seebads handelt es sich allerdings um Rekonstruktionen, die Originale aus der Zeit um 1820 fielen der Sturmflut von 1872 zum Opfer. Zweite Sehenswürdigkeit des Ortes ist die aus dem 13. Jh. stammende **Feldsteinkirche** (Juni bis Sept. Mo–Fr 10–12 Uhr, Mo–Mi 15.30–17.30 Uhr) im alten Ortskern.

Information **Kurverwaltung Koserow**, an der Hauptstraße auf halbem Weg zwischen B 111 und den Salzhütten. Mai bis Sept. Mo–Fr 9–18 Uhr, Sa 9–12 Uhr (Juli/Aug. auch So); April und Okt. Mo–Fr 9–16 Uhr, Sa 9–12 Uhr; Nov. bis März nur Mo–Fr 9–12.30 und 13–16 Uhr. Hauptstr. 31, 17459 Koserow, ✆ 038375-20415, 📠 038375-20417, www.seebad-koserow.de.

Verbindungen UBB, → S. 275.

Kurtaxe April bis Okt. Erw. 2 €, erm. 1,50 €.

Camping **Camping Am Sandfeld**, kleiner Platz mit etwa 150 Stellplätzen, ausreichend Schatten, neuen Sanitäreinrichtungen. Supermarkt und Gaststätten in Laufweite. Geöffnet April bis Sept. Erw. 6 €, Kinder (3–14 J.) 3,50 €, Zelt je nach Größe 4–8 €, Wohnwagen 7 €, Wohnmobil 9 €, Pkw 3,50 €, Strom 1,50 €, Hund 3 €, Privatbad 7,50 €. Am Sandfeld, 17459 Koserow, ✆ 038375-20759, 📠 038375-289954, www.amsandfeld.de.

Essen & Trinken **Koserower Salzhütte**, beliebtes Fischrestaurant, urig und eng, oft bis auf den letzten Platz besetzt. Mit eigener Räucherei und Verkauf. Di–So 12–21 Uhr geöffnet, Mo Ruhetag, im Winter eingeschränkt. An der Seebrücke, ✆ 03875-20680, www.koserower-salzhuette.de.

Loddin-Kölpinsee

ca. 1000 Einwohner

Drei Gewässer prägen Loddin-Kölpinsee: die Ostsee auf der einen, das Achterwasser auf der anderen Seite und dazwischen ein bei Touristen und Schwänen beliebter Binnensee. Ein idyllischer Weg führt um den von Schilf und Wald umrahmten Kölpinsee herum. Die kleine zersiedelte Gemeinde besteht außerdem aus dem winzigen Ortsteil *Stubbenfelde* und dem Haupt der Gemeinde, dem am Achterwasser gelegenen Ort *Loddin*. Letzterer befindet sich oberhalb des *Loddiner Höft*, einer Halbinsel, die ins Achterwasser ragt. Ein einladender Spaziergang verspricht hübsche Ausblicke über das Binnengewässer.

Information **Kurverwaltung Loddin**, im Haus des Gastes an der B 111, Ecke Strandstraße. Mai bis Sept. Mo–Fr 9–18 Uhr, Sa 9–12 Uhr, Juli/Aug. auch So 9–12 Uhr; Okt. bis Mai Mo–Fr 9–16 Uhr (Di bis 18 Uhr). Strandstr. 23, 17459 Loddin, ✆ 038375-22780, 📠 038375-227818 (Zimmervermittlung ✆ 038375-227810), www.seebad-loddin.de.

Verbindungen UBB, → S. 275.

Baden Herrlicher Sandstrand (am Hauptstrandzugang überwacht), nach Koserow hin unterhalb einer Steilküste, dort auch Hundestrand. Ein weiterer Hundestrand befindet sich auf Höhe des Campingplatzes Stubbenfelde.

Bootsverleih **Kikis Bootsverleih**, in herrlicher Lage am Achterwasser, auch netter Biergarten (→ Essen). Ruder- und Tretboote, Kajaks und Kanadier (je 10 €/Std.), auch kleine Motorboote (5 PS, führerscheinfrei). ✆ 0170-3402030, 📠 038375-20802, www.kikis-bootsverleih.de.

Fahrradverleih u. a. bei **Fam. Hengstler**, auch Strandkorbverleih, Strandstr. 34 und am Campingplatz Stubbenfelde, ✆ 038375-21167.

Kurtaxe Mai bis Okt. 2 €, Jugendliche 14–17 J. 1,50 €, bei Übernachtung 1,50 €, Jugendliche 14–17 J. 1 €, Kinder 6–13 J. 0,60 €.

Übernachten/Essen **Strandhotel Seerose**, großes, modernes Haus mit 109 Zimmern nahe am Strand. Wellness- und Beauty-Angebot, Badelandschaft mit Hallenbad, Sauna und Dampfbad. Restaurant und Bistro mit nettem Biergarten. EZ ab 81 €,

DZ 158–188 €, Suite ab 236 €, jeweils mit Frühstück. Strandstr. 1, 17459 Loddin-Kölpinsee, ✆ 038375-540, 📠 038375-54199, www.strandhotel-seerose.de.

Fischrestaurant Waterblick, am südlichen Ende von Loddin und etwas erhöht gelegen, herrlicher Blick über das Achterwasser. V. a. Fisch aus heimischen Gewässern, aber auch Fleischgerichte, eher gehobenes Preisniveau. Tägl. ab 11.30 Uhr geöffnet (im Winter Mi Ruhetag), nachmittags Cafébetrieb. Für abends besser reservieren. Am Mühlenberg 5, ✆ 038375-20294, www.waterblick.de.

Kikis, idyllischer Biergarten mit rohrgedeckter Bar und winziger Kneipe beim Bootsanleger am Achterwasser (hier auch Bootsverleih, → Bootsverleih). Durchgehend warme Küche, Kaffee und Kuchen, zur Saison tägl. ab 10 Uhr geöffnet. Am Rand des Loddiner Höfts gelegen, ✆ 0170-3402030, 📠 038375-20802.

»» **Lesertipp:** „Das **Bricklebrit** in Loddin hat ebenfalls den angesagten Achterwassersonnenuntergangsblick und gute Fischgerichte. Im Ort nicht zu verfehlen." Mit Terrasse, tägl. mittags und abends geöffnet, im Winter Mo/Di Ruhetag. Am Achterwasser 10, ✆ 038375-20280, www.bricklebrit.info. ««

Camping **Campingplatz Stubbenfelde**, schöner, gut ausgestatteter Platz, z. T. im Wald südöstlich des Kölpinsees gelegen. Kleiner Laden, Restaurant, Saunalandschaft, Fahrradverleih. Stellplatz (inkl. 2 Pers.) je nach Größe 27–37,50 €, unparzelliert 6,90 € (9,90 € mit Auto), zusätzlich Erw. 6,50 €, erm. 5,50 €, Kinder (3–15 J.) 3,50 €, Hunde 3 €. Auch Ferien- und Blockhäuser (ab 65 € für 3 Pers. bis 115 € für 6 Pers.). Geöffnet April bis Okt. Waldstr. 12, 17459 Loddin-Kölpinsee/Stubbenfelde, ✆ 038375-20606, 📠 038375-22186, www.stubbenfelde.de.

Ückeritz

ca. 1000 Einwohner

Karte → S. 276/277

Usedom

Freundliches, kleines Seebad ohne Ostseeblick auf der meerabgewandten Seite der Landenge. Lediglich ein kleiner Ortsableger samt Restaurant und Campingplatz verfügt über unmittelbare Strandnähe.

Vom langen Sandstrand wird der eigentliche Ort durch einen schmalen Waldstreifen getrennt, in südöstlicher Richtung und zum Kölpinsee hin erstrecken sich weitere Waldgebiete. In der DDR breitete sich hier der größte Campingplatz Europas aus, eine im Wald verborgene Zeltstadt, die jeden Sommer von Tausenden Urlaubern bevölkert wurde. Noch immer gibt es diesen lang gestreckten Campingplatz hinter den Dünen, nur deutlich verkleinert und modernisiert. Hübsche moderne Holzhäuser, in denen Ferienwohnungen, Cafés, Imbissbuden und Souvenirläden untergebracht sind, schmücken den Zugang zum Hauptstrand. Der Ort Ückeritz ist dagegen eher beschaulich und ruhig. Er erstreckt sich beidseitig der B 111 und ist auf der strandzugewandten Seite überwiegend von nüchternen Neubauten geprägt. Auf der Boddenseite befindet sich der ältere, durchaus charmante Ortskern. Recht hübsch ist der kleine **Hafen**, bei dem sich eine Surfschule und Cafés befinden.

Information Kurverwaltung Ückeritz, freundlich und hilfsbereit. Mai bis Sept. Mo–Fr 9–18 Uhr, Sa 9–12 Uhr (Juli/Aug. auch So 9–12 Uhr); Okt. bis April Mo–Fr 9–16 Uhr. Bäderstr. 5, 17459 Ückeritz, ✆ 038375-2520, 📠 038375-25218, www.ueckeritz.de.

Verbindungen UBB, → S. 275.

Kurtaxe April bis Okt. 1,50 €, erm. 1 €, Kinder unter 14 J. frei; auswärtige Tagesgäste 2 €, erm. 1,50 €.

Baden Da Ückeritz auf der meerabgewandten Seite der Landenge liegt, muss man auf dem Weg zum herrlichen feinsandigen, flach ins Meer abfallenden Strand erst den Waldstreifen durchqueren. Überwacht auf Höhe des Hauptstrandzugangs, Hundestrand 300 m Richtung Kölpinsee, 200 m weiter FKK-Strand. Außerdem erstrecken sich mehrere ausgewiesene Hundestrand- und FKK-Bereiche entlang des Campingplatzes.

Fahrradverleih **Awe**, an der Strandpromenade und in der Hauptstraße im Ort. 3-Gang-Rad ab 5,50 €/Tag. Strandpromenade, ✆ 0172-5616598.

Wassersport **Windsport Usedom**, großes Angebot, Segeln, Wind- und Kitesurfen. Außerdem Bootsverleih. Direkt beim Hafen am Achterwasser, mit *Café Knatter*, auch Pension. Hauptstr. 36, ✆ 038375-20641, www.windsport-usedom.de.

Übernachten **Pension/Café Knatter**, beliebte Pension samt Restaurant/Café am Hafen. Gehört zur Segel- und Surfschule *Windsport Usedom*. Restaurant Mo–Fr ab 14 Uhr, Sa/So ab 12 Uhr geöffnet, Hauptgerichte um 13 €. DZ mit Frühstück 94–102 €. Hauptstr. 36, 17459 Ückeritz, ✆ 038375-22966, 📠 038375-22394, www.windsport-usedom.de.

Camping **Naturcamping Am Strand**, traditionsreicher Zeltplatz, etwa 700 Stellplätze auf einem schmalen Streifen hinter den Dünen von fast 4 km Länge. Fahrradverleih, zwei Läden und eine Gaststätte, neue bzw. renovierte Sanitäreinrichtungen. Geöffnet April bis Okt. Erw. 4,30 €, Kinder (3–13 J.) 1,90 €, kleines Zelt 5 €, großes Zelt 6,30 €, Wohnmobil 7,90–8,50 €, Pkw 4 €, Hund 4 €, auch Bungalows (ab 45 €). Am Strand, 17459 Ückeritz, ✆ 038375-20923 (Rezeption; im Winter über die Kurverwaltung ✆ 038375-2520), www.campingplatz-ueckeritz.de.

Essen & Trinken **Deutsches Haus**, im urgemütlichen Gastraum wird pommersche Küche aus regionalen Zutaten serviert, mittleres Preisniveau (Hauptgerichte um 13 €). Mittags und abends geöffnet, Di Ruhetag. Nebenstr. 1, ✆ 038375-20940, www.deutsches-haus-ueckeritz.de.

Restaurant/Strandcafé Utkiek, sehr beliebtes Lokal in schöner Lage über dem Strand, große Terrasse mit herrlichem Ausblick, auf der Speisekarte vor allem Fisch, auch Kaffee und Kuchen. Ganzjährig durchgehend geöffnet, kein Ruhetag. Beim Hauptstrandzugang links auf den Dünen. ✆ 038375-20408.

Südlich von Ückeritz

Usedomer Gesteinsgarten: Hinter dem schön und einsam am Waldrand gelegenen Forsthaus *Neu Pudagla* ist eine gewichtige Ausstellung zu bestaunen. In dem liebevoll angelegten Garten sind etwa 140 teilweise recht massige Findlinge zu einer Gesteinssammlung zusammengetragen worden. Im Gehöft um das Forsthaus ist zudem eine kleine naturkundliche Ausstellung untergebracht.

Werktags 7.30–18 Uhr. Eintritt frei. Infos zu Führungen: Forstamt Neu Pudagla, 17459 Ückeritz, ✆ 038375-29110, www.forstamt-neupudagla.m-vp.de.

Streuobstwiese und Gesteinsgarten

Kletterwald Usedom: Jüngste Attraktion Usedoms ist der schöne Kletterwald unweit des Forsthauses *Neu Pudagla*. Neben den Einweisungsstrecken warten sechs Kletterparcours unterschiedlicher Schwierigkeitsgrade und Höhen (von einem bis zu 13 Metern) darauf, erklommen und gemeistert zu werden.

Juli/Aug. tägl. 9.30–19 Uhr, Mai/Juni und Sept. Di–So 10–18 Uhr, April und Okt. Di–So 10–18 Uhr. Ticketverkauf bis 2 Std. vor Schließung. Erw. 16 €, erm. 14 €, Jugendliche 12–17 J. 13 €, Kinder 6–11 J. 10 €, auch Familientickets. Nutzungsdauer 2 Std. Am Forstamt Neu Pudagla, 17459 Ückeritz, ✆ 038375-22677 oder 0160-90361641, www.kletterwald-usedom.de.

Am Strand vor Ahlbecks prächtiger Seebrücke

Die drei Kaiserbäder

Usedoms Aushängeschild – über zwölf Kilometer erstreckt sich der flach abfallende, schneeweiße Strand entlang der drei Kaiserbäder Ahlbeck, Heringsdorf und Bansin, die durch eine acht Kilometer lange Flanierpromenade miteinander verbunden sind.

Usedom
Karte → S. 276/277

Ohnehin sind die ehemaligen Fischerdörfer – einst kaum mehr als ein paar Katen – mittlerweile fast zu einem einzigen Ort zusammengewachsen, was sich in der bisweilen gebrauchten Bezeichnung *Dreikaiserbäder* auch sprachlich niederschlägt. Wer die Promenade entlanggeht, stößt in allen drei Seebädern auf prestigereiche Villen, die dem mondänsten der drei Orte, Heringsdorf, schon früh den Beinamen „Nizza des Ostens“ eingebracht haben. Das Markenzeichen „Kaiserbäder“ hat sich dagegen erst in wilhelminischer Zeit entwickelt, als der Bädertourismus seinem ersten Höhepunkt entgegensteuerte. Als letzter Beiname sei noch „Badewanne Berlins“ erwähnt, eine Bezeichnung, die im letzten Viertel des 19. Jh. entstand, als der Ausbau des Bahnnetzes dafür sorgte, dass Badegäste aus der Hauptstadt nur noch gut drei Stunden brauchten, um die hiesigen Badefreuden genießen zu können, und entsprechend zahlreich anreisten.

Ahlbeck

ca. 3400 Einwohner

Eines der bekanntesten deutschen Ostseebäder und Usedoms Aushängeschild. Ähnlich exklusiv wie das benachbarte Heringsdorf, trumpft Ahlbeck zusätzlich noch mit der schönsten Seebrücke der gesamten Ostseeküste auf.

Das sorgfältig restaurierte Bauwerk und Wahrzeichen des Ortes ist wohl das meistfotografierte Motiv Usedoms. Feierlich eingeweiht wurde die **Seebrücke** des Ostseebades bereits 1898, nach der Zerstörung durch die Last gewaltiger Eismassen im Winter 1940/1941 ließ die Rekonstruktion nach historischem Vorbild aber bis 1994 auf sich warten. Das Gebäude auf der Plattform aus den 1930er-Jahren blieb allerdings erhalten und diente schon in der DDR als Restaurant. Die schmiedeeiserne Jugendstiluhr vor der Seebrücke wurde 1911 von einem vermögenden Badegast gestiftet.

Um den Seebrückenplatz spielt sich das Leben von Ahlbeck ab, hier und an der endlosen Strandpromenade Richtung Heringsdorf reihen sich die Hotels und Restaurants fast nahtlos aneinander. In zweiter Reihe wird es etwas ruhiger. Zwar sind auch hier am Hügel noch immer viele ansehnliche Villen im Bäderstil zu finden, aber von den touristischen Hauptrouten werden sie kaum berührt. Ein netter Spaziergang führt von der Strandpromenade über die Bismarckstraße hinauf zur villengeschmückten Kaiserstraße, an deren Ende sich die **Ahlbecker Backsteinkirche** im neugotischen Stil aus dem Jahr 1895 befindet. Wichtigste Einkaufsstraße in zweiter Reihe ist die Seestraße. Hier und in den umliegenden kleinen Sträßchen findet man noch am ehesten ein Stück „normales" Ahlbeck ohne aufwendig und kostspielig renovierte Bädervillen, die fast ausnahmslos als Nobelappartements für betuchte Badegäste hergerichtet wurden.

Basis-Infos

Information **Touristinformation**, an der Seebrücke. Mai bis Sept. Mo–Fr 9–18 Uhr, Sa/So 10–15 Uhr; April und Okt. Mo–Fr 9–17 Uhr, Sa/So 10–13 Uhr; im Winter Mo–Fr 9–16 Uhr, Sa/So 10–12 Uhr. Dünenstr. 45, 17419 Ahlbeck, ✆ 038378-499350, ℻ 038378-499352, www.drei-kaiserbaeder.de.

Verbindungen **UBB**, → S. 275.

Bus: Mit der **Linie 201** 6-mal tägl. über Usedom-Stadt nach Anklam, mit **Linie 281** 8-mal tägl. über Heringsdorf, Bansin und Benz nach Usedom-Stadt. Die **Linie 286** fährt 3-mal tägl. nach Bansin und Ückeritz, in Gegenrichtung über Korswandt, Zirchow und Garz nach Kamminke. Die **Europa-Linie (290)** verkehrt zwischen 9 und 17.30 Uhr halbstündl. auf der Strecke Bansin – Heringsdorf – Ahlbeck – Swinemünde.

Schiff: Mit den **Personenfähren** der *Adler-Reederei* während der Saison tägl. über Heringsdorf und Bansin nach Swinemünde. Tickets beim Uhrturm an der Seebrücke. Ende März bis ca. 20. Okt. ✆ 01805-123344, www.adler-schiffe.de.

Baden Endloser, feiner Sandstrand, die Wasserqualität mit der **Blauen Flagge** geadelt, Dünen schützen vor neugierigen Blicken. Rund um die Seebrücke diverse Strandkorbvermietungen und ein Bootsverleih. Von der Reha-Klinik in Richtung Swinemünde folgen ein unbewachter FKK-Abschnitt und ein Hundestrand.

Fahrradverleih U. a. am Bahnhof, Tourenrad ab 6 €/Tag, i. d. R. im Sommer tägl. 9–18 Uhr geöffnet.

Kurtaxe Mai bis Sept. Erw. (ab 16 J.) 2,50 €, erm. 1,30 €, Okt. bis April Erw. 1,30 €, erm. 0,70 €. Tageskurkarte Auswärtige Mai bis Sept. 3 € (erm. 1,50 €), Okt. bis April 1,50 € (erm. 0,80 €).

Übernachten/Essen & Trinken

→ Karte S. 294/295

Übernachten ***** **Ahlbecker Hof** **11**, traditionsreiches Haus (1890) an der Strandpromenade, sorgfältig ausgewählte Einrichtung, nostalgisch und stilvoll, Kaminzimmer und Bibliothek. Mehrere Restaurants, darunter das Gourmet-Restaurant *Kaiserblick*, Wellnessbereich. 91 Zimmer und Suiten in historischem Ambiente, DZ mit Frühstück ab 162 €. Dünenstr. 47, 17419 Ahlbeck, ✆ 038378-620, ℻ 038378-62100, www.seetel.de.

Pension Carlsburg **16**, Empfehlung in zweiter Reihe: gepflegte, schneeweiße Villa, komfortable Zimmer, außerdem einige Appartements und zwei Ferienwohnungen – alles durchaus bezahlbar: EZ 45–55 €, DZ 70–95 €, Frühstück inkl. App. 70–80 €, Ferienwohnung 70–95 €. Geöffnet Mitte März bis Ende Okt. Stresemannstr. 2, 17419 Ahlbeck, ✆ 038378-22570, ℻ 038378-499966, www.pension-carlsburg-usedom.de.

››› **Lesertipp: Villa Seeschlößchen** **19**, freundliches, kleines Hotel: „Der Service ist sehr herzlich, die Zimmer sind hell und freundlich, die Lage ist ruhig und doch zentral am autofreien Ende der Promenade. Empfehlenswert sind die Zimmer mit Meerblick." EZ 85–99 €, DZ 129–169 €, jeweils mit Frühstück, kostenloser Parkplatz. Dünenstr. 17, 17419 Ahlbeck, ✆ 038378-32389, www.villa-seeschloesschen.de. «

Essen & Trinken **Restaurant-Café Seebrücke 1**, in herrlicher Lage, von der schattigen Terrasse bietet sich ein endloser Strandblick bis nach Heringsdorf. Internationale Küche, leicht gehobenes Preisniveau. Freitagabends Live-Musik und Tanz, in der nachgebauten „Kogge" werden täglich ab 18 Uhr Aperitife und Cocktails kredenzt. Restaurant tägl. ab 11 Uhr. ✆ 038378-28320.

» **Unser Tipp: Fisch Domke 18**, zunächst ein Fischladen mit großer Auswahl an fangfrischem und geräuchertem (Ostsee-)Fisch. Daneben aber auch ein Fischrestaurant, das – nimmt man die Selbstbedienung in Kauf – köstliche Fischgerichte günstig auf den Teller bringt! Für das gemütliche Abendessen zu zweit stehen vor der Tür ein paar Strandkörbe, geselliger geht es hinter dem Haus im Biergarten zu. Seestr. 24, ✆ 03878-801750, www.fischdomke.de. «

Heringsdorf

ca. 4000 Einwohner

Trotz des klanglosen Namens das größte, mondänste und berühmteste der drei Kaiserbäder. Und dank bestem Klima und Jodsole-Quelle darüber hinaus ein bedeutender Kurort mit entsprechend großem Angebot.

An der Promenade reihen sich die prachtvollen Bädervillen aneinander, alle sorgsam restauriert und von parkähnlichen Gärten umgeben. Noch heute kann man hier als Badegast nobel Quartier beziehen. In zweiter Reihe wird man jedoch nicht ganz so verwöhnt mit optischen Eindrücken: Den zentralen Platz des Friedens zieren das modern-funktionale *Forum Usedom* und das Doppelhochhaus mit Kurhotel und Kurklinik, dazwischen klemmt sich ein Flachbau mit Bowlingcenter. Auch die moderne Seebrücke aus dem Jahr 1995 weckt nicht unbedingt nostalgische Gefühle, wer darin schwelgen möchte, sollte sich doch lieber in die Gegend um die

Usedom
Karte → S. 276/277

Heringsdorf – an der Promenade

noble Delbrückstraße mit ihren imposanten Villen begeben. Anfang des 20. Jh. gaben sich hier die prominenten Badegäste aus der nahen Hauptstadt quasi die Klinke in die Hand: Walzerkönig *Johann Strauss* logierte bereits 1889 in der *Villa Ada*, der Maler und Grafiker *Lyonel Feininger* machte zwischen 1908 und 1912 mehrfach Urlaub in der *Villa Oppenheim*, *Kurt Tucholsky* war 1920 und 1921 in Heringsdorf Sommergast und *Heinrich Mann* quartierte sich nebst Familie 1923 im *Heringsdorfer Strandhotel* ein.

Einem weiteren berühmten Gast des Seebades ist sogar eine Gedenkstätte gewidmet: *Maxim Gorki*, russischer Schriftsteller und enger Weggefährte Lenins. Von Mai bis September 1922 weilte er zur Kur in Heringsdorf und es heißt, Lenin selbst

habe ihm geraten, an die See zu reisen, um dort seine Tuberkulose behandeln zu lassen. Tatsächlich waren es wohl die schon länger schwelenden ideologischen Auseinandersetzungen, die Lenin auf die Idee gebracht hatten, seinen Mitstreiter auf diese elegante Weise loszuwerden. Gewohnt hat Gorki in der neoklassizistischen *Villa Irmgard* aus dem Jahr 1906, in der heute die **Maxim-Gorki-Gedenkstätte** eingerichtet ist. Im Erdgeschoss sind Salon, Arbeits- und Schlafzimmer Gorkis noch im originalgetreuen Stil erhalten, zahlreiche Zeitdokumente runden das Bild ab. Sehenswert ist das *Arabische Zimmer,* der Salon zur Straße hin. In der Villa finden auch Lesungen, Vorträge und andere kulturelle Veranstaltungen statt.

Mai bis Sept. Di–So 14–18 Uhr, Okt. bis April Di–So 12–16 Uhr. Erw. 4 €, erm. 2 €, Studenten 1 €. Maxim-Gorki-Str. 13, ✆ 038378-22361.

An der Strandpromenade liegt der **Kunstpavillon Heringsdorf.** Der traditionsreiche Ausstellungsraum – kreisrund, licht und mit charakteristischem gezacktem Dach – wurde 1970 nach Plänen *Ulrich Müthers* (→ S. 154) gebaut. Im Pavillon stellt der Usedomer Kunstverein im Wechsel zeitgenössische Kunst aus und veranstaltet Lesungen, Konzerte sowie Anfang August eine Kunstauktion.

Geöffnet in der Regel Mi–So 15–18 Uhr. Am Rosengarten, ✆ 038378-22877, www.kunstpavillon-ostseebad-heringsdorf.de.

Basis-Infos

→ Karte S. 294/295

Information **Kurverwaltung**, im Rathaus, hier starten auch die Stadtführungen. Mai bis Sept. Mo–Fr 9–18 Uhr, Sa/So 10–15 Uhr; April und Okt. Mo–Fr 9–17 Uhr, Sa/So 10–13 Uhr; Nov. bis März Mo–Fr 9–16 Uhr, Sa/So 10–12 Uhr. Kulmstr. 33, 17424 Heringsdorf, ✆ 038378-2451, 📠 038378-2454, www.drei-kaiserbaeder.de.

Verbindungen **UBB**, → S. 275.

Bus: Mit der **Linie 201** 6-mal tägl. über Usedom-Stadt nach Anklam, mit **Linie 281** 8-mal tägl. über Bansin und Benz nach Usedom-Stadt. Die **Linie 286** fährt 3-mal tägl. nach Bansin und Ückeritz, in Gegenrichtung über Ahlbeck, Korswandt, Zirchow und Garz nach Kamminke. Die **Europa-Linie (290)** verkehrt zwischen 9 und 17.30 Uhr halbstündl. auf der Strecke Bansin – Heringsdorf – Ahlbeck – Swinemünde.

Schiff: Von Ostern bis Ende Okt. ab Seebrücke tägl. über Ahlbeck nach Swinemünde. Infos und Tickets an der Seebrücke, ✆ 01805-123344, www.adler-schiffe.de.

Baden Langer und feiner Sandstrand mit **Blauer Flagge**, durch Dünen von der belebten Strandpromenade getrennt. Bootsverleih und Kiosk/Café nahe der Seebrücke. Einen FKK-Strand findet man am unbewachten Strandabschnitt zwischen Heringsdorf und Ahlbeck, der nächste Hundestrand liegt an der Strandpromenade Richtung Bansin.

Einkaufen **Lutter & Wegner** **7**, Weine, Feinkost und Restaurant, eher teuer. Tägl. 11–1 Uhr. Kulmstr. 3, ✆ 038378-22125.

Maison Vogue, in der noblen Villa Oechsler, einem der repräsentativsten Gebäude in Heringsdorf. Mode von Bogner, Escada etc. Tägl. 10.30–18.30 Uhr. Delbrückstr. 5.

Fahrradverleih u. a. bei **Fahrradservice Wolf**, 3-Gang-Fahrrad 5 €/Tag. Brunnenstr. 7, ✆ 038378-22324, www.radshop-wolf.de.

Kurtaxe Mai bis Sept. Erw. (ab 16 J.) 2,50 €, erm. 1,30 €; Okt. bis April Erw. 1,30 €, erm. 0,70 €. Tageskurkarte Auswärtige: Erw. 3 €, erm. 1,50 €; in der Nebensaison 1,50 €, erm. 0,80 €.

Theater **Chapeau Rouge**, Theaterzelt an der Strandpromenade, von Anfang Juni bis Anfang Sept. Buntes Programm, neben der klassischen Theateraufführung auch Kabarett, Kindertheater, Konzerte usw. Infos und Programme bei der Touristinformation, www.chapeau-rouge.de.

Veranstaltungen **Baltic Fashion**, Modespektakel, immer im Mai. Infos: www.usedom-baltic-fashion.de.

Usedomer Musikfestival, zwischen ca. 20. Sept. und 15. Okt., die Konzerte finden z. T. im Kursaal statt. Weitere Infos und Tickets unter ✆ 038378-34647, www.usedomer-musikfestival.de.

Übernachten

→ Karte S. 294/295

Hotels/Pensionen **** **Strandhotel Ostseeblick** **4**, hoch über dem Strand, zentral, aber sehr ruhig gelegen, Terrasse, Spa mit Therme und Pool, viel gelobtes Restaurant, unaufdringliches, stilvolles Ambiente. EZ 145 €, DZ 200 €, Frühstück inkl., Abendmenü 35–45 € pro Pers., Kindermenü 12,50 €. Kulmstr. 28, 17424 Heringsdorf, ✆ 038378-540, 📠 038378-54299, www.strandhotel-ostseeblick.de.

Weißes Schloss **12**, geschichtsträchtige Villa auf dem Kulmberg, in der schon Kaiser Wilhelm I. untergebracht war. Toller Blick, schöne Terrasse, auch Restaurant und Café. 18 Zimmer, EZ ab 71 €, DZ 110–130 €, Familienappartement ab 154 €, Frühstück inkl., Hund 10 €/Tag. Rudolf-Breitscheid-Str. 3, 17424 Heringsdorf, ✆ 038378-31984, 📠 038378-31985, www.urlaub-auf-usedom.de.

Strandvillen Bethanienruh, über 100 Jahre alte Bädervilla (und 2 Nebengebäude) an der Strandpromenade in Richtung Bansin. Sorgsam renoviert, schöne und gemütliche Zimmer zum Wohlfühlen, mit Restaurant – von der Terrasse Blick auf die Ostsee –, Sauna und Wellness. Auch von Lesern empfohlen. EZ ab 89 € (in den Nebengebäuden 79 €), DZ ab 119 € (97 €), Familienzimmer für 4 Pers. 187 € (149 €), jeweils inkl. Frühstück, Halbpension 15–18 €/Tag, Hund 9 €. Ganzjährig geöffnet. Badstr. 11, 17424 Heringsdorf, ✆ 038378-49870, 📠 038378-4987661, www.strandvillen-bethanienruh.de.

Pension Erdmann 14, oben bei der Kirche, Garni-Haus mit Terrasse, zu Fuß ca. 10 Min. zum Strand. 25 Zimmer z. T. mit Balkon/Terrasse. EZ 79–89 €, DZ 90–100 €, Frühstück inkl. Rudolf-Breitscheid-Str. 7, 17424 Heringsdorf, ✆ 038378-31678, 📠 038378-22281, www.pension-erdmann.de.

Hotel Wald & See 15, neben der Pension Erdmann, solides Mittelklassehotel, 43 Zimmer, mit Sauna und (Sports-)Bar, freundlicher Service. EZ 89 €, DZ 105 €, Frühstück inkl. Rudolf-Breitscheid-Str. 8, ✆ 038378-47770, 📠 038378-477777, www.hotel-waldundsee.de.

Jugendherberge **JH Heringsdorf 20**, direkt an der Strandpromenade, großer, schattiger Garten, die Zimmer z. T. in schönen Fachwerkhäusern. Beliebte Herberge, man sollte frühzeitig buchen. Übernachtung im Mehrbettzimmer 25,50 €, im DZ (mit Bad) 29,50 €, Senioren (über 27 J.) 31,30 € bzw. im DZ 36,20 €. Frühstück und Bettwäsche inkl., Halbpension 4 €, für Senioren 5 €. Puschkinstr. 7–9, 17424 Heringsdorf, ✆ 038378-22325, 📠 038378-32301, www.jugendherbergen-mv.de.

In der Kulmstraße

Usedom
Karte → S. 276/277

Essen & Trinken

→ Karte S. 294/295

Restaurants »» Unser Tipp: **Kulm Eck 9**, geschmackvolles kleines Lokal weitab vom Bäderschick. Gehobenes Preisniveau, 3-Gänge-Menü 39 €. Nur wenige Plätze (im Sommer mit Terrasse), Reservierung empfohlen. Ab 18 Uhr geöffnet, Mo geschlossen, Okt. bis März So und Mo geschlossen. Kulmstr. 17, ✆ 038378-22560, www.kulm-eck.de. ««

Bernstein 4, Spitzenrestaurant im Strandhotel Ostseeblick (15 Punkte und zwei Hauben im Gault Millau), helle und freundliche Einrichtung, toller Blick, gehobenes Preisniveau, 3-Gänge-Menü 50 €. Mittags und abends geöffnet. Kulmstr. 28, ✆ 038378-54240, www.strandhotel-ostseeblick.de.

Usedomer Brauhaus 17, zentrale Lage. Im Brauhaus gibt es überwiegend Deftiges zu guten Preisen, außerdem verschiedene selbstgebraute Biere. Großes Lokal, uriges Ambiente. Tägl. ab mittags bis ca. Mitternacht geöffnet (draußen nur bis 22 Uhr). Platz des Friedens, ✆ 038378-61421.

Auszeit – Weißes Schloss 12, besonders einladend ist die herrliche Terrasse mit Panoramablick. Innen schönes Ambiente. Hauptgerichte 13–20 €. Ab 13 Uhr durchgehend geöffnet, Di Ruhetag, im Winter Mo und Di. Rudolf-Breitscheid-Str. 3, ✆ 038378-805525, www.auszeit-kulm.de.

Cafés **Eis-Villa Stein 8**, bekannt für hervorragendes Eis aus eigener Herstellung, das man auf der wirklich einladenden Terrasse an der Kulmstraße genießt – an schönen Sommertagen meist bis auf den letzten Platz besetzt. Auch Kuchen und andere Süßspeisen. Mai bis Okt. tägl. ab 10 Uhr geöffnet. Kulmstr. 4, ✆ 038378-28452.

Am Strand von Bansin

Bansin

ca. 2500 Einwohner

Bansin ist die jüngste und die kleinste der drei Seebad-Schwestern. Dabei reicht der Ursprung des heutigen Badeortes, das Dorf Bansin am Gothensee, bis ins Mittelalter zurück.

Flaniert wird natürlich entlang der Strandpromenade, wo prächtige Bädervillen ihre schnörkelreichen Fassaden präsentieren. Am meisten Trubel herrscht zwischen dem Strandzugang an der Seestraße und der Seebrücke. Am Ende der Seestraße befindet sich die flache hölzerne Konzertmuschel aus dem Jahr 1930, die von historischen Badekarren flankiert wird. Von hier sind es knapp 400 Meter bis zur 285 Meter langen, 1994 erbauten Seebrücke. Sie wirft sich ausnahmsweise schnörkellos hinaus in die Ostsee, Aufbauten wie auf den Seebrücken der Nachbarbäder fehlen. Neben der Seebrücke sind in alten Fischerhütten Imbisse und Fischräuchereien eingezogen, zum Teil mit angeschlossenem Biergarten. Die Strandpromenade führt von der Seebrücke aus nur noch ein paar hundert Meter weiter bis zum Ortsrand. Nach Südosten hin reicht die Promenade über Heringsdorf bis hinunter nach Ahlbeck.

Basis-Infos

Information **Touristinformation**, Haus des Gastes an der Seebrücke, Mai bis Sept. Mo–Fr 9–18 Uhr, Sa/So 10–15 Uhr; April und Okt. Mo–Fr 9–17 Uhr, Sa/So 10–13 Uhr; Nov. bis März Mo–Fr 9–16 Uhr, Sa/So 10–12 Uhr. An der Seebrücke, 17429 Bansin, ✆ 038378-47050, 📠 038378-470515, www.drei-kaiserbaeder.de.

Verbindungen **UBB**, → S. 275.

Bus: Mit der **Linie 281** 8-mal tägl. über Benz nach Usedom-Stadt. Die **Linie 286** fährt 3-mal tägl. nach Ückeritz, in Gegenrichtung über Heringsdorf, Ahlbeck, Korswandt, Zirchow und Garz nach Kamminke. Die **Europa-Linie (290)** verkehrt 9–17.30 Uhr halbstündl. auf der Strecke Bansin – Heringsdorf – Ahlbeck – Swinemünde.

Schiff: Von Ostern bis Ende Okt. tägl. über Heringsdorf und Ahlbeck nach Swinemünde. Aktuelle Fahrzeiten und weitere Ausflugsfahrten bei der Ticketverkaufsstelle an der Seebrücke, ✆ 01805-123344, www.adler-schiffe.de.

Baden Auch in Bansin ist die Wasserqualität einwandfrei und seit vielen Jahren mit der **Blauen Flagge** ausgezeichnet. Im Bereich um den Strandzugang bei der Seestraße und der Seebrücke ist der Strand überwacht. Ein Hundestrand liegt etwas südlich des Schloonsees, einen FKK-Strand findet man etwas weiter an einem unbewachten Strandabschnitt Richtung Heringsdorf sowie in entgegengesetzter Richtung jenseits der Strandpromenade.

Fahrradverleih U. a. gegenüber vom Hans-Werner-Richter-Haus in der Waldstr. 33. Fahrrad 6 €/Tag. ✆ 038378-33321.

Kurtaxe Mai bis Sept. Erw. (ab 16 J.) 2,50 €, erm. 1,30 €; Okt. bis April Erw. 1,30 €, erm. 0,70 €. Tageskurkarte Auswärtige: 3 €, erm. 1,50 €, in der Nebensaison 1,50 €, erm. 0,80 €.

Veranstaltungen Das **Bansiner Seebrückenfest** findet Mitte Juli statt.

Literaturtipp: Hans Werner Richters *Geschichten aus Bansin*

Hans Werner Richter, in Bansin geborener Schriftsteller und Mitbegründer der Gruppe 47, widmete seinem Vater Richard die *Geschichten aus Bansin*. In dem Erzählband zeichnet Richter leicht und augenzwinkernd ein Bild vom Leben der einfachen Leute, zu einer Zeit als Bansin begann, ein Seebad zu werden. Lesenswert. *Richter, Hans Werner*: **Geschichten aus Bansin**. Berlin 2008 (Wagenbach).

Übernachten/Essen & Trinken

→ Karte S. 294/295

Usedom Karte → S. 276/277

Übernachten **** **Strandhotel Atlantic 5**, kleine, noble Herberge an der Strandpromenade, edles Restaurant (Menü um 45 €), schöne Terrasse mit Ostseeblick, abends geht man in den *Atlantic Pub*. Mit Wellnessbereich. EZ 91–101 €, DZ 144–184 €, inkl. Frühstück. Strandpromenade 18, 17429 Bansin, ✆ 038378-605, 📠 038378-60600, www.seetel.de.

*** **Hotel Bansiner Hof 2**, an der Strandpromenade (nahe der Seebrücke). Recht nüchterne Fassade, im Haus gibt es ein Restaurant, außerdem eine Saunalandschaft. EZ 105 €, DZ 140–180 €, Frühstück inkl., Parkplatz 7 €. Ca. Mitte April bis Ende Okt. geöffnet. Strandpromenade 27, 17429 Bansin, ✆ 038378-550, 📠 038378-55255, www.ti-bansin.de.

Villa Glaeser 10, sehr schöne, gut ausgestattete Doppelzimmer und Appartements mitten in Bansin. DZ 79 €, Appartement 99–110 € (bei Aufenthalt unter 4 Nächten einmaliger Aufschlag von 10 €), jeweils ohne Frühstück, Hunde 6 €, Parkplätze vorhanden. Seestr. 3, 17429 Bansin, ✆ 038378-33590, www.villa-glaeser.de.

Kaiser Wilhelm 3, kleines Hotel in hübscher Bädervilla, gediegenes Restaurant mit Terrasse. EZ 80 €, DZ 120–160 €, jeweils inkl. Frühstück. Strandpromenade 26, 17429 Bansin, ✆ 038378-2420, 📠 038378-24242, www.ancon-hotels.de.

Pension Elsbeth 13, kleine, nette Pension mitten in Bansin, aber ruhig gelegen. Nur 6 Zimmer, also früh buchen. Die kleine Villa umgibt ein schöner, schattiger Garten. DZ 70 €, inkl. Frühstück. Keine Hunde. Waldstr. 31, 17429 Bansin, ✆ 038378-29231, www.elsbeth.auf-usedom.info.

Essen & Trinken **Achterdeck 2**, maritimes Restaurant im Hotel Bansiner Hof, mittlere Preisklasse, gutbürgerliche Küche, viele Fischgerichte. Tägl. ab Mittag bis ca. 22 Uhr geöffnet. Strandpromenade 27, ✆ 038378-550.

Café Asgard 6, traditionsreiches Café an der Strandpromenade in einer schönen Bädervilla aus dem Jahr 1898. Elegantes Interieur, freundliche Atmosphäre. Herrliche, schattige Terrasse zur Strandpromenade hin. Variantenreiche und köstliche Backwaren aus eigener Konditorei, sehr beliebt und zu Recht berühmt. Di–So 12–18 Uhr. Strandpromenade 15, ✆ 038378-29488.

Usedoms Süden

Abseits des langen Sandstrandes wird es stiller auf Usedom. Direkt im Rücken der Kaiserbäder beginnt die Usedomer Schweiz: sanfte Hügel mit schönen Wäldern und Wiesen inmitten einer kleinen, reizenden Seenlandschaft um *Schmollensee* und *Gothensee*. Sehr abgeschieden sind die Boddenküstenlinien im Norden mit dem *Lieper Winkel*, einer Halbinsel, die weit in das Achterwasser hineinreicht, und im Süden entlang des *Stettiner Haffs*. Das „Zentrum" ist Usedom, das altehrwürdige Städtchen, das der Insel ihren Namen gab.

Usedomer Schweiz

Wolgastsee: Dieser romantische kleine See drei Kilometer südwestlich von Ahlbeck ist ein beliebtes Ausflugsziel. Seine Ufer sind überwiegend dicht mit Buchen bestanden, nur am Nordwestufer, gegenüber dem Hotel *Idyll am Wolgastsee*, befindet sich ein Stück Badestrand mit Steg und Bootsverleih. Den knapp einen halben Quadratkilometer großen und maximal ca. 15 Meter tiefen See kann man in einem Spaziergang umrunden (ca. vier Kilometer).

Verbindungen Mit dem **Bus Linie 201** und **286** etwa alle 2 Std. nach Ahlbeck sowie nach Usedom/Stadt und teilweise weiter nach *Anklam* (Sa/So eingeschränkt).

Bootsverleih Neben der Badestelle, in der Saison 9–21 Uhr geöffnet.

Übernachten/Essen **Hotel-Restaurant Idyll am Wolgastsee**, der Name des in Korswandt gelegenen Hotels verspricht nicht zu viel, empfehlenswert ist es, ein Zimmer zur Seeseite zu nehmen – nicht nur wegen des schönen Blicks, sondern auch wegen der Hauptstraße, die hinter dem Hotel vorbeiführt. Komfortable, helle Zimmer, Sauna im Haus. Restaurant in hellem Speisesaal, freundlicher Service. Neben Fisch aus Ostsee und Wolgastsee auch diverse Wildgerichte. Auch Café, im Sommer mit Gartenbetrieb. Mittags und abends geöffnet. EZ 70–75 €, DZ 90–125 €, Frühstück inkl., Hund 6,50 €/Tag. Ganzjährig geöffnet. Hauptstr. 9, 17419 Korswandt, ✆ 038378-22116, 📠 038378-22546, www.idyll-am-wolgastsee.de.

Gothensee: Der größte Binnensee Usedoms (600 Hektar) steht samt seines nicht zugänglichen schilfreichen Ufers unter Naturschutz. Die nördliche Ausbuchtung des hakenförmigen Sees reicht bis an die Ortsgrenzen der Kaiserbäder Bansin und Heringsdorf heran. Nach Süden hin biegt sich der See in einem weiten Bogen bis zum Rand des Thurbruchs. Viele Vogelarten, darunter Wildgänse, Graureiher, Eisvögel und Milane, finden hier Zuflucht, auch Fischotter. Die einzigen ufernahen Siedlungen sind Bansin-Dorf, Sallenthin und Gothen.

Sellin: Schöner Wohnen auf Usedom – das abgelegene Sellin ist ein malerisches, altes Fischer- und Bauerndorf aus bildhübschen, reetgedeckten Häusern zwischen Pferdekoppeln, Wiesen und dem schilfbestandenen Ufer des Schmollensees. Hier scheint die Zeit in einem ungemein idyllischen Moment stehengeblieben zu sein. Etwas außerhalb (Richtung Bansin und Großem Krebssee) stößt man mitten im Wald auf das freundliche und entsprechend beliebte Café Fangel.

Essen & Trinken **Café Fangel**, idyllisches Café in einem ehemaligen Forsthaus, Alleinlage mitten im Wald (nahe dem Großen Krebssee). Köstliche Kuchen, Eis, gemütliche Terrasse, freundlicher Service, sehr beliebt und oft bis auf den letzten Platz gefüllt. Mai bis Okt. Di–So 14–18 Uhr. Am Großen Krebssee, 17429 Neu-Sallenthin, ✆ 038378-32253. *Anfahrt*: Von Bansin aus durch Neu-Sallenthin Richtung Sellin, dann nach ca. 500 m rechts und noch ein paar hundert Meter weiter auf einem Waldweg.

Die Mühle von Benz

Benz: Die ländliche Stille des in sanfte Hügel gebetteten 300-Einwohner-Dorfes wird nur durch die gut befahrene Durchgangsstraße gestört. Mittelpunkt des Ortes ist die sehenswerte Dorfkirche St. Petri, die in ihrem Kern auf das frühe 13. Jh. zurückgeht. Restauriert und umgestaltet wurde St. Petri nach dem Dreißigjährigen Krieg und erneut Mitte des 18. Jh., als der Turm sein heutiges Aussehen erhielt. Das Kircheninnere stammt von Renovierungen um 1836, als anstelle der alten Decke das eigenwillige Tonnengewölbe eingezogen wurde, das mit farbenfrohen Kassetten versehen ist. Neben der Kirche liegt das *Kunst-Kabinett Usedom*, eine hübsche Galerie, die neben Usedom-Kunstdrucken von Lyonel Feininger zuletzt u. a. auch Werke von Armin Müller-Stahl zeigte

Kunst-Kabinett Usedom: geöffnet ganzjährig Fr–So 11–17 Uhr. Kirchstr. 14a, 17429 Benz, ✆ 038379-20184, www.kunstkabinett.de.

Usedom Karte → S. 276/277

Über dem Ort wacht eine auf einer Hügelkuppe thronende, 16 Meter hohe Holländermühle, eines der letzten noch existierenden Exemplare an der Ostseeküste. Um 1830 erbaut, wurde dort bis 1971 gemahlen. Danach erwarb der Maler *Otto Niemeyer-Holstein* (→ S. 286) die alte Mühle, rettete sie vor dem Verfall und verfügte schließlich testamentarisch ihre Verwendung als *Kulturmühle*. Neben der Holländermühle gibt es im Backhaus Getränke, Kaffee und hausgemachten Kuchen.

Kulturmühle Benz: Mai bis Okt. Di–So 10–17 Uhr, in der Nebensaison nur nach Voranmeldung, im Winter geschlossen. Eintritt 3 €, Kinder 1,50 €. ✆ 038378-3650.

Verbindungen Der **Bus Linie 281** fährt Mo–Fr etwa 4-mal tägl. ab Bahnhof Ahlbeck über Heringsdorf und Bansin nach Benz und weiter über Morgenitz nach Usedom/Stadt.

Golf **Golfpark Balmer See**, zwei 18-Loch-Plätze und ein 9-Loch-Übungsplatz sowie Driving-Range. Außerdem Hotel mit Restaurant, großem Wellnessbereich und 70 Ferienwohnungen. Am Achterwasser im kleinen Weiler Balm gelegen. Drewinscher Weg 1, 17429 Balm, ✆ 038379-280, 📠 038379-28222, www.golfhotel-usedom.de.

Veranstaltungen **Kirchensommer Benz**, in der hübschen Benzer Kirche werden von Mitte/Ende Juni bis August Konzerte gegeben: Kirchenmusik, Klassik, aber auch Jazz. Das Programm liegt in vielen Touristinformationen sowie in der Kirche selbst aus (oder unter www.kirche-benz.de).

Mellenthin: Bekannt ist das hübsche 200-Seelen-Dorf vor allem für sein Ende des 16. Jh. erbautes und in der zweiten Hälfte des 18. Jh. teilweise umgestaltetes *Wasserschloss*. Flankiert wird der herrschaftliche Bau von einem gelungen restaurierten barocken Gutshof, in dem ein Hotel mit Restaurant und Café untergebracht ist. Auch das Wasserschloss selbst wird renoviert, bereits fertig sind Restaurant und Café mit Biergarten im Schlosshof. Teile des Schlosses und der Schlosspark sind zu besichtigen. Vom Schloss zieht sich eine schmucke Lindenallee zur *Dorfkirche*, deren Altarraum aus Feldsteinen bereits um 1330 entstand. Das backsteinerne Langhaus und der Turm stammen aus dem 15. Jh.

Verbindungen Mit den **Bus-Linien 201** und **281** mehrmals tägl. nach Ahlbeck und Heringsdorf, die Haltestelle befindet sich allerdings an der Abzweigung von der Hauptstraße ein gutes Stück außerhalb (Sa/So etwa 4-mal). In Gegenrichtung nach Usedom und mit der **Linie 201** weiter nach Anklam.

Wird Stück für Stück restauriert: das Schloss Mellenthin

Übernachten/Essen **Wasserschloss Mellenthin**, stattliches Schloss, weitgehend saniert, mit Restaurant im Gewölbe und Café. Stilvolles Ambiente im restaurierten Erdgeschoss, schöne Terrasse und Biergarten im Schlosshof. Gutbürgerliche Küche, auch Wildgerichte, mittleres Preisniveau (Hauptgerichte ab 11,50 € bzw. um 14 €), auch Themenabende, z. B. der Brauer-Abend dank der hauseigenen Brauerei. Tägl. ab 12 Uhr geöffnet. Zudem Kaffeerösterei und selbst gebackene Kuchen und Torten. Das EZ im Schlosshotel kostet im Sommer ab 100 €, das DZ 144–192 €, inkl. Frühstück. In der Nebensaison deutlich günstiger. Dorfstr. 25, 17429 Mellenthin, ✆ 038379-28780, 📠 038379-2878280, www.wasserschloss-mellenthin.de.

Gutshof Mellenthin, nahe dem Wasserschloss, Hotel, Restaurant, Waffelbäckerei (Vollkornwaffeln) und Gartencafé (bei unseren Besuchen leider sehr viele Wespen). 20 im modernen Landhausstil eingerichtete Zimmer. Tägl. 12–22 Uhr. EZ 75 €, DZ 119–139 €, inkl. Frühstück. Dorfstr. 24, 17429 Mellenthin, ✆ 038379-20700, 📠 038379-28830, www.gutshof-usedom.de.

Morgenitz: Ein fotogenes 150-Einwohner-Dorf mit holprigen Straßen, rohrgedeckten Häusern mit bunten Blumen an den Fenstern und hübsch gestrichenen Fensterläden, umgeben von lauschigen Gärten, in denen man sich sofort in einen Liegestuhl fallen lassen möchte.

Einkaufen **Dannegger**, schöne, hochwertige Keramiken vom idyllischen Hof, nicht ganz billig, ideale Souvenirs. Mo–Sa 12–13 und 16–17 Uhr geöffnet, sonst nach tel. Voranmeldung. Dorfstr. 8, ✆ 038372-70910.

Lieper Winkel

Mittendrin und doch so abgeschieden wie kaum eine andere Gegend auf Usedom. Wie eine Glühbirne ragt die vollkommen flache Halbinsel ins Achterwasser hinein.

Das blaue Haus in Warthe

Über eine herrliche Allee erreicht man zunächst **Rankwitz**, den „Hauptort" der Halbinsel – sofern man das angesichts der etwa zwei Dutzend Häuser überhaupt sagen kann – und bald darauf das Dorf, dem der Winkel seinen Namen verdankt. In **Liepe** befindet sich die älteste *Kirche* Usedoms. Erstmals erwähnt wurde das romanische Gotteshaus im Jahr 1216. Im Inneren findet man Fresken aus dem späten Mittelalter, aber auch barocke Stilelemente wie z. B. beim Chorgestühl und dem Kanzelaltar. Im Norden liegt die winzige Ansiedlung **Grüssow** direkt am Achterwasser: ein Idyll mit reetgedeckten Häuschen, viel Grün und praktisch ohne Autoverkehr. Herrlich abgeschieden liegt auch das hübsche **Reestow** und in **Warthe** schließlich, am Nordwestzipfel des Lieper Winkels, liegt versteckt das *Blaue Haus*, ein sehr malerisches, reetgedecktes Häuschen mit verwildertem Vorgarten sowie ein empfehlenswertes Restaurant im Gutshof.

Usedom
Karte → S. 276/277

Wer auf dem Weg in den Lieper Winkel ist, sollte kurz nach dem Ortsausgang von Suckow einen Blick auf die **Suckower Eiche** werfen: Der mächtige und überaus eindrucksvolle Baum (direkt an der Straße, nicht zu übersehen) wurde schon im Jahr 1298 als Grenzmarke erwähnt und ist demnach über 700 Jahre alt! Der Stamm hat einen Umfang von über sechs Metern, die Krone umfasst etwa 30 Meter. Ursprünglich soll sich hier eine prähistorische Grabstätte befunden haben.

Verbindungen Mit dem **Bus 283** an Schultagen 3-mal tägl. von und nach Usedom/Stadt über Morgenitz in den Lieper Winkel bis Warthe, Sa/So keine Verbindung.

Übernachten/Essen »» Unser Tipp: **Gutshof Warthe**, stilvoll eingerichtetes, kleines Restaurant unter sehr sympathischer Leitung. Eine Karte gibt es nicht, dafür eine feine Auswahl frisch zubereiteter Tagesgerichte, nachmittags *Café*. Im Sommer sitzt man auch schön draußen im Hof. Am Ortseingang von Warthe linker Hand gelegen. Mai bis Anfang Sept. tägl. ab 12.30 Uhr geöffnet. Auch drei Ferienwohnungen (75–85 €/Tag), Hunde willkommen. Dorfstr. 2, 17406 Warthe, ✆ 038372-769906, www.gutshof-warthe.de. ««

Usedom/Stadt

ca. 1800 Einwohner

Namensgebend und geschichtsträchtig, steinalt und doch beschaulich. Die Kirche scheint ein wenig zu wuchtig, das Tor ein wenig zu städtisch, und dennoch passt sich das kleinststädtische Bild idyllisch in die liebliche Landschaft ein.

Wahrscheinlich war die Gegend um den Schlossberg bereits in vorslawischer Zeit besiedelt. Im 12. Jh. stand auf der Anhöhe über dem kleinen Hafen eine slawische Burg, die als Residenz pommerscher Fürsten diente und im Jahr 1128 zum Schauplatz großer Geschichte wurde. In *Uznam*, so der slawische Name Usedoms, trafen sich westpommersche Adlige und bekannten sich in Anwesenheit *Ottos von Bamberg* zum Christentum. Bald entwickelte sich die Ansiedlung zu einem schmucken mittelalterlichen Ort, der rasch der bedeutendste der Insel wurde und 1298 die Stadtrechte erhielt. Nahebei befand sich auch das geistige Zentrum der Insel, das um 1150 gegründete Kloster Grobe.

Aus der großen Zeit der Stadt ist kaum etwas erhalten geblieben, da Ende des 15. Jh. ein Brand die meisten Gebäude vernichtet hat, auch die 1337 erstmals erwähnte **Marienkirche**, die aber nach der Brandkatastrophe als dreischiffige spätgotische Hallenkirche wiederaufgebaut wurde. Ihr heutiges Erscheinungsbild verdankt sie einem Umbau vom Ende des 19. Jh. Gänzlich verschont vom Stadtbrand blieb das **Anklamer Tor**, ein sehenswerter, klar gegliederter Backsteinbau, der Mitte des 15. Jh. als Teil einer stadtumschließenden Befestigung errichtet worden war. Heute wird der Torbau als **Heimatmuseum** genutzt.

Marienkirche: tägl. 10–15 Uhr geöffnet, Turmbesteigung 1 €. **Heimatmuseum**: zur Saison Mo–Fr 10–15 Uhr geöffnet, Eintritt frei (Spende willkommen!), ✆ 038372-70890.

Information **Stadtinformation Usedom**, etwas außerhalb auf der stadtabgewandten Seite der B 110. Mai bis Sept. Mo–Fr 10–18 Uhr, Sa 10–14 Uhr; Okt. und April Mo–Fr 10–16 Uhr; Nov. bis März Mo–Fr 10–15 Uhr. Auch Fahrradverleih. Bäderstr. 5, 17406 Usedom, ✆ 038372-70890, 038372-71072, www.stadtinfo-usedom.de. Nebenan befindet sich ein Besucherzentrum des Naturparks (gleiche Öffnungszeiten).

Verbindungen Der **Bus** der **Linie 201** fährt werktags etwa alle 2 Std. (Sa/So ca. 4-mal) nach Anklam bzw. zu den Kaiserbädern Ahlbeck und Heringsdorf (auf der B 110). Nach Ahlbeck und zurück (über Benz und Bansin) 2-mal tägl. auch mit der **281** (werktags). Die **283** fährt an Schultagen 3-mal tägl. zum Lieper Winkel.

Einkaufen/Café >>> Unser Tipp: **Antiquitäten und Café**, zum Stöbern, Schlemmen, Plauschen oder Relaxen. Antiquitäten von Möbeln über Porzellan und Schmuck bis Spielzeug, großes Antiquariat, auch alte Postkarten sowie Feinkost (Konfekt, Kaffee, Wein, Spirituosen etc.) und schließlich Café mit selbst gebackenen Kuchen. Zur Saison tägl. ab 10 Uhr geöffnet. Swinemünder Str. 68, ✆ 038372-70569. <<<

Übernachten/Café **Roseneck**, Eiscafé mit gemütlichem Garten, Brasserie und Pension nahe dem Marktplatz. DZ mit Frühstück 65 €, auch Ferienwohnungen (70–75 € für 2–4 Pers.). Rosenstr. 8, 17406 Usedom, ✆ 038372-76737, 038372-76745, www.roseneck-usedom.de.

Übernachten außerhalb **Stolperhof**, ökologisch geführter Hof bei Stolpe (östlich von Usedom/Stadt, beschildert). Schönes Anwesen, ein stilles Idyll mit 16 nostalgisch-schlichten Zimmern. EZ 74 €, DZ 116 €, Frühstück inkl., Halbpension 12 €/Pers. Landweg 1, Stolperhof, 17406 Stolpe auf Usedom, ✆ 038372-71081, 038372-71082, www.stolperhof.de.

Mecklenburgische Seenplatte

Mecklenburgische Seenplatte

1000 Seen und ein kleines Meer. Nicht zu vergessen die sehenswerten Residenzstädte und malerischen Dörfer, der Müritz-Nationalpark mit seinen intakten Naturräumen und die weit verzweigten Wasserwege. Und sogar eine Schweiz gibt es hier. Die zauberhaften Landschaften rund um die Mecklenburgische Seenplatte sind mehr als nur eine Reise wert.

Vom Schweriner See im Westen (→ S. 86) bis zur Feldberger Seenlandschaft, von der gewundenen Warnow bis zur verzweigten Havel, vom weitläufigen Kummerower See am Rand der Mecklenburgischen Schweiz bis zur vielgestaltigen Kleinseenplatte an der Grenze zu Brandenburg – zahllose Flüsse und Kanäle verbinden die mecklenburgischen Seen zu einem dichten Netz von Wasserwegen. In dessen Mitte erstreckt sich die Müritz, „das kleine Meer“, Deutschlands größter Binnensee, mit dem herrlichen *Müritz-Nationalpark*. Entlang der gewundenen Flussläufe und zergliederten Seen finden sich versteckte Badebuchten und viel unberührte Natur ebenso wie lebhafte kleine Häfen und idyllische Anlegestellen, tiefe Wälder und sanfte Hügel, prächtige Schlösser und malerische Dörfer ... Kurz: Mecklenburg bietet eine Seenlandschaft von faszinierender Schönheit, die in Deutschland ihresgleichen sucht.

Plau am See | Im Natur- und Umweltpark Güstrow

Im Westen der Seenplatte

Östlich von Schwerin öffnet sich eine typisch mecklenburgische Landschaft: ein paar versteckte Bauerndörfer inmitten eines lieblichen Landstrichs, ein, zwei Kleinstädte, Felder und Wiesen, durchzogen von Waldstücken und Flüssen, sanfte Hügel und hin und wieder ein blau leuchtender See.

Zuallererst sind da natürlich der Sternberger See, der Goldberger See und der Krakower See zu nennen, die ein wenig vereinzelt und abseits der touristischen Hauptrouten liegen. Kultureller Höhepunkt im Westen ist zweifellos das schöne Güstrow mit seinem sehenswerten Schloss, der Altstadt und nicht zuletzt den Spuren, die sein berühmtester Sohn hinterlassen hat: der Bildhauer und Schriftsteller Ernst Barlach. Rund um Sternberg erstreckt sich der 540 Quadratkilometer große *Naturpark Sternberger Seenland* (→ S. 311), der bei Goldberg nahtlos in den 365 Quadratkilometer großen *Naturpark Nossentiner/Schwinzer Heide* (→ S. 325) übergeht. Geprägt wird das Gebiet von mehreren Endmoränen aus der letzten Eiszeit – unzählige Seen, Moore und Wälder bieten vielen seltenen Vogelarten (darunter See- und Fischadler) einen idealen Lebensraum.

Im *Naturpark Sternberger Seenland* finden Freizeitkanuten auf der Warnow und dem kleinen Nebenfluss Mildenitz ein herrliches Revier. Am Plauer See beginnen dann die langen und verzweigten Wasserwege der Mecklenburgischen Seenplatte. Von hier aus gelangen die Wasserwanderer via Kanal und stromgleichen Seen über Fleesensee und Kölpinsee zur Müritz.

Neukloster

ca. 3900 Einwohner

Im Jahr 1219 gründete *Heinrich Borwin I.* hier ein Kloster für Benediktinerinnen, die im Lauf des 13. Jh. ein blühendes Gemeinwesen schufen. Von der einst mächtigen Klosteranlage sind die Kirche, der Glockenturm und die Propstei erhalten. Im Zuge der Reformation wurde das Kloster 1555 säkularisiert. Nach dem Dreißigjährigen Krieg fiel Neukloster mit Wismar an Schweden und blieb bis 1803 (de jure

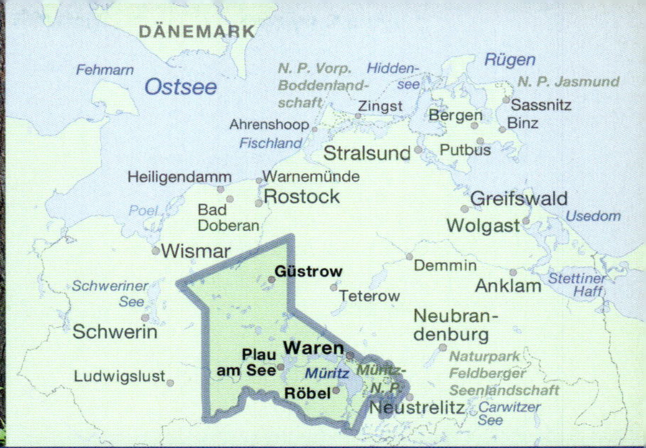

bis 1903) unter der Herrschaft der Drei Kronen (zuerst auf 100 Jahre an Mecklenburg verpachtet, dann von den Schweden nicht zurückgefordert).

Mit dem Bau der spätromanischen **Klosterkirche** wurde 1219/1220 begonnen. 1865 wurde die Kirche restauriert und teilweise umgestaltet. Einzigartig sind die Glasmalereien der Klosterkirche – es sind die ältesten in Mecklenburg: Schon 1240 wurde die Kirche mit kunstvoll bemalten, schlanken Fenstern geschmückt, von denen drei (restauriert und ergänzt) noch erhalten sind. Dargestellt sind u. a. die hl. Elisabeth von Thüringen und die hl. Katharina.

Klosterkirche St. Maria und Johannes Ev.: Im Sommer Mo–Fr 10–12 und 14–16 Uhr, im Winterhalbjahr eingeschränkt, Führungen nach Anmeldung unter ✆ 038422-25451.

Die um 1400 erbaute **Propstei**, ein langes Backsteingebäude mit schöner Staffelgiebelfront, dient heute als Kindertagesstätte. Der **Glockenturm** (um 1500) brannte 1989 aus, wurde aber wieder instand gesetzt. Um den ehemaligen Klosterhof gruppieren sich neben Glockenturm und Propstei in schön restaurierten Backstein-Fachwerkhäusern ein Schullandheim und das kleine **Museum**. Hier kann man sich in drei Räumen über Stadtgeschichte, Arbeitswelt und Alltag der Handwerker und Bauern informieren (Di–Sa 10–16 Uhr, Spende erwünscht).

Rund um den **Neuklostersee** führt ein 9,4 Kilometer langer **Wanderweg** vornehmlich am schilfreichen Seeufer entlang. Mit vier Kilometern deutlich kürzer ist der Spaziergang rund um die in den See ragende Halbinsel (beide Touren lassen sich kombinieren).

Information **Touristinformation Neukloster**, Di und Do/Fr 9–12 Uhr geöffnet, Di auch 15–18 Uhr, Do 14–15.30 Uhr. Hauptstr. 27, 23992 Neukloster, ✆ 038422-44030, www.neukloster.de.

Übernachten/Essen »» Unser Tipp: **Seehotel**, herrliche Anlage 2 km südlich von Neukloster am Ufer des Neuklostersees. Stilvoll eingerichtete Zimmer, die sich auf mehrere Gebäude des Anwesens verteilen, Restaurant mit Wintergarten und Terrasse zum See (tägl. mittags und abends geöffnet, abends reservieren), Badescheune mit Spa-Bereich, am See Badestrand samt Steg, Strandkorb und Liegewiese, außerdem gibt es eine Bar und die Kunstscheune mit Raum für Veranstaltungen, Konzerte, Seminare etc. EZ 85–115 €, DZ 140–190 €, Suite 180–230 €, Frühstück inkl., Halbpension 33–35 €/Tag; Hund 12 €/Tag. Im Ortsteil Nakendorf südlich von Neukloster (beschildert). Seestr. 1, 23992 Neukloster, ✆ 038422-4570, ℻ 038422-45717, www.seehotel-neuklostersee.de. «««

Im Westen der Seenplatte
Karte → S. 308/309

Warin

ca. 3400 Einwohner

Eingebettet in eine zauberhafte Landschaft aus sanften Hügeln, Weiden, Feldern, Wäldern und blau funkelnden Seen, liegt Warin im nordwestlichen Eck des *Naturparks Sternberger Seenland*. Schon im 13. Jh. hatte es die Bischöfe aus Schwerin nach Warin gezogen, die den Ort zu ihrem Sommerquartier machten. Im Ortskern des beschaulichen Ortes residiert vor der neugotischen Kirche das *Naturparkzentrum Sternberger Seenland* (→ S. 311). Ein schönes Strandbad mit grüner Wiese und Spielplatz liegt am *Großen Wariner See* (beschildert).

Information Wariner Fremdenverkehrsverein, Mai bis Sept. Mo–Fr 9.30–12 und 14–16 Uhr, Sa 9.30–11.30 Uhr: Okt. bis April Mo/Di und Fr 9.30–12 Uhr, Mo/Di auch 14–16 Uhr. Am Markt 4 a, 19417 Warin, ✆ 038482-60431, www.stadt-warin.eu.

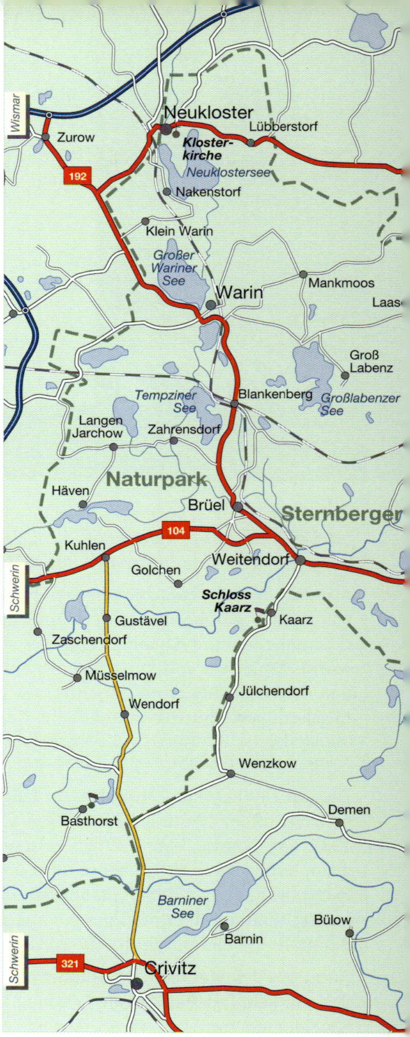

Sternberger See

Zentrum des 2004 ausgewiesenen *Naturparks Sternberger Seenland* ist der Große Sternberger See, der mit nur 2,5 Quadratkilometern allerdings recht klein ausfällt. Überdies ermöglichen seine überwiegend bewachsenen Ufer kaum eine touristische Nutzung. Kulturhistorischer Höhepunkt der Gegend ist die slawische Tempelanlage des *Archäologischen Landesmuseums Groß Raden* etwas nordöstlich des Sees.

Sternberg

ca. 4400 Einwohner

Das ruhige kleine Städtchen geht auf eine alte slawische Siedlung zurück, die 1248 erstmals erwähnt wurde, als ihr das Stadtrecht verliehen wurde. Heute rühmt sich der Ort als „staatlich anerkannter Erholungsort", nicht zuletzt dank der schönen Lage oberhalb des Großen Sternberger Sees auf einem Hügel, umgeben von einer Stadtmauer (mit gotischem **Stadttor**). Gleich beim beschaulichen Marktplatz mit seinen ansehnlichen Fachwerkhäusern und dem tudor-gotischen **Rathaus** befindet sich am höchsten Punkt des Ortes die mächtige gotische **Backsteinkirche** (um 1320), gegenüber davon hat sich das **Heimatmuseum** von Sternberg niedergelassen.

In die Chroniken ging Sternberg im Oktober 1492 ein, als es bei einem Hochzeitsfest zu einer „Hostienschändung" gekommen sein soll – der Legende nach durch-

stach ein jüdischer Hochzeitsgast die Hostien mit seinem Schwert, die daraufhin geblutet haben sollen. Infolge dieses Vorfalls wurden in Sternberg 27 Juden auf dem Scheiterhaufen verbrannt, alle anderen Juden des Landes verwiesen. Die Hostien selbst wurden daraufhin in einer eigens erbauten Kapelle als Heiligtum verehrt, Sternberg avancierte kurzzeitig zum Wallfahrtsort.

Ein halbes Jahrhundert später, am 20. Juni 1549, bekannte sich der Landtag von Sternberg (eine von den Herzögen verfügte Ständeversammlung) zur Lehre Martin Luthers und öffnete damit ganz Mecklenburg für die Reformation. Am Ort des Geschehens, der **Sagsdorfer Brücke** über die Warnow, etwa drei Kilometer nordwestlich von Sternberg, erinnert heute ein Gedenkstein an dieses Ereignis.

Basis-Infos

Information **Touristinformation Sternberg**, am Marktplatz. Mai bis Sept. Mo–Fr 9–12 und 13–17 Uhr, im Juli/Aug. auch Sa 10–13 Uhr; Okt.–April Mo–Do 9–12 und 13–16 Uhr, Fr nur 9–12 Uhr. Am Markt 3, 19406 Sternberg, ✆ 03847-444535, ℻ 03847-444570, www.sternberg.m-vp.de.

Verbindungen **Busse** fahren mehrmals tägl. nach Groß Raden und Schwerin.

Sport **Kanu- und Kajakverleih**, die Kanutour durch das Warnow-Durchbruchstal (→ „An der unteren Warnow") zählt zu den aufregendsten Wassertouren in der Gegend, Anfänger finden auf der Warnow aber auch ruhigeres Fahrwasser. Infos, Tourenvorschläge und Kanuverleih bei **Kanu Warnow** am *Camping Sternberger Seenlandschaft* (→ Camping). Einsteigertouren ab 25 € (halber Tag), Tagestouren ab 30 €. Kontakt über den Camping, weitere Infos zu Touren etc. unter www.kanu-warnow.de.

Camping **Camping Sternberger Seenland**, direkt am Luckower See (ausgeschildert), gut ausgestatteter Platz, Bade- und Anlegestelle, 150 Stellplätze, einige am Wasser, außerdem Blockhütten und Bungalows. Kanu- und Kajakvermietung, Angeln, Bootstouren, Tischtennis, Volleyball usw. Gaststätte mit Terrasse, Mini-Market. Hunde sind willkommen (separater Hundestrand). Stellplatz mit Wohnmobil für 2 Pers. 24 €, mit Wohnwagen oder Zelt für 1 Pers. 18 €, weitere Pers. 6 €, Kind 2–14 J. 4,50 €, Hund 3,50 €, Stellplatz am See plus 4,50 €. Blockhaus für 2–4 Pers. 75–90 €, Bungalow (2–6 Pers.) 50–95 €. Geöffnet April bis Okt. Maikamp 11, 19406 Sternberg, ✆ 03847-2534, ℻ 03847-5376, www.camping-sternberg.de.

Sternberg/Umgebung

Archäologisches Landesmuseum Groß Raden (Freilichtmuseum): Die weitläufige obotritisch-altslawische Siedlung samt Tempelanlage aus dem 9./10. Jh. ist die bekannteste und sicherlich eine der bedeutendsten Ausgrabungsstätten in Mecklenburg-Vorpommern. 1973 begannen die Grabungen auf dem rund 7000 Quadratmeter großen Areal (gerade einmal die Hälfte des ehemals besiedelten Gebiets), bei denen an die 100.000 Fundstücke zutage kamen, teilweise bestens erhalten, da über die Jahrhunderte luftdicht im Wasser und Moor verborgen. Die Funde deuten auf

Über dem Ausgrabungsgelände wieder aufgebaut: die altslawische Siedlung

eine Besiedlung durch die Warnower (eine Seitenlinie der Obotriten) im 9. Jh. wie auch auf eine zweite Besiedlungsphase im 10. Jh. hin, wobei davon auszugehen ist, dass die erste Siedlung komplett zerstört und einige Jahrzehnte später wieder aufgebaut wurde. Ebenso fand man heraus, dass der Ringwall vor der Halbinsel vor rund 1000 Jahren noch vom Festland abgeschnitten war, der einzige Zugang führte über eine Brücke. Auch die Siedlung selbst war mit tiefen Gräben und Palisaden geschützt und nur über ein Eingangstor zu betreten. Seit 1987 ist die rekonstruierte Anlage als Freilichtmuseum zugänglich.

Öffnungszeiten April bis Okt. tägl. 10–17.30 Uhr, Nov. bis März Di–So 10–16.30 Uhr. Eintritt 2,50 €, erm. 1,50 €, Kinder unter 6 J. frei, Familien 5 €. Kastanienallee, 19406 Groß Raden, ✆ 03847-2252, www.freilichtmuseum-gross-raden.de.

Anfahrt Von Sternberg ca. 4 km nordöstlich nach Groß Raden (hier einige Cafés). Der **Parkplatz** des Museums befindet sich *in* Groß Raden, von diesem aus geht es noch ein Stück durch den Ort, dann oberhalb des Sees entlang und schließlich durch den Wald – knapp 1,5 km zu Fuß bis zum Freilichtmuseum (ausgeschildert).

Naturpark Sternberger Seenland

Der 2004 eingerichtete Naturpark erstreckt sich über knapp 540 Quadratkilometer. Er reicht von Neukloster hinunter bis fast an das Ostufer des Schweriner Sees, nördlich schließt er von Goldberg an den *Naturpark Nossentiner/Schwinzer Heide* an. Landschaftlich geprägt wird der Naturpark Sternberger Seenland von zwei Endmoränen, Hinterlassenschaften der letzten Eiszeit, sowie von über 80 Seen, deren Entstehung zumeist auf Toteisblöcke und Schmelzwasserrinnen zurückgeht. Die größten Seen sind der Neuklostersee, der Große Wariner See, der Großlabenzer See und der Große Sternberger See. An den schilfreichen Seeufern, in gewundenen Flussniederungen, abgelegenen Mooren und zahlreichen sogenannten *Söllen* (von Toteisblöcken hinterlassene Feuchtgebiete → S. 21), aber auch auf großen Weideflächen und in ausgedehnten Wäldern finden zahllose Tierarten einen intakten Lebensraum. Bemerkenswert sind vor allem die Biberbestände und die See- und Fischadler. Zuletzt wurden zwölf Seeadler-Paare rund um Warin gezählt, angesichts der Seltenheit der stolzen Greifvögel ein enormer Bestand. Eine geologische Besonderheit der Gegend stellt der *Sternberger Kuchen* dar, ein geologisches „Gebäck“ aus Sandsteinschmirgel, Muscheln, Schnecken und anderen Fossilien, das schon Tausende von Jahren alt ist.

Mit dem **Naturparkzentrum Sternberger Seenland** in Warin ist neben einer Informationsstelle auch eine kleine Ausstellung entstanden. Interessant und kindgerecht aufbereitet, kann man sich hier in drei Räumen über den hiesigen Naturraum informieren. Auch geführte Wanderungen, Rad- und Kanutouren im Naturpark werden angeboten.

Mai bis Sept. tägl. 10–18 Uhr, Okt. bis April Mo–Fr 10–16 Uhr geöffnet. Am Markt 1, 19417 Warin, ✆ 038482-235270, 📠 038482-2352720, www.np-sternberger-seenland.de.

An der unteren Warnow

Warnow-Durchbruchstal: Bevor die Warnow bei Warnemünde in die Ostsee fließt, hat sie bereits einen beträchtlichen Weg zurückgelegt. Von ihrer Quelle östlich von Schwerin bis zur Unterwarnow und Breitling bei Rostock sind es über 140 Kilome-

Im Westen der Seenplatte
Karte → S. 308/309

ter gewundener Flusslauf. Etwa acht Kilometer nördlich von Sternberg bei Groß Raden befindet sich das Warnow-Durchbruchstal, heute ein idyllisches Naturschutzgebiet. Während der letzten Eiszeit wurde hier durch die Gletscher ein gigantischer Wall aufgehäuft, der beim Abschmelzen dem mächtigen Druck der Wassermassen nachgab und der Warnow den Weg ebnete – daher auch der Name Durchbruchstal. Geblieben ist ein tiefer Einschnitt mit bis zu 30 Meter hohen Steilhängen und einer stellenweise recht wilden Warnow, die sich als Kanurevier großer Beliebtheit erfreut (Wasserrastplatz bei Klein Raden). Das Tal ist von **Groß Görnow** aus zu erreichen.

Bützow (ca. 7600 Einwohner): Das Städtchen ist der nächste größere Ort in Richtung Norden. In seinem Zentrum liegen die wuchtige, ehemalige *Stiftskirche*, die in ihrem Kern aus dem 13. Jh. stammt, das neogotische *Rathaus* mit zierlichen Türmchen und der weitläufige *Marktplatz* mit dem Gänsebrunnen. Ein literarisches Denkmal setzte der große, heute leider ein wenig in Vergessenheit geratene Erzähler *Wilhelm Raabe* der Stadt dank seiner Novelle *Die Gänse von Bützow* (1866). Fragt man in der freundlichen Buchhandlung von Bützow nach der Novelle, wird man enttäuscht. Doch das ist keine Nachlässigkeit im Sortiment der bezüglich Regionalia sehr gut sortierten Buchhandlung, sondern dem bedauerlichen Umstand geschuldet, dass die Novelle heute keinen Verleger mehr findet. Am südlichen Ortsausgang von Bützow befindet sich der Schlossplatz mit dem verwitterten *Schloss* und dem sorgsam renovierten *Krummen Haus* (15. Jh.), das einst Teil des Schlosses war und heute das Heimatmuseum beherbergt.

Information Touristinformation Bützow, Mo und Mi/Do 8.30–16 Uhr, Di bis 17.30 Uhr, Fr 8.30–13 Uhr. Am Markt 1, 18246 Bützow, ✆/℻ 038461-50120, www.buetzow.eu.

Öffnungszeiten Das „**Krumme Haus**“: Heimatmuseum und Stadtbibliothek, Mo 13–17 Uhr, Di/Mi und Fr/Sa 10–12 Uhr, Di auch 13–18 Uhr und Fr 13–16 Uhr. Schlossplatz 2, ✆ 038461-4051 oder 038461-66915.

Einkaufen **Buchhandlung Am Markt**, gut sortiertes Regionalia-Regal, freundlich. Lange Str. 34, ✆ 038461-2608.

Südlich von Bützow befindet sich versteckt in einem kleinen Waldstück der sogenannte **Steintanz von Boitin**. Dabei handelt es sich um vier prähistorische Steinkreise, drei nahe beieinander und einer etwas abseitig. Der „Tanz der Menhire“ hatte sicherlich kultische Bedeutung und diente nachweislich auch als Begräbnisstätte, ob er auch – quasi als mecklenburgisches Stonehenge – eine astrologische Funktion hatte, konnte bislang nicht eindeutig belegt werden.

Sowohl von Dreetz als auch von Boitin, wenige Kilometer südlich von Bützow, führen Feld-/Waldwege zum Steintanz (jeweils etwa 2 km zu laufen).

Burg Werle: Etwa auf halbem Weg Richtung Norden nach Schwaan liegt der winzige Weiler *Werle*. Nur der Name weist darauf hin, dass es sich um einen geschichtsträchtigen Ort handelt. Von der nahe gelegenen Burg stammen die slawischen Obotriten, die Schwerin gründeten und später gegen Heinrich den Löwen fochten. Doch von der einstmals stolzen Slawenburg ist heute nur noch ein niedriger Hügel im Wald übrig. Fehlte der Gedenkstein und die Tafel über *Niklot*, der hier die entscheidende Schlacht gegen Heinrich den Löwen verlor, würde man die Burg glatt verpassen. Etwas unterhalb des Hügels fließt malerisch die Warnow vorbei. Von dem Flussidyll abgesehen, ist die Burg Werle wohl nicht einmal mehr für Grabräuber interessant.

Am nördlichen Ortsausgang von Werle verläuft die Straße über die Eisenbahngleise, hier zweigt links ein Feldweg ab (beschildert), der nach etwa 1,7 km zur Burg führt.

Schwaan: Das 5000-Einwohner-Städtchen ist der letzte größere Ort an der Warnow vor Rostock (20 km). Schwaan ist eine verschlafene kleine Ackerbürgerstadt mit vergleichsweise stattlicher Kirche aus dem 13. Jh. und einer alten restaurierten Wassermühle an der Durchgangsstraße, die heute die Touristinformation beherbergt und seit 2002 als *Kunstmühle* dient. In den Jahren um 1885–1890 entstand nämlich auch in Schwaan eine kleine **Künstlerkolonie**, gegründet vom hiesigen Maler *Franz Bunke*, der seinerzeit in Weimar Landschaftsmalerei lehrte und seine Schüler mit in die Heimatstadt brachte. Und Landschaft gab es hier wahrlich genug zu malen: In den drei Stockwerken der Mühle sind Fluss- und Stadtansichten von Schwaan zur Genüge zu sehen, dazu diverse Landschaftsszenen. Neben dem Kunstprofessor Bunke ließen sich auch die gebürtigen Schwaaner *Rudolf Bartels* und *Peter Paul Draewing* sowie der Hamburger *Alfred Heinsohn* von der mecklenburgischen Landschaft inspirieren. Mit Beginn des Ersten Weltkrieges ging es mit der Künstlerkolonie Schwaan jedoch bergab. Neben der sehenswerten Dauerausstellung werden in der Kunstmühle auch wechselnde Ausstellungen gezeigt.

Touristinformation Schwaan und **Kunstmuseum**: April bis Okt. Di–Fr 10–17 Uhr, Sa 13–17 Uhr, So 11–17 Uhr (feiertags jedoch 13–17 Uhr); Nov. bis März Di–Fr 10–16 Uhr, Sa geschlossen, So 11–17 Uhr (feiertags 13–17 Uhr). Eintritt Kunstmuseum 4 €, erm. 3 €. Mühlenstr. 12, 18258 Schwaan, ✆ 03844-891792, 📠 03844-8900335, www.kunstmuseum-schwaan.de (offizielle Seite der Stadt: www.schwaan.de).

Güstrow

ca. 29.000 Einwohner

Berühmt geworden ist Güstrow dank Ernst Barlach, der hier zeichnete und lithografierte, schnitzte und in Bronze goss – kurz: der hier sein Hauptwerk schuf. Doch die Stadt an der Nebel, die sich heute stolz Barlachstadt nennt, ist auch eine altehrwürdige Residenzstadt mit schönem historischen Zentrum und vor allem einem prächtigen Renaissanceschloss.

Güstrows Altstadt präsentiert sich als ein kompaktes, fast kreisrundes Zentrum, das anstatt einer früheren Stadtmauer heute von einem schmalen, grünen Gürtel

Güstrows prächtiges Schloss

Güstrow Karte → S. 316

umgeben ist. Einen Stadtrundgang beginnt man am besten bei der nicht nur in ihren Ausmaßen größten Sehenswürdigkeit, dem **Schloss** (was sich auch deshalb anbietet, da sich neben dem weitläufigen Park ein ebenso weitläufiger Parkplatz befindet). Vom Torhaus des Schlosses ist es nicht weit bis zum Franz-Parr-Platz – *Parr* war übrigens einer der Architekten der exklusiven Immobilie. Hier befindet sich die Touristinformation sowie das sehenswerte **Stadtmuseum**.

Seltsam zurückgesetzt liegt am südwestlichen Altstadtrand der altehrwürdige **Dom**. Vom Parr-Platz aus verläuft die Domstraße (allerdings ohne am Dom entlangzuführen) zur **Marienkirche** und zum **Rathaus** am Markt, dem lebhaften Zentrum Güstrows. Vom autofreien Marktplatz führt die Fußgängerzone, eine kleine Einkaufsmeile mit Geschäften, Restaurants und Cafés, vorbei am martialischen Borwin-Brunnen, der den mecklenburgischen Fürsten als stolzen Recken zeigt, zum Pferdemarkt. Schon etwas außerhalb der Altstadt, aber nur wenige Schritte vom Pferdemarkt entfernt, befindet sich in der Gertrudenkapelle das **Barlachmuseum**.

Doch nicht nur Güstrows Altstadt ist einen Besuch wert. In südöstlicher Richtung um den Inselsee finden sich weitere Publikumsmagneten: das Badeparadies, der **Natur- und Umweltpark Güstrow (NUP)**, das **Barlachatelier** und schließlich der See selbst.

Stadtgeschichte

Aus einem kleinen slawischen Weiler im sumpfigen Tal des Flusses *Nebel* entwickelte sich dank seiner Lage an der Kreuzung zweier Handelstraßen ein blühendes Gemeinwesen mitsamt einer Burg. Der mecklenburgische Fürst *Heinrich Borwin II.* gründete 1226 ein Kollegiatsstift und initiierte damit den Baubeginn des Güstrower Doms. 1228 erhielt Güstrow das Schweriner Stadtrecht. Nördlich der alten Siedlung um Burg und Dombaustelle entwickelte sich ein jüngerer Stadtteil um den heutigen Marktplatz, an dem im frühen 14. Jh. eine zweite Kirche, St. Marien, sowie das Rathaus entstanden. Anfang des 16. Jh. legten innerhalb von neun Jahren drei schwere Feuer die Stadt in Schutt und Asche.

Dass Güstrow zur Residenzstadt wurde, verdankt die Stadt einem Bruderzwist. Nicht eben ungewöhnlich, ging es bei diesem Streit ursprünglich um die Aufteilung eines Erbes. 1547, nach dem Tod Herzog *Albrechts VII.*, stritten sich seine Söhne *Johann Albrecht I.* und *Ulrich* um die Vorherrschaft über die Hinterlassenschaften des Vaters. Nach einem Machtwort des brandenburgischen Kurfürsten wurde schließlich brüderlich geteilt: Johann Albrecht bekam das westliche Gebiet mit Schwerin und Wismar als blühende Zentren, Ulrich den östlichen Teil um Güstrow. Damit wurde im Prinzip die Teilung Mecklenburgs schon vorweggenommen, sie manifestierte sich jedoch erst 1621. Mit der Landesteilung entstanden zwei Mecklenburgs, näher definiert durch ihre Residenzstädte: Mecklenburg-Schwerin und eben Mecklenburg-Güstrow.

Das neue Schloss von Güstrow gefiel auch dem Generalissimus. 1628 erklärte es *Wallenstein*, nunmehr Herzog von Mecklenburg, zu seiner Residenz, wohl mit der Absicht, länger zu bleiben. Unverzüglich ließ er größere Umbaumaßnahmen in Angriff nehmen, doch die Wirren des Dreißigjährigen Krieges machten auch vor dem Größten der Generäle nicht Halt. Wallenstein wurde weitergetrieben und die alten Mecklenburger Herzöge kehrten zurück. Nach dem Tod *Gustav Adolphs von Mecklenburg-Güstrow* 1695 endete die Güstrower Herzogslinie. Der Herzog hatte zwar elf Töchter, aber keinen männlichen Thronfolger. Der Name der Mutter, die deshalb unter enormem Druck gestanden haben muss, soll hier nicht verschwiegen werden: Sie hieß *Magdalene Sibylle von Holstein-Gottorp*. In der Folge stand Güstrow, nunmehr wieder Teil des Herzogtums Mecklenburg-Schwerin, noch ein wenig mehr im Schatten Schwerins.

Schließlich, im Jahr 1910, kam *er*: *Ernst Barlach*, der sich hier niederließ, sein Atelier aufbaute, sein künstlerisches Hauptwerk schuf und damit das Selbstbewusstsein der Stadt bis heute prägen sollte – Güstrow ist stolz auf seinen begnadeten Bürger und nennt sich entsprechend Barlachstadt. Aber dem war nicht immer so. Eines der berühmtesten Werke, der *Güstrower Domengel*, besser bekannt als *Der Schwebende*, der schon bei seiner Einweihung 1927 in nationalen Kreisen für Unmut gesorgt hatte, wurde 1937 von den Nationalsozialisten als „entartete Kunst" diffamiert, aus dem Dom entfernt und schließlich eingeschmolzen. Bei der eindrucksvollen Skulptur, die heute wieder im Dom schwebt, handelt es sich um einen Nachguss aus dem Jahr 1953.

St. Mariens Kirchturmhelm

Basis-Infos

Güstrow Karte → S. 316

Information **Güstrow-Information**, schräg gegenüber von Museum und Schloss. Auch Stadtführungen, Tickets und Hilfe bei der Unterkunftssuche. Mai bis Sept. Mo–Fr 9–19 Uhr, Sa 10–17 Uhr, So 11–17 Uhr; Okt. bis April Mo–Fr 9–18 Uhr, Sa 10–16 Uhr, So 11–16 Uhr. Franz-Parr-Platz 10, 18273 Güstrow, ✆ 03843-681023, 📠 03843-682079, www.guestrow-tourismus.de.

Verbindungen **Bahn**: mindestens stündl. nach Rostock; alle 2 Std. nach Waren, etwa stündl. via Teterow, Malchin und Stavenhagen nach Neubrandenburg sowie ca. stündl. nach Wismar (mit Umsteigen in Bad Kleinen oder Rostock) und Schwerin (meist mit Umsteigen in Bützow).

Bus: Gute Anbindung an Krakow (auch weiter nach Teterow), über Dobbertin nach Goldberg sowie nach Sternberg. Die **Stadtbusse 204** und **205** fahren zum *Inselsee* (Badeoase, Natur- und Umweltpark Güstrow und Barlach-Atelier).

Baden **Oase Badeparadies**, Erlebnisbad ein Stück östlich der Altstadt. Erw. 7,50 €/2 Std. (mit Sauna 10 €), 12 €/Tag (mit Sauna 14,50 €), Kinder 4 €/2 Std. (8,50 €), 8 €/Tag (12,50 €). Plauer Chaussee 7, ✆ 03843-85580, www.oaseguestrow.de.

Freibad am Inselsee (zwischen Hotel Kurhaus und Barlach-Atelierhaus).

Stadtführungen Thematische Stadtführungen, z. B. im Sommer tägl. 11 Uhr (im Winter 11.30 Uhr) durch die **Altstadt**; Mai bis Aug. immer Fr um 21 Uhr auch **Nachtwächterführungen**. 4,50 €/Pers., erm. 2,50 €, die Nachtwächterführung kostet 6,50 €. Infos in der Güstrow-Information, ✆ 03843-681023.

Übernachten/Essen & Trinken

Übernachten **** **Kurhaus am Inselsee** **2**, idyllisch und ruhig am Ufer des Inselsees gelegen. Restaurant und Café (schöne Terrasse/Garten zum See), diverse Wellnessangebote, auch Badestrand und Bootsverleih. EZ ab 78 €, DZ 115 € (zum Wald), 135–145 € (zum See), Suite ab 165 €. Heidberg 1, 18273 Güstrow, ✆ 03843-8500, 📠 03843-850100, www.kurhaus-guestrow.de.

Gästehaus am Schlosspark **5**, relativ zentral und mit Blick auf das Schloss; außen sachlich, innen modern, freundliche Zimmer, günstig. EZ 25–52 €, DZ 50–72 €, auch Familienzimmer (97–99 €), Frühstück 8,50 €/Pers., Hund 15 €/Tag. Neuwieder Weg 1, 18273 Güstrow, ✆ 03843-245990, 📠 03843-245992, www.gaestehaus-guestrow.de.

Jugendherberge **Jugendherberge Güstrow** **3**, ein gutes Stück außerhalb der Altstadt, ruhig am Waldrand und unweit des Inselsees. Übernachtung ab 21,40 €/Pers., auch DZ und Familienunterbringung möglich. Schabernack 70, 18273 Güstrow, ✆ 03843-840044, 📠 03843-840045, www.jugendherbergen-mv.de. *Anfahrt:* 5 km Richtung Inselsee, zunächst zum Barlach-Atelierhaus, dann geradeaus weiter, im Ortsteil *Mühl Rosin*.

Übernachten/Essen außerhalb **Gut Gremmelin**, Biohotel in einem alten Gutshof etwa 16 km östlich von Güstrow Richtung Teterow. Mit Restaurant *Landlieb* (alles Bio, versteht sich). Es werden auch diverse Kurse rund ums Wohlfühlen angeboten, Kochkurse, Yoga, Tai Chi etc. EZ 85–104 €, DZ 119–125 €. Am Hofsee 33, 18279 Gremmelin, ✆ 038452-5110, 📠 038452-5128, www.gutgremmelin.de. ■

Essen & Trinken **Barlach Stuben** **4**, v. a. mecklenburgische Gerichte, nicht teuer. Mittags und abends geöffnet. Plauer Str. 7, ✆ 03843-684881.

Wunderbar **1**, sympathische Café-Kneipe, günstiger Mittagstisch, auch kleine (und größere) Gerichte aus aller Welt. Tägl. ab 9 Uhr (Sa/So 10 Uhr) bis spätabends geöffnet. Krönchenhagen 10, ✆ 03843-776927, www.wunderbar-guestrow.de.

Sehenswertes

Schloss Güstrow und Museum

Wohl schon im 12. Jh. stand an dieser Stelle eine Burganlage. Zum schmucken Renaissanceschloss wurde sie erst, als *Herzog Ulrich* seinem baufreudigen Bruder, der Prachtvolles in Schwerin und Wismar entstehen ließ, in nichts nachstehen wollte und dafür 1558 den aus der Lombardei stammenden Architekten *Franz Parr* engagierte. Bis 1599 entstand eine prächtige, ursprünglich vierflügelige (1795 wurde der mittlerweile ramponierte Ostflügel abgetragen) und fünfstöckige Renaissance-Anlage, die italienische, niederländische und deutsche Stilelemente in sich vereint. Entgegen dem ersten Eindruck ist das Güstrower Schloss ein Backsteinbau, des<sen Verputz den (für die Gegend allzu teuren) Sandstein lediglich imitiert. Repräsentativ wuchtig wirkt die Hauptfassade dank des von Türmchen gekrönten massigen Risalits, während sich der Südflügel mit seinen schlanken Mitteltürmen mit einer gewissen Eleganz und Leichtigkeit über den Garten erhebt.

Seit 1995 wird das Güstrower Schloss vom Staatlichen Museum Schwerin genutzt. Dabei sind nicht nur die gezeigten Exponate und Gemälde sehenswert, sondern auch die Innenausstattung. In jedem Fall aber sollte man sich Zeit nehmen oder aber vorher gut auswählen, was man ansehen möchte: Das Schloss ist groß, und es mangelt weder an Ausstellungsfläche noch an -stücken.

In repräsentativen Festsälen, prachtvollen Verbindungsräumen und geradezu gemütlichen Turmzimmern finden sich Wandmalereien, reich verzierte Kassettendecken und aufwendig gestaltete Stuckarbeiten. Die Wände schmücken zahlreiche Teppiche und Gemälde – Porträts der herzoglichen Familie, aber auch italienische Malerei der Renaissance. Zu sehen sind außerdem eine bemerkenswerte Sammlung mittelalterlicher Kirchenkunst aus Mecklenburg, ein beträchtliches Arsenal von Jagd- und Prunkwaffen aus dem 16. Jh. bis ins 19. Jh., aufwendig gestaltetes Mobiliar sowie mehrere Jahrhunderte umspannende Sektionen mit kostbaren Majoliken, Glasarbeiten, Münzen und so fort. Unbedingt sollte man auch einen Blick in den Festsaal im ersten Obergeschoss werfen. Die Kassettendecke ist prachtvoll stuckiert und zeigt u. a. detailreiche Jagdszenen. Unterhalb der Decke verläuft das berühmte, von *Christoph Parr* (Bruder des Baumeisters) geschaffene Rotwildfries, das derart plastisch gearbeitet ist, dass sich das Wild aus der Wand herauszubewegen scheint und die „echten" Geweihe der Hirsche in den Raum hereinragen. Kurzum: ein würdiger Rahmen für höfische Tanzveranstaltungen.

Güstrow
Karte → S. 316

Schloss und Museum: ganzjährig Di–So 9–17 Uhr. Erw. 5 €, erm. 3,50 €, mit Sonderausstellung 7 € bzw. 5 €, Familienkarte für beides 9 €. Sa und So um 14 Uhr öffentliche Führung (mind. 10 Teilnehmer), 3 €/Pers., erm. 2 € (Anmeldung: ✆ 03843-75212). Franz-Parr-Platz 1, ✆ 03843-752011, 03843-682251, www.museum-schwerin.de.

Stadtmuseum Güstrow

Unweit des Schlosses ist in einem klassizistischen Bau, dem ehemaligen Spital, das Güstrower Stadtmuseum untergebracht. Eine ansprechend gestaltete Ausstellung umfasst die Zeit von der Entstehung des slawischen Fischerdorfes im Mittelalter über die Entwicklung zur Residenzstadt in der frühen Neuzeit bis hinein in den bürgerlichen Alltag des 19. Jh. Weitere Abteilungen widmen sich Leben und Werk (mehr oder weniger) berühmter regionaler Künstler wie dem romantischen Maler *Georg Friedrich Kersting*, dem niederdeutschen Schriftsteller *John Brinckmann* und natürlich dem allgegenwärtigen *Ernst Barlach*.

Mo–Fr 9–18 Uhr, Sa 10–16 Uhr, So 11–16 Uhr, im Sommer abends jeweils eine Stunde länger. Eintritt frei. Franz-Parr-Platz 10, ✆ 03843-769120, 03843-769545.

Dom

Gestiftet wurde der Dom 1226 vom mecklenburgischen Fürsten *Heinrich Borwin II.* im Zuge der Gründung eines Kollegiatsstifts. Bis die Kirche fertiggestellt war, sollte es aber über hundert Jahre dauern. Erst 1335 weihte der Camminer Bischof den Dom, der 1552 erweitert und Mitte des 19. Jh. renoviert wurde. Entstanden ist eine prächtige Backsteinkirche mit hohem Querschiff und wuchtigem Turm. Im Inneren sind neben gotischem Triumphkreuz, Taufstein und Chorgestühl vor allem zwei Kunstwerke bemerkenswert: der aufklappbare kostbare Flügelaltar und der 1953 angefertigte Nachguss von Barlachs einprägsamer Skulptur *Der Schwebende*, der die Gesichtszüge der Künstlerin und Barlach-Zeitgenossin *Käthe Kollwitz* trägt.

Mitte Mai bis Mitte Okt. Mo–Sa 10–17 Uhr, So nach dem Gottesdienst bis 12 Uhr sowie 14–16 Uhr; April bis Mitte Mai und Mitte Okt. bis Mitte Nov. Di–Sa 10–12 und 14–16 Uhr, So wie im Sommer; Mitte Nov. bis März Di–So 11–12 und 14–15 Uhr, So nach dem Gottesdienst bis 12 Uhr sowie 14–15 Uhr.

Marienkirche

Noch während am Dom gebaut wurde, begann man in Güstrows „neuem“ Stadtteil – heute die Altstadt um den Markt – mit der Errichtung der Marienkirche. Von dem mittelalterlichen Bestand ist nicht mehr allzu viel erhalten, da das Gotteshaus beim Stadtbrand von 1503 stark beschädigt und Ende des 19. Jh. großflächig saniert wurde. Heute präsentiert sich die Marienkirche als prächtige dreischiffige Hallenkirche, deren wuchtiger Turm von einem etwas überraschend eleganten Helm aus dem 18. Jh. gekrönt ist. Von der Innenausstattung ist v. a. der berühmte, detailreich und filigran geschnitzte *Güstrower Altar* bemerkenswert.

Juni bis Sept. Mo–Sa 10–17 Uhr, So 14–16 Uhr; Mitte April bis Ende Mai und Anfang bis Mitte Okt. Mo–Sa 10–12 und 14–16 Uhr, So 14–16 Uhr; im Winter Mo–Sa 11–12 und 14–15 Uhr, So 14–15 Uhr. Der Turm kann besichtigt werden.

Ernst-Barlach-Museum I: die Gertrudenkapelle

Ein wenig abseits der gängigen Routen, doch in jedem Fall einen Abstecher wert ist die **Gertrudenkapelle** aus dem 15. Jh. Hier befindet sich schon seit 1953 ein erstes Barlach-Museum. Damit entsprach Marga Böhmer, Barlachs Lebensgefährtin von 1927 bis zu dessen Tod 1938, seinem Wunsch, in dem kleinen gotischen Backsteinbau einige seiner Werke auszustellen. Sie selbst lebte bis zu ihrem Tod 1969 in einer Wohnung über der Kapelle. Zu sehen sind einige seiner bedeutenden Skulpturen aus Holz, wie z. B. der *Wanderer im Wind*, der *Zweifler* oder auch der *Lesende Klosterschüler*.

April bis Okt. Di–So 10–17 Uhr, im Winter 11–16 Uhr. Eintritt 4 €, erm. 2,50 €, Kombiticket mit Atelierhaus 9 € (6,50 €), Fotografieren 2,50 €. Gertrudenplatz 1, ✆ 03843-683001, www.ernst-barlach-stiftung.de.

Der Unbeugsame – Ernst Barlach (1870–1938)

Am 2. Januar 1870 in Wedel bei Hamburg geboren, begann Ernst Barlach seine Ausbildung 1888 an der Gewerbeschule in Hamburg, ab 1891 besuchte er die Dresdener Kunstakademie. 1895 ging der Künstler nach Paris, kehrte aber nach gut einem Jahr wieder zurück. Die Karriere wollte nicht so richtig in Schwung kommen, er bewegte sich von Misserfolg zu Misserfolg – mit bereits 35 Jahren konnte Barlach noch auf keine nennenswerten künstlerischen Erfolge blicken. Die Wende brachte erst ein Russlandaufenthalt im Sommer 1906. Voller Eindrücke von der Weite des Landes und der stolzen Einfachheit seiner Menschen kehrte Barlach zurück, die von der Reise inspirierten Skulpturen fertigte er aus Holz (später auch in Gips und Bronze) – und endlich stellte sich auch der ersehnte Erfolg ein. 1908 wurde er als Mitglied in die Künstlergruppe „Berliner Secession" aufgenommen, zu der u. a. auch *Käthe Kollwitz* und *Max Liebermann* gehörten. 1910 zog es Barlach nach Güstrow, wo er bis zu seinem Tod lebte.

Barlachs Flötenspieler in der Gertrudenkapelle

Als Soldat erlebte Barlach den Ersten Weltkrieg nur in einem kurzen Einsatz im Winter 1915/1916, lange genug aber, um einen überzeugten Pazifisten aus ihm zu machen. 1920 erhielt er den ersten Großauftrag für das *Ehrenmal* der Nikolaikirche in Kiel, es folgten ähnliche Projekte mit großen Skulpturen für Güstrow (*Domengel*, 1927), Kiel (*Geistkämpfer*, 1928) und Magdeburg (*Ehrenmal*, 1929). Und auch als Dramatiker waren die 1920er-Jahre für ihn durchaus erfolgreich.

1931 zog Barlach mit seiner Lebensgefährtin Marga Böhmer in das Atelierhaus am Inselsee. Schon damals war der nunmehr bekannteste deutsche Bildhauer seiner Zeit zahlreichen Anfeindungen der politisch Rechten ausgesetzt, der seine Werke nicht vaterländisch genug waren. Seine Skulpturen wurden beschmiert, er selbst beschimpft und bedroht. Nach der Machtergreifung der NSDAP bekam Barlach, der sich offen gegen Intoleranz und Rassenhass ausgesprochen hatte, überhaupt keine Aufträge mehr, seine Stücke wurden nicht mehr aufgeführt, seine Ehrenmäler wurden aus den Kirchen demontiert – Barlachs Werke galten als „Entartete Kunst".

Ernst Barlach, seit frühester Jugend herzkrank, starb am 24. Oktober 1938 in Rostock, beigesetzt wurde er neben dem Grab seines Vaters in Ratzeburg. Dass sein *Güstrower Domengel* 1941 eingeschmolzen und als Kriegsmaterial Verwendung fand, musste Barlach nicht mehr miterleben. Marga Böhmer erwirkte, dass einige seiner Werke in der von dem Künstler geliebten Güstrower *Gertrudenkapelle* ausgestellt wurden. 1953 entstand hier das erste Barlachmuseum.

Ernst-Barlach-Museum II: das Atelierhaus am Inselsee

Das **Atelierhaus** und **Barlach-Museum** am Ostufer des Inselsees liegt gut drei Kilometer südlich von Güstrow (ausgeschildert). Das in kühlem Beton mit großer Glaswand gestaltete Museum aus dem Jahr 1998 zeigt in einem hellen Souterrainraum diverse, meist kleinere Barlach-Skulpturen, der hintere Bereich des Museums ist wechselnden Ausstellungen vorbehalten. Im Garten gleich neben dem neuen Museum stößt man auf eine riesige Skulptur des Künstlers, bevor man schließlich zum Atelierhaus gelangt. Auch hier sind zahlreiche Skulpturen zu sehen, darüber hinaus werden die wichtigsten Stationen in Barlachs Leben dokumentiert, u. a. mit Briefwechseln, historischen Fotos und Auszügen aus seiner Autobiografie.

April bis Okt. Di–So 10–17 Uhr, Nov. bis März 11–16 Uhr. Eintritt 6 € (erm. 4 €), Kombiticket mit Gertrudenkapelle 9 € (6,50 €), Fotografieren 2,50 €. Heidberg 15, ✆ 03843-844000, 📠 03843-8440018, www.ernst-barlach-stiftung.de. *Anfahrt:* Mit dem Auto (ausgeschildert) oder mit den **Stadtbussen 204** und **205**. Es gibt auch einen Spazierweg ab der Plauer Chaussee quasi am See entlang *(Barlach-Weg)*.

Natur- und Umweltpark Güstrow (NUP)

Kein Zoo, eher ein moderner, gelungen konzipierter Tierpark im besten Sinn des Wortes. Die Stars des Natur- und Umweltparks sind natürlich die beiden Braunbären und das Wolfsrudel, die durch große Freigehege streunen. Daneben tummeln sich im Park Luchse und Wildkatzen, Damwild und Wildschweine, Seeadler, Eulen u. v. m. Auch die Unterwasserwelt wird nicht ausgelassen, eine Aquarienwand und ein Aquatunnel erlauben einen Einblick in die heimischen Gewässer. Zum Angebot gehören u. a. geführte Abend-/Nachtwanderungen zu den Wölfen. Dank Spielplatz und Streichelzoo ist der NUP besonders für Kinder ein lohnendes Ausflugsziel.

April bis Okt. tägl. 9–19 Uhr, Nov. bis Febr. 9–16 Uhr, im März 9–18 Uhr. Eintritt 9,50 €, erm. 8,50 €, Kinder 3–16 J. 5 €, Familien 25 €, Hunde 5 €. Wenige Kilometer außerhalb, östlich der Güstrower Altstadt, ✆ 03843-6999510, www.nup-guestrow.de.

Auch Besucher (und Fotografen) behält die Alpha-Wölfin sicherheitshalber im Blick

Krakower See

Der mit 16 Quadratkilometern Wasserfläche siebtgrößte See Mecklenburg-Vorpommerns, übrigens einer der saubersten und fischreichsten der Region, unterteilt sich in den Unter- und den Obersee, dazwischen verläuft ein Straßendamm. Hauptort ist Krakow am Nordwestufer des Untersees, außerdem gibt es den Ort Serrahn am Nordostufer. Der südlich gelegene Obersee ist Naturschutzgebiet. Mehrere Fahrradrouten führen mehr oder minder am Ufer entlang um den Krakower See.

Krakow am See

ca. 3500 Einwohner

Ein ruhiger Ort mit beschaulicher Seepromenade und wenig spektakulärem Zentrum. Seit 1998 wird der Krakower See jedes Jahr mit der Blauen Flagge für besonders gute Wasserqualität ausgezeichnet.

Krakow am See liegt 22 Kilometer südlich von Güstrow an der B 103. Eine gewisse Randlage bleibt dem Besucher kaum verborgen. Dabei hat Krakow am See durchaus seine Reize, vor allem die Seepromenade mit ihren malerischen **Fischerhüden** (reetgedeckte Bootsschuppen) aus den 1930er-Jahren. Nüchterner gibt sich dagegen der **Marktplatz** mit seinem neugotischen Rathaus und den Bürgerhäusern aus dem 18. und 19. Jh. Die Kirche am Markt geht zwar auf das 13. Jh. zurück, wurde bei mehreren Bränden aber komplett zerstört und ist heute in der Version von 1762 zu sehen. Ein Spaziergang durch Krakow am See könnte vom Markt zur Seepromenade und dort in nördliche Richtung – vorbei an der denkmalgeschützten Badeanstalt – zum **Aussichtsturm** am Jörnberg führen (während der Saison tägl. 9–19 Uhr geöffnet, im Sommer auch länger, Eintritt frei).

Erstmals urkundlich erwähnt wird Krakow am See im Jahr 1298. Abgesehen von mehreren verheerenden Stadtbränden gibt es recht wenig über Krakows Geschichte (seit 1935: Krakow am See) zu berichten. 1956 wurde der Ort zum Kurort ernannt, im Jahr 2000 zum „staatlich anerkannten Luftkurort“. Südlich von Krakow bilden der *Krakower Obersee* und seine Ufer ein 1200 Hektar großes **Naturschutzgebiet**, in dem zahlreiche Wasservögel ein Refugium finden. Der Krakower Obersee gehört zum *Naturpark Nossentiner/Schwinzer Heide* (S. 325).

Im Westen der Seenplatte
Karte → S. 308/309

Basis-Infos

Information Touristinformation Krakow am See, am Markt. Anfang Mai bis Ende Sept. Mo–Fr 9–18 Uhr, Sa/So 10–14 Uhr; Okt. bis April nur Mo–Fr 9–17 Uhr, Mi und Fr nur bis 16 Uhr. Markt 21, 18292 Krakow am See, ✆ 038457-22258, ℻ 038457-23613, www.krakow-am-see.de.

Verbindungen Bus: 3-mal tägl. über Karow (Bahnhof der ODEG), Plau am See und Lübz nach Parchim, 8-mal tägl. nach Güstrow, 8-mal über Karow und Plau nach Meyenburg (DB-Bahnhof). Busstation in Krakow am Bahnhof (Zugverbindungen gibt es keine mehr).

Schiff: im Sommer bis zu 4-mal tägl. Rundfahrten mit dem *Fahrgastschiff Fritz Reuter* ab der Anlegestelle an der Seepromenade, in der Nebensaison nur bei mind. 10 Fahrgästen. Infos unter ✆ 038457-71004.

Baden Badeanstalt am Jörnberg, denkmalgeschütztes Fachwerkhaus mit Rohrdach, gepflegte Liegewiese, langer Steg mit Rutsche und Sprungbrett, Imbiss vorhanden, Blaue Flagge. 15. Mai bis 31. Aug. (bei gutem Wetter auch im Sept.) tägl. 10–18 Uhr, bei besonders schönem Wetter bis 20 Uhr. Eintritt 1 €, Kinder 4–16 J. 0,50 €, bis 4 J. frei, Familien 2,50 €. Zu Fuß ca. 1 km nördlich vom

Zentrum, der Promenade Richtung Jörnberg folgen. Jörnbergweg 25, ✆ 038457-23849, www.baden-im-krakower-see.de.

Fahrrad-/Bootsverleih Mehrere Verleiher im Ort, auch Kanus, u. a. am Campingplatz.

Kurtaxe Mai bis Sept. 1 €/Pers., erm. 0,50 €.

Übernachten/Essen & Trinken

Übernachten/Essen **Seehotel**, schöne Lage nahe der Anlegestelle am östlichen Ende der Seepromenade. Jüngst renovierte, großzügige Zimmer, freundlich geführt. Restaurant mit herrlicher Seeterrasse, mecklenburgische Küche, auch Kaffee und Kuchen auf der Terrasse, tägl. 11–21 Uhr geöffnet (im Winter Mi/Do Ruhetag). EZ 50 €, DZ 80 €, Dreibett-Zimmer 90 €. Nov. und Jan. geschlossen. Goetheallee 7, 18292 Krakow am See, ✆ 038457-519997, 📠 038457-519998, www.seehotel-krakow.de.

Nordischer Hof, am zentralen Platz in Krakow. 13 Zimmer, mit Restaurant (unter der Woche abends geöffnet, Sa/So ab 11 Uhr), Fahrradverleih. EZ 47 €, DZ 69 €, inkl. Frühstück; Halbpension 14 €/Pers. Im Jan. geschlossen. Am Markt 3, 18292 Krakow am See, ✆ 038457-5070, www.nordischer-hof.de.

Übernachten außerhalb **Ich weiß ein Haus am See ...**, berühmt hauptsächlich für sein Sternerestaurant (→ Essen), doch auch als Hotel eines der empfehlenswertesten in der Umgebung: herrliches Seegrundstück mit Bade- und Anlegestelle, die Zimmer geschmackvoll im Landhausstil, teils mit Loggia zum See. DZ mit Halbpension (4 Gänge) 270–290 €, EZ 150–180 €. Hunde auf Anfrage erlaubt (8 €/Tag). Ganzjährig geöffnet, Jan. bis März nur am Wochenende. Paradiesweg 3, 18292 Krakow am See, ✆ 038457-23273, www.hausamsee.de. *Anfahrt:* am Nordufer des Krakower Sees, auf der B 103 Richtung Güstrow, dann rechts ab zum Campingplatz, von dort geradeaus weiter zum Hotel.

Gutshotel Groß Breesen, mitten in der lieblichen mecklenburgischen Landschaft findet sich in einem umgebauten Gutshaus ein Bücherhotel. Soll heißen: Groß Breesen ist zuallererst ein Hotel. Und gleichzeitig ein Bücherbasar: aus dem reichen Fundus kann 2:1 gegen mitgebrachte Bücher eingetauscht werden. Urgemütlich präsentiert sich das Restaurant im alten, backsteinernen Gewölbe. Hier wird verfeinerte mecklenburgische Küche zu angemessenen Preisen serviert (tägl. geöffnet), auch die Weinkarte kann sich sehen lassen. EZ 60 €, DZ 98 €, inkl. Frühstück, Halbpension 19,50 €/Pers., Hund 9 €. 18276 Groß Breesen bei Zehna, ✆ 038458-500, 📠 038458-50234, www.gutshotel.de. *Anfahrt:* von Krakow zunächst Richtung Güstrow (B 103), dann links Richtung Bellin, hinter Groß Tessin geht es links ab Richtung Lohmen. Kurz vor dem Ort Reimershagen rechts ab zum Gutshotel Groß Breesen.

Camping **Am Krakower See**, am nordwestlichen Zipfel des Sees, schöne Lage an Wasser und Waldrand. Strand und Liegewiese (und Hundebadestelle), Bootsanleger, Gaststätte, Kiosk, Fahrradverleih. Auch einige Bungalows (2–4 Pers. 32–65 €/Tag) und Ferienwohnungen (2–4 Pers. 48–65 €) sind zu mieten, allerdings nur von Mai bis Ende Sept. Stellplatz für 2 Pers. und Wohnwagen/-mobil 24,50 €, sonst 5,50 € pro Pers., Zelt 4–6 €, Auto 3 €, Hund 2,50 €. Ganzjährig geöffnet. Windfang 1, 18292 Krakow am See, ✆ 038457-50774, 📠 038457-50775, www.campingplatz-krakower-see.de. *Anfahrt:* von

Der Brunnen am Markt

Krakow auf der B 103 Richtung Güstrow, kurz nach dem nördlichen Ortsausgang rechts ab, ausgeschildert.

Essen & Trinken **Ich weiß ein Haus am See ...**, das weithin bekannte Gourmetrestaurant gibt es seit 1994, seit 1996 mit Michelin-Stern (der erste in Mecklenburg überhaupt). Ungemein einladendes Ambiente in einem hellen Rundbau mit Blick auf den See. Sehr freundlicher Service, umfangreiche Weinkarte. Menü um 70 €, Reservierung unbedingt erforderlich. Di–So ab 18.30 Uhr geöffnet, im Winter nur Di–Sa. Paradiesweg 3, ✆ 038457-23273, www.hausamsee.de.

Restaurant im **Seehotel** → Übernachten.

Sehenswertes

Alte Schule/Buchdruckmuseum: Das strahlend weiße alte Schulgebäude am Eingang zur Krakower Altstadt ist kaum zu übersehen. Neben einer kleinen Heimatstube lohnt vor allem das *Museum der Buchdruckkunst* den Besuch: alte Setzkästen, Druckpressen und Maschinen, dazu eine historische Schauwerkstatt mit komplett eingerichteter Buchdruckerei aus den 1920er-Jahren.

Mai bis Okt. Di–Sa 10–12 und 13–17 Uhr, sonst Di–Fr 10–12 und 13–16 Uhr. Eintritt 1 €, Kinder 0,50 €, Führung 2 € (1 €). Schulplatz 2, ✆ 038457-23872.

Synagoge: Die ehemalige Synagoge schräg gegenüber der Alten Schule wurde 1866 erbaut und 1920 an die Gemeinde verkauft. Durch Auswanderung und mangelnden Nachwuchs erlosch die jüdische Gemeinde von Krakow im Jahr 1930 ganz. Heute finden in dem noch fast original erhaltenen Bau wechselnde Ausstellungen statt, auf der Frauenempore im Obergeschoss ist eine kleine Dauerausstellung zum jüdischen Leben im Krakow des 19. und frühen 20. Jh. zu sehen.

Di–Sa 10–12 und 13–17 Uhr, im Winter Di–Fr 10–12 und 13–16 Uhr. Eintritt frei. Schulplatz 1, ✆ 038457-23647.

Ein schöner Spaziergang führt vom Nordostufer des Krakower Sees (bei Serrahn) durch das **Nebeldurchbruchstal** zur *Kuchelmißer Wassermühle* mit Mühlenmuseum (April–Okt. Di–So 11–18 Uhr, Eintritt 2 €, erm. 1 €) und Café/Gastwirtschaft (gleiche Öffnungszeiten). Der markierte Weg führt von der Straße in nördliche Richtung durch den Wald und am Fluss entlang (beschildert, einfache Strecke ca. 45 Min.).

Goldberger See

Mit einer Größe von 7,7 Quadratkilometern ist der abgelegene Goldberger See immerhin der zehntgrößte der Mecklenburgischen Seenplatte. An seinem Westufer liegt Goldberg, der einzige größere Ort in relativer Nähe zum See; das überwiegend bewaldete Ostufer gehört zum *Naturpark Nossentiner/Schwinzer Heide* und ist militärisches Sperrgebiet. Als Badesee ist er nur an wenigen Stellen geeignet, das sumpfige und kaum zugängliche Südufer ist Naturschutzgebiet.

Goldberg

ca. 3300 Einwohner

Der zwar nicht ganz ruhige, aber völlig unspektakuläre Ort (gegründet 1248) erstreckt sich heute beidseits der B 192 und ein gutes Stück östlich des gleichnamigen Sees, von Promenadenflair also keine Spur. Auf der Seeseite der Bundesstraße steht die gotische **Backsteinkirche** aus dem 14. Jh., auf der anderen Seite, etwas versteckt im Müllerweg, finden sich Rathaus und **Naturmuseum**. Letzteres ist im denkmalgeschützten Fachwerkhaus einer alten Wassermühle untergebracht und beherbergt neben einer Ausstellung zu Flora, Fauna und Geologie der Gegend auch ein kleines Heimatmuseum. Im Museumsgarten ist ein alter Bauerngarten zu sehen.

Naturmuseum: Mai bis Okt. Mo–Sa 10–16 Uhr, So 13–16 Uhr geöffnet, Do geschlossen. Eintritt 2,50 €, Kinder 6–18 J. 1 €, Kinder unter 6 J. frei. Müllerweg 2, ✆ 038736-41416.

Etwa fünf Kilometer westlich von Goldberg erstreckt sich das *Naturschutzgebiet Langenhägener Seewiesen*, wo sich im Herbst vor Einbruch der Dämmerung Hunderte von Kranichen und Wildgänsen zur Rast einfinden (Straße Richtung Schwerin). Von einem Beobachtungsposten kann man das Treiben aus der Ferne mitverfolgen.

Information **Tourismusverein Goldberg-Mildenitz**, Lange Str. 67, 19399 Goldberg, ✆ 038736-82040, 038736-82036, www.waelder-seen-mehr.de.

Verbindungen **Bus**: ca. 3-mal tägl. nach Parchim und Schwerin; mehrmals tägl. nach Güstrow und Lübz.

Kloster Dobbertin

Das zwischen 1219 und 1225 gegründete Mönchskloster der Benediktiner liegt idyllisch auf einer Halbinsel am Nordufer des **Dobbertiner Sees**, nur wenige Kilometer nördlich von Goldberg. Die Anlage wurde in ein Nonnenkloster umgewandelt, im Jahr 1572 dann in ein evangelisches Damenstift. Nach 1947 wurde das Kloster als Altenheim genutzt, 1961 richtete die Nervenklinik Schwerin hier eine Außenstelle ein. Seit 1992 betreibt die Diakonie ein Zentrum für etwa 300 Menschen mit Behinderung, u. a. Werkstätten, Klosterladen/-café sowie mehrere Wohnbereiche.

Blickfang des aus mehreren Backsteingebäuden bestehenden Anwesens ist die doppeltürmige **Klosterkirche**, deren Ursprungsbau auf 1340 zurückgeht. *Karl Friedrich Schinkel* zeichnete in den 1820er-Jahren die Pläne für den neugotischen Umbau der

Der Dobbertiner See beim Kloster

Kirche, die von *Georg Adolph Demmler*, dem späteren Hofbaumeister des Großherzogs von Mecklenburg-Schwerin zwischen 1828 und 1837 umgesetzt wurden. Seit Beginn der 1990er-Jahre wird die Anlage saniert.

Um die Kirche gruppieren sich die historischen Gebäude des **Klosterdorfs**, u. a. das Klausurgebäude mit seinem kreuzrippengewölbten Kreuzgang aus dem 13./14. Jh., mehrere Wohnhäuser im neugotischen Stil und das sog. Küchenmeisterhaus aus dem Jahr 1846, einst das Verwaltungsgebäude des Klosters. Im alten Brauhaus am See (ursprünglich 16. Jh.) befindet sich heute das Klostercafé.

Kirche und Kreuzgang: Tägl. 11–17 Uhr; Führungen von Mai bis Sept. jeden Mi und Sa um 15 Uhr, 3 €/Pers. (Treffpunkt vor Haus 9, Anmeldung ✆ 038736-86121, 📠 038736-86300). Infos unter www.kloster-dobbertin.de.

Das **Klostercafé** serviert Kaffee, Kuchen und Snacks. Mai bis Okt. Di–Fr 11–17.30 Uhr, Sa/So 11–18 Uhr; Nov. bis April Di–Fr 11–16.30 Uhr, Sa/So 11–17 Uhr. ✆ 038736-86198.

Um den Plauer See

Der Plauer See ist nach der Müritz und dem Schweriner See der drittgrößte See Mecklenburg-Vorpommerns. Das beschauliche Städtchen Plau am See liegt an der Müritz-Elde-Wasserstraße, die in die Elbe mündet bzw. über einen Kanal mit dem Schweriner See verbunden ist. Vom Ostufer des Plauer Sees führt eine Wasserstraße über Petersdorfer See, Malchower See, Fleesensee und Kölpinsee in die Müritz.

Im Norden des Plauer Sees

Karow: Der 800-Einwohner-Ort an der B 192 – eine Gründung aus dem 13. Jh. – wäre an sich kaum der Rede wert, bietet aber mit seinem *Schloss* eine durchaus attraktive Übernachtungsmöglichkeit. Alle zwei Stunden fährt sogar ein Zug nach Waren und Neustrelitz. Ansonsten gibt sich der Ort, vom Verkehr der Bundesstraße abgesehen, sehr ruhig. Gut einen Kilometer östlich von Karow – nahe der Kreuzung von B 192 und B 103 – beherbergt der **Karower Meiler** das Infozentrum zum *Naturpark Nossentiner/Schwinzer Heide*. Unweit des mächtigen Holzmeilers bietet der Aussichtsturm „Moorochse“ einen tollen Blick auf das *Naturschutzgebiet Nordufer Plauer See*.

Um den Plauer See
Karte → S. 326

Information **Kultur- und Informationszentrum Karower Meiler**, informative Ausstellung zur Entstehung der Landschaft von der eiszeitlichen Formierung über die Waldentwicklung bis zum Eingreifen des Menschen und der Schaffung der Kulturlandschaft, über die Lebensräume im Naturpark und über ihre Bewohner. Zahlreiche anschauliche Infotafeln, der Nachbau eines Fuchsbaus, ein Tierstimmenraum etc. Freigelände mit Spielplatz, Picknickbänken, Kräutergarten, dazu wechselnde Ausstellungen und Vorträge sowie Konzerte. Auch Fahrradverleih (7 €/Tag). Geöffnet Mai bis Sept. tägl. 10–17 Uhr, April und Okt. tägl. 10–16 Uhr, Nov. und Febr./März nur Mo–Fr 10–16 Uhr, Dez./Jan. geschlossen. Eintritt 2 €, Kinder 7–16 J. 1 €, unter 7 J. frei. Ziegenhorn 1, 19395 Karow, ✆ 038738-70292, 📠 038738-73841, www.naturpark-nossentiner-schwinzer-heide.de.

Verbindungen **Bahn**: mit der privaten ODEG zwischen 5.45 Uhr und 19.42 Uhr 2-stündl. über Alt-Schwerin, Malchow und Jabel nach Waren sowie weiter nach Neustrelitz (und in Gegenrichtung über Parchim nach Ludwigslust). Infos unter ✆ 03871-6069315 oder www.odeg.de.

Bus: 6-mal tägl. nach *Plau am See*, 3-mal nach *Krakow am* See, 3-mal nach *Parchim*. Abfahrt am Bahnhof und im Ort.

Ausflug mit der Draisine **Mecklenburger Draisinenbahn**: 23 Schienenkilometer durch herrliche Landschaft (kaum Steigungen), Start zwischen 9 und 12 Uhr an der

Kaserne Damerow (westlich von Karow), ab hier via *Goldberg* bis *Borkow*. Ab 13 Uhr wird die Strecke dann in entgegengesetzter Richtung befahren, Rückgabe der Draisinen zwischen 15 und 17.30 Uhr. Reservierung erforderlich. Von April bis Okt. tägl., pro Draisine (max. 4 Pers.) 49 € (ganzer Tag, es gibt auch günstigere Mittags- und Abendfahrten zu 35 €). Mecklenburger Draisinenbahn, Röbeler Str. 49, 17207 Bollewick, ✆ 039931-54506 oder 0172-3260694, 📠 039931-54641, www.draisine-mecklenburg.de.

Alt Schwerin: Dem vielversprechenden Namen zum Trotz wäre der Ort am nordöstlichen Ufer des Plauer Sees nur ein kleiner Flecken rund um ein altes Gutshaus, gäbe es nicht das 1963 gegründete *Agrarhistorische Museum*, das mittlerweile *Agroneum* heißt. Auf einem großen Areal vermittelt das Museum einen Einblick in die Kulturgeschichte der Landwirtschaft in Mecklenburg. Der Schwerpunkt der Exponate liegt im Zeitraum von der Mitte des 19. Jh. bis 1945. Auf dem weitläufigen Freigelände sind u. a. die Unterkünfte der Landarbeiter, eine Windmühle, diverse Schmieden, Seilerei und Sägewerk, zahlreiche landwirtschaftliche Nutzfahrzeuge und sogar landwirtschaftliches Fluggerät – zur (Zitat): „Düngung, Schädlingsbekämpfung, Zwischensaat, Waldbrandlöschung und ‚Republikflucht'" – zu sehen.

Agroneum: April bis Okt. tägl. 10–18 Uhr, im Winter auf Anfrage. Erw. 7 €, Kinder 4–14 J. 3 €, Familien 17 €. Achter de Isenbahn 1, 17214 Alt Schwerin, ✆ 039932-47450, www.museum-alt-schwerin.de.

Übernachten/Essen Altes Pfarrhaus, stilvolles Landhotel in sorgsam restauriertem Gebäude, das tatsächlich einst als Pfarrhaus diente. Großer Garten. 9 hübsche Zimmer. DZ 94–99 € (als EZ 59 €), Frühstück inkl. Mit Restaurant, Terrasse, auch Café. Außerdem Wellness. Kastanienallee 14, 17214 Alt Schwerin, ✆ 039932-417081, ℻ 039932-417082, www.landhotel-altes-pfarrhaus.de.

Camping Camping am See, westlich von Alt Schwerin am Nordufer des Plauer Sees. Stellplatz für 2 Erw. + Kinder 28–30,50 €, jede weitere Pers. ab 15 J. 5 € extra, Hund 3 €, Strom 2 €. Anfang April bis 31.10. geöffnet. An den Schaftannen 1, 17214 Alt Schwerin, ✆ 039932-42073, ℻ 039932-42072, www.camping-alt-schwerin.de.

Der **Plauer Werder** südlich von Alt Schwerin reicht weit in den See hinein. Die waldbestandene Halbinsel ist nur durch eine schmale Landenge mit dem Nordufer verbunden. Am Westufer befindet sich ein (Dauer-)Campingplatz.

Übernachten/Essen Zur Forelle, beliebtes Fischrestaurant der örtlichen Fischerei, an der Landenge; schöne Terrasse am See. Ganzjährig mittags und abends geöffnet, im Winter nur bis 18 Uhr. Auch Ferienwohnungen, Angeltouren, Fischverkauf. Wendorf 4, 17214 Alt Schwerin, ✆ 039932-49905, ℻ 039932-42078, www.fischerei-alt-schwerin.de.

Ferienpark Plauer See, neuer Ferienpark mit Hotel und Restaurant, Ferienwohnungen in Blockhütten sowie einem jugendherbergsartigen Gruppenhaus; außerdem Fitness- und Wellnesseinrichtungen sowie Kegelbahn. 400 m zur kleinen Badewiese. EZ 56 €, DZ 88 €, Familienzimmer 118 €, Frühstück inkl., Halbpension 16 €/Pers. Wendorf 6, 17214 Alt Schwerin, ✆ 039932-827010, ℻ 039932-827012, www.ferienpark-plauersee.de.

Teerschwelergehöft Sparow: Unweit von Alt Schwerin, Richtung Osten, am südlichen Rand der Nossentiner Heide. In Sparow schwelt und kokelt es zuweilen noch heute, doch wird der historische Teerofen natürlich nicht mehr geschürt, um Pech und Holzteer herzustellen, sondern um dem Besucher Einblick in die traditionelle Arbeit des Teerschwelers zu geben. Im Hauptgebäude erklären ein Film und informative Schautafeln Aufbau und Funktionsweise des Meilers. Im Außenbereich ist der Teerofen zu besichtigen, außerdem gibt es einen Spielplatz, einen Picknickbereich und einen kleinen Streichelzoo.

Im Sommer tägl. 9–18 Uhr, im Winter eingeschränkt. Eintritt 3 €, Familien 5 €. Mit Café.

Einst Drecksarbeit, heute Sehenswürdigkeit: das Teerschwelergehöft

Pech

Eine Drecksarbeit im wahrsten Sinn des Wortes war es, die die Teerschweler einst zu leisten hatten. Zuerst war der bis zu sechs Meter hohe innere Ofen, der Schwelraum, mit Holzscheiten vollzustapeln und das Setzloch zu schließen. Dann wurde Abfallholz im äußeren Feuerraum in Brand gesetzt. Dieser äußere Ring brannte mindestens vier und bis zu zehn Tage lang und war entsprechend zu befeuern. Die Hitze brachte das im Innenofen gestapelte Holz zum Schwelen und presste die Flüssigkeit aus dem Holz. Nach etwa drei Tagen begann der Holzteer über eine tiefer liegende Rinne abzulaufen. Während der Ofen über mindestens weitere 14 Tage abkühlte, konnte der Teerschweler aus dem zähflüssigen Teer Terpentin destillieren und Pech sieden. Das schwarze, klebrige Material war vielseitig verwendbar: Man benutzte es als Klebstoff, zum Imprägnieren von Holz und Tuch, zum Abdichten von Schiffswänden, als Schmiermittel, ja sogar als Brandsatz oder auch als Keramikfarbe. Die beim Schwelen gewonnene Holzkohle verkaufte der Teerschweler schließlich an Glasmacher, Kalkbrenner oder Ziegler.

Teeröfen sind seit dem 11. Jh. bekannt, die Hochzeit der Schweler war im 18. und 19. Jh. Der letzte Teerofen erlosch 1952 – bis der Teerofen von Sparow nach Originalplänen aus dem 19. Jh. wieder aufgebaut wurde.

Übernachten/Essen **** **Hotel Gutshof Sparow**, weitläufiges Gelände rund um das Gutshaus aus dem späten 18. Jh., mit großem Sportareal (Tennis, Badminton, Squash, Kegeln, Schwimmbad), Sauna, Beautysalon, Erlebnisspielplatz für Kinder, weitläufigem Hundepark, Boxen für Gastpferde und für Jäger ein gutseigenes Revier. Außerdem stehen auch eine Handvoll Stellplätze für Wohnmobile zur Verfügung. Das elegante Hotel bietet 13 Zimmer, dazu 4 Suiten und 34 Appartements in den Gebäuden des Anwesens. Zwei Restaurants: die rustikale *Jägerstube* (bodenständige, regionale Küche) und der helle *Wintergarten* mit Terrasse (gehobene Küche), zudem Cafébetrieb. EZ 80 €, DZ 100 €, Suite 190–220 €, Frühstück inkl., Halbpension 23 €/Pers.; Hund 9 €, Appartement für 2–4 Pers. 120–190 €. Ganzjährig geöffnet. Sparow 8, 17214 Sparow, ✆ 039927-7620, 📠 039927-76299, www.gutshof-sparow.de.

Plau am See

ca. 5600 Einwohner

Ein schmuckes Städtchen mit sehenswerten Fachwerkhäusern, das aber – der Name trügt – gar nicht am See liegt, sondern fast einen Kilometer landeinwärts. Wasser gibt es dennoch genug, die Elde plätschert durch den Ort, und auch einen noch recht neuen, kleinen Yachthafen hat Plau zu bieten.

Das idyllische Flair des Luftkurorts genießt man am besten bei einem Spaziergang durch die Altstadt, z. B. vom alten **Burgturm** durch die Steinstraße und zum Markt mit seinen teilweise recht schön hergerichteten Gebäuden und dem Rathaus im Stil der niederländischen Renaissance (1888/89). Auf der anderen Seite wird der lang gestreckte Markt von der evangelischen **Marienkirche** aus dem 13. Jh. begrenzt. Trotz touristischer Erschließung – nicht zuletzt durch die zwei Marinas, eine am Kanal, eine am See – wirkt der Ort recht verschlafen, vor allem abends. Restaurants im Zentrum sind eher rar. Die Unterkünfte der Stadt finden sich mehrheitlich in den umliegenden Buchten, z. B. in den Ortsteilen *Plötzenhöhe* (etwa zwei Kilometer südlich von Plau) oder in der *Seeluster Bucht* (ca. 3,5 Kilometer südlich). Hier hat der Gast den Badestrand dann auch direkt vor der Haustür.

Der Name Plau geht auf das slawische *Plawe* zurück und bedeutet so viel wie „Flößerort". Erstmals erwähnt wird Plawe 1235, damals lag die Siedlung an einer wichtigen Handelsstraße zwischen Brandenburg und Güstrow bzw. Rostock. Die Burg wurde ab 1285 errichtet, um den hiesigen Übergang über die Elde zu sichern, von ihr steht bis heute der weithin sichtbare Burgturm. Nachdem es ab dem 13. Jh. zunächst zu Parchim gehörte, wurde Plau 1436 dem Herzogtum Mecklenburg zugeschlagen, später dann dem Herzogtum Mecklenburg-Schwerin. Wirtschaftlich spielte die Stadt vor allem im 19. Jh. eine Rolle als kleiner Industriestandort (Maschinenbau) sowie als Handwerkszentrum, was durch den Anschluss an die Bahnlinie nach Güstrow 1882 noch unterstützt wurde; zudem entwickelte sich Plau zu einem beliebten Urlaubs- und Erholungsort. Die Plauer Kalkbrennereien, Sägewerke und Ziegeleien des frühen 20. Jh. nutzte die DDR später für eine Möbelfabrik und ein Ziegelwerk, außerdem entstand ein VEB für industrielle Nerzproduktion (einer der größten in Mitteleuropa).

Karte → S. 326

Basis-Infos

Information **Touristinformation**, im Zentrum in der Marktstraße. Freundlicher Service, Unterkunftsvermittlung, Fahrradverleih, Verkauf von Angelscheinen. Anfang Mai bis Ende Sept. Mo–Sa 9–18 Uhr, So 10–16 Uhr; Okt. und April Mo–Fr 10–17 Uhr, Sa/So 10–14 Uhr; Nov. bis März Mo–Fr 10–16 Uhr, Sa 10–14 Uhr, So geschlossen. Marktstr. 20, 19395 Plau am See, ✆ 038735-45678, ℻ 038735-41421, www.info-plau.de. Von Mai bis Sept. werden So um 11 Uhr 2-stündige *Stadtführungen* angeboten (Treffpunkt an der Touristinfo, 3 €/Pers.).

Verbindungen **Bus**: Abfahrt der Busse ab Plau Bahnhof, einige auch ab Lange Straße: ca. 10-mal tägl. nach Karow (ODEG-Bahnhof), 3-mal nach Parchim, ca. alle 2 Std. nach Lübz, ca. 5-mal tägl. Seelust, 8-mal Meyenburg (DB-Bahnhof), 8-mal über Krakow am See nach Güstrow. Fahrpläne bei der Touristinformation.

Schiff: zwei Anbieter, das Angebot ist ähnlich, auch im Preis. Die *Fahrgastschifffahrt Wichmann* fährt in der Hauptsaison 5-mal tägl. über Plauer See und Lenzer Kanal nach Malchow (und zurück); Mo, Mi und Sa Ganztagesfahrten bis nach Waren, in der Nebensaison eingeschränkt, im Winter auf Anfrage. Abfahrt an der 1. Anlegestelle, gleich unterhalb der B-103-Brücke. Ticketbude am Anleger. ✆ 038735-44449, ✆ 038735-44451, www.fahrgastschifffahrt-wichmann.de.

Die *Plauer Fahrgastschifffahrt Salewski* fährt in der Saison 2-mal tägl. – außer Di und Do – über den Plauer See und Lenzer Kanal nach Malchow, Di und Do Tagesfahrten nach Waren und retour. In der Nebensaison eingeschränkt, im Winter auf Anfrage. Abfahrt vom 3. Steg am Anleger, Tickets an Bord. ✆ 038735-42872, ✆ 038735-45057, www.fahrgastschifffahrt-plau.de.

Die etwa 2-stündige Rundfahrt kostet ca. 12–14 €.

Baden Mehrere **Badestellen** in der direkten Umgebung, u. a. in Quetzin und Heidenholz (nördlich) und in Plötzenhöhe und an der *Seeluster Bucht*. Das **Strandbad** befindet sich Richtung Plötzenhöhe in der Seestraße, mit Kiosk und Bootsverleih. Besonders schön finden wir die Seeluster Bucht mit Rasen und Anlegestelle, Kinderspielplatz, Kiosk und WC am See.

Bootsverleih **Kanu-Team Plau am See**, Verleih von Kanus und Kajaks, Touren, Abhol- und Bringservice, angeschlossene Pension *Zur Scheune* (→ Übernachten). Einer- und Zweier-Kajak sowie Kanu je 4 €/Std. (15 €/Tag), größere Kanus 6 €/Std. (25 €/Tag), Stand-up-Paddelboard 5 €/Std. (15 €/Tag). Im Sommer tägl. 9–20 Uhr. Direkt an der Elde (Lübzer Chaussee), ✆ 038735-14883, ✆ 0172-3076514 (mobil), www.kanuteam-plauamsee.de.

Klettern **Kletterpark Plau am See**, Hochseilparcours mit Tauen, Brücken und Balken zwischen Bäumen. 15 €/Pers., bis 16 J. 13 €, Familien je nach Kinderzahl 38–60 € (Kinder müssen über 1,40 m sein). Mai bis Okt. tägl. 10–18 Uhr, im März Sa/So 11–18 Uhr, im April Mi–So 11–18 Uhr, nur bei gutem Wetter geöffnet, im Winter geschlossen. Ziegeleiweg (am Fuß des Klüschenbergs), ✆ 038735-819738 oder ✆ 0171-9977497, www.hochseilgarten-plau.de.

Kurtaxe Mai bis Sept. 1 €/Pers.

Übernachten/Essen & Trinken

Übernachten **Fackelgarten**, die zentralste Unterkunft in Plau, an der Hubbrücke und nur wenige Minuten vom Markt. Schöne Lage am Fluss, Restaurant und Café mit Wintergarten, Sauna im Haus. 12 Zimmer, EZ 55–62 €, DZ 85 €, Frühstück inkl., Halbpension möglich. Ganzjährig geöffnet. Dammstr. 1, 19395 Plau am See, ✆ 038735-8530, ✆ 038735-44330, www.fackelgarten.de.

**** **Parkhotel Klüschenberg**, gediegenes Hotel auf einer Anhöhe inmitten eines parkartigen Gartens. Mit gehobenem Restaurant und Wellnessbereich. Großzügige Zimmer, z. T. mit Balkon, ein rollstuhlgerechtes Zimmer ist vorhanden. EZ 69–80 €, DZ 89–105 €, Familienappartements je nach Größe 135–210 €, Frühstück inkl., Halbpension 20 €/Tag. Ganzjährig geöffnet. Klüschenberg 14, 19395 Plau am See, ✆ 038735-49210, ✆ 038735-49212190, www.klueschenberg.de.

Pension Zur Scheune, günstige Unterkunft mit Garten und angeschlossenem Kanuverleih (→ Bootsverleih), ca. 500 m vom Zentrum. Rustikale Einrichtung. EZ 40 €, DZ 65–75 €, Frühstück inkl. Ganzjährig geöffnet. Lübzer Chaussee 12, 19395 Plau am See, ✆ 038735-8550, ✆ 038735-43181, www.zur-scheune-plau.m-vp.de.

Übernachten außerhalb **Strandhotel Plau am See**, im Ortsteil *Plötzenhöhe* (ca. 2 km südlich vom Zentrum), fast direkt am See, mit eigener Anlegestelle, nebenan das Strandbad. Mit Restaurant und Wellnessbereich, komfortable Zimmer, meist mit Terrasse oder Balkon, z. T. mit Seeblick. EZ 65–80 €, DZ 105–117 €, Appartement für 2 Pers. 117–127 €, Frühstück inkl., Halbpension 25,50 €/Pers., Hund 8 €. Im Jan. geschlossen. Seestr. 6, 19395 Plau am See, ✆ 038735-8110, ✆ 038735-81170, www.strandhotel-plau.de.

Seeresidenz Hotel Gesundbrunnen, in der schönen *Seeluster Bucht* (ca. 3,5 km südlich von Plau), direkt am See. Mit Garten, vielfach gelobtem Restaurant und Wellnessbereich. EZ 65 €, DZ 95–116 €, Appartement für 2 Pers. 120 €, jeweils inkl. Frühstück. Ganzjährig geöffnet. Hermann-Niemann-Str. 11, 19395 Plau am See, ✆ 038735-8140, ✆ 038735-81427, www.seeresidenzgesundbrunnen.de.

Jugendherberge **Haus Plau am See**, am südlichen Ortsausgang von Plau; modern und angenehm eingerichtet. Unterbringung überwiegend in Vierbett-Zimmern, es gibt auch Sechsbett-Zimmer und DZ sowie einige barrierefreie Zimmer. Übernachtung inkl. Frühstück 20,50 €, mit Halbpension 27 €, Vollpension 30,50 €. Ganzjährig geöffnet. Dammstr. 43, 19395 Plau am See, ✆ 038735-81591, ✆ 038735-81592, www.herberge-plau.de.

Früh am Morgen schon wird der Räucherofen angeworfen

Camping Campingpark Zuruf, im Ortsteil *Plötzenhöhe*; großzügiger Platz am See, nicht überall schattig. Mit Badestrand, Anlegesteg, Fahrradverleih und Laden, Sanitäranlagen z. T. rollstuhlgerecht. Pers. 5,90 €, Kind 3–14 J. 2,90 €, Zelt 3–5,40 €, Wohnwagen 5,40 €, Wohnmobil 7,90 €, Auto 2,50 €. Es gibt auch einige kleine Hütten für 29–46 € (2–4 Pers.), Fewo für 49 € (max. 4 Pers.) sowie einen Mietwohnwagen 49 € (max. 4 Pers.). Ganzjährig geöffnet. Seestr. 38 d, 19395 Plau am See, ✆ 038735-45878, 📠 038735-45879, www.campingpark-zuruf.de.

Essen & Trinken »» Unser Tipp: **Fackelgarten**, besonders nett die Lage am Fluss, mit Terrasse, das Restaurant selbst im Wintergarten. Schönes Ambiente, aufmerksamer Service, die Küche bereichert mecklenburgische Tradition mit mediterranen und fernöstlichen Einflüssen. Viel Fisch und Pasta, Vorspeisen und Nudeln um 10–15 €, Hauptgerichte 14–21 €. Im Sommer tägl. 8–23 Uhr geöffnet, im Winter nur Mi–So. Dammstr. 1, ✆ 038735-8530. ««

Sehenswertes

Um den Plauer See
Karte → S. 326

Burgturm und Museum: Von der einst trutzigen Burg steht immerhin noch der Turm. Die ursprüngliche, im späten 13. Jh. an strategisch günstiger Lage errichtete Anlage wurde im 15. und 16. Jh. ausgebaut. Im Dreißigjährigen Krieg noch heiß umkämpft, verfiel die Burg in Friedenszeiten zusehends, bis die Mauern 1660 schließlich geschleift und die Gebäude aufgegeben wurden. Auf dem Rundgang gelangt man nach der Einführung (inklusive Blick in das elf Meter tiefe Verließ) über teils sehr niedrige und steile Wendeltreppen zu den darüber liegenden Stockwerken. 2013 wurde in der Scheune des Burghofs das kleine Technikmuseum mit zahlreichen Exponaten aus dem 19. und 20. Jh. eröffnet.

Ostern bis Okt. tägl. 10–17 Uhr. Eintritt Museum 2,50 €, Kinder 0,50 €; Burgturm 1,50 €, bzw. 0,50 €. Am Burgplatz, ✆ 038735-40158 (Turm) bzw. ✆ 038735-44375 (Museum).

Marienkirche: Die backsteinerne Hallenkirche mit dem sich über einem quadratischen Grundriss erhebenden Turm wurde im 13. Jh. errichtet. Die Innenausstattung des Gotteshauses stammt aus dem späten 19. Jh. Über 120 Stufen gelangt man auf den Turm, bei gutem Wetter wird man mit schöner Aussicht belohnt. Im Rahmen des „Plauer Musiksommers“ finden im Juli und August in der Kirche vornehmlich klassische Konzerte statt.

Mai bis Sept. tägl. 10–18 Uhr. Karten für den Musiksommer tägl. 9–12 Uhr und Di 15–18 Uhr im Pfarrbüro. Infos unter ✆ 038735-40200 oder www.kirche-plau.de.

Westlich von Plau am See: Lübz und Parchim

Von Plau am See aus führt die bei Wasserwanderern beliebte **Müritz-Elde-Wasserstraße** weiter nach Westen: vorbei an Lübz und Parchim zum Eldedreieck (von hier aus geht der Störkanal zum Schweriner See, S. 86) und weiter an Neustadt-Glewe (S. 91) vorbei bis zu ihrer Mündung in die Elbe bei Dömitz (S. 95).

Lübz: Der Ort wird den meisten ein Begriff sein. Das „Lübzer" – Pils nämlich – wird auf zahllosen Bierdeckeln und Trikots regionaler Sportvereine beworben und überall im Land ausgeschenkt. Neben der Brauerei, die besichtigt werden kann, verfügt das 6000-Einwohner-Städtchen über ein schmuckes kleines Zentrum mit Kopfsteinpflaster, backsteinernen Fachwerkhäuern, einem kleinen Park und dem hoch aufragenden *Amtsturm*. Einstmals stand hier die mächtige, im frühen 14. Jh. erbaute Eldenburg. Aus der Burg wurde ein Schloss, das Schloss zerfiel – und nur der eine, 1509 errichtete Burgturm blieb erhalten. Auf den Grundmauern des Torhauses entstand Mitte des 18. Jh. das Amtshaus und der kreisrunde Backsteinturm mit spitzer Haube wurde zum Amtsturm. Heute beherbergen sie das hübsche *Heimatmuseum* und ein Restaurant/Café mit nettem Biergarten, in dem man gemütlich ein – was wohl? – Lübzer genießen kann.

Stadtmuseum Amtsturm: Mai bis Sept. Di–Fr 10–12 und 13–17 Uhr, Sa/So 10–12 und 13–16 Uhr; Okt. bis April Di–Fr 10–12 und 13–16 Uhr. Erw. 3 €, Kinder 1,50 €, unter 6 J. frei. Am Markt 25, ✆ 038731-507430.

Brauereibesichtigung Nur nach vorheriger Anmeldung, Dauer ca. 2 Std., 5 €/Pers. (einschließlich Bierchen, versteht sich). Voranmeldung bei Fr. Fürchow, Mecklenburgische Brauerei Lübz, Eisenbeisstr. 1, 19386 Lübz, ✆ 038731-36204, oder 0173-3401422, 038731-22236, www.luebzer.de.

Essen & Trinken **Alter Amtsturm**, bodenständige Gaststätte, Eiscafé, schöner Biergarten, eigene Fischräucherei. Im Sommer tägl. 11–23 Uhr geöffnet, im Winter nachmittags (14–17 Uhr) geschlossen. Am Markt 23, ✆ 038731-20385.

Mecklenburgische Gegenreformation

Kurz hinter Lübz gelangt man in einen kleinen Weiler mit Namen **Lutheran**. Das wäre im protestantischen Mecklenburg vielleicht nicht weiter erwähnenswert, folgte nicht drei Kilometer weiter – geradezu trotzig – ein kleines Dorf namens **Rom** ...

Parchim (ca. 17.000 Einwohner): eine verschlafene Kreisstadt an der Elde. Um eine ehemals slawische Burg entwickelte sich eine blühende Siedlung, der Anfang des 13. Jh. das Stadtrecht verliehen wurde. Die zwei Zentren, die in kurzer Folge entstanden, prägen auch heute noch den Grundriss der Stadt: Im Westen liegt die Neustadt mit der *St.-Marien-Kirche* (13. Jh.). Im Osten erheben sich um den Alten Markt die prächtige Hallenkirche *St. Georgen* (13./14. Jh.) und das bemerkenswerte *Rathaus* von Parchim mit der ungewöhnlichen Fassadengestaltung, das in seiner Bausubstanz aus dem 14. Jh. stammt und im 19. Jh. umgestaltet wurde. Zwischen diesen architektonischen Leuchttürmen ergänzen ein paar Fachwerkhäuser das schmucke Stadtbild. Eigenwillig präsentiert sich die *Brunnen-*

skulptur auf dem zentralen Schuhmarkt: eine nackte Frau, sitzend auf einem Stier-Totenkopf. Unweit des Zentrums befindet sich in der Lindenstraße das *Heimatmuseum* der Stadt.

Museum der Stadt Parchim: Di–Fr 10–12 und 14–16 Uhr, So 14–16 Uhr, Sa geschlossen. Eintritt 2,50 €, Kinder 1 €. Lindenstr. 38, 19370 Parchim, ✆ 03871-213210.

Am Süd- und Ostufer des Plauer Sees

Bad Stuer: Der kleine Weiler am sich verjüngenden, südlichen Ausläufer des Plauer Sees, ein Ortsteil des südlich gelegenen Stuer, liegt mitten im Wald und doch am See. Durch das idyllische Naturschutzgebiet *Tal der Eisvögel* führt von Bad Stuer aus ein beliebter Wanderweg zum **Bärenwald Müritz**. In dem 16 Hektar großen Gehege im Wald tummeln sich im Rahmen eines Tierschutzprojektes zurzeit 20 Braunbären, zweifellos eine Attraktion und bei Besuchern entsprechend beliebt.

Bärenwald: April bis Okt. tägl. 9–18 Uhr, Nov. bis März 10–16 Uhr. Der Rundgang dauert ca. 1 Std. Erw. 7,50 €, erm. 6,50 €, Kinder bis 14 J. 4 €, Familien 18 €, Hund 2 € (Leine). Am Bärenwald 1, ✆ 039924-79118, 📠 039924-79619, www.baerenwald-mueritz.de.

Übernachten/Essen **Seehotel Stuersche Hintermühle**, das Hotel samt Restaurant liegt unweit des Südufers des Plauer Sees in Bad Stuer und gehört wie der Lenzer Krug (→ Lenz/Übernachten) zum Seehotel Plau am See. EZ 55 €, DZ 85 €, Frühstück inkl. Seeufer 6, 17209 Bad Stuer, ✆ 039924-720, www.falk-seehotels.de.

Camping **Campingplatz Bad Stuer**, 200 Stellplätze, etwas vom Ufer zurückversetzt, aber mit eigenem Bootsanleger. Erw. 4,50 €, Kinder (3–16 J.) 2,50 €, Zelt/Wohnwagen 5 €, Wohnmobil 6 €, Auto 2 €, Hund 2 €, Strom 2 €. April bis Okt. geöffnet. Am Seeufer 20, 17209 Bad Stuer, ✆ 039924-2263, 📠 039924-2317, www.campingplatz-bad-stuer.m-vp.de.

Am Ostufer des Plauer Sees liegen verstreut eine Handvoll Dörfer in idyllischer Landschaft – darunter beispielsweise das von Wiesen, Wald und See umrahmte **Zislow**. Der kleine hübsche Flecken **Lenz** befindet sich an der Mündung der Wasserstraße, die den Plauer See mit dem Fleesensee und damit mit der Müritz verbindet.

Reiten **Pferdehof Zislow**, das Leben ist eben doch ein Ponyhof, zumindest hier am Ortsrand von Zislow, wo sich Scharen von Kindern und Jugendlichen (meist Mädchen) hingebungsvoll um *ihre* Ferienponys und -pferde kümmern. Unterricht für Anfänger (auch Kinder) und Fortgeschrittene; Pensionsboxen, Reithalle, Wassersportangebot, Kinderhotel. Es werden auch Ferienwohnungen (mehrere im Dorf verteilt) vermietet. Am Ortsausgang von Zislow Richtung Suckow, nicht zu übersehen. Dorfstr. 50/51, 17209 Zislow, ✆ 039924-2561, www.pferdehof-zislow.de.

Übernachten/Essen **Lenzer Krug**, schönes reetgedecktes Fachwerkhaus in idyllischer Lage; beliebte Pension, großes, elegant-maritim eingerichtetes Restaurant, Tische auch draußen am Kanal. EZ 65 €, DZ 85 €, inkl. Frühstück. Auch Fahrradverleih. Am Lenz 1, 17213 Lenz über Malchow, ✆ 039932-1670, www.falk-seehotels.de.

Camping Nördlich von Zislow liegen zwischen dem Plauer See und dem (ziemlich kleinen) Großen Pätschsee zwei Campingplätze nahe beieinander. Beide in herrlicher Lage direkt am Plauer See, mit schönen, schattigen Stellplätzen am See oder mit eher schattenlosen Plätzen etwas höher am Hügel; beide mit Kiosk (und Gaststätte nebenan), Strand, Fahrrad- und Bootsverleih und beide ganzjährig geöffnet.

Naturcamping Zwei Seen, Erw. 4 €, Kinder (6–15 J.) 2,20 €, Zelt/Wohnwagen 3,90 €, Wohnmobil 4,90 €, Auto 2,50 €, Hund 2,50 €, Strom 2,50 €. Blockhaus, Safarizelt oder Caravan für jeweils bis zu 4 Pers. 39–77 €/Tag. Waldchaussee 2, 17209 Zislow, ✆ 039924-2550, 📠 039924-2062, www.zwei-seen-naturcamping.de.

Wald- und Seeblick Camp, Erw. 4,90 €, Kinder (6–14 J.) 2,50 €, Jugendliche (15–17 J.) 3,90 €, Zelt/Wohnwagen 4,90 €, Wohnmobil 7,60 €, Auto 2,70 €, Hund 2,50 €, Strom 2 €. Ganzjährig geöffnet. Waldchaussee 1, 17209 Zislow, ✆ 039924-2002, www.wald-und-seeblick-camp.de.

Um den Plauer See
Karte → S. 326

Malchow

ca. 6500 Einwohner

Malerisch präsentiert sich nicht nur die historische Altstadt mit ihrer exklusiven Insellage. Malerisch ist auch der Blick von der Altstadtinsel auf das alte Kloster am Ostufer des Malchower Sees.

Von alters her waren die Insel und das gegenüberliegende Ostufer Siedlungsgebiet. Ausgehend von einem slawischen Siedlungskern auf der Insel, entwickelte sich nach der (wie üblich gewaltsamen) Christianisierung ein ansehnlicher, auf Pfählen ruhender Marktflecken, der 1235 Stadtrechte erhielt. An das Ostufer dagegen zog 1298 das Nonnenkloster aus dem nahen Röbel und errichtete seine Gebäude auf den Resten eines zerstörten slawischen Heiligtums. Die junge Stadt selbst lag damals tatsächlich auf einer Insel. Das Gebiet am westlichen Ufer wurde erst 1721 erschlossen, eine befestigte Brücke führte über einen Graben auf die Insel. Der Damm wurde schließlich 1846 aufgeschüttet. Gleichzeitig wurde der Graben auf der anderen Seite zu einem Kanal erweitert, um den Wasserweg schiffbar zu halten. Über den Kanal wurde eine Brücke zum Westufer gebaut, deren Nachfolgekonstrukt die heute als technisches Denkmal zu bewundernde **Drehbrücke** ist. Der von der Altstadt und dem Damm geteilte **Malchower See**, der eher wie ein breiter Flussarm wirkt, mündet im Norden in den Fleesensee (der mit dem Kölpinsee und schließlich der Müritz verbunden ist). Nach Süden hin geht er in den ebenfalls lang gestreckten Petersdorfer See über, der wiederum über den Lenzer Kanal mit dem Plauer See verbunden ist.

Malchows Klosterkirche

Die Altstadt stammt vornehmlich aus dem 18. Jh. – nachdem 1697 und 1721 zwei schwere Brände Malchow in Trümmer gelegt hatten, musste weitgehend neu wiederaufgebaut werden. Eigentlich gibt es nur zwei Straßen, die über die Insel führen und die simplen Namen „Lange Straße“ und „Kurze Straße“ tragen. Fast in der Mitte der Altstadtinsel befindet sich der *Alte Markt* mit dem Malchower *Rathaus*. Der respektable Bau stammt aus dem 19. Jh., die Fachwerkfassade wurde erst 1904 vorgesetzt. Die nach dem Brand von 1721 entstandene Neustadt erschöpft sich weitgehend in der Güstrower Straße, die von der Brücke zum *Neuen Markt* führt. Etwas zurückversetzt von der Güstrower Straße erhebt sich die 1870–1873 erbaute Malchower *Stadtkirche* (Mo–Fr 10.30–16 Uhr, Sa 11–12 Uhr geöffnet, So 10 Uhr Gottesdienst).

Basis-Infos

Information **Touristinformation**, bei der Drehbrücke (Landseite). Im Sommer Mo–Fr 10–18 Uhr, Sa/So 10–16 Uhr (im Mai und Sept. Sa/So nur bis 14 Uhr); im Okt. Mo–Fr 10–17 Uhr, Sa/So 10–14 Uhr; im Winterhalbjahr nur Mo–Fr 10–16 Uhr. An der Drehbrücke, 17213 Malchow, ✆ 039932-83186 oder 039932-83125, ℻ 039932-83125, www.tourismus-malchow.de.

Verbindungen **Bahn**: Mit der ODEG etwa 2-stündl. nach Waren und Neustrelitz sowie über Parchim bis Ludwigslust.

Bus: werktags ca. 6-mal tägl. nach *Waren* (Sa/So 1-mal) und zurück; werktags 3-mal tägl. nach *Röbel* und zurück.

Schiff: Die *Reederei Pickran* bietet diverse **Bootsausflüge** an, z. B. die 5-Seen-Tour: in der Saison 1-mal tägl. nach Waren (und zurück), Erw. 18 €, Kinder 9 €. Oder die 3-Seen-Tour via Lenz bis nach Plau (und zurück), Erw. 14 €, Kinder 7 €. Kirchenstr. 2, ✆ 039932-81735, ℻ 039932-14543, www.pickran.m-vp.de.

Brückenöffnungszeiten, die Drehbrücke wird in der Saison von 9 bis 20 Uhr zu jeder vollen Stunde für den Schiffsverkehr geöffnet, je nach Bedarf ca. 10–15 Min.

Fahrradverleih **Köhn**, auf der Insel, Fahrräder 8 €/Tag, Kinderanhänger 4 €. Geöffnet Mo–Fr 9–18 Uhr, Sa 9–12 Uhr. Lange Str. 36, ✆ 039932-81947 (Notdienst: ✆ 0162-5653143), www.fahrrad-koehn.de.

Kinder **Sommerrodelbahn** und **Affenwald**, nahe der Autobahnausfahrt Malchow, 4 km vom Ort. Pro Fahrt Erw. 2,20 € (6er-Karte 9,50 €), Kinder (3–14 J.) 1,60 € (7,50 €). Daneben gibt es den Affenwald, ein Freigehege mit Berberaffen. Eintritt 3,50 €, Kinder 3 €. April bis Okt. geöffnet. Karower Chaussee 6, ✆ 039932-18422, ℻ 039932-18423, www.sommerrodelbahn-malchow.de.

Kurtaxe Erwachsene ab 16 J. 1 €/Tag, Okt. bis April 0,50 €/Tag.

Stadtführungen Juni bis Sept. immer Do 11 Uhr, 2,50 € pro Pers. (mit Kurkarte 2 €), Treffpunkt an der Touristinformation.

Wassersport **Kanustation Malchow**, Kanu- und Kajakvermietung auf der Insel, ab 5 €/Std., 15–27 €/4 Std., 20–36 €/Tag. Lange Str. 11, ✆ 039932-81960, www.kanu-malchow.de.

Übernachten/Essen & Trinken

Übernachten/Essen ››› Unser Tipp: **Rosendomizil**, schönes Hotel mit gelungen modernem Ambiente, direkt bei der Brücke, sehr stilvoll eingerichtete Zimmer mit Seeblick. Dependance (Hofgarten) in der Kirchenstraße unweit der Drehbrücke, mit einladenden, gemütlichen Studios, Terrasse zum Wasser hinaus, Badestelle, Sauna/Wellness etc. Im Haupthaus auf der Insel befinden sich das Restaurant und Café: Man sitzt im halbrunden Anbau oder auf der Terrasse direkt am Wasser, in jedem Fall aber mit herrlichem Blick auf See und Kloster. Die Küche serviert internationale, asiatisch inspirierte Gerichte, nachmittags auch Snacks bzw. Kaffee und Kuchen. Gehobenes Preisniveau. In der Saison 8–22 Uhr geöffnet, im Winterhalbjahr 9–21.30 Uhr. EZ 99–129 €, DZ 109–139 €, Frühstück inkl. Lange Str. 2–6, 17213 Malchow, ✆ 039932-18065, ℻ 039932-18064, www.rosendomizil.de. ‹‹‹

Hotel & Restaurant Der Insulaner, ebenfalls in schöner Lage auf der Altstadtinsel an der Drehbrücke. Mit Restaurant und Terrasse. Gediegene Zimmer, EZ 60 €, DZ 80 €, Frühstück inkl., Halbpension 16 €, Hund 9 €. Lange Str. 7, 17213 Malchow, ✆ 039932-820740, ℻ 039932-820741, www.insulaner-malchow.com.

Jugendherberge **JH Malchow**, renoviertes Backsteingebäude (Zufahrt durch einen Torbogen) am Ortsrand von Malchow in der Westsiedlung, gut 2 km außerhalb vom Zentrum, beschildert. Große Wiese am Haus, Beachvolleyball. Übernachtung im Mehrbettzimmer (mit Frühstück) 19 €/Pers., Senioren (ab 27 J.) zahlen 22 €, Halbpension 4 €. Platz der Freiheit 3, 17213 Malchow, ✆ 039932-14590, ℻ 039932-14579, www.malchow.jugendherberge.de.

Camping **Naturcamping Malchow**, gut ausgestatteter Platz am Ostufer des Plauer Sees, 4,5 km nordwestlich vom Zentrum.

Um den Plauer See
Karte → S. 326

Badestrand (auch Hundestrand), Fahrradverleih, Liegeplätze, Gaststätte und Biergarten, kleiner Laden, kostenloses WLAN, Angelkarten und -zubehör sowie Räuchermöglichkeit für selbst geangelte Fische. Erw. und Jugendliche 6,10 €, Kinder (2–13 J.) 3,05 €, Stellplatz für Zelt/Wohnmobil/Pkw 8,95 €, Stellplatz Zelt und Fahrrad 4,70 €, Strom 3,30 €, Hund 2,90 €. Wohnmobilhafen vor der Schranke 10 €/Nacht. Ganzjährig geöffnet. Zum Plauer See 1, 17213 Malchow, ✆ 039932-49907, 📠 039932-49908, www.campingtour-mv.de/malchow. *Anfahrt*: von Malchow Richtung Autobahn, unter dieser hindurch und gleich danach links ab (Campingsymbol), dann noch einige hundert Meter auf schmaler Asphaltstraße durch den Wald.

Fisch-Imbiss ausgezeichnete frische Fischbrötchen gibt es in der Langen Straße (von der Brücke kommend rechter Hand, auf das „Fisch"-Schild achten). Mo–Fr 9–18 Uhr, Sa 9–12 Uhr.

Sehenswertes

Kloster, Klosterkirche und Mecklenburgisches Orgelmuseum: Das 1298 von Röbel nach Malchow verlegte Nonnenkloster wurde im Zuge der Reformation in ein Stift für unverheiratete adelige Damen umgewandelt, das bis 1918 Bestand hatte. Die Klosterkirche wurde 1888 auf den ausgebrannten Ruinen eines Vorgängerbaus errichtet und präsentiert sich in schönster Backstein-Neugotik: mit schlanken Streben und Pfeilern, verspieltem Giebelschmuck und einem sich elegant verjüngenden Turm. Im Innern beherbergt das Gotteshaus heute einen Teil des Orgelmuseums. Im Rahmen einer Führung gibt es neben orgelhistorischen Informationen auch praktische Klangbeispiele am Objekt.

Im gelben Pfarrhaus auf der anderen Straßenseite befindet sich der zweite Teil des Orgelmuseums mit weiteren Ausstellungsstücken. Vor allem aber informieren hier Schautafeln über die Geschichte des Orgelbaus und über den mecklenburgischen Orgelbau im Besonderen. So erfährt man einiges über die Orgelbauerfamilie *Friese*, die von *Matthias* (1739–1786) bis *Friedrich Friese III.* (1827–1896) über vier Generationen die Kirchen Mecklenburgs mit Orgeln ausstattete (z. B. in Kummerow, Parchim und Schwerin).

Kirche und Orgelmuseum: April bis Sept. tägl. 10–17 Uhr, Okt. tägl. 10–16 Uhr, Nov. bis März Di–Fr 10–15 Uhr, Sa/So 11–15 Uhr. Führungen: Mai bis Sept. Di–Sa 11.30 Uhr (und nach Voranmeldung). Eintritt 3 €, erm. 2 €, Führung 2 €. Kloster 26, ✆/📠 039932-12537, www.orgelmuseum-malchow.de.

Sehenswertes/Umgebung

Wisentreservat Damerower Werder: Das Gelände befindet sich auf der Halbinsel *Damerower Werder* (Naturschutzgebiet), südlich des eher unspektakulären Ortes Damerow am Westufer des Jabelschen Sees. Auf 320 Hektar Fläche leben hier etwa 40 Wisente, einige davon zeigen sich auch den Besuchern.

Juni bis Sept. tägl. 10–20 Uhr geöffnet, ansonsten bis 17 bzw. 18 Uhr (im Winter bis 16 Uhr), Fütterung 11 und 15 Uhr. Erw. 4 €, Kinder unter 12 J. frei. Zum Werder 5 a, 17194 Jabel, ✆ 039929-76711, www.wisentinsel.de.

Land Fleesensee: Die verschlafenen mecklenburgischen Dörfer Göhren-Lebbin und Untergöhren (wenige Kilometer östlich von Malchow) haben sich innerhalb weniger Jahre zu einer gigantischen Ferienanlage entwickelt, laut eigenen Angaben die größte in Deutschland. Entsprechend nennt sich das Anwesen nicht „Resort", sondern *Land Fleesensee*. Erwähnt sei an dieser Stelle zumindest die Golfanlage mit drei 18-Loch- und zwei 9-Loch-Plätzen sowie riesiger Driving-Range, das komplette touristische Angebot des „Landes" ist kaum zu überblicken, daher verweisen wir auf: www.fleesensee.de.

Die Müritz im Nationalpark (beim Müritzhof)

Um die Müritz

Das „Kleine Meer" ist das Herz der Mecklenburgischen Seenplatte. An seinem Nordufer liegt Waren, das touristische Zentrum der Region, südöstlich schließt sich der herrliche Müritz-Nationalpark mit zahllosen (Rad-)Wanderwegen und vielen Aussichtspunkten an.

„Kleines Meer" ist nicht nur ein gleichermaßen passender wie liebevoller Spitzname für den größten See der Mecklenburgischen Seenplatte – der Name *Müritz* leitet sich vom Slawischen *morcze* ab, was tatsächlich soviel heißt wie „kleines Meer". Mit 117 Quadratkilometern ist die Müritz der mit Abstand größte See des Landes und der größte Binnensee Deutschlands. Besonders tief ist er allerdings nicht, im Schnitt kaum sechs Meter, an seiner tiefsten Stelle in der Binnenmüritz bei Waren misst er 31 Meter, am Ostufer nur ein bis zwei Meter. Doch gerade dieses flache, häufig schilfbewachsene Ufer ist heute als Teil des **Müritz-Nationalparks** die besondere Attraktion: An Land frei von Autos, im Wasser ohne Schiffsverkehr, sind das Ostufer und die flachen Seen und Moorlandschaften dahinter ein Paradies für Wasservögel. Am Westufer dagegen finden sich weite Felder, unterbrochen von kleinen Bauern- und Gutsdörfern.

Um die Müritz
Karte → S. 348/349

Wer die sportliche Herausforderung sucht, ist an der Müritz genau richtig. Radfahrer versuchen sich an der großen Rundtour um den See (gut 80 Kilometer, beschildert), Wanderer können zwischen zahlreichen gut ausgewiesen und oft einsamen Wegen durch die herrliche Natur im Nationalpark Müritz wählen und auch Paddler finden auf den abgelegenen Kanälen und Seen (süd-)östlich der Müritz ein grandioses Revier. Touristischer Hauptort ist das lebendige Städtchen Waren an der Müritz, das sich auch hervorragend als Ausgangspunkt für Wanderungen und Radtouren eignet, gefolgt von Röbel an der Westseite, dem zweiten Urlaubszentrum der Gegend. Wer mehr Ruhe sucht, kann sich in einer der Unterkünfte im Nationalpark einmieten.

Stadtpanorama am „Kleinen Meer"...

Waren an der Müritz

ca. 21.000 Einwohner

Ideallage am Nordufer der Müritz, kleinere Seen in der Umgebung, der Nationalpark vor der Haustür – der Luftkurort zieht die Gäste in Scharen an.

Zwar bietet Waren nur einen Blick auf die Binnenmüritz, das weite Panorama des „Kleinen Meers" eröffnet sich erst weiter südlich; doch reicht schon diese bescheidene Aussicht, um maritime Stimmung aufkommen zu lassen. An der Hafenpromenade ankern zahllose Yachten und Ausflugsschiffe, am gegenüberliegenden Ufer der Bucht, dem Villenviertel Ecktannen, fällt der Blick auf die typischen Bootsschuppen, dahinter erstreckt sich das üppige Grün des Müritz-Nationalparks. Wanderungen oder Radtouren ins Grüne sind von Waren aus problemlos möglich und auch auf dem Wasser bieten sich zahlreiche Ausflugsmöglichkeiten.

Ein Spaziergang durch die Altstadt führt durch die Fußgängerzone Lange Straße bergan zum **Neuen Markt**, dem zentralen Platz am höchsten Punkt der Stadt. Schön herausgeputzte Fachwerkhäuser, allen voran das „Haus des Gastes" mit der traditionsreichen Löwenapotheke nebenan, fallen immer wieder ins Auge, auf dem Marktplatz sticht besonders das **Rathaus** im Stil der sog. Tudorgotik hervor. Die beiden sehenswerten Kirchen der Stadt liegen quasi auf einer Achse der Altstadt (der Kirchenstraße), in deren Mitte sich der heutige Marktplatz ausdehnt. Lohnend ist in jedem Fall ein Besuch der **Marienkirche**, von deren Turm sich ein herrlicher Rundblick auf Waren und die Umgebung bietet, wogegen die **St.-Georg-Kirche** am Alten Markt inmitten der ältesten Gebäude der Stadt zu finden ist. Vom Neuen Markt führt die breite Marktstraße hinunter zum **Yachthafen** mit zahlreichen Cafés und Restaurants. Hier entlang der Mole spielt sich ein großer Teil des touristischen Lebens der Stadt ab.

Stadtgeschichte

Erstmals urkundlich erwähnt wird die Siedlung 1218 unter dem Namen „Warne". Durch *Nikolaus I. von Werle* erhielt sie 1260 das Stadtrecht, eine zweite Siedlung entstand etwa zur gleichen Zeit um die St.-Georg-Kirche (1273 erstmals erwähnt). 1325 wurden die beiden Siedlungen auf der langen Anhöhe zwischen Binnenmüritz und Tiefwarensee zu einer zusammengelegt – die heutige Warener Altstadt.

Waren an der Müritz

Im 14. und frühen 15. Jh. war Waren die Residenz der Herzöge von Werle, 1436 wird es Besitz des Herzogtums Mecklenburg, bei der Landesteilung von 1621 fällt Waren an das Herzogtum Mecklenburg-Schwerin. Im 17. Jh. zerstören mehrere Brände weite Teile der Stadt. Erst seit Anfang des 19. Jh. geht es mit Waren langsam, aber stetig wirtschaftlich bergauf, zunächst durch den Bau des Elde-Kanals (1798–1834) und der damit deutlich vereinfachten Schifffahrt im Müritzgebiet; Ende des 19. Jh. dann durch den Bau der Eisenbahnlinie bis nach Parchim, Neubrandenburg, Berlin und Rostock – die Stadt wird ein wichtiger Verkehrsknotenpunkt. Ab Mitte des 19. Jh. setzt ein bescheidener Tourismus in Waren und rund um die Müritz ein, deren berühmtester Gast *Theodor Fontane* war (1896).

Bis zum Ersten Weltkrieg und erneut in den 1920er-Jahren erfreute sich Waren großer Beliebtheit als Kur- und Badestadt. In den 1950er-Jahren kam die Industrie, zudem wurde eine Landwirtschaftliche Produktionsgenossenschaft (LPG) und eine Fischereigenossenschaft gegründet. Wichtigster Industriebetrieb ist heute die Mecklenburger Metallguss GmbH, deren riesige Schiffsschrauben auf dem Werksgelände (an der B 108 Richtung Teterow) nicht zu übersehen sind. Ansonsten lebt Waren hauptsächlich von Touristen und Kurgästen – seit 1999 darf man sich offiziell „Luftkurort“ nennen. Seitdem haben sich hier diverse Kurkliniken angesiedelt.

Waren an der Müritz
Karte → S. 342/343

Basis-Infos

Information **Tourist-Information im Haus des Gastes**, am Neuen Markt im Zentrum. Umfangreiches Infomaterial, Unterkunftsverzeichnis, Zimmervermittlung, Stadtplan für 1 €. Mai bis Sept. tägl. 9–20 Uhr, sonst Mo–Fr 9–18 Uhr, Sa 10–15 Uhr, So geschlossen. Neuer Markt 21, 17192 Waren, ✆ 03991-666183, 📠 03991-664330, www.waren-mueritz.de. Mai bis Sept. Mo–Fr um 10 Uhr (Sa/So 11 Uhr) **Stadtführungen**, auch geführte Wanderungen und Radtouren; im Sept. und Okt. außerdem **Kranich-Beobachtungstouren**.

Verbindungen **Bus**: Alle 30 bis 60 Min. zwischen Bahnhof, Altstadt und Ecktannen, halbstündl. zwischen Altstadt, Bahnhof und Klink. Etwa stündl. nach *Röbel* und *Neubrandenburg* (Sa/So nur 5-mal tägl.), 2-mal *Ankershagen*, ca. 6-mal nach *Malchow*, ca. 4-mal nach *Speck* (→ auch Nationalpark-bus). ✆ 03991-6450, www.pvm-waren.de.

Nationalpark-Bus: Von 1. Mai bis 1. Okt. tägl. 9–15 Uhr stündl. und um 16.30 Uhr ab Waren Steinmole über Federow, Schwarzenhof, Speck, Boek und Bolter Kanal nach Rechlin und retour (oder weiter mit dem Bus ab Rechlin über Röbel/Klink zurück nach Waren), mit kostenlosem Fahrradtransport (Anhänger). Auch Bus-Schiff-Kombinationen. Infos: ✆ 03991-6450, www.nationalparkticket.de.

Bahn: 1-mal tägl. ICE nach Rostock und München; alle 2 Std. Regionalexpress nach Berlin (Dauer 1 Std. 40 Min.), in Gegenrichtung nach Rostock (ca. 50 Min.); alle 2 Std. nach Güstrow (30 Min.), stündl. nach Neustrelitz (ca. 25 Min.), stündl. nach Schwerin (Umsteigen in Parchim oder Güstrow). Die Strecke Waren–Güstrow–Rostock–Warnemünde sowie Waren–Neustrelitz–Berlin wird je 1-mal tägl. von der Privatbahn Interconnex befahren (www.interconnex.com); die Strecke Ludwigslust–Malchow–Waren–Kratzeburg–Neustrelitz–Oranienburg wird 7-mal tägl. von der ODEG befahren (✆ 03871-6069315, www.odeg.de).

Schiff: Mehrere Reedereien, z. B. mit der *Weißen Flotte* zwischen Ostern und Anfang Okt. ca. 5-mal tägl. nach Klink und Röbel, 3-mal zum Bolter Kanal und zum Hafendorf Müritz/Rechlin Nord. Zudem **Halb- und Ganztagesfahrten** zum Kölpinsee, Jabelschen See, nach Damerow sowie in südlicher Richtung nach Malchow, jeweils mit Landgang. Abfahrt am Stadthafen, Tickets an Bord. Infos und Buchung ✆ 03991-122668, www.weisse-flotte-mueritz.de.

Die *Blau-Weiße Flotte* der Warener Schifffahrtsgesellschaft bietet zusätzlich die **7-Seenfahrt** (mit Stopover in Malchow und Plau) sowie eine geführte **Rad-Schiff-Wanderung** im Nationalpark, außerdem die kleine und große **Müritzrundfahrt**. Tickets an Bord (am Stadthafen). ✆ 03991-663034, www.blau-weisse-flotte.de.

Sport mal ohne Wasser ...

Für kombinierte **Bus- und Schiffsreisen** rund um die und auf der Müritz empfiehlt sich das Nationalparkticket (S. 355).

Bootsverleih U. a. bei der **Müritz-Marina Waren**, Motorboot für bis zu 5 Pers. 15 €/Std. und 80 €/Tag inkl. Sprit (ohne Führerschein). Am Campingpark Kamerun, ✆ 0171-7302476, www.mueritzbootswelt.de.

Fahrradverleih In der Hochsaison sind die Räder teilweise schnell weg, daher besser einen Tag vorher reservieren.

Zweirad Karberg, in der Fußgängerzone im Zentrum, gleich ums Eck vom Neuen Markt. Auch Reparaturwerkstatt und Radwanderkarten. Mo–Fr 8–18 Uhr, Sa 8–12 Uhr, Rückgabe Sa/So bis 19 Uhr. Lange Str. 46, ✆ 03991-666080, ℻ 03991-666081, www.zweirad-karberg.de.

Fahrradvermietung Harry Hurtig, an der Straße Richtung Nationalpark und Ecktannen. Auch E-Bikes. Kundenparkplätze vorhanden. Mo–Sa 9–18 Uhr geöffnet. Am Seeufer 24, Filliale in der Strandstr. 3 b (Steinmole), ✆ 03991-674585, ℻ 03991-668003, www.harryhurtig.de.

Klettern **Kletterwald Müritz**, zwischen Volksbad und Campingplatz Kamerun unweit der Müritz. 3 ha großes Gelände, 9 Parcours verschiedener Schwierigkeitsgrade. Geöffnet Ende März bis Ende Okt. tägl. ab 10 Uhr (bei entsprechendem Wetter), letzter Einlass ca. 3 Std. vor Sonnenuntergang. Kameruner Weg 13 (ab Röbeler Chaussee beschildert), ✆ 0172-6068358, www.kletterwald-mueritz.de.

Veranstaltungen **Müritz Sail**, alljährlich am vorletzten oder letzten Wochenende im Mai – großes Volksfest am Hafen, Fischbuden und Live-Musik, Festumzug und Feuerwerk, Fischerstechen, diverse Regatten und Drachenbootrennen. Termine unter www.mueritzsail.net.

Müritz-Saga, Anfang Juli bis Ende Aug. Mi–So Abend auf der Naturbühne Mühlenberg (am Tiefwarensee). Kostümspektakel. Tickets im Haus des Gastes oder unter ✆ 01805-288244, www.freiluftspiele.de.

Bootsanleger in Waren

Übernachten

→ Karte S. 342/343

Im Zentrum **** **Kleines Meer** **4**, in ruhiger Lage am alten Marktplatz; einladendes Hotel mit 30 Zimmern, stilvoll in modernem Design. Bar und Sauna. Feinschmeckerrestaurant im Haus (→ Essen). Schöne Terrasse, Tiefgarage. EZ ab 99 €, DZ 115–129 €, Studio 160 €, Frühstück inkl. Alter Markt 17, 17192 Waren, ✆ 03991-6480, ℻ 03991-648222, www.kleinesmeer.com.

››› Unser Tipp: **Am Yachthafen** **5**, zentraler geht es nicht: direkt am Stadthafen und mitten im Geschehen, inklusive allabendlichem Flanieren vor der Haustür. Die Zimmer sind großzügig geschnitten und stilvoll eingerichtet, Sauna im Haus. Freundliche Hotelleitung. Nachmittags dient der Wintergarten (im Sommer mit Terrasse) als Café. WLAN, Parkplätze am Haus. EZ 65 €, DZ ohne Seeblick 87 €, mit Seeblick 108–125 €, mit Balkon und Seeblick 135 €, jeweils inkl. Frühstück. Strandstr. 2, 17192 Waren, ✆ 03991-67250, ℻ 03991-672525, www.am-yachthafen.de. ‹‹‹

Stadt Waren **2**, sympathisches Garni-Hotel in der Altstadt, nur ums Eck zum Neuen Markt. Angenehme Zimmer, netter, hilfsbereiter Service; Lift, Sauna im Haus, Tiefgarage (im Preis enthalten). Netter Innenhof. EZ 60 €, DZ 88 €, inkl. Frühstück. Große Burgstr. 25, 17192 Waren, ✆ 03991-62080, ℻ 03991-620830, www.hotel-stadt-waren.de.

Hotel am Müritz-Nationalpark **10**, noch recht neues Hotel in ganz ruhiger Lage ein Stück abseits direkt an den Feisneck-Wiesen, schöner und weiter Blick, mit Garten. Im Hotel befindet sich auch das empfehlenswerte *Restaurant/Café Leddermann* (→ Essen). Zu Fuß ein gutes Stück zum Zentrum. EZ 65 €, DZ 95 €, Galeriezimmer (2 Pers.) 120 €, Frühstück inkl.; Ferienwohnung (2 Pers.) 100 €, ab der zweiten Nacht 65 €. Halbpension möglich; Hund 7 €/Tag. Specker Str. 71, 17192 Waren, ✆ 03991-62190, ℻ 03991-621931, www.hotel-nationalpark.de. *Anfahrt:* vom Zentrum Richtung Parkplatz Specker Straße, diesen rechts liegen lassen, nach ein paar 100 m auf der linken Seite liegt das Hotel.

Weit Meer **8**, vom jugendherbergsartigen Design der Rezeption sollte man sich nicht täuschen lassen, hinter den Zimmertüren finden sich schöne, neue Zimmer auf Drei-Sterne-Niveau. Großes Plus des Hotels: die ruhige Lage auf dem Weg in den Nationalpark und doch direkt an der Müritz. Zu dem freundlichen Familienbetrieb gehört auch ein Restaurant/Kulturkneipe (Terrasse mit Blick auf die Müritz), in der man gut essen kann. Ruhesuchenden sei ein Zimmer nach hinten hinaus (Balkon oder Terrasse) empfohlen. EZ ab 67 €, DZ landseitig ab 107 €, zur Müritz hin ab 127 €. Am Seeufer 54, 17192 Waren, ✆ 03991-633054, ℻ 03991-633635, www.hotel-weitmeer.de.

Im Villenviertel Ecktannen **** **Seehotel Ecktannen 11**, dieses einladende Hotel in der schönen Fontanestraße gibt es schon seit 1906. Klassische Villa, nur wenig oberhalb der Strandpromenade gelegen, gediegene Einrichtung, Bar, schöne Terrasse, Garten und eigener Bootsanleger; Sauna, zudem Massage- und Kosmetikangebote. Das zugehörige *Restaurant Moritz* ist ganztägig geöffnet. EZ 80 €, DZ 110 €, Suite mit Balkon 130 €, Frühstück inkl. Hunde willkommen. Fontanestr. 51, 17192 Waren, ✆ 03991-6290, ℻ 03991-629100, www.seehotel-ecktannen.de.

Jugendherberge **Jugendherberge Waren 7**, noch recht neues, blau-grünes Gebäude ca. 10 Gehminuten vom Zentrum (zwischen Binnenmüritz und Feisneck), Badestelle etwa 700 m entfernt. Mit Terrasse, Tischtennis und Volleyball. 102 Betten in 30 Zimmern, 2 Zimmer rollstuhlgerecht. Übernachtung im Vierbett-Zimmer 21,90 € (Senioren ab 27 J. 26,70 €), im DZ 25,90 € (31,60 €), jeweils inkl. Frühstück, Halbpension plus 4–5 €, Vollpension möglich. Frühzeitige Buchung ist ratsam. An der Feisneck 1 a, 17192 Waren, ✆ 03991-186900, ℻ 03991-186904, www.waren.jugendherberge.de.

Camping **Camping Ecktannen 12**, bestens durchorganisiertes (manche Leser finden auch: zu streng organisiertes) Gelände direkt an der Müritz, mit schöner Badestelle, Fahrradverleih am Platz, Bushaltestelle davor. 450 Stellplätze in Wald und Wiese, teilweise nur mäßig schattig. Moderne sanitäre Einrichtungen, Kiosk, Bolzplatz und Spielplatz. Pers. 5, €, Kinder 3–13 J. 3 €, Jugendliche 14–17 J. 4,50 €, Wohnwagen (mit Auto) oder Wohnmobil 9–10 €, Zelt 4–5 €, Auto 3,50 €, Motorrad 3 €. Auch schlichte Blockhütten für 12 €/Nacht (max. 2 Pers.) und Ferienwohnungen (3–4 Pers., 45–60 €). Ganzjährig geöffnet. Fontanestr. 66, 17192 Waren, ✆ 03991-668513, ℻ 03991-664675, www.camping-ecktannen.de.

Campingpark Kamerun 1, auf der Westseite der Binnenmüritz (ab Hauptstraße Röbeler Chaussee beschildert), direkt am See. Mit Badestelle und Surfschule, Fahrrad- und Bootsverleih, außerdem Liegeplätze für Boote, Kiosk und Biergarten, Angelteich, Hundewiese und Hundestrand. Pers. 6,50 €, Kind 2–13 J. 3,25 €, Stellplatz je nach Lage 11–14,35 €, Zelt inkl. Fahrrad/Motorrad 4,80 €, Mietwohnwagen ab 47 €/Nacht, Appartement ab 80 €. Ganzjährig geöffnet. Zur Stillen Bucht 3, 17192 Waren, ✆ 03991-122406, ℻ 03991-122512, www.campingtour-mv.de/waren.

Essen & Trinken

››› **Unser Tipp: Leddermann 10**, die hervorragende Küche, für die Koch Carsten Leddermann in der Gegend bekannt ist, genießt man heute im *Hotel am Müritz-Nationalpark* (→ Übernachten). Sehr gute, raffinierte Fischgerichte, Hauptgericht um 14 €, für das Gebotene preiswert. Wir probierten das Welsfilet in Weißweinsauce

mit Lauchgemüse und Thymiankartoffeln sowie den Dorsch mit Kräuterkruste und Wurzelgemüse – beides rundum gelungen. Köstlich auch die Desserts. Mo–Do 14–22 Uhr, Fr–So 11.30–22 Uhr geöffnet. Specker Straße 71, ✆ 03991-621940, www.restaurant-leddermann.de. «

Kleines Meer 4, Feinschmeckerlokal des gleichnamigen Hotels. In hellem, modernem Ambiente wird feine regionale Küche serviert, u. a. Müritzfisch und Wild, dazu eine recht große Auswahl an Weinen. Schöne Terrasse mit Seeblick. Hauptgerichte um 20–25 €, Menüs 29–55 €, relativ günstiger Mittagstisch. Tägl. mittags und abends geöffnet, im Winter So/Mo geschl. Alter Markt 7, ✆ 03991-6480.

Windfang 3, am Stadthafen, mit Terrasse (überdacht). Ähnliches Angebot wie die anderen Restaurants hier an der Promenade, zu den Spezialitäten zählen neben frischem Fisch auch Wild. Gute Küche zu mittleren Preisen. Innen gemütlich (mit Sofa), freundlicher Service. Tägl. ab 11 Uhr geöffnet. Müritzstr. 18, ✆ 03991-668465.

Pier 13 9, beliebtes Lokal am Hafen, mit Terrasse. Innen urig eingerichtet mit viel Holz. Durchgehend geöffnet, nachmittags Kaffee und Kuchen. Tägl. 11.30 bis ca. 23 Uhr (in der Nebensaison kürzer). Strandstr. 4, ✆ 03991-664241.

Zum Müritzfischer 6, Fischgaststätte am Hafen, Fischbrötchen auch zum Mitnehmen. Tägl. durchgehend ab 10.30 Uhr. Strandstr. 3, ✆ 03991-667970.

Außerhalb **Waldschenke** 13, ein schöner Waldspaziergang führt vom Villenviertel Ecktannen an der Müritz entlang zur Waldschenke (auch mit dem Auto erreichbar, beschildert). Schöne, ruhige Waldlage, mit Terrasse und Garten (Spielplatz). Mittagstisch und kleinere Snacks, danach kommen leckere selbst gebackene Kuchenstücke auf den Teller; günstig. Im Sommer tägl. 11–21 Uhr. Strandpromenade 4, ✆ 03991-666922.

Gaststätte Müritzhof, → S. 355.

Sehenswertes

Müritzeum: Hinter dem Rundbau mit seiner eigenwilligen Fassade (aus angesengten Holzbohlen, die auf die hiesige Teerschwelertradition verweisen) verbirgt sich Deutschlands größtes Aquarium für Süßwasserfische – 100.000 Liter Wasser und über 40 Fischarten. Darüber hinaus bietet das Müritzeum eine Vielfalt von „Themenräumen", die dem Besucher die geografischen und geologischen Charakteristika der Müritzregion ebenso nahebringen wie deren Flora und Fauna. Ein Schwerpunkt liegt dabei auf dem Natur- und Umweltschutz. Hinzu kommt der Außenbereich um den Herrensee und die *Naturhistorische Landessammlung* im alten Museumsbau, der in die Anlage integriert wurde.

Das Müritzeum

Beim *Rundgang* kann man auf Zeitreise in die Steinzeit gehen, den verschiedensten Vogelstimmen lauschen, die besondere Anatomie des Spechts bewundern, das Innenleben eines Ameisenhügels begutachten, Waldboden unter dem Mikroskop erforschen, Fußspuren der Waldbewohner erraten, das berühmte Adlerauge im Fernglas simulieren und die etwas unheimliche Geräuschkulisse des nächtlichen Waldes erleben – das Ganze überaus anschaulich und mit Liebe zum Detail gestaltet, sodass man hier wirklich Stunden verbringen kann. Vor allem für Kinder ist der Besuch ein Erlebnis. Über eine Rampe kann man schließlich auf das Dach des Müritzeums steigen und den herrlichen Blick genießen. Oder man spaziert im „Erlebnisgarten" um den Herrensee herum. Durch den Garten gelangt man zu einem Backsteingebäude aus dem Jahr 1866, dem alten Müritz-Museum, in dem unter dem Motto „Natur im Sammlungsschrank" eine Vielzahl von Präparaten (hauptsächlich Insekten und kleine Reptilien) und Fossilien zu sehen sind. In der rund 16.000 Bände umfassenden, komplett digitalisierten Bibliothek des Hauses kann man sich weiter in die Materie vertiefen.

April bis Okt. tägl. 10–19 Uhr, sonst tägl. 10–18 Uhr, letzter Einlass jeweils eine Stunde vor Schließung. Erw. 9 €, erm. 7,50 €, Kinder 6–16 J. 3 €, unter 6 J. frei, Familien 20 €. Barrierefreie Anlage. **Shop** beim Eingang, hier befindet sich auch das **Selbstbedienungsrestaurant** (ein kleiner Bereich auch á la carte), ganztägig geöffnet, mit Terrasse. Steinmole 1, ✆ 03991-633680, www.mueritzeum.de.

Georgskirche: Die Kirche am Alten Markt wird 1273 erstmals erwähnt. Vom Ursprungsbau ist nach vielen verheerenden Stadtbränden allerdings fast nichts mehr zu sehen; der Wiederaufbau erfolgte ab dem 18. Jh., Mitte des 19. Jh. wurde die Backsteinkirche dann überwiegend im neugotischen Stil umgestaltet. Sehenswert sind neben dem Ziegelfußboden (einer der ältesten Teile des Gotteshauses) vor allem die bunten Glasfenster. Auf einem ist der Ritter St. Georg dargestellt. Von kunsthistorischem Interesse ist auch die holzgeschnitzte Kreuzigungsgruppe aus dem 14. Jh. Im Sommer finden in St. Georg regelmäßig Orgelkonzerte statt.

April bis Okt. Mo–Sa 10–16 Uhr, So nur zum Gottesdienst um 9.30 bzw. 10 Uhr. Im Winter geschlossen.

Start zur großen Müritzrundfahrt

Marienkirche: In Warens ansehnlicher Silhouette bildet die Marienkirche mit ihrem eleganten Turm das Gegengewicht zur wuchtigen St.-Georg-Kirche. Der „schlanke" Eindruck von St. Marien ergibt sich unter anderem dadurch, dass der Turm zum großen Teil in die Hallenkirche integriert ist. Hier erhob sich einst eine Burg. Auf den Fundamenten der dazugehörigen Kapelle entstand in der ersten Hälfte des 14. Jh. das heutige Gotteshaus. Nach einem Brand stand die Kirche lange Zeit in Ruinen. Ende des 18. Jh. wurde der Innenraum komplett im klassizistischen Stil umgestaltet. Die Turmbesteigung ermöglicht einen herrlichen Blick über Altstadt, Hafen und Müritz.

In der Saison Mo–Fr 10–18 Uhr, Sa 10–16 Uhr, So 11–16 Uhr, im Winterhalbjahr eingeschränkt. Turmbesteigung Mai bis Okt., Erw. 1 €, Kinder 0,50 €.

Waren an der Müritz
Karte → S. 342/343

Neuer Markt und Stadtgeschichtliches Museum: Rund um den Neuen Markt erstreckt sich ein schmuckes Fassaden-Ensemble, aus dem vor allem die *Löwenapotheke* und das *Neue Rathaus* herausstechen (beide um 1800). Erstere ist ein farbenfroher Fachwerkbau, der heute die Touristinformation beherbergt. Letzterem wurde bei einem Umbau Mitte des 19. Jh. eine neugotische, an den Tudorstil angelehnte Fassade verliehen.

In den beiden obersten Stockwerken des Neuen Rathauses befindet sich das *Stadtgeschichtliche Museum* von Waren. Zahlreiche gut erhaltene Ausstellungsstücke geben einen Einblick in das einstige Alltagsleben der mecklenburgischen Kleinstadt. Zu sehen sind zahlreiche Handwerksgerätschaften sowie ganze historische Zimmereinrichtungen und Amtsstuben. Schautafeln informieren über die Stadtgeschichte, die historische Arbeitswelt usw.

Museum: Mo–Fr 9–17 Uhr, Sa/So 14–17 Uhr. Erw. 2 € (mit Kurkarte 0,50 €), erm. 1 € (mit Kurkarte 0,50 €). Neuer Markt 1, ✆ 03991-177137.

Baden

Größter zentrumsnaher Müritzstrand ist das **Warener Volksbad** im Kameruner Weg (zweigt von der Röbeler Chaussee ab, ca. 1,5 Kilometer vom Altstadtzentrum) mit Liegewiese und sandigem Badestrand, großer Rutsche und Steg sowie Beachvolleyball-Feld. Die Gaststätte *Strandkorb* versorgt die Gäste (tägl. ab 11 Uhr), der Eintritt ist frei (✆ 03991-122177). Eine weitere große Badestelle gibt es an der **Feisneck** nahe der Jugendherberge (im Sommer DLRG-überwacht); die Badestelle **Ecktannen** auf dem Weg zwischen dem gleichnamigen Campingplatz und der *Waldschenke* bietet Sandstrand und Liegewiese und ist ebenfalls DLRG-überwacht. An den offiziellen Badestellen herrscht in der Regel Hundeverbot. Wer textilfrei baden möchte oder mit Vierbeiner unterwegs ist, kann dies an vielen kleinen und teilweise auch recht versteckt gelegenen Badestellen rund um die Feisneck tun. Kanu- und sonstige Bootsverleiher befinden sich bei den beiden Campingplätzen, eine Surfschule beim Campingplatz Kamerun (→ S. 342).

Eine besonders schöne **Wanderung** führt in etwa 2–2:30 Std. vom Waldparkplatz Specker Straße (südlich vom Zentrum, hier beginnt der Nationalpark) zur Ausflugsgaststätte *Müritzhof* (→ S. 355). Herrliche Landschaft mit diversen Vogelbeobachtungspunkten, es geht durch Wald und an Moorseen entlang. Auch mit dem Fahrrad machbar. Markierung: zunächst lila Blume, dann oranges Bambi, Gesamtdauer ca. 4:30 Std. Gehzeit, gleicher Weg zurück (insgesamt 14,5 km).

Nordöstlich von Waren

Die Waren und Stavenhagen verbindende B 194 erscheint dank dreier nobler Immobilien wie eine schmucke Schlosshotelachse, an der die teils als Herbergen genutzten Herrenhäuser *Groß Plasten*, *Varchentin* und *Kittendorf* im Fünf-Kilometer-Abstand die Blicke auf sich ziehen.

Zunächst erreicht man nordöstlich von Waren **Alt Schloen** mit seiner unvermittelt wuchtigen *Kirche*. Das aus Feld- und Backsteinen errichtete Gotteshaus, in dessen Grundfesten ein alter Mühlstein integriert ist, stammt aus dem frühen 13. Jh. Unweit der Dorfkirche wurde unlängst die alte Wassermühle restauriert, die heute ein Wirtshaus beherbergt.

In **Groß Plasten**, auf der anderen Seite der Bundesstraße, findet sich das gleichnamige prächtige *Schloss* (am Klein Plastener See gelegen) aus der Mitte des 18. Jh., in dem heute ein schickes Hotel residiert.

Übernachten/Essen **Schlosshotel Groß Plasten**, nobles Hotel im prächtigen Schloss aus dem 18. Jh. Gehobenes Restaurant, in dessen Küche bevorzugt regionale und saisonale Produkte veredelt werden (auch vegetarische Gerichte). Feudale Terrasse über dem See, freundlicher Service. Stilsicher eingerichtete Zimmer, teils im Schloss, teils im früheren Kutscherhaus (mit Schlossblick). Diverse Arrangements und Wellnessangebote. Ganzjährig geöffnet. EZ 85–95 €, DZ 110–135 €, Juniorsuite 135 €, Suite 165–185 €, Frühstück inkl. Parkallee 36, 17192 Groß Plasten, ✆ 039934-8020, 📠 039934-80299, www.schlosshotel-grossplasten.de.

Eine ähnlich feudale Unterkunft wie in Groß Plasten sollte im Herrensitz des nördlich gelegenen Dorfes **Varchentin** entstehen. Das im Tudorstil errichtete neugotische *Schloss* aus der Mitte des 19. Jh. ist von einem weitläufigen Park umgeben, den *Peter*

Joseph Lenné gestaltete. Es blieb bei der Ankündigung, das stolze Schloss wartet weiter darauf, dass ihm jemand die ihm angemessene Aufmerksamkeit schenkt.

Drei Kilometer östlich von Varchentin liegt **Lehsten**, in dessen *Büdnerei* mehr Leben ist als im benachbarten *Schloss*. Das ehemalige, sorgsam renovierte Anwesen – Büdner wurden in Mecklenburg Kleinbauern genannt, zur deren Besitz, der „Bude", auch etwas Land gehörte – beherbergt heute ein beliebtes Galeriecafé.

Büdnerei Lehsten: urgemütliches Galeriecafé mit wechselnden Ausstellungen; Kleinkunst- und Konzertbühne, Workshops (vom Koch- über den Schmuck- bis zum Malkurs). Außerdem stehen Zimmer und Ferienwohnungen zur Verfügung. Das Café ist Mai bis Aug. tägl. 14–18 Uhr, Sept./Okt. Do–So 14–18 Uhr, im Winter nur Sa/So 14–18 Uhr geöffnet, Jan./Febr. geschlossen. Friedrich-Giese-Str. 1, 17219 Lehsten, ✆ 039928-5639, www.buednerei-lehsten.de.

In **Kittendorf**, nur fünf Kilometer nördlich von *Varchentin*, befindet sich ein *Schloss*, das Mitte des 19. Jh. im gepflegten Tudorstil der Neugotik errichtet wurde und ebenso wie Varchentin in einem schönen, weitläufigen Park (samt idyllischem Teich) eingebettet liegt, der von *Peter Joseph Lenné* entworfen wurde. Schloss Kittendorf, als dessen Architekt der Schinkelschüler *Friedrich Hitzig* verantwortlich zeichnet, wirkt aber viel leichter und verspielter als Schloss Varchentin. Der schmucke Herrensitz mit der verspielten Fassade und dem eleganten Türmchen wird heute als Hotel genutzt.

Übernachten/Essen **Schlosshotel Kittendorf**, prachtvolles Hotel, umgeben von einem weitläufigen Park. Gehobenes Restaurant, hübsches *Café Jardin* in der lichtdurchfluteten „Orangerie" (tägl. ab 14 Uhr geöffnet). Diverse Arrangements. Ganzjährig geöffnet. EZ 70 €, DZ 89–129 €, Suite 130–159 €. 17153 Kittendorf, ✆ 039955-500, 📠 039955-50140, www.schloss-kittendorf.de.

Abseits der B 194, fern von den beliebten Seen, aber noch nicht in der Mecklenburgischen Schweiz gelegen, erstreckt sich eine liebliche, ruhige Landschaft, durch die sich die noch junge Peene schlängelt. So friedlich erscheint dem flüchtigen Besucher die Gegend, dass es nicht wundert, wenn man bei der Tour über enge Landstraßen und durch kleine Dörfer einen winzigen Weiler namens *Sorgenlos* passiert.

Weiter nach Norden gelangt man am lang gestreckten *Rittermannshagener See* entlang nach Faulenrost an der Peene.

Direkt von Waren fährt man mit dem Pkw nach Faulenrost via Alt Schönau, mit dem Fahrrad ist es wohl am schönsten von der Kirche bei Varchentin aus: Von hier führt ein kleines Sträßchen, das südlich des Großen Varchentiner Sees nur noch für Fußgänger und Radler passierbar ist, über einen Weiler mit dem nicht mehr ganz so sorglosen Namen *Hungerstorf* nach **Faulenrost**. Ein beliebtes Ausflugsziel ist Faulenrost dank des idyllischen Welshofs, einer Traditionsfischerei mit angeschlossenem, empfehlenswertem Restaurant. Enge Landstraßen führen von hier aus weiter zu den fotogenen wie grandiosen Schlössern von Basedow im Norden (S. 431) und Ulrichshusen im Westen (S. 432).

Übernachten/Essen ›››Unser Tipp: **Welshof** und **Restaurant Zum Fischer Fritz**, Familienunternehmen und beliebtes Ausflugsziel. Idyllisch an der Peene gelegene Fischerei, hier wird alles gefangen, was Seen und Peene hergeben: Aal und Zander, Forelle und Schleie und natürlich Welse. Die Fische werden frisch oder geräuchert verkauft oder im Restaurant veredelt. Wir waren vom Wels in Meerrettich-Dillkruste sehr angetan. Urgemütlicher Gastraum, schöne Terrasse, freundlicher Service, mittleres Preisniveau (Fischgerichte 10–14 €). Es werden auch kleine Bungalows vermietet (Preis auf Anfrage). Das Restaurant ist tägl. 11–23 Uhr geöffnet. Dorfstr. 2, 17139 Faulenrost, ✆ 039951-2135, www.welshof-schliemann.de. ‹‹‹

Karte → S. 348/349

Bristow
Malchiner See
Gielow
Duckow
Basedow
Gülzow
Burg Schlitz
Bülow
Seedorf
Neubauhof
Schorssow
Hinrichsfelde
Pribbenow
Langhagen
Barz
Pinnow
Demzin
Großen Luckow
Ziddorf
Liepen
Rottmann-hagen
Kirch Grubenhagen
Dahmen
Langwitz
Zettemin
Schwinken-dorf
Faulenrost
Vollrathsruhe
Rambow
Lupendorf
Rittermanns-hagen
Liepen
Klocksin
Ulrichs-husen
Rittermannshagener See
Moltzow
Blücherhof
Hinrichs-hagen
Hungerstorf
Hohen-Wangelin
Flacher See
Marx-hagen
Lansen
Großer Varchentiner Sees
194
Tiefer See
Sommerstorf
Alt Schönau
Groß Gievitz
Varchentin
Alt Gaarz
108
Sorgenlos
Neu Gaarz
Torgelower See
Deven
Bergsee
Grabowhöfe
Torgelow
Groß Plasten
Vielist
Alt Schloen
Klein Plastener See
Schwenzin
Tief-waren-see
Schloen
Jabel
Klein Plasten
Nossentiner Hütte
Damerow
Jabelscher See
Schwastorf
Wisentgehege
Müritzeum
Silz
Damerower Werder
Kargow
Nossentin
Godow
Groß Dratow
Waren
Binnen-müritz
NSG Damerower Werder
Ecktannen
Krummer See
Fleesensee
NSG Blüchers Bruch und Mittelplan
Kölpinsee
192
Freisneck-see
Federow
Klockow
Untergöhren
Schloss Klink
Moorsee
Malchower See
Jankersee
Göhren-Lebbin
Nationalpark
Malchow
Klink
Warnker See
Grabenitz
Sempzin
Schwarzenhof
192
Penkow
Rederang-see
Mühlen-see
Poppentin
Müritzhof
Specker See
Speck
Grüssow
Sietow
Sietow Dorf
Müritz
Hof-see
Lexow
Walow
Gotthun
Priester-baker See
Groß Kelle
Boek
Kogel
Zartwitzer-Hütte
Woldzegarten
Tangahnsee
Boeker Mühle
Minzow
Röbel
Ludorf
Woterfitz-see
Bolter Kanal
Bolter Schleuse
Leizen
Zielow
Zietlitz
Schillers-dorf
Fincken
Rechlin Nord
Leppin-see
Solzow
198
Bütow
Bollewick
Rechlin
Großer Kotzower See
Qualzow
Kleine Müritz
Vipperow
NSG Zerrinsee
Kambs
Kleiner Kotzower See
Alte Fahrt
Massow
Sumpfsee
Priborn
Müritz-arm
Grazower Möschen
Melz
Alt Gaarz
Granzow
Müritz-Havel-Kanal
Schloss Mirow
A 19
Wreden-hagen
Lärz
Neu Gaarz
Müritz-see
Mirower See
Kieve
Buchholz
Mirow
Starsow

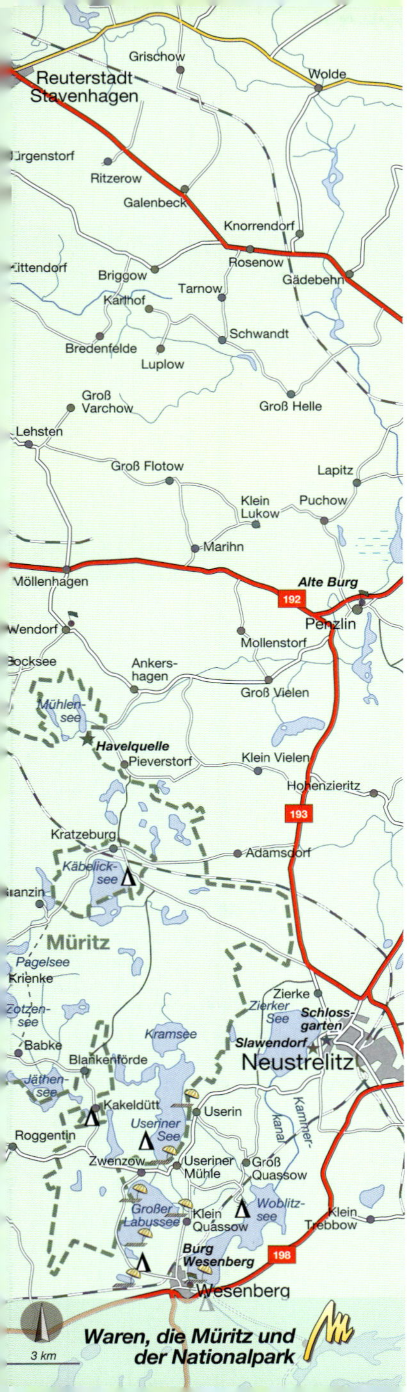

Südlich von Waren

Am Westufer der Müritz ist es zwischen Waren und Röbel vor allem der neun Kilometer südlich der Warener Altstadt gelegene Ort **Klink**, der zu einem Zwischenstopp einlädt. Hier steht direkt am See das fotogene und deshalb recht bekannte *Schloss Klink*. Mit weißem Verputz, backsteinroten Fensterfassungen und Giebeln sowie schwarz gedecktem Dach und Turmhauben zeigt es sich schon in der Farbgebung märchenhaft. Dabei stammen die verspielten Erker, Türmchen und Portale keineswegs aus märchenhafter Zeit, nicht einmal aus der deutschen Romantik: Schloss Klink wurde 1898 gebaut und nimmt sich unverkennbar die französischen Loire-Schlösser zum Vorbild. Heute beherbergt das Schloss ein Hotel.

Verbindungen **Bus**: Die Warener Stadtbusse fahren halbstündl. bis Klink.

Schiff: Mit der *Weißen Flotte* oder der *Blau-Weißen Flotte* zwischen Anfang April und Anfang Okt. ca. 6-mal tägl. nach Waren und Röbel. Tickets an Bord, Infos und Buchungen unter ✆ 03991-141984 oder 03991-122668, www.weisse-flotte-mueritz.de.

Übernachten/Essen **Schlosshotel Klink**, noble Herberge im Schloss, mit modernem Anbau („Orangerie"). Direkt am See, mit Wellness, Sauna und Schwimmbad, außerdem Kegelbahn und Fahrradverleih. Mehrere Restaurants und Bars. Übernachtung im Schloss: EZ 85–100 €, DZ 120–150 €, Suite 185–250 € (je nach Größe bzw. Land- oder Seeseite); im Nebengebäude günstiger, Frühstück inkl.; Hunde 15 €. Schlossstr. 6, 17192 Klink, ✆ 03991-7470, 03991-747299, www.schlosshotel-klink.de.

Der kleine Weiler **Sietow Dorf** liegt auf halbem Weg zwischen Waren und Röbel an der Sietower Bucht. Von der wuchtigen *Kirche* (um 1300) führt ein kurzer Weg hinunter zum kleinen Hafen. Die Restaurants und Imbisse servieren fangfrischen Fisch.

Um die Müritz
Karte → S. 348/349

Der Warnker See im Nationalpark

Müritz-Nationalpark

Grün und blau – die inoffiziellen Farben Mecklenburgs prägen auch den herrlichen Nationalpark: dichte Wälder und verwunschene Seen, weite Schilfgürtel entlang des „Kleines Meeres“, unwegsame Moorlandschaften und versteckte Wiesen und Weiden. Über diesem Naturparadies kreisen Fisch- und Seeadler und im Herbst kommen die Kraniche in Scharen zu Besuch.

Der 1990 gegründete Müritz-Nationalpark umfasst mit seinen 320 Quadratkilometern Fläche zwei Teilgebiete: Der überwiegende Teil (260 km^2) liegt östlich der Müritz und grenzt an deren Ufer. Ein kleineres Waldgebiet (62 km^2) befindet sich südöstlich davon zwischen Neustrelitz und Feldberg um den Ort Serrahn, dessen Buchenwälder zu den fünf alten Wäldern gehören, die 2011 als **UNESCO-Weltnaturerbe** ausgewiesen wurden. Den Müritz-Nationalpark bedecken zu fast drei Vierteln (72 %) weitflächige Waldgebiete, von denen die besagten Buchen aber nur einen kleinen Anteil ausmachen: Drei Viertel der Waldflächen sind von Kiefern bestanden. Berühmt ist das Gebiet – vor allem der große Nationalpark-Bereich östlich der Müritz – jedoch für seine zahllosen Seen (davon 107 mit einer Größe von mehr als einem Hektar) und Tümpel, dazu die vielen Moore, die eine unvergleichliche Vielfalt an Wasservögeln und eine ganz besondere Flora hervorbringen.

Die Landschaft des Nationalparks mit ihren Seen entstand am Ende der letzten Eiszeit, als sich Gletscher aus Skandinavien über den Kontinent schoben und Gesteinsmassen, „Endmoränen“, vor sich auftürmten. In ihren Absenkungen und Tälern bildeten sich die heutigen Seen und Flüsse, die das „Land der Tausend Seen“ zum wasserreichsten in ganz Europa machten.

Im Mittelalter wurde die Gegend von vorwiegend freien Bauern besiedelt. Nach dem Dreißigjährigen Krieg gewann die Gutsherrschaft weitgehend Überhand, aus den Bauerndörfern wurden vermehrt Gutswirtschaften. Neben den Fischern und Bauern ernährten Wald und Heide östlich der Müritz auch Köhler und Teerschweler, Torfstecher und Schäfer. Letztere betreiben auch heute noch extensive Viehwirtschaft im Nationalpark. Das heutige Naturparadies hat seine Entstehung zum Teil auch dem Eingriff durch Menschenhand zu verdanken: Mit der Schiffbarmachung von Elde und Havel in den Jahren 1798 bis 1834 und der so entstandenen Elde-Havel-Wasserstraße sank der Wasserspiegel der Müritz um eineinhalb bis zwei Meter und hinterließ an deren Ostufer eine beeindruckende, oft unzugängliche Moorlandschaft und einige kleinere Seen – heute der Lebensraum für seltene Pflanzen- und Vogelarten.

Während das ausgedehnte Waldgebiet von Serrahn 1833 von den Großherzögen des nahen Neustrelitz zur Privatjagd erklärt und zu diesem Zweck sogar eingezäunt wurde, erfuhr das Gebiet am Ostufer der Müritz eine wirtschaftliche Nutzung: zunächst durch eine Ziegelei, dann als großflächiges Weideland. Nachdem Teile des Gebietes wieder aufgeforstet waren, ging man auch hier der Jagd nach, 1969 wurde das Gebiet dann zur Staatsjagd erklärt. Auf einem 2000 Hektar großen Teilstück errichtete die sowjetische Armee einen Truppenübungsplatz.

Regeln im Nationalpark

Dem Naturliebhaber sind die meisten Regeln ohnehin klar, trotzdem hier der vom Nationalparkamt herausgegebene Kodex, um die Natur möglichst wenig zu stören:

- Verlassen Sie nicht die ausgewiesenen Wege.
- Verhalten Sie sich an den Beobachtungsständen möglichst leise.
- Nehmen Sie keine Pflanzen oder Steine aus dem Nationalpark mit.
- Hinterlassen Sie keinen Müll; Raucher sollten die erhöhte Waldbrandgefahr beachten und ihre ausgedrückten Kippen wieder mitnehmen.
- Hunde sind im gesamten Nationalpark-Gebiet an der Leine zu führen.
- Parken Sie nur an den vorgesehenen Parkplätzen, zelten Sie nur auf den ausgewiesenen Campingplätzen des Nationalparks.

Karte → S. 348/349

Trotz aller Jagdleidenschaft auf der einen und dem heute verödeten Militärgebiet auf der anderen Seite spielte der Naturschutz in einigen Gebieten des heutigen Nationalparks seit Jahrzehnten eine Rolle. Schon 1931 entstand ein erstes, wenn auch recht kleines Schutzgebiet um den Müritzhof, nach dem Zweiten Weltkrieg wurden rund 5000 Hektar am Ostufer der Müritz unter Schutz gestellt. Doch ausgerechnet dies wirkte sich negativ auf die Fauna des Gebietes aus: Das Areal wurde von Büschen zugewuchert, die Brutvögel fanden keine Nistplätze mehr und blieben weg. So ging man dazu über, das Gebiet wieder als Weideland zu nutzen. Die Natur „sich selbst zu überlassen" funktionierte dagegen im Serrahner Teil des Nationalparks umso besser: Seit über 40 Jahren wächst hier ein regelrechter Urwald aus Buchen. Rund 7 % des Müritz-Gebiets werden heute landwirtschaftlich genutzt und alljährlich zählt man über eine halbe Million Besucher – der Nationalpark ist einer der größten Touristenmagnete der Region. Insgesamt erschließen 600 Kilometer Wander- und Radwege Deutschlands größten Binnen-Nationalpark für Besucher.

Flora und Fauna im Müritz-Nationalpark

Der Wechsel zwischen ausgedehnten Wäldern, vielen großen und kleineren Seen, Mooren und Sumpfgebieten bringt im Müritz-Nationalpark eine ganz eigene Flora und Fauna hervor. Dank der Unzugänglichkeit von Seeufern und Moor- bzw. Sumpfgebieten bietet er vor allem Wasservögeln einen besonders geschützten Lebensraum.

Die Wälder im Nationalpark werden von Kiefern, den schnell wachsenden, anspruchslosen Birken und den hier ursprünglich beheimateten Rotbuchen dominiert, Letztere vor allem im Osten um Serrahn. Die Moore des Nationalparks entstanden entweder durch die Verlandung „alter" und flacher Seen (u. a. durch die künstliche Absenkung des Wasserspiegels mit dem Bau des Elde-Havel-Kanals), an manchen Stellen aber auch durch das Ansteigen des Grundwasserspiegels. Als nährstoff- und sauerstoffarmes Biotop eignen sie sich nur für bestimmte Pflanzenarten, darunter Torfmoos und Wollgras, den fleischfressenden Sonnentau und das seltene Moor-Greiskraut. Vor allem in der Gegend südlich des Müritzhofs finden sich noch einige ausgedehnte Riedflächen. Die zahlreichen Seen sind oft von einem dichten Röhricht- und Schilfgürtel gesäumt, manche von ihnen ganz klar, andere trüb und bräunlich. Im Sommer blühen hier Weiße Seerosen und die gelben Teichrosen. An die 1000 verschiedene Pflanzenarten sprießen im Müritz-Nationalpark, zudem fast 300 Moos- und Flechtenarten und fast 600 verschiedene Pilze.

Das größte Säugetier im Park ist der Rothirsch, der, um den Bestand zu begrenzen, als einziges Tier hier noch heute gejagt wird. Darüber hinaus tummeln sich in den Wäldern Wildschweine und Füchse. In der wasserreichen Gegend fühlen sich Biber und Fischotter zu Hause, ebenso der Moorfrosch, dessen männliche Vertreter sich zur Laichzeit leuchtend hellblau verfärben.

Berühmt ist der Nationalpark jedoch für seine Vielfalt an (Wasser-)Vögeln, die vom majestätischen Kranich bis zum farbenfrohen Eisvogel reicht. Von den Raubvögeln

Rauhwolliges Pommersches Landschaf

zählen natürlich die beiden Adlerarten zu den größten Attraktionen: Der Fischadler ist nur im Sommerhalbjahr anzutreffen (überwintert wird im Mittelmeerraum oder Westafrika) – das aber so häufig wie nirgendwo sonst in Europa. Über hundert Brutpaare zählte man zuletzt in Mecklenburg-Vorpommern, und wer den Greifvogel mit dem charakteristischen weißen Kopf mit dunkler Maske beobachten will, kann ihn, mit etwas Glück, von den Beobachtungspunkten bei den Fischteichen bei Boek oder am Rederang-See (bei Federow) erspähen, zudem befinden sich einige Horste auf Strommasten südlich von Federow. Während sich der Fischadler fast ausschließlich von Fisch ernährt, greift der deutlich größere Seeadler (mit einer Spannweite bis 2,5 Meter der größte Greifvogel Europas) auch nach Wasservögeln, Mäusen und sogar nach Füchsen, notfalls aber auch zu Aas. Das erscheint vielleicht nicht gerade majestätisch, ermöglicht es dem Seeadler aber in unseren Breitegraden zu überwintern. In Mecklenburg-Vorpommern ist der Bestand am dichtesten, von etwa 600 Brutpaaren in Deutschland jagen und brüten etwa die Hälfte zwischen Schwerin und Usedom, Müritz und Hiddensee. Erkennbar ist der Seeadler am mächtigen Schnabel und durchgehend braunen Federkleid, wer ihn im Nationalpark zu Gesicht bekommen will, sollte es am besten an den Beobachtungsständen bei den Boeker Fischteichen oder am Warnker See (Richtung Müritzhof) versuchen. Seine Horste befinden sich meist auf hohen Bäumen, Fischadler dagegen nisten heute vermehrt auf Strommasten. In den Röhrichten und Schilfgürteln der Seen nisten u. a. die seltene Rohrweihe und die gefährdete Große Rohrdommel: Vor allem im Frühjahr sind in der Dämmerung ihre dumpfen, dröhnenden Balzrufe zu hören, die ihr den Beinamen „Moorochse" eingebracht haben. Zu sehen bekommt man diesen extrem scheuen Vogel jedoch fast nie: Sein braunes Federkleid ist vom umgebenden Schilf kaum zu unterscheiden. Auch der seltene Schwarzstorch, Eisvögel, Fischreiher und Wildgänse fühlen sich hier – zumindest saisonal – wohl.

Kranichbeobachtungen im Nationalpark

Nicht nur an der Ostseeküste, auch hier im Müritz-Nationalpark treffen sich die Grauen Kraniche (*Grus grus*) im Frühjahr und Herbst zu Tausenden, Schätzungen zufolge sollen es bis zu 8000 pro Tag sein, die vor allem am Nordufer des Rederang-Sees (bei Federow, → S. 356) gemeinsam Rast machen, um sich auf ihrer anstrengenden Reise zwischen Schweden und Spanien (teilweise auch Nordafrika) zu erholen. Etwa 60 Paare bleiben ganzjährig im Nationalpark. Aus der Nähe wird man die überaus scheuen Vögel nicht zu sehen bekommen, bessere Chancen hat man vom Beobachtungsturm am Rederang-See. Dennoch: Ein Fernglas sollte man auf alle Fälle dabeihaben. Näheres zu den Kranichen → S. 186/187.

Führungen: Der Beobachtungsturm am Nordufer des Rederang-Sees bzw. der Weg dorthin (Markierung: *rotes Eichhörnchen*) von Federow und Schwarzenhof aus ist während des Kranichzugs von ca. Ende Aug. bis Ende Okt. tägl. ab 16 Uhr gesperrt, allerdings im Rahmen einer Führung zu begehen. Wer daran teilnimmt, sollte sich warm und in gedeckter Kleidung anziehen und nur ohne Blitz fotografieren. Reservierung (ratsam!) unter ✆ 03991-668849 (Federow) oder ✆ 03991-670091 (Schwarzenhof). Infos und Reservierung auch im Haus des Gastes in Waren (→ S. 339) und unter www.nationalpark-service.de. Führung 7,50 €, Kinder 7–15 J. 4 €, unter 7 J. frei.

Um die Müritz
Karte → S. 348/349

Basis-Infos

Information Es gibt mehrere, mehr oder weniger große Nationalpark-Informationsbüros. Eines der wichtigsten ist das in **Federow** (→ S. 356), hier gibt es auch die Fischadler-Live-Kamera. Kleinere Infostellen befinden sich u. a. in **Schwarzenhof** (mit kleiner historischer Ausstellung, → S. 357), in der alten Schmiede in **Speck** (→ S. 358) und im Gutshaus von **Boek** (→ S. 364) sowie in **Ankershagen-Friedrichsfelde**. Eine Live-Übertragung aus einem Storchennest gibt es in **Ankershagen-Friedrichsfelde** (→ S. 359). In der Nationalpark-Information in **Kratzeburg** (→ S. 361) widmet sich eine Ausstellung der Fledermaus. Im Info-Zentrum **Blankenförde** (→ S. 362) kann man sich zum Projekt *Moore und Große Rohrdommel an der oberen Havel* informieren und in **Serrahn** natürlich zum Thema *Welterbe alter Buchenwald*. Öffnungszeiten für alle: Anfang Mai bis Ende Okt. tägl. 10–17 Uhr, im Sommer teils bis 18 Uhr. Infos zum Nationalpark erhält man auch in **Waren** (→ S. 339), in **Neustrelitz** ist der Stadtinformation eine Nationalpark-Infostelle angeschlossen (→ S. 388), www.nationalpark-mueritz.de.

Verbindungen Da der Nationalpark für den privaten Autoverkehr fast vollständig gesperrt ist, ist man auf das Fahrrad, die Füße oder aber den **Nationalpark-Bus** angewiesen. Dieser verkehrt von Ende April bis Anfang Okt. auf der „Müritz-Linie“ zwischen 9–16.30 Uhr stündl. ab *Waren* (Steinmole) über *Federow*, *Schwarzenhof*, *Speck* nach *Boek* und weiter bis zum *Bolter Kanal* (3-mal am Tag auch über Bolter Schleuse bis Rechlin) sowie wieder zurück (tägl. 10.10–16.50 Uhr bzw. Mo–Fr auch 17.40 Uhr ab Boek). Fahrräder können mitgenommen werden, solange Platz im Anhänger ist. Tickets im Bus, Infos unter ✆ 03991-645119.

Mit dem Schiff: Von der Anlegestelle *Bolter Kanal* fährt in der Saison 2- bis 3-mal tägl. eine Fähre der *Weißen Flotte* von und nach Waren sowie 2- bis 3-mal tägl. nach Röbel. Fahrtzeit nach Waren ca. 1,5 Std., nach Röbel ca. 1 Std. Das Nationalparkticket (Bus und Schiff) ist nur für die Weiße Flotte gültig (ansonsten nach Waren bzw. Röbel 9 €). Infos unter ✆ 03991-122668 oder www.mueritzschiffahrt.de. Weitere Schifffahrten auf der Müritz → Waren, S. 340.

Führungen und Touren im Nationalpark Naturkundliche und vogelkundliche Wanderungen, geführte Radtouren, historische Rundgänge. Am beliebtesten sind natürlich die Führungen zu den gefiederten Attraktionen des Nationalparks: Jährlicher Hö-

Der Müritzhof

hepunkt sind die Wanderungen zum Kranicheinflug (ab Federow und Schwarzenhof, → S. 356), nicht minder gefragt ist die Adlersafari (ab Federow, → S. 356). Das gesamte Angebot erfährt man in den Infobüros oder unter www.nationalpark-service.de.

Nationalpark-Ticket

Lohnend vor allem, wenn man mehr als einen Tag im Nationalpark unterwegs sein will und/oder den Ausflug mit einer Schiffsfahrt verbinden möchte.

- *Tagesticket Bus* 9 €, Kinder 6–14 J. 4 €, Familien mit bis zu 4 Kindern 18 €.
- *Kombiticket Bus & Schiff* 18 €, Kinder 8 €, Familien 36 €.
- *3-Tages-Ticket Bus* 20 € (erm. 8 €).
- *3 Tage Bus & Schiff* 39 € (erm. 16 €).
- *Wochenticket Bus* 36 € (erm. 15 €).
- *Wochenticket Bus & Schiff* 58 € (erm. 26 €).

Tickets in den Bussen sowie an Bord der Fahrgastschiffe (Weiße Flotte), im Haus des Gastes in Waren und den Touristinformationen im Nationalpark. Infos unter www.nationalparkticket.de.

Essen & Trinken

Neben den zahlreichen Hotels, Restaurants und Cafés in den Dörfer in und um den Nationalpark (→ jeweils unten) sind zwei besonders hervorzuheben:

››› Unser Tipp: **Müritzhof**, der vom Lebenshilfewerk bewirtschaftete Landschaftspflegehof liegt in herrlicher Alleinlage inmitten der traumhaften Nationalparklandschaft. Von April bis Okt. ist die dazugehörige Gaststätte (sehr schöne Terrasse) tägl. 10–16 Uhr geöffnet, Mai bis Sept. bis 18 Uhr. Dieses mecklenburgische Idyll ist aber nicht allein wegen der Lage beliebt und gerühmt. Hier laben sich Wanderer und Radler entweder an Kaffee und Kuchen oder an der deftigen mecklenburgischen Küche. Schaf und Rind stammen aus der eigenen extensiven Viehhaltung des Hofes, das Wild aus dem Nationalpark, der Fisch aus der Müritz. Und der Streuselkuchen vom Blech ist wie ein Streuselkuchen vom Blech sein soll. Dabei nicht teuer. ✆ 03991-611540. *Lage*: Der Müritzhof liegt etwa 7 km südlich von Waren und ist nur zu Fuß oder mit dem Fahrrad zu erreichen (Wander-/Radweg ab Parkplatz Specker Straße). ‹‹‹

Zartwitzer Hütte, nach eigenen Angaben „Landliebe und Ökokram" – und das fasst es ganz gut zusammen: Die Zartwitzer Hütte ist eine kleine Oase inmitten einer ohnehin schon traumhaften Landschaft. Bauernhof, Hofladen und Gartencafé. Hausgemachte Kuchen und das ein oder andere herzhafte Tagesgericht gibt es im idyllischen Garten, Wurst und Fleisch, Wolle und Felle im Hofladen. Die rauwolligen Pommerschen Landschafe und die Angusrinder des Hofes weiden ganzjährig im Nationalpark. Es stehen auch ein Ferienhaus und 2 Appartements zur Verfügung. Ostern und Mai bis Aug. Di–So 11–18 Uhr geöffnet (Mo Ruhetag). Zartwitzer Hütte, 17248 Rechlin, ✆ 039829-21063, www.ferien-im-mueritznationalpark.de.

Um die Müritz Karte → S. 348/349

Ortschaften im und am Rand des Müritz-Nationalparks

Einstmals lagen die Dörfer Federow, Schwarzenhof, Speck und Boek – alles kleine Weiler rund um ein Gutshaus – an der für die Region wichtigen Verbindungsstraße von Waren nach Mirow. Mit der Einrichtung des Nationalparks wurde die Strecke zwischen Speck und Boek aber für den Durchgangsverkehr gesperrt. Nur der Nationalparkbus bzw. etwas nostalgischer, die Kutsche, halten weiter die Nord-Süd-Verbindung aufrecht.

Die meisten Besucher kommen über **Federow** in den Nationalpark. Mitten im Müritz-Nationalpark befinden sich die kleinen Weiler **Schwarzenhof** und **Speck**. Im Osten gelangt man über die sehenswerten Dörfer **Ankershagen** (mit Museum für den Troja-Entdecker Schliemann), **Kratzeburg** am Käbelicksee oder das versteckte **Granzin** in den Nationalpark; etwas weiter südlich über **Blankenförde/Kakeldütt**. Der südliche Nationalparkeingang schließlich ist **Boek**.

Federow

Der hübsche alte Gutshof ist das nördliche Tor in den Nationalpark. Hier befindet sich auch das vielleicht wichtigste **Informationszentrum** des Parks und von hier starten auch naturkundliche Führungen, darunter zu den Adlern und Kranichen. Neben dem schmucken **Gutshaus** aus dem 19. Jh. (heute Hotel mit Restaurant) ist es vor allem die gotische **Feldsteinkirche** von Federow, die von sich reden macht: Das kleine, altehrwürdige Gotteshaus dient nämlich als *Hörspielkirche* – Kino für die Ohren: Von Juli bis September werden in der Kirche Hörspiele aufgeführt (d. h. abgespielt), das Programm reicht vom Kinderhörspiel über den Krimi bis zur Klassik. Daneben ist auch (Kirchen-)Musik zu hören.

Hörspielkirche: Ende Juni bis Anfang Sept. tägl. ab 11 Uhr geöffnet; Hörspielprogramm Ende Juni bis Anfang Sept., dann tägl. mindestens 3 Veranstaltungen (15 Uhr Kinderhörspiel, 16.30 sowie 18.30 Uhr Erwachsenenhörspiel), sonntags Gottesdienst. 2014 legt die Hörspielkirche eine Pause ein, die nächste Saison startet am 26. Juni 2015. Aktuelles Programm vor Ort oder unter www.hoerspielkirche.de.

Information **Nationalpark-Information Federow**, mitten im Ort; freundlich und kompetent, umfangreiches Infomaterial, Buch- und Souvenirladen, Fischadler-live-Übertragung, geführte Touren (→ unten); Fahrradverleih, Wohnmobilstellplatz. Ende März bis Ende Sept. tägl. 9–18 Uhr geöffnet, im Okt. tägl. 9–17 Uhr, im Winter geschlossen. 17192 Federow, ✆ 03991-668849, www.nationalpark-service.de.

Fischadler live

In der Nationalpark-Information Federow kann man den Fischadlern ins Nest schauen! Eine Kamera überträgt live von einem der Adlerhorste, die in der Umgebung auf den Strommasten zu finden sind. So werden einzigartige Einblicke in die Aufzucht der Jungtiere vom Schlüpfen über den ersten Flugversuch bis zum Abflug im Herbst möglich.

Geführte Touren U. a. **Adlersafari**, April bis Sept. tägl. 11.15 Uhr; **Vogelkundliche Wanderung**, Juli/Aug. jeden Mi 10.30 Uhr; **Fahrradtour durch den Park**, Mai bis Sept. Mo–Sa 11 Uhr; **Kranichtour** – das Highlight: Ende Aug. bis Mitte Okt. 1-mal tägl. am späten Nachmittag/frühen Abend. Dauer je 3 Std., Erw. 7,50 €, Kinder 4 €. Start für alle Touren ist die Nationalpark-Information Federow, hier auch Infos und Anmeldung (ratsam).

Beobachtungsstand Um Federow gibt es mehrere Möglichkeiten, Fischadler zu beobachten, zahlreiche Brutpaare haben ihre Nistplätze auf den Strommasten um den Ort.

››› Lesertipp: „Sehr lohnenswert ist auch der kurze Rundweg um den Hofsee. Dort gibt es einen Aussichtspunkt, von dem aus man ein Adlernest im Baum sehen kann.“ **‹‹‹**

Eine der schönsten Beobachtungsplattformen liegt südlich von Federow am einsamen **Rederang-See** (knapp 2 km, Wandermarkierung *Rotes Eichhörnchen* folgen).

Achtung: Der beliebte, sowohl von Federow als auch von Schwarzenhof viel begangene Wanderweg zum Rederang-See und dessen Beobachtungsturm am Nordufer (Markierung Rotes Eichhörnchen) ist zwischen ca. 20./25. Aug. bis ca. 31. Okt. (je nachdem, wann die Kraniche abfliegen) tägl. ab 16 Uhr gesperrt. Zu diesen Zeiten kommt man nur mit einer Führung dorthin (→ „Kranichbeobachtungen im Nationalpark“, S. 353).

Anlegestelle im Nationalpark

Einkaufen Ein kleiner Lebensmittelladen (Fr. Müller) befindet sich zwischen Kirche und Nationalpark-Information.

Übernachten/Essen **Gutshaus Federow**, schönes, stilvolles Hotel in einem Herrenhaus aus der Mitte des 19. Jh., dahinter der kleine Hofsee. 16 Zimmer, Restaurant mit gutbürgerlicher Küche, auch Café, nette Terrasse, sehr freundlich, WLAN. DZ 85 € (Seeseite 90 €), mit Balkon 95 € (Seeseite 100 €), Dreibett-Zimmer 110 €, Suite 120 €, Frühstück inkl., Halbpension möglich. Am Park 1, 17192 Federow, ✆ 03991-674980, 📠 03991-67498100, www.gutshaus-federow.de.

Zum Jäger, schwäbische Küche in Mecklenburg, freundliches Gasthaus neben der (Hörspiel-)Kirche. Günstige Hausmannskost, natürlich auch Wild; eigene Brennerei; ein paar Tische auch draußen, innen waidmännisch-gemütlich. Mai bis Okt. tägl. 10–22 Uhr. Am Park 2, ✆ 03991-6737918, www.zumjaeger-federow.de.

Die bunte Kuh, Gaststätte und Pension auf einem Bauerhof gegenüber der Nationalpark-Information (DZ 70 € inkl. Frühstück), schöner Garten mit Kinderspielplatz. Damerower Str. 8, ✆ 03991-670038, www.diebuntekuh.com.

Um die Müritz
Karte → S. 348/349

Schwarzenhof

Auch in Schwarzenhof stand einst ein Gutshaus, das aber um 1900 abbrannte und nicht wieder aufgebaut wurde. Der kleine, aus wenigen Häusern bestehende Ort ist vielleicht nicht der spektakulärste rund um den Nationalpark. Dafür eignet er sich – auf halbem Weg zwischen Federow und Speck sowie unweit des Specker und des Rederang-Sees gelegen – hervorragend als Ausgangsort für Radtouren und Wanderungen.

Information **Infopoint** mit ein paar Broschüren und einer kleinen **Ausstellung** (alte Werkzeuge wie ein Torfstecher, historische Fotos und Infotafeln). Um Ostern und von Mai bis Okt. tägl. 8.30–17 Uhr. Schwarzenhof 15, 17192 Kargow, ✆ 03991-670093.

Übernachten/Essen **Nationalparkhotel Kranichrast**, modernes, großes Hotel am Ortsausgang (Richtung Speck); freundlicher Service. Sauna, Kegelbahn und Fahrradverleih; großes und beliebtes *Restaurant* mit Panoramafenstern (leicht gehobene Preise),

Terrasse vor dem Haus (auch Café), im Innenhof während der Saison kleiner Imbiss und eigene Fischräucherei. EZ 60 €, DZ 89 €, inkl. Frühstück, Hunde 6 €. Im Winter nicht durchgehend geöffnet (telefonisch nachfragen). Dorfstr. 15, 17192 Schwarzenhof, ✆ 03991-67260, 03991-672659, www.nationalparkhotel-kranichrast.de.

Caravanstellplatz „Ziegenwiese", schräg gegenüber der Information, etwa ein Dutzend Stellplätze (mit Stromanschluss), 7,50 €/Nacht, Strom 1,50 €, mit kleinem „Scheunenladen". Schwarzenhof 7, ✆ 03991-633842.

Üdis Imbiss mit nettem Garten, ebenfalls am Ortsausgang (Richtung Federow), rechter Hand.

Speck

In Speck befindet man sich nun mitten im Müritz-Nationalpark – weit und breit nichts als Seen und Moore, Wiesen und Wald. Das **Gutshaus** aus den 1930er-Jahren ist heute in Privatbesitz. Nahebei erhebt sich die kleine **Kirche** von Speck aus der zweiten Hälfte des 19. Jh. mit farbenfroher Kassettendecke. Zentral und an der einzigen „Kreuzung" des kleinen Weilers steht einladend die alte Schmiede mit den vier Säulen, heute die **Nationalpark-Information** samt nettem Café. Der Name des kleinen Dorfes weist übrigens weder auf Schweinezucht hin, noch will er uns etwas über die Leibesfülle der Bewohner erzählen. Vielmehr soll er aus dem Slawischen stammen und soviel wie „Befestigter Deich" oder „Weg über sumpfiges Gelände" bedeuten.

Etwa zwei Kilometer südöstlich von Speck erhebt sich ein beliebter, da aussichtsreicher **Turm** auf dem *Käflingsberg*. Zunächst geht man hinter Speck auf der Straße in südliche Richtung, um nach etwa einem Kilometer kurz hinter der Bushaltestelle links in einen Waldweg abzuzweigen. Auf diesem Fußweg erklimmt man den Käflingsberg genannten, für hiesige Verhältnisse geradezu steilen Hügel und erreicht nach einem weiteren knappen Kilometer das schlanke, 55 Meter hohe Stahlgerippe. Hinauf zur Besucherplattform (Mai bis Okt. tägl. 9–19 Uhr) auf 31 Metern steigt man über 167 schweißtreibende Stufen. Bei gutem Wetter ist die Aussicht über den Nationalpark den Abstecher wert.

167 Stufen hoch – der Käflingsbergturm

Information **Nationalpark-Information Speck** in der alten Schmiede; neben Infos, Karten etc. auch nettes kleines **Café** bzw. **Imbiss**. Geöffnet Mai bis Okt. tägl. 10–17 Uhr. www.nationalpark-service.de.

Beobachtungsstand Westlich von Speck führt ein Fußpfad zu einem Beobachtungsstand am **Hofsee**.

››› Lesertipp: „Sehr schön ist auch der ausgeschilderte kurze Umweg zu einem Aussichtspunkt am Priesterbäker See. Bei ruhigem Verhalten kann man dort sowohl Fischadler im Flug als auch Rotwild im Wald beobachten, wenn es sich dem See nähert." ‹‹‹

Ankershagen

ca. 600 Einwohner

Das abgeschiedene Dorf am nordöstlichen Rand des Müritz-Nationalparks ist in zweifacher Weise mit dem sagenhaften Troja verbunden. Zum einen war Homer-Übersetzer *Johann Heinrich Voß* im 18. Jh. Hauslehrer hier im Gutshaus. Zum anderen verbrachte Troja-Entdecker *Heinrich Schliemann* acht Jahre seiner Kindheit in Ankershagen. Entsprechend ist dem später weitgereisten Pastorensohn auch das *Schliemann-Museum* im ehemaligen Pfarrhaus gewidmet. Vor dem Museum steht ein riesiges hölzernes Pferd, in dessen Bauch sich Kinder wie Odysseus fühlen und über eine Rutsche Troja erobern können. Im Hof steht eine mächtige, über 150 Jahre alte Esche, in deren Schatten die Tische und Stühle des Museumscafés stehen, einen Steinwurf entfernt erhebt sich die schmucke kleine **Kirche** von Ankershagen – idyllisch.

Im Ortsteil **Friedrichsfelde** befindet sich in einem Gutshaus aus dem 19. Jh. die **Informationsstelle des Müritz-Nationalparks**.

Information Informationsstelle Müritz-Nationalpark im Gutshaus Friedrichsfelde. Auskünfte und Wanderkarten zur Umgebung, auch Fahrradverleih. Im Nebenraum ist eine Ausstellung zur „Stadtentwicklung" von Ankershagen zu sehen; eine weitere kleine Ausstellung widmet sich *Johann Heinrich Voß*, dem Dichter und Übersetzer (u. a. der „Ilias" von Homer). Mai bis Okt. tägl. 9–17 Uhr geöffnet. Am Nationalpark 10, 17219 Ankershagen, ✆/℻ 039921-35046, www.mueritz-nationalpark.de.

Verbindungen **Bus** mind. 2-mal tägl. von und nach Waren, mit Umsteigen in Möllenhagen (teilweise Wartezeiten) häufiger.

Essen & Trinken Nettes **Café** beim Schliemann-Museum; Tische und Stühle auf der Wiese vor dem Haus, schön zum Sitzen. Kaffee, Kuchen und Kleinigkeiten, gleiche Öffnungszeiten wie das Museum (→ unten).

Heinrich-Schliemann-Museum: Im Pfarrhaus gegenüber der Kirche verbrachte Heinrich Schliemann acht Jahre seiner Kindheit, bevor er auf die höhere Schule in die Stadt geschickt wurde. Das denkmalgeschützte Haus aus dem frühen 18. Jh. beherbergt seit 1980 das Museum, das den abenteuerlichen Werdegang des Archäologen mit zahlreichen Dokumenten und Exponaten erläutert. Dazu zählen u. a. zeitgenössische Bücher zu Troja, Ithaka und dem Peloponnes, die Nachbildungen der Goldschätze von Troja („Schatz des Priamos") und von Mykene, Modelle der Burganlagen

Um die Müritz
Karte → S. 348/349

Equo ne credite, Teucri! Quidquid id est, timeo Danaos et dona ferentes

von Mykene und Tyrins, Fotografien diverser Grabungsarbeiten, ein Modell von Schliemanns Wohnhaus „Iliou Melathron" in Athen sowie Erläuterungen zur „Methode Schliemann" für das Erlernen fremder Sprachen (Schliemann beherrschte 20 Fremdsprachen!). Ein kleiner Teil der Ausstellung ist Schliemanns Kindheit in Ankershagen gewidmet. Das obere Stockwerk des Museums ist wechselnden Ausstellungen vorbehalten.

Ein Stück hinter dem Museum befindet sich ein winzig kleiner Teich namens „Silberschälchen", dem um Mitternacht (aber nur bei Mondschein) sowie an Johannis (24. Juni) eine geheimnisvolle Jungfrau mit einer silbernen Schale entsteigen soll. Über sie berichtet Schliemann in seiner Autobiografie.

April bis Okt. Di–So 10–17 Uhr, Nov. bis März Di–Fr 10–16 Uhr, Sa 13–16 Uhr, So/Mo geschlossen. Letzter Einlass 30 Min. vor Schließung. Eintritt 4 €, erm. 3 €, Schüler bis 16 J. 2 €, Kinder unter 6 J. frei, Familien 9 €. Lindenallee 1, ✆ 039921-3252, 📠 039921-3212, www.schliemann-museum.de.

Heinrich Schliemann – Kaufmann und Selfmade-Archäologe

Zwar erblickte er nicht hier, sondern in Neubukow bei Wismar (→ S. 125) am 6. Januar 1822 das Licht der Welt, doch schon im zarten Alter von eineinhalb Jahren kam der wohl berühmteste deutsche Altertumsforscher nach Ankershagen, wo sein Vater eine Anstellung als Dorfpfarrer gefunden hatte. In Schliemanns Erinnerungen werden seine acht Kindheitsjahre in Ankershagen als besonders glücklich geschildert und das, obwohl der Vater wegen einer außerehelichen Liebschaft mehr und mehr in Verruf geriet, besonders nach dem frühen Tod der Mutter im Jahr 1831. Ein Jahr später wurde der junge Heinrich zu Verwandten nach Kalkhorst gegeben und 1833 auf das Gymnasium nach Neustrelitz geschickt. Im Rückblick erscheint Schliemanns Ankershagen mit seinen frühzeitlichen Besiedlungsspuren fast schon als mythischer Ort, an dem seine Lust am Entdecken erstmals geweckt wurde.

Schliemanns Karriere begann zunächst als Handelsgehilfe in Rostock und Amsterdam. Für seinen holländischen Arbeitgeber gründete er eine Niederlassung in St. Petersburg und machte sich schließlich mit einem eigenen Handelshaus erfolgreich selbstständig. Besonders üppig rollte der Rubel für den geschickten Geschäftsmann während des Krimkrieges (1853–1856), bei dem Schliemann sein damals schon beträchtliches Vermögen vervielfachte. 1864 zählte der Millionär sein Geld zusammen, löste sein Geschäft in St. Petersburg auf und zog einen Strich unter seine bisherigen Unternehmungen. Das Sprachgenie Schliemann ging auf Weltreise, entdeckte sein Faible für die klassische Altertumsforschung und wurde 1869 auf diesem Gebiet von der Universität Rostock sogar promoviert (wenn auch in Abwesenheit). Dabei gingen seine Theorien zur klassischen Antike von einem simplen – und oft belächelten – Ansatz aus: Die Werke Homers hielt er nicht nur für mythenschwere Erzählungen, er benutzte sie vielmehr als detaillierte historische Quellen, die ihm auf der Suche nach Troja und Mykene wie geografische Wegweiser zur Seite standen – und dank derer er tatsächlich fündig wurde. Zu seinen berühmtesten Ausgrabungen zählen Troja (u. a. der „Schatz des Priamos") sowie die Burg und die Königsgräber von Mykene. Schliemann starb am 26. Dezember 1890 in Neapel, sein Grab befindet sich auf dem Zentralfriedhof in Athen, wo er zuletzt mit seiner griechischen Frau gelebt hatte.

Feldsteinkirche: Die frühgotische Kirche gegenüber dem heutigen Schliemann-Museum wurde 1266 geweiht und zählt damit zu den ältesten Feldsteinkirchen in Mecklenburg. Im ältesten Teil der Kirche, dem Chorraum, sind einfache, teils recht eigentümliche Wandmalereien zu sehen, die den Teufel und den Drachentöter darstellen. Der Kirchturm kann über eine sehr steile Treppe bestiegen werden. Nach der ersten Stiege zum Dachstuhl führt linker Hand eine Art „Geheimgang" hinunter, der ist zwar recht eng, erleichtert aber den Abstieg.

Ostern bis Okt. tägl. 8–18 Uhr geöffnet.

Kratzeburg

ca. 550 Einwohner

Südlich von Ankershagen und der Havelquelle verstecken sich – eingebettet in eine sanft hügelige, teils bewaldete Landschaft zwischen einer Handvoll kleiner Seen – einige kleine Dörfer, wie der malerische Flecken **Pieverstorf** an der noch sehr jungen Havel. Hauptort der Gemeinde ist **Kratzeburg** am Nordufer des Käbelicksees. Der Ort erstreckt sich um eine kleine *Fachwerkkirche*. Mitten in Kratzeburg liegt auch das *Flatterhus*, eine Nationalpark-Information, die sich den Fledermäusen widmet.

Ab dem *Käbelicksee* ist die Obere Havel für Wasserwanderer befahrbar. Der See ist damit der nördlichste Punkt des weitverzweigten Wasserwanderreviers der Kleinseenplatte. Die Strecke von Kratzeburg die Havel hinab gehört zu den schönsten Paddelstrecken der Gegend.

Information **Nationalpark-Infozentrum Kratzeburg**, kleine Infostelle unweit der Kirche, neben üblichen Infos widmet sich das *Flatterhus* vor allem den Fledermäusen (im EG Schautafeln zur Geschichte Kratzeburgs, im OG eine kleine Fledermaus-Ausstellung). Mai bis Okt. tägl. 10–17 Uhr geöffnet, im Winter geschlossen. Dorfstr. 31, 17237 Kratzeburg, ✆ 039822-29665, www.mueritz-nationalpark.de.

Verbindungen Kratzeburg liegt an der **Bahnlinie** Waren–Neustrelitz, ein Zug der ODEG hält alle 2 Std. im Dorfbahnhof.

Essen und Trinken **Café Piccolino**, am östlichen Ortsrand von Kratzeburg (Richtung Neustrelitz). Das nette Café wird von freundlichen Damen betrieben, die gerne bei der Auswahl der köstlichen Kuchen und Torten behilflich sind. Ein paar Plätze auch außen. Auch B & B. April bis Okt. 10–20 Uhr, Dorfstr. 2, ✆ 039822-29642.

Fischimbiss gibt es bei der **Havelquellfischerei Berkholz**, mit eigener Räucherei und kleinem Hofladen. Dorfstr. 34, ✆ 039822-29966.

Camping **Campingplatz Naturfreund**, sympathischer Platz auf einer abgelegenen Lichtung direkt am See. Unkompliziert und nicht parzelliert, ruhig gelegen und sehr freundlich geführt. Mit Kanuverleih, Badestelle und kleinem Laden. Erw. 5,50 €, Jugendliche 5 €, Kinder 3,50 €, Zelt 2–4 €, Wohnwagen 4,50–5,50 €, Pkw 2 €, Strom 4 €, Hunde 4 €. Dorfstr. 3, 17237 Kratzeburg, ✆ 039822-20285, ℻ 039822-29188, www.campingplatz-naturfreund.de. *Anfahrt*: Am östlichen Ortsausgang von Kratzeburg (Richtung Neustrelitz) rechts, etwa 700 m auf Asphalt (unter den Bahngleisen durch) und die letzten 700 m auf Piste, beschildert.

Kanuverleih **Kanu-Hecht**, Bootsvermietung im OT Dalmsdorf am Ufer des Käbelicksees. Direkt am Wasser befindet sich auch der *Imbiss/Biergarten R'Adlers-Rast*, wo man Informationen erhält. Auch geführte Wanderungen und Kanutouren. ✆ 039822-17983 (Kanuverleih) oder ✆ 039822-17988 (Nationalpark-Tour), www.kanu-hecht.de.

Um die Müritz
Karte → S. 348/349

Granzin und Krienke

Südöstlich von Kratzeburg liegen abgeschieden am Rand des Nationalparks die charmanten Dörfer Granzin und Krienke. **Granzin**, über dem gleichnamigen See gelegen, besteht nur aus ein paar Häusern rund um die *neugotische Kirche*. An der Abzweigung zum Dorf liegen der sympathische Havelkrug und schräg gegenüber ein nicht minder sympathischer Kanuverleih.

Hier befindet sich auch die Abzweigung nach **Krienke**, einem entzückenden kleinen Dorf nördlich des *Naturschutzgebietes Zotzensee*. Die Zotzenseeniederung mit ihren breiten Schilfrändern ist die Heimat der seltenen Rohrdommel. Zu Gesicht bekommen wird man den scheuen Vogel vielleicht nicht, unter Umständen aber ist das charakteristische muhende Rufen des „Moorochsen" zu hören.

Verbindungen Für Autofahrer ist **Krienke** eine Sackgasse, mit dem Fahrrad oder zu Fuß kommt man zum Zartwitzer Kreuz (und weiter nach Boek oder Speck) bzw. zur Zartwitzer Hütte.

Baden Eine lauschige Badestelle liegt etwa 1 km vor Krienke am kleinen **Pagelsee**, hier auch Parkplätze und Picknickbänke.

Beobachtungsstände Ein großer Beobachtungsturm erhebt sich etwa 1 km südlich von Krienke mit Blick auf den Zotzensee (Markierung: *grüne Rohrdommel*). Zwei weitere Stände liegen an der Landstraße zwischen Granzin und Blankenförde-Kakeldütt.

Kanuverleih/Fahrradverleih **Kormoran-Kanutouring**, sehr freundlicher und hilfsbereiter Kanuverleih schräg gegenüber dem Havelkrug, der Betreiber hilft auch gern bei der Tourenplanung (und denkt dabei auch über den eigenen Havelabschnitt hinaus). Auch Fahrradverleih. Zur Saison tägl. ab 9.30 Uhr geöffnet. An der Havelbrücke Granzin, ✆ 039822-29888, www.kormoran-kanutouring.de.

Essen und Trinken »» Unser Tipp: **Havelkrug**, italienische Küche an der Havel, sympathisches Gasthaus. Draußen gastliche Terrasse, innen großer Saal, aber nicht ungemütlich. In der Küche werden regionale Produkte zu mediterranen Gerichten verarbeitet. Pizza und Pasta meist unter 10 €, Fisch und Fleisch von der Tageskarte um 15 €. Kleine, interessante Weinkarte. Mit Anlegestelle für Wasserwanderer. April bis Sept. tägl. ab 12 Uhr geöffnet (Frühstück auf Vorbestellung), im Winterhalbjahr nur Fr–So. Granzin Nr. 1, ✆ 039822-20232, www.havelkrug.de. ««

Zartwitzer Hütte, zu Fuß oder mit dem Fahrrad sind es nur wenige Kilometer zu einer Oase inmitten des Naturidylls Nationalpark, → S. 355.

Hinweis für Wasserwanderer: Südlich von Granzin ist ein Stück der Havel nicht befahrbar. Mit einer Lorenbahn können die Boote zum Pagelsee gebracht werden.

Die unter Naturschutz stehenden Seen Zotzensee und Jäthensee (westlich von Blankenförde) dürfen nur innerhalb der Betonnung befahren werden.

Blankenförde-Kakeldütt

In einer recht idyllischen Ecke mitten im mecklenburgischen Nirgendwo liegt der Doppelort mit dem wohlklingenden Namen Blankenförde-Kakeldütt. Auch hier, am südöstlichen Eingang zum Müritz-Nationalpark gibt es ein **Nationalpark-Zentrum** (im Ortsteil Blankenförde). Oberhalb der Nationalpark-Information erhebt sich die schmucke, 1702 errichtete **St.-Nikolai-Kirche**, ein backsteinerner Fachwerkbau mit holzverschaltem Turm. Auch die Innenausstattung stammt noch weitgehend aus dem 18. Jh.

Den Schlüssel zur Kirche erhält man in der Nationalpark-Information.

Information **Nationalpark-Information Blankenförde**, unterhalb der Kirche von Blankenförde, hier erhält man von den ungemein freundlichen und engagierten Mitarbeitern Infos zum Naturschutzprojekt *Moore und Große Rohrdommel an der oberen Havel* und zum dazugehörigen Naturschutzgebiet am Zotzensee. Geöffnet Mai bis Okt. tägl. 10–17 Uhr. Blankenförde 30, 17252 Roggentin, ✆ 039829–22585, www.mueritz-nationalpark.de.

Kanuverleih/GeführteTouren/Fahrradverleih **Raus ins Grüne**, sympathischer Kanuverleih an der Havel. Es werden auch zahlreiche Touren angeboten: Kanu- und

Radtouren, Wanderungen und Tierbeobachtung. Auch eigene Imkerei, kleiner Laden und Ferienwohnungen. Zudem Fahrradverleih. Dorfstr. 21, 17252 Blankenförde, www.raus-ins-gruene.de.

Übernachten/Camping **Radlerscheune Blankenförde**, Schlafen im Heu, urgemütlich und freundlich. In einer alten, sorgsam renovierten Holzscheune stehen 2 Kammern mit je 2 Einzelbetten, WC, Dusche und Gemeinschaftsküche (unten) sowie 3 Kojen im Heu (oben) und eine lauschige Laube zur Verfügung. Übernachtung im Zimmer 12,50 €/Pers., im Heu 6 €/Pers., Frühstück 5 €/Pers., Scheune komplett 150 €/2 Nächte. Blankenförde 10 a, 17252 Roggentin/OT Blankenförde, ✆ 0160-97745679, www.kakelduett@freenet.de.

Zum Hexenwäldchen, sympathisch unsortierter Platz mit entsprechend alternativem Flair, direkt am kleinen Jamelsee; viele Kinder, viele Hunde; Sanitäreinrichtungen nicht mehr ganz taufrisch, aber o. k. Kleiner Laden, kleiner Streichelzoo, Fahrradverleih. Die zum Platz gehörende Gaststätte *Räucherkate* liegt oben an der Straße. Kleine Badestelle mit Steg und Kanuverleih (*Kanubasis Blankenförde*, www.kanubasis-blankenfoerde.de). Erw. 5,60 €, Kinder 3–14 J. 2,90 € (kleines Zelt inkl.), Wohnmobil, -wagen, großes Zelt je 3,90, Auto 2,60 €, Strom 2,50 €. Dorfstr. 1a, 17252 Blankenförde-Kakeldütt, ✆ 039829-20215, 📠 039829-22899, www.hexenwaeldchen.de.

Südlich des Nationalparks: Boek und Bolter Kanal

Boek: Der kleine Ort am südlichen Rand des Nationalparks wird von seinem respektablen Gutshaus dominiert. Das Herrenhaus stammt aus der ersten Hälfte des 19. Jh. und beherbergt heute neben der *Nationalpark-Information* auch einen kleinen Laden und das *Dorfmuseum*. Unweit vom Gutshaus steht die *Backsteinkirche* aus der Mitte des 19. Jh., ein Hotel mit Restaurant, ein Campingplatz – und das war's auch schon.

Auch Boek eignet sich als Ausgangspunkt für Wanderungen. Hier beginnt beispielsweise die Rundwanderung zum

Wasserfarben – an der Müritz

Specker Hofsee (nordöstlich von Boek, Markierung *roter Hirsch*, ca. 8 km); oder die Rundwanderung, die zum Amalienhof und wieder zurück führt (südlich von Boek, Markierung *gelber Falke*, ca. 10 km).

Boeker Mühle und Bolter Schleuse: Von beidem existiert nur noch der Name: Einstmals gab es in Boek eine Reihe von Mühlen, erst Wasser-, dann Windmühlen, doch sind heute selbst die Überreste dieser Bauwerke längst abgetragen. Und auch die Bolter Schleuse existiert nicht mehr. Seit der Mitte des 19. Jh. war die Schleuse das Herzstück der Wasserstraße, die die Müritz mit der Havel verband, bis sie in den 1930er-Jahren vom Müritz-Havel-Kanal abgelöst wurde. Heute ist die *Alte Fahrt* (also der alte, für den Schiffsverkehr stillgelegte Wasserweg), die vom Bolter Kanal über eine Kette von idyllischen Seen bis zum Mirower See führt, ein beliebtes Paddelrevier – nur an der Stelle, an der früher die verbindende Schleuse stand, müssen die Boote über die Straße getragen werden – die Schleuse ist heute zugeschüttet.

Information **Nationalpark-Information Boek**, im Gutshaus; sehr freundlich und hilfsbereit, Infos zum Nationalpark und Tourenangebote. Mai bis Okt. tägl. 10–17 Uhr. Im Gutshaus befinden sich u. a. auch das kleine Dorfmuseum (Eintritt 1,50 €, erm. 0,50 €; Öffnungszeiten wie Nationalpark-Info) sowie ein kleiner Laden. Auch Fahrradverleih. Gutshaus Boek, 17284 Boek, ✆ 039823-21810.

Geführte Touren 3-stündige Führung zu den **Fischern von Boek** – gemeint sind Kormorane, Graureiher und natürlich der Fischadler. Während der Wanderung zu den Boeker Fischteichen erfährt man jede Menge zur Geschichte Boeks und der Fischteiche, zum Nationalpark und seinen Bewohnern und vor allem natürlich zu den „Fischern", allen voran dem eleganten Fischadler. Sichtungen sind nicht unwahrscheinlich, Fernglas nicht vergessen. Zuletzt Mitte Juni bis Anfang Okt. immer Do 10 Uhr.

Kanuverleih **MüritzKanu**, Kanubasis im Feriendorf Müritzparadies im Ortsteil Bolter Schleuse; große Auswahl vom 1er-Kajak über 2er-Wanderkajak bis zum 10er-Kanadier, 18–95 €/Tag. Auch Fahrradverleih (6 €/Tag). Geöffnet Mai bis Okt. Am Bolter Kanal, ✆ 0160-2900218, www.mueritzkanu.de.

Übernachten/Essen **Hotel Müritz-Park**, freundliches Hotel in Boek, auch Restaurant mit Terrasse vor dem Haus. Wellnessangebote, diverse Arrangements. EZ 59 €, DZ 80–90 € (ohne oder mit Balkon/Terrasse), Dreibett-Zimmer 100 €, Frühstück inkl.; Ferienwohnungen ab 80 €. Boekerstr. 3 b, 17248 Rechlin/OT Boek, ✆ 039823-2700, 📠 039823-270102 www.hotel-mueritz-park.de.

Fischer-Rotunde, hölzerner Pavillon neben den Fischteichen bei Boeker Mühle, ein netter Fischimbiss mit köstlichen Fischbrötchen, ein paar Tische auch auf einer Terrasse am Teich, zudem gibt es Räucherfisch aus eigener Räucherei. Geöffnet Mitte April bis Okt. ab ca. 11 Uhr meist bis 18 Uhr (in der Nebensaison auch mal nur bis 16 Uhr, Juli/Aug. bis 21 Uhr). Boeker Mühle 4, ✆ 039823-27754, www.mueritzfischer.de.

Camping **Campingplatz Boek**, kleiner Platz in toller Lage direkt an der Müritz und am Rand des Nationalparks auf einer Lichtung im kleinen Wäldchen; eigener kleiner Badestrand, Kiosk. Auf dem Platz befindet sich auch die Surfschule mit Kanuverleih *Surf- und Kanubasis Boek* (www.surf-hecht.de). Erw. 5 €, Jugendliche bis 18 J. 4 €, Kinder 4–14 J. 3 €, Hunde 2 €, Zelt 3–4 €, Wohnmobil 6 €, Pkw 2 €. 17248 Boek, ✆ 039823-21807 (April bis Okt.) oder ✆ 039823-21261, 📠 039823-21267, www.campingplatz-boek.de.

Camping Bolter Ufer, beim Ortsteil Boeker Mühle direkt an der Müritz. Stellplätze in einem kleinen Wäldchen, teils schön schattig, mit Badestrand und Anleger für die Fahrgastschiffe, Gaststätte und kleinem Laden. Auf dem Campingplatz befindet sich auch die *Katamaran- & Surfmühle* (www.surfmuehle.de). Erw. 5 €, Jugendliche bis 18 J. 4 €, Kinder 4–14 J. 3 €, Hunde 2 €, Zelt 3–4 €, Wohnmobil 6 €, Pkw 2 €. Auch kleine Blockhütten (ab 45 €). Geöffnet April bis Okt. Am Müritzufer 4, 17248 Rechlin/OT Boek, ✆ 039823-21211 (April bis Okt.) oder ✆ 039823-21261, 📠 039823-21267, www.camping-bolter-ufer.de.

Am Hafen von Röbel

Röbel

ca. 5300 Einwohner

Farbenfrohe Fachwerkhäuser, zwei schmucke Kirchen samt fotografenfreundlichem Aussichtspunkt und eine Hafenpromenade: Röbel ist neben Waren das zweite, jedoch deutlich kleinere touristische Zentrum an der Müritz.

Um die Müritz
Karte → S. 348/349

Das Städtchen an einem tief ins Land reichenden Müritzarm wirkt größer als es ist. Von einem kompakten Zentrum rund um den Marktplatz, Neu-Röbel, reicht ein Straßenzug zum Bahnhof, während in die entgegengesetzte Richtung eine Straße in weitem Bogen vorbei an der Marienkirche, Alt-Röbel, zum Hafen führt. Dazu gibt es zwei weitere kleine Ortsteile, einer mit dem wohlklingenden Namen *Gildekamp*, der andere heißt fantasielos Stadtrand-Siedlung, das war's auch schon. Wer aber via Umgehungsstraße an Röbel vorbeifährt, verpasst ein überaus buntes Hafenstädtchen: schöne Häuserfassaden mit farbigem Verputz und kontrastreichem Fachwerk; die alte **Nikolaikirche** am malerischen Marktplatz; die ungleich elegantere **St. Marienkirche**, von deren ufernahem, hoch aufragendem Turm man herrliche Ausblicke über die Umgebung genießt; auf dem **Ziegenmarkt**, in etwa an der Schnittstelle zwischen Neu- und Alt-Röbel, die Skulptur einer Ziege, die unverkennbar aus der Werkstatt des mecklenburgischen Bildhauers *Jo Jastram* stammt; eine renovierte **Windmühle** auf dem Hügel über der Stadt, auf dem einst eine Burg thronte; eine lange Strandpromenade; malerische Bootsschuppen an der Großen Wünnow und der Binnenmüritz und manches mehr.

Dabei sollte die Beschaulichkeit nicht darüber hinwegtäuschen, dass es sich bei Röbel um eine altehrwürdige Stadt handelt, schließlich erhielt der Ort schon in der ersten Hälfte des 13. Jh. das Stadtrecht (bestätigt und urkundlich verbürgt 1261).

Erste Besiedlungsspuren gehen sogar auf prähistorische Zeit zurück. Mit der Völkerwanderung ließen sich wendische Stämme an dem tief eingeschnittenen Müritzarm nieder und errichteten an dem Ort, über dem sich heute die Marienkirche erhebt, eine Tempelburg. Nach dem Sieg Heinrichs des Löwen über die Slawen zogen westfälische Siedler nach Röbel und gründeten Ende des 12. Jh. Neu-Röbel unweit des alten Röbel.

Doch anders als in den meisten Orten Mecklenburgs, in denen sich Neusiedler und Alteingesessene bald zu einer Gemeinschaft vermischten, kamen Alt- und Neu-Röbeler nicht zusammen, sondern lebten in getrennten Gemeinden. So bauten die wendischstämmigen Alt-Röbeler (weitgehend Bauern und Fischer) ihre Marienkirche fast zeitgleich mit der Nikolaikirche, die sich die Neu-Röbeler (vor allem Handwerker und Händler) in die Mitte ihres Gemeinwesens stellten. Der Grund: Alt-Röbel gehörte zum Bistum Schwerin, während Neu-Röbel dem Bistum Havelberg zugeteilt war. Die kirchliche Trennung der beiden Röbels blieb bis ins 19. Jh. bestehen, auch wenn sie als Nachbarn ein ähnliches Schicksal teilten (schwere Stadtbrände im frühen 16. Jh., der Dreißigjährige Krieg, die große Sturmflut 1714) – eine Trennung, die bis heute im Stadtbild zu sehen ist: hier die hafennahe, lang gezogene Altstadt zwischen Wünnow, Müritz und Mönchteich, dort die kompakte Neustadt rund um den Marktplatz.

Basis-Infos

Information **Touristinformation Röbel**, neben der Marienkirche mit ihrem markanten Kirchturm. Infos, Karten, Tickets usw. Auch Stadtführungen. Im Haus des Gastes befindet sich zudem das stadtgeschichtliche Museum *„Heimatstuben“* (→ „Sehenswertes“). Die Öffnungszeiten hängen aus, in der Hauptsaison tägl., in der Nebensaison nur Mo–Fr 10–16 Uhr. Straße der Deutschen Einheit 7, 17207 Röbel/Müritz, ✆ 039931-80114, 📠 039931-80112, www.stadt-roebel.de.

Verbindungen **Bus**: Mit der **Linie 12** etwa stündl. Verbindung nach *Waren* (und weiter nach Penzlin und Neubrandenburg), spärliche Anbindung dagegen nach *Malchow* sowie zu den umliegenden Dörfern.

Schiff: Mit der *Weißen Flotte* von Anfang April bis Anfang Okt. ca. 6-mal tägl. nach Klink und Waren, 4-mal zum Bolter Kanal. Zudem Halb- und Ganztagesfahrten zum Kölpinsee und zum Plauer See (Plau und Bad Stuer) sowie Müritzrundfahrten. Abfahrt am Stadthafen, Tickets an Bord. Infos und Buchung unter ✆ 03991-141981 oder 122668, www.weisse-flotte-mueritz.de.

Baden **Müritzbad**, Freibad etwas mehr als 1 km nördlich des Stadthafens. Gebadet wird natürlich in der Müritz, bewachter Badestrand, große Liegewiesen, diverse Sportmöglichkeiten. Geöffnet Mitte Mai bis Mitte Sept. Strandbadstr., ✆ 039931-59124.

MüritzTherme, Schwimm- und Spaßbad am westlichen Rand der Altstadt. Erw. 5,50 €/Std. bis 15 €/Tag (inkl. Sauna 11 €/Std. bis 18 €/Tag), Kinder etwa die Hälfte. Tägl. 9–21 Uhr. Gotthunskamp 14, ✆ 039931-87819, www.mueritztherme.de.

Fahrradverleih **Dluginski**, Pferdemarkt 14, ✆ 039931-52823; sowie beim **Wasser-Service-Center Röbel** (→ Segeln).

Segeln **Wasser-Service-Center Röbel**, Bootsverleih, Yachtcharter, Segelunterricht und -schein, Liegeplätze und Fahrradverleih. Seebadstr. 37, ✆ 039931-51123, 📠 039931-51140, www.wsc-roebel.de.

Bootsvermietung Stolschewski, Verleih von Ruder-, Segel- und Motorbooten. Straße der Deutschen Einheit 2, ✆ 039931-52317.

Übernachten/Essen & Trinken

Übernachten/Essen *** **Seestern**, gepflegtes Hotel in herrlicher Lage an der Strandpromenade, großzügige Zimmer, fast alle mit Blick auf die Binnenmüritz und Röbel, einige mit Balkon direkt über dem Wasser. Empfehlenswertes Restaurant (→ Essen), kleiner Garten samt Anlegestelle. EZ 70 €, DZ 90 €, mit Balkon 95 €, jeweils mit üppigem Frühstücksbuffet. Müritzpromenade 12, 17207 Röbel, ✆ 039931-58030, ℻ 039931-580339, www.hotel-seestern-roebel.de.

Seglerheim, gleich neben dem Seestern, etwas einfacher und günstiger. Hübsches, reetgedecktes Haus, das auf Pfählen zur Hälfte über das Wasser reicht, idyllische Terrasse. 8 Zimmer, EZ 48 €, DZ 60–105 €, Suite 128 €, Frühstück inkl. Müritzpromenade 11, 17207 Röbel, ✆ 039931-59181, ℻ 039931-59206, www.seglerheim.de.

Landhaus Müritzgarten, in bester Landhotel-Tradition, ruhig am nördlichen Rand von Röbel gelegen. Große Liegewiese, Sauna und Fahrradverleih, mit gediegenem Restaurant *Landhausstuben* (nur abends, nachmittags Kaffee und Kuchen). EZ 65–85 €, DZ 102–125 €, Suite ab 122 €, Frühstück inkl. Seebadstr. 45, 17207 Röbel, ✆ 039931-8810, ℻ 039931-881113, www.landhaus-mueritzgarten.m-vp.de.

Landhaus Müritzterrasse, direkt am Hafen, auch Restaurant mit Terrasse zur Müritz. EZ 60 €, DZ 75 € (zur Straße), ab 95 € (Seeblick), Frühstück inkl. Straße der deutschen Einheit 27, 17207 Röbel, ✆ 039931-8910, ℻ 039931-89126, www.mueritzterrasse.de.

Übernachten außerhalb **Kavaliershaus Fincken**, noch recht neues Appartementhaus im sorgfältig restaurierten Kavaliershaus neben dem Schloss. Zwölf helle, moderne Appartements, die meisten mit kleiner Küche. Außerdem Frühstücksraum, Sauna, Garten mit Liegewiese und eigener Badestelle. DZ für 2 Pers. 110 €, bis zu 4 Pers. ab 130 €, mit Kochgelegenheit ab 155 €, inkl. Frühstück, Hund 12 €/Tag. Hofstraße 12, 17209 Fincken, ✆ 039922-82700, ℻ 039922-827029, www.kavaliershaus-finckenersee.de. *Anfahrt*: zunächst von Röbel Richtung Autobahn, diese überqueren und dann links ab über Kaeselin nach Fincken.

»» **Unser Tipp: Gutshof Woldzegarten**, der 12 km nordwestlich von Röbel gelegene Gutshof zählt zu den schönsten Unterkünften der Seenplatte. Das Anwesen strahlt in frisch renoviertem Backstein wie aus dem Bilderbuch, innen mit Geschmack und Liebe zum Detail renoviert. Wellnessbereich mit Schwimmbad, Sauna, Fitness und kosmetischen Anwendungen; parkartiger Garten und Liegewiese. Fahrrad- und Bootsverleih. 20 stilvoll eingerichtete Zimmer, EZ

Fachwerk in Röbel

ab 85 €, DZ 139–149 €, Galeriezimmer/Suite 169 €, Frühstück inkl., WLAN. Günstige Unterkunft im Mehrbettzimmer gibt es im „Scheunenquartier". Vom *Restaurant* mit Terrasse schweift der Blick über Wiesen und Weiden, dahinter der Waldsaum des Sees. Restaurant mittags und abends geöffnet, ganztägig auch Café; Tagesmenü 29–32 € (Externe für abends reservieren). Walower Str. 30, 17209 Woldzegarten, ✆ 039922-8220, 📠 039922-82255, www.gutshof-woldzegarten.de. *Anfahrt*: Von Röbel die Straße Richtung Autobahn A 19 nehmen, kurz vor der Auffahrt bei Dambeck rechts abbiegen nach Minzow; von dort weiter nach Woldzegarten. Das Gutshaus am Ortsrand ist nur spärlich beschildert. «<

Landhotel zur Scheune → „Bollewick"/ Übernachten.

Camping **Camping Pappelbucht**, einfacher Platz im Norden von Röbel, direkt an der Müritz, neben dem Müritzbad. Fahrrad- und Kanuverleih. Pers. 4 €, Zelt 4 €, Wohnwagen/-mobil 7 €, Auto 2 €. Seebadstr. 38 a, ✆ 039931-59113. In der Nebensaison Kontakt über die MüritzTherme: ✆ 039931-87819, www.mueritztherme.de.

Essen und Trinken **Seestern**, das Restaurant des gleichnamigen Hotels (→ Übernachten) bietet eine feine, auf die Jahreszeit abgestimmte Küche, auf der kleinen, ausgesuchten Karte neben Fischgerichten auch Wild. Wir genossen ein hervorragendes Wildgulasch. Zuvorkommender Service. Mit Wintergarten und schöner Terrasse. Mittleres bis leicht gehobenes Preisniveau. Zur Saison tägl. ab mittags, in der Nebensaison nur abends geöffnet. Müritzpromenade 12, 17207 Röbel, ✆ 039931-58030, www.hotel-seestern-roebel.de.

Regattahaus, wirkt ein wenig wie ein maritimes Vereinshaus, was nicht wundert, im Prinzip ist es das auch. Nichtsdestotrotz werden auch Nichtsegler mit viel Charme und Freundlichkeit bewirtet. Das Regattahaus ist für seine bodenständige Fischküche bekannt, auf der umfangreichen Karte finden sich entsprechend vor allem Variationen heimischer Fische, das Ganze bei durchaus moderaten Preisen. Wir waren vom gebratenen Müritzbarsch wie auch vom Wels überaus angetan. Tägl. ab mittags geöffnet. Das Regattahaus liegt ein Stück (etwa 5 Min. zu Fuß) nördlich des Hafens. Müritzpromenade 20, ✆ 039931-53536.

Fischhaus Meyl, nahe dem Hafen. Fischverkauf und beliebter Imbiss, köstliche Fischbrötchen, auch warme Mittagsgerichte, ein paar Tische im Hof. Straße der Deutschen Einheit 48, ✆ 039931-50184, www.fischhaus-meyl.de.

Sehenswertes

Marienkirche: Das Gotteshaus ist deutlich älter, als es auf den ersten Blick wirkt. Seine vermeintliche Jugend ist dem hoch aufragenden Kirchturm geschuldet, für den ein dem neugotischen Stil zugetaner Architekt aus dem 19. Jh. verantwortlich war. Dabei wurde die Marienkirche bereits in der ersten Hälfte des 13. Jh., wahrscheinlich über den Resten eines heidnischen Tempels, begonnen (und im 15. Jh. vollendet). Die schöne Hallenkirche zeigt sich damit als ein frühes Beispiel der Norddeutschen Backsteingotik, was zumal für den ländlichen Raum bemerkenswert ist. Die Kirche erhebt sich zwischen Altstadt und Müritzufer. Bei der Sturmflut 1714 wurden ihre Fundamente unterspült, knapp 150 Jahre später musste St. Marien generalsaniert werden. Aus dieser Renovierungsphase stammt nicht nur die Innenausstattung, sondern auch der 58 Meter hohe Turm samt Aussichtsplattform. Eine Turmbesteigung lohnt den 148 Stufen zum Trotz, da sie einen herrlichen Ausblick über Röbel und die Müritz bietet. Ein wenig schwindelfrei sollte man allerdings sein, nicht zuletzt wegen des recht niedrigen Geländers.

Mai bis Sept. tägl. 10–18 Uhr. Turmbesteigung 1 €, erm. 0,50 €.

Nikolaikirche: Kurz nach Baubeginn der Marienkirche ließen es sich die Neu-Röbeler nicht nehmen, in ihrer jungen Gemeinde ebenfalls ein Gotteshaus zu errichten. Wie bei der Marienkirche dauerte es bis ins 15. Jh., bis das Langhaus eingewölbt und der Bau vollendet war. Auch St. Nikolai wurde im 19. Jh. restauriert und erhielt

dabei seine weitgehend neugotische Innenausstattung. Doch nicht nur in ihrer Entstehungsgeschichte, auch in ihrer architektonischen Konzeption sind sich die beiden Kirchen ähnlich. Wie bei der Schwesterkirche handelt es sich bei St. Nikolai um eine dreischiffige Hallenkirche mit geradem Chorschluss. Deutlich eleganter aber zeigen sich die schlanken Pfeilerbündel (statt der eher stämmigen, rechteckigen Säulen von St. Marien), die in das sehenswerte Kreuzrippengewölbe übergehen.
Juni bis Sept. Mo–Sa 10.30–18 Uhr.

Heimatstuben: Im ersten Stock des Haus des Gastes ist das stadtgeschichtliche Museum von Röbel untergebracht. Zu sehen sind zahlreiche Exponate aus der Arbeitswelt der Bauern und Fischer, aber auch der Handwerker. Teils sind die Ausstellungsstücke etwas willkürlich zusammengestellt, teils von erläuternden Schautafeln und historischen Fotos und Karten flankiert. So einfach wie gelungen ist die Idee, historische Anekdoten und Hintergründe über Kopien der „Röbeler Zeitung“ näherzubringen.
Mai bis Sept. Mi–Fr 10–15 Uhr, Sa 11–15 Uhr; Okt. und April Di–Fr 10–15 Uhr; Nov. bis März geschlossen.

Blick vom Turm der Marienkirche auf das „Kleine Meer“

Um die Müritz
Karte → S. 348/349

Umgebung von Röbel

Bollewick: Deutschlands größte Scheune befindet sich knapp drei Kilometer südlich von Röbel – ein monumentales Gebäude aus Feld- und Backstein, das bei einer Länge von 125 und einer Breite von 34 Metern auf zwei Stockwerken fast einen Hektar Nutzfläche überdacht. Heute wird *die Scheune*, wie das Bauwerk selbstbewusst genannt wird, in gewisser Weise als rustikale, mecklenburgische Shopping-Mall genutzt: Hier sind Handwerker und Läden, Hotel, Café und Gaststätte, Veranstaltungsort und Regionalmärkte unter einem Dach untergebracht.

Einkaufen **Die Scheune**, Bauernladen, Bäckerei, Café sowie die Dorfschenke, Kunsthandwerk, jede Menge Souvenir-Schnickschnack, aber auch traditionelle Handwerksbetriebe wie Drechsler, Kürschner und Kerzenmacher. Viele Veranstaltungen – vom Kunstevent über das Kräuterseminar bis zum Kinderfest mit Maislabyrinth. Die Scheune ist tägl. 10–18 Uhr geöffnet, in der Nebensaison bis 17 Uhr. Dudel 1, 17297 Bollewick. Infos auch unter www.diescheune.de.

Land!Gut, der Scheune gegenüber liegt der Regionalmarkt Bollewick. Hier gibt es Öl und Essig, Fleisch und Käse, Marmelade und Honig, Obst und Gemüse – alles regionale Produkte, vieles davon Bioware, außerdem Imbiss. Mai–Sept. tägl. 10–18 Uhr, Okt.–Dez. Di–So 10–16 Uhr. Dudel 20, ✆ 039931-53892. ■

Übernachten/Essen **Landhotel zur Scheune**, 28 Zimmer, außerdem der *Gutsherrenkeller* (eher für Veranstaltungen) und die *Dorfschenke* (bodenständige, regionale Gerichte), beide auf ihre Weise urig. EZ 69 €, DZ 88–98 €, Mehrbettzimmer (3 Pers.) 107 €, Frühstück inkl. Dudel 1, 17207 Bollewick, ✆ 039931-58070, www.reschke-hotels.de.

Ludorf: Kaum vier Kilometer östlich von Röbel findet sich im beschaulichen Ludorf eine bemerkenswerte *Kirche* (im Sommer tägl. 10–17 Uhr). Der gotische Backsteinbau erhebt sich über einen im Kern achteckigen Grundriss. Daran schließen an: ein rechteckiger Vorbau, zwei sechseckige Seitenanbauten und eine Art halbrunder Chor. Kurzum: Auf engstem Raum, denn sonderlich groß ist das Kirchlein nicht, scheint ein Höchstmaß von Verwinkelung realisiert. Im Innern zeigt sich die Kirche mit einem gleichmäßigen, tief hinab greifenden Rippengewölbe.
Mai bis Sept. tägl.10–18 Uhr geöffnet, in der Nebensaison Aushang beachten.

Neben der Kirche prägt das prächtige *Gutshaus* das Ortsbild von Ludorf. Der Herrensitz wurde Ende des 17. Jh. errichtet und beherbergt heute ein gehobenes Hotel mit Restaurant. Schräg gegenüber der Kirche befindet sich ein kleines (Guts-)Museum.
In der Saison tägl. 10–17 Uhr.

Übernachten/Essen >>> Unser Tipp: **Gutshaus Ludorf**, schickes Ambiente im herrschaftlichen Herrenhaus, 22 geschmackvoll eingerichtete Zimmer (samt Suite); hinter dem Haus erstreckt sich ein kleiner Park. Freundliche Hotelleitung. Das gehobene *Restaurant Morizaner* bringt feine (auch vegetarische) Gerichte vor allem aus regionalen Produkten (Slow Food) auf den Tisch, gehobenes Preisniveau. EZ 86–86 €, DZ 110–160 €, Suite 180 €, Hunde 15 €, Fahrradverleih. Gutshaus Ludorf, 17207 Ludorf/Müritz, ✆ 039931-8400, 📠 039931-84020, www.gutshaus-ludorf.de. <<<

Camping **Müritzpark Ludorf**, schöner, einfacher Platz direkt an der Müritz. Ein paar Stellplätze im Schatten von Bäumen direkt am Wasser; kein Laden oder Fahrradverleih, nur ein kleiner Imbiss und Anlegestelle (Wasserwanderrastplatz). Erw. 5 €, Kinder (bis 14 J.) 3 €, Jugendliche (15–18 J.) 4 €, Zelt 4,50 €, Caravan 5,50 €, Auto 2,50 €, Hunde 2 €, Strom 2 €. Müritzpark Ludorf, 17207 Ludorf/Müritz, ✆ 039931-51640, www.mueritzpark-ludorf.m-vp.de.

Gutshaus Solzow: ein weiteres Herrenhaus südlich von Ludorf. Das idyllisch in die Landschaft eingebettete Anwesen aus dem 19. Jh. beherbergt heute ein Hotel.

Zielow: Auf halbem Weg von Ludorf und Solzow zweigt die Straße in das hübsche Dorf nahe dem Müritzufer ab. Im Ort gibt es eine schöne, backsteinerne *Fachwerk-Kirche* aus der ersten Hälfte des 19. Jh. (im Sommer tägl. bis 17 Uhr).

Wassersport/Fahrradverleih **Tokon**, bei der Jugendherberge südlich von Zielow. Kanu- und Kajakverleih, Kanuschnuppertour, Segelschule, Jollenverleih, auch Scheine, Tagestörns etc. Fahrradverleih. In der Saison tägl. 9–18 Uhr. Seeufer 7, 17207 Ludorf/Müritz (OT Zielow), ✆ 039931-542000, www.tokon.de.

Übernachten/Essen **Gutshaus Solzow**, in dem renovierten Herrenhaus aus dem 19. Jh. mit großem Garten gibt es 7 hübsch eingerichtete Zimmer (und im angrenzenden Gebäude 3 Ferienwohnungen); nur für Hausgäste abends Restaurant/Schenke, das Café ist auch für non-residents von 14–18 Uhr geöffnet. Alles sehr gemütlich und freundlich. DZ 98 € (Mansarde 92 €), als EZ 83 € (bzw. 77 €), Frühstück inkl.; Ferienwohnung ab 79 €, keine Hunde. Lange Str. 21, 17207 Ludorf/Müritz (OT Solzow), ✆ 039923-2517, 📠 039923-29978, www.gutshaus-solzow.de.

Seehotel Zielow, große, hufeisenförmige Anlage nahe der Müritz. Hotel und Restaurant mit schöner Terrasse (von Lesern empfohlen „vor allem was das Preis-Leistungs-Verhältnis sowie den exzellenten Service angeht"), Reiterhof (auch Reitstunden, Kutschfahrten, Pensionsboxen), Hallenbad, Wellness, Billardraum, Fahrradverleih. EZ 66–75 €, DZ 90–120 €, Suite 150 €, Hunde 7 €, Frühstück inkl. Seeufer 11, 17207 Ludorf/Müritz (OT Zielow), ✆ 039923-7020, 📠 039923-70244, www.seehotel-zielow.de.

Jugendherberge JH Zielow, knapp 1 km südlich von Zielow, schöne Lage am Wasser. Relativ neues Hauptgebäude, mit Sportstätten, Kiosk und naher Badestelle, auf dem Gelände auch Fahrrad- und Kanuverleih, Segelschule etc. (→ Wassersport). Auch Einzel- und Doppelzimmer (3 mit eigenem Bad). Übernachtung ab 20,40 €/Pers., Senioren ab 27 J. 24,60 €/Pers., im DZ 24,40 €/Pers. bzw. 29,50 €/Pers. Seeufer 10, 17207 Ludorf/Müritz (OT Zielow), ✆ 039923-2547, 📠 039923-28096, www.jugendherbergen-mv.de.

Camping/Ferienwohnung Camping Zielow, kleiner Platz auf einem ehemaligen Bauernhof im Ort, auch Wohnwagenvermietung. In den backsteinernen Gebäuden befinden sich Ferienwohnungen (ab 49 €) sowie eine Gemeinschaftsküche. Erw. 4,50 €, Kinder (bis 11 J.) 3,50 €, Zelt 3 €, Wohnmobil 4,50 €, Auto 1 €, Hunde 2 €, Strom 1,50 €. Seeufer 1, 17209 Ludorf/Müritz (OT Zielow), ✆ 039923-2420, www.zielowcamp.de.

Vipperow: Den kleinen Ort am Ufer der *Kleinen Müritz,* dem südlichen Müritz-Ausläufer, kennen die meisten nur als Straßendorf an der B 198. Abseits der Durchgangsstraße entfaltet sich jedoch ein ländliches Idyll.

Kanuverleih/Fahrradverleih Vipperower Kanu, Kanuverleih direkt an der B 198 und natürlich am Wasser gelegen (ergo bei der Brücke). Auch Fahrradverleih. ✆ 039923-28021, www.vipperower-kanutreff.de.

Essen und Trinken Gasthaus zur Müritzquelle, rustikal-schlichtes Wirtshaus, günstige bodenständige Küche. Warme Gerichte von 11–14 und 17–21 Uhr, Di Ruhetag. Am westlichen Ortseingang (B 198) links in den Ort. Dorfstr. 18, 17209 Vipperow, ✆ 039923-2522.

Rechlin auf der anderen Seite des südlichen Müritzausläufers wäre eigentlich nicht groß der Rede wert, fänden sich hier nicht gleich zwei *Marinas* (eine im Ort und die Müritz-Marina bei Rechlin Nord im Hafendorf Müritz), ein kleiner Regionalflughafen und ein *Luftfahrttechnisches Museum.* Schautafeln informieren hier über die Vergangenheit von Rechlin: 1918 wurde die „Flieger-Versuchs- und Lehranstalt am Müritzsee" gegründet; später wurde das Gelände ausgebaut und zuerst von den Nationalsozialisten, dann von den Sowjets in Beschlag genommen, bis friedlichere Zeiten die Kasernen überflüssig und die Rollbahn zu einem zivilen Landeplatz für Kleinflugzeuge machten. Der *Müritzflughafen* befindet sich übrigens etwas südlich von Rechlin (www.mueritzflugplatz.de).

Luftfahrttechnisches Museum: Mai bis Okt. tägl. 10–17 Uhr; Febr. bis April Mo–Do 10–16 Uhr, Fr 10–15 Uhr; Nov. bis Jan. geschlossen. Erw. 5 €, Kinder (6–15 J.) 2 €. ✆ 039823-20424, www.luftfahrttechnisches-museum-rechlin.de.

Übernachten Hafendorf Müritz, großes Ferienresort in Rechlin Nord. Ferienwohnungen und -häuser, Restaurant, Surf- und Segelcenter, Bootsverleih (vom Ruder- über Segel- bis zu Hausbooten), Strandbad und schließlich die *Müritz-Marina* am kleinen Claassee (natürlich mit Zufahrt zur Müritz). 17248 Rechlin, ✆ 039823-2660, 📠 039823-26610, www.hafendorf-mueritz.de.

Um die Müritz
Karte → S. 348/349

Kanuten auf Mirows Haussee | Badestelle an der Seenplatte

Die Kleinseenplatte

Traumhafte Landschaften erstrecken sich im Schatten des berühmten und nur wenige kulturelle Highlights. Dafür aber findet man Stille, Natur und natürlich jede Menge Wasser.

In keiner Gegend gilt mehr als hier: Die Mecklenburgische Seenplatte muss man vom Wasser aus erleben, am besten mit dem Paddel in der Hand oder auf dem Hausboot. Ist man nur mit dem Auto unterwegs, sieht man zwar eine recht hübsche waldreiche Gegend, möglicherweise aber keinen See. Also raus aufs Wasser oder zumindest aufs Fahrrad! Wer keine Lust hat auf ein eigenes Boot oder Wasserwandern (organisiert oder auf eigene Faust), für den empfiehlt sich zumindest eine Fahrt auf dem Ausflugsboot. Die Touren, vornehmlich von Mirow aus, dauern zwischen zwei Stunden und einem ganzen Tag.

Die Mecklenburgischen Kleinseen erstrecken sich nördlich und südlich der Achse Mirow–Wesenberg–Neustrelitz. **Mirow** mit seiner Schlossinsel und den malerischen Bootshäusern am See leidet leider sehr unter dem Durchgangsverkehr und ist gleichermaßen ein Knotenpunkt der Wasserwege. Von hier führt der Mirower Kanal direkt zur Müritz, während die *Alte Fahrt*, die historische Wasserstraße über die Seen nördlich von Mirow und durch den Bolter Kanal, zu den attraktivsten Wasserwanderrouten zählt. **Wesenberg** ist die stille Mitte der kleinen Seen. Kultureller Höhepunkt und kleine Metropole ist die sehenswerte Residenzstadt **Neustrelitz**. Nördlich dieser Linie reichen die größeren der kleinen Seen bis an den Müritz-Nationalpark heran. Südlich davon öffnet sich Nationalparks. Hier gibt es keine Superlative eine gestaltreiche, stille Seenlandschaft, die zu den reizvollsten des Landes gehört.

Doch nicht nur Wasserwanderer, auch Camper finden hier ihr kleines, grünes mecklenburgisches Paradies. Die Campingplatzdichte ist enorm, das Angebot reicht vom großen Pfadfinder-Camp bis zum kleinen, familiären Platz.

Mirow

ca. 3500 Einwohner

Einstmals Nebenresidenz der Herzöge von Mecklenburg-Strelitz, ist das auf halbem Weg zwischen Röbel und Neustrelitz gelegene Städtchen vor allem dank seiner Lage an der Müritz-Havel-Wasserstraße beliebt und gut besucht.

Wer mit dem Auto durch Mirow hindurchfährt, wird weder von der herrschaftlichen Vergangenheit noch von der heutigen Attraktivität etwas mitbekommen. Viel Verkehr wälzt sich über die Hauptdurchgangsstraße, am zentralen Platz baut sich ein nicht gerade gepflegtes, etwas gräuliches altes Schloss auf, das seit 1992 den klingenden Namen Sophie-Charlotten-Gymnasium trägt – hier wurde die gleichnamige Prinzessin geboren, die 1761 an der Seite von Georg III. den englischen Königsthron bestieg. Vom eigentlichen **Mirower Schloss** ist auf der Durchreise nichts zu sehen. Deshalb lohnt es unbedingt, sich zu Fuß zur autofreien Schlossinsel aufzumachen: Die barocke Anlage mit hübschem Garten und Brücke zur romantischen „Liebesinsel" lädt zu einem Spaziergang ein. Teile des Schlosses wurden jüngst als *Museum* (und Café) für die Öffentlichkeit zugänglich gemacht, bereits heute bietet die Remise des Schlosses den Rahmen für wechselnde Ausstellungen. Von der Liebesinsel genießt man einen schönen Blick auf den Mirower See und die charakteristischen Bootsschuppen am gegenüberliegenden Ufer.

Mirows Ursprünge gehen auf die heutige Schlossinsel zurück. Im Jahr 1226 schenkte der Rostocker Fürst *Borwin* die Insel dem Johanniterorden, der hier eine Ordensniederlassung (Komturei) gründete. Nach dem Dreißigjährigen Krieg wurde die Niederlassung säkularisiert und fiel zunächst an das Herzogtum Mecklenburg-Schwerin, 1701 dann an das Haus Mecklenburg-Strelitz, das 1704 in der Johanniterkirche seine Fürstengruft einrichtete. Nach dem Tod von *Adolf Friedrich II.* (dem ersten Herzog von Mecklenburg-Strelitz) diente das Mirower Schloss ab 1709 als Witwensitz. 1742 brannte das alte Schloss auf der Insel komplett nieder, 1749–1752 entstand ein barocker Neubau. Schon 1737 war unterhalb der Schlossinsel das „untere Schloss" gebaut worden, in dem 1744 *Sophie Charlotte,* die spätere Königin von England, geboren wurde. Doch in dem Maße, wie die Residenzstadt Neustrelitz an Anziehungskraft gewann, verlor Mirow an Attraktivität. 1761 war es mit der

Die Kleinseenplatte
Karte → S. 375

herrschaftlichen Hofhaltung schließlich vorbei; immerhin wurden in den folgenden Jahrhunderten alle Mecklenburgisch-Strelitzer Herzöge hier in der Fürstengruft zur letzten Ruhe gebettet, zuletzt der 1996 verstorbene Herzog *Georg Alexander zu Mecklenburg*.

Basis-Infos

Information **Tourist-Information** im Kavaliershaus (3-Königinnen-Palais) auf der Schlossinsel, freundlich und hilfsbereit. April bis Okt. tägl. 10–18 Uhr, im Winter nur Fr–Mo 10–16 Uhr geöffnet. Schlossinsel 2a, 17252 Mirow, ✆ 039833-269955, ✆ 039833-269954, www.3koeniginnen.de.

Verbindungen **Bus**: Abfahrt am Bahnhof, 2-mal tägl. nach *Boek*, 5-mal tägl. nach *Rechlin*, 4-mal tägl. über Rechlin und Vipperow nach *Röbel*, 4-mal tägl. über Wesenberg nach *Neustrelitz*, 5-mal über Userin und Roggentin nach Neustrelitz.

Schiff: die *Mirower Schifffahrtsgesellschaft* fährt von April bis Okt. ab Mirower Stadthafen (Rotdornstraße): im Sommer 3-mal tägl. 5-Seen-Fahrt zum Seerosenparadies (in der Nebensaison nur 1-mal), 1-mal tägl. 4-Seen-Fahrt zur Diemitzer Schleuse (April bis Sept.), auch Ganztagesfahrten nach Rheinsberg (April bis Sept. Di und Sa). Erw. 15 €, Kinder bis 14 J. 7,50 €; Ganztagesfahrt 27 € (13,50 €). Flyer mit aktuellen Daten bei der Tourist-Information. Infos und Reservierung unter ✆ 039833-22270 und www.schiffahrt-mueritz.de.

Baden **Öffentliches Strandbad** beim „Strandrestaurant" in der Strandstraße 20 nördlich vom Zentrum; auch Bootsanleger, Zeltplatz, Bootsverleih und Restaurant.

Weitere Badestrände bei der Jugendherberge und beim Camping (beide außerhalb an der Straße Richtung Röbel).

Kanuverleih/Fahrradverleih Mehrere Anbieter am Ort, kein Wunder, schließlich ist Mirow das Verbindungsglied zwischen der „Alten Fahrt" vom Bolter Kanal und der Kleinseenplatte.

MüritzKanu, beim Mirower Seehotel auf der Schlossinsel. Verleih von 1er-Kajaks, 2er-Wanderkajaks, 4er-Kanadier usw. Auch geführte Abendtouren und Ganztagestouren, Verleih von führerscheinfreien Motorbooten sowie Fahrradverleih (7,50 €/Tag). Preisbeispiel: 2er-Kajak 28–34 €/Tag. Geöffnet Mai bis Okt. ✆/✆ 039823-27089, im Winter ✆/✆ 039833-26660, www.mueritzkanu.de.

Kanustation Mirow, am Mirower Campingplatz (→ Camping). Ähnliches Angebot wie MüritzKanu, auch Drachenboote für bis zu 22 Pers., zudem Angelboote und Tretboote. Auch geführte Kanutouren. Geöffnet April bis Okt. An der Clön 1, 17252 Mirow, ✆ 039833-22098, www.kanustation.de.

Kanu Basis Mirow, an der Jugendherberge Mirow (→ Jugendherberge), auch hier ähnliches Angebot. Geführte Tagestouren im Juli/Aug. jeden Di und Do. Kontakt über Kanu Basis Mirow, Dorfstr. 1, 17209 Vipperow, ✆ 039923-7160, ✆ 039923-71616, www.kanubasis.de.

Veranstaltungen **Fusion Festival**, immer am letzten Juniwochenende am Flugplatz Lärz (ehem. Militärgelände südl. der B 198 zwischen Vipperow und Mirow). Alle möglichen Musikrichtungen, Theater, Performances usw. Alljährlich rund 60.000 Besucher, die Nachfrage ist aber deutlich höher, so dass die Tickets nur im Losverfahren unter www.fusion-festival.de zu ergattern sind. Sponsorenfrei.

Übernachten/Essen & Trinken

Übernachten **Alte Schlossbrauerei**, in Bestlage auf der Mirower Schlossinsel, Ruhe ist garantiert; gediegenes, renoviertes Haus mit Restaurant; zum Haus gehört auch der *Ritterkeller* (→ Essen). Fahrradverleih. 16 Zimmer und 1 Appartement; EZ 52 €, DZ 78 €, App. 85 € (ab 3 Nächte), Frühstück inkl., WLAN kostenlos. Ganzjährig geöffnet. Schlossinsel 3 a, 17252 Mirow, ✆ 039833-20346, www.mirower-seehotel.de.

Blaue Maus, Restaurant und Ferienwohnung an der Hauptdurchgangsstraße, nach hinten hinaus netter, kleiner Biergarten. Ferienwohnung mit Küche und Balkon nach hinten hinaus 65 € (für 2 Pers.). Ganzjährig geöffnet. Schlossstr. 11, 17252 Mirow,

☎ 039833-21734, www.gasthof-blaue-maus.m-vp.de.

Übernachten außerhalb **Ferienpark Mirow**, in Granzow (am See), ca. 3 km nördlich von Mirow. Großes Gelände mit zahllosen skandinavischen Holz-Ferienhäusern mit Terrasse und kleinem Garten, manchmal recht eng gestellt; Preis für die 4- bis 8-Personen-Häuser 101–203 €/Tag, Mindestaufenthalt 2 Tage. Noch mehr Komfort bietet das *Aparthotel Seepanorama* mit 47 bestens ausgestatteten Appartements für 2–4 Pers. (85–105 €/Tag). Großes Freizeitangebot, Badestrand, Bootsverleih, Kanustation, Fahrradverleih usw., zwei Restaurants, für Selbstversorger gibt es einen kleinen Supermarkt. Fazit: Für Familien mit Kindern der ideale Urlaubsort. Ganzjährig geöffnet. Walter-Gotsmann-Str. 2, 17252 Mirow/Granzow, ☎ 039833-600, 📠 039833-60110, www.ferienpark-mirow.de.

Jugendherberge **Jugendherberge Mirow**, knapp 3 km außerhalb an der Straße Richtung Vipperow/Röbel (B 198) auf der rechten Seite. Modernes, nach ökologischen Grundsätzen gebautes und geführtes Gebäude wenige Meter vom See. Badesteg,

Die Kleinseenplatte
Karte → S. 375

Wiese davor, Beachvolleyball, Basketball, die Kanu Basis Mirow befindet sich gegenüber (→ Kanuverleih). Insgesamt 138 Betten in Ein- bis Sechsbett-Zimmern, z. T. in Bungalows, z. T. behindertengerecht. Übernachtung inkl. Frühstück 23,40 €, mit Halbpension 27,40 €, Vollpension 30,90 €, Senioren ab 27 J. zahlen 5 € Aufschlag, Unterbringung im DZ 4–5 € Aufschlag/Pers. Auch **Zeltplatz**: 15,50–19,30 €/Pers., inkl. Frühstück. An der Clön 2, 17252 Mirow, ✆ 039833-26100, 📠 039833-261030, www.jugendherbergen-mv.de. ■

Camping **Camping Mirow**, gleiche Anfahrt wie zur Jugendherberge, davor aber gleich nach rechts (ausgeschildert). Gehört zur Kanustation Mirow (→ Kanuverleih). Sympathischer, unparzellierter Platz, die Zelte stehen im Wald; kleiner Sandstrand, Imbiss, Klettergarten nebenan, neue Sanitäranlagen, nette Atmosphäre. Fahrradverleih. Pro Pers. 5 €, Kind/Jugendlicher bis 14 J. 2–3 €, unter 5 J. frei, Zelt 3,50–5,50 €, Wohnwagen/-mobil 7,50 €, Auto 2,50 €. Auch Mietzelte für 2–8 Pers. sowie ein „Buscamp" (Matratzenlager im umgebauten Doppeldeckerbus). Keine Hunde im Juli/Aug.! Geöffnet Anfang April bis Ende Okt. An der Clön 1, 17252 Mirow, ✆ 039833-22098, www.kanustation.de.

Zeltplatz in Mirow, einen Zeltplatz findet man beim *Strandhotel Mirow* direkt am See: hier auch Bootsverleih (Kajaks und Kanadier), Fahrradverleih (6 €/Tag), Strandbad, Imbiss und Restaurant. Auch für Wasserwanderer, da mit Bootsanleger (1 € pro Meter und Nacht), mit Wasser/Strom. Zeltplatz 6 €/Pers., Kinder bis 14. J. 4 €. Strandstr. 20, 17252 Mirow, ✆ 039833-22019, 📠 039833-20806, www.strandhotel-mirow.de.

Wohnmobilstellplatz Im hinteren Bereich des Parkplatzes vor der Schlossinsel auf der rechten Seite, mit Parkscheibe (max. 12 Std.).

Essen & Trinken **Alte Schlossbrauerei**, Restaurant des gleichnamigen Hotels auf der Schlossinsel, besonders schön sitzt man auf der Seeterrasse. Während der Saison tägl. 11–21 Uhr geöffnet. Dazu gehört auch der **Ritterkeller**: Erlebnisgastronomie in urigem Gewölbe; umgeben von Mägden, Gauklern und Gesindel wird mit mittelalterlichem Besteck (oder den Fingern) gespeist, Rahmenprogramm inkl. abendfüllendes Menü 35–59 €. Tägl. nur abends geöffnet, Reservierung erforderlich unter ✆ 039833-20346.

Blaue Maus, an der Durchgangsstraße Richtung Neustrelitz auf der rechten Seite. Das Lokal gibt es hier schon seit Urzeiten. Uriger Gastraum und netter, kleiner Biergarten im Innenhof, deftige Küche (auch Wild) zu mittleren Preisen. Di–Sa ab 17 Uhr, So mittags ab 12 und dann wieder ab 17 Uhr geöffnet, Mo Ruhetag. Schlossstr. 11, ✆ 039833-21734.

Café **Café im 3-Königinnen-Palais**, schönes Café beim Museum auf der Schlossinsel, sehr freundlich. Behaglicher Landhausstil, im Sommer sitzt man auf der Terrasse am See. Eine kleine, ausgesuchte Bibliothek lädt zum Schmökern über das Fürstenhaus Mecklenburg-Strelitz, die englischen Könige oder die herrliche mecklenburgische Landschaft ein. Einen Besuch wert sind aber vor allem die angebotenen Süßwaren, darunter raffinierte, den drei Königinnen gewidmete Tortenkreationen und köstliche Pralinen. Tägl. 10–18 Uhr geöffnet. Schlossinsel 2a, ✆ 039833-269955.

Sehenswertes

Schloss und Schlosspark: Das barocke Ensemble aus der Zeit von 1749–1752 mit Schloss und dem gegenüberliegenden Kavaliershaus (Küchen- und Dienstgebäude) wird von der etwas abseits gelegenen Remise (Stallungen und Schuppen, ursprünglich 1385), der Johanniterkirche (→ unten) und dem Torhaus umrahmt. Das Torhaus aus dem Jahr 1588, quasi der Eingang zur Schlossinsel hinter der Brücke, gilt als das älteste Gebäude der Stadt, hier befand sich zeitweise auch eine Münzpräge.

Der *Schlossneubau* (das alte Schloss war 1742 abgebrannt) wurde von den Mecklenburg-Strelitzern nur bis zum Tod der Herzogswitwe *Elisabeth Albertine* im Jahr 1761 bewohnt, danach traf man sich hier nur noch zu Beerdigungen (die Gruft der Herzöge von Mecklenburg-Strelitz befindet sich in der Johanniterkirche gleich gegenüber). Nach 1918 befand sich hier ein Offiziersheim, im Zweiten

Weltkrieg ein Lazarett, bis 1979 wurde das Schloss dann als Altersheim genutzt. Seit 2005 wird hier restauriert und ab Sommer 2014 soll das Schloss dann wieder für die Öffentlichkeit zugänglich sein (mit Ausstellungen).

Das *Kavaliershaus,* auch *3-Königinnen-Palais* genannt, beherbergt heute das Besucherzentrum (Tourist-Information) Mirows, ein schönes Café und eine ebenso informative wie kinderfreundliche Ausstellung über gleich drei Königinnen.

Die hiesigen Herzöge hatten ein Händchen für gute Partien. Gleich drei Töchter aus Mecklenburg-Strelitzschem Hause wurden lukrativ zu Königinnen vermählt. Berühmt sind natürlich *Luise,* die legendäre Königin von Preußen (→ S. 420), und ihre Schwester *Friedericke,* Königin von Hannover. Doch trug bereits ihre Tante, die in Mirow geborene *Sophie-Charlotte,* als Gattin *Georgs III.* Königin von Großbritannien, ein Krönchen auf der Perücke. In der gelungenen Ausstellung nehmen die drei natürlich einen zentralen Platz ein. Darüber hinaus hinaus wird aber auch die Geschichte des Landes und des Herzogtums insbesondere beleuchtet. Die Ausstellung ist teils interaktiv (z. B. Karte des Herzogtums zu Anfang oder die Ahnengalerie in Friederickes Raum), gegen Ende gibt es noch einen Film über das Haus Mecklenburg-Strelitz zu sehen, dessen Mitglieder der große Preußenkönig *Friedrich II.* ob der wilden Abgeschiedenheit ihrer Residenz „Mirowkesen" nannte ...

Mirows Schloss als Kulisse: Vorbereitungen für ein abendliches Open-Air-Event

3-Königinnen-Palais: April bis Okt. tägl. 10–18 Uhr, Nov. bis März Fr–Mo 10–16 Uhr. Tourist-Information, Ausstellung, Museumsshop und **Café** (→ S. 376). Ausstellung 5 €, Kinder 2 €, Familien 12 €, Audioguide 3 €. Schlossinsel 2 a, ✆ 039833-269955, www.3königinnen.de.

Der *Schlossgarten* wurde erst zwischen 1820 und 1860 angelegt, Vorbild waren die englischen Landschaftsgärten des 19. Jh. Ein netter, kleiner Spaziergang führt über eine kleine Brücke zur Liebesinsel (→ unten).

Johanniterkirche und Museum: Die Kirche auf der Schlossinsel wurde nicht mit der Ankunft der Johanniter im 13. Jh., sondern erst Mitte des 14. Jh. als einschiffige Hallenkirche errichtet. Der ursprünglich hölzerne Turm wurde nach dem Brand 1742 durch den heutigen Turm ersetzt, der mit einer barocken Turmhaube abgeschlossen ist. Diese wurde 1945 zerstört und konnte erst 1993 wiederaufgebaut werden. Während des Aufstiegs auf den Turm gelangt man zu einer kleinen Johanniter-Ausstellung, Schautafeln informieren über die Geschichte des Ordens. Über eine Wendeltreppe erreicht man die kleine Aussichtsplattform im Turmhelm.

Die Kleinseenplatte Karte → S. 375

In der Kirche befindet sich die Fürstengruft, in der 40 Mitglieder der herzoglichen Familie begraben liegen.

Mai bis Okt. tägl. 10–18 Uhr, im Winter geschlossen. Turmaufstieg und Museum 2 €, erm. 1 € (6–18 J.), Familien 4 €.

Liebesinsel: Die winzige Insel ist vom Schlosspark über eine ebenso winzige Brücke zu erreichen. Schöne alte Bäume spenden Schatten und auf den steinernen Bänken mit Aussicht auf den See lässt es sich aushalten. Auf der Liebesinsel fällt die halb abgebrochene Säule über dem Grab des letzten Strelitzer Großherzogs *Adolf Friedrich VI.* ins Auge, der als Einziger nicht in der Familiengruft in der Johanniterkirche beigesetzt wurde.

Adolf Friedrich VI. – Spion oder einfach unglücklich verliebt?

Am 23. Februar 1918 nahm sich *Adolf Friedrich VI.*, der letzte regierende Großherzog von Mecklenburg-Strelitz, im Alter von 35 Jahren das Leben. Das heißt, man vermutet, dass er sich das Leben nahm, denn schlussendlich geklärt wurden die Umstände seines Todes nie – auch ein Mord ist wohl nicht auszuschließen.

Seine Leiche mit tödlicher Schussverletzung fand man in einem Kanal bei Neustrelitz. Ob die Indizien auf Suizid hindeuteten, blieb bis auf weiteres zwischen den geheimen Aktendeckeln der Neustrelitzer Polizei verborgen. Vorausgegangen war jedenfalls eine unglückliche Liebe des Großherzogs zu einer englischen Fürstin namens *Daisy Pleß*. Sie habe seine Gefühle nicht erwidert, sagen die einen Quellen, deshalb habe er den Freitod gewählt. Eine andere Version zu seinem Tod berichtet jedoch von Briefen, die der Fürst über Umwege an das englische Königshaus geschickt haben soll – keine Liebesbriefe, sondern militärisch brisante Informationen zur Lage im Kriegsjahr 1918. Demnach war Adolf Friedrich nicht der unglücklich Verliebte, der seinem Leben ein Ende setzte, sondern ein Verräter, der aus dem Weg geräumt wurde.

Adolf Friedrichs Grab auf der Liebesinsel

Begraben ist Adolf Friedrich in einem schlichten Grab hier auf der Liebesinsel. Über seinem Grab thront eine Säule, Sinnbild für das abgebrochene Leben des Herzogs, umwunden von einer Schlange, die als Anspielung auf die Verführung verstanden werden soll. Welche Art von Verführung das aber tatsächlich war, bleibt das Geheimnis des Herzogs.

Einsame Wasserwege südlich der Müritz

Südlich von Mirow

Schmale Kanäle und mäandernde Flussläufe, kleine und kleinste Seen, ausladende Buchten und verwachsene Seitenarme sind hier zu einem labyrinthischen Gewirr aus Wasserwegen verbunden.

Südlich von Mirow am westlichen Rand der Kleinseenplatte erstreckt sich der *Schwarzer See*, benannt nach dem kleinen Örtchen **Schwarz**. Die äußerlich eher unscheinbare, innen barocke *Kirche* von Schwarz stammt aus der zweiten Hälfte des 18. Jh. Am Seeufer gibt es ein nettes Strandbad mit Liegewiese, Beachvolleyballfeld und Bootsverleih. Im Süden geht der Schwarzer See, der übrigens für Motorboote gesperrt ist, in den *Zethner See* über, an dessen Ufer sich mehrere Campingplätze befinden.

Camping **Waldcamping Zethner See**, kleiner, sympathischer Platz gut 1 km südlich von Schwarz, nur durch die wenig befahrene Landstraße vom See getrennt (mit Badestelle, Liegewiese und Kanuverleih). Geöffnet April bis Mitte Okt. Erw. 4 €, Kinder 2–15 J. 3 €, Zelt 4–7,50 €, Wohnwagen ab 6 €, Wohnmobil ab 8 €, Auto 3 €, Hund 3 €, Strom 3 €. Waldcamping Zethner See, 17252 Schwarz, ✆ 039827-79610 oder 0171-7112221, www.waldcamping-zethner-see.de.

Forsthof Schwarz, großes Freizeitcamp (Jugendbegegnungsstätte) zwischen Vilzsee und Peetschsee, mit Zeltplatz. Mehrbettzimmer im Haupthaus, im Gästehaus sowie in Blockhütten; Badestelle, Bootsverleih, Kanutouren etc. Übernachtung inkl. Frühstück ab 13,50 €/Pers., im Zelt ab 3,50 €/Pers., Wohnwagen 10 €, Strom 2 €, Hunde 1,50 €. Geöffnet April bis Okt. Forsthof Schwarz, 17252 Schwarz, ✆ 039827-7520, 📠 039827-75214, www.forsthof-schwarz.de.

Die Kleinseenplatte
Karte → S. 375

Der **Vilzsee** ist eine Art „Verteiler" unter den Seen: Gen Westen schließt der *Zethner See* an und an diesen der für Motorboote gesperrte *Schwarzer See*. Nach Norden geht es über den lang gezogenen *Mössensee* in den *Zotzensee* und weiter über den Kanal auf der *Müritz-Havel-Wasserstraße* nach Mirow. Richtung Nordost führt ein Kanal zur **Fleeter Mühle** (hier auch ein Wasserwanderrastplatz). Hier können Kanus und Kanadier über eine kurze Umtragestelle in den für Motorboote ebenfalls gesperrten *Rätzsee* gehoben werden. Direkt Richtung Osten schließlich muss man die **Diemitzer Schleuse** überwinden, um zum *Labussee* zu gelangen (→ unten). Für Paddler heißt es auch hier, das Boot um die Diemitzer Schleuse herumzutragen, während Motor- und Hausbootkapitäne möglicherweise etwas Geduld mitbringen müssen, um die stauanfällige Schleusenkammer zu passieren.

Der Ort **Diemitz** selbst ist recht unspektakulärer. Die barocke *Kirche* (zweite Hälfte 18. Jh.) zeigt in ihrem Inneren eine ansatzweise gewölbte, bemalte Holzdecke.

Kanu-/Bootsverleih Beim **Biber Ferienhof** (→ Übernachten), 1er-Tourenkajak 20 €/Tag, 2er-Kajak 25–35 €/Tag, 2er-Kanadier 25 €/Tag, 3er-Kanadier 35 €. Es werden auch einfache Flöße (auch zum Übernachten) und ein Motorboot (führerscheinfrei) angeboten. Diemitz Schleuse 5, ✆ 039827-79934, www.biberferienhof.de.

Im Stau – an der Diemitzer Schleuse

Biber-Tours Bootsverleih, am Campingplatz C 24 (→ Übernachten), Kajak ab 20 €/Tag, Kanu ab 15 €/Tag (1-er) bis 80 €/Tag (10-er), auch Premium-Boote (Kajak 30 € pro Tag). Stündlicher und natürlich auch günstigerer mehrtägiger Verleih möglich. Geöffnet Ostern sowie Mai bis Sept. tägl. 9–19 Uhr (im Winter nach tel. Reservierung unter ✆ 039827-30011), ✆ 039827-799803, www.bibertours.de.

Übernachten/Camping **Biber Ferienhof**, an der Diemitzer Schleuse am Kleinen Peetschsee gelegen, mehrere Ferienwohnungen für 2–4 Pers. (60–85 €/Tag) bzw. 6 Pers. (95–100 €), darüber hinaus ein großes Ferienhaus (12–16 Pers.) mit eigenem Seezugang für 290 € pro Tag; außerdem Holzhäuser direkt am See: für 2–6 Pers. 95 €/Tag, das Bootshaus für 4 Pers. kostet 110 €/Tag. Mitte Juni bis Anfang Sept. nur wochenweise. Hund 15 € pro Aufenthalt. Zum Ferienhof gehören auch ein einfacher Zeltplatz (6 €/Pers., Kinder bis 6 J. frei), Zelt frei, Wohnmobil/Auto je 3 €, Strom 2 €, Hund frei; mit kleinem Sanitärbereich. Außerdem gibt es ein *Restaurant* und den „Outdoorshop" (→ Essen). Ganzjährig geöffnet. Diemitz Schleuse 5, 17252 Diemitz, ✆ 039827-799790, 📠 039827-799810, www.biberferienhof.de.

Naturcamping am Mössensee, teils schattiger, eher schlichter, aber schöner Wald- und Wiesencamping bei der *Fleether Mühle*. Auch Holzhütten. Liegewiese und Badestelle, Kanu- und Fahrradverleih, kleiner Bootsanleger und Kiosk mit Imbiss, separater FKK-Bereich (hier keine Hunde). Erw. 4 €, Kind bis 6 J. 1,50 €, 7–17 J. 2,80 €, Familien 13 €, Zelt 3–5 €, Wohnwagen 6 €, Wohnmobil 8 €, Hund 3 €, Strom 4 €, Pkw 3 €. Ganzjährig geöffnet. Dorfstr. 12, 17252 Mirow/Fleeth, ✆/📠 039833-22030, www.naturcamp-moessensee.de. *Anfahrt*: bei der Fleether Mühle nach Fleeth abbiegen, durch den kleinen Ort hindurch, dann noch etwa 1,5 km auf Schotterpiste.

Ferienidyll am Rätzsee, großer Wald-und-Wiesen-FKK-Camping hinter hohem Bretterzaun unweit der *Fleether Mühle*; mit Zugang zum Rätzsee, Bistro (mit Pizzaofen) und kleinem Lebensmittlelladen, Kanuverleih. Stellplatz 5–8 €, Erw. 6 €, Kinder bis 14 J. 3 €, Strom 2,50 €. Auch Wasserwanderplatz (6 €/Pers., Zelt frei, Kinder 4 €, Hund 2 €) mit einfachen Hütten (10 €). Fleether Mühle 4, 17252 Mirow/Diemitz, ✆ 039833-22095, ℻ 039833-22129, www.ferienidyll-amraetzsee.de.

Biber-Tours, hier gibt es erstens einen schönen, schattigen *Naturcampingplatz* mit dem schlichten Namen **C 24** (etwa 1,5 km von der Diemitzer Schleuse entfernt, bei der Kreuzung in den Waldweg hinein), zweitens das *Zelthotel* und drittens das *Floßhotel*. Der Campingplatz liegt schön am nördlichen Ufer des Labussees, mit kleinem Laden, Badesteg, Sanitäranlagen, kleinem Biergarten und kostenlosem WLAN. Erw./Jugendliche 3,50 €, Kinder bis 6 J. 1,50 €, 7–14 J. 2 €, Zelt 4,50–11 €, Wohnmobil 7 €, Wohnwagen mit Auto 8 €, Hund 2 €, Strom 1 €, Pkw 2,50 €, Bootsliegeplatz 2 € pro Meter. Das Zelthotel bietet Übernachtung im Wigwam-DZ (mit Bett!) für 40 €/2 Pers., einen Schlafsack kann man, muss man aber nicht mitbringen. Im Floßhotel schließlich – direkt auf dem Wasser – kostet die Übernachtung für 4 Pers. 60 €. Diemitz Schleuse 1, 17252 Mirow/Diemitz, ✆ 039827-30011, ℻ 039827-30111, www.bibertours.de.

Essen & Trinken **Restaurant zum Biber**, gehört zum gleichnamigen Ferienhof, mit schönem Biergarten direkt an der Diemitzer Schleuse. Auf den Teller kommt deftige regionale (und saisonale) Küche; 15–18 Uhr auch Kaffee und Kuchen. In der Hauptsaison tägl. ab 8 Uhr, Nebensaison ab 12 Uhr geöffnet, die Küche erkaltet um 21 Uhr. ✆ 039827-79935. Im dazugehörigen **Shop** kann man sich komplett ausstatten: vom Paddel über Gummistiefel bis zu Müsliriegeln und Zeitschriften. Mai bis Sept. tägl. 9–18 Uhr geöffnet, in der Nebensaison 13–15 Uhr Mittagspause.

Canow ist ein stiller Verkehrsknotenpunkt in der idyllischen Mitte von mecklenburgisch Nirgendwo. Hier trifft die Mirower Landstraße auf die Straße nach Wustrow und Wesenberg und führt weiter als Rheinsberger Landstraße nach Süden. Auch weite Wasserwanderwege laufen an der Canower Schleuse zusammen. Im Norden liegt der *Labussee* (nicht zu verwechseln mit dem Großen bzw. Kleinen Labussee bei Wesenberg), durch den die *Müritz-Havel-Wasserstraße* Richtung Mirow und weiter in die Müritz führt. Nach Süden reicht die Wasserstraße sowohl zur *Havel* hin (und somit weiter nach Wesenberg) als auch nach Süden durch viele kleine Kanäle und Seen bis zum *Grienericksee* bei Rheinsberg (Brandenburg).

Canow selbst ist touristisch recht gut erschlossen. Gleiches gilt für den südlich von Canow und bereits in Brandenburg gelegenen Ort **Kleinzerlang** am Hüttenkanal.

Bootsverleih **Canu-Center Canow**, 1er- bis 3er-Kajaks, 3er- bis 4er-Kanadier; 2er-Kajak 8 €/Std., 24 €/Tag, ab dem 3. Tag günstiger; auch führerscheinfreie Motorboote für 45 €/halber Tag. Am Canower See 2, 17255 Canow, ✆/℻ 039828-20249, www.bootsverleih-canow.de.

Übernachten/Essen **Gasthaus zur Schleuse**, in Canow an der Hauptstraße, Pension und Restaurant mit bodenständiger Küche zu fairen Preisen; auch Eiscafé, Terrasse neben dem Haus. Sauna, Kanu-, Boots- und Fahrradverleih. EZ 42 €, DZ 65 €, Appartement 100 €, Frühstück inkl. Auch Ferienwohnung und ein Ferienhaus am See. Im Winter nur am Wochenende geöffnet. Canower Allee 20, 17255 Canow, ✆ 039828-20392, ℻ 039828-20138, www.gasthaus-zur-schleuse.de.

Heidekrug, etwa 2 km südlich von Canow, im winzigen Flecken *Grünplan*. Hotel in ruhiger Lage, kleiner Badesee beim Haus, Restaurant mit Terrasse. EZ 67 €, DZ 85–93 €, DZ in der Dependance 60 €, Appartement 113 €, Frühstück inkl., Halbpension 15 €. Ganzjährig geöffnet. Grünplan 14, 17255 Wustrow/Grünplan, ✆ 039828-600, ℻ 039828-20266, www.hotel-heidekrug-gruenplan.de. *Anfahrt*: auf halbem Weg zwischen Diemitzer Schleuse und Canow nach Süden, dann auf Schotterpiste ca. 1,5 km durch den Wald.

Camping **Camp am Labussee**, auf der Mirower Landstraße kommend knapp 1 km vor Canow; lang gestreckter, einfacher

Die Kleinseenplatte
Karte → S. 375

Campingplatz am See, mit Liegewiese, kleiner Badestelle und Bootsanleger. Erw. 5 €, Kinder bis 14 J. 1,50 €, Stellplatz 5–7 €, Hund 1,20 €, Auto 2,50 €. Mirower Landstr. 4, 17255 Wustrow/Canow, ✆ 039828-20272, ✆ 039828-20644, www.camp-am-labussee.de.

Wesenberg

ca. 3000 Einwohner

Inmitten der lieblichen Kleinseenplatte liegt Wesenberg, ein sympathisches Städtchen mit schmuck hergerichteter Altstadt samt Burg.

In Wesenberg geht es ruhig zu. Kleinstädtisches Flair verbreitet das kompakte Zentrum, das von der Ringstraße fast umschlossen wird. Vom weitläufigen Markt sind es nur ein paar Schritte zur beschaulichen *Burg*. Unterhalb davon erstreckt sich eine schöne, große Grünanlage (mit Spielplatz) bis zum kleinen Hafen für Wasserwanderer am *Woblitzsee*. Wesenberg liegt an der Oberen Havel-Wasserstraße, der Woblitzsee ist einer der großen Havelseen, die sich nördlich des Städtchens ausdehnen und teilweise bereits in den Müritz-Nationalpark hineinreichen.

Um 1250 ließ *Fürst Nikolaus I. von Werle* hier eine Burg an der wichtigen Handelsstraße errichten. Im Schatten der Burg entstand eine Siedlung, die bald das Stadtrecht erhielt (1278). Wie für so viele Städte war auch für Wesenberg das 17. Jh. kein gutes Jahrhundert. Die Schrecken des Dreißigjährigen Krieges, die Pest und schließlich mehrere schwere Stadtbrände suchten den Ort heim. Die vielleicht größte Feuersbrunst tobte 1706 und soll nur ein einziges Haus verschont haben, auch Kirche, Kirchturm und Burg wurden schwer in Mitleidenschaft gezogen. Auch am Ende des Zweiten Weltkriegs nahmen Burg und Häuser durch Brände schweren Schaden, wurden aber sorgsam mit viel Aufwand wiederhergestellt und ergeben heute ein sehenswertes kleinstädtisches Ensemble.

Basis-Infos

Information Touristinformation, in der Burg, freundlich und hilfsbereit. Hilfe bei der Unterkunftssuche, allgemeine Auskünfte usw. Von hier geht es in die Heimatstube und auf den Turm der Burg. Mai bis Sept. Mo–Fr 10–18 Uhr, Sa 10–16 Uhr (Juni bis Aug. auch So 10–16 Uhr); April und Okt. Mo–Fr 10–17 Uhr; Nov. bis März Mo–Fr 10–16 Uhr. Burg 1, 17255 Wesenberg, ✆ 039832-20621, ✆ 039832-20383, www.klein-seenplatte.de oder www.wesenberg-mecklenburg.de.

Verbindungen Bus: **Linie 650** fährt mehrmals tägl. zwischen Neustrelitz und Mirow mit Halt in Wesenberg. **Linie 649** ebenfalls mehrmals tägl. von Neustrelitz via Wesenberg nach Wustrow, Priepert und Canow.

Baden **Strandbad Weißer See**, mit riesiger Liegewiese, Fußball- und Beachvolleyballfeld, Strandrestaurant oberhalb (→ Essen außerhalb). *Anfahrt*: von Wesenberg Richtung Zwenzow, bei der Abzweigung zum „Familienpark am Kleinen Labussee" rechter Hand geht es nun nach links zur Badestelle/Strandrestaurant. Parkplatz nach 200 m, ab hier noch 300 m zu Fuß (auf dem Weg schon Liegewiese und einige Badestellen).

Boots-/Kanuverleih **Jahn's Bootsverleih**, am kleinen Hafen hinter der Burg. Kajaks und Kanadier (halber Tag 12–15,50 €), mehrtägige Miete günstiger; auch *Wasserwanderplatz* (Zelten möglich: Stellplatz und 2 Pers. 10 €, Kinder 1,50 €, Hund 1,50 €), auch zwei günstige Ferienwohnungen. Vor dem Mühlentor 13, ✆ 039832-20568 oder 039832-21163, ✆ 039832-21317, www.jahns-bootsvermietung.de

››› Unser Tipp: **Kanu-Mühle**, an der Straße Richtung Neustrelitz, über die Brücke, dann rechts und sogleich wieder rechts. Kajaks ab 20 €/Tag, Kanadier ab 30 €/Tag (3er-/4er-Kanadier 35 €/Tag), auch stundenweise möglich, mehrtägige Miete günstiger; zudem geführte Paddeltouren im Angebot (2 Std. bis mehrtägig), außerdem Kurse: Erw. 30 €, Kinder 15 €. Auch **Wasserwanderrastplatz**: Übernachtungsmöglichkeiten im Zelt auf der Campinginsel (6 €/Pers., Kind 3,50 €, Hund 2 €), in der Holzhütte (wirklich nur eine kleine Hütte mit Bett und Tisch für 35 €/2 Pers.), in den „Mini-Zimmern" (DZ 20–35 €), in der Ferienwohnung (50–70 €) oder im schönen Bootshaus am See (90 €). Auch Imbiss mit Frühstück, Kaffee, Kuchen, Snacks. Kinderfreundlich. April–Okt. tägl. 10–18 Uhr, im Sommer 9–19 Uhr geöffnet. Havelmühle 1, 17255 Wesenberg, ✆ 039832-20350, www.kanu-muehle.de. «

Fahrradverleih **Fahrradservice Rehfeldt**, Mo–Fr 9–12 Uhr. Hohe Str. 9, ✆ 039832-20430. Fahrradverleih auch bei der **Kanu-Mühle**.

Wasserwanderrastplatz Unweit von Burg und Villa Pusteblume, netter Biergarten (→ Essen) am Hafen, ab 3 Std. Aufenthalt Liegegebühr: 0,50–2,50 €, je nach Bootsgröße.

Übernachten/Essen & Trinken

Große Hotels sucht man in Wesenberg vergebens. Wenngleich es innerorts ein, zwei Übernachtungsmöglichkeiten gibt, sind es vor allem die Campingplätze der Umgebung, die Wesenberg als Standort interessant machen. Zwei schöne Hotels, das Borchard's Rookhus und die Villa Kunterbunt (→ „Nördlich von Wesenberg"), liegen am Ufer des Großen Labussees.

Übernachten **B & B-Pension Wesenberg**, nicht zentral, aber in Wesenberg; 4 schöne DZ, Sauna im Haus, Parkplätze, Fahrradverleih für Hausgäste; freundliche Leitung. DZ 58 €, Frühstück inkl., keine Hunde. Bahnhofstr. 15, 17255 Wesenberg, ✆ 039832-20043, www.pension-wesenberg.de. *Anfahrt:* Zwenzower Weg Richtung Bahnhof, das B & B liegt noch vor dem Bahnhof auf der rechten Seite.

Übernachten außerhalb **Familotel Borchard's Rookhus**, Familien-Hotel 3 km nördlich von Wesenberg (Richtung Zwenzow), am Westufer des Großen Labussees. Liegewiese mit Sandstrand und Bootssteg, schöne Terrasse mit Seeblick, ruhige Lage zwischen Wald und See. Kinderbetreuung, Familienprogramm, Ausflüge, Sauna, Boots- und Fahrradverleih, WLAN. Ganzjährig geöffnet. Pro Pers. 790–1100 € pro Woche all inclusive, Kinder 140–240 €. Am Großen Labussee 12, 17255 Wesenberg, ✆ 039832-500, ℻ 039832-50100, www.rookhus.de.

Ferienwohnungen/Ferienhäuser **Villa Pusteblume** (→ „Cafés"); **Kanu-Mühle** (→ „Boots-/Kanuverleih"); **Camping und Ferienpark Havelberge** (→ „Nördlich von Wesenberg", S. 386).

Camping Mehrere Plätze rund um Wesenberg, Wasserwanderer können ihre Zelte auch an den beiden Wasserwanderrastplätzen aufstellen (→ Boots-/Kanuverleih).

Ihr Familienpark – Am Kleinen Labussee, sehr nett, wenn auch recht einfach; Verleih von Ruderbooten, Tretbooten und Kajaks; Kiosk und Imbiss, kleine Badestelle mit Bootsanleger, auch einfache Bungalows und DZ im Haupthaus. Erw. 4 €, Kinder 2–15 J. 2,50 €, Zelt 7–9 €, Wohnmobil/Wohnwagen 9–13 €, Strom 2 €, Hund 3 €. Bungalow für 4 Pers. 61–66 €, EZ 40 €, DZ 50 €, Appartement 65 €. Geöffnet Mai bis Sept. Am

Sympathisches Café in Wesenberg

Kleinen Labussee 1 B, 17255 Wesenberg, ✆ 039832-20525, 📠 039832-26540, www.ihr-familienpark.de. *Anfahrt*: etwa 2 km vom Zentrum Wesenberg entfernt, zunächst Richtung Bahnhof, davor dann links ab in den Zwenzower Weg und immer geradeaus (Richtung Zwenzow), dann vom Ortsrand aus nach etwa 1 km rechts ab (beschildert).

Camping am Weißen See, schöne, schattige Waldplätze unweit des Großen Weißen Sees, dort schöne Badestelle mit Steg und Liegewiese; Kiosk und Gaststätte mit Blick auf den See; außerdem Shop bei der Rezeption. Erw. 5,70 €, Kinder 2–14 J. 4 €, Stellplatz 7–10,40 €, kl. Zelt 4,90 €, Strom 3 €, Hund 3,80 €. Ganzjährig geöffnet. Kontakt über: Camping- und Ferienpark Havelberge, 17237 Groß Quassow/Userin, ✆ 03981-24790, 📠 03981-247999, www.haveltourist.de. *Anfahrt*: entweder über die Verbindungsstraße von Wesenberg nach Zwenzow (dann links, ausgeschildert) oder von Mirow auf der Landstraße kommend vor Wesenberg links ab und am Kleinen Weißen See vorbei (Achtung: unbeschrankter Bahnübergang).

Essen & Trinken/Cafés **Am Hafen**, schöner, beliebter und gemütlicher Biergarten bei der Grünanlage zwischen Hafen (gleich beim Wasserwanderplatz) und Burg, Getränke und Kleinigkeiten. Nur zur Saison tägl. ab 11 Uhr geöffnet. ✆ 0173-2311918.

Villa Pusteblume, sehr nettes Gartencafé nur wenige Schritte vom Marktplatz (Richtung Burg und Hafen) – man sitzt gemütlich zwischen Obstbäumen; köstliche hausgemachte Kuchen, netter Service. In der schönen alten Villa wird eine *Ferienwohnung* angeboten, weitere Ferienwohnungen nebenan (für 2 Pers. 45–65 €, für max. 6 Pers. 85 €, Hund einmalig 10 €). Ein kleines *Spielzeugmuseum* ist angeschlossen (Eingang Rückseite). Das Café ist während der Saison von 13–17 Uhr geöffnet, Di Ruhetag. Burgweg 1, 17255 Wesenberg, ✆ 039832-21305, 📠 039832-21360, www.villa-pusteblume-wesenberg.de.

Essen & Trinken außerhalb **Strandrestaurant Weißer See**, direkt oberhalb der riesigen Badestelle am See, Treppen führen von hier auch hinauf zum Camping am Weißen See. Sehr beliebt, herzhafte (Fisch-)Küche zu günstigen Preisen, mit Terrasse. Zur Saison tägl. ab 12 Uhr durchgehend geöffnet. ✆ 039832-20405. Anfahrt wie zum Strandbad (→ Baden).

Sehenswertes

Burg Wesenberg und Heimatmuseum: Die Burg wurde erstmals um 1250 errichtet. Immer wieder nahm sie mehr oder weniger Schaden durch Kriege und Stadtbrände. Ein letztes Mal brannte sie in den letzten Monaten des Zweiten Weltkriegs aus. Heute sind hier die Touristinformation, die Stadtbibliothek und das *Heimatmuseum* untergebracht.

Das Wesenberger *Heimatmuseum* befindet sich in den Räumlichkeiten hinter der Touristinformation (und im Stockwerk darüber). Neben einer Fotoausstellung und Schautafeln mit Wissenswertem rund um den Kranich (zwei Brutpaare leben ganzjährig nicht weit von hier im Naturschutzgebiet „Rotes Moor“) gibt es eine kleine Sektion über die Frühgeschichte, eine historische Schusterwerkstatt und eine forstwirtschaftliche Abteilung zu sehen. Im Nebengebäude befindet sich eine Ausstellung über die Geschichte der regionalen Fischerei. Im Eintrittpreis des Heimatmuseums ist auch die Besteigung des Burgturms enthalten, die man sich nicht entgehen lassen sollte – herrliche Aussicht über Stadt und See.

Heimatmuseum/Burgturm: Juni bis Aug. tägl. 10–18 Uhr, Mai und Sept. tägl. 10–17 Uhr, Okt. bis April tägl. 10–16 Uhr. Eintritt 2 €, erm. 1 €. Auf der Burg, ✆ 039832-20621, www.wesenberg-mecklenburg.de.

Marienkirche: Die auf einem Feldsteinfundament errichtete Backsteinkirche entstand weitgehend im 14. Jh. Dem fast quadratischen, dreischiffigen Langhaus wurde ein langer Chorraum angefügt, der von einem sehenswerten Netzgewölbe abgeschlossen wird. An der Südseite der Kirche verdeckt eine uralte Linde den Blick auf den gotischen Stufengiebel über dem Seitenportal. Der Turm wirkt recht gedrungen – bei einem Brand im frühen 18. Jh. wurde er derart in Mitleidenschaft gezogen, dass man sich nicht mehr die Mühe machte, die oberen Teile wieder aufzubauen. Der Brand verwüstete auch das Innere des Gotteshauses, weite Teile der Ausstattung stammen deshalb aus der Mitte des 19. Jh.

Im Sommer ganztägig, außerhalb der Saison erhält man den Schlüssel im Pfarrhaus. Hohe Str. 22, ✆ 039832-20431.

„Die Brücke am Fluss bei Ahrensberg"

Südlich von Wesenberg

Der östliche Teil der Kleinseenplatte, südlich von Wesenberg, ist weniger waldreich als die Gegend südlich von Mirow, doch öffnet sich hier eine nicht minder liebliche Landschaft: sanfte Hügel, überzogen von Feldern und kleinen Waldstücken, Wiesen in den Niederungen und Schilfgürtel an den Ufern der Seen und Flussläufe.

Weithin sichtbar ist die neugotische *Kirche* von **Wustrow**. Das typische mecklenburgische Straßendorf liegt am *Plätlinsee*, der für Motorboote komplett gesperrt ist. Das wenige Kilometer entfernte **Strasen** ist ein unaufgeregtes Dorf mit Gasthaus und eigenwilliger *Kirche* (ein turmloser, in der zweiten Hälfte des 18. Jh. erbauter Backsteinbau mit Fachwerkflanke – oder ein Fachwerkbau mit Backsteinfront, je nach Blickwinkel). Quasi am Ellbogen des Ellbogensees schließlich liegt das unspektakuläre **Priepert**. Ein fotogenes kleines Highlight ist die hölzerne Hausbrücke von **Ahrensberg** (vier Kilometer südöstlich von Wesenberg auf einer schönen langen Chaussee zu erreichen), hier befindet sich auch ein beliebter Wasserwanderrastplatz unterhalb der Brücke mit Imbiss (Straße von Ahrensberg Richtung Hartenland).

Übernachten/Essen **Zum Löwen**, etwas älterer Neubau unweit der Schleuse in Strasen. Mit Restaurant, Café und schönem Biergarten direkt am Wasser. Fahrradverleih und Verleih von Paddelbooten. EZ 46–49 €, DZ 69 €, Dreibett-Zimmer 82 €, Frühstück inkl., Hund einmalig 8 €. Schleusengasse 11, 17255 Wesenberg/Strasen, ✆ 039828-20285, 📠 039828-20391, www.hotel-restaurant-zum-loewen-strasen.de.

Ferienpark Ellbogensee, am Ufer des Ellbogensees; weitläufiges Gelände unter Kiefern, Badebucht, Bootsanleger und Bootsverleih. Übernachten kann man in Blockhäusern (4 Pers. ab 120 €/Tag), Ende Juni bis Anfang Sept. Mindestaufenthalt 6 Tage. Am Ellbogensee 1, 17255 Wesenberg/Strasen, ✆ 039828-259150, 📠 039828-259151, www.ferienpark-am-see.de.

Camping/Kanuverleih **Kanuhof Wustrow**, sympathischer und freundlicher Kanuverleih und Zeltplatz, nicht nur für Wasserwanderer; sehr schöner Platz auf grüner Wiese mit Obstbäumen. Erw. 6 €, Kinder 4–10 J. 4 €, Jugendliche bis 15 J. 5 €, Hund frei. Vermietet werden Kajaks und Kanadier (1er-Kajak 7 €/Std., 20 €/Tag; 3er-Kanadier 7 €/Std., 28 €/Tag, 4er-Kanadier 9 €/Std., 35 €/Tag). Geöffnet Ostern bis Anfang Okt. tägl. 9–18 Uhr, im Sommer bis 19 Uhr. Dorf-

Die Kleinseenplatte Karte → S. 375

str. 57 a, 17255 Wustrow, ✆ 039828-20083, 📠 039828-26481, www.kanuhof-wustrow.de.

Naturcamping am Ellbogensee, erhöht über dem See mit schönem Blick. Der eher einfache Platz unter holländischer Leitung erfreut sich vor allem bei jungen Berliner Familien größter Beliebtheit, nicht zuletzt wegen des Bio-Ladens und des Cafés mit Terrasse über dem See. Riesiger Kinderspielplatz, auch Wasserwanderplatz und Kanuverleih. Pro Pers. 5,35 €, Kind 3–13 J. 3,20 €, Wasserwanderer 8,50 € (Kinder 4,25 €), Zelt 4,95–8,20 €, Wohnwagen/-mobil 9,20–14 €, Auto 3,90 €, Strom 3,10 €. Keine Hunde! Camp am Ellbogensee 1, 17255 Wesenberg/Strasen, ✆ 033093-32173, www.ellbogensee.de. *Anfahrt*: von Strasen 3,5 km in südöstliche Richtung durch den Wald nach Großmenow, hier noch vor dem Ort auf der linken Seite.

Nördlich von Wesenberg: Rund um den Großen Labussee

Hinter den Quassower Tannen erstrecken sich westlich und nördlich von Wesenberg der *Große Weiße See*, der *Kleine Labussee* und der *Große Labussee*, an deren Ufern sich jeweils ein Campingplatz befindet. Zudem finden sich am Westufer des Großen Labussees zwei bemerkenswerte Hotels. **Zwenzow** wie auch **Klein Quassow** am Ostufer des Großen Labussees sind dagegen nicht weiter der Rede wert.

Übernachten/Essen **Amy's Wohlfühlvilla**, am südlichen Ortseingang von Zwenzow auf der rechten Seite, direkt in herrlicher Lage am See. Ideal für Hundebesitzer und Erholungssuchende. „Wohlfühlurlaub für Mensch & Hund" lautet der Slogan des Hauses mit großem Garten, Bade- und Anlegesteg, Hundestrand, großem Wellnessangebot mit Hallenbad, Sauna, Dampfbad, Massagen, Kosmetik etc., es gibt auch ein abgegrenztes Doggy Spa. Übrigens: Der Hund übernachtet kostenlos. Nur 8 komfortable Zimmer sowie zwei Ferienhäuser im Garten (mit Seeblick). Ganzjährig geöffnet. EZ 79 €, DZ 125 €, jeweils inkl. Frühstück. Die Ferienhäuser (2–3 Pers.) sind wochenweise für 800 € zu haben. Halbpension 20 € pro Pers. und Tag. Zwenzow 50, 17237 Userin/Zwenzow, ✆ 039832-28100, 📠 039832-281022, www.villa-mv.de.

Camping Zu den Plätzen am Kleinen Labussee und am Großen Weißen See → auch Wesenberg/Camping.

Die folgenden Campingplätze gehören alle zur Haveltourist-Kette, Kontakt über: **Camping- und Ferienpark Havelberge**, 17237 Groß Quassow/Userin, ✆ 03981-24790, 📠 03981-247999, www.haveltourist.de.

Camping Zwenzower Ufer, in Zwenzow, lang gezogen, direkt am Großen Labussee gelegen. Hohe Bäume spenden einigermaßen Schatten. Minimarket an der Straße, Imbiss, Badestelle und Wasserwanderrastplatz, sehr freundlich. Erw. 6,60 €, Kinder 2–14 J. 4,50 €, Stellplatz 7,90–12,70 €, kl. Zelt 6 €, Strom 3 €, Hund 4,50 €.

Camping- und Ferienpark Havelberge, direkt am Wesenberger Haussee, dem Woblitzsee zwischen Wesenberg und Groß Quassow gelegen. Riesige Anlage mit zahllosen parzellierten und nicht parzellierten Plätzen, mehr als 70 Ferienhäuschen, Restaurant, Badestelle, Plätze für Wasserwanderer, mehrere Bootsstege. Kanu- und Bootsverleih, Fahrradverleih und Hochseilgarten. Erw. 7,20 €, Kinder 2–14 J. 4,80 €, Stellplatz 8,60–14,50 €, kl. Zelt 6,70 €, Strom 3 €, Hund 4,80 €.

FKK-Camping am Useriner See, etwa 1,5 km nördlich von Zwenzow, mitten im Wald und völlig abseits gelegene Badestelle am Useriner See; Bootsverleih und kleiner Laden. Erw. 6,60 €, Kinder 2–14 J. 4,50 €, Stellplatz 7,90–12,70 €, kl. Zelt 6 €, Strom 3 €, Hund 4,50 €. *Anfahrt*: von Useriner Mühle kommend direkt nach dem Ortsschild Zwenzow in den Waldweg nach rechts einbiegen und 1,3 km auf holpriger, aber planierter Waldstraße.

Am südlichen Ufer des **Useriner Sees** liegt die gleichnamige *Mühle* (mit Kanuverleih, Badestelle und Kiosk). Der unspektakuläre Ort **Userin** befindet sich ein paar Kilometer nördlich am Ostufer des Sees. Der Useriner See ist einer der Großseen der Havel. Er gehört (wie der restliche Oberlauf der Havel) bereits zum Müritz-Nationalpark und ist für Motorboote gesperrt.

Der Hebetempel im Schlossgarten Neustrelitz

Neustrelitz

ca. 21.200 Einwohner

Die gewissermaßen am Reißbrett geplante Residenzstadt präsentiert sich bis heute als beeindruckendes Gesamtkunstwerk. Das zur Residenz gehörende Schloss gibt es zwar nicht mehr, doch die einzigartige Stadtanlage und der schöne Schlosspark sind den Besuch unbedingt wert.

Wie bei barocken Planstädten üblich, ist der Grundriss der Stadt streng symmetrisch angelegt. Und so ist auch ihre Mitte symmetrisch, nämlich quadratisch gestaltet (mit einem kreisrunden Rondell im Zentrum), allerdings leicht abschüssig, dabei weitläufig und von klassizistischen Prachtbauten gesäumt. Acht Straßen erstrecken sich sternförmig vom Marktplatz aus, darunter die *Strelitzer Straße* neben dem Rathaus, die als Fußgängerzone und kleine Einkaufsmeile dient. Die *Seestraße* führt natürlich zum **Hafen**, und, wenig überraschend, trifft die *Schlossstraße* bald auf **Orangerie** und **Schlossgarten**. Letzterer ist alljährlich der Spielort für Deutschlands größtes Operettenschauspiel, die Schlossgartenfestspiele. Für einen relativ kleinen See wie den angrenzenden *Zierker See* erscheint der Stadthafen von Neustrelitz recht groß und modern. Durch den Kammer-Kanal ist der See mit dem Woblitzsee verbunden und damit mit der Oberen Havel-Wasserstraße.

Neustrelitz
Karte → S. 389

Die Geschichte von Neustrelitz begann mit dem Brand des alten Strelitzer Schlosses 1712. Seitdem der „Hamburger Vergleich“ 1701 den Erbfolgestreit beendet und das Herzogtum Mecklenburg-Strelitz geschaffen hatte, regierte der neue Herzog vom alten Strelitz aus und stand nach dem Brand nun ohne Residenz da. Nach einigem Zögern beschloss er, das alte Schloss nicht wiederzuerrichten, sondern das Jagdschloss am Zierker See zu seiner neuen Residenz um- und ausbauen zu lassen und dem neuen Schloss auch eine neue Stadt zur Seite zu stellen. Der federführende

Baumeister war *Christian Julius Löwe*, er schuf eine schmucke, spätbarocke Planstadt, die in ihren Grundzügen bis heute zu bewundern ist. Nur die Bürger blieben weg, sodass sich der Herzog genötigt sah, großzügig zu sein: kostenloser Baugrund, zehn Jahre Steuerfreiheit, kostenloses Bauholz – ein Paradies für alle, die unweit des Schlosses ein Eigenheim zu errichten gedachten. Und damals nicht minder bedeutend: Seinen Untertanen gewährte der Herzog Zunft- und Religionsfreiheit. Dennoch dauerte es mehrere Generationen und erforderte diverse architektonische Veränderungen, bis aus dem spätbarocken Dorf neben dem Schloss eine veritable Residenzstadt wurde.

Nach Löwe war es Baumeister *Friedrich Wilhelm Buttel* (1796–1869), der das Gesicht der Stadt prägte. Buttel war im zarten Alter von 24 Jahren zum Architekten von Mecklenburg-Strelitz berufen worden. Vorher hatte er u. a. bei keinem Geringeren als Schinkel gelernt und Preußens größter Baumeister war es auch, der den jungen Buttel für den Posten in Neustrelitz empfohlen hatte. Bis zu seinem Tod 1869 blieb Buttel im Dienst der Mecklenburg-Strelitzschen Herzöge. Seine Bautätigkeit begann er mit einem Wäschehaus am See, bald baute er am Schloss an, prägte zahlreiche Gebäude der Stadt (wie das von ihm umgestaltete Rathaus) und rund um den Schlossgarten – und er errichtete oder renovierte zahlreiche Kirchen wie z. B. die neugotische **Schlosskirche** in Neustrelitz, die als eines seiner Hauptwerke gilt.

Das Neustrelitzer Schloss brannte in den letzten Tagen des Zweiten Weltkriegs ab und wurde abgetragen. Der schöne, teils von Buttel, teils von Lennè geplante Schlossgarten aber erstreckt sich nach wie vor unterhalb des Schlosshügels.

Basis-Infos

Information **Touristinformation**, um die Ecke vom Rathaus; Info-Material, (Wasser-)Wander- und Radkarten, Stadtführungen sowie geführte Radtouren (→ Stadtführungen/Radtouren). Mai bis Sept. Mo–Fr 9–18 Uhr, Sa/So 9.30–13 Uhr; Okt. bis April Mo–Fr 9–12 Uhr, Mo–Do 13–16 Uhr, Fr 9–12 Uhr, Sa/So geschlossen. Strelitzer Str. 1, 17235 Neustrelitz, ✆ 03981-253119, 📠 03981-2396870, www.neustrelitz.de.

Nationalpark-Information Neustrelitz, angeschlossen an die Touristinformation, Mai bis Okt. geöffnet, gleiche Öffnungszeiten wie die Touristinformation, sehr freundlich, hilfsbereit und sachkundig. ✆ 03981-253106, www.mueritz-nationalpark.de.

Am Hafen befindet sich auch ein **Infopavillon** (hier auch der **Hafenmeister**), mit Fahrradverleih. Mai–Sept. tägl. 8–20 Uhr, April und Okt. tägl. 9–18 Uhr. Stadthafen, ✆ 03981-262996.

Verbindungen **Bahn**: Neustrelitz ist an die nähere und weitere Umgebung hervorragend angebunden: Mit dem **RE** stündl. nach *Berlin (Hbf)* sowie stündl. nach *Stralsund* via *Neubrandenburg;* alle 2 Std. nach *Rostock* via *Waren*. Zudem 1-mal tägl. **ICE**-Verbindung nach Rostock bzw. über Berlin und Leipzig nach München.

Die **R 3** der ODEG verkehrt etwa 8-mal tägl. zwischen *Neustrelitz* und *Waren* (und weiter via *Malchow* nach *Parchim* und *Ludwigslust*). Die **R 6** fährt ca. 8-mal nach *Mirow* (in der Saison Sa/So bis zu 12-mal).

Bus: Stadtbusse starten am ZOB am Bahnhof, die rote **Linie 1** fährt zum Hafen.

Baden Das **Neustrelitzer Strandbad** befindet sich nicht, wie man meinen möchte, am großen Zierker See, sondern am kleinen Stadtsee, dem *Glambecker See*. Mit Sandstrand, Steg und Sprungturm, Liegewiese, Imbiss und Restaurant *Am Glammi* – nett. Im Sommer tägl. 10–20 Uhr. Adolf-Friedrich-Str., ✆ 03981-256988.

Bootsverleih **Santana-Yachting** in der Marina Neustrelitz; Ruderboote, Kanus, Kajaks, auch Motorboote ohne Führerschein und Yachten. ✆ 03981-205896, www.santana yachting-bootscharter.de.

Fahrgastschifffahrt **Neustrelitzer Fahrgastschifffahrt**, im Sommer diverse Rund-

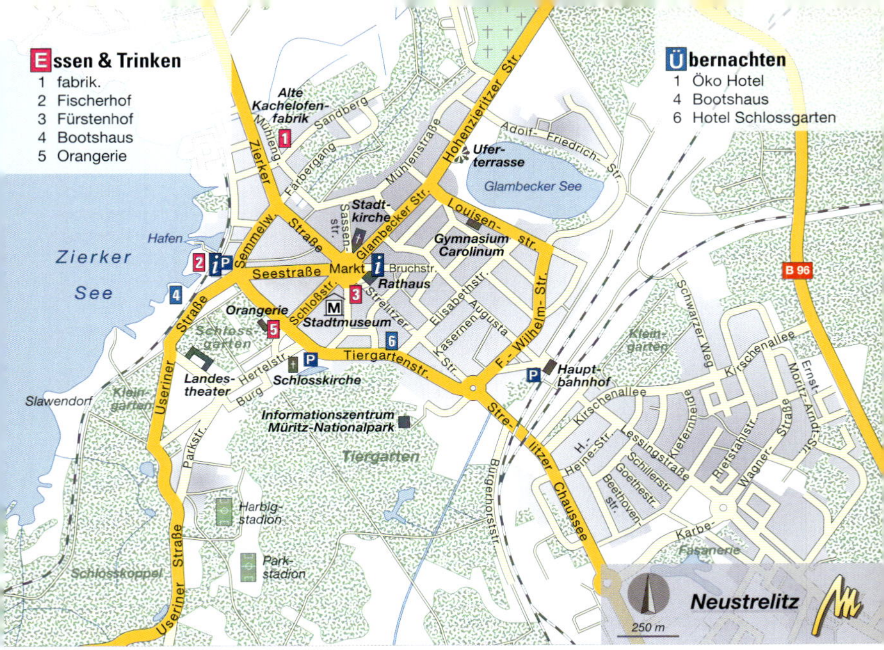

fahrten im Gebiet der Oberen Havel (ab Marina Neustrelitz). ✆ 03981-205896, www.schiffahrt-mueritz.de.

Fahrradverleih Im **Infopavillon** am Stadthafen (Hafenmeisterei), Öffnungszeiten → Information, ✆ 03981-262996.

Stadtführungen/Radtouren **Führung durch die Residenzstadt** mit Besteigung des Kirchturms von Mai bis Sept. jeden Sa um 10.30 Uhr, Juli auch So 11 Uhr. Start bei der Touristinformation.

Neustrelitz bei Nacht jeden Do: im Juni/Juli 21 Uhr, Aug. 20 Uhr. Start bei der Stadtkirche.

Auf den Spuren von Königin Luise, Juli/Aug. Fr 15 Uhr. Start bei der Touristinformation.

Geführte Radtour von Juni bis Aug. jeden Mi: 35 km, ca. 6 Std. einschl. (Bade-)Pausen. Start um 10 Uhr an der Touristinformation.

Veranstaltungen Europas größte Operettenfestspiele, die **Schlossgartenfestspiele** von Mitte/Ende Juni bis Mitte Juli. Infos und Tickets in der Touristinformation oder unter ✆ 03981-23930 bzw. www.schlossgartenfestspiele.de.

Das kulturelle Angebot der Stadt beschränkt sich nicht auf die Festspiele. Gemeinsam mit Neubrandenburg unterhält Neustrelitz ein **Theaterensemble** und eine **Philharmonie** (Infos unter www.theater-und-orchester.de).

Immer am letzten Maiwochenende findet in Neustrelitz das bedeutende Indie-Festival **Immergut** statt. Infos und Line-ups unter www.immergutrocken.de.

Übernachten/Essen & Trinken/Nachtleben

Übernachten *** Hotel Schlossgarten **6**, stilvolles Hotel in einem hübschen klassizistischen Haus, ruhig, aber zentral in der Tiergartenstraße gelegen, nur 24 Zimmer. Gehobenes *Restaurant*. WLAN. EZ 69 €, DZ 99 €, inkl. Frühstück. Tiergartenstr. 15, 17235 Neustrelitz, ✆ 03981-24500, 📠 03981-245050, www.hotel-schlossgarten.de.

Bootshaus Neustrelitz **4**, gegenüber vom Schlossgarten direkt am Zierker See, mit *Terrassenrestaurant*. 7 gemütlich-schlichte Zimmer unterm Dach. EZ 47 €, DZ 84–92 €, Familienzimmer ab 140 €, inkl. Frühstück. Useriner Str. 1, 17235 Neustrelitz, ✆ 03981-239860, 📠 03981-237843, www.bootshaus-neustrelitz.de.

Neustrelitz
Karte → S. 389

»» Unser Tipp: **Öko Hotel** **1**, helle, zweckmäßig eingerichtete Zimmer, Ferienhäuser und Appartements in neuen, rot gestrichenen Holz-/Lehmhäusern hinter dem *Kulturzentrum Alte Kachelofenfabrik* (zu der das Hotel auch gehört), dort auch ein schöner Biergarten samt Kneipe sowie Programmkino (→ Nachtleben). EZ 48 €, DZ 58 €, Appartement 78 €, Ferienhaus (4 Pers.) 168 €, Frühstück 6,50 €/Pers. Sandberg 3 a, 17235 Neustrelitz, ✆ 03981-203145, www.basiskulturfabrik.de. ««

Wohnmobilstellplatz am Stadthafen.

Übernachten außerhalb **Inselhotel Brückentinsee**, auf einer herzförmigen Insel im Brückentinsee und nur über eine schmale Holzbrücke zu erreichen. Das Inselchen lädt zum Spaziergang ein, Angeln im See, Blockhaussauna direkt am Wasser, Ruderboot- und Fahrradverleih; Live-Cam zum Fischadlerhorst. Zimmer in komfortabel-gediegener Einrichtung: EZ 67 €, DZ 112–125 €, Dreibett-Zimmer 139–150 €, Vierbett-Zimmer 165–177 €, Frühstück inkl. Außerdem 2 Bungalows in herrlicher Lage direkt am See, mit eigenem Badesteg und Ruderboot vor der Haustür (2 Pers. 195 €/Tag inkl. Frühstück). *Restaurant* mit Terrasse im Grünen, tägl. ab 12 Uhr durchgehend warme Küche. 17237 Wokuhl-Dabelow, ✆ 039825-20247, ✆ 03981-20240, www.inselhotel-brueckentinsee.de. *Anfahrt*: knapp 15 km von Neustrelitz, auf der B 96 in südliche Richtung, links abbiegen Richtung Godendorf/Dabelow.

Stählerne Strelitzie

Essen & Trinken »» Unser Tipp: **Restaurant Fürstenhof** **3**, hervorragendes, sympathisches Restaurant direkt am Marktplatz. Draußen sehr schöne Terrasse, windgeschützt und mit Blick auf den Platz, innen unaufgeregt stilvoll. Rundum überzeugende Küche, wir probierten eine köstliche Suppe vorneweg, dann perfekt gebratenes Welsfilet mit Wurzelgemüse und einen überragenden Mecklenburger Rippenbraten. Auch der Service ist erstklassig. Leicht gehobenes Preisniveau, für das Gebotene geradezu günstig. Auch Kochkurse. Mittags und abends geöffnet, Mo Ruhetag. Markt 3, ✆ 03981-204774, www.fürstenhof-neustrelitz.de. ««

Café/Restaurant Orangerie **5**, in der ehemaligen Orangerie des Schlosses aus dem Jahr 1755, innen edles historisches Ambiente, hinten schöne Café-Terrasse zum Schlossgarten. Relativ kleine Auswahl. Tägl. 11.30–20 Uhr. An der Promenade 22, ✆ 03981-237487.

»» Unser Tipp: **fabrik.** **1**, gemütliche Kneipe, der Garten lauschig und sehr schön. Hier kann man richtig gut und günstig essen, der Tageskarte (saisonale Gerichte aus regionalen Bio-Produkten) kann man im Prinzip blind vertrauen (köstliche Suppen), – hohes Niveau zu günstigen Preisen. Zum Kulturprogramm → Nachtleben. Sandberg 3 a, ✆ 03981-203145, www.basiskulturfabrik.de. ««

Imbiss **Fischerhof** **2**, Bistro und Verkauf der örtlichen Fischerei – wo sollte der Fisch fangfrisch sein, wenn nicht hier? Im Bistro gibt es alles vom Fischbrötchen bis zum einfachen, aber reichhaltigen (und köstlichen) Fischgericht, zudem hervorragende Fischsuppe. Günstig. Hauseigene Räucherei. Innen schlicht, außen schöner Garten mit ein paar Strandkörben direkt am Zierker See. Tägl. geöffnet 11–21 Uhr (die Räucherei ab 7 Uhr). Seestr. 15 a, ✆ 03981-200842, www.fischerei-neustrelitz.de. ■

Nachtleben Programmkino, Galerie und Kleinkunst, Kneipe und gemütlicher Biergarten, kurzum: das alternative kulturelle

Leben der Stadt findet im *Kulturzentrum Alte Kachelofenfabrik*, kurz: in der **fabrik.** **1** statt. Sandberg 3a, ✆ 03981-203145, www.basiskulturfabrik.de.

Sehenswertes

Schlossgarten mit Orangerie: Über den *Schlossgarten* verteilt finden sich zahlreiche Bauten, Brunnen, Büsten und Skulpturen. Im unteren Teil erhebt sich der zierliche Rundtempel, der der juvenilen Göttin Hebe geweiht ist: Der *Hebetempel* ist eine frühe Arbeit *Buttels* (um 1825) und bildete mit dem ehemaligen Schloss die zentrale Achse des Schlossgartens. Rechts davon liegt etwas erhöht die *Gedächtnishalle* für Königin Luise (→ S. 420). Auf der anderen Seite der Achse führt die Götterallee (flankiert von einer Handvoll Götterstatuen von Jupiter bis Mars) vom Zierker See zur *Orangerie*. Am augenfälligsten ist natürlich die klassizistische Orangerie selbst, die, 1755 erbaut, ab 1842 von Buttel umgestaltet wurde und heute ein Café/Restaurant beherbergt. Oberhalb des Schlossgartens erhob sich auf dem Hügel einst das Schloss. Nur die erhaltenen Fundamentreste und eine Gerüstkonstruktion, die den ehemaligen Mittelbau andeutet, lassen die Ausmaße des Schlosses erahnen.

Die Stadtkirche

Schlosskirche: Eines der Hauptwerke von *Friedrich Wilhelm Buttel*. Die neugotische Kirche auf dem Schlosshügel entstand 1855–1859. Die reich verzierte Fassade schmücken schlanke Türmchen, Terrakotta-Ornamente und eine prächtige Rosette über dem Portal, flankiert von den vier Evangelisten. Heute wird die Schlosskirche als Skulpturengalerie mit wechselnden Ausstellungen und für Konzerte genutzt.

Geöffnet meist Mai bis Sept. Di–So 11–18 Uhr, bei Ausstellungswechsel (1- bis 2-mal im Jahr) eingeschränkt, Preise meist 3 €/Erw., erm. 2 €.

Marktplatz, Rathaus und Stadtkirche: Das schöne städtebauliche Ensemble säumt den weitläufigen Marktplatz. Die Anlage des quadratischen, spätbarocken Platzes mit einem Rondell in der Mitte und acht Straßen, die symmetrisch in den Platz münden, stammt von *Löwe*. Die dominanten Gebäude – Rathaus und Kirche – wurden von *Buttel* errichtet bzw. von ihm geprägt: Das klassizistische Rathaus entstand 1841–1843 nach seinen Plänen; die Kirche war zwar bereits 1778 weitgehend fertiggestellt, ihr Turm wurde jedoch erst 1827–1831 von Buttel angefügt. Eine Turmbesteigung führt über 207 Stufen hinauf zur Aussichtsplattform, die einen herrlichen Blick über die Stadt und den Zierker See ermöglicht.

Stadtkirche/Turmbesteigung: Juli/Aug. Mo–Fr 10–12 und 15–17 Uhr (oder im Rahmen einer Stadtführung). 1,50 €/Pers. Aufstieg teils über enge und vor allem steile Holzstiege.

Neustrelitz Karte → S. 389

Stadtmuseum: Gleich unterhalb vom Marktplatz residiert schon seit 1973 das Neustrelitzer Stadtmuseum. Erläutert werden die Geschichte des Herzogtums und der jungen Residenzstadt vom frühen 18. bis ins 19. Jh. sowie die „Verwandtschaft" im Hause Mecklenburg-Strelitz – u. a. dokumentiert mit Gemälden, Interieur, Alltagsgegenständen.

Mai bis Sept. Di–So 11–18 Uhr, Okt. bis April Di–So 10–16 Uhr. Eintritt 2 €, erm. 1 €, Kinder bis 7 J. frei. Schlossstr. 3, ✆ 03981-205874.

Slawendorf: Am Ufer des Zierker Sees kann man eintauchen in die Welt der vorchristlichen Slawen. Hier kann man selber schmieden, töpfern, weben, filzen, flechten, Speckstein bearbeiten usw. Am Ufer liegt der weitgehend originalgetreue und fahrtüchtige Nachbau eines Slawenbootes.

Mai bis Okt. Mo–Fr 10–17 Uhr (zuletzt Sa/So geschlossen). Erw. 4 €, Kinder 6–14 J. 2 €, Familien 10 €. Halbstündige Fahrt mit dem Slawenboot von 10–16 Uhr, Erw. 2 €, Kinder 1 € (nur bei gutem Wetter). ✆ 03981-237545 (außerhalb der Saison ✆ 03981-273135), www.slawendorf-neustrelitz.de.

Schlosskoppel: Ein urwüchsigeres Naherholungsgebiet als der Schlossgarten ist die Schlosskoppel, die sich im Rücken des Slawendorfes unweit des Zierker Sees ausdehnt. Ursprünglich eine Parkanlage des 19. Jh., hat sich das Waldgebiet über die Jahrzehnte renaturiert. Durch den schönen Mischwald mit seinem vielfältigen Baumbestand führen mehrere Wanderwege.

Tiergarten: An den Schlossberg angrenzend, doch der Eingang befindet sich am oberen Ende der Tiergartenstraße (ausgeschildert). Hier sind vor allem heimische (oder wieder heimische) Tiere wie Rotwild oder Luchse, aber auch ein paar Exoten wie Berberaffen oder Pumas zu bestaunen. Spielplatz und Gaststätte vorhanden.

Mai und Sept. 9–18 Uhr, Juni bis Aug. 9–19 Uhr, Okt. bis April 9–16 Uhr. Erw. 4,50 €, erm. 3 €, Kinder 3–13 J. 2 €, Hunde 1,50 €. ✆ 03981-204490, www.tiergarten-neustrelitz.de.

Zierker See: Der 3,9 Quadratkilometer große Haussee von Neustrelitz grenzt westlich an die Innenstadt. Vom Stadthafen starten die Bootsrundfahrten, hier beginnen auch beschilderte Rundwege, einer davon um den Zierker See (knapp zwölf Kilometer). Die Rundwege verlaufen meist ein gutes Stück vom überwiegend sumpfigen Ufer entfernt.

Farbenprächtiges Spektakel: die Schlossgartenfestspiele

Romantische Seenlandschaft

Feldberger Seenlandschaft

Die Feldberger Seenlandschaft (mit dem gleichnamigen Naturpark) ganz im Südosten der Mecklenburgischen Seenplatte präsentiert sich landschaftlich wunderschön: Große und kleinere, oftmals geradezu „verwunschene" Seen, uralte Buchenwälder, weite Felder und gleich mehrere Aussichtsberge, die herrliche Blicke auf die Landschaft erlauben, prägen das Bild. Die Gegend ist nicht nur durch Wanderwege bestens erschlossen, sondern auch ein wirkliches Paddelparadies – viele der glasklaren Seen sind durch Kanäle miteinander verbunden und ermöglichen damit auch größere Touren. Hauptort und touristisches Zentrum ist Feldberg.

Feldberg

ca. 4700 Einwohner

Karte → S. 394/395

Der staatlich anerkannte Erholungsort liegt in Bestlage eingebettet zwischen grünen Wäldern am Südufer des *Haussees*, in den die Halbinsel *Amtswerder* wie eine Glühbirne hineinragt. Hier ist das Wasser nie weit – nur wenige hundert Meter südöstlich vom Zentrum liegt z. B. der *Schmale Luzin*, ein maximal 300 Meter breiter, ungemein idyllischer eiszeitlicher Rinnensee mit bewaldeter Steilküste. Oder der weiter nördlich gelegene *Breite Luzin* – einer der tiefsten Seen Mecklenburgs. Alle drei Seen sind durch Kanäle miteinander verbunden und damit ein Eldorado für Kanufahrer: Von hier kommt man auch bis hinunter zu Carwitzer See, Dreetzsee und Krüselinsee. Wer sich lieber an Land bewegt, kann mit dem Fahrrad auf schmalen Straßen und Radwegen rund um den Haussee fahren und vom 143 Meter hohen Reiherberg an seinem Nordufer den Blick genießen.

Der von einer **Backsteinkirche** aus dem Jahr 1875 überragte Ort zeigt sich schmuck und nett herausgeputzt, doch sind es sicher mehr die umliegenden Naturschönheiten, die die Besucher anziehen. Feldberg ist heute das touristische Zentrum der

Gegend. Gemeinsam mit den umliegenden Ortsteilen (Conow, Cantnitz, Carwitz, Fürstenhagen, Krumbeck, Lüttenhagen, Wittenhagen u. a.) bildet es die Großgemeinde Feldberger Seenlandschaft mit insgesamt rund 4700 Einwohnern. Etwa die Hälfte davon lebt in Feldberg.

Die Gegend um Feldberg war vermutlich schon in der Bronzezeit besiedelt. Als gesichert gilt, dass im 8. Jh. auf dem heutigen Schlossberg (am Südwestufer des Breiten Luzin) eine große slawische Burg entstand. Erste Besiedlungsspuren auf dem Amtswerder reichen bis ins 13. Jh. zurück; erstmals urkundlich erwähnt wird Feldberg im Jahr 1256.

Mitte des 19. Jh. erlebte Feldberg einen ersten Aufschwung als Wasserheilanstalt, die ersten Badegäste – zumeist aus Berlin – entdeckten die Sommerfrische. Es folgten Straßenbau (1869) und Anschluss an das Bahnnetz (1910), die Besucherzahlen stiegen mit Ausnahme der beiden Weltkriege kontinuierlich an. 1965 zählte man schon 12.000 Gäste, 1972 kam schließlich die Ernennung zum „staatlich anerkannten Erholungsort".

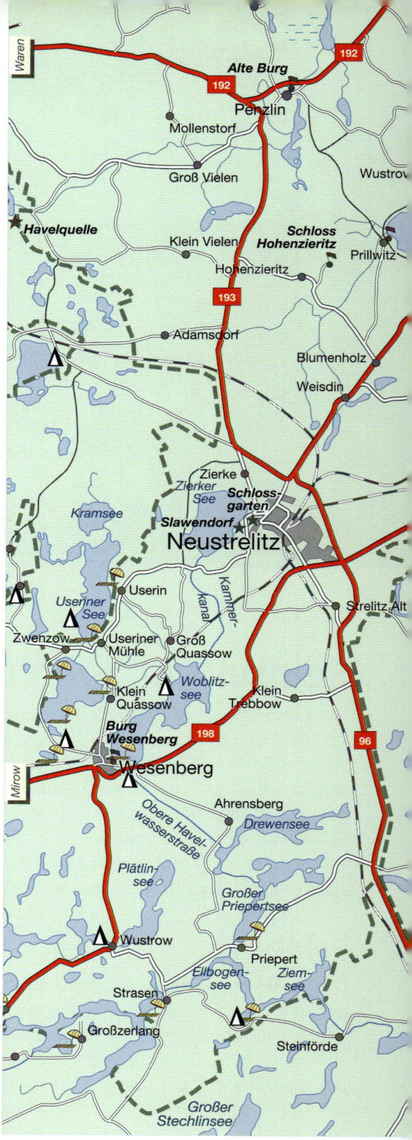

Basis-Infos

Information **Haus des Gastes**, Touristinformation und Kurverwaltung, im Zentrum an der Hauptstraße (Strelitzer Straße). Mitte Juli bis Anfang Sept. Mo–Fr 9–18 Uhr, Sa 10–15 Uhr, So 10–13 Uhr; sonst Mo–Fr 9–18 Uhr, Sa 10–12.30 Uhr, So geschlossen. Strelitzer Str. 42, 17258 Feldberg, ✆ 039831-2700, www.feldberger-seenlandschaft.de.

Verbindungen **Bus**: Haltestellen im Zentrum an der Strelitzer Straße. Etwa 7-mal tägl. nach *Neustrelitz*, 3-mal über Burg Stargard nach *Neubrandenburg* (am Wochenende Rufbus), 3-mal nach *Krumbeck* und *Bredenfelde*, 5-mal *Fürstenhagen* (nach telefonischer Anmeldung) und 5-mal *Carwitz*. Nächster Bahnhof in Neustrelitz. Rufbus unter ✆ 039820-30452, Fahrpläne unter www.vms-bus.de.

Luzinfähre: nur ein Katzensprung ist es von Feldberg zum Schmalen Luzin, wo man mit der handbetriebenen Fähre zum Hullerbusch (Hotel und Fußweg nach Carwitz) übersetzen kann. Das Boot verkehrt jede volle und jede halbe Stunde, von Mai bis Okt. Mo–Fr 10–17 Uhr, Sa/So 9–18 Uhr, im Juli/Aug. Mo–Fr 10–18 Uhr, Sa/So 9–19 Uhr (im Okt. ab 12 Uhr); von Nov. bis April nur nach Absprache. Pro Pers. 1 €, Kinder 0,50 €, Fahrrad 1 €. ✆ 039831-20315, www.luzinfaehre.de.

Baden Badestelle am Westufer des **Amtswerders**, weitere kleine und größere Badestellen am **Schmalen Luzin** östlich von Feldberg sowie am Südwestufer des **Breiten Luzin** unterhalb des Hüttenberges (nördlich von Feldberg) und am Nordufer des Breiten Luzins.

Bootstouren Mit der **Feldberger Fahrgastschifffahrt** Rundfahrten auf dem Haussee, dem Breiten Luzin und dem Lütter See (bei entsprechender Nachfrage März bis Okt. tägl. 14 Uhr). Strelitzer Str. 40, ✆ 039831-20940, www.feldberger-fahrgastschifffahrt.de.

Kanu- und Fahrradverleih **Ruhepuls Sporttouristik**, auf der Halbinsel Amtswerder am Haussee, mit herrlicher kleiner Seeterrasse (→ Cafés). Im Angebot 1er- und 2er-Kajaks sowie 2er- bis 4er-Kanadier, zudem Wanderruderboote verschiedener Größen. Auch Rückholung bei One-Way-Touen und Fahrradverleih. Mai bis Sept. tägl. 9.30–19.30 Uhr, Mi und Sa bis 22.30 Uhr. Amtsplatz 50, ✆ 039831-22909, www.ruhepuls.com.

Bootsverleih am Schmalen Luzin, an der Feldberger Seite der Luzinfähre. Mai bis Sept. werktags ab 10 Uhr, Sa/So ab 9 Uhr, im Juli/Aug. tägl. ab 9 Uhr; im Okt. tägl. 12–17 Uhr. 1er-/2er-Kajaks, 2er- bis 4er-Kanu, Ruder- und Elektroboote, auch Fahrradverleih. ✆ 039831-52877, www.luzinfaehre.de.

Boots-Berg, im Zentrum von Feldberg, auch Fahrradverleih (auch E-Bikes). Zudem werden *geführte Touren* mit dem Elektroboot (im Sommer tägl. 10 und 14 Uhr, 2–2,5 Std.) angeboten. Strelitzer Str. 36, ✆ 039831-20554 oder 0171-3880726.

Naturkundliche Führungen **Ranger Tours**, naturkundliche Touren im Elektroboot auf dem Schmalen Luzin (Abfahrt am Hotel Altes Zollhaus), außerdem naturkundliche Wanderungen sowie ganztägige Kanutouren; auch Bootsverleih. Infos und Anmeldung: Ranger Tours, Fred Bollmann, Erfurthstr. 7, ✆ 039831-22174, www.ranger-tours.de.

Auch **Albert Westphal** bietet naturkundliche Führungen durch den Naturpark Feldberger Seenlandschaft an: von Mai bis Okt. jeden Do 14 Uhr, Treffpunkt am Hullerbuscher Ufer der Luzinfähre. ✆ 039831-20760.

Tauchen **Tauchcenter Feldberg** im Hotel Deutsches Haus. Schnuppertauchen, Anfänger- und Fortgeschrittenenkurse, auch für Kinder. Ausrüstungs- und Flaschenverleih, Flaschenfüllung. Strelitzer Str. 18, 17258 Feldberg, ✆ 0176-66602393, www.tauchcenter-feldberg.de.

Übernachten

Hotels ››› Unser Tipp: **Altes Zollhaus**, knapp 2 km nordöstlich von Feldberg am Damm zwischen Breitem und Schmalem Luzin, Restaurant und Café mit Seeterrasse. 32 Zimmer und ein separates Saunahaus am See, Boots- und Fahrradverleih. Schicke Zimmer im Haupthaus, EZ 90 €, DZ 134–159 €; im deutlich einfacheren Gästehaus EZ 50 €, DZ 89 €, Frühstück inkl. Hund 15 €/Tag. Geöffnet Ostern bis Mitte Nov. Am Erddamm 31, 17258 Feldberger Seenlandschaft, ✆ 039831-500, www.romantik-am-see.de. ‹‹‹

Landhaus Stöcker, exklusivste Adresse in Feldberg, im Zentrum; nur wenige Zimmer und baumbestandener Garten am See. Im Neubau nebenan weitere Zimmer und ein kleines Hallenbad. Nachmittags Café, Halbpension nach Anmeldung möglich; EZ 99–104 €, DZ 125–156 €, inkl. Frühstück. Strelitzer Str. 8–10, 17258 Feldberg, ✆ 039831-2710, ℻ 039831-271113, www.landhaus-stoecker.de.

Hotel Deutsches Haus, unweit vom Landhaus Stöcker; zentrale Lage, mit schöner Terrasse direkt am See, hier befindet sich auch das Tauchcenter Feldberg (→ Tauchen). 14 Zimmer, DZ 90–105 €, Frühstück inkl. Mit Restaurant. Strelitzer Str. 18, 17258 Feldberg, ✆ 039831-20340, ℻ 039831-20972, www.deutscheshaus-feldberg.de.

Appartements **Haus Seenland**, herrliche Lage im Zentrum *und* direkt am See; mit großer Liegewiese und Badesteg. Sorgsam restauriertes altes Stadthaus, neu dagegen die Balkone zum See, im Inneren viel Holz. Komfortable Ausstattung, geschmackvolle Einrichtung, Appartements mit Küchenecke. Im UG (zur Seeseite hin) befindet sich das *Café Abendsegler* (auch Kneipe). Appartement für 2 Pers. je nach Größe und Ausstattung 58–80 €/Tag, 4 Pers. 75–85 €, Frühstück (auf Anfrage). WLAN. Rezeption im Landladen im gleichen Haus. Strelitzer Str. 4, 17258 Feldberg, ✆ 039831-2222, ℻ 039831-22233, www.haus-seenland.de.

Drostenhaus, als der Amtswerder noch eine Insel war, befand sich hier das fürstliche Schloss. Zu sehen sind noch die mittelalterlichen Fundamente eines Rundturmes. Das Drostenhaus stammt aus dem späten 18. Jh., heute sind hier moderne Ferienappartements untergebracht. Sauna am See, Liegewiese, Badestelle und Bootsanleger, Fahrrad- und Bootsverleih. App. für 2 Pers. 70–80 €/Tag, 4 Pers. 100–130 €, 6 Pers. 160 €, Frühstück 7,50 €/Pers. Amtsplatz 4, 17258 Feldberg, ✆ 039831-528940, www.drostenhaus.de.

Jugendherberge **JH Feldberg**, ziemlich abseits oberhalb des Feldberger Haussees in einem Waldstück gelegen, gut 1 km

Das Alte Zollhaus am Breiten Luzin

nördlich vom Zentrum (beschildert). Nicht mehr ganz neu, sehr ruhig, idyllischer Blick auf den See. Übernachtung 20,50 € inkl. Frühstück, Senioren ab 27 J. 24,90 €; Halb- und Vollpension möglich. Robert-Kahn-Weg 1, 17258 Feldberg, ✆ 039831-20520, ✆ 039831-22178, www.jh-feldberg.de.

Camping **Camping am Bauernhof**, relativ großer Platz ca. 2 km nordöstlich von Feldberg (vor dem Hotel Altes Zollhaus links ab, auf der Landenge zwischen dem Breiten Luzin und dem Haussee); nicht mehr ganz neu, an den ehemaligen Bauernhof erinnert der Streichelzoo des Campings; eigene Badestelle und dazugehörige Liegewiese am Breiten Luzin. Auch Bootsverleih. Ganzjährig geöffnet. Erw. 5 €, Kinder (2–13 J.) 3 €, Stellplatz 3–11 €, Wohnmobil 4–8 €, Hund 3 €, Auto 2,50 €, Strom 2 €. Hof Eichholz, 17258 Feldberg, ✆ 039831-21084, ✆ 039831-21534, www.campingplatz-am-bauernhof.de.

Weiterer Campingplatz in **Carwitz** (→ S. 400) sowie am Südufer des **Dreetzsees** (→ S. 403).

Übernachten außerhalb **Alte Schule** in Fürstenhagen, → „Um den Carwitzer See" (S. 403).

Hotel Hullerbusch,→ „Carwitz/Übernachten", S. 400.

Forsthaus am See, das ruhig am Lütter See (Seitenarm des Breiten Luzin) gelegene Haus beherbergt ein freundliches Hotel samt *Restaurant*. Nur 6 Zimmer und 1 Suite, alle mit Seeblick. EZ 65–70 €, DZ 80 €, mit Terrasse/Balkon 85 €, Suite ab 120 €, Frühstück inkl. Forsthaus am See 1, Lichtenberg, 17258 Feldberger Seenlandschaft, ✆ 039831-2222, ✆ 039831-22233, www.hotelforsthaus.de. *Anfahrt*: knapp 7 km vom Feldberger Ortszentrum Richtung Fürstenwerder, dann links ab.

Feldberger Seenlandschaft Karte → S. 394/395

Essen & Trinken

Altes Zollhaus, beliebtes Restaurant in herrlicher Lage am Breiten Luzin, auch Café, idyllische Seeterrasse; innen gemütliche Holzromantik. Leicht gehobenes Preisniveau, tägl. mittags und abends geöffnet. Auch Übernachtungsmöglichkeit im Haus (→ Übernachten). Boots- und Fahrradverleih. Am Erddamm 31, ✆ 039831-500, www.romantik-am-see.de. *Anfahrt*: vom Kreisel im Ortszentrum gut 2 km Richtung Fürstenwerder.

Fischereihof, auf dem Amtswerder, einfaches und beliebtes Gasthaus in einer kleinen Hütte mit Terrasse zum See und Blick auf Feldberg; nur wenige Tische (abends besser reservieren). Günstige Fischspezialitäten aus eigenem Fang, eigene Räucherei (auch Verkauf); kein Fischgericht über 10 €. Di–So 11–22 Uhr. Fischereihof 2, ✆ 039831-20205.

Fischstübchen, noch ein Stück vor dem Fischereihof und etwas teurer als dieser (Hauptgerichte Fisch 9–13 €). Auch Ferienwohnungen (50–80 €). Geöffnet 11–22 Uhr, dazwischen nur Imbiss, Di Ruhetag (im Winter Di und Mi). Amtsplatz 33, ✆ 039831-20876, www.fischstuebchen-feldberg.de.

Cafés/Snacks **Bistro am See „Ruhepuls“**, gehört zum gleichnamigen Boots- und Fahrradverleih (→ Kanu- und Fahrradverleih). An der Westseite des Amtswerders (wenige Gehminuten vom Parkplatz); Kaffee und Kuchen auf dem Holzsteg, herrlich zum Sitzen. Auch kleine Gerichte. Mai bis Sept./Okt. tägl. 9.30–19.30 Uhr, Mi und Sa bis 22.30 Uhr. Amtsplatz 50, ✆ 039831-22909.

Abendsegler, sehr schöne Terrasse zum See hin. Kaffee und tägl. frischer Kuchen, abends Kneipe mit guter Auswahl an Cocktails, Wein und Whisky, zu essen gibt es Flammkuchen, Salate, Backkartoffel u. ä. Im Sommer tägl. ab 14 Uhr geöffnet, im Winter nur abends ab 18 Uhr, So ab 14 Uhr, Mo/Di geschlossen. Strelitzer Str. 4, ✆ 039831-22234, www.abendsegler.com.

Luzinfähre, Kaffee und Kuchen sowie Snacks gibt es im Kiosk an der Feldberger Seite der Luzinfähre. Hier auch Boots- und Fahrradverleih. Mai bis Sept. Mo–Fr 10–17 Uhr, Sa/So 9–18 Uhr, Juli/Aug. Mo–Fr bis 18 Uhr, Sa/So bis 19 Uhr, Okt. ab 12 Uhr geöffnet. ✆ 039831-52877, www.luzinfaehre.de.

Sehenswertes

Mit spektakulären Sehenswürdigkeiten ist Feldberg nicht gerade gesegnet, hervorzuheben ist aber die **Stadtkirche**, die quasi als Wahrzeichen über dem Ort thront. Ursprünglich befand sich hier eine Fachwerkkirche, die aber 1870 niederbrannte und von 1872–1875 als kreuzförmiger Backsteinbau im neugotischen Stil an gleicher Stelle wiedererrichtet wurde.

Mo–Fr 14–17 Uhr und zu Veranstaltungen.

Heimatstube Feldberg: Das winzige Museum auf dem Amtswerder widmet sich der Geologie und Geschichte der Stadt Feldberg von der Bronzezeit bis zu den Anfängen des Erholungstourismus; weitere Schwerpunkte sind der Naturpark Feldberger Seenlandschaft sowie *Hans Fallada*, der im benachbarten Carwitz lebte und kurzzeitig Bürgermeister von Feldberg war.

Mai bis Sept. Mo, Mi, Fr 14–16 Uhr, Sa/So 10–12 und 14–16 Uhr; im Winter geschlossen. Eintritt 1 €, Kinder 0,50 €. Amtsplatz 36, ✆ 039831-20676.

Sehenswertes Feldberg/Umgebung

Waldmuseum „Lütt Holthus“ in Lüttenhagen: Das Museum im knapp drei Kilometer westlich von Feldberg gelegenen Ort bietet neben zahlreichen Präparaten der heimischen Fauna auch einen begehbaren Fuchsbau, für Ohr und Nase Geräusche und Gerüche aus dem Wald, dazu Dokumentationen zum Lebensraum Wald in den verschiedenen Jahreszeiten. Alles kindgerecht und didaktisch gut aufbereitet. Sonderausstellungen auch in der Scheune nebenan.

Naturschutzgebiet Heilige Hallen: Der vermutlich älteste Buchenwald Deutschlands, südlich des Waldmuseums gelegen, ist seit 1938 Naturschutzgebiet. Einige der fast 50 Meter hohen Riesen stehen noch und sind teilweise über 350 Jahre alt. Wegen Abbruchgefahr alter Äste darf das Gebiet nicht betreten werden, ein beschilderter Forstweg führt um das Kerngebiet herum.

Museum: Mai bis Sept. Di–So 10–18 Uhr, Okt. bis April Di–Sa 13–16 Uhr. Erw. 2 €, Kinder 1 €. **Führungen zu den Heiligen Hallen** Juni bis Aug. jeden Do 9.30–12.30 Uhr, Erw. 3 €, Kinder 1,50 €. Anmeldung beim Waldmuseum. Forsthof 2, ✆ 039831-59125. *Anfahrt:* Von Feldberg nach Lüttenhagen und weiter Richtung Lychen, das Museum steht rechts der Hauptstraße am Ortsrand von Lüttenhagen.

Lenné-Park in Krumbeck: Der Park wurde 1832 nach Plänen von *Peter Joseph Lenné* (1789–1866) angelegt, einem der bedeutendsten Gartenarchitekten seiner Zeit – eines seiner herausragendsten Werke ist der Park von Schloss Sanssouci in Potsdam. In Mecklenburg plante er u. a. die Parkanlagen Schloss Basedow und Schloss Kittendorf sowie Teile des Schlossgartens von Neustrelitz.

Ein Spaziergang durch den verwunschenen Park führt durch hohen alten Baumbestand und über kleine Brücken, die die Teiche mit ihren schilfbestandenen Ufern überspannen. Der Fußweg zweigt beim renovierten Gutshaus ab, eine Tafel mit dem Lageplan des Parks findet sich an der einzigen Straße in Krumbeck.

Von Feldberg nach Möllenbeck, dort rechts ab auf die B 198 Richtung Woldegk; bei Bredenfelde wieder rechts, ab hier noch 2 km, beschildert. Die kürzere Strecke von Feldberg über Schlicht ist nur teilweise asphaltiert bzw. voller Schlaglöcher.

Carwitz

ca. 300 Einwohner

Ein idyllisches Dorf, auf einem Hügelrücken zwischen vier miteinander verbundenen Seen gelegen. Hübsche, alte Bauernhäuser ziehen sich an der kopfsteingepflasterten Dorfstraße entlang, gleich am Ortseingang liegt eine alte Windmühle, gegenüber der Badestrand am *Schmalen Luzin*. Das Dorfende markiert das unbedingt sehenswerte **Fallada-Museum** mit der Halbinsel Bohnenwerder dahinter.

Berühmt wurde der Ort, einst nur ein uraltes kleines Fischerdorf, durch den Schriftsteller *Hans Fallada*, der Carwitz von 1933 bis 1945 zu seinem Zuhause gemacht hatte und hier einige seiner bedeutendsten Werke schrieb. Falladas Urne ruht seit 1981 auf dem Carwitzer Dorffriedhof – ein stiller und wunderschöner Platz mit schöner Aussicht über den See. Die benachbarte Kirche, ein Backsteinbau aus dem frühen 18. Jh., ist tagsüber leider meist geschlossen. Zwischen Mai und September finden hier die **Carwitzer Sommerkonzerte** statt.

Verbindungen **Bus** etwa 6-mal tägl. von und nach Feldberg.

Luzinfähre → S. 394.

Baden Große **Badestelle** mit Bootsanleger am westlichen Ortsrand von Carwitz am Südufer des Schmalen Luzin.

Einkaufen **Schäferei Hullerbusch**, hier gibt es im Prinzip alles vom Schaf: Lammkeule, Wurst und Käse, Rohwolle zum Selberspinnen oder auch fertige Socken und Hüttenschuhe. Nicht vom Schaf

Idyllisches Carwitz

sind Kaffee, Tee und Kuchen (ein paar Bänke vor dem Haus) und die selbstgemachten Marmeladen. Ostern bis Ende Okt. Mi–So 11–18 Uhr geöffnet, Mo/Di und im Winter geschlossen. Von Carwitz Richtung Hotel Hullerbusch, kurz davor auf der rechten Seite ist die Schäferei (ca. 1,5 km von Carwitz). Hullerbusch 2, ✆ 039831-20006, www.schaeferei-hullerbusch.de. ■

Übernachten **Hotel Hullerbusch**, das abgelegene, sehr stilvolle Hotel im Gutshaus gehört zwar zu Feldberg, ist aber mit dem Auto ausschließlich über Carwitz (2 km südlich gelegen), zu Fuß auch mit der Luzinfähre zu erreichen. Ruhige Waldlage (mit parkartigem Garten) und historisches Ambiente sowie eine besonders nette Terrasse. 8 Zimmer und 2 Suiten in gediegener Eleganz. Sauna, Fahrradverleih, Ruderboote und Angelausrüstung. Freundlicher Service. April bis Ende Okt. geöffnet. EZ 60 €, DZ 100 €, Suite 110 €, Frühstück inkl. Hullerbusch 12, 17258 Feldberger Seenlandschaft/OT Carwitz, ✆ 039831-20243, 📠 039831-20866, www.hotel-hullerbusch.de.

Camping **Campingplatz am Carwitzer See**, netter, einfacher Wiesencamping am Ortseingang auf der rechten Seite; freundlich, eigene Badestelle und Liegewiese, Ruderboot- und Kanuverleih am Platz. Lebensmittelkiosk. Ins „Zentrum" von Carwitz sind es ca. 400 m. Erw. 6 €, Kinder 4 €, Stellplatz 7 € (nur Zelt 3,50 €), Hund 3 €. Geöffnet Ende April bis Mitte Okt. Carwitzer Str. 80, 17258 Feldberger Seenlandschaft, ✆/📠 039831-21160, www.campingplatz-carwitz.de.

Camping am Dreetzsee → „Um den Carwitzer See", S. 403.

Essen & Trinken **Restaurant Hullerbusch**, im gleichnamigen Hotel (→ Übernachten). Nette Terrasse, mittags und abends geöffnet, mecklenburgische Hausmannskost zu mittleren Preisen, nachmittags Kaffee und Kuchen.

Ferien beim Fischer, einfache Fischgaststätte am nördlichen Ortsrand (direkt am Carwitzer See). Gutbürgerlich bei entsprechendem Ambiente und mittleren Preisen, auch Räucherei. April bis Okt. tägl. 12–21 Uhr (April/Okt. nur bis 20 Uhr) geöffnet, im Winter geschlossen. Jägerwörde 31 (am Carwitz Eck die Straße hinein und dieser ca. 300 m folgen), ✆ 039831-21154, www.ferien-beim-fischer.de.

Mehrere Cafés und Restaurants reihen sich entlang der Carwitzer Hauptstraße aneinander, z. B.:

Carwitz Eck, Kaffee, Kuchen und Eis, Restaurant mit Terrasse. Im Sommer tägl. ab 12 Uhr, im Winter nur Fr–So. Carwitzer Str. 83, ✆ 039831-22198.

Alte Scheune, deftige Küche im Biergarten. Mo Ruhetag, im Sommer samstags Live-Musik, im Winter nur eingeschränkt geöffnet. Carwitzer Str. 33, ✆ 039831-20992.

Hans-Fallada-Museum

Hier hat er sich 1933 niedergelassen, der Schriftsteller *Rudolf Ditzen* alias *Hans Fallada*. Angesichts der Idylle, die der kleine Bauernhof mit seinem herrlichen Seegrundstück bis heute ausstrahlt, wird man fast ein wenig neidisch auf das wunderschöne Domizil, in dem Fallada die produktivste Zeit seines Lebens verbracht haben soll. Das Anwesen kaufte Fallada von den Einnahmen seines Romans *Kleiner Mann – was nun?* im Jahr 1933 und siedelte mit seiner Frau und den Kindern hierher um. Es folgten mehrere Umbauten, auch die Scheune wurde ausgebaut. Die Ditzens unterhielten hier eine kleine Landwirtschaft mit Hühnern, Obst- und Gemüseanbau sowie eigener Imkerei, dazu Kutschpferd, Hund und Katze.

Nach massiven baulichen Veränderungen entstand hier in den 1960er-Jahren ein Ferienheim für Kinder. Ab 1996 wurde das Wohnhaus unter Mithilfe von Ditzens Söhnen und der 1983 gegründeten Hans-Fallada-Gesellschaft originalgetreu rekonstruiert und stellt heute den Zustand der Jahre zwischen 1933 und 1944 dar. Die Scheune beherbergt das Archiv und den Sitz der Hans-Fallada-Gesellschaft.

Der **Rundgang** durch das Museum führt in die Wohnräume der Familie: das Wohn- und Arbeitszimmer von 1938 mit Falladas Schreibtisch, das Esszimmer, in dem in einer Vitrine Falladas Totenmaske aufbewahrt wird, die seinerzeit überaus moderne Küche

Hans Fallada (1893–1947)

Ein bewegtes Leben lebte der am 21. Juli 1893 in Greifswald geborene *Rudolf Ditzen,* besser bekannt unter seinem Pseudonym *Hans Fallada,* mit dem er weltberühmt wurde. (Zwangs-)Aufenthalte in Nervenheilanstalten sowie diverse Entziehungskuren und Gefängnisstrafen prägten Ditzens Leben von Jugend an. Zu exzessivem Alkoholkonsum kamen Drogen- und Tablettensucht. Finanziert hat Ditzen seine Sucht immer wieder durch Unterschlagung, was ihn in den 1920er-Jahren mehrfach ins Zuchthaus brachte. Die Wende führten erst die geordneten Verhältnisse einer Anstellung als Lokalredakteur in Neumünster und die Heirat mit Anna „Suse" Issel im Jahr 1929 herbei. Ein Jahr später fand er eine Anstellung bei dem Verleger Ernst Rowohlt in Berlin, am Puls des damaligen literarischen Lebens in Deutschland.

Mit seinem 1932 erschienenen Erfolgsroman *Kleiner Mann – was nun?* (der Geschichte eines kleinbürgerlichen Arbeitslosen) traf Ditzen den Nerv der Zeit mit ihren politischen Wirren und explodierenden Arbeitslosenzahlen am Vorabend der nationalsozialistischen Machtergreifung. Das Buch wurde zum Bestseller und in mehrere Sprachen übersetzt. Nach einigen unerfreulichen Begegnungen mit der SA entschloss sich die Familie, den Großraum Berlin zu verlassen und fand bald das Anwesen im mecklenburgischen Carwitz.

In der selbst gewählten Abgeschiedenheit auf dem Land erlebte Ditzen zunächst eine produktive Schaffensperiode. Außerdem konnte er sich seinen lang gehegten Traum vom eigenen kleinen Bauernhof erfüllen. 1934 erschien dann der Gefängnisroman *Wer einmal aus dem Blechnapf frisst.* Sein Verhältnis zu den Nationalsozialisten lässt sich als eine Mischung aus innerer Emigration und anbiedernder Anpassung beschreiben. Doch bald drehte sich für Fallada der Wind, seine Bücher wurden aus öffentlichen Bibliotheken entfernt und häufig feindselig rezensiert. Ditzen verlegte daraufhin seine Erzählkunst auf Kinderbücher und Märchen, harmlos und unpolitisch, dazwischen litt er immer wieder unter Nervenzusammenbrüchen und Depressionen, gefolgt von mehr oder minder langen Sanatoriumsaufenthalten. An seinem *Wolf unter Wölfen* (1937), einem Roman über die Inflation 1923 in der Weimarer Republik, fand Reichspropagandaminister Goebbels Gefallen. Doch schon den Folgeroman (*Der Eiserne Gustav,* 1938) musste Ditzen regimekonform umschreiben – der Druck auf den Autor wuchs zusehends. Und auch im beschaulichen Carwitz wurde es für die Ditzens zunehmend ungemütlich, zahlreiche Denunziationen machten ihnen das Leben schwer.

Nach dem Einmarsch der Sowjets im April 1945 bestellten diese den politisch unauffälligen Ditzen zum Bürgermeister von Feldberg. Im Herbst des gleichen Jahren zog er nach Berlin und nahm sein letztes großes Werk in Angriff: *Jeder stirbt für sich allein* (1946), die Geschichte eines Ehepaars im Widerstand, seine persönliche Stellungnahme und der erste antifaschistische Roman in Deutschland nach 1945. Rudolf Ditzen starb am 5. Februar 1947 an Herzversagen.

Im Thomsdorfer Kunstkaten

und der helle Wintergarten. Im Schlafzimmer sind die Werke Falladas in Erstausgabe zu sehen, im Esszimmer zudem zahlreiche Fotos von Familie und Freunden, die der Schriftsteller z. T. selbst aufgenommen hat. Im Obergeschoss sind die Originalmanuskripte Falladas und Szenenfotos aus den Verfilmungen seiner Romane ausgestellt; in einem Nebenraum laufen zwei Filme über Fallada. Wunderschön ist auch der Garten des Anwesens mit dreieckigem Blumenbeet, Obstbäumen und dem Sitzplatz am Seeufer – ein echtes Idyll! Ein Spaziergang führt vom Fallada-Haus in östlicher Richtung auf die Halbinsel Bohnenwerder.

Alljährlich am Wochenende um den 21. Juli finden hier die **Hans-Fallada-Tage** mit diversen Veranstaltungen (Lesungen, Konzerte, Ausstellungen etc.) statt. Nähere Infos und Programm im Museum sowie in der Touristinformation Feldberg.

April bis Okt. Di–So 10–17 Uhr, Nov. bis März Di–So 13–16 Uhr. Eintritt 4 €, erm. 3 €, Kinder bis 6 J. frei, Audioguide 1,50 €. Zum Bohnenwerder 2, ✆/℻ 039831-20359, www.fallada.de.

Um den Carwitzer See

Eine liebliche Landschaft erstreckt sich östlich und südlich von Feldberg und Carwitz. Rund um den Carwitzer See und den Dreetzsee verstecken sich zwischen einer Handvoll größerer und kleinerer Seen idyllische Dörfer in den Hügeln. **Fürstenhagen** ist beispielsweise so ein schmuckes Dorf mit schöner *Feld- und Backsteinkirche* (1868/69), eine der letzten Bauten des Neustrelitzer Architekten *Friedrich Wilhelm Buttel*. Im Straßendorf **Thomsdorf** findet sich mit dem *Kunsthandwerkerhof* und den *Thomsdorfer Kunstkaten* ein wenig kulturelles Leben im abgeschiedenen ländlichen Idyll. Die heute turmlose *Kirche* von Thomsdorf stammt aus dem 13. Jh. und beherbergt einen spätgotischen Altar. Auf halbem Weg von Thomsdorf nach Carwitz findet sich am südlichen Ende des *Dreetzsees* ein großer Campingplatz. Noch weiter südlich und gänzlich ab vom Schuss liegt die beliebte Ausflugsgaststätte *Krüseliner Mühle* ungemein idyllisch am Ufer des gleichnamigen Sees.

Kunst/Einkaufen **Kunsthandwerkerhof Thomsdorf**, Keramik-, Kerzen- und Filzwerkstatt, auch zum Mitbasteln; Brotbacken, Kunsthandwerkermarkt, Galerie, Malkurse usw. Café im Hof. Mai bis Sept. 11–18 Uhr. Thomsdorf 36 a, ✆ 039889-86241, www.kunsthandwerkerhof-thomsdorf.de.

››› Unser Tipp: **Thomsdorfer Kunstkaten**, Gemälde, Lithographien, Grafiken und Zeichnungen, Skulpturen und Keramik, aber auch Schmuck und Souvenirs. Besonders sehenswert ist der schöne Garten mit Teich, Skulpturen und Galeriehäuschen (Keramiken). April bis Okt. tägl. außer Mo 10–

18 Uhr. Thomsdorf 42, ✆/℻ 039889-4735, www.thomsdorfer-kunstkaten.de. «

Tauchen Luzin Diver, auf dem *Camping am Dreetzsee* (→ Camping), www.luzindiver.de.

Atlantis Tauchbasis, am nördlichen Ortsrand von Thomsdorf am Südufer des Carwitzer Sees. Im Sommer Mi–So ganztägig geöffnet, sonst nur am Wochenende. Hauptsitz der Tauchschule ist Berlin. Dorfstr. 17 a, 17268 Thomsdorf, ✆ 039889-726, www.tauchbasis-thomsdorf.de.

Übernachten/Essen Alte Schule, hinter der Kirche von Fürstenhagen verbirgt sich das Feinschmecker-Restaurant von Daniel Schmidthaler, dessen Küche mit einem Michelin-Stern (seit 2011) bzw. 16 Punkten von Gault Millau geadelt ist. 3-Gänge-Menü 54 €, 4-Gänge-Menü 63 €, 5-Gänge-Menü 72 €. Sept. bis Mai ab 18 Uhr geöffnet, Mo/Di Ruhetag, Juni bis Aug. nur Mo Ruhetag. Die Alte Schule ist auch ein Hotel; EZ 60 €, DZ 85 €. Zur Alten Schule 5, 17258 Feldberger Seenlandschaft/OT Fürstenhagen, ✆ 039831-22023, www.hotelalteschule.de.

Krüseliner Seeschenke, beliebte Ausflugsgaststätte mit schöner Seeterrasse gegenüber gleichnamiger Mühle, am abgelegenen Südufer des idyllischen *Krüselinsees* (südlich von Carwitz) gelegen, eingebettet zwischen Wasser, Wald und Wiesen. Nur Mitte April bis Ende Okt. tägl. ab 12 Uhr bis ca. 20 Uhr geöffnet. Boots- und Fahrradverleih, auch Ferienwohnungen (ganzjährig). Krüseliner Mühle, 17258 Mechow, ✆ 039820-30441, ℻ 039820-30249, www.krueseliner-muehle.de.

Camping Camping am Dreetzsee, schattiger Waldplatz am südlichen Ufer des Dreetzsees; Badestelle und Liegewiese, *Tauchbasis* (www.luzindiver.de), Fahrrad- und Kanuverleih, Gaststätte, Shop, Sportmöglichkeiten. Erw. 6,50 €, Kinder 4–14 J. 3 €, Zelt 3–7,50 €, Caravan/Wohnmobil 6 €, Pkw 2 €, Strom 1,50 €. Auch kleine Holzhäuser werden vermietet (75 €/Tag). Am Dreetzsee 1, OT Thomsdorf, 17268 Boitzenburger Land, ✆ 039889-746, ℻ 039889-55106, www.dreetzseecamping.de.

Zwischen Mecklenburgs Seen und Stettiner Haff

Nordöstlich der Feldberger Seenlandschaft erstreckt sich eine liebliche, stille Landschaft. Kleine Wälder, Felder und Wiesen werden von schnurgeraden Straßen durchteilt. Überall finden sich Dörfer ohne Gasthaus, aber mit hübschen alten Kirchen, oft im 13. Jh. aus Feldstein errichtet und mit backsteinernen Fachwerktürmchen versehen. Und hier und da gibt es auch eine Sehenswürdigkeit: das idyllische Dorf Galenbeck, die Vogelwelt der Großen Friedländer Wiese, die Windmühlen von Woldegk oder auch ein Schloss samt Weinberg (!) in Rattey.

Woldegk (ca. 3800 Einwohner): die Mühlenstadt. Fünf historische Windmühlen gibt es noch in Woldegk. Drei der Mühlen stehen etwas erhöht über dem Ort pittoresk beieinander. In einer ist das *Mühlencafé* untergebracht (Mo Ruhetag), in einer anderen, ein schmucker, restaurierter Holländer aus dem Jahr 1883, das *Mühlenmuseum*. Auf der Wiese zwischen den Mühlen befindet sich ein großes Spielfeld. Doch hier wird natürlich nicht Gartenschach gespielt, sondern, klar, Mühle.

Museum in der Holländermühle: April bis Sept. tägl. 10–12 und 13–16 Uhr; März bis Okt. Di–Fr 10–12 und 13–16 Uhr, Sa/So 13–16 Uhr. ✆ 03963-211384.

Helpter Berge: die höchste Erhebung Mecklenburg-Vorpommerns! Mit 179 Metern Höhe über Normal Null. Damit ist die Attraktion der Hügelkette aber auch schon erschöpft. Erdgeschichtlich betrachtet handelt es sich um von Gletschern der letzten Eiszeit aufgeschüttete Endmoränen. Benannt sind die Hügel nach dem kleinen 400-Einwohner-Dörfchen **Helpt**, in dem eine schmucke *Kirche* aus dem 13. Jh. zu sehen ist.

Strasburg (ca. 5100 Einwohner): Nein, im uckermärkischen Städtchen wird keine europäische Politik gemacht und auch die Städtepartnerschaft reicht nicht ins

Feldberger Seenlandschaft Karte → S. 394/395

Elsass, sondern verbindet Strasburg (in der Uckermark) mit Straßburg in Kärnten (zwei weitere Städtepartnerschaften bestehen nach Polen). Der Ort entstand im 13. Jh. und hatte im Laufe der Geschichte immer wieder unter seiner Grenzlage zwischen Mecklenburg, Brandenburg und Pommern zu leiden. 1479 wurde die Uckermark und mit ihr Strasburg brandenburgisch. Mit der Auflösung der Länder in der DDR 1952 gelangte der Ort zum Bezirk Neubrandenburg und so 1990 zum Bundesland Mecklenburg-Vorpommern. Heute ist Strasburg die einzige uckermärkische Stadt in Mecklenburg-Vorpommern.

Etwas zurückgesetzt vom weitläufigen Marktplatz erhebt sich die kompakte backsteinerne *Hallenkirche* aus der zweiten Hälfte des 13. Jh. Von den ursprünglich zwei geplanten Türmen wurde nur einer realisiert und dieser später umgestaltet, sodass sich heute eigenwillig positioniert auf einem hohen Feldsteinsockel ein Backstein-Fachwerk-Aufbau erhebt. Innen wird die Halle durch ein sehenswertes Sterngewölbe abgeschlossen, während sich über dem Chor ein hölzernes Tonnengewölbe befindet. Neben der Kirche liegt das kleine Heimatmuseum der Stadt Strasburg, hier ist auch die Stadtinformation untergebracht.

Museum und Stadtinformation: Di–Fr 10–12 und 14–16 Uhr, So 15–17 Uhr geöffnet. Pfarrstr. 22 a, 17335 Strasburg, ✆/℻ 039753-20046 (Museum), ✆ 039753-22584 (Stadtinformation), www.strasburg.de.

Rattey: Weinberge in Mecklenburg! Um das Schloss Rattey erstrecken sich die am nördlichsten gelegenen Weinstöcke Deutschlands. Das eigentlich traditionsreiche Unternehmen, Wein in Mecklenburg zu keltern, haben die Winzer von Rattey seit 1999 wiederbelebt – mit beachtlichem Erfolg. Rund um das Schloss reifen u. a. die Rebsorten Müller-Thurgau, Phönix und Regent. Wir probierten den roten Landwein (Regent) und waren von dem Ergebnis durchaus angetan.

Das dazugehörige *Schloss* ist ein prächtiges Herrenhaus aus dem frühen 19. Jh. und heute ein romantisches Hotel, umgeben von einem herrlichen Park mit uralten Eichen und Weinbergen.

Einkaufen **Wein**: Die Erzeugnisse der Ratteyer Winzer kann man im Hofladen erwerben, sollte der geschlossen sein, muss man klingeln oder sich im Restaurant des Schlosshotels melden. Der Winzer ist normalerweise im Weinberg, kommt aber zum Laden. Besichtigungen des Weinguts sind sonntags möglich, telefonische Anmeldung ist aber ratsam, ✆ 03968-255010.

Übernachten/Essen **Park Hotel Schloss Rattey**, romantisches Schlosshotel mit stilvoller Einrichtung. Im Erdgeschoss befindet sich in schicken Salons das Restaurant *Weinblatt* (tägl. ab 15 Uhr, Sa/So ab 12 Uhr geöffnet). Im Haus auch Wellnessbereich mit Sauna, außerdem Fahrradverleih. EZ 70 €, DZ 99–125 €, Suite ab 130 €. Rattey 21, 17349 Rattey, ✆ 03968-255010, ℻ 03968-255050, www.schlossrattey.de. *Anfahrt*: von der Ausfahrt Friedland/Woldegk der A 20 Richtung Friedland, in Schönbeck dann rechts abbiegen nach Rattey.

Galenbeck: Mitten im Nirgendwo zwischen Strasburg und Friedland unweit des sumpfigen Ufers des *Galenbecker Sees* liegt das Dorf Galenbeck. In einer kleinen parkähnlichen Anlage neigt sich malerisch die schiefe Ruine eines Turms. Die dazugehörige Burg wurde als Grenzfeste im späten 13. Jh. errichtet und bereits 1453 zerstört. Übrig geblieben ist nur der halbe, krumme *Turm*. Sehenswert ist auch die nahe *Kirche*, eine rechteckige Halle aus dem 14. Jh., vorwiegend aus Feldstein errichtet, an deren Längsseite sich ein achteckiger backsteinerner Turm mit eleganter Haube anschmiegt.

Rund um den Galenbecker See erstreckt sich ein knapp zwei Hektar großes Naturschutzgebiet. Im Südwesten reichen die Hügel der Brohmer Berge, wie die Helpter Berge ein Endmoränenhöhenzug, an den See heran, im Nordosten schließt sich die Friedländer Große Wiese an.

Essen & Trinken **Fischerhaus**, freundliches kleines Café, innen urgemütliche Wohnzimmeratmosphäre, draußen ein paar Tische sowohl überdacht als auch auf dem Rasen. Ideal für Kaffee und Kuchen, auch Imbiss (kleine, fischlastige Auswahl), sehr freundlich. Zum Fischerhaus 12, ✆ 039607-26564.

Friedländer Große Wiese: Auch wenn sich Mecklenburg-Vorpommern nicht eben durch ein markantes Höhenprofil auszeichnet, die Friedländer Große Wiese ist bemerkenswert flach. Ursprünglich ein großflächiges Moor, wurden immer wieder Versuche unternommen, die Große Wiese zu entwässern und agrarisch nutzbaren Boden zu gewinnen. Die ersten Versuche starteten bereits im 18. Jh., weitgehend trockengelegt wurde das Moor unter enormen Aufwand letztendlich zwischen 1958 und 1962. Auch heute noch sind weite Flächen der Friedländer Großen Wiese von Kanälen durchzogene landwirtschaftliche Nutzflächen. Doch ist man nun eher daran interessiert, die verbliebenen Moorgebiete zu erhalten und zu schützen, so beispielsweise nordöstlich des Galenbecker Sees, um einen Zufluchtsort für zahlreiche Vogelarten (darunter auch der majestätische Seeadler) zu schaffen. Zwischen Klockow und Heinrichswalde führt eine Straße quer durch die Friedländer Große Wiese, von der aus man einen Eindruck von der Landschaft gewinnen kann (auf der einen Seite das Moor und auf der anderen die wirklich große Wiese). An dieser Straße befindet sich östlich des kleinen Weilers **Fleethof** ein Beobachtungsstand.

Friedland (ca. 6200 Einwohner): Das Zentrum der Kleinstadt zwischen Neubrandenburg und Anklam hat zwei Gesichter. Das Gebiet hinter dem Anklamer Tor und der zentrale Markt präsentieren sich im nüchternen, renovierten Charme der 1970er-Jahre. Am Neubrandenburger Tor dagegen finden sich noch ein, zwei historische Straßenzüge mit hübschen kleinen Häuschen. Insgesamt sind in der 1244 gegründeten Stadt folgende Bauwerke sehenswert: die Reste der Stadtbefestigung, darunter auch ein erhaltenes *Wiekhaus*, vor allem aber das bemerkenswerte *Anklamer Tor* (um 1300) sowie das *Neubrandenburger Tor* (15. Jh.), weiterhin die malerische *Ruine von St. Nikolai* (Ende 13. Jh.) und die *St. Marienkirche*, eine mächtige backsteinerne Hallenkirche aus dem 14. und 15. Jh. In einem der ältesten Wohnhäuser der Stadt, einem schmucken Fachwerkhaus aus dem 18. Jh., ist das örtliche *Museum* untergebracht.

Museum: Mo–Fr 10–12 und 13–17 Uhr, April bis Sept. auch Sa 14–17 Uhr. Hier befindet sich auch die **Stadtinfo**: geöffnet Mo–Fr 9–12 und 13–17 Uhr, April bis Sept. auch Sa 14–17 Uhr. Mühlenstr. 1, 17098 Friedland, ✆ 039601-39384, www.friedland-mecklenburg.de.

Am Stettiner Haff
Karte → S. 407

Am Stettiner Haff

Die südöstlichste Ecke Mecklenburg-Vorpommerns ist eine dünn besiedelte und erstaunlich waldreiche Gegend. Größere Städte sind Ueckermünde und Pasewalk. Die **Ueckermünder Heide**, mit 663 Quadratkilometern das größte zusammenhängende Waldgebiet Vorpommerns, reicht vom *Galenbecker See* (→ oben) im Westen bis weit nach Polen hinein: eine flach-wellige, von mehreren Flüssen durchzogene Landschaft, hauptsächlich Kiefernbestand, dazwischen Moore und kleine Seen, Binnendünen, Wiesen und Ackerland. Seit 2005 erstreckt sich hier der **Naturpark Am Stettiner Haff**.

Zu den sehenswertesten Orten am Stettiner Haff zählt das kleine Fischerdorf **Altwarp** mit seiner großen Binnendüne. Von hier starten im Sommer mehrmals tägl. (nicht Mo/Di) Ausflugsschiffe über den *Neuwarper See* nach **Nowe Warpno** (Neuwarp) in Polen (Infos unter www.luett-matten-altwarp.de).

Mönkebude: Der 800-Einwohner-Ort liegt rund sechs Kilometer nordwestlich von Ueckermünde am Stettiner Haff. Ein relativ neuer Sporthafen mit schönem Strand nebenan (und Wohnmobilstellplatz) sorgen für Attraktivität, außerdem gibt es ein kleines Fischereimuseum, die „Fischerstube".

Fischerstube Mönkebude: Mai–Sept. Di, Do und Sa 14–16 Uhr geöffnet. Am Kamp 13, ✆ 039774-20323.

Information **Fremdenverkehrsverein Mönkebude**, Am Kamp 13, 17375 Mönkebude, ✆/℻ 039774-20323, www.moenkebude.de.

Kurtaxe Mai bis Sept. 1 €, ermäßigt 0,50 €.

Camping **Campingpark Oderhaff**, im benachbarten Grambin (ca. 3,5 km östlich von Mönkebude), direkt an der Haffküste, mit Strand, Kiosk. Lichter Baumbestand, neue sanitäre Anlagen. Erw. 5,20 €, Kinder 3 €, Stellplatz 7–8 €, Hund 2,50 €. Geöffnet 1. April bis 15. Okt. Dorfstr. 66a, 17375 Grambin, ✆/℻ 039774-20420, www.campingpark-oderhaff.de.

Wohnmobilstellplatz In Mönkebude in Strandnähe, 8,50 €/Nacht, Strom 2 €.

Ueckermünde

ca. 8.900 Einwohner

Die einzige größere Stadt entlang der Oderhaffküste darf sich seit 2001 „staatlich anerkannter Erholungsort" nennen und wurde kürzlich erst offiziell zum Seebad geadelt. Hierzu trägt sicherlich der knapp einen Kilometer lange, seichte Sandstrand (mit Strandbad und Imbiss) bei und auch die ca. zwei Kilometer landeinwärts gelegene Altstadt mit ihren vielen Fachwerkhäusern macht einen schmucken Eindruck. Bedeutendstes historisches Gebäude ist das ursprünglich aus dem 16. Jh. stammende **Schloss**, von dem zumindest ein Teil erhalten geblieben ist. Heute beherbergt es das **Haffmuseum**. Von hier ist es nur einen Steinwurf zum **Stadthafen,** von dem aus die Ausflugsschiffe zum Stettiner Haff starten.

Bereits im 12. Jh. gab es hier am Fluss eine slawische Burg. 1260 erhielt Ueckermünde das Lübische Stadtrecht. Im Dreißigjährigen Krieg wurde die Stadt fast vollständig zerstört. Seine Blütezeit erlebte Ueckermünde im späten 18. Jh. als Werftstandort, im 19. Jh. florierte die Stadt als Verladehafen für die nahen Ziegeleien und Eisengießereien. In der DDR blieben einige Ziegeleien und Gießereien als wichtige Arbeitgeber der Stadt erhalten, nach deren Abwicklung in den 1990er-Jahren stieg die Arbeitslosigkeit sprunghaft an. Ein wenig Aufschwung bringt der Tourismus – u. a. führen mehrere Radfernwege durch Ueckermünde, hinzu kommt die neue **Marina** („Lagunenstadt") an der Uecker.

Information **Touristik-Information Ueckermünde**, am Stadthafen. Geöffnet Mai bis Sept. Mo–Fr 9–18 Uhr, Sa 9–13 Uhr, So 10–13 Uhr; Okt. bis April Mo–Fr 9–16 Uhr. Altes Bollwerk 9, 17373 Ueckermünde, ✆ 039771-28484, ℻ 039771-28487, www.ueckermünde.de.

Verbindungen **Bahn**: Der Regionalexpress fährt etwa alle 2 Std. über Eggesin, Torgelow, Pasewalk (hier umsteigen Richtung Szczecin/Stettin), Strasburg, Neubrandenburg, Stavenhagen, Teterow, Malchin und Güstrow nach Bützow.

Greifswald
Naturpark
Insel
Usedom
Peenestrom
SWINOUJSCIE
(Swinemünde)
Wollin
POLEN
Regional-
flughafen
Heringsdorf
Usedom
Anklam
Stettiner Haff
Pelsin
Bugewitz
Leopolds-
hagen
Mönkebude
Grambin
Neu Kosenow
Ducherow
Sarnow
Rathebur
Schwerinsburg
Ueckermünde
Bellin
Altwarp
Nowe
Warpno
Riether Werder
Lückow
Löwitz
Putzar
Putzarer See
Altwigshagen
Meiersberg
Ueckermünder Heide
Naturpark
Am
Stettiner
Haff
Eggesin
Ferdinandshof
Friedländer
Große Wiese
Fleethof
Heinrichsruh
Torgelow
Galenbecker
See
Galenbeck
Wilhelmsburg
Heinrichs-
walde
Hammer
Brohmer Berge
Gehren
Rothemühl
Jatznick
Randow
Rattey
Schönhausen
Ucker
Viereck
Großer
Koblentzer
See
Koblentz
Naturpark
Am
Stettiner
Haff
Neubrandenburg,
Stralsund
A 20
Blumenhagen
Krugsdorf
Pasewalk
Papen-
dorf
Strasburg
Helpt
Helpter
Berge
Polzow
Zerrenthin
104
Rossow
Löcknitz
Stettin
Uckerland
Rollwitz
Woldegk
Mildenitz
Lübbenow
Trebenow
Züsedom
Fahrenwalde
Wolfshagen
198
109
Petersruh
Taschenberg
Göritz
Brüssow
Wollschow
Dammsee
Fürstenwerder
A 20
Ucker
Randow
Naturpark
Uckermärkische
Seen
Parmen
113
Stettin
Prenzlau
A 11
Penkun
Unteruckersee
Berlin
Berlin
109
198
Boitzenburg
Uckermark
4,5 km
Am Stettiner Haff
110
197

Busse: häufig nach Luckow, Altwarp und Grambin/Mönkebude, mehrmals tägl. nach Torgelow und 2-mal am Tag auch nach Szczecin/Stettin.

Übernachten/Essen **Hotel am Markt & Brauhaus „Stadtkrug"**, direkt am Marktplatz im Zentrum. Mit Restaurant, im Sommer auch Terrasse auf dem Platz, Bier aus eigener Brauerei, Sauna im Haus. 46 nette Zimmer, EZ 71–84 €, DZ 87–99 €, Frühstück inkl. Ganzjährig geöffnet. Am Markt 3–4, 17373 Ueckermünde, ✆ 039771-800, ℻ 039771-80409, www.hotel-ueckermuende.de.

Sehenswertes

Kirche St. Marien: Im Zentrum befindet sich diese barocke Kirche von 1766, der neugotische Backsteinturm wurde 1836 angefügt. Sehenswert im Inneren der Kirche ist vor allem der Rokoko-Kanzelaltar aus dem Jahr 1775. Ganztägig geöffnet.

Haffmuseum: Nur wenige Schritte von der Kirche St. Marien in Richtung Uecker befindet sich das *Renaissanceschloss* der Stadt – bzw. das, was davon übrig ist. Die ehemals vierflüglige Anlage aus dem Jahr 1546 besteht nur noch aus dem Südflügel und dem Schlossturm, heute sind hier Rathaus und Haffmuseum untergebracht. Zu sehen sind neben Funden aus der Vor- und Frühgeschichte auch zahlreiche Exponate und Erläuterungen zur Stadt- und Alltagsgeschichte Ueckermündes. Der pommersche Herzog *Philipp I.* ließ das Schloss Mitte des 16. Jh. an Stelle einer älteren Burg (13. Jh.) errichten. Auch wenn 1720 der größte Teil der Festung von den Preußen abgetragen wurde, gelten die Überreste der Renaissance-Anlage noch heute als eines der letzten Zeugnisse pommerscher Baukunst in Mecklenburg-Vorpommern. Vom Turm hat man einen schönen Blick.

Haffmuseum: Juni bis Aug. Di–So 10–17 Uhr; März bis Mai und Sept./Okt.Mi–Fr 10–12 und 13–17 Uhr, Sa 13–17 Uhr; Nov. bis Febr. Do und Fr 10–15.30 Uhr. Eintritt 2,50 €, erm. 2 €, Kinder 1 €. Am Rathaus 3, ✆ 039771-28442.

Südlich von Ueckermünde

Torgelow: 13 Kilometer südlich von Ueckermünde und inmitten der Ueckermünder Heide liegt die Stadt Torgelow an der idyllisch dahinfließenden Uecker. Neben der weithin sichtbaren neogotischen *Backsteinkirche* (1885) und der *Burgruine* aus dem 14. Jh. lockt vor allem das *Slawendorf „Ukranenland"* am Fluss die Besucher.

Slawendorf: Mai bis Okt. tägl. 10–17 Uhr geöffnet. Eintritt 4 €, erm. 3 €, Kinder 2 €. Südlich vom Zentrum gelegen, www.ukranenland.de.

Pasewalk: Die knapp 10.600 Einwohner zählende Kreisstadt liegt an der Uecker und ganz am südöstlichen Rand Mecklenburg-Vorpommerns. Nach Süden hin schließt die schon in Brandenburg liegende Uckermark an. Vor allem im Zweiten Weltkrieg wurde die Stadt stark zerstört. Entsprechend zeigt sie heute ein etwas tristes modernes Erscheinungsbild, erhalten blieben aber einige Reste der mittelalterlichen Stadtbefestigung, *Nikolaikirche* (13. Jh.) und *Marienkirche* (14. Jh.), die beide im 19. Jh. umgestaltet wurden. Unweit der Marienkirche befindet sich am Prenzlauer Tor (15. Jh.) das **Museum der Stadt Pasewalk – Künstlergedenkstätte Paul Holz**, das neben der Stadtgeschichte auch dem hiesigen Zeichner Paul Holz (1883–1938) gewidmet ist.

Information **Stadtinformation Pasewalk**, Haußmannstr. 85, ✆ 03973-213995, ℻ 03973-251199, www.pasewalk.de.

Museum Im Sommer (Mai–Sept.) Di–Fr 10–13 und 14–16 Uhr, So 14–18 Uhr, Mo und Sa geschlossen. Eintritt 2 €, erm. 1 €. Prenzlauer Str. 23 a, 17309 Pasewalk, ✆ 03973-251233.

Backsteingotische Giebelkunst

Neubrandenburg

ca. 63.500 Einwohner

Die „Vier-Tore-Stadt". Neubrandenburg, eines der Wirtschaftszentren Mecklenburgs, ist vor allem innerhalb der Stadtmauern sehenswert – hier finden sich einige ansehnliche Beispiele Norddeutscher Backsteingotik.

Nach Rostock und Schwerin ist Neubrandenburg die drittgrößte Stadt Mecklenburg-Vorpommerns und verweist die traditionsreichen Hansestädte Wismar, Stralsund und Greifswald auf die Plätze. In puncto Attraktivität wird es für Neubrandenburg allerdings schwierig, einen Spitzenplatz zu erreichen – trostlose Plattenbauten an riesigen Zufahrtsstraßen prägen zumindest den ersten Eindruck.

Innerhalb der mittelalterlichen Stadtmauern zeigt die Stadt ihr zweites, schöneres Gesicht: Neben dem mächtigen, noch fast vollständig erhaltenen Stadtwall sind es vor allem die vier aufwändig gestalteten **Stadttore** aus dem 14. und 15. Jh., die die architektonischen Glanzpunkte in Neubrandenburg setzen – nicht ohne Stolz nennt man sich deshalb auch „Vier-Tore-Stadt". Ebenso sehenswert sind die pittoresken mittelalterlichen **Wiekhäuser**, in die Stadtmauer eingebaute Fachwerkhäuser (und ehemalige Wehrtürme). Ein Spaziergang entlang der Stadtmauer lohnt also in jedem Fall. Doch das Zentrum besteht auch aus geradlinigen Straßenzügen und eintönigen Nachkriegsbauten. Über drei Viertel der historischen Bausubstanz gingen beim Großbrand der Innenstadt im Frühling 1945 verloren – am heute so nüchtern wirkenden Markt standen einst das Rathaus aus dem 16. Jh. wie auch das herzogliche Palais aus dem 18. Jh. Jüngste archäologische Grabungen beim Bau einer Tiefgarage am Marktplatz brachten diverse Zeugnisse des mittelalterlichen Marktplatzes wie auch des alten Rathauses und der herzoglichen Residenz zutage.

Neubrandenburg Karte → S. 413

Verlässt man das Zentrum in südwestlicher Richtung, gelangt man nach etwa einem Kilometer zum Nordufer des *Tollensesees*, der einen Großteil der Freizeitqualität Neubrandenburgs ausmacht. Der schöne, weitläufige Kulturpark, zwei Strandbäder, Ausflugsschiffe, ein Wassersportzentrum und Bootsverleiher bieten Entspannung, besonders Sportliche können den landschaftlich reizvollen See auch auf dem Fahrrad umrunden (37 Kilometer, ausgeschildert).

Stadtgeschichte

Die erste Ansiedlung am Nordufer des Tollensesees befand sich im heutigen Broda, als dort im Jahr 1170 das gleichnamige Kloster entstand. Die eigentliche, planmäßige Stadtgründung erfolgte aber erst 1248 durch den brandenburgischen Markgrafen *Johann I.*, dem Neubrandenburg seinen Namen verdankt: als „neues" Brandenburg. Es entstand ein typisches mittelalterliches Stadtgebilde mit Marktplatz, Stadtbrunnen, Zunfthäusern und Verkaufsbuden, mit etwas abseits gelegener Stadtkirche und dem Franziskanerkloster. Etwa ab 1300 wurde die Stadtmauer mit ihren Toren und Wiekhäusern sowie dem äußeren Wall gebaut – Schutz für eine wohlhabende Handelsstadt, die ihr Auskommen u. a. in der Tuchmacherei und Bierbrauerei hatte. 1298 fiel Neubrandenburg an das mecklenburgische Fürstenhaus. Im Zuge der Reformation wurde aus dem Franziskanerkloster ein Armenhaus; am Marktplatz entstand 1585–1588 das neue Rathaus im Renaissancestil.

Das 17. Jh. brachte für Neubrandenburg nichts Gutes, angefangen mit einem Stadtbrand im Jahr 1614 über die Pest bis hin zur Besetzung der Stadt im Dreißigjährigen Krieg. Ein weiterer großer Stadtbrand (1676), von dem gerade eine Handvoll Häuser verschont blieben, gab Neubrandenburg den Rest, ein drittes verheerendes Feuer folgte 1737. Einen Aufschwung erlebte die Stadt, als sich 1775 *Herzog Adolf Friedrich IV. von Mecklenburg-Strelitz* für Neubrandenburg als Sommerresidenz entschied und hier sein Palais bauen ließ. Zwar mussten dafür weite Teile des mittelalterlichen Marktplatzes weichen, doch schenkte der Herzog den Neubrandenburgern auch ein Schauspielhaus, heute das älteste Theater Mecklenburgs.

Wiekhaus: ursprünglich Teil der Verteidigungsanlage, heute Bar

Der wohl bedeutendste norddeutsche Mundartdichter *Fritz Reuter* lebte und arbeitete von 1856 bis 1863 in Neubrandenburg. Gewohnt hat er u. a. in einem Eckhaus in der Stargarder Straße, unweit des Stargarder Tors (heute das Café im Reuterhaus). 1864 wurde eine Bahnlinie von Güstrow nach Neubrandenburg gebaut, in den folgenden Jahrzehnten schaffte man den Schienenanschluss nach Berlin, Lübeck, Stettin und Stralsund. Ende des 19. Jh. setzte im Zuge der Industrialisierung eine rege Bautätigkeit ein.

Kriegswichtig wurde Neubrandenburg unter den Nationalsozialisten ab 1939. Im selben Jahr entstand südöstlich der Stadt das Kriegsgefangenenlager Fünfeichen (ab 1945 sowjetisches Internierungslager, 1948 abgerissen), zwei Jahre später richteten die NS-Militärs auf dem Tollensesee eine Torpedoversuchsanstalt ein (nach dem Zweiten Weltkrieg gesprengt). Seit 1943 befand sich in Neubrandenburg ein Außenlager des Frauen-Konzentrationslagers Ravensbrück, dessen Zwangsarbeiterinnen in der ansässigen Rüstungsindustrie arbeiten mussten. Bei der gewaltsamen Einnahme der Stadt durch die Rote Armee am 29. April 1945 wurden über 80 % der Altstadt durch einen Großbrand zerstört, darunter auch der Marktplatz mit Rathaus und herzoglichem Palais, in dem sich eine bis heute verschollene Kunstsammlung befand.

Ab 1952 war Neubrandenburg eine von 14 Bezirksstädten der DDR, womit eine schnell wachsende Industrie (Maschinenbau, Reifen, militärische Geräte) sowie der Neubau ganzer Stadtviertel (überwiegend „Platte") einhergingen; die Bevölkerungszahl stieg sprunghaft an und erreichte mit rund 90.000 Einwohnern im Jahr 1989 ihren Höhepunkt. Seitdem ist die Zahl der Bewohner um über 25.000 gesunken.

Basis-Infos

Information **Touristinfo Neubrandenburg**, am Markt im Zentrum. Mo–Fr 10–18 Uhr, Sa bis 10–16 Uhr geöffnet. Stargarder Str. 17, 17033 Neubrandenburg, ✆ 0395-19433, 📠 0395-5667661, www.neubrandenburg-touristinfo.de. *Stadtführungen* von Juni bis Aug. jeden Mi und Sa um 11 Uhr ab Touristinfo; *Nachtwächterführungen* im Juli/Aug. jeden Fr um 21 Uhr ab Konzertkirche. Anmeldung in der Touristinfo, je 4 €/Pers., Kinder bis 10 J. frei, Dauer ca. 1,5 Std.

Verbindungen **Bahn**: zwischen 5.30 und 22.30 Uhr stündl. über Burg Stargard nach Neustrelitz, mind. alle 2 Std. mit dem Regionalexpress (RE) weiter nach Berlin Hbf., von 5.30–21.30 Uhr stündl. mit dem RE über Demmin und Grimmen nach Stralsund, etwa alle 2 Std. nach Stettin (Polen); stündl. über Stavenhagen, Malchin und Teterow nach Güstrow, alle 2 Std. über Strasburg und Pasewalk nach Ueckermünde. Der Bahnhof befindet sich am Nordrand der Altstadt.

Bus: zentrale Haltestelle (ZOB) beim Bahnhof. Verbindungen in die umliegenden Orte, u. a. etwa stündl. nach *Waren*, mind. alle 2 Std. über Klein Nemerow und Groß Nemerow nach *Neustrelitz*, häufig auch über Penzlin nach *Waren* sowie über Woldegk nach *Strasburg* und *Friedland*. Mehrmals tägl. nach *Burg Stargard*, *Alt Rehse*, *Stavenhagen*, *Malchin*, *Teterow*, *Feldberg*, *Lüttenhagen* und *Altentreptow* (und z. T. weiter nach Greifswald). Tickets am ZOB.

Schiff: von Mai bis Sept. mit dem *Linienschiff MS Rethra* 2-mal tägl. (Juli/Aug. 3-mal) vom Badehaus (ca. 1,5 km südlich der Altstadt) über den Tollensesee mit Halt in Klein Nemerow, Alt-Rehse und Nonnenhof. 1-mal tägl. nach Prillwitz (durch das Naturschutzgebiet Nonnenhof). Rundfahrt 11 €, mit Prillwitz 14 € (erm. 7 € bzw. 10 €), halbe Strecke 6,50 € bzw. 4 €. Infos und Buchung unter ✆ 0395-3500524, www.neu-sw.de.

Ausflugsschiffe Mit der **Mudder Schulten** im Sommer 3-mal tägl. Rundfahrten auf dem Tollensesee mit Fahrt durch den Kanal in die Lieps (Naturschutzgebiet), im Mai und Okt. nur 2-mal tägl., am Mo und im Winter keine Fahrten. Abfahrt ab Badehaus. Preise etwas höher als bei obigem. Infos und Buchung: ✆ 0395-5841218; www.fahrgastschiff-mudderschulten.de.

Baden Zwei Bäder am Nord- bzw. Nordostufer des Tollensesees: das **Strandbad Broda** in der Seestraße und das **Augustabad** ca. 2,5 km südlich des Zentrums in der Lindenstraße. Beide mit Sandstrand und Liegewiese. Nur im Sommer und bei entsprechendem Wetter geöffnet.

Fahrrad- und Bootsverleih u. a. beim *Freizeittreff im Kulturpark* am Nordufer des Tollensesees. Fahrräder, Ruder-, Tret- und Elektroboote, Kiosk vorhanden. Mai bis Okt. bei halbwegs gutem Wetter tägl. 10–19 Uhr geöffnet. Parkstr. 15, ✆ 0395-5665352, 📠 0395-5708058, www.freizeittreff-behn.de.

Bootsverleih auch am *Wassersportzentrum* ca. 2 km südlich vom Zentrum. Augustastr. 7, ✆ 0171-4013488.

Neubrandenburg Karte → S. 413

Veranstaltungen Im Rahmen der **Festspiele Mecklenburg-Vorpommern** finden im Sommer in der Konzertkirche Neubrandenburg (St. Marien) Konzerte statt. Programme bei der Touristinfo und unter www.festspiele-mv.de.

Vier-Tore-Fest am letzten Wochenende im August – zahlreiche Konzerte, Shows etc.

Übernachten/Essen & Trinken/Nachtleben

Übernachten **Radisson SAS 1**, zentrale Lage am Marktplatz, größtes Hotel der Stadt mit 190 komfortablen Zimmern. Viele Geschäftsreisende, auch Tagungshotel. Mit Restaurant und Bar, Zimmer mit WLAN, auch einige barrierefreie Zimmer. EZ ca. 90–110 €, DZ 106–129 €, Frühstück inkl.; Hunde erlaubt. Treptower Str. 1, 17033 Neubrandenburg, ✆ 0395-55860, www.radissonblu.de.

*** **Parkhotel 5**, zentrumsnah, aber wenig idyllisch am Stadtring, nahe Stargarder Tor (Anfahrt von dort stadtauswärts auf der Neustrelitzer Straße, dann rechts ab). Modernes Gebäude, Parkplatz am Haus. EZ 50–60 €, DZ 80–90 €, Familienzimmer 150–180 €, Frühstück inkl., Hund 5 €. Windbergsweg 4, 17033 Neubrandenburg, ✆ 0395-55900, ℻ 0395-5590200, www.parkhotel-nb.de.

Badehaus 6, schöne Lage gleich bei der Anlegestelle und direkt am See, mit Restaurant und einladendem Biergarten (→ Essen). 35 Zimmer, modern und freundlich bunt eingerichtet, zumeist mit Balkon. EZ 65 €, DZ 88–95 €, Suite 110–150 €, Frühstück inkl., Halbpension 24,80 €, kleine Hunde erlaubt (10 €/Tag). Parkstr. 3 + 4, 17033 Neubrandenburg, ✆ 0395-5719240, ℻ 0395-57192422, www.badehaus-am-see.de.

Essen & Trinken **Restaurant Lohmühle 4**, im uralten Mühlenhaus am Stargarder Tor (erstmals 1354 erwähnt) befindet sich heute ein einladendes Restaurant in historischem Ambiente. Mittleres Preisniveau. Im Sommer mit Biergarten. Tägl. durchgehend 11.30–22 Uhr geöffnet, So nur mittags. Stargarder Tor 4, ✆ 0395-5442843, www.lohmuehle-gasthaus.de.

Wiekhaus 45 3, in einem der in die Stadtmauer eingefügten Wiekhäuser, traditionsreiches Restaurant. Im Sommer auch einige Tische draußen. Traditionelle mecklenburgische Küche zu mittleren bis leicht gehobenen Preisen. Tägl. ab 11 Uhr durchgehend geöffnet. 4. Ringstr. 44 (am Ende der Pfaffenstraße), ✆ 0395-5667762, www.wiekhaus.de.

Badehaus 6, Restaurant und Biergarten in herrlicher Lage direkt am Wasser, mecklenburgische Küche mit saisonalem Einschlag, auch Vegetarisches, mittleres Preisniveau. Tägl. durchgehend geöffnet, Küche 11.30–22 Uhr (So 12–21 Uhr). Parkstr. 3 + 4, ✆ 0395-5719240, www.badehaus-am-see.de.

Übernachten/Essen außerhalb **Seehotel Heidehof** in Klein Nemerow → „Rund um den Tollensesee" S. 416.

Nachtleben **Foyercafé im Schauspielhaus 2**, sehr schöne Bar und Café; Kaffee, Cocktails und Snacks vor oder nach dem Theater. Tägl. 18–2 Uhr, So/Mo 20–24 Uhr, mit Raucherbereich. Pfaffenstr. 22, ✆ 0176-63045348.

Sehenswertes

In der **Stadt der vier Tore** sollte man zunächst einmal selbige besichtigen. Verbunden sind die mittelalterlichen Eingangspforten durch eine fast vollständig erhaltene **Stadtmauer** aus der Zeit um etwa 1300. Beim Spaziergang entlang der Innenseite der Stadtmauer von Tor zu Tor passiert man auch die berühmten mittelalterlichen **Wiekhäuser**, die einst als Verteidigungsanlagen in regelmäßigen Abständen in die Mauer eingebaut und später in Wohnraum umgewandelt wurden. Noch heute sind 24 der ursprünglich über 50 Häuser erhalten. Nach außen hin war die 2300 Meter lange und sieben Meter hohe Stadtmauer zusätzlich von einem 60 Meter breiten Wall umgeben, der bis heute als grüner Gürtel das Zentrum umgibt.

Das älteste Tor der Stadt ist das **Friedländer Tor** an der Nordostecke der Stadtmauer (um 1300). Zur Feldseite hin ist es noch romanisch geprägt, wohingegen die

Stadtseite schon im gotischen Stil gestaltet ist. Nur wenige Gehminuten in südliche Richtung stößt man auf das **Neue Tor**: Tatsächlich ist es das „neueste", also jüngste Tor der Stadt (zweite Hälfte des 15. Jh.), von dem aber – im Gegensatz zum noch fast vollständig erhaltenen Friedländer Tor – nur noch das Haupttor zu sehen ist. Auffällig sind in den Blendnischen die acht etwa lebensgroßen Terrakotta-Backstein-Figuren mit erhobenen Armen (sog. „Adorantenhaltung"), deren Bedeutung bis heute strittig ist. Sie findet man auch in den Blendnischen des **Stargarder Tors** (ca. 1350) am Südende der Stadtmauer. Ob es sich dabei um Engel oder Jungfrauen oder aber einfach um die Ratsherren der Stadt handelt, lässt sich nicht feststellen, ebenso wenig ist das Geschlecht der Figuren unter wallendem Gewand zu erahnen. Das **Treptower Tor** an der Westseite der Stadtmauer ist das repräsentativste und höchste der vier Tore. Es entstand Ende des 14./Anfang des 15. Jh. und beeindruckt nicht nur durch seine beachtliche Höhe von 32 Metern, sondern auch als besonders elegantes Beispiel Norddeutscher Backsteingotik. In seinem Inneren residiert seit 1873 das Städtische Museum, heute das **Regionalmuseum Neubrandenburg**: Die Ausstellung zur *Ur- und Frühgeschichte* zeigt zahlreiche Funde aus der Bronze-, Germanen- und Slawenzeit; Schautafeln erläutern die Besiedlungsgeschichte der Region. Gegenüber vom Treptower Tor steht die *Vierrademühle* aus dem Jahr 1271.

Repräsentativer Stadtzugang: das Stargarder Tor

Im *Franziskanerkloster* (13./14. Jh.) am Nordrand der Altstadt unweit des Bahnhofs ist heute die *Ausstellung zur Stadt- und Regionalgeschichte* des Regionalmuseums untergebracht, die die Stadtgeschichte Neubrandenburgs vom 13./14. Jh. bis in die jüngste Vergangenheit dokumentiert. Das Dachgeschoss des alten Klosters ist wechselnden Ausstellungen vorbehalten.

Regionalmuseum Neubrandenburg Treptower Tor und Franziskanerkloster: jeweils Di–So 10–17 Uhr. Eintritt Treptower Tor 4 €, Franziskanerkloster 5 €, Kinder unter 6 J. frei, Familien 6 €, Audioguide 2,50 €. Treptower Str. 38; das Franziskanerkloster in der Stargarder Str./Ecke 2. Ringstraße; ✆ 0395-5551270, www.museum-neubrandenburg.de.

Nur wenige Meter vom Franziskanerkloster, ganz am Nordende des Stadtrings – hier öffnet sich die Stadtmauer ohne Tor –, stößt man etwa gegenüber vom Bahnhof auf das **Fritz-Reuter-Denkmal** von 1893. Mecklenburgs berühmtester Schriftsteller lebte von 1856 bis 1863 in Neubrandenburg. Gegenüber erinnert der **Mudder-Schulten-Brunnen** (1923) an Reuters literarische Satire „Dörchläuchting", in der die Bäckersfrau Mudder Schulten in aller Öffentlichkeit des Herzogs Schulden einklagt, wie es die Szene der Brunnenfiguren darstellt.

Von Denkmal und Brunnen sind es nur wenige Schritte in westlicher Richtung zum **Fangelturm** aus dem 15. Jh. Unweit davon stößt man auf das ehemalige **Franziskanerkloster** (→ oben), die zugehörige **Klosterkirche St. Johannis** entstand wie das Kloster selbst Mitte des 13. Jh. und wurde im 14. Jh. erweitert, im 15. Jh. wurde der Chorraum im gotischen Stil angefügt. Eine Renovierung im neugotischen Stil fand Ende des 19. Jh. statt.

In südliche Richtung geht es zum weitläufigen **Marktplatz**, den moderne Gebäude wie das Radisson-Hotel, das Marktplatz-Center und der sog. „Kulturfinger" umrahmen. Letzterer, mit offiziellem Namen **Haus der Kultur und Bildung** (HKB), stammt aus dem Jahr 1965 und ist mit 56 Metern eines der höchsten Gebäude der Stadt (mit Aussichtscafé).

Nur ein Stück weiter südlich (Richtung Stargarder Tor) liegt rechter Hand die **St. Marienkirche**, ein mächtiger gotischer Hallenbau aus dem späten 13. Jh., der im 17. und 19. Jh. mehrfach umgebaut und bei dem verheerenden Stadtbrand 1945 stark beschädigt wurde. Mitte der 1970er-Jahre begann man mit dem Um- und Wiederaufbau des Gotteshauses, 2001 wurde die Eröffnung als **Konzertkirche Neubrandenburg** gefeiert. Im Sommer werden im Rahmen der *Festspiele Mecklenburg-Vorpommern* Konzerte gegeben, aber auch sonst finden hier regelmäßig Veranstaltungen statt – Konzerte, Oper, Ballett, Musical etc. Darüber hinaus hat man in der ehemaligen Kirche eine kleine Dauerausstellung zur Backsteingotik eingerichtet.

Veranstaltungsprogramm und Onlinetickets unter www.konzertkirche-nb.de; Infos/Tickets auch unter ✆ 0395-5595127, 📠 0395-5595128. Besichtigungszeiten an proben- und veranstaltungsfreien Tagen 10–17 Uhr, Eintritt 3 €. Infos bei der Touristinfo, Stargarder Str. 17.

Kunstsammlung Neubrandenburg: unweit der Konzertkirche in einem restaurierten Fachwerkgebäude in der Großen Wollweberstraße. Der Schwerpunkt der rund 6000 Werke umfassenden Sammlung (viele davon allerdings im Depot) liegt auf moderner und zeitgenössischer Kunst – überwiegend von nord- und ostdeutschen Künstlern. Im Erdgeschoss wechselnde Ausstellungen, im ersten Stock befindet sich die überaus sehenswerte Dauerausstellung mit Werken u. a. von *Otto Niemeyer-Holstein* und *Daniel Spoerri*. Darüber hinaus gibt es eine Fachbibliothek (Di 10–12 und 14–16 Uhr geöffnet).

Di–So 10–17 Uhr. Eintritt 4 €, erm. 2 €, Familien 6 €. Führung 2,50 € (Termine auf Anfrage). Große Wollweberstr. 24, ✆ 0395-5551290, 📠 0395-5551299, www.kunstsammlung-neubrandenburg.de.

Für die Regionalmuseen Treptower Tor und Franziskanerkloster sowie für Konzertkirche und Kunstsammlung wird das **Ticket Museumsmeile** zum Preis von 10 € angeboten (1 Monat gültig).

Brigitte-Reimann-Literaturhaus: Unweit des Mauerrings in der Gartenstraße (zweigt vom Friedrich-Engels-Ring ab) befindet sich das kleine Literaturmuseum an Stelle des ehemaligen Wohnhauses der 1973 im Alter von nur 39 Jahren verstorbenen Schriftstellerin, zu deren bekanntesten Werken der unvollendete Roman *Franziska Linkerhand* (posthum, 1974) zählt. 1968 bis zu ihrem Tod lebte Brigitte Reimann in Neubrandenburg. Zu sehen sind Teile des Nachlasses der Schriftstellerin, darunter auch ihre Bibliothek.

Di 10–12 und 13–18 Uhr, Mi 10–12 und 13–16 Uhr sowie am ersten Sa im Monat 10–16 Uhr. Gartenstr. 6, ✆ 0395-5719180, www.literaturzentrum-nb.de.

Rund um den Tollensesee

In sanften Hügeln rollt das Land südlich von Neubrandenburg zu den Ufern des lang gestreckten Tollensesees aus. Bei einer Breite von durchschnittlich zwei Kilometern und einer Länge von etwa elf Kilometern ist der See mit einer mittleren Tiefe von 20 Metern (und maximal 33 Metern) vergleichsweise tief. Seine Entstehung wurde ursprünglich mit einer eiszeitlichen Gletscherzunge erklärt. Neuere Untersuchungen gehen jedoch davon aus, dass der See das Ergebnis eines riesigen Abflusskanals unter dem Gletscher ist, der das Becken des späteren Tollensesees ausgespült hatte.

Rund um den Tollensesee
Karte → S. 417

Im Süden des Sees schließt die Lieps an, die als Teil des *Naturschutzgebiets Nonnenhof* für privaten Bootsverkehr gesperrt ist. Ein 800 Meter langer Kanal verbindet Tollensesee und Lieps.

Sport **Golfclub Mecklenburg-Strelitz**, 9-Loch-Platz am Südostufer des Tollensesees bei Groß Nemerow, etwa 10 km südlich von Neubrandenburg. Greenfee 30–35 €. An der Bornmühle 1 a, 17094 Groß Nemerow, ✆ 039605-27376, www.d-golf.de.

Übernachten/Essen **Seehotel Heidehof**, das Hotel in Klein Nemerow liegt idyllisch direkt über dem Ufer des Tollensesees. Schönes Restaurant mit guter Küche zu leicht gehobenen Preisen (tägl. 12–22 Uhr). Von Wintergarten und Terrasse schöner Blick auf den See (Anlegestelle). 42 komfortable Zimmer, EZ 60 €, DZ 80–90 €, Frühstück inkl., Hund 6 €/Tag. Fahrradverleih 6 €/Tag. Seestr. 11, 17094 Klein Nemerow, ✆ 039605-2600, 📠 039605-26066, www.seehotel-heidehof.de.

Hotel Bornmühle, beim Golfplatz. 4-Sterne-Komfort mit Restaurant und umfänglichem Wellness- und Sport-Angebot. 66 Zimmer, EZ 85–90 €, DZ 132–144 €, Frühstück inkl., Hund 8–12 €/Tag. Bornmühle 35, 17904 Groß Nemerow, ✆ 039605-600, 📠 039605-60399, www.bornmuehle.de.

Burg Stargard

ca. 5000 Einwohner

Die Wehr-Architektur auf dem Hügel gab der Kleinstadt östlich des Tollensesees nicht nur ihren wehrhaften Namen, sie beschert ihr auch eine gewisse Bekanntheit – die meisten Besucher kommen, um die mittelalterliche Burg zu besichtigen. Dabei ist das Siedlungsgebiet von Stargard ungleich älter. Schon 3000 v. Chr. lebten Menschen auf diesem Höhenzug. Nach der Völkerwanderung siedelten Slawen auf dem Burgberg, errichteten über vorgefundenen Ruinen eine Burganlage und gaben ihr den Namen *stari gard*, „alte Burg“. Im 12. Jh. herrschten die Pommern über das stargardsche Land, Anfang des 13. Jh. nahmen die brandenburgischen Askanier die alte Burg, die nahe Siedlung und das umliegende Land in Besitz. Auf dem Hügel ließ der brandenburgische Markgraf zwischen 1236 und 1270 die (neue) Burg errichten, die im 13. und 14. Jh. zu den bedeutendsten Wehrbauten im Nordosten Deutschlands zählte und in ihrem Kern bis heute erhalten ist. Ende des 13. Jh. gelangte die Burg Stargard als Mitgift an *Heinrich den Löwen* und wurde mithin mecklenburgisch. Mitte des 16. Jh. wurde die Burg umgebaut und diente gut hundert Jahre später im Dreißigjährigen Krieg *General Tilly* zeitweilig als Hauptquartier. Danach wurde es still um die Burg. Teile der Anlage verfielen, andere werden bis heute genutzt. 1926 wurde die Burg von

Mittelalterliche Burg Stargard

Geifswald, Stralsund
Friedland
Tützpatz
Pripsleben
Werder
Beseritz
Röckwitz
Schossow
Barkow
Grischow
Dahlen
Salow
Altentreptow
Friedrichshof
Wolde
Brunn
Wolkow
Neddemin
Groß Teetzleben
Rossow
Wildberg
Friedland
Stavenhagen, Malchin, Teterow
Knorrendorf
Breesen
Lebbin
Tollense
Podewal
A 20
Staven
Kalübbe
Neverin
Gädebehn
Trollenhagen
197
Woggersin
Glienke
Neuen-kirchen
Ihlenfeld
104
NEUBRANDENBURG
Warlin
Blankenhof
Rühlow
Groß Helle
Sponholz
Lapitz
Passentin
Neuendorf
Pragsdorf
Klein Lukow
Puchow
Wulkenzin
Slawendorf Passentin
Mallin
Lindenberg-viertel
Cölpin
104
Waren
192
Neu Rhäse
Lindenhof
Woldegk
Alte Burg
Bargens-dorf
Quastenberg
192
Penzlin
Tollensesee
Klein Nemerow
Burg Stargard
Mollenstorf
Alt Rehse
Rowa
Groß Nemerow
Groß Vielen
Wustrow
Holldorf
Ballin
Teschendorf
Ballwitz
Schloss Hohenzieritz
96
Lieps
Woldegk
Klein Vielen
Prillwitz
Cammin
Hohenzieritz
Usadel
Bredenfelde
193
Quaden-schönfeld
198
Adamsdorf
Wanzkaer See
Wanzka
Krumbeck
Blumenholz
Blankensee
Rollen-hagen
Stolpe
Weisdin
Watzkendorf
Rödlin
Möllenbeck
Thurow
Breiter Luzin
Zierke
Rödliner See
NSG Feldberger Hütte
Zierker See
Schloss-garten
Dolgen
Weitendorf
Zinow
Slawendorf
Feldberg
Carpin
Haus-see
Neustrelitz
Müritz-Nationalpark
Bergfeld
Lüttenhagen
Serrahn
Grünow
(Serrahner Teilgebiet)
Schwein-garten-see
NSG Heilige Hallen
Kammer-kanal
Strelitz Alt
Groß Quassow
Herzwolde
3 km
Fürstensee
Neubrandenburg und rund um den Tollensesee

Weit schweift der Blick über das Land, die Stadt und den Turnierplatz

der Stadt Stargard aufgekauft (die sich seither Burg Stargard nennt). In den 1990ern wurde die Anlage gründlich saniert.

Die **Burg Stargard** ist die nördlichste Höhenburg Deutschlands. An mittelalterlicher Bausubstanz erhalten hat sich u. a. das *Untere Tor* (13. Jh.), über das man die Vorburg betritt, sowie die *Alte Münze* (13. Jh.) in der *Hauptburg* und schließlich die *Kapelle*. Das *Krumme Haus*, das wie die Alte Münze in die bis zu vier Meter starke Außenmauer der Hauptburg integriert war (und wegen der Krümmung der Ringmauer seinen Namen erhielt), brannte 1919 ab und ist heute Ruine. Auch der *Bergfried* stammt ursprünglich aus dem 13. Jh., brannte aber nach einem Blitzschlag 1647 aus und verfiel. *Friedrich Wilhelm Buttel* ließ ihn 1821–1823 zu einem Aussichtsturm ausbauen, von dem man bis heute einen prächtigen Ausblick genießt. Um 1500 wurde in der Vorburg der *Marstall* errichtet, der heute das *Museum* beherbergt. Aus der Zeit der großen Umbauarbeiten im 16. Jh. stammt das *Obere Tor*, über das man in den *Burghof* der Hauptburg gelangt. Angesichts der atmosphärischen Burganlage, die direkt einem Ritterroman entsprungen sein könnte, wundert es nicht, dass hier einmal im Jahr ein Mittelalterfest stattfindet, bei dem es natürlich auch zu Lanzenstechen und Schwertkampf kommt.

Museum der Stadt Burg Stargard: Das Museum im Marstall der Burg präsentiert Gegenstände aus Arbeitswelt und häuslichem Alltag, darunter Handwerksutensilien und eine historische Schlafstube. März bis Okt. tägl. 10–17 Uhr, im Winter geschlossen. Erw. 4 € (gilt auch für den Bergfried), Kinder 6–16 J. 2 €, Familien 9 €, Audioguide 3 €. Burg 1, 17094 Burg Stargard.

Burgführung März bis Okt. immer Sa/So 14 Uhr, 2 € pro Pers. Treffpunkt an der Kasse in der Vorburg, Anmeldung bei der Touristinformation.

In der kleinen **Stadt** selbst erstrecken sich ein paar kopfsteingepflasterte Sträßchen rund um den zentralen **Markt**. Sein heutiges Aussehen bekam Burg Stargard vor allem in der zweiten Hälfte des 18. Jh., nachdem ein Brand 1758 große Teile des Städtchens zerstört hatte. Auch die Stadtkirche *St. Johannes*, im Kern aus dem 13. Jh., wurde in dieser Zeit wieder auf- und umgebaut.

Information **Touristinformation Burg Stargard**, im Zentrum. Mai bis Sept. Mo–Fr 10–12 und 14–17 Uhr, Okt. bis April Mo–Fr 13–16 Uhr, Sa/So geschlossen. Am Markt 3, 17094 Burg Stargard, ✆ 039603-25355, www.burg-stargard.de.

Verbindungen **Bahn**: mit dem Regionalexpress stündl. nach Neubrandenburg und Neustrelitz (alle 2 Std. weiter nach Berlin).

Veranstaltungen **Burgfest**, fröhliches Mittelalterspektakel auf der Burg – mit Gauklern, Händlern, mittelalterlicher Musik, Falkenvorführungen und natürlich Ritterkämpfen und Lanzenstechen. Immer am zweiten Wochenende im August. Infos auch unter www.burgfest-stargard.de.

Übernachten/Essen *Achtung*: Gasthof und Hotel **Zur Alten Münze** in der Burg waren zuletzt geschlossen, wann wieder geöffnet sein wird, war bei Redaktionsschluss noch unklar.

Jugendherberge, großer Bau an der Straße nach Dewitz, erinnert ein wenig an ein Sanatorium. Außengelände mit diversen Sportstätten, innen großer Saal, Seminarräume, Billardzimmer, Partyraum und Sauna. Übernachtung 19,40 € inkl. Frühstück, 23,40 € für Senioren über 27 J., auch Halbpension (4–5 €); einige DZ und Familienzimmer mit Bad (23,40 € bzw. 28,30 € pro Pers.). Dewitzer Chaussee 7, 17094 Burg Stargard, ✆ 039603-20207, 📠 039603-20255, www.jugendherbergen-mv.de.

Idyllischer Zungenbrecher: das Tollenseseer Seeufer

Café Im Sommer gibt es im Garten der Vorburg das kleine **Café im Wurz- und Krautgarten**, tägl. 10–17 Uhr geöffnet. Auch Verkauf von Keramiken, Kräutern, kulinarischen Mitbringseln etc.

Hohenzieritz und Prillwitz

Strahlend weiß präsentiert sich das prächtige **Schloss Hohenzieritz** in der lieblichen Landschaft südlich des Tollensesees. Der Herzog von Mecklenburg-Strelitz ließ das barocke Herrenhaus in der zweiten Hälfte des 18. Jh. zu einem fortan beliebten Sommersitz umbauen. Außerdem wurde ein herrlicher englischer Landschaftspark angelegt. Untrennbar verbunden ist das Schloss Hohenzieritz mit dem Namen *Luise*, Prinzessin von Mecklenburg-Strelitz (da Tochter von Karl von Mecklenburg-Strelitz) sowie Königin von Preußen (da vermählt mit dem preußischen König *Friedrich Wilhelm III.*). Während eines Besuchs bei ihrem Vater hier auf Schloss Hohenzieritz nämlich verstarb Königin Luise 1810, gerade einmal 34 Jahre jung. Der trauernde Vater richtete drei Jahre nach ihrem frühen Tod in ihrem Sterbezimmer eine Gedenkstätte ein, die bis 1945 existierte und schließlich im Jahr 2000 wieder eröffnet wurde.

Rund um den Tollensesee
Karte → S. 417

Königin Luise von Preußen (1776–1810)

Lange vor Regenbogenpresse und Paparazzi hatte Preußen seine Königin der Herzen. Schön und anmutig wie Romy Schneider, volksnah wie Silvia von Schweden, früh verstorben wie Diana. So blieb sie jung und schön in Erinnerung, ideal für einen Mythos. Als Königin Luise 1810 in Hohenzieritz starb, trauerte ganz Preußen.

Wie keine andere Frau an der Seite eines preußischen Herrschers war Luise in den Blickpunkt der Öffentlichkeit gelangt, ganz ohne Skandale und Herrscher-Arroganz. Im Gegenteil. Ihr erster öffentlicher Auftritt mag dafür beispielhaft genannt sein: Zur Verlobung in Berlin angekommen, wird Luise unter großer Anteilnahme der Bevölkerung Unter den Linden ein Empfang bereitet, ein Mädchen trägt ihr dabei ein Gedicht vor. Allen Etiketten zum Trotz umarmt die Prinzessin das Kind in einer spontanen Geste. „Alle Herzen flogen ihr entgegen", berichtet der Dichter de la Motte Fouqué. Luise hatte in der Tat alles, um die Rolle als Volkes Liebling auszufüllen: Sie war hübsch und anmutig, dabei unprätentiös und warmherzig, liebenswürdig und bescheiden, nachgerade bürgerlich. Damit war sie genau die richtige Frau an der Seite des wohl bürgerlichsten unter den Herrschern der Hohenzollern. Ihr Ehemann *Friedrich Wilhelm III.* (1770–1840) fügte sich nur schwer in das Amt des preußischen Herrschers. Er war kein Soldatenkönig, kein Alter Fritz und schon gar kein moralisches Leichtgewicht wie sein Vater, *Friedrich Wilhelm II.* Vielmehr war er bescheiden, ein wenig bieder, aufrichtig und voller Zweifel ob der eigenen Fähigkeiten. Er zeigte sich selbst lieber als Familienvater denn als kraftstrotzender Souverän und er bemühte sich um die Sittlichkeit am Hofe, die sein Vater recht flexibel gehandhabt hatte.

Die 17-jährige Luise ehelichte den sechs Jahre älteren preußischen Kronprinzen am 24. Dezember 1793. 1795 wurde der Thronfolger, der spätere *Friedrich Wilhelm IV.*, geboren – 10 Kinder brachte Luise insgesamt zur Welt. Nachdem der „dicke Lüderjahn", wie Friedrich Wilhelm II. vom Volksmund genannt wurde, früh und verbraucht 1797 gestorben war, sah sich das Kronprinzenpaar, nunmehr in Amt und Würden, vor immensen Aufgaben. Der Staatshaushalt war zerrüttet, das Ansehen Preußens in Europa lädiert, die Verwaltung überfordert. Die neuen Herausforderungen schienen die Beziehung des Königspaars kaum zu verändern. Luise war Friedrich eine enge Vertraute. Ein Zeichen dafür war, dass sich König und Königin, in höfischen Kreisen kaum denkbar, duzten. Das Paar lebte außerdem bescheiden und gab sich in der Öffentlichkeit volksnah und bürgerlich.

Politisch spielte die eher überschaubar gebildete Luise nur eine indirekte Rolle. Sie setzte sich bei ihrem Gatten vehement für *Karl vom und zum Stein* und *Karl August von Hardenberg* ein und bereitete so ein Stück den Weg für die großen Reformer Preußens. Auch als Napoleon sich anschickte, die Grundfesten Europas zu erschüttern und Preußen in eine verheerende Niederlage stürzte, blieb Luise ihrer Linie treu. Zuerst begleitete sie ihren Gemahl in den Krieg, floh nach der Niederlage mit ihm zunächst nach Berlin, dann weiter nach Ostpreußen und reiste schließlich persönlich (und auf Betreiben Hardenbergs) zum verhassten Korsen nach Tilsit. Zwar beeindruckten sich die charismatische Luise und Bonaparte gegenseitig, doch nützen sollte der Bittgang wenig. Napoleons Friedensbedingungen gegenüber Preußen waren hart. Und es sollte zwei Jahre dauern, bis der französische Kaiser dem preußischen König gestattete, in die preußische Hauptstadt zurückzukehren. Im Winter 1809 erreichten Friedrich Wilhelm und Luise Berlin, ein halbes Jahr später reiste sie allein zu ihrem Vater nach Hohenzieritz, erkrankte schwer und starb überraschend am 19. Juli 1810. Schnell wurde die populäre Königin – nicht zuletzt geliebt wegen ihres so mutigen Tilsiter Canossagangs – zum Gegenstand fast mythischer Verehrung.

Das *Schloss* selbst ist heute Sitz des Amtes des Müritz-Nationalparks. Die Ausstellung im Schloss umfasst nur zwei Räume, einen Vorraum, in dem über Luises Leben informiert wird, und das Sterbezimmer mit der liegenden Büste der toten Königin. Sehr empfehlenswert ist ein Spaziergang durch den wunderbaren *Landschaftsgarten* mit Luisentempel. Im *Kastellanhaus* neben dem Schloss befindet sich eine Ausstellung zur Entstehung des Schlossparks.

Gedenkstätte: April bis Okt. Di–Fr 10–16 Uhr, Sa/So 11–16.30 Uhr. Eintritt 3,50 €, erm. 1,50 € (gilt auch für das Kastellanhaus), Fotografieren verboten. ✆ 039824-20020, www.louisen-gedenkstaette.de.

Nationalparkamt: Schlossplatz 3, 17237 Hohenzieritz, ✆ 039824-2520, www.nationalpark-mueritz.de.

Unweit von Hohenzieritz liegt am Südufer der Lieps der Weiler **Prillwitz** mit Bootsanlegestelle, kleinem Strandabschnitt und dem *Jagdschloss zu Prillwitz* (1888–1890). Die Lieps, durch einen Kanal mit dem Tollensesee verbunden, ist Teil des *Naturschutzgebietes Nonnenhof* und daher für den privaten Bootsverkehr gesperrt.

Penzlin und die Alte Burg

Das kleine, beschauliche Städtchen **Penzlin** (ca. 4300 Einwohner), das im Jahr 1226 das Stadtrecht erhielt, entstand an einer einst wichtigen Handelsstraße. An der höchstgelegenen Stelle der Stadt steht die im Kern frühgotische Kirche *St. Marien*. Berühmtester Sohn der Stadt ist *Johann Heinrich Voß* (1751–1826), der, wenngleich in der Nähe von Waren geboren, hier aufwuchs. Der Dichter ist heute vor allem wegen seiner profunden Übersetzung antiker Texte in Erinnerung, darunter zuvorderst die kongeniale Übersetzung von Homers Ilias und der Odyssee.

Im Mittelalter entwickelte sich Penzlin im Schatten einer schmucken Burg. Bereits im 9. Jh. soll sich hier ein Wehrbau erhoben haben, ihre heutige Gestalt erhielt die **Alte Burg Penzlin** weitgehend im 16. Jh. Nach der Sanierung in den 1990ern erhebt sich hier heute eine Ritterburg wie aus dem Märchenbuch. Weniger märchenhaft ist, wofür die Burg Penzlin in der frühen Neuzeit stand: Hexenprozesse und Hexenbrennen. Hier fanden nicht nur Prozesse gegen „Hexen“ statt, im Keller gibt es eigene Hexenverliese, in die Mauer eingelassene Nischen, in denen man die „Hexe“ anketten konnte, ohne dass sie den Boden berührte. Das war laut dem „Hexenhammer“, der inoffiziellen Gebrauchsanweisung für Hexenjäger aus

Außen idyllisch, innen gruselig ...

... Burg Penzlin und der Folterkeller

dem Jahr 1486, notwendig, um zu verhindern, dass die Hexe über die Erde Kraft vom Teufel schöpfen konnte.

Das **Museum für Magie und Hexenverfolgung in Mecklenburg** präsentiert zwar nicht allzu viele Ausstellungsstücke, informiert aber mittels Schautafeln über die „Hexen", Hexenverfolgung und -prozesse in Mecklenburg. Allerweltsmagie, Hexerei in der Kunst und als Topos in den Werken von Barlach sind weitere Themen. Sehr interessant sind die Innenräume der Alten Burg selbst: die rußgeschwärzte Küche gleich am Eingang, der Rittersaal, natürlich der (Folter-)Keller und das Verlies der Burg.

Museum **Museum Alte Burg Penzlin**: Mai bis Sept. tägl. 10–18 Uhr, Okt. 10–17 Uhr, Nov. bis März Mo–Fr 10–15 Uhr, Sa/So 13–16 Uhr, im April tägl. 10–16 Uhr. Eintritt 5 €, Kinder 3 €, Familien 10,50 €. Alte Burg 1, 17217 Penzlin, ✆ 03962-210494, www.amt-penzliner-land.de.

Veranstaltungen Das **Burgfest** findet jedes Jahr am vorletzten Augustwochenende statt.

Übernachten außerhalb »» Lesertipp: **Schloss Marihn**, „wunderschön restauriertes Schloss, umgeben von einem sehenswerten Landschaftspark. Diese Unterkunft ist sehr persönlich geführt." Nur 6 Zimmer/Suiten; sehr freundliche Leitung; der Park ist im Sommer auch für Nicht-Hausgäste geöffnet (Mitte Juni bis 1. Sept. Do–So 10–18 Uhr). EZ 95–115 €, DZ 130–150 €, jeweils mit Frühstück. Flotower Str. 1, 17219 Marihn, ✆ 03962-221930, www.schlossmarihn.com. *Anfahrt*: 8 km westlich von Penzlin Richtung Waren. ««

Alt Rehse

Am südwestlichen Ufer des Tollensesees steht ein Dorf wie aus dem Bilderbuch: schmucke, backsteinerne Fachwerkhäuschen, rohrgedeckt, von Bäumen beschattet und von gepflegten Gärten umgeben – ein Musterdorf samt Gutshaus und idyllischem Park. Doch die Geschichte von Alt Rehse ist weniger idyllisch. 1934 wurden die Eigentümer des Gutshofs enteignet, das Gelände dem Hartmannbund, dem Berufsverband der Ärzte, übertragen, das alte Dorf abgerissen und als ein Musterdorf wiederaufgebaut, um hier schließlich 1935 die „Führerschule der Deutschen Ärzteschaft“ zu eröffnen. Alt Rehse war zum medizinischen Zentrum der nationalsozialistischen Rassenlehre geworden: Hier wurden junge Ärzte, aber auch Apotheker, Hebammen und gesundheitspolitische Funktionäre in „Erbbiologie“ und „Rassenhygiene“ geschult und die Grundlagen für Euthanasie, Zwangssterilisation und medizinische Menschenversuche in der NS-Diktatur gelegt. Eine vom gemeinnützigen Verein „Erinnerungs-, Bildungs- und Begegnungsstätte Alt Rehse e. V.“ initiierte Ausstellung dokumentiert die nationalsozialistische Vergangenheit des Dorfes, zuletzt noch in einem neueren Gebäude am Ortsrand, nach der Renovierung des Gutshauses dann in selbigem. Der riesige Park mit Schloss und etwa 20 Häusern wird seit 2006 von der alternativen Gemeinschaft „Tollense Lebenspark“ bewohnt und bewirtschaftet, die Zukunft des 65 Hektar großen Geländes war zuletzt jedoch ungewiss.

Ausstellung: April bis Sept. Di–So 11–17 Uhr, Okt. bis März Di–So 11–16 Uhr. Eintritt frei (Spende erbeten). Am Gutshof 1, 17217 Alt Rehse, ✆ 03962-221123, www.ebb-alt-rehse.de.

Nördlich von Neubrandenburg

Altentreptow (ca. 5500 Einw.): Etwa 18 Kilometer nördlich von Neubrandenburg liegt die im 12. Jh. gegründete Kleinstadt Altentreptow am Ufer der Tollense. Erhöht steht die wuchtige *Stadtkirche St. Peter*, eine backsteingotische Hallenkirche aus der ersten Hälfte des 14. Jh. (meist Mo–Fr 10–12 und 14–16 Uhr geöffnet, Infos beim Pfarramt, Mühlenstr. 4, ✆ 03961-214745). Durch das Zentrum fließt malerisch die „Kleine Tollense“, ein schmaler Seitenarm der Tollense. Vom gemütlichen Marktplatz führen enge Gassen, kopfsteingepflasterte Sträßchen und schmale Stege durch den Ort und an der „Kleinen Tollense“ entlang. Von der ehemaligen Stadtbefestigung sind abgesehen von der Ringstruktur des Altstadtgrundrisses vornehmlich das stattliche *Brandenburger Tor* und das funktionale *Demminer Tor* (beide um 1450) erhalten.

Westlich von Neubrandenburg: Reuterstadt Stavenhagen

ca. 5700 Einwohner

Reuterplatz und Reuterstraße, ein Reutermuseum und davor eine Reuterstatue, Reuterschule, Reuterapotheke, Reuter-Eiche … ganz offensichtlich befindet man sich in einer Reuterstadt.

Rund um den Tollensesee
Karte → S. 417

In Stavenhagen geboren, prägt er das Erscheinungsbild des Städtchens bis heute: **Fritz Reuter**, *der* Dichter Mecklenburgs. Natürlich gab es ein Stavenhagen vor Fritz Reuter – im Jahr 1230 wurde es erstmals erwähnt, 1264 mit dem Stadtrecht ausgestattet, im Dreißigjährigen Krieg zerstört. Tatsächlich aber ist die beschauliche Stadt, die seit 1949 offiziell den Namen Reuterstadt trägt, ohne ihren berühmten Sohn kaum denkbar. Ihm zu Ehren steht, genauer gesagt: thront seine Statue über dem Marktplatz und vor dem ehemaligen Rathaus, das (ihm zu Ehren) in ein Literaturmuseum umgewandelt wurde. Das **Fritz-Reuter-Literaturmuseum** ehrt den größten Sohn der Stadt, der (als Bürgermeistersohn) hier in diesem Gebäude

geboren wurde. Im Obergeschoss sind in mehreren Räumen Reuters Handschriften, Möbel, Bilder und sonstige Zeitdokumente sowie Zeichnungen von Fritz Reuter selbst zu sehen; Schautafeln informieren über sein Leben und seine Zeit.
Mo–Fr 9–17 Uhr, Sa/So 10–17 Uhr. Eintritt 4 €, erm. 3 €, Kinder 1 €. Am Markt 1, ✆ 039954-21072 oder 039954-279835, www.fritz-reuter-literaturmuseum.de.

Unweit davon befindet sich das schmucke **Schloss** aus dem 18. Jh., von einem kleinen Park umgeben. An der Stelle einer mittelalterlichen Burg wurde um 1740 das barocke Schloss errichtet, in dem heute die Stadtverwaltung untergebracht ist. Stavenhagen und seinem Schloss setzte Reuter ein Denkmal mit seiner Erzählung *Ut de Franzosentid* (Aus der Franzosenzeit, 1859), die sich die Zeit der napoleonischen Besatzung zum Thema nimmt.

Mecklenburgs großer Erzähler

Ebenfalls aus dem 18. Jh. stammt die **Stadtkirche** von Stavenhagen (Mo–Fr 10–12 und 14–17 Uhr, Sa 10–12 Uhr, So nach dem Gottesdienst), nur einen Steinwurf vom Markt entfernt. 2010 war übrigens ein Festjahr für das Städtchen, denn da feierte Stavenhagen und mithin ganz Mecklenburg Reuters 200. Geburtstag. Aber nach so viel Reuter hätte wohl auch Fritz selbst gesagt: Nu is auch man wieder gut!

Information **Stadtinformation**, im Literaturmuseum. Mo–Fr 9–17 Uhr, Sa/So 10–17 Uhr. Markt 1, 17153 Stavenhagen, ✆ 039954-279835 oder 039954-21072, 📠 039954-279834, www.stavenhagen.de.

Verbindungen **Bahn**: etwa stündl. nach Neubrandenburg und via Malchin und Teterow nach Güstrow.

Stavenhagen/Umgebung

Ivenack: Wenige Kilometer östlich von Stavenhagen findet sich in dem schmucken, komplett unter Denkmalschutz stehenden kleinen Ort ein weitläufiges Ensemble mit *Schloss*, *Marstall*, *Teehaus* und *Kirche*. Die eigentliche Attraktion sind aber die berühmten **Ivenacker Eichen** am Ortsrand: Schon Fritz Reuter schwärmte von dem lichten Wald und die Bäume in dem um 1800 angelegten Park sind in der Tat eindrucksvoll und altehrwürdig. So manche der Eichen bringt es auf 500 bis 1000 Jahre, manche haben einen Stammumfang von neun Metern. Wenig scheu streunt Damwild durch dieses Waldidyll am Ivenacker See. Im Park finden sich auch ein Café und ein barocker Pavillon, in dem eine Ausstellung über Eichen zu sehen ist.
Park: Mo–Fr 9–18 Uhr, Sa/So 10–18 Uhr. Eintritt 3 € (mit Ausstellung), unter 18 J. frei. **Café**: April bis Okt. tägl. 10–18 Uhr (Kaffee, Kuchen und Snacks). **Ausstellung**: April bis Okt. Mo–Fr 9–18 Uhr, Sa/So 10–18 Uhr. Gebührenpflichtiger Parkplatz am Eingang.

Fritz Reuter – Mecklenburgs Dichter

Der Dichter, der mit seiner volksnahen, humorvollen Erzählstimme seine Zeitgenossen einnahm, hat bis heute überall in Mecklenburg Spuren hinterlassen. Kaum ein Ort im Land, den Reuter auch nur flüchtig bereiste, der nicht an den großen, niederdeutschen Erzähler erinnert. Fritz Reuter wurde am 7. November 1810 als Sohn des Bürgermeisters von Stavenhagen geboren. Ab 1824 besuchte er mit mäßigem Erfolg das Gymnasium, zunächst in Friedland, dann in Parchim. Es folgte ein lustlos betriebenes Studium der Rechte in Rostock, später in Jena – der Vater wollte den Sohn in seinen Fußstapfen sehen, der Sohn sah lieber in den Krug. Wegen der Mitgliedschaft in einer Burschenschaft wurde Reuter 1833 verhaftet, zum Tode verurteilt und sogleich zu 30 Jahren Festungshaft begnadigt. Es ist die Zeit der Reaktion, in der der Ruf nach (nationaler) Einigkeit und Recht und Freiheit als Hochverrat und Majestätsbeleidigung geahndet wird. Aus den 30 Jahren Festungshaft werden, dank der Begnadigung durch *Friedrich Wilhelm IV.*, sieben Jahre. Doch die waren hart genug, auch wenn Reuter (auf Betreiben des Vaters) die letzten davon unter erleichterten Haftbedingungen in der Festung Dömitz verbrachte.

Nach der Entlassung fiel es Reuter schwer, sich wieder einzugliedern. Die Wiederaufnahme des Studiums in Heidelberg scheiterte an schweren Alkoholproblemen. Reuter brach das Studium zum Leidwesen des Vaters ab und ging bei seinem Onkel, Pastor in Jabel bei Malchow, gewissermaßen in Reha. Nach einer Weile begann Reuter in Demzin als „Strom" (Volontär) in der Landwirtschaft zu arbeiten. In dieser Zeit traf er *Hoffmann von Fallersleben*, der ihm riet, seine humoristischen Anekdoten auch und gerade über die Festungshaft zu Papier zu bringen. Nach einem weiteren trunksuchtbedingten Zusammenbruch folgten ein erneuter Aufenthalt beim Onkel und später ein bescheidener Neuanfang als Lehrer in Treptow (heute Altentreptow). Reuter, inzwischen verheiratet, begann nun ernsthaft und mit zunehmendem Erfolg zu schreiben. 1856 zog das Paar nach Neubrandenburg, wo Reuter seine produktivsten Jahre erlebte. Mit dem Verleger *Dethloff Carl Hinstorff* in Wismar begann eine für beide Seiten lukrative Zusammenarbeit. Von nun an lebte Reuter nicht nur von seiner Schreiberei, er avancierte auch zu einem der meistgelesenen Schriftsteller seiner Zeit. In Neubrandenburg entstand zunächst das Poem *Kein Hüsung* (1856), dann seine erste längere Erzählung in niederdeutscher Sprache *Ut de Franzosentid* („Aus der Franzosenzeit", 1859). 1862 griff Reuter von Fallerslebens Anregung auf und schrieb über seine Festungszeit *(Ut mine Festungstid)*, kurz darauf folgte der erste Teil des autobiografisch gefärbten Gesellschaftsromans *Ut mine Stromtid*. Diesen Roman schloss er in Eisenach ab, wohin die Reuters 1864 gezogen waren. Mit dem distanzierten Blick von Eisenach nach Mecklenburg schuf er 1866 mit *Dörchläuchting* eine bissige Satire über seine Heimat.

Reuters Arbeit auf komödiantische Mundartdichtung zu reduzieren hieße jedoch, die politische und soziale Dimension seines Werks zu verkennen. Der volkstümliche Humor Reuters zeigt sich immer wieder durchsetzt von einem scharfsinnigen und kritischen Blick auf die gesellschaftlichen Verhältnisse des 19. Jh. Fritz Reuter starb am 12. Juli 1874 in Eisenach.

Malerisch: Schloss Ulrichshusen | Windmühle bei Dargun

Mecklenburgische Schweiz

Sanfte Hügel, Felder und Weiden, uralte Bäume, stattliche Gutshäuser und Schlösser – und hier und da spiegelt die Oberfläche eines Sees das satte Grün der Wiesen und Wälder. Wer Ruhe in unmittelbarer Naturnähe sucht, ist hier genau richtig.

So hat also auch Mecklenburg seine Schweiz. Es heißt, die Bezeichnung ginge auf *Georg von Strelitz* zurück. Zur Zeit der Romantik und darüber hinaus war es schick, hügeligen Gegenden die Bezeichnung Schweiz anzuhängen. Besagter Georg von Strelitz soll sich daher bei einem Besuch auf Burg Schlitz angeblich zu dem Ausruf hinreißen lassen: So hat auch Mecklenburg seine Schweiz!

Das typisch Schweizerische an der Mecklenburgischen Schweiz fällt allerdings ziemlich reliefarm aus. Mehr als 110 Meter Höhenunterschied sind nirgendwo zu überwinden, jedenfalls nicht am Stück. Rund um die beiden großen Seen erstreckt sich der 1997 gegründete *Naturpark Mecklenburgische Schweiz und Kummerower See*. Geologisch gesehen gehören der Malchiner und der Kummerower See zusammen, sie entstanden durch einen eiszeitlichen Tunnel unter dem Gletscher. Der *Malchiner See* ist mit einer Wassertiefe von durchschnittlich kaum mehr als zwei Metern (maximal elf Meter) ausgesprochen flach, während der deutliche größere *Kummerower See* im Schnitt acht Meter und maximal etwa 25 Meter tief ist.

Um die Seen herum findet sich das Herzstück der Mecklenburgischen Schweiz. Über sanften Hügeln erstrecken sich Felder und Wiesen, Weiden und Mischwälder. Dazwischen liegen kleine Dörfer mit alten backsteinernen Kirchen – und immer wieder prächtige Schlösser mit alten Parkanlagen, so zum Beispiel Ulrichshusen, Burg Schlitz und Basedow, um nur die wichtigsten zu nennen, alle drei eindrucksvolle Zeugnisse aus vergangener gutsherrlicher Zeit. Die meisten dieser repräsentativen Bauten dienen heute als noble Schlosshotels.

Malchin

ca. 8000 Einwohner

Die Stadt zwischen Kummerower und Malchiner See ist neben Teterow eines der Zentren der Mecklenburgischen Schweiz. Der Ort geht auf eine slawische Siedlung zurück und erhielt 1236 das Stadtrecht. Bis 1918 traf sich im alten Rathaus – immer abwechselnd mit dem Rathaus von Sternberg – der mecklenburgische Landtag. Das heutige Rathaus aber ist nur noch im Kern, also im Keller, gotisch, der zeitgenössische Bau stammt aus der ersten Hälfte des 20. Jh. Im Zweiten Weltkrieg wurde das Städtchen gründlich zerstört. Den Krieg überdauert haben Teile der mittelalterlichen Stadtbefestigung, darunter auch zwei Stadttore und der Fangelturm aus dem 15. Jh., sowie die Kirche **St. Johannis**. Die backsteingotische dreischiffige Basilika wurde in der ersten Hälfte des 15. Jh. errichtet. Im Inneren ist vor allem der kostbare geschnitzte Altar aus dem 14. Jh. und die prächtige, zum Teil barocke Orgel bemerkenswert.
Die Kirche ist Mo–Fr 11–17 Uhr geöffnet (im Winter nur bis 15 Uhr).

Information Touristinformation Malchin, in der Sakristei der St.-Johannis-Kirche, Mitte Mai bis Mitte Sept. Mo–Fr 10–17 Uhr (Juli/Aug. auch Sa 9–11 Uhr), in der Nebensaison nur Mo–Fr 10–12 und 13–16 Uhr. Am Markt 1, 17139 Malchin, ✆ 03994-640111, www.malchin.de.

Vom nahen Dorf **Remplin** an der B 104 sollte man nicht zu viel erwarten – gäbe es da nicht dieses eigentümliche Türmchen – mit dem es folgende Bewandtnis hat: Ende des 18. Jh./Anfang des 19. Jh. herrschte mit *Friedrich II. Hahn* (nach 1802 Friedrich II. Graf von Hahn) ein aufgeklärter Fürst über das Land. Sein Interesse für Astronomie ließ ihn nahe seinem Gutshaus eine *Sternwarte* errichten. Im 20. Jh. zur Ruine verfallen, konnten seit den 1980er-Jahren dank eines engagierten Fördervereins noch die Reste des Rundturms von 1802 gesichert und wieder aufgebaut werden. So kommt es, dass im beschaulichen Remplin heute die älteste erhaltene Sternwarte Deutschlands steht (www.sternwarte-remplin-ev.de).

Um den Kummerower See

Am Westufer des Kummerower Sees fallen die hügeligen Ausläufer der Mecklenburgischen Schweiz jäh in die Senke ab, die das Schmelzwasser eines eiszeitlichen

Mecklenburgische Schweiz
Karte → S. 428/429

Tunnels unter den gigantischen Gletschern ausspülte. Mit seinen 32,5 Quadratkilometern ist er der viertgrößte See Mecklenburg-Vorpommerns. Während das Westufer stark versumpft und verschilft und somit kaum zugänglich ist (Ausnahme ist Salem

am Südwestufer), finden sich in den Weilern am Ostufer einige Campingplätze und Hotels. Von den Orten am See besitzt **Verchen** am Nordufer einige touristische Relevanz. Etwa einen Kilometer westlich von Verchen befindet sich die *Aalbude*, hier fließt die Peene aus dem See und weiter nach Demmin, eine kleine Fähre (→ Verbindungen.) führt übers Wasser (Restaurant und Wasserwanderrastplatz am anderen Ufer) – Wanderer und Fahrradfahrer ersparen sich so einen immensen Umweg.

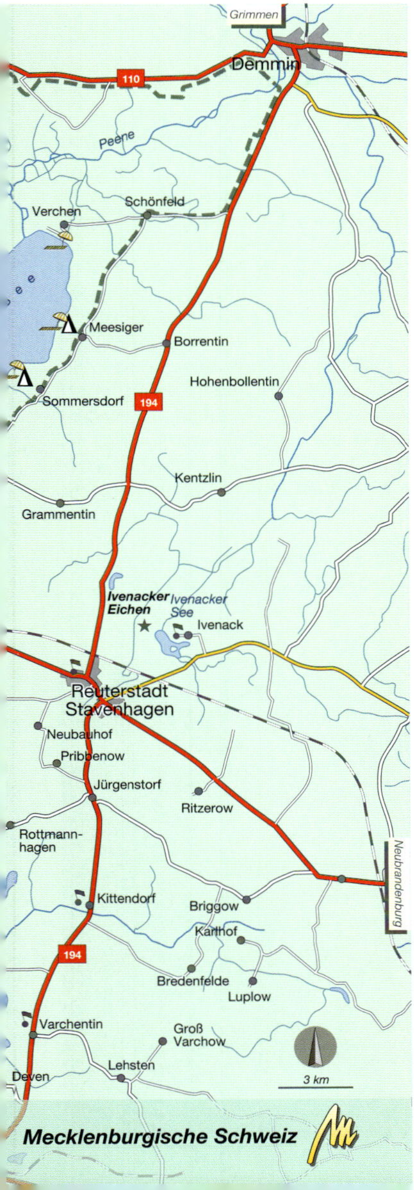

Gravelotte und **Sommersdorf** am Ostufer sowie **Salem** am Westufer bieten ebenfalls einen direkten Seezugang und eine (bescheidene) touristische Infrastruktur. Größter Ort der Gegend ist **Neukalen** (2000 Einwohner) am Peenekanal, gut zwei Kilometer westlich des Sees mit seinen sumpfigen Ufern gelegen. Blickfang von Neukalen ist die *gotische Backsteinkirche* aus dem 14. Jh., aber auch die fotogenen Bootshäuschen an der Peene. Ein Fahrradweg führt von hier zur *Aalbude* (Fähre nach Verchen).

Verbindungen **Bus**: von Malchin mehrmals tägl. nach *Kummerow* und über Salem und Neukalen nach *Dargun*, z. T. auch weiter nach *Demmin*. Von dort nach Verchen, Meesiger und Sommersdorf.

Fähre Aalbude: vom 10. April bis 31. Aug. tägl. 9–21 Uhr, 1. Sept. bis 20. Okt. tägl. 10–18 Uhr; jeweils nach Bedarf, im Winter nicht. Erw. 0,80 €, erm. 0,50 €, Fahrrad 0,50 €.

Übernachten/Camping **Hotel Gravelotte**, das einzige Hotel auf weiter Flur, direkt am See. Dunkle Holzbalkone, Restaurant und Wellness, Garten und Streichelzoo. EZ ab 57 €, DZ ab 70 €, Familienzimmer 92 €, Frühstück inkl. Am Kummerower See, 17111 Gravelotte, ✆ 039994-7210, 🖷 039994-721127, www.hotel-gravelotte.de.

Camping Meesiger Gravelotte, fast direkt am See, mit Strand; weitläufiger Platz, auch Wasserwanderrastplatz. Schattiges, nicht immer ebenes Gelände, Kiosk, Anlegestelle, Boots- und Fahrradverleih. Geöffnet Mitte April bis Mitte Okt. Pers. 3,50 €, Wohnwagen/-mobil 3–4 €, Zelt 2–2,60 €, Auto 2 €. Am Kummerower See, 17111 Meesiger, ✆ 039994-10732, www.campingplatz-gravelotte.de.

Mecklenburgische Schweiz
Karte → S. 428/429

Campingpark Sommersdorf, schöner Platz ca. 1 km nordwestlich von Sommersdorf direkt am See. Mit Strand und Anlegestelle, Spielplatz, kleinem Laden, Imbiss. Ganzjährig geöffnet. Erw. 5,50 €, Kinder 2,85 €, Stellplatz 8,50 €, „Camp and Bike" 4,50 €, Auto 2,60 €, Hund 2,85 €. 17111 Sommersdorf, ✆ 039952-2973, 📠 039952-2974, www.campingtour-mv.de.

Essen & Trinken **Gaststätte Aalbude**, bei Verchen auf der anderen Seite der Peene, die hier den Kummerower See verlässt. Ausflugsrestaurant mit Terrasse, Fisch und Fischbrötchen. Von der Darguner Seite zu erreichen (von der Verchener Seite aus mit der Fähre). Aalbude 2, ✆ 039959-27679.

Dargun

ca. 4600 Einwohner

An einem nordwestlichen Ausläufer der Senke, in die der Malchiner und der Kummerower See eingebettet sind, liegt das Städtchen Dargun, flankiert vom schlanken *Klostersee.* Dargun entwickelte sich im Schatten einer einst mächtigen Klosteranlage mit wechselvoller Geschichte. 1172 gründeten Mönche aus Dänemark hier ein Kloster, das sie aber schon 1199 wieder verließen, um sich den Gründern des Klosters von Eldena anzuschließen. Unter den Zisterziensern aus Bad Doberan entwickelte sich das Darguner Kloster dann zu einem der bedeutendsten Klöster in Mecklenburg. Nach der Reformation wurde das Kloster zu einer vierflügeligen Schlossanlage umgebaut (Mitte des 16. Jh.). 1945 fielen *Schloss* und *Klosterkirche* einem Großbrand zum Opfer. Übrig geblieben sind die imposanten **Ruinen**, umgeben von einem hübschen barocken *Schlossgarten* (einst der Klostergarten) mitsamt *Pavillon.* Von der Straße aus führt eine Kastanienallee am Schlosspark vorbei auf das *Gelbe Tor* (17. Jh.) zu, dahinter stehen die noch erhaltenen Wirtschaftsgebäude (heute u. a. Café). Der Innenhof der Schlossruine dient als Spielort für Konzerte. Das einstige Gästehaus des Klosters beherbergt heute das **Heimatmuseum** von Dargun *(Uns Lütt Museum).*

Uns Lütt Museum: April bis Okt. Sa/So 13.30–16.30 Uhr (Juli/Aug. auch Mi/Do). Erw. 2 €, Kinder 0,50 €. Führungen nach Vereinbarung. ✆ 039959-20381, www.museum-dargun.de.

Noch als Ruine wuchtig: Dargun

Information Stadtinformation in der Kloster-/Schlossruine. Mitte Mai bis Mitte Sept. Di–Fr 10–12 und 13–17 Uhr, Sa/So 13.30–16.30 Uhr; Mitte Sept. bis Mitte Mai Mo–Do 10–12 und 13–16 Uhr, Fr nur 10–12 Uhr, Sa/So geschlossen. Auch Führungen. Kloster- und Schlossanlage, 17159 Dargun, ✆ 039959-22381, 📠 039959-21389, www.dargun.de.

Aktivitäten Draisinenbahn, ab Bahnhof Dargun, auf den stillgelegten Bahngleisen führt die 17 km lange Tour von Dargun nach Salem am Kummerower See. Ausleihe 9–11 Uhr, Rückgabe 14–18 Uhr. Mitte April bis Okt. Pro Tag und Draisine 40 €. ✆ 039959-27804, www.naturparkdraisine.de.

Demmin

ca. 11.500 Einwohner

Zwölf Kilometer östlich von Dargun trifft man auf die alte Hansestadt Demmin, heute das Zentrum des vorpommerschen Landkreises Demmin. Hier münden die aus Südosten kommende Tollense und die aus Nordwesten kommende Trebel in die aus dem Kummerower See fließende Peene. Bereits im Frühmittelalter befand sich hier eine slawische Siedlung. Während seiner zweiten Missionsreise 1128 gelangte *Otto von Bamberg* auch nach Demmin, woran eine Ausstellung in der Kirche St. Bartholomaei erinnert. 1236 mit dem Stadtrecht ausgestattet, erlangte Demmin dank der Zugehörigkeit zur Hanse Reichtum und Einfluss. Mit dem Niedergang der Hanse aber büßte auch Demmin seine Bedeutung ein. Die dunkelste Stunde der Stadt schlug im Mai 1945. Der Vormarsch der Roten Armee kam bei Demmin ins Stocken, da alle Brücken gesprengt waren. Die Soldaten der Sowjetarmee zogen marodierend, plündernd und vergewaltigend durch die Stadt. Unter dem Eindruck der Gräuel kam es zu einem beispiellosen Massenselbstmord. Fast 900 Menschen, vornehmlich Frauen und Kinder, nahmen sich das Leben. Zur Zeit der DDR war dieses furchtbare Kapitel der Stadtgeschichte totgeschwiegen worden, war doch die Rote Armee als Befreier gekommen. Erst seit einigen Jahren kann der Freitod der Demminer Bürger thematisiert und der Opfer gedacht werden.

Bedeutendste Sehenswürdigkeit der Stadt ist die Kirche *St. Bartholomaei*, eine mächtige backsteingotische Hallenkirche aus dem 14. Jh., die im 19. Jh. umgebaut und umgeformt wurde, weithin sichtbar am schönen neugotischen Turm. Auch die Innenausstattung stammt weitgehend aus dem 19. Jh. Von der ehemaligen Stadtbefestigung ist das backsteingotische **Luisentor** aus dem 15. Jh. erhalten. Vor dem Rathaus erinnert ein Brunnen an die gute alte Hansezeit.

Die Kirche ist Mai bis Okt. Di–Fr 10–12 Uhr sowie Di 13–17 Uhr geöffnet.

Um den Malchiner See

Das Herz der Mecklenburgischen Schweiz. Viele der herrschaftlichen Schlösser in der Umgebung sind heute Nobelherbergen. Um den schilfgesäumten See stehen inmitten einer lieblichen Landschaft die stattlichen Schlösser Basedow und Schorssow sowie etwas weiter entfernt Ulrichshusen, Blücherhof und Burg Schlitz. Eine Radtour führt rund um den See.

Basedow

Das Dorf unweit des Malchiner Sees hat nicht nur angesichts seiner Größe (kaum 800 Einwohner) erstaunlich viel Sehenswertes zu bieten. Ins Auge fällt natürlich zuerst das fotogene Schloss mit seiner detailreichen Fassade, der klassizistische Marstall sowie der herrliche Lenné-Park. Auf der anderen Seite des Dorfteichs befindet sich die alte Schmiede, heute ein Café, ein weiteres Café hat sich im früheren Schafstall aus dem 18. Jh. eingerichtet. Und zu guter Letzt ist auch die Kirche von Basedow einen Besuch wert.

Mecklenburgische Schweiz Karte → S. 428/429

Märchenschloss Basedow

Erstmals urkundlich erwähnt wurde die Siedlung 1247. Von 1337 bis 1945 war Basedow im Besitz der Familie Hahn (seit 1802 Grafen). Sie machte Basedow zu ihrem Stammsitz und sorgte für eine rege Bautätigkeit. Von der früheren Burg sind allerdings nur noch ein paar Ruinen übrig, die sich malerisch in den Landschaftsgarten einpassen. Die Ursprünge des heutigen **Schlosses** gehen auf die Zeit um 1550 zurück. In den folgenden Jahrhunderten wurde es immer wieder umgebaut und erweitert, zuletzt Ende des 19. Jh. im verspielten Stil der Neorenaissance. Angrenzend erstreckt sich der ebenso bemerkenswerte **Landschaftspark**, der ab 1825 von dem großen Gartenarchitekten *Peter Joseph Lenné* angelegt wurde.

Auch der **Kirche** ist die Jahrhunderte dauernde Bautätigkeit anzusehen. Ihr ältester Teil ist ein spätromanischer, feldsteinerner Chor aus dem 13. Jh., dem ein schmucker backsteingotischer Giebel aufgesetzt wurde. Auch der Sockel des Kirchturms stammt aus dem Mittelalter, der Turm selbst wurde Mitte des 19. Jh. gebaut und zeigt sich neugotisch verspielt. Bemerkenswert im Inneren sind der kostbare Renaissance-Altar und die reich verzierte, barocke Orgel.
Im Sommer Mo–Sa 11–17 Uhr, So 13.30–17 Uhr, in der Nebensaison eingeschränkt.

Führungen Durch **Dorf** und **Schlosspark** veranstaltet Christel Müller bis zu 3-mal tägl. Führungen. Anmeldung unter ✆ 039957-20150, www.gaestefuehrerin-mueller.de.

Essen & Trinken/Einkaufen **Alter Schafstall**, rustikales Café samt Bauernmarkt; Kaffee und Kuchen sowie einfache Gerichte; man kann neben landwirtschaftlichen Produkten auch Kunsthandwerk und Naturkosmetik erwerben. April bis Okt. tägl. 8–18 Uhr. ✆ 039957-20454, www.alter-schafstall-basedow.de.

Schloss Ulrichshusen

Ungemein idyllisch erhebt sich Schloss Ulrichshusen über die liebliche Landschaft, eingebettet in einen kleinen Landschaftspark und malerisch am Ufer eines kleinen Sees inmitten sanfter Hügel gelegen. Drumherum schmale Straßen mit Kopfsteinpflaster, weite Felder, verwachsene Waldstücke, Weiden und Wiesen und hie und da ein kleines Bauerndorf wie das nahe *Rambow*.

Der Name lässt richtig vermuten: **Ulrichshusen** war in der Tat „Ulrichs Haus" – Ulrich von Maltzans bescheidenes Eigenheim, das er 1562 als mit Wall und Graben befestigtes Herrenhaus errichten ließ. Mehrfach abgebrannt (zuerst im Dreißigjährigen Krieg, zuletzt 1987), erwarben ferne Nachkommen der von Maltzans das bis auf die Grundmauern zerstörte Anwesen und begannen mit dem Wiederaufbau. Der Bauherr holte namhafte Künstler, darunter bereits 1994 – noch am Anfang der Renovierungsphase – Yehudi Menuhin, samt Publikum nach Ulrichshusen und etablierte das Schloss und die zur Konzerthalle umgebaute Feldsteinscheune als ein Zentrum der *Festspiele Mecklenburg-Vorpommern*. Im Schloss entstand ein schmuckes Hotel und auch der umliegende Landschaftspark zeigt sich wieder gepflegt und belebt. Jenseits der Reste des Burggrabens ist in dem ehemaligen Pferdestall heute ein gemütliches Restaurant untergebracht.

Übernachten/Essen »» Unser Tipp: **Schloss Ulrichshusen**, stilvolle und individuell eingerichtete Zimmer finden sich im Schloss selbst, im ehemaligen Pferdestall sowie in der Stellmacherei. Das Frühstück gibt es unter dem Dach des Schlosses und – wenn man ein Plätzchen ergattert – in der aussichtsreichen Spitze des Turmes. Zudem Appartements im nahe gelegenen Gutspark. Im einstigen Pferdestall residiert auch das empfehlenswerte Restaurant *Am Burggraben*, regionale Küche in gemütlichem Ambiente, schöne Terrasse, auch Cafébetrieb. Um das Schloss erstreckt sich ein herrlicher Park, am See liegt auch eine Badestelle. Die *Konzertscheune* ist eine der Hauptspielstätten der Festspiele Mecklenburg-Vorpommern (Programm unter der Internetseite des Hotels sowie unter www.festspiele-mv.de). Im Schloss DZ 120–130 €, im Pferdestall oder der Stellmacherei EZ 80–100 €, DZ 100–120 €, jeweils inkl. Frühstück. Seestr. 14, 17194 Ulrichshusen, ✆ 039953-7900, ℻ 039953-79099, www.ulrichshusen.de. ««

Blücherhof

Südlich des Weilers **Klocksin** (unweit der B 105, auf halbem Weg von Waren nach Teterow links ab) befindet sich der **Blücherhof**. Das ehemalige Rittergut aus dem späten 18. Jh. wurde Anfang des 20. Jh. im neobarocken Stil umgebaut. Zum Schloss (in Privatbesitz) gehören eine nahezu vollständig erhaltene Gutsanlage sowie ein sehenswerter Park, das Wirtschaftsgebäude beherbergt Ferienwohnungen. Inmitten der Gutsanlage steht ein bemerkenswertes kleines Türmchen, das **Duben-**

Taubenhaus und Blücherhof

Mecklenburgische Schweiz
Karte → S. 428/429

Zimmer mit Aussicht

hus, das ehemalige Taubenhaus. Hinter dem Blücherhof ließ der frühere Besitzer, der Zoologieprofessor Alexander König, Anfang des 20. Jh. einen außergewöhnlichen **dendrologischen Park** anlegen, in dem bis heute zahlreiche heimische und exotische Gehölze zu bewundern sind

Dendrologischer Gartenpark Schloss Blücherhof: Mitte Juli bis Mitte Okt. 9–18 Uhr, Mitte Okt. bis Mitte Juli geschlossen. Leser berichteten allerdings von willkürlichen Schließzeiten.

Übernachten **Ferienwohnungen im Blücherhof**, günstige Ferienwohnungen im ehemaligen Wirtschaftsgebäude des Blücherhofs sowie im nahen Bauernhaus. Freundlich und sehr ruhig. Herberge Blücherhof, Parkstr. 3, 17194 Klocksin/OT Blücherhof, ✆ 039933-71908, 📠 039933-71910, www.herberge-bluecherhof.de.

Schloss Schorssow

Und noch ein Schloss, das als schickes Hotel inmitten der Mecklenburgischen Schweiz zum Entspannen einlädt. In **Ziddorf**, einem Straßendorf an der B 108, zweigt hinter der alten *Wassermühle* (heute Töpferei) die Straße zum Weiler **Schorssow** ab. Noch vor dem Dorf trifft man auf das Schloss Schorssow, ursprünglich ein Herrenhaus aus der Mitte des 18. Jh., das ab 1808 im klassizistischen Stil umgebaut wurde. Malerisch liegt das Anwesen am Ufer des kleinen *Haussees*. In Schorssow selbst, das nur aus einer Handvoll Häuser besteht, gibt es einen Landgasthof und ihm gegenüber eine Badestelle am Haussee.

Folgt man der Straße am Nordufer des Malchiner Sees weiter Richtung Norden, erreicht man zunächst **Bülow**, dann **Bristow**, dessen sehenswerte *Kirche* (Ende 16. Jh.) zu den ersten Kirchen Mecklenburgs gehört, die nach der Reformation gebaut wurden – eine der ältesten protestantischen Kirchen des Landes. Die für eine Dorfkirche ungewöhnlich prächtige Renaissanceausstattung rund um den ca. 1600 geschaffenen Schnitzaltar stiftete die Familie Hahn (→ auch Basedow S. 431).

Kirche Bristow: keine regelmäßigen Öffnungszeiten, zuständig ist das Pfarramt Bülow, Infos auch unter ✆ 039933-70345, www.bristow.de.

Übernachten/Essen **Schloss Schorssow**, stilvolles, aber nicht abgehobenes Hotel in klassizistischem Gebäude, herrliche Lage direkt am Haussee inmitten eines kleinen Landschaftsparks. Wellnessbereich. Die Zimmer befinden sich im Schloss selbst sowie, etwas günstiger, im Residenzgebäude nebenan. Im Schloss gehobenes Restaurant *Moltke's* (Gault Millau, Slowfood), für weniger festliche Anlässe gibt es den

Weinkeller; schöner Wintergarten, Terrasse am See. EZ 109–119 €, DZ 145–155 €, Suite 270 €. Im Residenzgebäude: EZ 99 €, DZ 135 €, Frühstück inkl. Am Haussee 3, 17166 Schorssow, ✆ 039933-790, 📠 039933-79100, www.schloss-schorssow.de.

Landhotel Schorssow, bodenständiges Hotel am Ortseingang von Schorssow rechter Hand. Leicht gehobene mecklenburgische Küche, auch Cafébetrieb, mit Terrasse. Fahrradverleih. EZ 54 €, DZ 88–104 €, Frühstück inkl. Am Haussee 4, 17166 Schorssow, ✆ 039933-70645, 📠 039933-70327, www.landhotel-schorssow.de.

Essen &Trinken Wassermühle Ziddorf, die Gaststätte in der Kunsthalle ist innen schlicht gehalten, aber nicht ungemütlich. Sehr schön ist der große Garten hinter der alten Wassermühle, der im Sommer als idyllischer Biergarten dient. Aus der Küche kommt herzhafte, günstige Hausmacherkost, zum Kaffee gibt es hausgemachten, leckeren Kuchen. Tägl. 11.30–20 Uhr, Do Ruhetag. Ziddorf liegt an der B 105, unweit der Abzweigung nach Schorssow. Mühlenstr. 10, 17166 Ziddorf, ✆ 039933-70221, www.wassermühle-ziddorf.de.

Burg Schlitz

Mit Burg Schlitz erhebt sich inmitten eines grünen Landschaftsparks ein strahlend weißes, prachtvolles Schloss. *Graf Hans von Schlitz* ließ es ab 1806 errichten – und es sollte 18 Jahre dauern, bis der Bau vollendet war: eine dreiflügelige, klassizistische Anlage, die der Graf der romantischen Befindlichkeit der Zeit entsprechend „Burg" Schlitz nannte. In den 1990er-Jahren wurde das Schloss komplett saniert und beherbergt heute eines der nobelsten Hotels Mecklenburg-Vorpommerns samt Gourmetrestaurant im Rittersaal.

Von der Verbindungsstraße Waren – Teterow (B 108) erreicht man Burg Schlitz über eine herrschaftliche Allee; im weitläufigen **Landschaftspark** des Schlosses versteckt sich die ein oder andere sehenswerte Architektur, beispielsweise der elegante *Nymphenbrunnen*, der 1903 in Berlin entstanden war und in den 1930er-Jahren nach Burg Schlitz umzog. Unweit des Schlosses erhebt sich die hübsche kleine *Karolinenkapelle*.

Übernachten/Essen Schlosshotel Burg Schlitz, luxuriöse und exklusive Herberge mit eleganten und selbstverständlich individuell, teils mit Biedermeier-Mobiliar eingerichteten Räumlichkeiten. Schicke Salons, Spa-Lounge und stilvolle Bar. Das Schlosshotel beherbergt das edle *Gourmet-Restaurant Wappensaal* (nur abends, Mo/Di Ruhetag), das *Café/Brasserie Louise* (Bistrokarte 12–17 Uhr, Mo/Di bis 22 Uhr) und Bar. EZ 155–175 €, DZ 198–260 €, Suite 340–480 €. Burg Schlitz, 17166 Hohen Demzin, ✆ 03996-12700, 📠 03996-127070, www.burg-schlitz.de.

Teterow

ca. 8900 Einwohner

„Urlaub im Mittelpunkt" – das touristische Motto von Teterow ist auch wörtlich zu verstehen. Das hübsche Städtchen gilt als geografischer Mittelpunkt des Landes. Womit die Teterower weniger gerne werben: Die Stadt am Teterower See gilt auch als das Schilda von Mecklenburg.

Teterow liegt am südlichen Rand des *Teterower Beckens*, einer von eiszeitlichen Gletschern ausgeschliffenen Senke, die heute weitgehend verlandet ist. Unmittelbar nördlich der Kleinstadt erstreckt sich der *Teterower See* mit seinem zergliederten, weitgehend sumpfigen Ufer. Teterow und die weitflächige Niederung markieren den nordwestlichen Rand der Mecklenburgischen Schweiz. Schon in slawischer Zeit gab es auf der Insel im Teterower See eine Burg, von der aber kaum mehr bekannt ist, als dass sie 1171 zerstört wurde. Eine Siedlung auf dem heutigen Stadtgebiet wird erstmals 1272 erwähnt, sie lag damals wie heute an der Straße von Rostock nach Malchin.

Mecklenburgische Schweiz
Karte → S. 428/429

Motorsportfreunde: Hier lang!

Im Mittelalter war die Stadt befestigt, wie sich am Grundriss des Zentrums gut erkennen lässt: Der ehemaligen Stadtmauer folgend, führt die Ringstraße kreisrund um die Altstadt. Von der Verteidigungsanlage sind noch zwei der drei Stadttore erhalten: das **Rostocker** und das **Malchiner Tor** (beide 15. Jh., in Letzterem befindet sich heute das **Stadtmuseum**). Zwischen den Toren verläuft die Hauptstraße über den Marktplatz mit dem neubarocken **Rathaus** aus dem Jahr 1910. Heute ist Teterow eine muntere Kleinstadt mit einem sehenswerten, kompakten Zentrum. Motorsportfreunden ist der traditionsreiche *Teterower Bergring* ein Begriff: Die berühmte Grasbahn ist Austragungsort für international besetzte Motorradrennen.

Inmitten dieser übersichtlichen Straßenführung fällt der Standort der **Stadtkirche** auffallend aus dem Rahmen: Im Grundriss der Stadt steht sie ziemlich schief hinter dem Rathaus. Die Teterower haben dafür eine einleuchtende Erklärung: Ursprünglich sei die Kirche nicht *am*, sondern *auf* dem Marktplatz errichtet worden, also in der Stadtmitte, wie es sich gehört. Die Bürger aber, die schnell von Tor zu Tor wollten, waren nun gezwungen, um die Kirche herumzulaufen. Doch weil man eine Kirche, wenn sie im Weg steht, nicht einfach wieder abreißt, *verschob* man sie mit vereinten Kräften – und holte dabei aber etwas zu viel Schwung. Das gewichtige Bauwerk schlitterte weiter als geplant und kam, so schief, wie es heute vorzufinden ist, zum Stehen. Und tatsächlich: Steht man vor dem Rathaus auf dem Marktplatz, kann man beide Tore sehen. Bei der Kirche erinnert eine kleine Skulptur an den übereifrigen Kraftakt der lauffaulen Bürger. Ein weiteres Denkmal, das Teterow auch nicht wirklich zur Ehre gereicht, steht auf dem Marktplatz: der *Hechtbrunnen*.

Information **Tourist-Information** am Marktplatz, sehr freundlich und hilfsbereit. Mai bis Sept. Mo–Fr 9–18 Uhr (Juli/Aug. auch Sa 10–13 Uhr), Okt. bis April Mo–Fr 9–17 Uhr. Markt 9, 17166 Teterow, ✆ 03996-172028, ✆ 03996-187795, www.teterow.m-vp.de.

Einkaufen **Buchhandlung Steffen**, gut sortierter, kleiner Buchladen in der Malchiner Str. 15, ✆ 03996-172598.

Veranstaltungen **Bergring-Rennen**, traditionelles Motorradrennen am Bergring alljährlich zu Pfingsten. Infos unter ✆ 03996-172935, www.bergring-teterow.de.

Hechtfest, am Wochenende vor Pfingsten.

Übernachten **Jugendherberge Teterow**, zwei Backsteingebäude nördlich der Altstadt auf dem Weg zum Teterower See, unweit der Badestelle. Übernachtung 19 €, Senioren ab 27 J. 22 €, Frühstück inkl. Auch DZ (3 € Aufschlag) und Zeltmöglichkeit. Am Seebahnhof 7, 17166 Teterow, ✆ 03996-172668, ✆ 03996-158812, www.jugendherberge-teterow.de.

Übernachten außerhalb **Schloss Teschow**, Golf- und Wellnesshotel, umgeben von zwei Golfplätzen (9- und 18-Loch). Feinschmecker-Restaurant, Bar und rustikale Gutsschänke. Letztere ist gemütlich in einer restaurierten Scheune untergebracht (freundlicher Service, bodenständige mecklenburgische Küche, gutes Bier). Außerdem großer Spa-Bereich. EZ ab 112 €, DZ ab 144 €, jeweils inkl. Frühstück, zahlreiche Arrangements im Angebot. Gutshofallee 1, 17166 Teschow, ✆ 03996-1400, ✆ 03996-140100, www.schloss-teschow.de.

Essen & Trinken Gasthaus Stadtmühle, ein Stück unterhalb der Kirche, schöne Lage am Stadtteich. Gemütlich-rustikales Gasthaus in Teterows ehemaliger Mühle. Hier gibt es einen schmackhaften Mecklenburger Rippenbraten. Tägl. 11–22 Uhr geöffnet. Mühlenstr. 1, ✆ 03996-152300.

Die Geschichte vom Teterower Hecht

Vor vielen Jahren fing ein Teterower Fischer im Teterower See einen kapitalen Hecht. Der Fisch war für den Geburtstag der Bürgermeisterin bestimmt, doch für die Festgesellschaft war der Hecht viel zu gewaltig, wäre doch die ganze Stadt davon satt geworden. Also vereinbarten die Ratsherren mit dem Fischer, den opulenten Fang für das Schützenfest aufzuheben. Doch bis dahin waren es noch ein paar Tage. Wie aber sollte man den prächtigen Fisch frisch halten? Guter Rat war teuer, aber den findigen Teterowern kam eine wunderbare Idee, die das Problem lösen sollte: Sie beschlossen, dem Hecht eine Glocke um den Hals zu binden und ihn wieder in den See zu setzen. Und um die Stelle auch schnell wieder finden zu können, schnitzten sie eben dort eine Kerbe in ihr Boot.

Nach dem Hecht sucht man noch heute – es wird vermutet, dass er die Glocke abstreifen konnte ...

Sehenswertes

Kirche St. Peter und Paul: Die dreischiffige Backsteinkirche, in ihrem Kern spätromanisch, entstand weitgehend im 14. Jh. Mitte des 14. Jh. wurde der Chor eingewölbt, aus dieser Zeit stammen auch die verblassten Reste der Wandmalereien im Kreuzrippengewölbe. Über das Hauptschiff spannt sich ebenfalls ein schönes Kreuzrippengewölbe (vermutlich frühes 15. Jh.). Zur Zeit der Reformation verlor St. Peter und Paul vieles von seiner Innenausstattung. Erhalten geblieben ist u. a. der gotische Schnitzaltar aus dem frühen 15. Jh.

Mai bis Mitte Okt. Mo–Sa 10–17 Uhr geöffnet.

Mecklenburgische Schweiz
Karte → S. 428/429

Teterower See, Burgwallinsel: Nördlich von Teterow erstreckt sich der buchtenreiche *Teterower See* mit seinem weitgehend schilfbestandenen Ufer. Im See liegt lang gestreckt die *Burgwallinsel*; ihren Namen verdankt sie einer slawischen Burg, die hier einstmals stand, von der aber nur noch Teile des Walls erhalten sind. Die Insel (mit *Restaurant Wendenkrug*) ist vom westlichen Ufer aus mit einer Seilfähre erreichbar.

Das kleine **Fährboot** verkehrt April bis Okt. tägl. ab 10 Uhr. Erw. 0,50 €, Kinder 0,25 €. ✆ 03996-157705, www.burgwallinsel-teterow.de.

Umgebung von Teterow

Thünen-Museum Tellow: ein land(wirt)schaftliches Idyll. Die weitläufige Gutsanlage ca. elf Kilometer nordwestlich von Teterow ist gewissermaßen das Flächenmonument eines wegweisenden Projekts aus dem 19. Jh. Der 1783 geborene *Johann Heinrich von Thünen* war ein sattelfester Agrar- und Wirtschaftswissenschaftler, der nicht nur als Landwirtschaftstheoretiker wirkte, sondern in Tellow ein Mustergut aufbaute und führte. Thünen gilt als Begründer der landwirtschaftlichen Betriebslehre, er forschte an Theorien zur landwirtschaftlichen Produktion und Raumstruktur. Außerdem setzte er sich für angemessene Löhne ein und machte sich als Sozialreformer einen Namen, als er für seine Gutsarbeiter 1848 beispielsweise eine Altersversicherung einführte.

Die malerische Gutsanlage lädt zu einem Spaziergang ein. Im *Gutshaus* informiert eine Ausstellung über Johann Heinrich von Thünens Leben und Wirken. Hinter dem Gutshaus dehnt sich ein schöner, kleiner *Landschaftspark* rund um einen malerischen Teich aus. Am Eingang zur Anlage sind in einer ehemaligen Scheune ein Café und ein Laden untergebracht (Museumskasse); auch die *Speichergalerie* findet sich hier, die zuletzt eine Fotoausstellung zu den Gutshäusern der Umgebung zeigte.

Museum: Mai bis Sept. tägl. 9–17 Uhr, Okt. bis April tägl. 9–16 Uhr. Erw. 3 €, erm. 1,50 €. Museumskasse im Gutsladen.

Das Thünengut ist nicht nur ein landwirtschaftliches Museum, hier gibt es auch einfache, günstige **Ferienwohnungen**, eine Jugendbegegnungsstätte, Tagungsräume, Veranstaltungen etc.

Zum **Café** in der Thünenscheune gehört ein **Gutsladen**, der Marmeladen, Honig, Wurst, Kosmetika, Töpferwaren und andere Souvenirs verkauft. ✆ 039976-54122. ■

Thünen-Museum Tellow, 17168 Warnkenhagen/OT Tellow, ✆ 039976-5410, 039976-54116, www.thuenen-museum-tellow.m-vp.de. Fachportal zu Johann Heinrich von Thünen: www.thuenen.de.

Zwischen Mecklenburgischer Schweiz und Ostsee

Bad Sülze

ca. 1700 Einwohner

Die schön an der Recknitz gelegene Stadt verdankte ihren Wohlstand über die Jahrhunderte einer Saline, die bereits Anfang des 13. Jh. urkundlich erwähnt wurde. Die Stadt selbst wurde 1243 erstmals genannt, 1298 wurde das Lübische Stadtrecht erteilt. 1620 entstand das erste Gradierwerk zur Salzgewinnung, im 18. und frühen 19. Jh. erlebte die Produktion ihren Höhepunkt, 1907 wurde der Salinenbetrieb eingestellt. Schon im 19. Jh. wurde Bad Sülze auch Kurort (Sol- und Moorbäder) und noch heute befindet sich hier eine Kurklinik mit Moorbad.

Landidyll im Thünen-Museum Tellow

Über Geschichte und Technik der Salzgewinnung in Bad Sülze – wie auch über die Stadtgeschichte – informiert das sehenswerte **Salzmuseum** im Alten Salzamt am nördlichen Ortsausgang. Gegenüber davon befindet sich der Kurpark, ein Stück weiter das heute baufällige, einst aber prachtvolle Kurhaus aus dem Jahr 1828.

Information im **Museum** (→ Museum).

Verbindungen **Busse** nach *Tribsees* und *Grimmen* sowie über Marlow nach *Ribnitz-Damgarten*.

Museum Mai bis Okt. Di–Fr 10–12 und 14–16.30 Uhr sowie Sa/So 14–16 Uhr; im Winter nur Di–Fr 10–12 und 14–16 Uhr sowie So 14–16 Uhr. Eintritt 3 €, erm. 2,50 €, Kinder 1 €. Saline 9, 18334 Bad Sülze, ✆ 038229-80680, 📠 038229-80677, www.salzmuseum-badsuelze.de. Im Museum befindet sich auch die **Tourist-Information**.

Tribsees

ca. 2600 Einwohner

Die kleine Stadt an der Trebel erhielt 1285 das Stadtrecht. Einstmals wegen ihrer Grenzlage zwischen Mecklenburg und Vorpommern von strategischem Interesse, beginnt die Bedeutung der Stadt in der zweiten Hälfte des 17. Jh., nunmehr mit Pommern ein Teil Schwedens, abzunehmen. 1702 brannte die Stadt fast vollständig nieder und wurde nur langsam wieder aufgebaut. Heute ist Tribsees ein hübsches, gemütliches Städtchen, in dem es recht ruhig zugeht. Sehenswürdigkeit ist neben zwei erhaltenen backsteingotischen Stadttoren (**Steintor** und **Mühlentor**, beide Ende 13. Jh.) vor allem die **St.-Thomas-Kirche**. Ursprünglich aus dem 14. Jh., nahm die Backsteinkirche während des großen Brandes 1702 erheblichen Schaden und wurde Mitte des 19. Jh. restauriert. Vor dem Feuer gerettet werden konnte der prächtige Schnitzaltar aus dem 15. Jh., der *Tribseeser Mühlenaltar* ist heute in der Kirche zu besichtigen.

Mai bis Okt. tägl. 10–12 und 14–16 Uhr, So nach dem Gottesdienst, im Winterhalbjahr gegenüber im Pfarramt melden (Mo–Fr 10–12 und 13–16 Uhr).

Mecklenburgische Schweiz Karte → S. 428/429

Vogelpark Marlow

Im Recknitztal liegt der kleine Ort **Marlow**, in dessen Nähe sich ein Vogelpark befindet. Auf dem gepflegten, weitläufigen Gelände kann man zahlreiche heimische und exotische Vögel beobachten: Wellensittiche und Waldrappen, Pinguine und Papageien, schwarze Schwäne und weiße Störche. Neben all dem Federvieh leben im Vogelpark auch neugierige Äffchen und aufmerksame Präriehunde, Alpakas, Ottern usw. Besonderes Highlight sind die Flugshows der Greifvögel und für Kinder diverse (Abenteuer-)Spielplätze. Auf dem Gelände gibt es zudem zwei Biergärten/Imbisse und ein SB-Restaurant.

Mitte März bis Okt. tägl. 9–19 Uhr (letzter Einlass 17 Uhr), Nov. bis Mitte März tägl. 10–16 Uhr (letzter Einlass 15 Uhr). Eintritt in der Hauptsaison 10 € (Nebensaison 5 €), Kind 3–16 J. 5 € (3 €), Hund 5 € (3 €). Kölzower Chaussee, 18337 Marlow, ✆ 038221-265, www.vogelpark-marlow.de.

Kirch Baggendorf

Eine bemerkenswert hübsche **Dorfkirche** findet sich wenige Kilometer westlich von Grimmen in Kirch Baggendorf. Die malerische Feldsteinkirche stammt aus der Mitte des 13. Jh., der Anbau für den Turm wurde wahrscheinlich im 15. Jh. angefügt. Im Inneren sind neben der barocken Ausstattung (Altar, Kanzel, Empore) vor allem die gotischen Wandmalereien (um 1390) und Ornamentierungen (um 1300) sehenswert.

Meist 9–16 Uhr geöffnet.

Grimmen

ca. 10.000 Einwohner

An der Kreuzung der alten Handelstraßen von Greifswald nach Tribsees (und weiter nach Rostock) und von Stralsund nach Demmin liegt Grimmen günstig an einer Furt über die einstmals sumpfige und unwegsame Trebel. Im stillen Zentrum von Grimmen haben sich ein paar sehenswerte backsteingotische Architekturen erhalten: so das **Rathaus**, erbaut um 1400, mit einer prächtigen Giebelfassade und einem eleganten Dachturm, drei verbliebene Stadttore, **Stralsunder** und **Tribseer Tor** (beide um 1320) sowie **Greifswalder Tor** (2. Hälfte des 14. Jh.), und vor allem etwas zurückgesetzt vom Marktplatz die **Kirche St. Marien**. Die frühgotische Halle (Mitte 13. Jh.) wurde um 1400 durch Chor und Turm ergänzt.

St. Marien: zuletzt Mai bis Okt. Mo–Fr 9.30–15.30 Uhr geöffnet, im Winterhalbjahr im Gemeindezentrum melden.

Was haben Sie entdeckt?

Welches Gasthaus hat Ihnen besonders gut gefallen? In welcher Unterkunft haben Sie sich wohlgefühlt? Haben Sie einen schönen Wanderweg oder einen idyllischen Strandabschnitt entdeckt?
Wenn Sie Anregungen, Empfehlungen oder auch Kritikpunkte haben, lassen Sie es uns bitte wissen. Schreiben Sie an:

Sabine Becht, Sven Talaron
Stichwort „Mecklenburg-Vorpommern"
c/o Michael Müller Verlag, Gerberei 19, 91054 Erlangen
becht.talaron@michael-mueller-verlag.de

Vielen Dank! Ein herzlicher Dank gilt allen Lesern, deren Zuschriften diese Auflage mit Tipps und Hinweisen bereichert haben.

NOTIZEN

Register

Die (in Klammern gesetzten) Koordinaten verweisen auf die beigefügte Mecklenburg-Vorpommern-Karte.

Aalbude 429
Absalon von Roskilde 34
Adolf Friedrich IV. von Mecklenburg-Strelitz, Herzog 410
Adolf Friedrich VI. von Mecklenburg-Strelitz, Großherzog 378
Ahlbeck (K 5) 291
Ahrensberg (G 9) 385
Ahrenshoop (F 2) 167
Ahrenshooper Literaturtage 171
Albrecht II., Herzog von Mecklenburg 34
Alt Reddevitz (J 3) 229
Alt Rehse (H 7) 422
Alt Schloen (G 7) 346
Alt Schwerin (E 7) 327
Alte Fahrt (G 8) 372
Altefähr (H 2) 201
Altenkirchen (I 1) 242
Altentreptow (H 6) 423
Altwarp (K 6) 406
Am Schwarzen Busch (B 4) 122
Angeln 63
Ankershagen (G 7) 359
Anklam (J 5) 272
Asta Nielsen 257

Baabe (J 2) 225
Backsteingotik 42
Bad Doberan (D 4) 134
- Heiligendamm (D 3) 138
- Kamp 137
- Münster 136
- Stadt- und Bädermuseum Möckelhaus 137

Bad Kleinen (C 6) 88
Bad Stuer (E 8) 333
Bad Sülze (F 4) 438
Badekarren 64
Baden 64
Bansin (K 5) 298
Bärenwald Müritz 333
Barhöft (H 2) 185
Barlach, Ernst 315, 319
Barth (G 2) 183
- Marienkirche 183
- Vineta-Museum 183

Basedow (F 6) 431
Bastorf (C 4) 132
Bauernlegen 36
Behinderte 46
Belemniten 23
Benz (K 5) 300
Bergen (I 2) 205
- Klosterhof 207
- Marienkirche 207

Binz (I 2) 214
Biosphärenreservat Südost-Rügen (I/J 2/3) 29
Blankenförde Kakeldütt (G 8) 362
Blücher, Gebhard Leberecht von, Marschall Vorwärts 142
Blücherhof (F 7) 433
Boddenküste 22
Boek (G 8) 363
Boeker Mühle (G 8) 364
Bogislaw IV. 34
Bogislaw X. 36
Böhmer, Marga 318
Boiensdorfer Werder (C 4) 124
Boizenburg 97
Bollewick (F 8) 369
Boltenhagen (B 4) 105
Bolter Kanal (G 8) 363
Bolter Schleuse (G 8) 364
Borkow 326
Born (F 2) 172
Borwin, Fürst 373
Brackwasser 22
Brahe, Tycho 142
Braun, Wernher von 285
Breege (I 1) 241
Breege-Juliusruh (I 1) 241
Breiter Luzin (I 8) 393
Bristow 434
Brohmer Berge (J 7) 405
Bugenhagen, Johannes 36
Burg Schlitz (F 6) 435
Burg Stargard (H 7) 416
Burg Werle 33, 312
Burg Wesenberg 384
Burgwallinsel, Teterower See 438
Buttel, Friedrich Wilhelm 41, 388, 391, 402, 418
Bützow (D 5) 312

Camping 59
Canow (G 9) 381
Carwitz (I 9) 399
- Hans-Fallada-Museum 400

Carwitzer See (I 9) 402
Christian II. Ludwig, Herzog von Mecklenburg-Schwerin 92
Crivitz (C 7) 87
Croy-Teppich 266

Damerow (K 4) 286
Dargun (G 5) 430
Darßer Arche, Besucherzentrum des Nationalparks Vorpommersche Boddenlandschaft 175
Darßer Ort, Leuchtturm und Natureum (F 2) 179
Demmin H 5) 431
Demmler, Georg Adolph 41, 73, 138, 325
Diemitz (G 9) 380
Diemitzer Schleuse (G 9) 380
Dierhagen (E/F 2) 161
Ditzen, Rudolf, alias Hans Fallada 401
Dobbertin, Kloster (D 7) 324
Dobbertiner See (D 7) 324
Dömitz (B 9) 95
Donnerkeile 23
Dornbusch (H 1) 258
Draisinen 431, 61, 325
Dranske (H 1) 246
Dreetzsee 402, 403
Dritte Hauptlandesteilung 36

Eiszeit 20
Elde-Havel-Wasserstraße 351
Eldena, Klosterruine (I 4) 268
Ellbogensee (G 9) 385
Enddorn (H 1) 258
Erich IV. Menved 35
Ermäßigungen 46
Ernst-Moritz-Arndt-Turm 207
Erste Hauptlandesteilung 34
Erwin Sellering 39
Essen 47
Everstorfer Forst 99

Fahrradfahren 65
Fallada, Hans 398, 400, 401
Fallersleben, Hoffmann von 425
Faulenrost (G 6) 347
Fauna im Müritz-Nationalpark 352
Federow (G 7) 356
Feldberg (I 8) 393
Feldberger Seenlandschaft (I 8/9) 393
Ferienwohnungen 58
Feste 49
Festspiele Mecklenburg-Vorpommern 49, 415, 433
Feuersteinfelder (I 2) 221
Fincken (F 8) 367
Fischadler 353
Fischland–Darß–Zingst (F/G 2) 160
FKK-Badestellen 65
Fleeter Mühle (G 9) 380
Flessenow (C 6) 87
Flora im Müritz-Nationalpark 352
Flora und Fauna 24
Fontane, Theodor 339
Freesenort (H 2) 250
Freilichtmuseum Klockenhagen (E 3) 157
Frieden von Osnabrück 36
Friedland (I 6) 405
Friedländer Große Wiese (J 6/7) 405
Friedrich II. Hahn 427
Friedrich Wilhelm II., der „dicke Lüderjahn" 420
Friedrich Wilhelm III. 420
Friedrich Wilhelm IV. 210, 420
Friedrich, Caspar David 268
Friedrich, Herzog von Mecklenburg-Schwerin 92
Friedrichsfelde (G 7) 359
Fürstenhagen (I 8) 402

Gadebusch (A 6) 98
Gager (J 3) 230
Galenbeck (J 7) 404
Galenbecker See (J 7) 404
Garz (I 3) 204
Gelbensande (E 3) 157
Gellen (H 2) 261
Geografie 20
Gespensterwald, Nienhagen 139
Gingst (H 2) 248
Glewitzer Fähre (I 3) 204
Glowe (I 1) 240
Gödecke Michels 208
Göhren (J 2) 226
Göhren-Lebbin (F 7) 336
Goldberg (E 7) 323
Goldberger See (E 7) 323
Goldmann, Klaus 32
Golf 66
Gollwitz (C 4) 122
Gothensee (K 5) 300
Graal-Müritz (E 3) 156
Granitz (J 2) 214
Granzin (G 8) 361
Greifswald (I 4) 262
- Caspar-David-Friedrich-Zentrum 268
- Eldena (I 4) 268
- Koeppenhaus 268
- St. Marien 266
- Universität 263
- St. Jakobi 268
- St. Nikolai 267
- Pommersches Landesmuseum 265

Grevesmühlen (B 5) 99
Grieben (H 1) 258
Grienericksee 381
Grimmen (H 4) 440
Groß Breesen (E 6) 322
Groß Mohrdorf (G 2) 185
Groß Nemerow 416
Groß Plasten (G 7) 346

Am Darßer Ort

Groß Raden, Freilichtmuseum (D 6) 33, 310

Groß Zicker (J 3) 230

Große Rohrdommel 353

Großer Kirr, Insel (G 2) 180

Großer Labussee (G 8) 386

Großer Nordischer Krieg 37, 108

Großer Wariner See (C 5) 308

Großer Weißer See 384, 386

Großsteingräber, Everstorfer Forst 99

Grotewohl, Otto 213

Grüssow (J 5) 303

Gustav II. Adolf 36, 189

Güstrow (E 6) 313
- Dom 318
- Marienkirche 318
- Schloss 317
- Stadtmuseum 317

Gutshaus Solzow (F 8) 370

Hafendorf Müritz (G 8) 371

Hagenow (B 7) 97

Hahn, Familie 432

Hamburger Vergleich 387

Hanse 108, 141

Hardenberg, Karl August von 420

Hartmannbund 423

Hauptmann, Gerhart 256

Hausboot 69

Haussee (bei Feldberg) (I 8) 393

Haussee (Schloss Schorssow) (F 6) 434

Havel-Wasserstraße 387

Heeresversuchsanstalt Peenemünde 283, 285

Heilige Hallen, Naturschutzgebiet (I 8) 398

Heiligendamm (D 3) 138

Heinrich Borwin I., Fürst von Mecklenburg 33, 306

Heinrich Borwin II., Fürst von Mecklenburg 314, 318

Heinrich der Löwe 416

Helpt (I 7) 403

Helpter Berge (I 7) 403

Heringsdorf (K 5) 293

Hiddensee (H 1/2) 252

Hiddenseer Goldschatz 259

Hinstorff, Dethloff Carl, Verleger 425

Hitzig, Friedrich 347

Hohen Viecheln (C 5) 88

Hohenzieritz (H 8) 419

Hostienschändung, Sternberg 308

Hotels 57

Hühnergötter 23

Hunde 51, 65

Informationen 51

Informationszentrum Wald und Moor (E 3) 157

Internet 51

Ivenack (G 6) 424

Ivenacker Eichen 424

Kanuten auf der Peene

Jagdschloss Gelbensande (E 3) 157

Jagdschloss Granitz (I 2) 218

Jaromarsburg 246

Jasmund (I/J 1/2) 233

Jastram, Jo 158, 365

Jastram, Thomas 158

Johann I., brandenburgischer Markgraf 410

Johnson, Uwe 104

Jugendherbergen 58

Juliusruh (I 1) 241

Käflingsberg (G 8) 358

Kaiserbäder (K 5) 291

Kaninchenwerder, Insel 86

Kap Arkona (I 1) 243

Karl von Mecklenburg-Strelitz, Herzog 419

Karlshagen (J 4) 282

Karow (E 7) 325

Karower Meiler (E 7) 325

Karten 53

KdF 221

Kirch Baggendorf (G 4) 440

Kirchdorf (C 4) 122

Kittendorf (G 7) 347

Klein Nemerow 416

Klein Quassow (G 8) 386

Klein Zicker (J 3) 231

Kleine Müritz (F 8) 371

Kleiner Labussee 386

Kleinzerlang (G 9) 381

Klima 53

Klink (F 7) 349

Klockenhagen (E 3) 157

Klocksin (F 6) 433

Klöster 40

Kloster (H 1) 255

Kloster Dobbertin (D 7) 324

Klotz, Clemens 221

Klütz (B 4) 102

Koeppen, Wolfgang 262, 268

Kölpinsee (K 4) 288

König, Alexander 434

Königsstuhl (J 1) 237

Kosegarten, Gotthard Ludwig Theobul 243

Koserow (K 4) 287

Krakow am See (E 6) 321

Krakower Obersee 321

Krakower See (E 6/7) 321, 322

Kraniche 26

Kranich-Informationszentrum Groß Mohrdorf (G 2) 185

Kratzeburg (G 8) 361

Krienke (G 8) 361

Krumbeck, Lenné-Park (I 8) 399

Krummin (J 4) 280

Krüseliner Mühle (I 9) 402

Kühlungsborn (C/D 3) 128

| Molli-Museum 132

Kummerower See (G 5/6) 426, 427

Künstlerkolonie Ahrenshoop 168

Kur 62

Kurtaxe 54

Labussee (G 9) 381
Landschaft 20, 22, 27, 39
Laumen, Michael 49
Lauterbach (I 2) 212
Leezen (C 6) 87
Lenné, Peter Joseph 432, 347, 399
Lenz 333
Leuchtfeuer Dornbusch (H 1) 259
Ley, Robert 221
Liepe (J 5) 303
Lieper Winkel (J 5) 302
Lietzow (I 2) 209
Literaturtipps 54
Lobber Ort 232
Loddin (K 4) 288
Loddiner Höft (K 4) 288
Lohme (I 1) 238
Löwe, Christian Julius 388
Lubmin (I 4) 39
Lübz (D 7) 332
Ludorf (F 8) 370
Ludwigslust (C 8) 92
Luise von Preußen, Königin 420
Luther, Martin 309
Lutheran (D 7) 332
Lüttenhagen (I 8) 398
Lüttenort (K 4) 286

Malchin (G 6) 427
Malchiner See (F 6) 426, 431
Malchow (F 7) 334
Malchower See (F 7) 334
Maltzan, Ulrich von 433
Mecklenburgische Schweiz 426
Mellenthin (K 5) 302
Michels, Gödecke 208
Mickelenburg, Burg 33
Middelhagen (J 3) 229
Mirow (G 9) 373
Molli, Schmalspurbahn 129
Mönchgut (J 2/3) 225
Mönkebude 406
Moorfrosch 352
Moränen 20
Morgenitz (K 5) 302
Mössensee 380
Motoryachten 69
Mudder Schulten 414
Müller-Kaempff, Paul 167
Müritz (F/G 7/8) 337
Müritzer, slawischer Stamm 32
Müritz-Havel-Wasserstraße 381
Müritzhof (G 8) 351
Müritz-Nationalpark (G 7/8 und H 8) 28, 337, 350
Müritz-Nationalpark, Informationsstelle 359
Müritz-Saga, Waren 50
Müther, Ulrich 151, 154

Napoleon Bonaparte 420
Nationalpark Jasmund (I/J 1) 27, 236
Nationalpark Vorpommersche Boddenlandschaft (F–H 1/2) 27, 161
Natur- und Umweltpark Güstrow (E 6) 320
Naturerbe Zentrum Rügen/Prora (I 2) 220
Naturpark Am Stettiner Haff (J/K 6/7) 406
Naturpark Mecklenburgische Schweiz und Kummerower See (E–G 5–7) 426
Naturpark Nossentiner/Schwinzer Heide (D–F 6/7) 325
Naturpark Sternberger Seenland (C/D 5/6) 311
Naturschutzgebiet Damerower Werder (F 7) 336
Naturschutzgebiet Langenhägener Seewiesen (D 7) 324
Naturschutzgebiet Nonnenhof 416
Nebeldurchbruchstal (E 6) 323
Neeberg (J 4) 280
Nehrungen 22
Nerthus, Erdgöttin 238
Neubrandenburg (H 7) 409
- Fangelturm 414
- Franziskanerkloster 414
- Friedländer Tor 412
- Konzertkirche Neubrandenburg 415
- Kunstsammlung 415
- Mudder-Schulten-Brunnen 414
- Neues Tor 413
- Regionalmuseum 414
- Stargarder Tor 413
- Treptower Tor 413
- Wiekhäuser 412

Neubukow (C 4) 125
Neuendorf (H 1) 261
Neukalen (G 5) 429
Neukloster (C 5) 306
- Klosterkirche 307
- Museum 307

Neustadt-Glewe (C 8) 91
Neustrelitz (H 8) 41, 387
- Marktplatz, Rathaus und Stadtkirche 391
- Schlossgarten 391
- Schlosskirche 391
- Schlosskoppel 392
- Slawendorf 392
- Stadtmuseum 392
- Tiergarten 392

Niemeyer-Holstein, Otto 286, 301
Nienhagen (D 4) 139
Nikolaus von Werle 338

Obotriten, slawischer Stammesverband 31
Orgelmuseum, Mecklenburgisches 336
Ostsee 28
Ostsee-Pipeline 39
Otto I. 34
Otto von Bamberg 33, 304

Parchim (D 8) 332
Pasewalk (K 7) 408
Pech/Herstellung 328
Peenemünde (J 4) 283
- Historisch-Technisches Informationszentrum 284
- Maritim Museum (U 461) 286
- Phänomenta 286

Peenetal (I/J 5) 273
Pensionen 57
Penzlin (H 7) 421
- Alte Burg 421
- Museum für Magie und Hexenverfolgung 422

Petermännchen 80
Petershagen, Rudolf 264
Pieverstorf 361
Plätlinsee 385
Plau am See (E 7) 329
Plauer See (E 7/8) 325
Plauer See, Süd- und Ostufer 333
Plauer Werder (E 7) 327
Plötzenhöhe (E 7) 329
Poel, Insel (B/C 4) 119
Poeler Kogge 116
Prerow (F 2) 176
- Darß-Museum 178

Prerowstrom 176
Priepert (G 9) 385
Prillwitz (H 8) 421
Prora (I 2) 218
- Museen 220

Putbus (I 2) 210
- Historisches Uhrenmuseum 211
- Schlosspark 212
- Theater 212

Putgarten (I 1) 244

Raben Steinfeld (C 7) 87
Ralswiek (I 2) 207
Rasender Roland 211
Rattey (I 7) 404
Rätzsee (G 9) 381
Ravensbrück, Frauen-Konzentrationslager 411
Rechlin (G 8) 371
Reestow (J 5) 303
Reformation 309
Rehna (A 5) 99
Reimann, Brigitte 415
Reiten 67
Remplin (F 6) 427
Rerik (C 4) 126
Rethra 33
Reuter, Fritz 410, 423, 425
Reuterstadt Stavenhagen (G 6) 423
Ribnitz-Damgarten (F 3) 158
- Deutsches Bernsteinmuseum 158
- Galerie im Kloster 158

Röbel (F 8) 365
Rohrweihe 353
Rom (D 7) 332
Rostock (E 4) 140
- Astronomische Uhr 147
- Kerkhoff-Haus 141
- Krahnstöver-Haus 141
- Kröpeliner Tor 140
- Kröpeliner-Tor-Vorstadt (KTV) 140
- Kulturhistorisches Museum im Kloster zum Heiligen Kreuz 149
- Kunsthalle 150
- Marienkirche 147
- Petrikirche 148
- Steintor 140
- Universität 140, 141

Rostocker Heide (E 3) 155
Rothirsch 352
Rowohlt, Ernst 401
Rubenow, Heinrich 263
Rügen 200

Sagsdorfer Brücke 309
Salzhaff (C 4) 124
Sanddorn 47
Sandhaken 22
Sassnitz (J 2) 233
- Erlebniswelt U-Boot 235
- Fischerei- und Hafenmuseum 235
- Museum für Unterwasser-archäologie 235

Schaabe (I 1) 240
Schaalsee (A 6/7) 98
Schabbell, Hinrich 113, 118
Schaprode (H 1) 251
Schinkel, Karl Friedrich 245, 324, 388
Schliemann, Heinrich 359, 360
Schlitz, Graf Hans von 435
Schloss Basedow (F 6) 431
Schloss Bothmer (B 4) 103
Schloss Güstrow (E 6) 317
Schloss Hohenzieritz (H 8) 419
Schloss Rattey (I 7) 404
Schloss Schorssow (F 6) 434
Schloss Schwerin (B 6) 79
Schloss Spyker (I 1) 239
Schloss Ulrichshusen (F 7) 432
Schloss Wiligrad (B 6) 88
Schlossfestspiele, Schwerin 50, 75

Schlossgartenfestspiele, Neustrelitz 50, 389
Schmale Heide (I 2) 218
Schmaler Luzin (I 8) 393, 399
Schorssow (F 6) 434
Schwarz (G 9) 379
Schwarzenhof (G 7) 357
Schwarzstorch 353
Schwerin (B 6) 72
- Alter Garten 82
- Altes Palais 82
- Altstädtischer Markt 83
- Dom 83
- Geschichte
- Pfaffenteich 85
- Schelfkirche 84
- Schelfstadt 84
- Schlachtermarkt 83
- Schleifmühle 81
- Schleswig-Holstein-Haus 84
- Schloss 79
- Schlossfestspiele 75
- Schlossgarten 81
- Staatliches Museum am Alten Garten 82

Schweriner See (B/C 6) 86
Schweriner See, Ostufer (C 6) 87
Schweriner See, Südufer 86
Schweriner See, Westufer (B 6) 88
Schwerin-Mueß, Freilichtmuseum (C 7) 87
Seeadler 311, 353
Seeluster Bucht 329
Segeln 67
Segelyachten 69
Sellin (Rügen) (J 2) 222
Sellin (Usedom) (K 5) 300
Serrahner Buchenwälder (UNESCO-Weltnaturerbe) 350
Severin, Carl Theodor 137, 138
Sietow Dorf (F 8) 349
Sölle 21
Sophie Charlotte, englische Königin 373
Sorgenlos (G 7) 347
Spandowerhagen (J 4) 270
Sparow, Teerschwelergehöft (E 7) 327
Speck (G 8) 358
Sport 56
Stavenhagen (G 6) 423
- Fritz-Reuter-Literaturmuseum 423

Stein, Karl vom und zum 420
Steinzeitdorf Kussow (B 5) 99
Sternberg (D 6) 308
Sternberger Kuchen 311
Sternberger See (D 6) 308
Stolpe (I 5) 273
Störtebeker, Klaus 208
Stove (C 4) 124
Stralsund (H 3) 188
- Commandanten-Hus 194
- Deutsches Meeresmuseum 196
- Geschichte 188
- Giebelhaus 194
- Gorch Fock 199
- Hafen 199
- Jakobikirche 198
- Johanniskloster 196
- Katharinenkloster 196
- Kirche St. Nikolai 195
- Kulturhistorisches Museum 197
- Marienkirche 198
- Museumshaus 197
- Museumsspeicher 198
- Neuer Markt 198
- Rathaus 194
- Ozeaneum 199
- Wulflamhaus 194

Strasburg (J 8) 403
Strasen (G 9) 385
Strelitz, Georg von 426
Stubbenkammer (J 1) 237
Stüler, Friedrich August 80
Sturmhochwasser 37
Succow, Michael 27
Süderleuchtturm 261
Suhrendorf (H 2) 250
Sundische Wiesen (G 2) 180
Surfen 67
Svantevit 246

Tankow 250
Tauchen 68
Teerschwelen 328
Tellow (F 5) 438
Teterow (F 6) 435
Teterower Becken 435
Teterower See (F 6) 435, 438
Thiessow (J 3) 231
Thomsdorf (I 9) 402
Thünen, Johann Heinrich von 438
Thünen-Museum Tellow (F 5) 438
Timmendorf-Strand (Insel Poel) (B 4) 122
Tollenser, slawischer Stamm 32
Tollensesee (H 7) 415
Torgelow (K 7) 408
Trassenheide (J 4) 280
Tribsees (G 4) 439
Trinken 47
Tromper Wiek 240

Übernachten 56
Ückeritz (K 4) 289
Ueckermünde (K 6) 406
- Haffmuseum 408
- St. Marien 408

Blick über Wustrow (Fischland)

Ueckermünder Heide 405
Ummanz (H 2) 249
Umwelt 22, 27, 39
UNESCO-Welterbe 109
Untergöhren 336
Unterwegs
- Mit dem Auto 59
- Mit dem Bus 62
- Mit dem Fahrrad 65
- Mit dem Hausboot 69
- Mit dem Schiff 62
- Mit der Bahn 61
- Mit der Kutsche 62

Usedom 274
Usedom Stadt (J 5) 304
Usedomer Gesteinsgarten 290
Usedomer Schweiz (K 5) 300
Userin (G 8) 386
Useriner See (G 8) 386

V 2 285
Varchentin (G 7) 346
Veranstaltungen 49
Verchen (G 5) 429
Viktoria-Sicht (J 1) 237
Vilm, Insel (I 3) 213
Vilzsee (G 9) 379
Vineta 32
Vipperow (F 8) 371
Vitalienbrüder 208
Vitt (I 1) 246
Vitte (H 1) 259
Vogelpark Marlow (F 4) 440
Voß, Johann Heinrich 359, 421

Waase (H 2) 249
Wälder 24
Wallenstein, Albrecht von 108, 189, 314
Wandern 68
Waren an der Müritz (F7) 338
Warin (C 5) 308
Warnemünde (E 3) 151
- Heimatmuseum 154
- Leuchtturm und Teepott 154

Warnow-Durchbruchstal (D 6) 311
Warthe (J 5) 303
Wartislaw I. 33
Wasserwandern 68
Weichseleiszeit 20
Weigel, Helene 244
Weißer Berg (J 4) 280
Wellness 62
Werle 34
Wermusch, Günter 32
Wesenberg (G 9) 382
Westfälischen Frieden 189
Westmecklenburg 89
Wieck (Darß) (F 2) 175
Wiek (Rügen) (H 1) 246
Wieker Bodden (H 1) 246
Wiener Kongress 189

Wilhelm Malte I. zu Putbus 210, 218
Wilzen, slawischer Stammesverband 32
Wisentreservat Damerower Werder (F 7) 336
Wismar (C 5) 107
- Alter Hafen 115
- Alter Schwede 113
- Baumhaus 115
- Gotisches Viertel 114
- Heiligen-Geist-Hospital 115
- Heiligen-Geist-Kirche 115
- Marktplatz 113
- Rathaus 113
- St. Georg 114
- St. Marien 114
- St. Nikolai 117
- Stadtmuseum im Schabbellhaus 118
- Wasserkunst 113

Wittenbeck (D 4) 133
Wittenburg (A 7) 97
Wittow (H/I 1) 241
Wittower Fähre (H 1) 247
Wizlaw 188
Woblitzsee (G 8) 387
Wohlenberger Wiek (B 4/5) 106
Wohnmobil 59
Woldegk (I 8) 403
Woldzegarten, Gutshof (F 8) 367
Wolgast (J 4) 269
- Rungehaus 271
- St. Petri 271
- Stadtgeschichtliches Museum in der Kaffeemühle 271

Wolgastsee 300
Wulflam, Bertram 194
Wustrow (Fischland) (F 2) 164
Wustrow (Kleinseenplatte) (G 9) 385
Wustrow, Halbinsel (C 4) 126

Zarrentin am Schaalse (A 7) 98
Zartwitzer Hütte 355, 362
Zethner See (G 9) 379
Zickersche Berge (J 3) 230
Ziddorf (F 6) 434
Ziegelwerder, Insel 86
Zielow (F 8) 370
Zierker See (G/H 8) 387, 392
Zingst (G 2) 180
Zinnowitz (J 4) 275
Zippendorfer Strand 86
Zislow (E 8) 333
Zotzensee (G 8) 362
Zudar (I 3) 204
Zweite Hauptlandesteilung 36
Zwenzow 386

ISBN 978-3-89953-809-0

 Druck: Stürtz GmbH, Würzburg.